Stefanie Burgmaier · Hans Haarmeyer ·
Thorsten Garber
(Hrsg.)

return – Jahrgang 2018

Magazin für Transformation und Turnaround

Hrsg.
Stefanie Burgmaier
Wiesbaden, Deutschland

Hans Haarmeyer
Bonn, Deutschland

Thorsten Garber
Selm-Cappenberg, Deutschland

ISBN 978-3-658-25601-2

Die Deutsche Nationalbibliothek verzeichnet diese Publikation in der Deutschen Nationalbibliografie; detaillierte bibliografische Daten sind im Internet über http://dnb.d-nb.de abrufbar.

Springer Gabler
© Springer Fachmedien Wiesbaden GmbH, ein Teil von Springer Nature 2019

Springer Gabler ist ein Imprint der eingetragenen Gesellschaft Springer Fachmedien Wiesbaden GmbH und ist ein Teil von Springer Nature
Die Anschrift der Gesellschaft ist: Abraham-Lincoln-Str. 46, 65189 Wiesbaden, Germany

Inhaltsverzeichnis

© Bernd Hegert

Schlüsselrolle

Veränderungen müssen von der Unternehmensspitze nicht nur angestoßen werden, sondern dort beginnen, forderte einst Manager William Wiggenhorn von Motorola, bevor sein Konzern als Spielball auf Umwälzungswellen tanzte. Vorbei war da die Zeit, als seine Company als Erfinder des Autoradios gefeiert wurde, worauf erfolgreiche Jahre mit Funkgeräten und Unterhaltungselektronik folgten. Auch mit der Entwicklung von mobilen Telefonen und Mikroprozessoren errang Motorola erst eine führende Stellung. Die endete in Aufspaltung und Verkauf. Patente hält heute Google.

Wenn Wandel negativ auf Wertschöpfung wirkt, ist Wesentliches infrage gestellt und Führung in ihrer Schlüsselrolle gefordert. Denn bleibt Gewinn nicht gewahrt, gerät jede noch so gute Firma in Gefahr. In der Insolvenz endet durch ungesundes Wirtschaften verursachtes Leiden, nur mit Sanierungsschritten ist dann der Turnaround zurück zum profitablen „type of business" zu schaffen. Das Geschäftsmodell beschreibt den Weg zwischen dem Erzeugen von Mehrwerten für Kunden und dem Erzielen von Ertrag für die Organisation. Am Anfang stehen Kunden, die bessere, schnellere, erweiterte, preiswertere Lösungen erwarten, was die Evolution beim Anbieter antreibt. Oder Konkurrenten verschlingen mit neuen Ideen alte Modelle, was disruptiv – also zerstörerisch wie in der Revolution – den Umbruch einleitet.

Solche Prozesse kennen wir, liebe Leserin und lieber Leser, seitdem Handel von Menschen betrieben wird, weil damit Fortschritt für Neues mit Innovationen einhergeht. Ob nun multiple Smartphones schlichte Mobiltelefone verdrängen, Airbnb-Unterkünfte in den Wettbewerb mit Hotel-Zimmern eintreten oder Uber mit dem Vermitteln privater Personenbeförderung die Automobil- und Taxibranche bedroht. Drei Trends dieser Tendenz: Das Tempo hat derart zugelegt, dass Unternehmer heute täglich transformieren (müssen). Der Angriff aufs nächste Althergebrachte kommt bestimmt und stoppt nicht vor Traditionsfirmen. Der Führungsstil klassischer Prägung ist ungeeignet, ausreichend tiefgreifend und angemessen schnell neue oder veränderte Geschäftsmodelle hervorzubringen.

Viele Vorbilder mit starkem Mehrwert für Kunden und gutem Ertrag fürs Unternehmen hat unser Team für diese Ausgabe gefunden. So stellt Stefan Ropers klar, wie frühzeitig das Management bei Adobe „das Geschäftsmodell komplett umgekrempelt" hat, wie der Europachef auf Seite 22 sagt. Ein Blick auf die Börsennotierung beweist, wie Wandel hier Werte treibt. Ebenfalls lesenswert die Entwicklungen bei Weidmüller, Viu, Daimler im Titelreport ab Seite 16, die Firmenprofile über Duisburg Tubes (S. 26) und Sinterwerke Herne (S. 46) oder das Interview mit Ex-Porsche-Mann Andreas Henke über seinen neuen Job bei Luxus-Klangausstatter Burmester (S. 42). Ebenso empfohlen seien unsere drei Beiträge über IT-Sicherheit ab Seite 60, denn der Schutz von Daten bildet nicht nur gegen Schaden, sondern für Werte eine solide Basis.

Ihr

Thorsten Garber

Thorsten Garber
Chefredakteur return / chefredaktion@return-online.de

Steuerungshelfer
16 Weidmüllers „u-control"
nutzt vernetzten Kunden

© Weidmüller

Klangbildner
42 Porsches Andreas Henke
liegt Burmester am Herzen

© Uwe Steinert

Inhalt

return 01/18

Hintergrund & Wissen

Start & Szene

„Unsere Marken verändern Leben", wirbt Reckitt Benckiser (RB) für seine „Powerbrands" in Märkten wie Consumer Health, Hygiene und Haushalt.

Transaktionen
JAB sucht Geldgeber für große Übernahmen

Der nächste Mega-Deal liegt in der Luft, lassen aktuelle Aussagen von Bart Becht als Chef der familieneigenen Beteiligungsgesellschaft JAB Holding Company mit Sitz in Luxemburg vermuten. „Unsere Transaktionen werden immer größer, wir brauchen mehr Geld", sagte er im „Handelsblatt"-Interview.

Becht sammelt derzeit Geld bei Investoren für weitere Übernahmen über die Beteiligungsgesellschaft ein, hinter der die Unternehmerfamilie Reimann steht, die Hauptaktionär des Konzerns Reckitt Benckiser ist. Das Vermögen der Milliardärsfamilie werde in Medienberichten mit 33 Milliarden Euro deutlich überschätzt, sagte Becht. Die vier Erben des 1984 verstorbenen Albert Reimann hätten ihr Vermögen fast vollständig in die JAB Holding eingebracht: „Das Eigenkapital der JAB liegt tatsächlich bei 18 Milliarden Euro." Der Clan, dessen Mitglieder überwiegend in der Gegend um Mannheim und im Raum München wohnen, soll jetzt wieder auf Einkaufstour gehen, heißt es weiter. Die Holding soll künftig mehr mit fremden Mitteln arbeiten. An den von JAB aufgelegten Fonds seien Staatsfonds und vermögende Familien aus Europa beteiligt. Interessant seien für JAB Akquisitionen im Kaffee- und Tee-Geschäft sowie bei Kosmetika. Die JAB Holding hatte in den vergangenen Jahren schon Milliarden in Zukäufe gesteckt, unter anderem in die Kaffeekonzerne D.E Master Blenders, Peet's Coffee und Keurig Green Mountain sowie die US-Bäckereikette Panera Bread. JAB ist seit 2015 der weltgrößte Kaffee-Konzern, zu dem die Marken Jacobs, Senseo und Tassimo gehören, sowie größter Aktionär des US-Kosmetik-Konzerns Coty mit seiner Shampoo-Marke Wella.

www.jabholco.com; www.rb.com

M&A-Prozess
Beate Uhse steht zum Verkauf

Die insolvente Beate Uhse AG hat parallel zur Sanierung in Eigenverwaltung offiziell den Verkaufsprozess für das Unternehmen eingeleitet. Zudem erhält der Erotik-Konzern ein Massedarlehen über rund 2,7 Millionen Euro von der Prime Capital AG aus Luxemburg, womit etwa „Warenbestände aufgefüllt" werden sollen. Vorstand Michael Specht und die beiden Generalbevollmächtigten aus der Kanzlei BBL Bernsau Brockdorff verfolgen zwei Optionen: eine Fortführung des Unternehmens nach Insolvenzplanverfahren und Komplett-Sanierung, die mit zusätzlichen Darlehensmitteln gelingen soll. Alternative wäre der Verkauf des Unternehmens als M&A-Transaktion.

www.beate-uhse.ag

Übernahme
Niki Luftfahrt geht an IAG-Tochter Vueling

Große Teile des Geschäftsbetriebes der Niki Luftfahrt GmbH gehen an den europäischen Luftfahrtkonzern „International Airlines Group" (IAG). Erwerber ist die „Vueling Airlines S.A.", die wie British Airways oder Iberia zur IAG-Gruppe gehört. Der Käufer übernimmt Marken-, Start- und Landerechte sowie bis zu 15 Flugzeuge. Rund drei Viertel der Arbeitsplätze sollen erhalten bleiben.

Niki war Tochter der ebenfalls insolventen Air Berlin. Nach Entscheidung des Landgerichtes Berlin war für Niki ein Antrag auf Insolvenzverfahren beim Landgericht Korneuburg in Österreich zu stellen. Auswirkungen auf den Kaufvertrag waren bis Redaktionsschluss offen.

www.iairgroup.com; www.vueling.com

Interview

„Effiziente Unternehmensform als das größte Ziel"

Matthias In-Albon, Geschäftsführer der Bergbahnen Destination Gstaad, über die Umstrukturierung und bislang höchste Investition der Skilift-Branche im Interview mit Anne Steinbach.

Herr In-Albon, 70 Millionen Franken wurden seit Januar 2016 in die Bergbahnen Destination Gstaad investiert. Mit welchem Ziel?

Matthias In-Albon: Ich möchte, dass die Bevölkerung der Region wieder stolz auf ihre Bahnunternehmen ist und alle in die gleiche Richtung ziehen. Die Umsetzung des kontinuierlichen Prozesses von Public-Service hin zu einer effizienten Unternehmensform sehe ich als das größte Ziel.

Was war der Grund für die anhaltende Misere?

Vor 14 Jahren schlossen sich zwölf Bahnen zusammen, deren Integration in eine einzelne Gesellschaft fand aber nie mit der nötigen Konsequenz statt. Das führte zu Problemen und Schulden.

Diese Sanierung ist das bislang größte Projekt der Schweizer Bergbahn-Branche mit zudem unpopulären Entscheiden. Wie kam das an?

Die Reaktionen sind gespalten. Viele sind jedoch froh, dass endlich etwas zur Effizienzsteigerung unternommen wird.

Wie sehen Sie die Zukunft der Skilift-Industrie?

Die ganze Branche steht unter dem gleichen großen Druck. Es gilt, die Probleme zu analysieren, um den Turnaround rechtzeitig zu schaffen.

↓ Mehr unter www.return-online.de

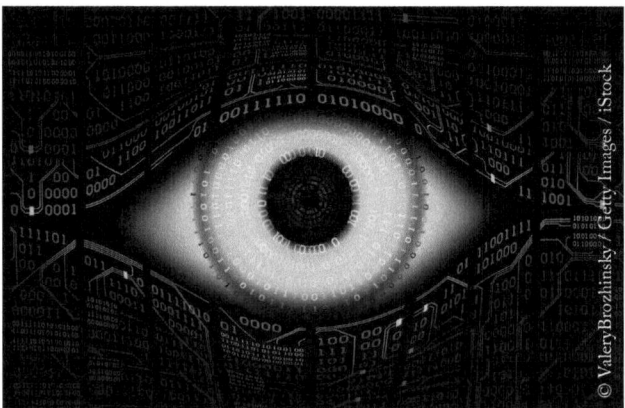

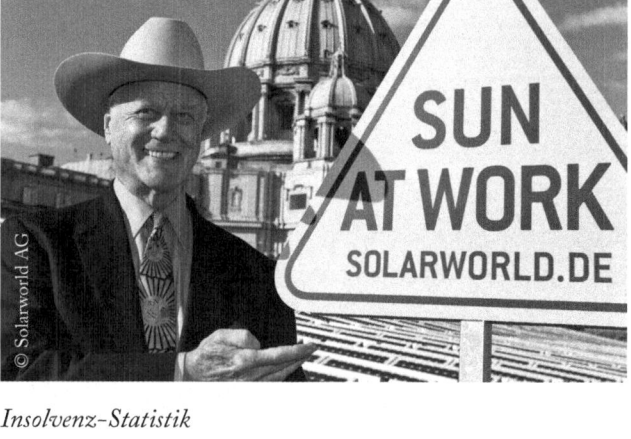

Trend-Report
Zunahme von Attacken auf Industrieanlagen

Der Report „The Cost of our Connected World" enthält „Hacker Trends 2018" über die wichtigsten Angriffsflächen von Cyber-Attacken. Insbesondere kritische Infrastrukturen – also Industrieanlagen, Kraftwerke und Wasserversorgungseinrichtungen – sollen danach vermehrt zum Ziel werden. Zum einen seien die genutzten Steuerungssysteme veraltet und damit leicht angreifbar. Zum Zweiten gelten die Schnittstellen zu Zulieferern und Partnerunternehmen als anfällig, sodass sich Angreifer über diesen Umweg auf ihr Ziel zubewegen. Wachsen werden die Attacken zudem durch den Anstieg der Digitalisierung im Alltag: Ransomeware-Angriffe gelten dem vernetzten Zuhause, neuen Internet-Plattformen bis hin zu Kinderspielzeug.

www.return-online.de

Insolvenz-Statistik
Gefahr trotz Tiefstand bei Firmenpleiten

Die Zahlen zu Unternehmensinsolvenzen 2017 in Deutschland hat die Wirtschaftsforschung von Creditreform ausgewertet: Danach registrierten die Autoren insgesamt 20.200 Fälle, was den Vorjahreswert noch einmal um 6,3 Prozent unterschritt und für einen historischen Tiefstand sorgte. Der Stand ist der niedrigste seit 23 Jahren. Gleichwohl verursachten Firmenpleiten im vergangenen Jahr auch Schlagzeilen wie die von Beate Uhse, Air Berlin oder Solarworld mit Larry Hagman als Testimonial (im Bild). Und obwohl die Insolvenzfallzahlen so gering ausfiel in 2017, entstand durch das Aus der Firmen ein Schaden von 26,6 Milliarden Euro. Außerdem geht mit den Unternehmenskrisen ein Verlust oder eine Bedrohung von fast 200.000 Arbeitsplätzen einher.

www.return-online.de

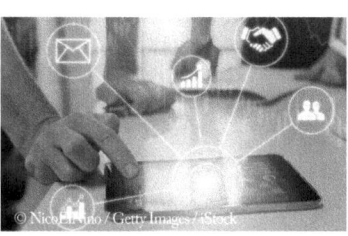

Studien-Ergebnisse
Beratungsbedarf im Digitalen

Die Ergebnisse zweier Studien belegen indirekt, dass viele Unternehmen kaum alleine schaffen, die Herausforderungen ihrer digitalen Transformation zu bewältigen. Veränderungen durch datenbasierte Geschäftsmodelle, Big Data oder Cloud-Dienste gewinnen zwar an Fahrt, doch für viele Betriebe stellt sich die Umsetzung als zu komplex dar. Dadurch steigt der Bedarf an externer Unterstützung im IT-Sourcing, so die Marktforschung Lünendonk. Laut Befragung steigerten 93 Prozent der Beratungsfirmen ihre Umsätze, davon rund 36 Prozent mit Wachstumsraten von mehr als zehn Prozent, und erwarteten künftig ähnliche Steigerungen. Unterdurchschnittliche Werte in deutschen Firmen für die Umsetzung „Service-orienterter Geschäftsmodelle (Servitization)" ermittelte unterdessen die Digital-Change-Studie des Software-Entwicklers IFS.

www.return-online.de

Strategie-Fokus
Aufgaben 2018 für Unternehmer

Die Suche nach geeigneter Stellenbesetzung, das Entwickeln neuer Geschäftsmodelle sowie die neue Sinn- und Formgebung von Arbeit gehören im Jahr 2018 zu den schwierigsten Aufgaben für Unternehmenslenker. Diesen Dreiklang aus Herausforderungen durch den demografischen Wandel, durch die digitale Transformation und durch den Bedarf nach „New Work" beschreibt Andrea Amerland in ihrem Beitrag „Was Manager 2018 umtreiben wird". Anhand von diversen Quellen hat sie Trends mit Relevanz für die strategische Unternehmensführung zusammengetragen. So zeigt sich, dass Betriebe so viele Arbeitskräfte wie selten zuvor gesucht haben. Kehrseite: Firmen benötigen im Schnitt rund 100 Tage und damit doppelt so lange wie noch im Jahr 2010, um einen Stelle neu zu besetzen.

www.springerprofessional.de/link/15282974

Volkswagen verändert erneut seinen Vorstand

Andreas Tostmann und Thomas Ulbrich (Foto v. l.) sollen Veränderungen im Vorstand der Volkswagen AG herbeiführen. Der 51-jährige Ulbrich verantwortet das neu geschaffene Ressort E-Mobilität und damit sämtliche E-Fahrzeuge der Marke sowie den Aufbau von „Europas größtem Kompetenzzentrum für E-Fahrzeuge in Zwickau", wie der Autokonzern mitteilt. Der Diplom-Ingenieur Fahrzeugbau arbeitet seit 1989 im Unternehmen und war seit April 2014 als Vorstand für Produktion und Logistik der Marke Volkswagen tätig. Sein Nachfolger Andreas Tostmann (55) ist Diplom-Wirtschaftsingenieur, seit 1990 beim Fahrzeughersteller beschäftigt und seit Dezember 2011 Produktionsvorstand der Schwestermarke Seat.

www.volkswagenag.com

Salzgitter führt Tochter KHS

Burkhard Becker übernimmt zusätzlich zu seiner Funktion als Mitglied des Vorstandes der Salzgitter AG die Aufgabe des Vorsitzenden der Geschäftsführung der KHS GmbH. Beim führenden Hersteller von Abfüll- und Verpackungsanlagen aus Dortmund war der bisherige KHS-Chef Matthias Niemeyer auf eigenen Wunsch ausgeschieden. In der Geschäftsführung bleiben Johann Grabenweger für Vertrieb und Service sowie Martin Resch für Finanzen, Einkauf, IT und Recht verantwortlich.

www.salzgitter-ag.com; www.khs.com

 Christian Gericke verwantwortet ab sofort als General Manager die „Production & Commercial Excellence" bei Xerox Deutschland und gehört damit zur Geschäftsleitung. In der neu geschaffenen Position soll er „den Ausbau und Wandel des Geschäftes" meistern mit seiner Branchen-Expertise in „Channel-Transformation".

www.xerox.de

 Stefan Borchers ist neuer Geschäftsführer für Finanzen und Dienstleistungen der Vaillant GmbH. Der Aufsichtsrat des Heiz-, Lüftungs- und Klimatechnikspezialisten berief den 48-Jährigen als Nachfolger für Dietmar Meister, der acht Jahre für Vaillant arbeitete. Borchers ist seit 2012 bei Vaillant und war zuvor bei Lufthansa und Bayer.

www.vaillant-group.com

Christoph Thomas und Rudolph Hanke (im Bild v. l.) gaben zum 80. Geburtstag des Letztgenannten dessen Rückzug aus der Geschäftsführung des Zubehörspezialisten Hama bekannt. Der Vollblutunternehmer Hanke habe sich sechs Jahrzehnte in der Familienfirma engagiert, davon als Gründersohn nach dem frühen Tod des Vaters seit 58 Jahren an der Spitze. Christoph Thomas ist Geschäftsführer seit 1993.

www.hama.com

Schultze & Braun, Unternehmensverbund für Insolvenzverwaltung und Beratung von Firmen in Krisen, stellt sich im Raum Rhein-Neckar neu auf. Das Netzwerk aus 700 Mitarbeitern an 40 Standorten haben Tim Brauer, Björn Rechel und Tanja Sans-Stotz aus der Niederlassung Worms verlassen. Mandate werden künftig von Mannheim und Frankfurt am Main aus betreut.

www.schubra.de

Bird & Bird, internationale Wirtschaftskanzlei mit 1.200 Anwälten in 118 Ländern, hat den Arbeitsrechtler Thomas Hey als Partner für das Büro in Düsseldorf eingebunden. Er wechselt mit seinem gesamten Team von der Anwaltssozietät Cliffort Chance, darunter die drei Associates Dr. Artur-Konrad Wypych, Leonie Isabelle Pfeufer und Hagen Sporleder.

www.twobirds.com

Return von René Lezard

Wieder ist in der deutschen Bekleidungsbranche ein namhaftes Unternehmen mit bekannter Modemarke ins Straucheln geraten – konnte sich aber zügig aus der Misere befreien.

Laut Website sollte das Schutzschirmverfahren „die finanzwirtschaftliche Restrukturierung vereinfachen und beschleunigen".

Strenesse, Steilmann, Laurèl und Rena Lange – sogenannte „Brand Bonds" – und nun auch noch René Lezard: Das ist die Liste der Modeunternehmen, die vor Jahren die Finanzierung über Mittelstandsanleihen gestaltet haben und dann an der anschließenden Refinanzierung gescheitert sind. Alle genannten Modekonzerne mussten einen Insolvenzantrag stellen und wollten sich im Rahmen eines Insolvenz-Eigenverwaltungsverfahrens sanieren.

Dass das Marktumfeld für Modeunternehmen derzeit allerdings schwierig ist, musste auch der Modekonzern Basler mit seiner Tochtergesellschaft St. Emile erfahren. Die Gruppe musste nicht nur Insolvenzantrag stellen, sondern wurde anschließend sogar liquidiert. Auch die Lösungsgestaltung für die anderen Modelabels war eher beschwerlich oder führte ebenfalls zu einer Liquidation.

Dem Start von René Lezard in das Insolvenzverfahren waren gescheiterte Bemühungen um eine Investorenlösung vorausgegangen – kein guter Handlungsrahmen, um die Sanierung mittels eines Schutzschirmverfahrens nach Antragstellung im März 2017 in nur acht Monaten erfolgreich umsetzen zu können. Dennoch war der das Insolvenzverfahren begleitende Restrukturierungsberater, Rechtsanwalt Jens Weber von Baker Tilly, zuversichtlich, eine Lösung im Rahmen eines eigenverwaltenden Insolvenzverfahrens gestalten zu können. René Lezard hatte zuletzt 45 Millionen Euro mit hochwertiger Damen- und Herrenbekleidung umgesetzt, war dabei aber seit mehreren Jahren defizitär. 36 Prozent des Umsatzes wurden dabei mit dem Großhandel umgesetzt, und bereits 64 Prozent des Umsatzes wurden im Eigenvertrieb über eigene Stores oder in Factory-Outlet-Centern getätigt.

Die Sanierung der 15 Millionen Euro schweren Mittelstandsanleihe stellt das zentrale Element der Restrukturierung bei René Lezard dar. Zunächst mussten allerdings durch die Veräußerung der Betriebsimmobilie an einen Immobilieninvestor in einem ersten Schritt die Banken abgelöst werden. Der Standort in Schwarzach allerdings bleibt durch die Anmietung der Immobilie dennoch erhalten.

Mit Einbringung des Geschäftsbetriebes in eine neue Aktiengesellschaft war es dann möglich, dass die Anleihegläubiger einen Großteil der Aktien übernahmen. Die entsprechende Umsetzung erfolgte im Rahmen eines Insolvenzplanes. Im Ergebnis ist das Unternehmen damit entschuldet – daneben steht dem Unternehmen ein neuer Finanzierungspartner zur Seite.

Anleihegläubiger partizipieren künftig als Aktionäre

Ein Vertreter der Anleihegläubiger, der deren Interessen im Gläubigerausschuss vertritt, führt dazu aus: „Mit dem Insolvenzplan ergreifen die Anleihegläubiger die Chance, aktiv an der künftigen René Lezard als Aktionäre zu partizipieren." 70 Prozent der Anteile fallen den Bondgläubigern des Unternehmens zu, im Tausch gegen die Teilschuldverschreibungen. Die restlichen 30 Prozent hält ein nicht genannter Finanzinvestor, der dafür frisches Geld in die neu geschaffene Aktiengesellschaft einschießt. Somit besteht die Hoffnung, dass der Gesundung der Passiv-Seite in der Bilanz auch eine entsprechende leistungswirtschaftliche Sanierung folgt. Denn auch die verbliebenen 275 Mitarbeiter würden sich über eine nachhaltige Zukunftsausrichtung freuen.

Dr. Andreas Fröhlich, Gründer und Managing Partner der Beratungsgesellschaft Perspektiv GmbH, ist spezialisiert auf Mergers & Acquisitions und insolvenznahe Sanierungsberatung.

Im Kurzprofil: Sanierungserfolge nach Insolvenz

		René Lezard	Hoeckle	MFO Matratzen
Name	Lindenfarb Textil-veredlung Julius Probst GmbH & Co.KG	René Lezard GmbH	Hoeckle-Gruppe	matratzen direct AG
Branche	Textilindustrie	Bekleidungsindustrie	Automobilzuliefer-Industrie (Tier 1)	Einzelhandel
Geschäftsfelder/ Produktgruppen	Oberflächenbehandlung von Textilien	Design, Produktion und Einzelhandel von Bekleidung	Motorenkomponenten, so Kurbelwellen/Pleulst.	Einzelhandel mit Matratzen und Bettwaren
Umsatz (Mio. €)	37	45	83	77
Mitarbeiter	377	450	430	565

Angaben zum Sanierungsverfahren

Antragsdatum	02.12.2016	30.03.2017	10.05.2017	17.02.2017
Verfahrensart	Eigenverwaltung, § 270a	Eigenverwaltung, § 270b	Eigenverwaltung, § 270a	Eigenverwaltung, § 270b
Sanierer	Dr. Tibor Braun (SW), Detlef Specovius	Dr. Hubert Ampferl (SW), Jens Weber	Gerhard Walter (SW), Martin Mucha	Stefan Conrads (SW), Annamia Beyer

Lösungsangaben der Sanierung

Art der Sanierung	Übertrag. Sanierung	Planverfahren	Übertrag. Sanierung	Planverfahren
Sanierungsdauer	11 Monate	8 Monate	8 Monate	9 Monate
Investoren	Radial Capital Partners	Immobilieninvestor (30 % Anteil)	Jet Investment SA	–
Klassifikation	Finanzinvestor	–	Finanzinvestor	–
Lösungs-beschreibung	Erhalt und Fortführung mit 80 % der Mitarbeiter	Fortführung mit 60 % der Mitarbeiter	Erhalt und Fortführung mit 100 % der Mitarbeiter	Fortführung mit 70 % der Mitarbeiter
Aus Sicht der Investoren/ Strategische Eckpunkte	• Direkte Unterstützung des Managements durch restrukturierungserfahrenen Erwerber • Umsetzung interner Sanierungsmaßnahmen zur Optimierung des Geschäftsablaufes	• Fortführung der Geschäftstätigkeit unter neuer AG • Debt-Equity-Swap mit Anleihegläubiger (70 % der Aktien, restliche Anteile Immobilieninv.) • Sale and lease back der Betriebsimmobilie	• Eingliederung in Firmenverbund des Erwerbers • Synergieeffekte durch branchengleiches Unternehmen im Verbund	• Umgestaltung der Marke • Fokus auf gering- und mittelpreisige Produktpalette • Umsatzsteigerung im Onlinehandel und Eröffnung neuer Filialen

Quelle: Perspektiv GmbH

Gefakte Rechnungen

In etwa jeder zehnten Unternehmensinsolvenz tauchen zu hohe oder unberechtigte Forderungen auf. Doch die Dunkelziffer erfolgreicher Betrugsversuche dieser Art ist groß.

Lügen-Erkennungszeichen: Pinocchio bekommt eine lange Nase beim Schummeln im Kinderbuchklassiker, später auch Erwachsenenbuch.

Jahrelang hat der Ex-Drogeriemarktkönig Anton Schlecker überhöhte Stundensätze an die Logistik-Tochterfirma LDG gezahlt. Sohn Lars und Tochter Meike, die beiden LDG-Eigentümer, haben ihm durch das Ausstellen überhöhter Rechnungen dabei geholfen. Der einst größten Drogeriemarktkette Europas ist dadurch ein Schaden in Höhe von rund elf Millionen Euro entstanden. Für alle Straftaten rund um die Insolvenz wurde Schlecker Senior Ende November 2017 zu zwei Jahren Gefängnis auf Bewährung verurteilt. Lars muss für zwei Jahre und neun Monate hinter Gitter, Tochter Meike nur einen Monat kürzer.

„Etwa jeder zehnte Insolvenzfall enthält Rechnungen, die ohne Gegenleistung oder zu überhöhten Beträgen gestellt werden", schätzt Marcello Di Stefano, Fachanwalt für Insolvenzrecht und Insolvenzverwalter in der Kanzlei Reinhardt & Kollegen. Er selbst schaue vor allem bei verbundenen Unternehmen extrem genau hin und warnt: „In einem Unternehmensverbund überhöhte Rechnungen zu stellen oder zu schummeln – das kommt raus, wird zurückgefordert und auch strafrechtlich verfolgt."

Auch Christoph Niering, Vorsitzender des Verbandes Insolvenzverwalter Deutschlands (VID), bestätigt: „In rund 20 Prozent aller Fälle muss ein Insolvenzverwalter eine Nachbesserung der Forderungsanmeldung einfordern." Meist fehlen Belege für die Forderungen, Mahngebühren werden zu Unrecht angemeldet oder Zinsen falsch berechnet. „Gefakte Rechnungen" zu entdecken, ist für einen Insolvenzverwalter mehr als nur eine Herausforderung. Sie bergen nämlich eine „Haftungsfalle", heißt es in einem Fachartikel der „Zeitschrift für das gesamte Insolvenzrecht" von Rechtsanwalt Karsten Förster und seiner Kollegin Anja Bruhn. Denn ein Insolvenzverwalter sei zur ordnungsgemäßen Prüfung aller Forderungen verpflichtet, die zur Insolvenztabelle angemeldet werden.

Weist ein Insolvenzverwalter eine zu Unrecht angemeldete Forderung zurück, dann wird diese bei der Verteilung der Insolvenzmasse nicht berücksichtigt. Das erledigen Insolvenzverwalter offensichtlich so gut, dass vorgetäuschte Forderungen vor Gericht kaum Relevanz haben. Betrugsfälle landen dort eher wegen der unangemessenen Höhe der Forderung. Das ist auch die Erfahrung von VID-Chef Niering: „Die komplette Luftnummer ist sehr selten."

„Verfügt ein Unternehmen über eine halbwegs aktuelle Buchhaltung, so übernimmt der Insolvenzverwalter die Kreditoren und offenen Posten in sein Software-System", beschreibt Matthias Hofmann der Partnerschaft Pohlmann Hofmann Insolvenzverwalter Rechtsanwälte. Als Nächstes folge eine Plausibilitätsprüfung. „Steht in der Buchhaltung eine Forderung über 1.000 Euro und im Insolvenzverfahren werden 1.200 Euro angemeldet, dann ist das plausibel, weil zum Beispiel Zinsen und Mahnkosten dazugekommen sind", so Hofmann. Seine Kanzlei verlange trotzdem von jedem Gläubiger, dass er Unterlagen vorlegt, die die Existenz der Forderung belegen.

Plausibilität heißt aber vor allem: Stimmen die Mengen und Massen? „Wird bei einem reinen Stahlbetonbau eine große Menge Holz in Rechnung gestellt, dann ist das ein Aufhänger für eine intensivere Prüfung", sagt Fachanwalt Di Stefano. Auch müssen die abgerechneten Mengen logisch nachvollziehbar sein. Liegen bei einem kleineren Bauwerk etwa Rechnungen für große Mengen an Material vor, dann passt das nicht. In der Baubranche schaue er besonders genau auf die Adresse, an der die Bauleistungen tatsächlich erbracht werden. Damit erkennt er „klassische Betrügereien wie das Erstellen oder Sanieren von privaten Immobilien". Vor allem die Baubranche ist für überhöhte Rechnungen und unbegründete Gegenforderungen anfällig. Beides ist für den Insolvenzverwalter nicht per se erkennbar. „Hier muss man als Verwalter in die konkreten Projekte einsteigen, um berechtigte Ansprüche abzuwehren", betont Niering. Insolvenzverwalter Di Stefano ergänzt aus seiner Erfahrung: „Da gibt es Deals mit Lieferanten für überhöhte oder rechtsgrundlose Rechnungen, und im Hintergrund teilt man sich die Summe durch versteckte Kick-back-Zahlungen."

Der Bauträger, der gefälschte Architekten-Rechnungen bezahlt, ist ihm ebenso schon untergekommen wie verdeckte In-sich-Geschäfte, bei denen der Unternehmer über einen Strohmann sich selbst Rechnungen stellt und bezahlt und bei denen das Geld über teils mehrstufige Verfahren wieder an den Unternehmer oder in sein privates Umfeld zurückfließt.

© Reinhardt & Kollegen

„Überhöhte Rechnungen zu
stellen oder zu schummeln –
das kommt raus."

Marcello Di Stefano

Näheverhältnisse
mit Vorsicht betrachten

Generell lassen Näheverhältnisse zwischen dem insolventen Unternehmer und seinem Gläubiger die Alarmglocken bei allen Insolvenzverwaltern läuten. „Hier geht es ums Beiseiteschaffen von Vermögenswerten oder eine unangemessene Bevorzugung im Vorfeld der Insolvenz; ebenso wie darum, sich in eine bessere Position als Gläubiger zu versetzen", warnt Matthias Hofmann. Schwierig sei es für ihn, wenn solche „Näheverhältnisse" nicht bekannt sind, und er gibt zu: „Da fallen Vertragsbeziehungen in wirtschaftlich nicht angemessener Weise womöglich nicht auf."

Unterschiedliche Gläubiger mit plausibel erscheinenden Rechnungsbeträgen können sich als falsch herausstellen. In einem Fall bemerkte Marcello Di Stefano beispielsweise auf Rechnungen von verschiedenen Gläubigern eine identische Telefonnummer und kam so den „Fake"-Rechnungen auf die Schliche. Gängig sind nach seiner Praxiserfahrung durchaus gefälschte Darlehensverträge, in denen dem Unternehmen gehörende Kraftfahrzeuge, Baumaschinen oder sonstige bewegliche Maschinen oder Werkzeuge als Sicherheit eingesetzt werden. Ein Alarmsignal zum Nachforschen sei, wenn in diesen Fällen eine Zahlung per Barquittung bestätigt wurde.

„Da muss der Unternehmer mir dann detailliert nachweisen, wo er das Geld im Unternehmen eingesetzt hat, sonst gehe ich davon aus, dass diese Summe nie geflossen ist – und dementsprechend auch die Sicherungsübereignung unwirksam oder zumindest rechtlich angreifbar ist." Damit bleibt das Auto oder der Lkw ein Teil des verwertbaren Unternehmensvermögens und erhöht die Ausschüttungsquote für die Gläubiger. Arbeiten Lieferant und Schuldner allerdings zusammen, dann lassen sich Betrügereien nicht immer entdecken. Laut Buchhaltung sieht alles normal aus. „Dabei helfen dann vor allem eine gute Spürnase und langjährige Erfahrung", sagt Verbandschef Niering. Belastbare Statistiken zu „Fake"-Rechnungen gibt es nicht. Allerdings verweist Insolvenzverwalter Di Stefano auf eine deutliche Dunkelziffer, „vor allem wenn es sich um kleine Summen handelt".

Oft würden Rechnungen für den Privatverbrauch als Ausgaben fürs Unternehmen deklariert, sagt er und wird konkret: „Bei Summen unter 100 Euro ist es besonders schwierig, die Sachverhalte aufzudecken." Wenn etwa jemand einen Kasten Mineralwasser fürs Unternehmen bestellt und dann mit nach Hause nimmt, falle das fast nie auf – da seien „sicher viele Betrugsversuche erfolgreich", konstatiert er. Eine Warnung gibt der Fachanwalt für Insolvenzrecht allerdings aus: „Irgendwann kennt man als Insolvenzverwalter die Tricks. Und wenn in einem Fall einmal eine Schummelei entdeckt wurde, egal ob klein oder groß, dann werden sämtliche Geschäftsvorfälle genau auf den Prüfstand gestellt."

Anja Kühner hat zu „Fake"-Rechnungen in Insolvenzen recherchiert.

Ein Coach für alle Fälle
Jetzt mache ich in Lebenshilfe

In was man sich nicht alles üben muss: Entschleunigung, Achtsamkeit, Work-Life-Balance. Der eigene Job soll sinnstiftend sein, lebenslanges Lernen ein absolutes Must-do, und wer den aktuellen Change nicht mitgeht und sich weigert, sich selbst zu im-proven, tja, der darf sich nicht wundern, wenn er auf der Strecke bleibt. Und so kommt es, dass egal ob Krise oder Boom eine Branche scheinbar immer Hochkon-junktur hat – die der Lebenshilfe-Industrie. Der Markt wird überschwemmt mit selbst-ernannten Coaches und Motivationsrednern, die sich jetzt Keynote-Speaker nennen, um von ihrer intellektuellen und inhaltlichen Nähe zu einem Jürgen Höller abzulenken. Und scheinbar scheint auch die Lernkurve der Zuhörer eine Gerade zu sein. Denn als hätten sich die Motivationstrainer der 90er um Vögel wie Emile Ratelband („Tschakka!!") nicht genug der Lächerlichkeit preisgegeben, rennen die Leute weiterhin wie Lemminge in die Mehrzweckhallen, um Vorträgen zu lauschen, die ihr Leben verändern sollen. „In 7 Schritten erfolgreich werden – 007 statt 0815", „Mutmuskeltraining – so wirst du sofort mutiger", „Lebensträume – Chancen nutzen und Träume wagen". Nee, is' klar!

„Probleme der Leute sind dein Umsatz!"

Zwischen den Jahren hing ich mit der einen Gehirnhälfte dem Gedanken nach, dass die schlimmsten Unfälle im Haushalt oder in den Äußerungen von sogenannten Ver-kaufstrainern passieren, wie: „Nein heißt nicht nein, Nein heißt: Noch ein Impuls nötig!" Da flüsterte mir meine andere Gehirnhälfte teuflisch veranlagt zu: „Mach' mit! Du musst auch Keynoter werden und Seminare anbieten! Die Probleme der Leute sind dein Umsatz! Das Geld liegt auf der Fensterbank, du Idiot. Greif zu!" – Und weil ja schon die Kirche die beste Idee des Teufels war und es auch bei mir allerhöchste Eisenbahn wird, neue Geschäftsfelder zu erschließen, zögerte ich nicht lang und entwickelte fol-gende Vortrags- und Seminarformate, die ich hier wohlfeil anbiete:

Für wohlbetuchte Endkunden: „Ehrenhaft statt Einzelhaft – Verteidigungsstrategien für Steuerhinterzieher." Geeignet für Sportmanager, Großkonzerne und ehemalige Postvorstände. „Die Last des Reichtums – Mit Vermögensdruck umgehen lernen." Denn die schönsten Dinge im Leben sind immer noch umsonst; einfach mal den ganzen Tag schnorcheln vor den Caymans. „Wenn ich Kleingeld brauch, gehe ich arbeiten." Für alle, die immer schon wussten, dass arbeiten eine sehr altmodische Form der Vermögens-bildung ist.

Für die arbeitende Bevölkerung: „Let´s burn out the burnout" als Work-Life-Balance-Seminar für Werber und Berater mit After-work-Lesungen ab 23 Uhr. „Night & Day" als Schlafentzug-Workshop für Ärzte und ambulante Pflegedienstler. Verantwortungsvoller Umgang mit dem Schlummerdefizit dank Meridian-Massagen. Zertifizie-rungsprüfung: Multitrauma-Operation nach 72 Stunden ohne Schlaf. Patienten, die überleben, dürfen als Andenken mit nach Hause genommen werden. „Erst verhauen sie ihre Klassenarbeiten, dann uns" als Seminar für Lehrer von gewalttätigen Schülern, inklusive toller Praxisübungen wie das Schwimmen mit hungrigen Haien.

Für Berufseinsteiger: „Willkommen in der Mitte der Gesellschaft – Resozialisierungskurs für Uni-Absolventen." Kursziele: Aufstehen, duschen, anziehen. „An die Zukunft denk' ich morgen – Ängste erfolgreich verdrängen." Inhalt: Wer riestert, der rostet! Warum Altersvorsorge nur was für Ambitionslose ist. „Pimp my CV – Layout-Kurs für Loser." Denn ein abgebrochenes Studium im Lebenslauf macht sich nur schlecht, wenn es schlecht gesetzt ist. Mit dem belieb-ten Spiel „Freiberufler! Freiberufler! Wer findet die meisten Synonyme für das Wort arbeitslos?"

Und: Ist etwas für Sie dabei?! Dann einfach Mail an untermstrichzählich@aufdenleimgegangen.de. Mit Geldnicht-zurückgarantie! Um Vorkasse wird freundlichst gebeten.

Timo Wopp, Diplom-Kaufmann und Ex-Unternehmensberater, tourt als Kabarettist, Vortragsredner und Jongleur: www.timowopp.de

„Remote Control" statt „total customized"? Über Fernlenkung funktionieren neue Geschäftsfelder fast nie und Machine Learning ist nur Mittel zum Zweck in vernetzter Technik, die das Problem eines Kunden löst. Die klassische Wertschöpfung aus Entwicklung, Vertrieb und Kunde kehrt sich künftig um, wenn Unternehmen erfolgreich Neues entwickeln wollen. Mittelständler Weidmüller schuf beispielsweise die Steuerung „u-control" (im Bild) mit einem integrierten und webbasierten Engineering-Tool, das dem Maschinen- und Anlagenbau den flexiblen Zugang in die Welt der Industrie 4.0 eröffnet.

Die Zukunft des Geschäfts

Die digitale Transformation wirkt rasant auf Märkte und Geschäftsmodelle. Klassisches Planungsdenken versagt bei diesem Tempo. Umdenken ist Pflicht beim Entwickeln von Neuem.

Haben Sie auch das Gefühl, Sie steuern Ihr Unternehmen durch einen Nebel? Sie sehen das Ziel nur verschwommen und fürchten, dass, wenn Sie ans Ziel kommen, die Realität ganz anders aussieht, als es ursprünglich aus der Ferne den Anschein hatte? – Ein Gefühl, das derzeit viele Unternehmen teilen. Denn heute geht es viel früher um richtige Weichenstellungen für eine erfolgreiche Zukunft. Neue Technologien wie Digitalisierung, Internet der Dinge, (IoT), Blockchain, 5-G-Bandbreite, künstliche Intelligenz, Virtual Reality, Robotik oder Machine Learning sind nahezu gleichzeitig anwendbar geworden. Sie ermöglichen

Allianz v. l. Christian Thönes (DMG), Ralf W. Dieter (Dürr), Karl-Heinz Streibich (Software AG) und Thomas Spitzenpfeil (Zeiss).

Lösungen, die bisher nicht denkbar waren, und verändern Märkte, Unternehmen und ihre Geschäftsmodelle dramatisch schnell. Auf fast jede Branche wirkt das neue Tempo. Vorbei sind die Zeiten, in denen Unternehmen nur auf klassische eindimensionale Innovationen für Produkt, Prozess oder Geschäftsmodell fokussieren konnten. „Wir sind jetzt in einer Phase der multidimensionalen Innovationen", konstatiert Professor Roland Eckert, was bedeute, „dass man die genannten und weiteren Innovationstypen zunehmend miteinander koppeln muss". Das führt den Dozenten der Hochschule für Oekonomie & Management, der FOM in Düsseldorf, zu folgender Hypothese: In Verbindung mit multidimensionalen Innovationen wird die Geschäftsmodellinnovation noch wichtiger für den zukünftigen Unternehmenserfolg werden. „Das gilt umso mehr, als die klassischen Branchen an Bedeutung verlieren und Ökosysteme und Wettbewerbsarenen entstehen werden", prognostiziert Eckert. Unternehmen müssen damit rechnen, dass sie noch stärker von Wettbewerbern außerhalb ihrer angestammten Branchen attackiert werden oder selbst in neue Märkte mit neuen Wettbewerbern vordringen müssen. Wie Weidmüller, ein mittelständischer Hersteller klassischer Elektromechanik. Schon vor 2014 überlegte man in der Firmenzentrale im Teutoburger Wald, ob Verfahren der künstlichen Intelligenz beziehungsweise des maschinellen Lernens für die Kunden im Maschinen- und Anlagenbau genutzt werden könnten, um datengetriebene Geschäftsmodelle zu generieren. Das passte zur übergeordneten Strategie, dem Fokus auf Industrie 4.0, und zur Kernkompetenz der Detmolder, die in der Verteilung von Energie, Signalen und Daten liegt. Zusätzlich eignete man sich die Expertise im Bereich der Datenanalyse an. Seit einem Jahr bietet Weidmüller eine Lösung an, die Maschinen- und Anlagedaten erfasst, um Anomalien und Ineffizienzen der Anwendungen aufzuzeigen, Fehlerprognosen zu erstellen und Wartungsempfehlungen zu geben. Die jahrelange Erfahrung auf diesem Gebiet führte dazu, dass das Unternehmen heute in der Lage ist, die Software selbst zu entwickeln.

Vom Produkthersteller zum Softwareanbieter

So mutierte der Produkthersteller zum Softwareanbieter, der nun in bestimmten Bereichen mit Softwareunternehmen wie Microsoft, SAP oder auch Siemens im Wettbewerb steht, die zuvor keine Wettbewerber waren. Regelmäßig schneidet Weidmüller in den Benchmarks gegenüber den Wettbewerbern sehr gut ab, weil das Data-Science-Wissen mit der Herangehensweise von Ingenieuren verzahnt wird. Weidmüller-Kunden werden damit in die Lage versetzt, ihren Service zu optimieren oder dem Betreiber ihrer Maschinen ganz neue Optimierungspotenziale anzubieten. „Das ist das, was der Kunde letztlich honoriert", sieht Tobias Gaukstern als Leiter für Business-Unit „Industrial Analytics" die Technik nur als Mittel zum Zweck. Für die Aufrechterhaltung des Innovationsgeistes ist unter anderem der Bereich Standard- und

Interview

„Es ist immer wichtiger, querzudenken"

Tobias Gaukstern, Leiter der Business-Unit „Industrial Analytics" bei Weidmüller, über die Organisation und die geforderten Fähigkeiten der Geschäftsmodell-Entwicklung.

Herr Gaukstern, wie ist das Business Development bei Weidmüller organisiert?

Es gibt mehrere Business Development Manager, die in den verschiedenen Businesss-Units oder Divisionen die Geschäftsbereiche vorantreiben. Im Bereich Industrial Analytics haben wir gesehen, dass dies ein für Weidmüller interessanter Geschäftsbereich ist, und dafür eine eigene Business-Unit gegründet, die sich mit dem Thema neue Geschäftsmodelle durch Analytics beschäftigt.

Der Business Development Manager berichtet in der Regel direkt an den Divisions- oder Business-Unit-Leiter. In meinem Fall, bei dem es darum geht, ein komplett neues Geschäftsfeld aufzubauen, braucht man eine gewisse Freiheit bei der Entwicklung neuer Geschäftsmodelle, denn eigentlich verfügt momentan niemand über die Expertise zu sagen, ob es richtig ist, das eine oder das andere zu tun. Das erfordert eine große Nähe zum Vorstand, um Entscheidungen schnell und von großer Reichweite treffen zu können.

Wie erfolgt die Aufteilung der Ressourcen zwischen alten und neuen Geschäftsbereichen?

Die Aufteilung kann man in meinem Fall ganz gut herleiten. Die klassische Elektromechanik hat ein Wachstum im unteren einstelligen Bereich, die Automatisierungstechnik im ordentlichen zweistelligen Bereich und das Digitalisierungsgeschäft im vergleichsweise hohen zweistelligen Bereich. Um die Zukunftsfähigkeit des Unternehmens sicherzustellen, müssen wir in die Bereiche investieren, die morgen und übermorgen den maßgeblichen Erfolg bestimmen werden. Die andere Seite der Medaille ist, dass das momentane klassische Geschäft mit Sicherheit in den nächsten Jahren den Aufbau und die Investitionen in die neuen Geschäftsfelder finanzieren wird. Deshalb gilt es, ein Gleichgewicht zu wahren.

Welche Eigenschaften muss ein Business Development Manager mitbringen?

Grundsätzlich muss er strategisch denken können, über Weitsicht verfügen, und er muss Technologienentwicklungen aufnehmen und verstehen können, was man daraus an Markt-, Produkt- oder Geschäftsmodellinnovation machen kann. Zudem muss er als Mittler zwischen den

Tobias Gaukstern (r.) erläutert Interessenten auf der Messe für elektrische Automatisierung, SPS, die Analytics-Lösung von Weidmüller.

Welten dienen können. Das sind auf der einen Seite Divisionsleitung oder Vorstand sowie auf der anderen Seite die Perspektive zum Kunden hin. Ganz entscheidend ist, dass er für diese Rolle eine entsprechende Portion Mut mitbringt, um voranzugehen. Wichtig ist Überzeugungskraft, um Entscheider davon überzeugen zu können, dass der Eintritt in ein neues Geschäftsfeld der richtige Schritt ist.

Muss er auch ein Querdenker sein?

Definitiv. Wenn er nur in eingefahrenen Bahnen denkt, dann kommt er niemals auf ganz neue disruptive Geschäftsideen. In der Zeit, in der wir uns bewegen, ist es immer wichtiger, querzudenken, sich zu vernetzen und auch einmal andere Schritte zu gehen.

Wir fördern das im Unternehmen, indem wir solche Leute haben, die querdenken, die über den Tellerrand hinausschauen, die Ideen einbringen, auf die man sonst nicht gekommen wäre. Nur dadurch entstehen neue Geschäftsfelder.

Schneller agieren: Daimler-Chef Dieter Zetsche setzt auf eine „Schwarm-Organisation" mit Mitarbeitern, die über Abteilungsgrenzen vernetzt sind.

Die Viu-Führung mit Kilian Wagner, Johannes Heinrich, Peter Kaeser und Fabrice Aeberhard (v. l.) hat eine gemeinsame Vision.

Technologieentwicklung zuständig, der stark mit der Region vernetzt ist. Er arbeitet eng mit Hochschulen und Universitäten in der Region zusammen, um frühzeitig Trends aufzugreifen und Produkte und Lösungen zu entwickeln, unabhängig vom jeweiligen Geschäftsmodell und dem dahinterstehenden Erfolg.

Viele Unternehmen stehen vor dem Problem, dass sie nicht schnell genug so viele Entwickler einstellen können, wie sie für die Entwicklung von IoT- und Digitalisierungslösungen benötigen. Deshalb haben sich namhafte Industrie- und Softwareunternehmen zusammengeschlossen in der strategischen Allianz „Adamos", was für Adaptive Manufactoring Open Solutions steht. Das Joint Venture von DMG Mori, Dürr, Software AG, Zeiss und AM PT hat sich zum Ziel gesetzt, einen globalen Branchenstandard zu schaffen und zusätzlich weitere Maschinenbauer als Partner zu gewinnen.

Neue Perspektive, neue Geschäfte

Es müssen nicht disruptive Innovationen wie das Internet der Dinge oder Uber und Airbnb sein, die Märkte, Geschäftsmodelle und Firmen vor umwälzende Herausforderungen stellen. Manchmal reicht schon eine andere Perspektive, um neue Geschäfte in etablierten Branchen hervorzubringen. So wie das Schweizer Brillenlabel „Viu". Geprägt ist der Brillenmarkt von rein optischer Denkweise. Für die letzte große Innovation steht Fielmann, weil der Anbieter im Jahr 1981 das Ende der Einheitskassenbrille einleitete. Der Onlinehandel schaffte bisher noch nicht den Durchbruch in diesem Markt. Diesen langweiligen Markt versucht Viu nun, komplett zu drehen, indem quasi durch die Brille eines Fashion-Unternehmens inklusive optischer Kompetenz geschaut wird.

Entscheidend für den Markteinstieg waren die Kompetenzen, die die Unternehmensgründer mit in das Start-up einbrachten. Zwei Entrepreneure hatten schon Erfahrung mit einem Brillenlabel. Der Optiker aus Zürich brachte die optische Kompetenz ein. Kilian Wagner und ein Freund

sorgten als ehemalige Berater für die Business-Kompetenz. Das Team repräsentiert also gewissermaßen ein Kompetenznetzwerk im Kleinen.

Die junge Online-Eyeware-Company setzt dazu an, den Brillenmarkt zu revolutionieren. Im vergangenen Jahr führten die Schweizer eine im 3-D-Verfahren gedruckte Brillenkollektion ein – „total customized". Vor der Markteinführung gab es keine endlos lange Präsentationsphase. Es wurde schlicht eine schnelle Hypothese entwickelt, wie das Geschäftsmodell aussehen könnte. Dann wurden die Produkte in ausgewählten Stores getestet. In regelmäßigen Calls wurde über Mitarbeiter ermittelt, was noch nicht perfekt ist und wie Kunden auf das Angebot reagieren. Unter Berücksichtigung dieser Erkenntnisse ging Viu dann in die Breite, wobei die ersten Stores als „Mentoren" für die später eröffneten Stores starteten. „Es ist essenziell, dass wir Kunden und Mitarbeitern zuhören und mutig ihre Vorschläge aufgreifen", betont der Schwabe Wagner, der jetzt in der Schweiz lebt.

Obwohl Google Glasses ein Flop waren, fängt Viu heute an, mit der Technologie zu spielen – unterstützt von einem ehemaligen Mitarbeiter der Eidgenössischen Technischen Hochschule (ETH) Zürich, der die technologische Erfahrung einbringt. Viu entwickelt zwar nicht die Technologie, aber schon Ende 2018 soll es die ersten Prototypen einer ästhetisch schönen Datenbrille geben. „Wir denken das Thema aktiv, denn wir wollen uns nicht gestalten lassen", sagt Wagner selbstbewusst: „Aber innerhalb unserer Möglichkeiten überlegen wir, was unser Recht ist, in diesem Markt dabei zu sein."

Im klassischen Denken fokussieren Unternehmen auf den Wettbewerb um Marktanteile und konzentrieren sich dann zum Beispiel auf die Effizienz von Prozessen und auf inkrementelle Produktinnovationen. Derzeit entsteht jedoch zusätzlich ein Wettbewerb um Chancenanteile, ein Wettbewerb um Zukunftsoptionen. Unternehmen müssen verstärkt in solchen Zukunftsoptionen denken. Prominente Beispiele dafür sind Google oder Apple, die neue Autos (selbstfahrend), neue

Mit der 3-D-gedruckten, auf den Kunden angepassten Brille begibt sich das Start-up Viu in eine neue Dimension. Ende 2018 will die Eyeware-Company die ersten Typen einer ästhetisch schönen Datenbrille präsentieren.

Plattformen und neue Technologien entwickeln. Dennoch rät „Hyperwettbewerb"-Forscher Prof. Roland Eckert im neuen Wettbewerb um Chancenanteile, nicht den Marktanteilswettbewerb aus den Augen zu verlieren: „Nur durch einen Erfolg im Marktanteilswettbewerb kann der Wettbewerb um Chancenanteile finanziert werden." Gleichzeitig gilt: „Nur durch einen Erfolg im Chancenanteilswettbewerb ist ein weiterer Erfolg im Marktanteilswettbewerb aber erst möglich", wie er sagt. Auf die Herausforderungen geht Eckert auch in seinem Gastbeitrag auf Seite 40 dieser Ausgabe ein.

Für Frank Piller, der an der RWTH Aachen im Schwerpunkt „Technologie- und Innovationsmanagement" lehrt, müssen sich Unternehmen vom Paradigma, alles planen zu können, verabschieden: „Das ist total blöd für den klassischen Manager, weil das eigentlich nicht die Art ist, wie er entscheidet." Nur: Wird dann überhaupt noch eine Strategie benötigt? Oder: Was heißt dann Strategie? Laut Piller ergibt Strategie nur noch Sinn bei der technologischen Roadmap, weil die Basistechnologien vorentwickelt werden müssen. Entscheidend sei jedoch, dass sich Unternehmen überlegen, was das zu lösende Problem ist. Dies führe zur Umkehrung der klassischen Wertschöpfungskette aus Entwicklung, Vertrieb und Kunde. Das Kundenproblem rücke in den Vordergrund, die Technik sei nur Mittel zum Zweck, unterstreicht der Forscher: „Nicht das Machine Learning, auf das derzeit viele Unternehmen den Fokus haben, ist die Lösung, sondern die Möglichkeit der Vernetzung, was damit gemacht werden kann."

Wo ihr Unternehmen in fünf Jahren genau steht, weiß der ehemalige Mc Kinsey-Berater Wagner als einer der Viu-Chefs nicht: „Wir haben eine Vision für uns", räumt der Geschäftsführer ein: „Aber die Realität ist, dass man sich als Organisation so aufstellen muss, dass man flexibel genug ist, um sich immer wieder neu zu erfinden." Für den Anbieter von Brillen-Fashion, der mittlerweile auf 200 Mitarbeiter gewachsen ist, gilt es, eine Kultur zu entwickeln, die es ermöglicht, sich ständig anzupassen und „nicht in Lethargie zu verfallen, die Prozesse immer gleich zu machen". Seine Zutaten für eine agile Organisation beschreibt Wagner so: „Das ist ein bisschen Kultur, sehr viel Struktur, wie man es schafft, die Dynamik strukturell zu erhalten, und dann natürlich Entrepreneur- und Leadership."

Daimler-Chef setzt auf „Schwarm-Organisation"

Auf die „Schwarm-Organisation" setzt beispielsweise Daimler-Chef Dieter Zetsche, um in einer zukunftsfähigen Unternehmenskultur schneller agieren zu können. Rund 20 Prozent aller Mitarbeiter sollen vorerst in jener Organisationsform arbeiten, durch die sie nicht in eine strikte Hierarchie eingebunden sind und innovative Themen zu verknüpfen sind. Sein Konzept erklärte Zetsche in der „FAZ" wie folgt: „Sie agieren unabhängig von Abteilungsgrenzen sehr autonom vernetzt, und das ist dann keinesfalls auf einzelne Projekte beschränkt, sondern eine dauerhafte Sache." Ein Arbeitsmodell übrigens, wie es aus Start-ups bekannt ist. Denn Gründer wollen und müssen mit flachen Hierarchien schnell und flexibel agieren. Nur werden auch die kreativen, innovationsgetriebenen Unternehmenseinheiten beizeiten hoch skalieren und in die Phase des Effizienzwettbewerbs um Marktanteile eintreten. Forscher Eckert folgert daraus: „Unternehmen brauchen ein effizienzorientiertes, aber auch ein innovationsorientiertes Organisationsmodell. Und die große Frage der Zukunft wird sein, wie sie die beiden miteinander vernetzen."

Peter Hanser arbeitet seit 2014 als freier Journalist. Zuvor war der Diplom-Ökonom mehr als drei Jahrzehnte als Wirtschaftsredakteur tätig.

Ihr Spezialist für die Möglichkeiten der Sanierung unter Insolvenzschutz

Jan H. Wilhelm
Sanierungsberater – Insolvenzverwalter

hww hermann wienberg wilhelm. Unabhängig. Kompetent. Engagiert.

Nehmen Sie uns gerne beim Wort.

Gründungspartner Jan H. Wilhelm
Albert- Einstein-Ring 11
22761 Hamburg
Tel.: 040-8539978-0
E-Mail: wilhelm@hww.eu

„Coolen Content generieren Unternehmen durch Cleverness"

Software von Adobe kennen viele durch Acrobat, Photoshop und Indesign. Doch heute arbeiten Unternehmen mit dem Anbieter für ausgeklügelte Marketing-Maschinen in der Cloud.

Herr Ropers, Adobe hat sein Geschäftsmodell in den vergangenen zehn Jahren erfolgreich verändert. Was an der Unternehmensführung in diesem Transformationsprozess bewerten Sie als beispielgebend und übertragbar auf Firmen in anderen Wirtschaftszweigen?

Stefan Ropers: Die Unternehmensführung hat damals trotz Weltmarktführerschaft in Kreativ-Software erkannt, dass Adobe sich nicht auf diesen Lorbeeren ausruhen kann. Der CEO begann 2008 mit seinem Team einen Prozess, um Neues in unserer Wertschöpfung vertikal zu integrieren. Das Geschäftsmodell, salopp gesagt mit Werkzeugen für bunte Bildchen, ist dabei komplett umgekrempelt und erweitert worden. An der Seite der Creative Cloud steht heute die Experience Cloud. Das klingt in der Rückschau logisch und einfach. Aber so ein Schritt muss zunächst erst mal extern allen Shareholdern und intern allen Mitarbeitern sowie sonstigen Stakeholdern erklärt werden. Zumal wenn wie oft in solchen Transformationsprozessen anfänglich ein Gewinnrückgang einsetzt. Doch nach einer kurzen Talfahrt ging es schnell wieder steil bergauf. Zentral bewerte ich deshalb für beispielgebend und übertragbar auf andere Firmen: Man muss auch kurzfristig Nachteile in Kauf nehmen, um dann über das frische Geschäftsmodell neue Vorteile auszuschöpfen.

Belegen Sie den erfolgreichen Turnaround bitte anhand von Kennzahlen etwa für Neukundengewinnung oder Profitabilität.

Unsere positive Gewinnentwicklung ist schon am Aktienverlauf zu erkennen: Der Adobe-Kurs lag 2009 bei 16,70 US-Dollar und steht heute bei 185,4 US-Dollar. Wir haben den Wert allein in 2016 verdoppelt. Und nur für Deutschland kann ich sagen, dass wir schon jetzt 90 Prozent unserer Bestandskunden in unsere Cloud-Modelle überführt haben.

> „Das Geschäftsmodell ist komplett umgekrempelt und erweitert worden."
>
> Stefan Ropers

Ist Adobe also vor allem herausragend der Wandel vom Lizenz-Geschäft für Software hin zu Anwendungen im Cloud-Mietmodell gelungen?

Das hieße, einen Aspekt des neuen Geschäftsmodells zu stark zu betonen. Nein, wir haben insbesondere mit der Experience Cloud eine ganz neue Plattform geschaffen für systematisches Marketing mit mehr Kundenerlebnis.

Mit Ihrem Produkt Sensei soll die digitale Transformation leichter gelingen, indem insbesondere Papier in editierbare Dokumente umgewandelt und die Datenflut besser verarbeitet wird. Wie helfen dabei künstliche Intelligenz und Machine Learning?

Vielfältig. Vor allem bei Standardprozessen. Ob bei der Umwandlung von Papier in bearbeitbare Scans, bei der Verschlagwortung von Bildern oder beim Erfassen von abweichenden Daten. Letztgenanntes etwa zum Ermitteln von Gründen, wenn der Verkauf in einem Onlineshop einbricht. Maschinen können das zuverlässiger. Und Menschen übernehmen solche quasi mathematischen Auswertungen auch nicht unbedingt gerne.

Beschreiben Sie bitte konkret, wo Maschinen diese Hilfestellungen leisten.

Sowohl in der Creative Cloud wie in der Experience Cloud. Ein Fotograf, der beispielsweise 1.000 Bilder während eines Musikfestivals geschossen hat, nutzt diese Helfer zur Verschlagwortung von Motiven mit Gitarren, mit Gesichtern, mit Gruppen. Das kann unsere Software spielend schnell. Oder einen Datenpool auswerten zur Segmentierung und zur Contribution Analysis. Dabei lernen Maschinen jedes Mal dazu, etwa auch, um die Bedeutung von Ereignissen für die Zukunft einzuordnen. Machine Learning hilft auch dabei, E-Mails im Kampagnenversand passend mit

Stefan Ropers, Geschäftsführer der Adobe Systems GmbH und Managing Director Central Europe, war 2015 angetreten, um „den dynamischen Transformationsprozess" weiterzuführen. Zuvor war er elf Jahre beim IT-Giganten Microsoft sowie bei der Managementberatung McKinsey.

personalisiertem Anschreiben auszustatten. Verschiedene Varianten werden dazu in einem Testlauf erprobt; davon profitieren insbesondere Mittelständler mit wenig Personal für solche Aufgaben.

Wie ganzheitlich tragen Ihre digitalen Tools nun zur Unternehmensführung bei?
Über die Instrumente der Experience Cloud bei der Marktforschung, dadurch indirekt auch bei der Preisgestaltung und selbstverständlich insbesondere in der Kommunikation. Über die Creative Cloud aber zumindest auch bei der Produktgestaltung.

Beschreiben Sie anhand einer Adobe-Referenz, wo diese Ganzheitlichkeit im Großen und Ganzen schon gut funktioniert.
BMW kauft zum Beispiel unsere Gesamtlösungen und managt damit den gesamten Content.

Den Fokus Ihrer Arbeit auf das Kundenerlebnis konzentrieren wollen schon 63 Prozent der Entscheider, ermittelte Ihre Studie „Digital Trends". Adobe verspricht bessere Ergebnisse durch digitale Erlebnisse. Mit welchen Fakten belegen Sie diesen Effekt?
Keiner unserer Kunden hat Interesse daran zu kommunizieren, welche Steigerungen er im Deckungsbeitrag durch uns erzielt hat. Lassen Sie mich lieber am Beispiel BMW inhaltliche Vorteile belegen: Dort ist als System „Next Best Offer" entwickelt worden. Wer darin etwa bei der Konfiguration eines X5 plötzlich aussteigt, bekommt in Echtzeit

direkt ein Alternativangebot auf Basis seiner vorherigen Eingaben und damit Präferenzen. Dieser Mix aus Personalisierung, Content und Kampagne ist mit unserer Lösung möglich.

Mit dem Experience Manager will Adobe die Unternehmen beim Erstellen von Inhalten für verschiedene Kanäle unterstützen – „agil und zuverlässig". Was aber nützt das beste Tool, wenn wenig agile und zuverlässige Anwender zu selten relevanten Content erstellen?
Ein wichtiger Punkt. Und eine einfache Antwort: Gute Experience ist ohne guten Content nicht möglich. Coolen Content generieren Unternehmen auch durch Cleverness – ohne große Hollywood-Maschinerie. Bei Heidelberger Druck gehören zum Beispiel die Filme mit eigenen Mitarbeitern und mit Mitarbeitern von Kunden, die berichten, wie sie mehr aus ihrer Druckmaschine herausgeholt haben, zu den besten Inhalten auf der Website.

Was raten Sie Unternehmen, damit der markt- und kundenorientierte Perspektivwechsel echt erlebbar wird? Schließlich hören Kunden häufig, sie seien König, um dann ihr blaues Wunder in Warteschleifen zu erleben.
Richtig. Die tollsten Tools nützen gar nichts, wenn sich das Unternehmen nicht von innen heraus strategisch und kulturell zum Kunden hinwendet. Das beginnt schon bei der Ansprache, die direkt vermitteln muss, was dem Kunden nützt. Das Unternehmen muss den Gewinn für Kunden spürbar freischalten wollen. Diejenigen, die dies verinnerlicht haben, sind eindeutig erfolgreich. Mittelständler

mit gelebter Kundennähe haben das auch längst begriffen, schwer tun sich eher Großkonzerne.

Wo haben Sie selbst sich als Kunde zuletzt so bedient und damit wertgeschätzt gefühlt?
Erstaunliche Erlebnisse beschert mir immer wieder Sonos. Neue Features erfreuen mich stets aufs Neue. Zu Beginn der Beziehung habe ich nur eine Sonos-Box gekauft, bin aber bis heute dem System treu geblieben. Und ich habe es mehrfach anderen empfohlen. Für mich ein vorbildliches Beispiel für gute Kundenerfahrungen. Als Vielflieger fühle ich mich zudem bei Lufthansa gut betreut, insbesondere durch intelligente Kommunikationsmittel.

Bei Geschäftsmodellen zählen nicht allein Kundenbedürfnisse. Wie lassen sich Ihre Ansprüche an Profitabilität optimal erfüllen?

Vorbild für konsequente Business-Transformation

„Vom freien Künstler bis zum internationalen Konzern" will Adobe mit seinen Lösungen dazu beitragen, dass Unternehmer „außergewöhnliche digitale Erlebnisse" für ihre Kunden entwickeln und bereitstellen.

In drei Sparten soll „Document Cloud" papiergebundene Prozesse digitalisieren, Crea-„tive Cloud" mit Photoshop oder Indesign den Kreativ-Workflow für Desktop, für Apps und für Dienste

Adobe Headquarters im kalifornischen San Jose: sonnige Verwandlung.

mit Applikationen unterstützen sowie „Experience Cloud" über Big Data mit personalisierten Inhalten die Zielgruppen erreichen. Charles Geschke und John Warnock, die Erfinder der Seitenbeschreibungssprache „Post Script", gründeten vor rund 35 Jahren das Unternehmen mit Hauptsitz im kalifornischen San Jose, das heute weltweit mit 15.000 Mitarbeitern rund 5,8 Milliarden US-Dollar Umsatz erzielt. Adobe gilt als Vorbild für die konsequente Transformation des Geschäftsmodells – dabei hat das Unternehmen marktführende Gestaltungsprogramme erweitert um vielfältige Marketinginstrumente sowie das Lizenzmodell verändert in zu mietende Dienste aus der Datenwolke.
www.adobe.com/de

Indem sie ihren Kunden intensiv gute Erlebnisse vermittelt, dann stellt sich Erfolg fast automatisch ein. Unsere Systeme erlauben ja übrigens auch, Ziele zu definieren. Die hohe Konvertierungsrate von Daten und maßgeschneiderte Angebote für Kunden sorgen schlussendlich für eine exzellente Effizienz. Durch Vorteile zu beiderseitigem Nutzen sind letztlich auch höhere Preise durchzusetzen. Dies sorgt unterm Strich für mehr Profitabilität.

Wagen Sie eine allgemeingültige Definition? Eine erfolgreiche Geschäftsmodell-Entwicklung ist dann gegeben, wenn ...
... sich der Nutzen für Kunden und die Kernkompetenz des Unternehmens übereinanderlegen zu profitabel vermarktbaren Mehrwerten.

Gerne führen Experten als zukunftsweisende Geschäftsmodelle solche wie von Netflix oder Spotify ins Feld. Gehören Flatrate-Mieten zu einem wesentlichen Merkmal?
Nein, nicht im Kern, das Mietmodell ist nebensächlich. Es geht in erster Linie darum, Problemlösungen und Mehrwerte zu schaffen. Bei Netflix etwa nicht in muffigen Videotheken einen Film suchen zu müssen und bei Spotify nicht stapelweise CDs durch die Gegend zu schleppen.

Mit digitalen Angeboten zu Film und Musik sind individuelle Pakete womöglich leichter zu schnüren. Warum fällt es zum Beispiel den Printmedien-Verlagen offensichtlich deutlich schwerer, ihr altes Geschäftsmodell zu transformieren?
Ich vermag diesen Teil der Medienbranche nicht fundiert zu beurteilen, aber mir scheint, dass den Printproduzenten ein datengetriebenes Kundenverständnis fehlt, um das originäre Geschäftsmodell zu transformieren. Print-Content ist nicht einfach in elektronische Kanäle zu kippen. Gut finde ich Flipboard, mit dem ich mir meine eigene Zeitung zusammenstellen kann, was ich gerne nutze. So eine Personalisierung im Internet vermisse ich von Verlagen.

Oder nehmen wir die derzeit von Unternehmenskrisen heimgesuchte Bekleidungsbranche, die statt einst Herbst-/Winter- und Frühjahr-/Sommer-Kollektionen heute oft schon täglich neue Mode in die Läden bringt. Wie viel mehr individualisiert soll Fashion noch auf den Markt kommen?
Schauen Sie nur, was Adidas vorbildlich für Fashion entwickelt hat. Kunden sind aktiv im Kreationsprozess eingebunden. Diesen Weg zum eigenen Schuh unterstützen wir mit. Meinen Schuh in 3-D individuell ausdrucken zu lassen ist schon großer Sport. User-generated Content in Fashion bringt neue Styles und Looks hervor – von Kunden für Kunden! Damit sind mehr als nur 16 Kollektionen möglich. Individuelle Erlebnisse und Styles zu teilen ist heute State of the Art.

Vorher-nachher: Das Software-Paket „Creative Suite" gab es früher als Box (l.), heute über diesen Icon (r.) als Cloud-Abonnement.

Transformation treibt Werte

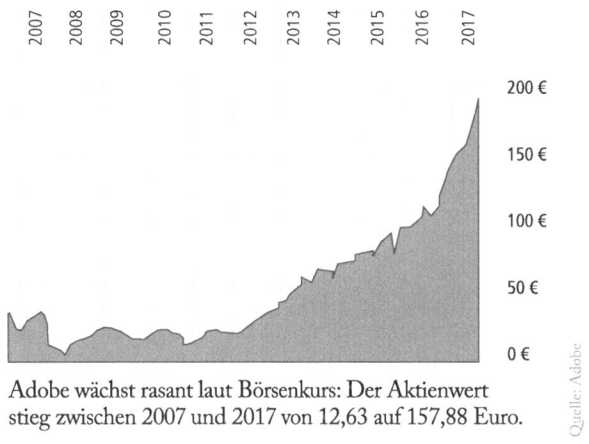

Adobe wächst rasant laut Börsenkurs: Der Aktienwert stieg zwischen 2007 und 2017 von 12,63 auf 157,88 Euro.

Deutliche Kursgewinne von im Schnitt fast 16 Prozent pro anno verzeichnen die Analysten in den vergangenen zehn Jahren.

Für mehr Personalisierung müssen Kunden bereit sein, ihre Daten preiszugeben. Angesichts aufgedeckter Datenverluste in Unternehmen ist Vorsicht verständlich. Welchen Ausweg sehen Sie aus diesem Dilemma?
Zum verantwortungsvollen Umgang mit Kundendaten gibt es keine Alternative. Dazu gehören Disziplin, Know-how und demnächst auch die stärkere Verantwortung als Unternehmer durch die ab Mai greifende Datenschutzverordnung. Wir wissen aber abseits aller zu befolgenden Regeln, dass Kunden sehr unzufrieden reagieren, wenn sie nach dem Kauf etwa bei Amazon noch dauernd von Display-Ads verfolgt werden. Professionelle Personalisierung hilft also auch dabei, sie nicht zu nerven. Vermutlich geben sie dann eher bereitwillig ihre Daten heraus. Jede Austauschbeziehung braucht Balance.

„Kreativität, Marketing und Dokumentenmanagement" – diesen Dreiklang stimmt Adobe an, um das meiste in der Unternehmensführung zu begleiten. Sind damit auch Transformations- und Turnaround-Prozesse zu managen?
In einer harten Sanierung sind sicher andere Schwerpunkte mit Priorität zu managen. Sonst gilt aber: Ja, was im Kern einer Transformation steht, begleiten wir. Unsere Instrumente liefern Unternehmensführern und ihren Teams mehr Erkenntnisse zu fehlenden Kundenkenntnissen für stärkeres Verständnis von Bedürfnissen, Lösungen für die Umsetzung und letztlich dadurch mehr Profitabilität. Wir setzen also durchaus am Kern der Unternehmensführung an.

Welche Aspekte der digitalen Transformation versprechen für Sie in Unternehmen die größten Chancen, zu einer neuen Art der Geschäftsmodell-Entwicklung zu kommen?

Daten und Kenntnisse zu Kundenbedürfnissen sind effizient nur durch die digitale Transformation zu gewinnen. Sie wirken wie der Treibstoff für den Motor. Voraussetzung für allen Antrieb ist jedoch nur eine Haltung, die heißt: Wir wollen uns wandeln!

Wo liegen für Sie die größten Risiken?
Die größten Gefahren sehe ich durch einen Null-Fehler-Ansatz gegeben. Lange haben Unternehmer das Risiko gescheut durch Produkte in Perfektion. Das ging viele Jahre gut. Heute ist das Experimentieren mit einer geduldeten, besser sogar gewünschten Fehlerkultur notwendig.

Wie bewahren Unternehmen ihr Geschäftsmodell vor Krisen?
In der Strategie ist ein fundiertes Verständnis über langfristige Veränderungen auf Märkten und durch Trends wichtig, denn das wirkt auf das Geschäftsmodell ein. Neue Technologien sind auf Sicht nicht zu unterschätzen; wie in der Musikindustrie, deren Vertrieb von Tonträgern nahezu ausgelöscht wurde durch andere Anbieter. Gezielte Experimente für Neues und eine verfestigte Haltung und Kultur für Wandlungsfähigkeit halte ich für wichtig, um Veränderungen stets früh- oder zumindest rechtzeitig zu erproben. Kurzum: Es gilt wie seinerzeit Adobe, auf die richtigen Vektoren zu setzen.

↓ Mehr unter www.return-online.de

Das Interview führte „return"-Chefredakteur Thorsten Garber in München bei Adobe Deutschland.

Ende einer Zitterpartie

Deutschlands „Nein" zum Atomstrom kostete der Duisburg Tubes Production AG fast die Existenz. Dann aber wirkt die Spezialisierung auf Hüllrohre wie ein Rettungsring.

Gepilgert wird am 7. November 2017 nicht. Gemeint ist der Prozess, der aus kurzen, dicken Zirkonium-Rohren lange, dünne macht. Darauf ist die Duisburg Tubes Production (DTP) spezialisiert. Heute jedoch stehen die Produktionsstraßen still. Nicht weil es, wie vor anderthalb Jahren, an Aufträgen mangelt, sondern weil die verkaufsnotwendige Inventur durchgeführt wird.

Zwei Delegierte des Investors, die chinesische „Taihai Manoir Nuclear Equipment Co", sind angereist. Soeben hat Präsident Zhao Bohong den 90 Mitarbeitern seine Standort-Vision vorgestellt: Der börsennotierte Zulieferer

© www.dtp-ag.eu/de

Präzisionsrohre für sensible Branchen entstehen bei der Duisburg Tubes Production AG.

Nuklearboom in Osten, Rückbau im Westen

448 Reaktoren zählte die Word Nuclear Association Ende 2016 weltweit und 61 befanden sich im Bau. 15 davon entstehen in Indien, Pakistan oder Russland, 20 im Boomland China, das bereits 37 Reaktoren besitzt. Um die Luftqualität zu verbessern, forciert Chinas Regierung den Nuklearstrom weiter. In Europa und den USA stagniert der Markt. Neugebautes ersetzt alte Reaktoren. Frankreich, mit 58 Werken europäischer Spitzenreiter, will bis 2025 seinen Atomstromanteil von 75 auf 50 Prozent reduzieren, Deutschland bis 2022 komplett aus der Atomenergie ausgestiegen sein.

www.dtp-ag.eu/de

für die Nuklearindustrie will sich als erster nichtstaatlicher Kraftwerksbetreiber am chinesischen Markt etablieren. Um überdurchschnittliche Qualität liefern zu können, kauft man erfahrene Branchendienstleister in Europa ein. Gehen die Pläne der Taihai-Gruppe auf, werden Rohre aus Duisburg künftig nicht nur im boomenden chinesischen Atomenergiemarkt eingesetzt, sondern auch neue Anwendungen in konzerneigenen Sparten wie der Petrochemie und Luftfahrt finden.

Die Stimmung in der sich anschließenden Werkbesichtigung ist freudig, fast ausgelassen. Erleichterung macht sich unter den Käufern und dem lokalen Managementteam breit, jetzt, wo die Zitterpartie ein Ende hat. Dreieinhalb Jahre dauerte sie für die Belegschaft, anderthalb für Insolvenzvorstand Jochen Glück und fünf Monate für die Käufer. So lange lies die Kaufzustimmung des Bundeswirtschaftsministeriums auf sich warten. Dieses prüfte gewissenhaft, um auszuschließen, dass das atomare Konstruktionswissen kriegerisch missbraucht werden kann. Nun aber ist die Verschmelzung mit der Taihai-Gruppe offiziell und DTP stehen Marktchancen offen, mit denen vor eineinhalb Jahren keiner mehr gerechnet hatte.

Glück für einen aussichtslosen Fall

„Der Fall war der aussichtsloseste, den ich je hatte", erinnert sich Insolvenzexperte Glück von der Kanzlei Pluta an seinen ersten Eindruck. Damals besaß der Hüllrohrspezialist genau einen Großkunden. Die Auftragspipeline war nahezu trocken, die Verluste beliefen sich auf bis zu eine Million Euro pro Monat. Mit 156 Mitarbeitern gab es zu viel, für zu wenig Arbeit. Neugeschäft war keines in Sicht, obwohl weltweit nur maximal acht Betriebe das Ziehen nahtloser Zirkoniumrohre für die Nuklearindustrie beherrschen. Eben diese Spezialisierung war nach über 50 Jahren zum Verhängnis geworden.

So lange, wie Europas Kernkraftmarkt wuchs oder zumindest stagnierte, war den Duisburgern die Produktionsauslastung sicher. Ihre Präzisionsrohre ummanteln die Brennstäbe von

Willkommen im Betrieb: Insolvenzvorstand Jochen Glück und Werksleiter Rüdiger Böttcher (2. und 3. v. l.) führten die Delegation des Investors – Yuan Sun, Zhao Bohong und Shuwen Bian (v. l.) – auch durch die Produktionshallen von Duisburg Tubes.

Reaktoren. Sind diese abgebrannt, müssen Stäbe samt Rohre nachgeladen werden. Der Bedarf ist zyklisch, Folgeaufträge sind kalkulierbar. In Spitzenzeiten fertigte DTP 2.500 Kilometer Rohr im Jahr, am Tiefpunkt in 2016 waren es noch 356 Kilometer.

Auslöser des Auftragszusammenbruchs ist das Atomunglück in Fukushima 2011. Deutschland leitet infolgedessen die Energiewende ein: Acht Kernkraftwerke gehen vom Netz, die acht Verbleibenden sollen bis spätestens 2022 folgen. So kommt es zu Überkapazitäten in der spezialisierten Nische. DTP ist damals Tochter der Areva, einem französischen Nuklearkonzern, der im Auftrag von Energieanbietern Kernreaktoren baut, wartet und modernisiert. Als der deutsche Markt wegbricht, kann das Schwesterwerk in Paimboef den Rohrbedarf allein decken. Da der Konzern im gereiften europäischen Atommarkt keine Wachstumsperspektive mehr sieht, wird DTP im April 2014 an den Venture-Kapitalisten Livia verkauft. Besitzer hatte die DTP schon einige, aber niemals Branchenfremde. Seit den 60er Jahren fertigen die Duisburger Rohre. Zunächst als Abteilung der Vereinigten Deutschen Metallwerke, ab 1975 als ausgegründete Nuklearrohrgesellschaft (NRG). Die wird Ende der 80er von Siemens gekauft. 2001 steigt der Atomkonzern Framatome ein, der 2006 in der Areva aufgeht. Seit Januar 2018 gehört Arevas Reaktorsparte zur EDF-Gruppe und firmiert wieder unter Framatome. Bestand, über alle Wechsel hinweg, haben die besondere Ziehtechnik für Fünf- bis Elf-Meter-Rohre

und der Nuklearfokus. Beides will der neue Besitzer ändern. Käufer wie Verkäufer sind sich einig: Das Unternehmen muss sich dem veränderten Markt anpassen.

Allerdings scheitern Livias Bemühungen, sich Absatzalternativen durch neue Branchen zu erschließen. Mal sind die Qualifizierungshürden zu langwierig, mal geforderte Rohrlängen zu kurz. So beginnt man, 1,5-cm-Rohre für Thermomixer auf Produktionsstraßen zu fertigen, die erst ab 2.000 Kilometern – was 133 Millionen Mixer-Abschnitten entspräche – kostendeckend laufen. Zudem leidet die Herstellung unter wachsendem Sanierungsstau und demotivierten Mitarbeitern. Denen schlagen sowohl die miserable Auftragslage aufs Gemüt als auch Fehlbesetzungen im Management.

Kilometer und Qualität für profitables Geschäft

Im April 2016 muss die DTP den Antrag auf Eigenverwaltung stellen. Das ruft Sanierungsexperte Glück auf den Plan, was sich als ebensolches fürs Unternehmen erweist. Im Juni wird das Insolvenzverfahren eröffnet, das Gericht bestellt Martin Lambrecht zum Sachwalter, der auch wesentlich zum Gelingen beiträgt. Keine drei Monate im Amt, stoppt Glück alle Diversifizierungsbestreben. „Ohne das Geschäft mit Kilometern und Hochqualitätsstandards läuft das Werk nicht profitabel. Beides ist in der Nuklearindustrie am höchsten",

Hohe Stabilität: Zirkoniumrohre umhüllen später Brennstäbe, weil sich das Material kaum zersetzt und reaktionsträge ist.

Investition in Produktion: Die Fertigungsstraße lässt sich nicht beliebig umrüsten, um künftig auch Titan oder Nickel zu verarbeiten.

begründet er die Besinnung aufs Kerngeschäft. Was ihm in die Hände spielt: Areva hat mehr Bedarf als zuvor angenommen. Der erste Millionenauftrag wird wiedergewonnen, die Produktion fährt hoch. Jedoch erst, nachdem Glück für die „intelligente Verwaltung des Mangels" gesorgt hatte.

Neben insolvenznötigen Kosteneinsparungen setzte Glück zahlreiche effizienzfördernde Maßnahmen um: Eine halbe Million Euro fließen in Technik, das Qualitätsmanagement wird verbessert, die Fehlerquote unter zwei Prozent gesenkt. So erklimmt die Wirtschaftlichkeit ungeahnte Höhen. Statt über 2.000 Kilometer reichen nun 1.300 Kilometer Rohr im Jahr aus, um kostendeckend zu arbeiten. Dazu trägt auch die Neubesetzung von Schlüsselpositionen bei. Und die Halbierung der Belegschaft, die so erfolgt, dass alle Wissensträger

> **„Ohne Investor mit örtlichem Netzwerk gelingt kein Eintritt im regulierten Energiemarkt Chinas."**
>
> Jochen Glück

dem Betrieb erhalten bleiben. Der Sozialplan wird einvernehmlich mit dem Betriebsrat und der Gewerkschaft IG BCE erarbeitet.

Überhaupt hilft das tiefe Unternehmensverständnis des Betriebsrats, allen voran das der Vorsitzenden Frank Griesdorn und Thomas Dyer, mit dem branchenfremden Glück die Restrukturierung zielsicher voranzutreiben. Beide verantworten mittlerweile als Manager den Fortbestand der DTP mit. Ein Schritt, der nötig war, um das geschwundene Mitarbeitervertrauen für die zweite Restrukturierung zu gewinnen. Noch heute schwärmt Glück von der konstruktiven Zusammenarbeit, die anfangs selbst Pluta-Arbeitsrechtler verwunderte. Rückblickend bestätigt der Erfolg, wie richtig

die Arbeitnehmervertreter mit ihren Missmanagement-Einschätzungen lagen. Schon 2017 greifen die Maßnahmen: Mit rund 1.300 Kilometern Hüllrohr werden etwa 300 Kilometer mehr als ursprünglich mit Areva vereinbart produziert. Mit über zehn Millionen Euro Umsatz werden voraussichtlich zehn Prozent Ebit-Marge erzielt. Für 2018 sind bereits 1.000 Kilometer Auftragsvolumen in der Pipeline.

Bessere Qualität günstiger zu produzieren, erleichtert das Überleben, sichert es aber nicht. Um ein tragfähiges Geschäftsmodell zu entwickeln, muss DTP sich aus der Abhängigkeit zu Areva befreien. Da deren europäische Mitbewerber kein Interesse zeigen, wählt Glück den Verkauf als Weg, dem Hüllrohrspezialisten den asiatischen Wachstumsmarkt zu erschließen. „Ohne lokalen Investor mit örtlichen Netzwerken gelingt ihnen kein Eintritt in den staatlich regulierten Energiemarkt Chinas", betont Glück, warum er nur mit branchenqualifizierten Kaufinteressenten verhandelte. Die „Taihai Manoir Nuclear Equipment" besitzt die richtigen Marktkontakte und sie baut systematisch die Wertschöpfungskette auf, in der sich die Rohrproduktion nahtlos einfügt. Schon 2014 bekundete Taihai Erwerbsinteresse, scheiterte damals aber am Mutterkonzern Areva, der keinen chinesischen Mitbewerber stark machen wollte.

Aber ist das Nischenwissen der DTS wirklich so besonders, dass deutsche Rohre künftig nach China geschippert werden statt sie vor Ort selbst zu produzieren? Taihai-Präsident Zhao Bohong meint, Ja: „Mehr als um Profit geht es darum,

In chinesischer Hand: Die Taihai-Manager wollen erster privater Serviceanbieter für die Nuklearindustrie im eigenen Land sein.

Null-Fehler-Toleranz: Das „Pilgern" von Rohren erfordert viel Erfahrung und ein hohes Bewusstsein für Qualität und Sicherheit.

die Firma zu erhalten. Das Pilgern von Zirkonium ist nicht patentiert, es bedarf jahrelanger Erfahrung. Und DTP ist bereits für den Nuklearmarkt zertifiziert. Um unsere Lieferprobleme zu lösen, brauchen wir die Produktion nicht umzuziehen."

Ein Branchenkenner bestätigt, dass Taihais Plan nicht abwegig ist: „Tubes sind kein Just-in-time-Produkt. Und bei den hohen Kosten der Reaktorbeladung fällt die Logistik nicht ins Gewicht." Er räumt allerdings ein: „Zweifellos wollen die Chinesen auch Wissen kopieren. Aber Chinas größtes Problem ist die Arbeitsmentalität – und die bekommen sie nicht so schnell geändert." Worauf er anspielt: In China kennt man weder Fachausbildung noch Firmenloyalität. Werke bilden den Mittelbau selbst aus. Winkt Eingearbeiteten ein besserer Job, sind sie weg.

Mit Fluktuation fehlt Wissen

Diese Fluktuation macht eine wissensintensive Produktion, die keine Fehler toleriert, nahezu unmöglich. Denn Hüllrohre verhindern, dass Kühlwasser kontaminiert und teurer Sondermüll wird. Gelangte Radioaktivität ins Wasser, müsste der Betreiber den Reaktor stoppen. Ausfälle, die siebenstellige Summen pro Tag kosten und denen durch Doppel- und Dreifachprüfung vor dem Einbau vorgebeugt wird. Denn schon kleinste Verarbeitungsfehler zerstören die für den Nukleareinsatz so wertvollen Eigenschaften des Zirkoniums: Enorme Beständigkeit und Absorptionsträgheit von Neutronen, die der Reaktor zum Inganghalten der Kettenreaktion benötigt. Hinzu kommt, dass das schwere Rohmaterial zu teuer ist, um sich hohe Ausschussquoten zu leisten. Aktuell liegt der Börsenwert bei 56 US-Dollar pro Kilogramm. Verhalten optimistisch

blickt der Betriebsrat in die Zukunft. Zugegeben, Bohongs Vision des Qualitätsbetreibers im Atom-Boomland China klingt verheißungsvoll. Noch ist die Reaktoren-Beladung aber kein marktfähiger Service, da eine Lücke in der Servicekette des Mutterkonzerns klafft. Die sollen weitere Zukäufe bald schließen – spruchreif ist jedoch nichts. Und für den Werkserhalt in Duisburg ist Diversifizierung fast wichtiger als der Nuklearmarkt: „Erweitert Taihai unser Produktangebot und investiert in Fertigungsstraßen für Titan und andere Metalle, meinen sie es mit dem Standort ernst", erdet der Betriebsratsvorsitzende Frank Griesdorn die Verkaufseuphorie. Mündlich hat Taihai sogar Titan-Aufträge zugesagt, doch Taten müssen noch folgen.

Kompakt:

► Zur erfolgreichen Diversifizierung bedarf es des fundierten Verständnisses für das Kerngeschäft des Unternehmens.
► Um Ressourcen nicht unnötig zu verschwenden, gilt es, die Eintrittsbedingungen in neue Märkte sauber zu prüfen.
► Der Verkauf an den richtigen strategischen Partner bahnt Wege in neue Branchen und Auslandsmärkte.
► Über Qualität und Produktivität qualifizieren sich Unternehmen am Markt und verschaffen sich Wettbewerbsvorteile.

Rahel Willhardt besuchte das Unternehmen am gleichen Tag wie die Delegation des chinesischen Investors.

Business globally

Geschäftsmodelle aus vier Ländern

Argentinien
Warum die Just Schweiz AG trotz
Krisen in ihre Auslandsfiliale
Buenos Aires investiert.

China
Wie Claudia Masüger mit
Weinschulungen mittlerweile
50 „Cheers"-Läden eröffnet hat.

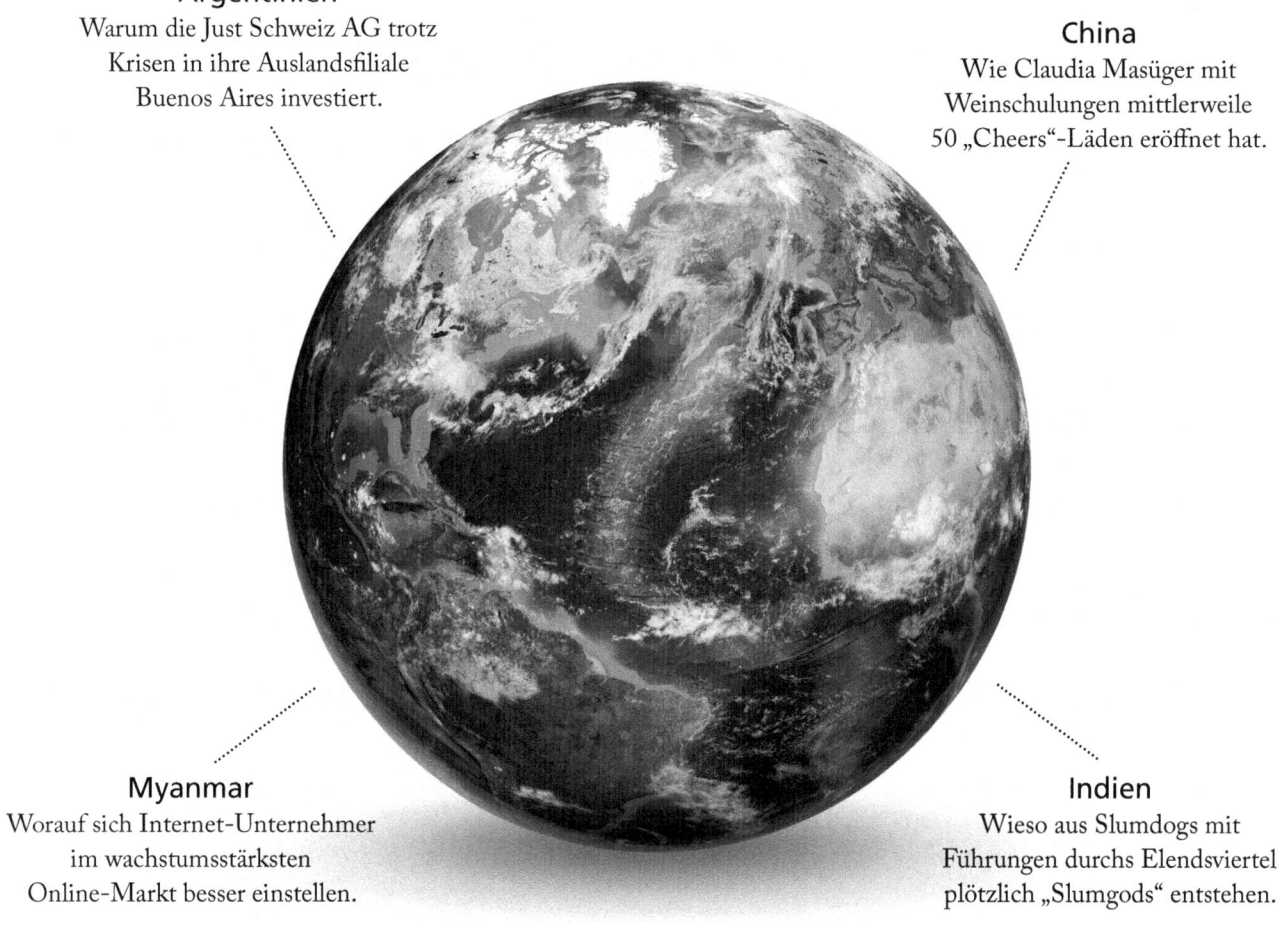

Myanmar
Worauf sich Internet-Unternehmer
im wachstumsstärksten
Online-Markt besser einstellen.

Indien
Wieso aus Slumdogs mit
Führungen durchs Elendsviertel
plötzlich „Slumgods" entstehen.

Antizyklisch ausgebautes Geschäft

Argentinien: Wie es dem Kosmetikhersteller Just aus der Schweiz über seine Auslandsfiliale
nahe Buenos Aires gelingt, trotz Krisen kontinuierlich zu investieren und zu expandieren.

Auch am Schweizer Standort der Firmenzentrale investierte das Unternehmen in einen neuen „Just Generationenbau".

Der Start der ersten Auslandsniederlassung des Schweizer Kosmetikherstellers Just verlief holprig. Als das Familienunternehmen in der dritten Generation in Argentinien seine Fabrik eröffnete, rutschten Argentinien und der Rest Lateinamerikas in eine schwere Wirtschaftskrise. Das war 1995. Auch der nächste Investitionsschub bei der Schweizer Tochter fand sieben Jahre später unter ungünstigen Umständen statt: Im Jahr 2002 stoppte Argentinien die Zahlung seiner Staatsschulden. Das Land versank in eine tiefe Rezession, in deren Verlauf die Wirtschaft des Landes um 20 Prozent schrumpfte. Dennoch hat Just die Investitionen in Argentinien nie bereut: Der Umsatz des Unternehmens wächst stabil zwischen zehn und 20 Prozent jährlich – mit oder ohne Krise. Seit 2004 hat sich der Umsatz mehr als verdoppelt. 150 Mitarbeiter beschäftigt das Unternehmen heute. 15.000 Vertreterinnen einer nicht zum Unternehmen gehörenden Vertriebsorganisation verkaufen die Körperpflege- und Kosmetikprodukte im Hochpreissegment in Argentinien, aber auch in einem Dutzend anderer lateinamerikanischer Märkte im Direktvertrieb. „Wir sind in Argentinien mit einer antizyklischen Politik immer gut gefahren", erklärt mit Fabian von Brocke einer der Geschäftsführer. Er ist Argentinier mit deutschen Vorfahren und hat als Berater im Unternehmen begonnen. Hilfreich seien dabei die schnellen Entscheidungswege eines Familienkonzerns. Entscheidend für die Expansion von Just auch während der schwierigen Krisenjahre waren drei Strategien:

▶ Die regionale Diversifikation. Von Argentinien aus beliefert Just fast ganz Lateinamerika. Immer wieder brechen Märkte ein, dafür boomen andere. Argentinien geht es derzeit gut, wie auch Kolumbien oder Mexiko. In Venezuela dagegen sei der Absatz völlig eingebrochen. Hersteller in der Region profitieren von Zollpräferenzen und können schneller auf Kundenwünsche reagieren.

▶ Just bietet nicht nur Produkte an, sondern auch Qualitätsproduktion. Das Unternehmen produziert seit 2010 auch für andere Kosmetikhersteller in Lateinamerika. Dadurch werden die Anlagen besser genutzt.

▶ Die Produktpalette transformiert hat Just, indem die in Europa üblichen Packungsgrößen auf die regionale Kaufkraft und Präferenzen angepasst wurden. Deswegen ist die Nachfrage weniger preissensibel. „In der Krise spart man als Letztes an Gesundheitsprodukten für die Familie", beobachtet von Brocke.

Neuer Wind weht in Argentinien

Von Brocke ist erleichtert, dass in Argentinien nun seit zwei Jahren unter Präsident Mauricio Macri ein neuer Wind weht. Statt der staatlichen Gängelung und Kontrollwut könnte man sich inzwischen wieder auf die Produktion konzentrieren – statt permanent improvisieren zu müssen. „Wir fühlen uns wirtschaftlich deutlich freier", sagt von Brocke.

Bis vor zwei Jahren habe sich die „Langfristplanung" über eine Woche erstreckt. „Jetzt planen wir ein Jahr vorweg." Dennoch sei es immer noch unmöglich, eine Budgetplanung für die nächsten fünf Jahre auszustellen wie in Europa. Wie groß die Zuversicht von Just in Lateinamerikas Wachstumspotenzial ist, das zeigt sich hinter der Fabrikanlage in der Peripherie von Buenos Aires: Dort ragen die Pfeiler des künftigen Lagerhauses aus dem Boden, groß wie ein Flugzeughangar. Verfünffachen will Just seine Fläche. Es ist die historisch größte Investition von Just im Ausland.

Alexander Busch, aufgewachsen in Venezuela, berichtet aus Brasilien seit 25 Jahren über Lateinamerika, diesmal Argentinien. Der studierte Volkswirt lebt in São Paulo und Salvador da Bahia.

Weinschulen für Lernwillige

China: Wie die Schweizerin Claudia Masüger nach ihrem Modell „Cheers" mittlerweile in mehr als 50 Geschäften erfolgreich junge, urbane Konsumenten zu Weinkennern entwickelt.

„Cheers": Ungezwungene Geselligkeit lieben Chinesen wie während der regelmäßigen Weinschule in den mehr als 50 Läden.

China ist bekannt als Land der Teetrinker, als Nation der Weinkenner eher nicht. Dass der Zeitpunkt gekommen ist, die Chinesen auf den Geschmack zu bringen, hat Claudia Masüger vor zehn Jahren als ihr Geschäftsmodell erkannt. Damals kam die Schweizerin, deren Familie seit vier Generationen im Weinhandel tätig ist, mit zwei Koffern voller Weinflaschen in China an.

Der Erkundungstrip durch das Riesenreich machte klar: „Ich brauche ein Konzept, das sich auf Kunden einstellt, die von Wein keine Ahnung haben. Also in erster Linie auf junge, urbane Leute aus der schnell wachsenden Mittelschicht. Die sind neugierig auf den westlichen Lifestyle und unsere Weinkultur." Das Energiebündel mit den roten Haaren kreierte die pfiffige Ladenkette „Cheers" und bilanziert: „Mein Konzept war etwas völlig Neues damals und wurde oft, aber erfolglos kopiert."

Wer einen ihrer inzwischen mehr als 50 Weinshops betritt, fühlt sich nicht erdrückt von teuren Weinen und funkelnden Kristallgläsern. Die beherrschende Farbe ist Rot – kein Zufall, steht Rot in China doch für Glück. In den Regalen finden sich nur wenige Bordeaux- oder Merlot-Weine aus Frankreich oder Chile. „Die sind viel zu schwer", ist Claudia Masüger überzeugt: „Anfänger mögen lieber leichte oder süße Weine." Also hat sie auch Liebfrauenmilch im Angebot, denn „darauf lässt sich aufbauen". Und das tut die Fachfrau, indem sie ihre Kunden durch allerlei Events allmählich zu Weinkennern macht.

„Eine echte Institution ist unsere Weinschule jeden Mittwochabend in allen Shops. Hier lernen meine Kunden, welcher Wein zu welchem Essen passt. Zum Beispiel, dass ein deutscher Riesling toll mit asiatischen Gerichten harmoniert", erklärt sie. Das Angebot sei ein Hit, weil die Chinesen die ungezwungene Geselligkeit ebenso mögen wie die entspannte Atmosphäre.

Die enge Kundenbindung sei ein „ganz wichtiger Faktor", daher „sind unsere Mitarbeiter auch alle super ausgebildet, hoch motiviert und superfreundlich. Ich will keine versnobten Weinhandlungen haben, bei mir sollen alle mit einem Lächeln rauskommen", erklärt die Schweizerin.

Erfolgsstory trotz „täglicher Ohrfeigen"

Doch ihre Erfolgsstory kommt nicht ohne „tägliche Ohrfeigen" daher, wie sie warnt: „China ist ein brutaler Markt. Du musst immer flexibel und bereit sein, dich anzupassen." Im vergangenen Jahr sei das Geschäft hart gewesen, bilanziert Claudia Masüger: „Ich habe neun meiner besten Läden verloren, das hat wehgetan." Lokale Behörden hatten untersagt, dass die Gebäude weiter kommerziell genutzt werden durften. Die Läden hatten aber weiter eine gültige Geschäftserlaubnis. Das führte zu bizarren Szenen: „Bei einem Laden hatten sie uns die Tür halb zugemauert und die Fenster vergittert. Allerdings waren die Gitter breit genug, um eine Flasche durchzuschieben. Also haben wir einige Monate lang unseren Wein durch vergitterte Fenster verkauft", erinnert sich die Schweizerin.

Inzwischen ist Ersatz gefunden: „Ich bin in Malls gezogen. Hier ist die Miete zwar teurer als bei meinen Shops an der Straße, dafür haben wir mehr Laufkundschaft." Die Herausforderungen des chinesischen Marktes schrecken Claudia Masüger nicht. Im Gegenteil: Sie hat große Pläne – und orientiert sich dabei am besonderen Wachstumstempo des Landes. Insgesamt 888 Läden sollen es dereinst werden, denn wie die Farbe Rot steht auch die Zahl 8 in China für Glück.

Hilja Müller arbeitet seit dem Jahr 2002 in Asien. Sie berichtete fast zehn Jahre von den Philippinen und zwei Jahre aus Tokio. Seit 2013 ist Peking ihr Standort.

Netzgeschäft im Neuland

Myanmar: In einem der wachstumsstärksten Internetmärkte der Welt müssen sich auch Online-Unternehmer auf Besonderheiten einstellen, wenn sie profitieren wollen.

Derek Beeftink schlägt einen Umweg ein, um sich hier durchzusetzen: Er geht offline. Es ist Samstagmittag in einem Nobelhotel im Stadtzentrum der größten Metropole des Landes, Yangon. Beeftink ist ein niederländischer Manager, der das Online-Jobportal work.com.mm leitet. Er hat ein Dutzend Unternehmen und 78 Bewerber in einen Konferenzraum eingeladen – zu Myanmars erstem Job-Speed-Dating. Sechs Minuten hat jeder Bewerber Zeit, sich vorzustellen und damit einen besseren Eindruck zu hinterlassen, als es nur anhand eines Online-Lebenslaufs möglich wäre. Mit Ideen wie dieser versucht Beeftink, den Schwierigkeiten zu begegnen, mit denen seine Internetfirma in dem südostasiatischen Land konfrontiert ist. Online-Geschäftsmodelle funktionieren hier nicht nach dem gleichen Muster wie in anderen Ländern. Denn Myanmar zählt zu den wenigen Staaten, in denen das Netz für die meisten noch Neuland ist: Mit der Öffnung des lange isolierten Landes vor wenigen Jahren gingen auf einen Schlag Millionen Menschen zum ersten Mal online. Noch 2009 schätzte die Weltbank die Zahl der Internetnutzer auf nur knapp mehr als 100.000 – das entsprach 0,2 Prozent der Bevölkerung. Inzwischen sind laut Branchenverband GSMA rund 25 Millionen Menschen im Internet im 54-Millionen-Einwohner-Land.

Neuer Markt für Rocket Internet

Manager wie Beeftink, der für den deutschen Internetkonzern Rocket Internet arbeitet, müssen sich darauf einstellen, dass viele ihrer Nutzer noch unerfahren sind: „Weil es hier noch vor zehn Jahren kaum wirtschaftliche Möglichkeiten gab, hat kaum jemand gelernt, wie man einen Lebenslauf schreibt", sagt Beeftink. User würden stattdessen handgeschriebene Selbstbeschreibungen abfotografieren oder achtseitige Kurzbiografien verfassen.

Bei Offline-Events wie dem Job-Speed-Dating will Beeftink den Bewerbern zeigen, wie wichtig es ist, sich kurz und prägnant zu präsentieren. Auf der Arbeitgeberseite nimmt unter anderem DB Schenker teil. Die Personalchefin Khaing Su Wai ist auf der Suche nach einem Logistikchef. Schon in der ersten Runde wird deutlich, dass sich das Verfahren nicht für die Suche nach hoch qualifizierten Spezialisten eignet:

In Yangon, früher Rangun und heute mit mehr als fünf Millionen Einwohnern die größte Stadt in Myanmar, fand das erste Job-Speed-Dating statt.

„Wie ich sehe, haben Sie gerade erst die Hochschule abgeschlossen", sagt sie zu der Bewerberin vor ihr, während sie einen eng bedruckten, mehrseitigen Lebenslauf durchblättert. Khaing Su Wai ist nicht überzeugt. Das sechsminütige Bewerbungsgespräch endet mit drei Minuten Schweigen.

Dass nicht alles glatt läuft, sieht Beeftink nicht als Rückschlag. Er betrachtet die Veranstaltung als ein Experiment. Ziel der Versuche sei es, Bewerbern ein besseres Bild davon zu vermitteln, was Arbeitgeber von ihnen erwarten – und dabei gleichzeitig die Job-Plattform bekannter zu machen.

Auch in anderen Marktsegmenten zeigen sich Myanmars Internetunternehmer kreativ. Sumit Jasoria leitet eine Online-Shopping-Plattform. Weil besonders in den ländlichen Gegenden nicht jeder Nutzer weiß, wie sich Produkte online bestellen lassen, hat er ein Netzwerk aus 2.000 freien Mitarbeitern aufgebaut, die gegen Provision die Dorfbewohner zu Bestellungen motivieren. Wie wichtig es ist, sich auf die lokalen Gegebenheiten einzustellen, zeigt einer seiner Verkaufsschlager: Kondome. Den meisten Menschen sei in Myanmar der Kauf im Laden zu peinlich, deswegen seien diese im Versandhandel so beliebt. Man müsse die Verhütungsmittel jedoch in absolut neutraler Verpackung verschicken, erklärt Jasoria: „Bevor wir das taten, wurde fast jedes Paket wieder zurückgeschickt."

Mathias Peer arbeitet als Südostasien-Korrespondent von Bangkok aus und war für „return" von Thailand aus im Nachbarstaat unterwegs.

Slumdog als Slumgod

Indien: von Musikkursen zum Sightseeing im größten Elendsviertel des Landes. Gründer
Sunil Rayana wagt in Mumbai ein riskantes Start-up der ungewöhnlichen Art.

*Zusammenhalt ist Trumpf im „größten Slum Asiens", durch den die
Slumgods Sightseeing-Touren führen – hier ihre Internet-Präsenz.*

Während man als Unternehmensgründer in anderen Ländern vor allem Banken und Behörden von seiner Geschäftsidee überzeugen muss, gilt es in einem Land wie Indien, mindestens noch zwei weitere, ebenfalls mächtige Institutionen zu gewinnen: Mama und Papa. In einer Kultur, in der immer noch rund 80 Prozent aller Ehen durch die Eltern des Brautpaares arrangiert werden, geht auch bei Business-Aktivtäten ohne Familie nicht viel.

„Meine Eltern waren nicht begeistert und hätten es lieber gesehen, wenn ich Angestellter einer IT-Firma geblieben wäre", sagt Sunil Rayana, Gründer und Miteigentümer des Reiseveranstalters „Slumgods" in Mumbai. Das jedoch kam für den 28-Jährigen nicht infrage. Ein autoritäres Betriebsklima und umfassende Kameraüberwachung am Arbeitsplatz ließen den Ausstieg aus dem Angestellten-Dasein unvermeidbar erscheinen. Schlechte Arbeitgeber haben ihr Gutes: Mit dem Leidensdruck wächst die Risikobereitschaft.

„Es war eine der besten Entscheidungen meines Lebens. Und das, obwohl es für uns am Anfang überhaupt nicht gut ausgesehen hat", sagt der gelernte Buchhalter. Kein Wunder: Die Idee, zusammen mit zwei Partnern als Veranstalter von Sightseeing-Touren den Weg in die Selbstständigkeit zu wagen, ist in einer Stadt wie Mumbai nicht bahnbrechend. Es gibt Dutzende große und kleiner Anbieter.

Sunils Verwurzelung im Handwerker- und Arbeiterviertel Dharavi, das mit seinen rund eine Million Einwohnen gern als „größter Slum Asiens" bezeichnet wird, sollte sich rasch als Wettbewerbsvorteil erweisen. „Slum-Touren" durch

Dharavi werden zwar schon angeboten, doch die Slumgods kennen das Viertel besser als andere, weil sie dort seit Jahren Kurse für Kids in Breakdance und Hip-Hop anbieten. Amerikas Straßenkunst ist die Leidenschaft der drei jungen Inder. Mindestens ebenso wichtig für den Erfolg ist der Unternehmensname in Anlehnung an das bekannte britisch-indische Filmdrama „Slumdog Millionaire", in dem ebenfalls eine Geschichte aus Dharavi erzählt wird.

Schub durch Prominenten

A. R. Rahm, Komponist des Film-Soundtracks, wurde auf das Trio aufmerksam und bot ihm eine Zusammenarbeit an. Das Sightseeing-Geschäft lief dennoch zunächst schleppend, sollte durch internationale Touristen jedoch nach und nach in Schwung kommen. „Kunden aus aller Welt haben uns nicht nur inspiriert und motiviert, unseren Weg weiter zu gehen, sondern auch mit vielen konkreten Tipps und Ratschlägen geholfen", sagt der Gründer. Insbesondere die Unterstützung einer Besucherin, die als Managerin einer internationalen PR-Agentur in Deutschland arbeitet, sei wichtig gewesen. „Von ihr habe ich sehr viel gelernt, nicht nur über Marketing und Unternehmensführung, sondern auch über Selbstbewusstsein und Durchhaltevermögen", sagt der junge Inder. Künftig will er nicht nur Touren für Touristen, sondern unter dem Dachmarkennamen „Dharavi Bazar" auch die in Dharavi produzierten Waren vermarkten. Es ist eine Mammutaufgabe: Dharavis Arbeiter und Handwerker produzieren zwar große Mengen an Textilien, Ton- oder Lederwaren für Groß- und Zwischenhändler, haben aber keine Zugriffsrechte auf Vermarktung oder Vertrieb. Die Rolle der meist armen Produzenten würde sich dann verbessern. Ein Etappenziel hat der Slumgod schon längst erreicht: Ein anderes Etappenziel hat der Slumgod längst hinter sich gelassen – Mama und Papa sind mit ihm mehr als zufrieden.

Martin Jahrfeld arbeitet als freier Wirtschaftsjournalist in Berlin, zuletzt aber für mehrere Monate in Indien. In „return" ist dies seine Premiere.

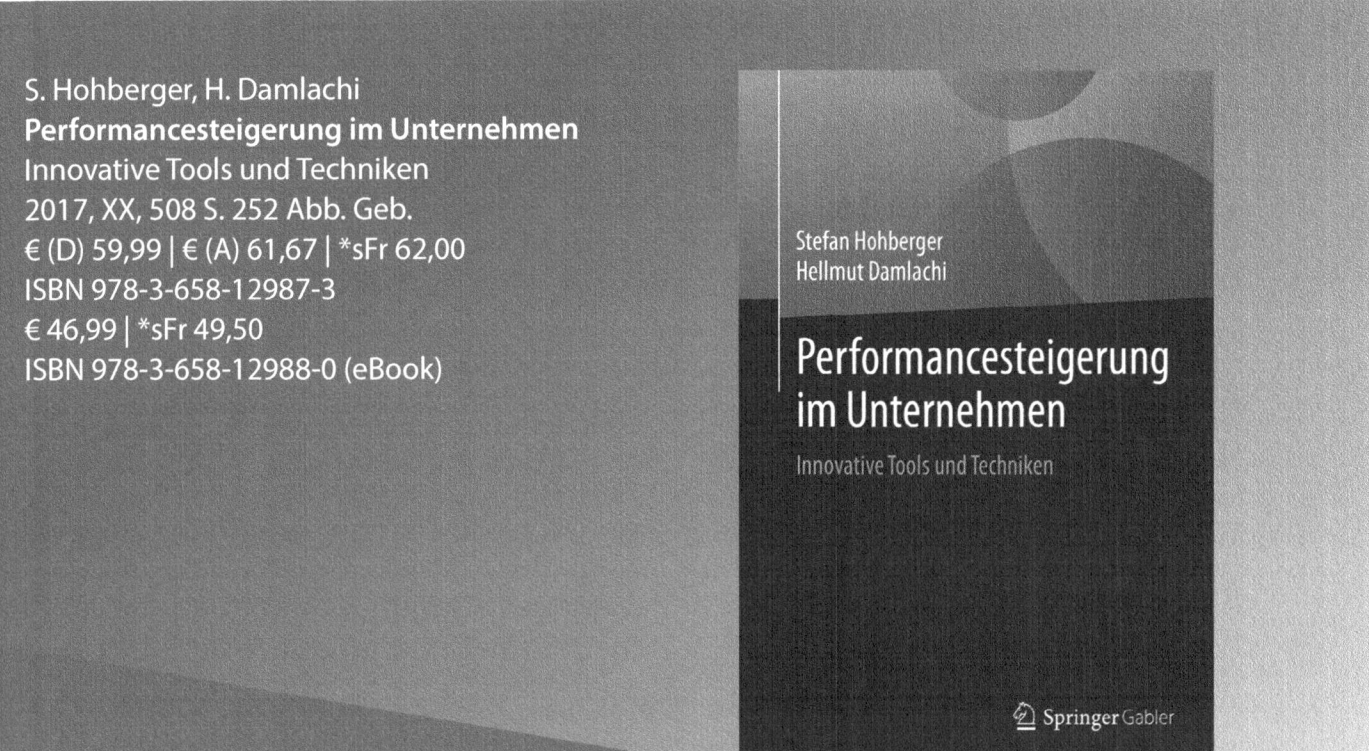

Neue Perspektiven

Die traditionelle Unternehmensführung mit abgehobener Flughöhe hat ausgedient. Denn dieser Blickwinkel krankt an Ungenauigkeit und Tempo, um Organisationen digital zu entwickeln.

Technologische Innovationen haben schon immer Unternehmen und Branchen tiefgreifend verändert. Der Anpassungsdruck ist aktuell durch die vierte industrielle Revolution besonders hoch. Jüngste Studien gehen davon aus, dass in den kommenden fünf Jahren durchschnittlich vier der zehn umsatzstärksten Firmen jeder Branche aufgrund des digitalen Wandels aus den Top Ten von neuen Playern verdrängt werden. Allerdings ist es für den Mittelstand möglich, den digitalen Wandel erfolgreich für die eigene Unternehmensentwicklung zu nutzen und sich nicht verdrängen zu lassen. Dies zeigen zahlreiche Erfolgsbeispiele. So ist mit Cewe aus einem Fotolabor eines der größten Unternehmen in den Bereichen digitale Fotoveredelung und Online-Druckerei geworden. Aus einem ehemaligen Reisebüro HRS entwickelte sich eine international erfolgreiche Online-Buchungsplattform für Hotels. Und von einem Hambugrer Autohändler wurde mit mobile.de einer der größten Online-Marktplätze für Autoanzeigen gestartet.

Inzwischen ist es weniger problematisch, dass Firmen den digitalen Wandel verleugnen oder nicht die Chancen erkennen, die damit einhergehen. Kritischer ist die Tatsache, dass viele Firmen und deren Manager noch auf überholten Managementparadigmen ihre Strategien und Geschäftsmodelle für digitale Ökosysteme entwickeln. Durch unsere Forschungen und Projekterfahrungen in verschiedenen Branchen haben wir belegt, dass erfolgreiche Veränderungen

auf der Existenz einer Digitalkompetenz im Management basieren oder die Bereitschaft benötigen, sich zu öffnen und bestehende Paradigmen aufzubrechen. Digitale Kompetenz bildet das Fundament für die Entwicklung von innovativen digitalen Geschäftsmodellen mit Erfolgsaussicht. Solche Konzepte unternehmerischen Handelns basieren auf Kenntnissen zu Erfolgsmustern digitaler Geschäftsmodelle sowie zu organisatorischen und marktspezifischen Erfolgsfaktoren. Wer diese nicht kennt, greift besser auf Tools und Methoden anderer zurück, um Erfolgsmuster für den eigenen Transformationsprozess zu adaptieren. Verborgene Dimensionen zu Erfolgsmustern sind deswegen so relevant, weil der eigentliche Handlungsprozess sich kaum vom traditionellen Handeln unterscheidet. Fehlt indes der Unterbau, dann ist es so, als ob man mit einer falschen Landkarte und den falschen Fortbewegungsmitteln versucht, an das richtige Ziel zu gelangen.

Klassischer Führungsstil scheitert in Digitalwelt

Die Grundlage des Verstehens im digitalen Denken bilden drei Paradigmen, die traditionellen Management-Mustern konträr gegenüberstehen (siehe Grafik). Insbesondere in etablierten Branchen geht es im Management um das Schaffen von Stabilität und um das Etablieren von Leitplanken, die erfolgreiche Abläufe aufrechterhalten und optimieren. Hierfür ist eine gewisse „Flughöhe" erforderlich, von der aus auf die Organisation geschaut wird. Diese Management- und Führungsprinzipien, insbesondere solche der abstrakten Planung und Kontrolle, scheitern immer häufiger in digitalen Umfeldern. Sie sind schlicht zu ungenau und zu langsam.

Digital-Manager müssen hingegen mit Multi-Optionen agieren, frühzeitig Kundenfeedback einholen, um so die Produktentwicklung rasch zu validieren und Time-to-Market-Phasen zu beschleunigen. Ein sich wiederholendes Testen vom Prototyp bis hin zum fertigen Produkt und die frühzeitige Rückkoppelung mit Kundendaten sind zielführend und besser als eine detaillierte, langfristige Planung.

Dazu jedoch ist es nötig, die Helikopter-Sicht zu verlassen und die kleinen, aber erfolgsrelevanten Funktionen und einzelnen

Unterschiedliche Sichtweisen

Traditionelles Denken	Digitales Denken
Organisationssicht ⟶	Transaktionssicht
Produktsicht ⟶	Plattformsicht
Helikoptersicht ⟶	Grassrootssicht

Drei Paradigmen bilden die Grundlage des Verstehens – aber aus verschiedenen Blickwinkeln.

Quelle: Christian Hoffmeister

Management-Mustern alter Schule stehen neue Denkweisen der digitalen Welt konträr gegenüber.

Genug Flughöhe für den Blick auf die Organisation war für den traditionellen Management- und Führungsstil gefragt, tiefergehende Sichtweisen fördern digitales Denken in agilen Unternehmen.

Leistungen zu finden, um die herum neue digitale Geschäftsmodelle entwickelt werden können. Ein Beispiel hierfür ist das Reservierungsportal www.opentable.de. Dieser Online-Echtzeit-Service für Gäste von teilnehmenden Restaurants greift dabei aus dem komplexen Leistungsangebot von Restaurants einen einzigen werthaltigen Prozess heraus. Um diesen herum wurde ein eigenes digitales Geschäftsmodell entwickelt.

Zweiter wesentlicher Weg, die Perspektive zu wechseln, ist der von einer Produkt- zu einer Plattform-Betrachtung. Als Beleg für die Notwendigkeit, einen Perspektiven-Switch zu vollziehen, steht die traditionelle Luxusuhren-Industrie. Der Trend, Smartwatches zu entwickeln, zeichnet sich seit Jahren ab. Seitdem versucht die alte Uhrenbranche, innovative Smartwatches auf den Markt zu bringen in der Hoffnung, durch Produktinnovationen sinkende Verkaufszahlen auszugleichen und neue Zielgruppen anzusprechen. So haben Breitling, Tag Heuer und Montblanc eigene Luxus-Smartwatches auf den Markt gebracht, die der Logik bisheriger Uhrmacherkunst folgen und edle hochwertige Materialien nun mit digitaler Technologie verarbeiten, um diese hochpreisig in den Markt einzuführen. Dabei wird übersehen, dass Apple und Google den aufkommenden Smartwatch-Trend aber längst nutzen, um ihr eigenes Plattformmodell zu verlängern und zu verbreiten. Apple schafft immer mehr Lock-ins auf verschiedenen Devices, für deren Nutzung die User einen iCloud-Account benötigen. Google verbreitet die eigene Plattform über die Lieferung des Betriebssystems Android Wear an die Uhrenhersteller. Drittens verhindert der Fokus auf bestehende Organisationen den Blick auf die digitale Neugestaltung von wirtschaftlich relevanten Austauschbeziehungen. Das Start-up www.transferwise.com ist ein Online-Geldtransfer-Service speziell für Fremdwährungen über Rechner-Rechner-Verbindung (peer-to-peer). Hierbei werden Geldzahlungen, die über Ländergrenzen hinaus ausgeführt werden, möglichst innerhalb eines Landes

zugeordnet. Dadurch werden wiederum länderübergreifende Gebühren und Wechselkursdifferenzen reduziert und so Werte für alle Beteiligten geschaffen. In diesem Fall stehen die Analyse und Gestaltung der Austauschbeziehungen im Zentrum der Geschäftsmodell-Entwicklung und nicht wie zum Beispiel aktuell bei Banken in Deutschland die Optimierung der Organisation. Die Gestaltung der Austauschbeziehungen führt dann zu der Entwicklung neuer Organisationsformen, nicht umgekehrt. Bei etablierten Unternehmen müssten also die traditionelle und die digitale Perspektive eingenommen werden, um sich erfolgreich zu transformieren.

Ein Fundament auf drei Säulen

Erfolgreiche Geschäftsmodell-Transformation fußt auf einem Fundament, bestehend aus drei Säulen:

▶ Das Wissen über Details wird wichtiger. Die Betrachtung von einer zu hohen Warte aus ist riskant. Unternehmen bauen digitale Kompetenz im Management auf, indem sie einen eigenen Chief Digital Officer berufen.

▶ Das Realisieren eigener Plattformmodelle rückt ins Zentrum der Betrachtung. Nur mit eigenen Plattformen erhalten Unternehmen einen stabilen Zugang zum Endkunden und können neue Geschäftsmodelle aufsetzen.

▶ Der Fokus auf Gestaltung und Optimierung der Organisation verhindert das digitale Neugestalten einzelner Austauschbeziehungen. Dies etabliert wiederum neue Organisationsmodelle. Unternehmen richten dafür Projektteams mit agilen Prinzipien ein – inklusive verkürzter Berichts- und Entscheidungswege. So rutschen Anbieter näher heran an Kundenwünsche – und damit hinein in einen dynamischen Wettbewerb.

Dieser Gastfachbeitrag stammt von Yorck Philipp von Borcke, Leiter der Media School Hamburg (Bild links) und Professor für Medien- und Kommunikationsmanagement mit dem Schwerpunkt digitale Transformation, sowie von Christian Hoffmeister, Geschäftsführer der DCI-Institute GmbH mit dem Schwerpunkt digital Change und Innovation insbesondere für Geschäftsmodell-Entwicklung.

Das nächste große Ding

Wertschöpfung ist Führungsaufgabe. Unternehmenslenker müssen die Gründe des Scheiterns kennen, um Geschäftsmodelle erfolgreich zu transformieren. Die Ursachen sind vielfältig.

Goldene Treffer können Geld wert sein, kommen aber selten vor – genau wie erfolgreiche Transformationen von Geschäftsmodellen.

Warum war Kodak über 100 Jahre lang erfolgreich und musste 2012 Konkurs anmelden? Die gängige Antwort lautet: weil das Unternehmen die Digitalisierung der Fotografie verschlafen hat und die Disruption des Marktes von neuen Anbietern kam. Ähnlich gelagert ist das Bonmot, das Josef A. Schumpeter Anfang des 20. Jahrhunderts prägte: „Es waren im Allgemeinen nicht die Postmeister, welche die Eisenbahnen gründeten." Scheitert die Transformation von Geschäftsmodellen also, weil Firmenlenker zu sehr an Bewährtem festhalten? Ganz so einfach ist es nicht. Schon

Mitte der 70er Jahre entwickelte Kodak die weltweit erste Digitalkamera und circa zehn Jahre später die erste digitale Spiegelreflexkamera. Mit weiteren Produkten war Kodak in den 90er Jahren einer der Pioniere im Digitalfotobereich. Von „Verschlafen" kann deshalb kaum die Rede sein. Ebenfalls greift zu kurz, dass disruptive Innovationen stets von neuen Anbietern kommen, also Eisenbahnern statt Postmeistern. Kodak, Fuji, Canon und Sony brachten und bringen immer wieder neue Fotografie-Systeme heraus.

Die Gründe des Scheiterns bei der Transformation von Geschäftsmodellen sind vielfältig: 1. Pfadabhängigkeit, 2. Führungsversagen, 3. Widerstand der Betroffenen, 4. Unkenntnis des Neuen. Aus den Ursachen lassen sich dann umgekehrt Handlungsoptionen für Manager formulieren.

Erstens scheitern Firmen nicht trotz, sondern wegen ihrer historisch gewachsenen Kernkompetenzen, wenn sie einen einmal eingeschlagenen Pfad nicht verlassen können. Kodak war führend und sehr erfolgreich in der analogen Fototechnik, weil die Wertschöpfung genau darauf ausgerichtet war. Sowohl für das Management als auch die Belegschaft gibt es dann zudem gute – ökonomische – Gründe, den Wandel des Geschäftsmodells als einen mit unverhältnismäßig hohen Kosten verbundenen zu verstehen. Beispielsweise hätten bei Kodak Projekte gestoppt, Werke geschlossen und Mitarbeiter entlassen oder umgeschult werden müssen, wenn statt chemischer Filmproduktion der Fokus auf digitalen Produkten und damit Software gelegen hätte. Verbreiten sich jedoch effizientere Technologien und Produkte, so führt der Pfad in die Insolvenz.

Manager sollten kritisch analysieren, wie hoch der Anteil an Produkten und Dienstleistungen ist, die bisher die Erfolgsbasis bildeten. Etwa ob der Vertriebsaufwand, um die Umsatzerlöse zu halten, immer mehr zunimmt und ob Ideen schon aus Angst vor Kannibalisierung verworfen wurden. Als Gegenmaßnahmen sollten strategisch-qualitative und langfristig ausgelegte Kriterien in die Investitionsregeln sowie Anreiz- und Karrieresysteme aufgenommen werden.

Zweitens spielt das Versagen von Führungskräften eine Rolle. Dabei wurzeln Managementfehler in drei Faktoren: kognitive Verzerrungen, Kommunikationsprobleme und

Beharrungstendenzen. Eine verzerrte Wahrnehmung resultiert aus einem übersteigerten Selbstvertrauen und dem Wunsch, Märkte und Menschen zu dominieren. Unternehmenslenker laufen Gefahr, abzuheben und dann umso tiefer zu stürzen, wenn sie zu großes Vertrauen darin haben, dass auch das schwierigste Problem gelöst werden kann und dass die Produkte der Firma anderen überlegen sind.

Wenn Führungskräfte immer sofort eine Antwort parat haben und Kritik ignorieren, dann hat eine Organisation gravierende Kommunikationsprobleme – und es wird schwierig, diesen Managern ihre kognitive Verzerrung vor Augen zu führen. Beharrungstendenzen entstehen im blinden Vertrauen auf bewährte Erfolgsrezepte à la „Das haben wir schon immer so gemacht". Oder sie fußen auf einer (zu) starken Identifikation mit dem Unternehmen. Sinngemäß etwa so: „Was ich will, ist nur im Sinne des Unternehmens." Oder sie verfestigen sich aus der Neigung, per se an einmal getroffenen Entscheidungen festzuhalten, nach dem Motto „Wir müssen das nur besser machen, dann funktioniert es schon".

„Verpflichtung zum Dissens"

Zur Vermeidung von Wahrnehmungsverzerrungen empfiehlt sich ein systematischer Einbezug fremder Perspektiven. Dies geschieht beispielsweise durch die Auswertung von Kundenfeedback, durch den Einsatz von Beratern, durch die Einrichtung von Beiräten oder durch wechselseitige Hospitationen von Managern unterschiedlicher Firmen. Eine offene Kommunikationskultur ist ebenso hilfreich wie schwer zu erzeugen. Bei der Boston Consulting Group gibt es die „Verpflichtung zum Dissens": Alle Berater werden dazu ermutigt, abweichende Meinungen zu vertreten. Regeln für die maximale Verweildauer im (Top-)Management und das Etablieren alternativer Karrierepfade können Beharrungstendenzen minimieren.

Drittens ist es keine Neuigkeit, dass Veränderungen oft mit Widerstand einhergehen. Weniger geläufig ist, welche Betroffene und wie viele nicht nur abwarten, sondern aktiv opponieren. Von einer Transformation des Geschäftsmodells sind aber nahezu alle Mitarbeiter berührt. Wobei die Zahl der Gegner größer ist als die Gruppe der Unterstützer oder Zögernden.

Ein Grund dafür ist, dass die zu erwartenden Verluste konkreter sind als die potenziellen Gewinne. Der Verlust des Arbeitsplatzes, von Statussymbolen und Macht sowie die Zerstörung vertrauter Beziehungsmuster drohen direkt.

> „Führungskräfte können durch behutsames Begleiten den Veränderungsschmerz lindern."

Vorteile müssten dagegen irgendwann in der Zukunft realisiert werden. Manche Mitarbeiter gewinnen gar nichts. So hat der Stahlhandelskonzern Klöckner & Co. im Laufe seiner Transformation zum „Amazon des Stahlhandels" in den vergangenen fünf Jahren rund 3.000 Arbeitsplätze gestrichen. Ängste kann man Mitarbeitern bei der Transformation des Geschäftsmodells kaum nehmen. Aber Führungskräfte und Veränderungsmanager können durch behutsames Begleiten den Veränderungsschmerz lindern. Neben gezielten Maßnahmen zur besseren Kommunikation wie Großgruppenveranstaltungen, runden Tischen und Online-Informationen gilt es, Strukturen, Anreizsysteme und Prozesse anzupassen sowie entsprechende Weiterbildungen anzubieten. Dazu gehören auch Vermittlungsmaßnahmen und Abfindungspakete für Mitarbeiter, die entlassen werden sollen.

Viertens wissen selbst Top-Manager nicht immer, „wo es langgeht" soll, wenn das eigene Geschäftsmodell von Grund auf erneuert werden muss. Und sie können es auch gar nicht. Denn die Suche nach dem Neuen hat etwas Widersinniges, wie schon Platon wusste: Wenn die Lösung eines Problems nicht bekannt ist, kann es auch keine Suche geben, die auf die Lösung zielt. Weiß man aber, wo(nach) man suchen muss, so liegt kein Problem mehr vor. Zu wissen, was „das nächste große Ding" ist, kann niemand behaupten. Aber es gibt Trends, Ahnungen, Bauchgefühle und das Quäntchen Glück, auf das es am Ende immer wieder ankommt.

Wissen, Fähigkeiten und Produkte breit aufstellen

Um dem Glück, das nächste große Ding zu erkennen, auf die Sprünge zu helfen, sollten Wissen, Fähigkeiten und Produkte breit aufgestellt sein. Dennoch kann man scheitern. Wie Kodak, wo eigentlich mit der Kernkompetenz in Chemie gutes Geld in der Pharma- und Kosmetikbranche verdient werden sollte. Doch wurde dieser Bereich in den 90er Jahren aufgrund mangelnden Erfolgs abgestoßen. Ein glücklicheres Händchen hatte Fuji: Mit Antioxidantien, die verhindern, dass die Farbe von Fotoabzügen verblasst, produziert die Tochterfirma Astalift noch heute erfolgreich Kosmetikartikel.

Prof. Dr. Christian Gärtner ist Professor für Betriebswirtschaftslehre mit dem Schwerpunkt Digitale Transformation & Leadership an der Quadriga Hochschule Berlin.

Druck statt Dynamik
Geschäftsmodell für Turnaround eher prüfen

Minderheit für Geschäftsmodell-Anpassung

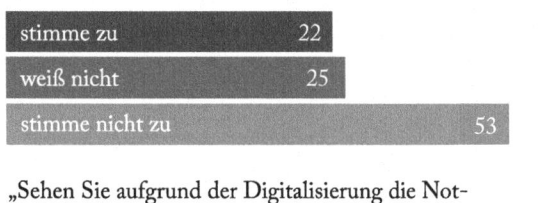

stimme zu	22
weiß nicht	25
stimme nicht zu	53

Quelle: RKW Kompetenzzentrum

„Sehen Sie aufgrund der Digitalisierung die Notwendigkeit, Ihr Geschäftsmodell anzupassen/neu zu denken?" (n = 200)

Nur 22 Prozent der Befragten sehen die Notwendigkeit, das eigene Geschäftsmodell aufgrund der Digitalisierung anzupassen.

Mittelstandsunternehmen zeichnen sich durch Kundenorientierung, Problemlösungskompetenz und Flexibilität aus. Diesen Stärken stehen aber häufig begrenzte finanzielle und personelle Ressourcen gegenüber. Dies ist der Grund, warum sich Mittelstandsunternehmen häufig noch immer auf inkrementelle Produkt- und Prozessinnovationen bei unveränderten Geschäftsmodellen konzentrieren. Wichtiger wird die Frage wie, das Geschäftsmodell weiterentwickelt oder sogar erneuert werden kann. Folgende Empfehlung können Ihnen hier weiterhelfen:

▶ Die Stärke im Mittelstand ist im Allgemeinen die starke Kundenorientierung. Neue Kundenbedürfnisse bieten häufig Ansatzpunkte für die Weiterentwicklung des Geschäftsmodells. Hier ist zu prüfen, ob das Kundenproblem auf anderem Weg noch profitabler gelöst werden kann. Ist dies der Fall, stellt sich die Frage nach einem neuen und eventuell auch disruptiven Geschäftsmodell – sofern man bereit ist, bewährte Dinge radikal infrage zu stellen.

▶ Neue Geschäftsmodelle benötigen häufig neue strategische Kompetenzen und neue strategische Prozesse im Unternehmen. Hier müssen organisatorische und zeitliche Freiräume geschaffen werden, um mit diesen neuen Fähigkeiten experimentieren zu können.

▶ Neue Geschäftsmodelle können nicht „von oben" entwickelt werden. Vielmehr muss mit den Elementen eines Geschäftsmodells aktiv vor Ort experimentiert werden.

Dabei können zum Beispiel ausgewählte Experimente auf einen Standort konzentriert und erfolgreiche Lösungen dann auf andere Standorte übertragen werden.

▶ Mittelstandsunternehmen fokussieren oft auf den klassischen Wettbewerb um Marktanteile und nehmen damit bekannte Wettbewerber und deren Geschäft in den Blick. Dabei übersehen sie, dass ein Wettbewerb um Chancenanteile entstanden ist. Um in diesem Wettbewerb um Zukunftsoptionen erfolgreich zu sein, muss ein Unternehmen zunehmend auch Geschäftsmodell-Ideen aus anderen Branchen analysieren und adaptieren, beispielsweise „As a Service"-Geschäftsmodelle.

▶ Gleichzeitig muss berücksichtigt werden, dass die klassische lineare Vorhersage an Bedeutung verlieren wird. Es wird dann immer wichtiger, dass ein Unternehmen aus einer „externen Brille" analysiert, wie radikal anders die Branche in zehn Jahren aussehen könnte. Dann stellt sich aber die Frage, wie man proaktiv auf diese Veränderungen reagieren muss. Hier wird es zwangsläufig auch um die Veränderung des Geschäftsmodells gehen.

Aufgrund der zunehmenden Dynamik des digitalen Hyperwettbewerbs ist zu erwarten, dass nicht jeder Trend richtig interpretiert wird. Das Nachdenken über neue Geschäftsmodelle muss deshalb auch integraler Bestandteil des künftigen Turnaround-Managements werden. In Turnaround-Fällen muss die Unternehmensführung das bestehende Geschäftsmodell schon in der Bestandsaufnahme kritisch hinterfragen. Dabei geht es zunächst klassisch um die Identifizierung der Schwachstellen. Dann aber müssen die Entwicklungspotenziale eines Geschäftsmodells schnell identifiziert werden. Dies setzt jedoch eine iterative und kundenorientierte Entwicklung und Verprobung von ausgewählten Geschäftsmodell-Alternativen schon in der Bestandsaufnahme voraus. Durch diesen neuen Schwerpunkt wird der Zeitdruck in der Restrukturierung weiter zunehmen.

Prof. Roland Eckert ist Professor an der FOM Hochschule für Oekonomie und Management und Experte für den digitalen Hyperwettbewerb, hier unter anderem für Geschäftsmodelle.

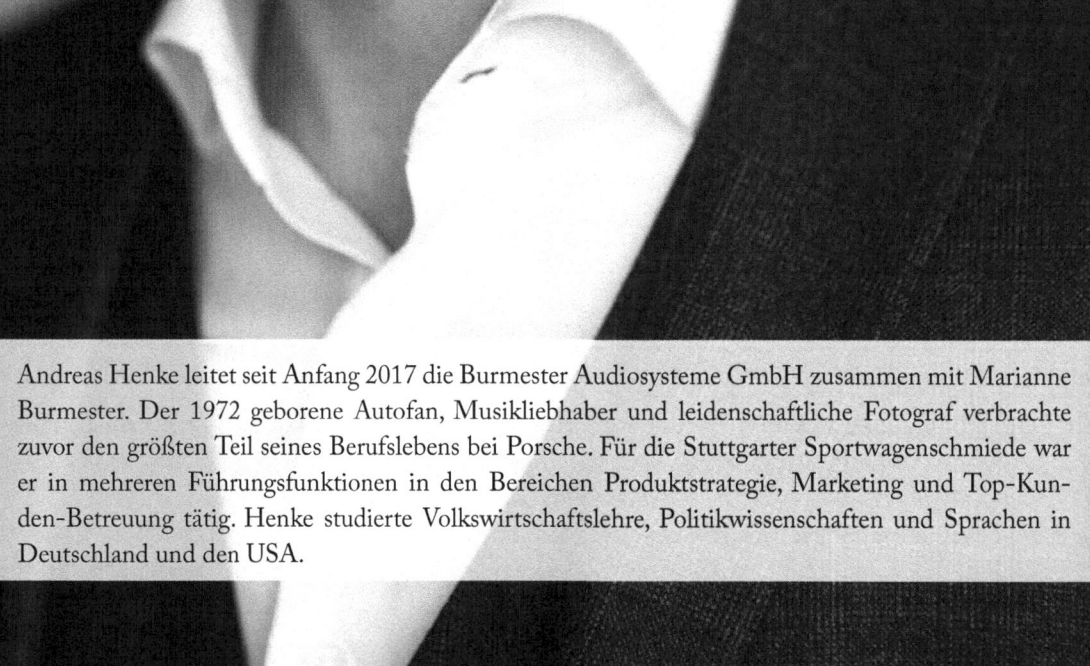

Andreas Henke leitet seit Anfang 2017 die Burmester Audiosysteme GmbH zusammen mit Marianne Burmester. Der 1972 geborene Autofan, Musikliebhaber und leidenschaftliche Fotograf verbrachte zuvor den größten Teil seines Berufslebens bei Porsche. Für die Stuttgarter Sportwagenschmiede war er in mehreren Führungsfunktionen in den Bereichen Produktstrategie, Marketing und Top-Kunden-Betreuung tätig. Henke studierte Volkswirtschaftslehre, Politikwissenschaften und Sprachen in Deutschland und den USA.

© Uwe Steinert

„Unabhängigkeit ist das allerhöchste Gut"

Zur Edel-Audio-Schmiede Burmester kam Andreas Henke nach dem Tod des Firmengründers. Wie ein Vermächtnis zu bewahren ist, aber auch neue Wege zu gehen sind, erzählt er im Interview.

Herr Henke, wie kommt ein Marketingmanager aus der Stuttgarter Porsche-Zentrale zu einer Audiomanufaktur nach Berlin-Schöneberg?

Andreas Henke: Ich kannte Firmengründer Dieter Burmester schon seit 2008 durch die Zusammenarbeit von Burmester und Porsche. Unser Verhältnis war immer sehr wertschätzend. Im Jahr 2015 kamen Gerüchte auf, Burmester gehe es nicht gut. Heute wissen wir: Sie wurden gestreut, um seine Firma übernahmereif zu schießen. Ich nahm Kontakt zu seiner Frau Marianne Burmester auf und bot meine Hilfe an. Dann starb ihr Mann, und sie erhielt – quasi mit der Kondolenz – tatsächlich viele Übernahmeangebote. Sie entschied sich aber dafür, das Unternehmen selber fortzuführen, und sprach mit mir viele Monate intensiv über eine mögliche Zusammenarbeit. Dabei gab es auch immer wieder Pausen, bis wir beide so weit waren. Im April 2016 wurde ich dann als neuer Geschäftsführer vorgestellt. Für mich ist es eine echte Herzensaufgabe.

Inhaberfamilien und neue Geschäftsführer, das geht nicht immer gut. Warum bei Ihnen?

Weil wir uns Zeit gelassen haben, für beide Seiten war es ja ein großer Schritt. Für mich, eine gut laufende Konzernkarriere aufzugeben und den Standort zu wechseln. Für Marianne Burmester, einen neuen Fackelträger in die Firma zu holen. Der sollte keine Eintagsfliege sein, sondern einer, der im besten Fall erst in 20 Jahren wieder Platz macht für einen Nachfolger. Wichtig war, dass für uns beide Wachstum per se nicht das oberste Ziel ist. Wir wollen Ruhm und Ehre der Marke mehren.

Bilder des Firmengründers und seine Gitarre hängen noch in Ihrem Büro. Ein langer Schatten?

Die Wunde seines Todes ist noch nicht ganz verheilt, seine charismatische und auch sehr eigenwillige Art, dieses Unternehmen zu führen, wirkt nach. Ich fühle mich aber zu 100 Prozent hier angekommen. Die Mannschaft ist sehr sympathisch, die Zusammenarbeit mit Marianne Burmester außerordentlich gut. Und alle Ingenieure sind noch an Bord.

Jetzt liegt es an uns allen, daraus mehr zu machen.

> „In der Branche sehe ich keinen Hauptwettbewerber."
> Andreas Henke

Was haben Sie verändert – oder verändern müssen?

Es treten die klassischen Themen auf, wenn die „Spinne im Netz" nicht mehr da ist. Menschen, die noch nie mit einer Verantwortungsteilung gearbeitet haben, müssen wir das beibringen. Und wir müssen zu einem Führungsstil mit klaren Kompetenzen und Verantwortungen kommen, mit definierten Rollen und fest definierten Prozessen. So etwas kann man zwar auch aufschreiben, aber das reicht nicht. Wir arbeiten mit Menschen, und die wollen abgeholt werden. Deswegen setzen wir intensiv zwei Coaches ein.

Wo steht Burmester heute wirtschaftlich, drei Jahre nach dem tiefen Einschnitt?

Ich komme aus einer Welt, in der immer mehr über Zahlen gesprochen wurde, das fand ich nie positiv. Deshalb nur kurz: Wir haben noch immer weniger als 100 Mitarbeiter, obwohl die Firma deutlich zugelegt hat, auch nach Dieter Burmesters Tod. Bei einem satten zweistelligen Millionenumsatz kommen wir auf einträgliche Margen und stehen finanziell solide da: keine Kredite, 100 Prozent Eigenkapital. So können wir unsere Forschung selbst finanzieren und auch nötige Investitionen. Die werden kommen, denn in Schöneberg platzen wir aus allen Nähten. Wir mussten schon die Stellflächen für Testwagen und das hauseigene Museum räumen, um Platz für Entwicklung und Fertigung zu schaffen. Sicher bleiben wir in Berlin, der neue Standort darf aber gerne etwas repräsentativer sein als der alte.

Ist Wachstum aus eigener Kraft ein Burmester-Dogma, oder könnte sich das ändern?

Unabhängigkeit ist für mich das allerhöchste Gut. Ob wir uns irgendwann einmal von dieser sehr konservativen Linie verabschieden, um einen Wachstumssprung zu finanzieren, will ich per se nicht ausschließen. Es gibt aber dafür keinerlei Notwendigkeit derzeit, wir stemmen alles aus eigener Kraft.

Burmester gilt bei High-End-Audio als Referenzanbieter. Haben Sie gar keine Konkurrenz?

In der Branche sehe ich keinen Hauptwettbewerber. Es gibt zwar Spezialisten, die sehr gute Verstärker oder Lautsprecher herstellen, die machen aber sonst nichts anderes. Wir konkurrieren eher mit anderen Investitionen, die Menschen mit einem Sinn für schöne Dinge tätigen, wenn sie sich belohnen wollen. So jemand hat vielleicht schon teure Uhren, eine gut gefüllte Garage und wohnt in einem Haus, das von bekannten Architekten entworfen wurde. An seiner Wand hängt Kunst von Richter oder Rothko. So jemand will eine schlüssige Welt aus Genussobjekten,

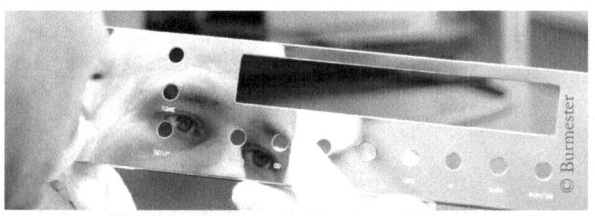

Perfektion, akustisch wie optisch, gehört zur Produkt-Philosophie von Burmester für Audiosysteme der Spitzenklasse.

Wohlklang aus Berlin

Im Sommer 2017 feierte Burmester Audiosysteme das 40-jährige Firmenjubiläum. Angefangen hat alles in den späten 70er Jahren in West-Berlin – mit einer defekten Hi-Fi-Anlage. Der Ingenieur und passionierte Musiker Dieter Burmester baute selber einen Verstärker nach seinen Vorstellungen. Der Perfektionismus des Gründers und zahlreiche Innovationen sorgten dafür, dass Burmester für Klangliebhaber aus aller Welt zum Nonplusultra wurde. Heute umfasst die Produktpalette sämtliche Komponenten einer High-End-Anlage und komplette Audiosysteme für den Einsatz im Eigenheim. Außerdem entwickelt Burmester Soundsysteme für namhafte Premium-Autohersteller. Auch in Jachten und Luxushotels wurden schon Burmester-Anlagen eingebaut. Produziert wird in einem zweigeschossigen Zweckbau in Berlin-Schöneberg. Das Wachstum erfordert einen größeren Standort, aber klar ist: Burmester bleibt Berlin treu.
www.burmester.de

warum sollte dann seine Musikanlage nicht auch auf höchstem Niveau sein?

Wenn Burmester zum Luxusobjekt wird, wo bleibt dann der typische Musikliebhaber?

Der klassische High-End-Liebhaber ist uns wichtig, weil er das Ohr hat, um die Qualität unserer Produkte zu beurteilen – und aussagen kann, dass alles passt. Das schließt nicht aus, dass wir uns neuen Zielgruppen zuwenden, die bislang noch nicht so sehr auf Musikgenuss geachtet haben: Menschen, die viel für ihre Gesundheit tun, ihre Sinne pflegen, auf Ernährung achten – aber ihre Ohren malträtieren. Warum sollte man eines von fünf Sinnesorganen so schlecht behandeln?

Vielleicht, weil wir schlechten Klang gar nicht mehr bemerken?

Wenn man sieht, in welch miserabler Qualität Musik heute teilweise aufgenommen, produziert und wiedergegeben wird, muss man sich schon Gedanken machen, ob Menschen den Sinn für gutes Hören verlieren. Unser Gehirn akzeptiert das aber nicht. Wenn Toninformationen fehlen, bei komprimierten Musikdateien etwa oder nicht authentischer Wiedergabe, wird dies vom Gehirn korrigiert. Das ist sehr anstrengend, wie wenn man auf Partys den Geräuschpegel auszublenden versucht. Es ist gesünder, auf eine hohe Klangqualität zu achten, nicht nur beim Entspannen. Bei Telefonkonferenzen kann schlechte Audioqualität so viel Energie kosten, dass man sich kaum auf die Verhandlung konzentrieren kann.

Eine Burmester-Anlage gibt es ab etwa 30.000 Euro. Ist guter Klang ein Privileg für Reiche?

Ein Lautsprecherpaar bekommt man bei uns schon ab 3.500 Euro. Allerdings ist unsere Richtung eindeutig, im Home-Bereich das Angebot nicht nach unten zu erweitern. Exklusivität heißt eben auch, dass man nicht an jeder Ecke und für jeden zu haben ist. Man investiert dafür in etwas, was lange seinen Wert behält und glücklich macht. Wenn ich mir anschaue, wie viel Geld manche im Laufe der Jahre für immer neue Stereoanlagen ausgeben, fällt mir der Satz ein: „Lieber einmal in die große Liebe investieren, als ständig für Affären draufzuzahlen."

Ihr Blick geht bei den Produkten also nach oben?

Im Home-Bereich werden wir Produkte noch oberhalb der bisherigen Referenzlinie positionieren. Etwa neue Mono-Endstufen, die nächstes Jahr am Markt sein werden. Im Paar erworben kann man damit in eine andere Dimension von Klang und Leistung eintreten. Passend dazu wird es Lautsprecher geben, die mit 410 Kilogramm Gewicht pro Stück aber gewisse Traglasten im Musikzimmer erfordern – eine Endstufe allein wiegt auch schon 180 Kilo. Wir bewegen uns dann in eine Richtung, in der

Für digitale High-End-Freunde: Das „Phase 3"-Komplettsystem, hier im Retro Style, kann per App gesteuert werden und sich mit dem Internet verbinden.

Burmester beliefert Automarken wie Porsche und Mercedes, hier im AMG GT ein 1.000 Watt starkes Surround-Soundsystem mit elf Lautsprechern.

eine komplette Burmester-Anlage zwischen 500.000 und 600.000 Euro kostet.

Und das wird gekauft?

Direkt nach der Vorstellung dieser Produkte sind bei uns erste Aufträge hereingekommen, wir waren über den großen Zuspruch erstaunt. Wir erschließen damit ein Marktsegment, in dem wir bislang nicht tätig waren. Produkte in dieser Preisregion sind übrigens keine Abzocke, man hört den Unterschied. Und es gibt kein Ende der Entwicklung, man erlangt immer neue Erkenntnisse zu Materialien oder zur Signalbehandlung. Bei allem gilt: Den perfekten Klang gibt es nicht, nur ein individuelles, temporäres Optimum. Das ist fantastisch, denn das lässt uns immer die Chance, noch einen draufzusetzen.

Das Geschäft mit Privatkunden läuft – und im B2B?

Unser Automotive-Geschäft mit Soundsystemen für Pkw trägt etwa die Hälfte zu Umsatz und Ergebnis bei. Der Bereich läuft extrem gut, auch auf Sicht von bis zu vier Jahren sind am Horizont keine Wolken erkennbar. Wir könnten sogar sofort weitere Angebote annehmen, die uns vorliegen. Kapazitäten wären kein Problem, denn anders als im Home-Bereich, wo alles Handarbeit ist, arbeiten wir im Autogeschäft mit Fertigungspartnern zusammen. Wir nutzen diese Situation aber nicht aus, auch in Absprache mit unseren aktiven Kunden Porsche und Mercedes. Wir wollen unsere Marke langfristig und solide führen; dies bedeutet eben nicht, in jedem Auto präsent zu sein. Und Treue ist ein Wert, der heute oftmals etwas kurz kommt, wir leben sie aber sehr intensiv.

Denken Sie über Produkte für andere Geschäftsfelder nach?

Wir schließen nicht aus, uns künftig mit einem dritten Geschäftsfeld noch etwas breiter aufzustellen und Zielgruppen zu erreichen, die von unseren jetzigen Produkten nicht angesprochen werden. In welche Richtung es geht, umschreibe ich mit einer Frage: Warum soll man außerhalb von Haus und Auto auf den erstklassigen Burmester-Musikgenuss verzichten? Wir haben noch keine konkreten Produkte dafür, aber egal, was wir machen: Es wird immer im Burmester-typischen Preissegment sein und die Burmester-typischen Klangkriterien erfüllen. Es geht uns darum, als Marke relevant zu bleiben und dorthin zu gehen, wo die Menschen sind – und die sind heute viel unterwegs und möchten am liebsten alles dabeihaben.

In welchen Märkten machen Sie den meisten Umsatz?

Die USA, Europa und Asien inklusive des Nahen Ostens machen jeweils etwa ein Drittel unserer Umsätze aus. Das wird sich in den nächsten Jahren ein Stück weit zugunsten der Region Asien und Naher Osten verschieben, denn wir beobachten dort ein sehr starkes Wachstum und ein zunehmendes Interesse an hoch qualitativer Musik. Wir versuchen aber, durch neue Produkte und neue Geschäftsfelder die Umsatzverteilung in der Balance zu halten, sodass jede der drei genannten Regionen wieder auf etwa ein Drittel des Geschäftsvolumens kommt.

Sind Klangliebhaber eine aussterbende Spezies?

Leider fehlt es an Gelegenheiten, beste Tonqualität zu erleben. Wir wollen gegensteuern, dafür sammle ich gerade Partner, denn alleine schaffen wir das nicht. Die Idee ist, in Form einer Stiftung eine Akademie für den feinen Klang zu gründen. Dort sollen Musiker, Komponisten, Akustiker, Instrumentenhersteller, Hirnforscher und Physiker mit anderen Künsten zusammenarbeiten, um den Menschen etwas mehr vom Zauber der Musik zu vermitteln. Das ist ein Mammutprojekt, das wird Jahre dauern. Der Anfang ist immer am schwierigsten, aber wir machen Fortschritte.

⬇ Mehr unter www.return-online.de

„return"-Autor Gregor Hallmann arbeitet in Berlin als freier Wirtschafts- und Finanzjournalist. Er war zuvor bei einer Nachrichtenagentur tätig und studierte Politologie und Rechtswissenschaften.

Investitionen in den Turnaround

Die Sinterwerke Herne erbten als ehemaliger Bosch-Konzernteil hohe Tariflöhne und Pensionsverpflichtungen. Der Kostendruck trieb sie in die Insolvenz, die den Transformationsprozess beflügelte.

Wenn Sven Dübbers durch seine Sinterwerke in Herne führt, merkt man ihm den Stolz darauf an, dass es den Werken im nördlichen Ruhrgebiet inzwischen wieder gut geht. Bremskraftverstärker, Zahnräder für die Start-Stopp-Automatik, Anbauteile am Motor: Heute stellen 190 Mitarbeiter rund 600 unterschiedliche Teile her – die meisten davon für die Automobilindustrie. Als der Wirtschaftsingenieur mit seiner Dübbers-Gruppe 2015 die Sinterwerke übernahm, hatten sie „operativ deutliche Verbesserungspotenziale". Den Werken mit ihren damals mehr als 240 Mitarbeitern ging es schlecht, der mitgeschleppte Ballast war zu schwer, um überlebensfähig zu sein. Früher gehörten sie zum Bosch-Konzern, in Herne war auch ein Standort von Blaupunkt. Der wurde geschlossen und die Sinterwerke eingebracht in ein Joint Venture mit der japanischen TDK. Alte Tarifvereinbarungen und Pensionsverpflichtungen wurden übernommen.

Damals gab es noch zwei völlig unterschiedliche Unternehmensbereiche unter einem Dach: einen Magnet- und einen Sinter-Bereich. Nachdem die Werke an einen Finanzinvestor weitergereicht wurden, schloss dieser den Magnet-Bereich. Der Sinter-Bereich wurde vernachlässigt. Das offensichtliche Ziel des Investors war der Verkauf, nicht die Neuaufstellung der Sinterwerke. Denn auf sich allein gestellt arbeitete die Sinter-Sparte nicht rentabel. „Bosch hatte gut gezahlt, aber für die Sinterbranche war das Lohnniveau zu hoch, vor allem die hohen Eingruppierungen laut Bosch-IG Metall-Tarifvertrag Baden-Württemberg", erinnert sich Dübbers. 2014 war ein schwieriges Verlustjahr. Sofort nach der Übernahme durch die Dübbers-Gruppe begannen Verhandlungen mit Betriebsrat und IG Metall über einen Standortsicherungs-Tarifvertrag. Sein Ziel waren eine zehnprozentige Gehaltskürzung und Entlassungen. 180 Mitarbeiter sollten bleiben, um dauerhaft zukunftsfähige Werke zu erhalten.

„Die Verhandlungsparteien waren schnell und kooperativ", erinnert sich Dübbers. Es sei allen Beteiligten klar gewesen, dass es ums Überleben geht. Doch die IG Metall und auch der Betriebsrat hatten es sehr schwer, ihre Mitglieder innerhalb des Unternehmens und auch die übrigen Beschäftigten hinter sich zu bringen. „In den Köpfen der Mitarbeiter war tief der Irrglaube verankert, dass in den Unternehmen immer Geld verdient wurde. Sie haben die vorgelegten negativen Zahlen nicht geglaubt – oder trotz Bosch und TDK-Patronatserklärung nicht wahrhaben wollen."

Dübbers hatte auf eine schnelle Kostensenkung gehofft, die ab dem zweiten Quartal 2015 durch reduzierte Löhne zu einer schwarzen Null hätte führen sollen. „Da sich die Verhandlungen hinzogen und so die Ergebnisse im Gesamtjahr deutlich unter Plan lagen, fiel die Möglichkeit weg, dass wir vom Kapitalmarkt das nötige Geld für Sanierungsinvestitionen bekommen."

Gleichzeitig war klar, dass die Pensionsverpflichtungen von einst 500 Bosch- beziehungsweise BTMT-Mitarbeitern nicht von 180 Mitarbeitern erarbeitet werden können. „Der Bosch-Pensionsfonds, an den die Höhe der Betriebsrente gekoppelt war, wirtschaftet mit mehr als fünf Prozent Rendite zu gut", sagt er. Im März 2015 dann die deutlich sichtbare Zäsur in Form der Insolvenz. „Erst nachdem der Antrag gestellt war, bekamen die Mitarbeiter das Bewusstsein für den Ernst der Lage", erinnert sich Dübbers. Da das

> „Erst nachdem der Antrag gestellt war, bekamen die Mitarbeiter das Bewusstsein für den Ernst der Lage."
>
> **Sven Dübbers**

Gesinterte Zahnräder: Große Mengen dieser Produkte aus den Sinterwerken in Herne werden in Dieselmotoren verbaut. Doch Masse allein macht's nicht: Die gesamte Branche steht vor technischen Herausforderungen.

Management die Stellschrauben hin zu einer Neuaufstellung alle im Blick hatte, fiel die Entscheidung für eine Sanierung im Schutzschirmverfahren.

Die Insolvenz habe die Veränderungsbereitschaft der Belegschaft beflügelt. Früher wurden unangenehme Aufgaben an teure externe Dienstleister vergeben, jetzt erledigten die Mitarbeiter das wieder selbst. „Es gab eine engagierte Werker-Gruppe in der Produktion, die von der ‚Lehmschicht' derer ausgebremst wurde, die sich nur um die eigene Vergütung sorgten", sagt Dübbers über den Umbruch.

Parallel zum Schutzschirmverfahren setzte er mit dem Werkleiter und technischen Geschäftsführer, Ralf Stog, auf eine neue Führungskultur. Hierarchieebenen wurden gestrichen, mehr Verantwortung auf Mitarbeiter übertragen.

Eine Herausforderung war das Schutzschirmverfahren nicht nur für die Sinterwerke, sondern auch für den Richter am Amtsgericht Bochum. Dieses war für ihn das erste Verfahren dieser Art, und daher dauerten einige Entscheidungen und Kommunikationswege länger. „Erst eine Woche, nachdem das Schutzschirmverfahren im Frühjahr 2016 aufgehoben wurde, haben wir davon erfahren", sagt Dübbers.

Sebastian Laboga, Sachwalter im Eigenverwaltungsverfahren und geschäftsführender Partner der Rechtsanwaltssozietät Kübler, erinnert sich noch gut an die Sinterwerke Herne: „Der für die Erstellung der Liquiditätsplanung verantwortliche Mitarbeiter fiel zu Beginn des Verfahrens wegen einer schweren Erkrankung aus. Dieser Mitarbeiter war aufgrund seines Know-hows und seiner

Sebastian Laboga: Ergebnis übertraf Erwartung.

Erfahrung nahezu nicht ersetzbar. Deshalb waren vonseiten der Geschäftsführung, von den Beratern, aber auch von mir als Sachwalter besondere Anstrengungen erforderlich, um diesen Ausfall zu kompensieren. Gemeinsam haben wir es aber geschafft, jederzeit eine nachvollziehbare Grundlage für die Überwachung der Betriebsfortführung und die Vorbereitung des Insolvenzplans zu haben."

Durch die offene Diskussion, die mit Geschäftsleitung und Beratern möglich war, waren die Ziele zügig erreicht. Labogas Fazit ist deshalb durchgehend positiv: „Das Ergebnis hat meine anfänglichen Erwartungen sogar noch übertroffen." Und auch Dübbers resümiert: „Wir haben während der Zeit keine Kunden verloren, das Verfahren ist für uns insgesamt rund und positiv gelaufen."

Negative Nachwehen wirken noch länger

Mit negativen Nachwehen werden die Sinterwerke indes noch eine Weile beschäftigt sein. Mit Ende des Schutzschirmverfahrens beginnt nämlich für ein Unternehmen ein neues Geschäftsjahr. Da bei den Sinterwerken wegen der vielen Betriebsübergänge mehrere Rumpfgeschäftsjahre aufeinander folgten, waren sich Energieberater und Wirtschaftsprüfer unsicher über die Anträge auf Befreiung von der EEG-Umlage für energieintensive Unternehmen beim Bundesamt für Außenwirtschaft. „Diese wurde aufgrund eines Formfehlers verweigert, was uns im Jahr etwa eine Million Euro kostet", beklagt Dübbers. Der Fall liegt nun vor Gericht. Was Dübbers wurmt ist die Erfahrung, „dass Auskunfteien mit dem Schutzschirmverfahren umgehen wie mit einer gewöhnlichen Insolvenz, in der das Unternehmen

Am Standort im Norden Hernes wechselten die Schilder von Bosch über TDK und BTMT zu den heutigen Sinterwerken.

Viele Stationen von Bosch, TDK, Quantum, BTMT zu Dübbers

Das Sintern lässt pulverförmige bis körnige Stoffe durch Erhitzen schmelzen, zusammenwachsen und verfestigen. Der Robert-Bosch-Konzern gründete 1971 den Sinter-Bereich. Dieser brachte ihn 1990 gemeinsam mit seinem Magnettechnologie-Bereich in ein JointVenture mit dem japanischen TDK-Konzern ein. Etwa 20 Jahre später, 2012, wurde die Firma aus Herne an den Finanzinvestor Quantum verkauft. Dieser firmierte das Unternehmen in BTMT GmbH um. BTMT übernahm 2013 die ehemals zum Automobilzulieferer Mahle gehörenden Sinterwerke in Grenchen im Schweizer Kanton Solothurn. Beide Werke wurden im darauffolgenden Jahr erneut umfirmiert und weitergereicht an die Dübbers-Gruppe. Die Verwaltungs-Holding für beide rechtlich unabhängigen Tochtergesellschaften sitzt in Hamburg. Die Sinterwerke Herne GmbH erzielt heute mit knapp 200 Mitarbeitern einen Jahresumsatz von rund 40 Millionen Euro.

www.sinterwerke.com

gegen die Wand gefahren wird". Deshalb bekommen Lieferanten keine Warenkreditversicherung, streichen Zahlungsziele und machen dem Unternehmen in der Sanierungsphase das Leben dadurch noch schwerer. Die Einkäufer habe dies viel Arbeitszeit für Erklärungen gekostet, aber allmählich „wächst sich das aus", so Dübbers.

Nachdem die Kostenbasis neu aufgestellt worden war, konnte über eine Finanzierung für Investitionen in die Rationalisierung diskutiert werden. „Noch immer haben wir die einzelnen Teile zu oft in der Hand – es müssen Roboter her", ist die einzige langfristige Überlebenschance der Sinterwerke. Ende 2017 zogen die ersten dieser Roboter in die Produktionshalle ein. Auch das hat deutlich länger gedauert als gedacht. „Zu Beginn unserer Planungen gab es eine Lieferzeit von drei Monaten, tatsächlich warteten wir dann ein gutes Jahr auf die Roboter", berichtet Dübbers. Dieses Investitionsprogramm umfasst rund fünf Millionen Euro

und wird von der Commerzbank als Finanzier gestemmt. Das Geldinstitut unterhält schon lange Beziehungen zu den Sinterwerken, die jedoch aus Bankensicht mit Blick auf mangelhafte Strukturen eine geringe Kreditwürdigkeit repräsentierten. Hohe Verluste und ein negatives Eigenkapital rundeten das schlechte Bild ab. Mit der Übernahme durch die Dübbers-Gruppe änderte sich dies. „Sven Dübbers hat alte Zöpfe abgeschnitten, und wir sahen erstmals ein schlüssiges Finanzkonzept", erläutert Thomas Koch, Leiter des mittelständischen Firmenkundengeschäfts der Commerzbank-Niederlassung Essen.

Die Sinterwerke hatten erhebliche Investitionsbedarfe, um einen Turnaround zu erreichen. Als Wichtigstes hat sich die Bank die einzelnen Investitionsbedarfe und die daraus resultierenden wirtschaftlichen Effekte aufzeigen lassen. „Auf diese gesteigerte Wirtschaftlichkeit konnten wir abstellen", so Koch. Zudem sei erstmals über die Finanzierung des Komplettpakets gesprochen worden. Konzernunternehmen wie die „Commerz Leasing" und die „Commerz Factoring" wurden mit einbezogen. Ein gutes Dreivierteljahr lang dauerten die Verhandlungen, bis die Finanzierung stand.

Auf Commerzbank-Seite haben etwa zehn Mitarbeiter in den unterschiedlichsten Bereichen mitgearbeitet. Letzten Endes wurde die Entscheidung pro Kreditvergabe im Bereich „Intensive Care" gefällt. Das ist außergewöhnlich, denn dessen Mitarbeiter arbeiten im Restrukturierungsumfeld, kümmern sich also eher um notleidende Kredite als um die Vergabe neuer. „Auf der Basis von Vertrauen in die Führungsqualitäten und die Zuverlässigkeit von Dübbers" habe die Commerzbank ein „Banking auf die Zukunft" betrieben, sagt Koch: „Jetzt haben die Sinterwerke eine solide Finanzierung, sodass wir zuversichtlich sind, dass die Rationalisierungs- und Effizienzinvestitionen in den kommenden Jahren ihren Effekt zeigen werden."

Langes Warten auf Roboter verhinderte rasche Erholung

Denn unter anderem wegen der deutlich später gelieferten Roboter werden die Sinterwerke – entgegen allen ursprünglichen Planungen – auch 2017 noch keine schwarzen Zahlen schreiben. Zudem kamen im abgelaufenen Jahr weitere Sonderfaktoren hinzu, beispielsweise ein Teilumzug, sodass die vormals auf zwei Hallen verteilte Produktion nun in einer zusammengeführt ist. Und nicht zuletzt konnten die Sinterer in Herne seit 2014 keine neuen Produkte entwickeln, da ihre Kunden in der Phase der Insolvenz keine Neuprojekte vergeben durften. Dies beginnt nun, deshalb fallen dafür zusätzliche Kosten an. Ist der Entwicklungsaufwand aber einmal erfolgreich getätigt, rechnet Dübbers ab 2020 mit nennenswertem neuen Umsatz.

Sven Dübbers zeigt ein ringförmiges Fertigungsteil, das in einen Kraftfahrzeug-Motor eingebaut wird.

Im Ofen gebacken werden diese spröden Sinterteile. Danach haben sie dann eine hohe Festigkeit und bestechen damit durch Robustheit.

Anwalt und Insolvenzverwalter Laboga sieht jedoch vor den Sinterwerken noch einen steinigen Weg: „Auch ein derartiges positives Ergebnis ändert nichts an dem schwierigen Marktumfeld für Automobilzulieferer. Deshalb kann man dem Unternehmen für die Zukunft nur die Daumen drücken." Dabei denkt er unter anderem an „Dieselgate", denn sehr viele gesinterte Teile werden für Dieselmotoren gebraucht. Derzeit hängen rund sieben Prozent des Umsatzes der Sinterwerke vom Diesel ab. Als der Skandal aufflog, war Dübbers überzeugt: „Au weia, das wird uns hart treffen." Doch derzeit haben die Sinterwerke sogar höhere Umsätze. „Wir sehen aber, dass bei Neuprodukten die Planungshorizonte nach hinten verschoben und unsicherer werden", beobachtet der Firmenchef.

Gesamte Branche steht vor Herausforderungen

„Die gesamte Branche steht vor technischen Herausforderungen", bestätigt Dirk Hölscheid, Geschäftsführer des Fachverbands Pulvermetallurgie. Große Volumina seien derzeit nur bei Teilen für Verbrennungsmotoren und Getriebe zu erzielen. Die aufkommende Elektromobilität sei insofern ein Risiko für die Branche. Doch Hölscheid ist optimistisch: „Die Unternehmen sind innovativ, entwickeln im Bereich der weichmagnetischen Werkstoffe." Zudem gebe es Marktpotenzial bei Nebenaggregaten, Hybridantrieben oder ganz anderen zukünftigen Anwendungen, beispielsweise in der Robotik oder bei Drohnen. Die Branche – und damit auch die Sinterwerke Herne – hätten ausreichend Zeit, prognostiziert er: „Die Unternehmen agieren global, und aufgrund der unterschiedlichen Geschwindigkeiten, in welchen der Verbrennungsmotor ersetzt wird, haben die Regionen der Welt unterschiedliche Dynamiken." Zumal die E-Technologie längst nicht alle Fahrzeuge gleichermaßen betreffe. Elektromotoren hätten zwar im Kfz-Bereich Fuß

gefasst hat, würden aber im Zusammenhang mit Lkw bisher kaum erwähnt. Sven Dübbers schaut so voraus: „Die von uns produzierten Teile werden durch die E-Mobilität nicht alle wegfallen, dafür werden neue Teile hinzukommen. Die Pulvermetallurgie kann langfristig andere Verfahren ersetzen, wenn beispielsweise Getriebe komplett aus gesinterten Teilen hergestellt werden." Er geht daher auf lange Sicht von einem wachsenden Markt aus. Denn Präzision, Haltbarkeit und die Härte gesinterter Teile seien konkurrenzlos.

Apropos Konkurrenz: Auch Wettbewerber aus Fernost fürchtet Dübbers nicht: „Selbst wenn Asiaten neuere Produktionsmaschinen haben, liegt der Erfolg eines qualitativ hochwertigen Sinterns im Erfahrungswissen der Mitarbeiter." Dieser Vorsprung werde im Laufe der Zeit abnehmen, aber „in den nächsten 20 Jahren sehe ich uns auf einer sicheren Spur". Dazu trägt auch bei, dass die Sinterwerke junge Leute in Herne ausbilden, somit eigene Fachkräfte entwickeln und fördern sowie am Standort halten.

Kompakt:

▶ Für einen Unternehmensteil, der aus einem Großkonzern herausgelöst wird, sollten die Belastungen durch Pensionsverpflichtungen bei der Berechnung künftiger Rentabilität auch berücksichtigt werden.

▶ Offenes Kommunizieren der Unternehmensführung mit den Mitarbeitern ist wichtig, um ihnen auch die wirtschaftliche Lage vor Augen zu führen.

▶ Mehr Zutrauen zu Mitarbeitern erfordert weniger Führungshierarchie.

Anja Kühner ist freie Wirtschaftsjournalistin in Düsseldorf. Zuvor war sie Redakteurin bei namhaften Wirtschaftsmedien.

Schnelle Schwarmmode

Immer mehr Modelabels geraten in Schieflagen. Hat sich das Einkleiden transformiert? Dafür sprechen Start-ups wie Betabrand und Everlane, dagegen die Macht der Modeimperien.

© Betabrand

Bunt und bequem: Boots, in denen es sich wie in Turnschuhen rennt, sind bei Betabrand gewissermaßen die Vorläufer gewesen für die aktuell produzierten Pumps namens „Late-to-the-gate-Heels", in denen Frau ebenso komfortabel und unfallfrei stolzieren kann.

Roeckl meldete 2017 genauso Insolvenz an wie René Lezard und Laurèl. Marken wie Gerry Weber, Esprit und Hugo Boss kämpfen hart dagegen an. Immer mehr Traditionsmarken stehen vor substanziellen Absatzproblemen. Dabei ist der Umsatz mit Bekleidung und mit Schuhen seit zehn Jahren weitgehend konstant. 2016 wurden laut Marktforschung Statista in Deutschland insgesamt 67 Milliarden Euro umgesetzt, 2017 könnten es sogar 67,9 Milliarden Euro werden.

Warum der Wettbewerb intensiver wird, skizziert Mc Kinseys Retailexperte Achim Berg: Tendenziell geben Menschen immer weniger ihres verfügbaren Einkommens für Mode aus. Trotz sinkender Ausgaben steigt die Anzahl verkaufter Kleidung, denn Fast Fashion hat Hochkonjunktur. Anbietern jenseits der „Value"-Formate verlangt das mehr denn je ab. Auch deshalb, weil die Onlineverkäufe wachsen, Kunden wählerischer werden und im stagnierenden Markt jeder neue Player den angestammten die Umsätze streitig macht. „Das Geschäft mit Mode ist hoch profitabel, aber nur für 20 Prozent der Top-Konzerne. Das untere Fünftel arbeitet defizitär, die breite Masse dazwischen unprofitabel", verweist Berg auf zentrale Erkenntnisse des Mc Kinsey Global-Fashion-Index. Eine weitere Erkenntnis: Der Markt konzentriert sich weiter. Bis 2015 erzeugten die Top-Player

100 Prozent des Wertzuwachses der Branche, 2016 waren es 144 Prozent. Der Economic Profit schrumpfte zeitgleich im Mittelfeld von 18 auf drei Prozent. Und die Verluste stiegen mit 47 Prozent um mehr als das Doppelte.

Bedarf an neuen Geschäftsmodellen

„Hersteller und Händler wollen nicht wahrhaben, dass sich die alten Effizienzparadigmen überholt haben", hält Dr. Marc Schumacher viele Krisen für hausgemacht. Zwei Jahrzehnte arbeitete der promovierte Betriebswirt für Marken wie Hugo Boss, Breuninger oder Tom Tailor, wo er bis 2015 Vorstand war. „Statt mit nötigen Veränderungen ist die Branche damit beschäftigt, Schuldige für ihre Misere zu finden. Mal sind es die Onlinehändler, die Vertikalen, die Konsumenten oder das Wetter ... Nur wer ist dran schuld, wenn sich Kaufgewohnheiten ändern, jedoch weiter im Vierjahreszeitentakt produziert wird? Wer begreift den Zahn der Zeit nicht, wenn Blogger Trends setzen und nicht mehr nur die Begehrlichkeitsindustrie?", untermauert er den Bedarf an neuen Geschäftsmodellen. Solch' neues Business hilft der Vierzigjährige zu entwickeln, seit er vor zwei

Jahren als Managing Partner bei der Brand Retail Company Linganova einstieg. Sein Rat an Reformkandidaten: Ausgabenplanung überdenken! „Nicht mehr Produkt, Frequenz und Abverkauf, sondern Content, Community, Commerce sind Benchmark." Drei Schlagworte, die das kalifornische Label Betabrand schon mit Leben füllt.

Der Gründer der kalifornischen Marke Betabrand.com hat leicht reden. Im Kern ist sein Label eine Crowdsourcing-Plattform, die Konsumenten zu Modeschöpfern, Kuratoren und Finanziers macht. Ob Entwurf oder Produktionsentscheid – alles, was sich mit Schwarmintelligenz erarbeiten lässt, sourct Chris Lindland an die markenzugetane Masse aus. Mit gut 30 Millionen US-Dollar in 2017 verdreifachte sich der Umsatz seit 2015.

Nicht der Wille, die Branche umzugestalten, trieb Lindland vor 13 Jahren zur Gründung, sondern Zufall. Um sich bei Agenturen als Kreativkopf zu empfehlen, pries der studierte Wirtschaftler horizontal gestreifte Cordhosen – Cordarounds – im Netz an. Mit viel Humor erklärte er, warum diese Ringelung die Wärme an prekären Stellen besser verteilt. Die Webgemeinschaft war begeistert. Die Hose wurde ein Erfolg und Lindland Modeunternehmer. Aber einer, der firm im Internet ist, nicht in Fashion: „Nicht Kreation, sondern die Story verkauft! 99 Prozent sind Geschichte, ein Prozent Mode", wird er nicht müde zu betonen.

Seit 2010 firmiert Cordarounds unter Betrabrand, um die Sortimentsvielfalt zu betonen. An Lindlands Philosophie änderte das nichts: Die Marke will mehr unterhalten als verkaufen, ist Community-Plattformen wie Instagram näher als klassischen Onlineshops. Hier posten Designer ihre Entwürfe, die im wahren Leben Angestellte, Hausfrauen oder Studenten sind. Und Nutzer folgen ihnen, weil sie die Inspiration schätzen. Aus gutem Grund. Viele Betabrand-Bestseller vereinfachen ihren Besitzern das Leben. Darunter fallen Dress-Pant-Yoga-Pants, sporttaugliche Stretch-Bundfaltenhosen, die Businessfrauen das Umziehen ersparen. Oder Wendejacketts, die sich im Büro und im Club tragen lassen. Der neueste Schrei: „Late-to-the-Gate-Heels"-Pumps, in denen es sich turnschuhbequem rennt.

Ungewöhnliches kommt gut an

„Mutiges und Witziges laufen in üblichen Designprozessen Gefahr, ungesehen in der Schublade zu verschwinden. Fragt man Kunden direkt, kommt oft das Ungewöhnliche gut an", unterstreicht Lindland. Ein weiterer Vorteil der Schwarmmode ist die Schnelligkeit. Konventionell gefertigt braucht Kleidung bis zu eineinhalb Jahren bis ins Ladenregal, bei Betabrand sind es im Schnitt fünf Monate, notfalls eine Woche. So lange brauchte 2012 der

Manager-Nadelstreifen „Hoodie" – standesgemäße Alternative zum verranzten Kapuzenshirt, in dem Multimillionär Zuckerberg den Facebook-Börsengang unterzeichnete. Lindland gefragt, was sein Konzept disruptiv macht, nennt er drei Punkte: Bei Betabrand entwerfen nicht angestellte Kreative, sondern „begabte Menschen". Sie stellen ihr Werk der Community vor und ernten Lob wie Kritik. „Anhand der Follower-Reaktionen wissen wir normalerweise innerhalb eines Monats, was ankommt und somit in die Kollektion kommt", skizziert der Betabrand-Chef. Zweitens nutzt

© Betabrand

„Mutiges, Witziges, Ungewöhnliches" und schnell Verfügbares will Chris Lindland mit Betabrand in der Modewelt etablieren.

das Label nur Prototypen, deren Herstellung höchstens drei Wochen dauert, statt Kollektionsstücke aufwendig zu bemustern. Bei Schuhen oder Taschen sind es sogar nur wenige Tage, da sie über hochwertige 3-D-Renderings vermarktet werden. Drittens wird nur hergestellt, was mindestens 100- oder 200-mal vorbestellt wurde. „Der Vorverkauf läuft vier Wochen, aber schon nach drei Tagen zeichnet sich ab, wer das Ziel erreicht. Darum vergeben wir Produktionsaufträge meist innerhalb der ersten zwei Wochen", erläutert der Firmenchef. Weil per Vorkasse bezahlt wird, lösen sich viele Finanzierungsfragen im Geldfluss auf. Etwa die Hälfte des Jahresumsatzes entfällt auf schwarmfinanzierte Mittel.

Verglichen mit Industriestandards ist das System unschlagbar: kein Rätseln über den Kundengeschmack, kaum Produktionsüberhang oder finanzielles Risiko. Und der Entstehungsprozess geht gleich in die Vermarktung über. So verwundert es kaum, dass zunehmend mehr gestandene Marken wie Timberland, The North Face oder Cheetos diese Plattform nutzen, um sich zu vergewissern, was ankommen, wo Anpassungsbedarf besteht und was sich nicht zu produzieren lohnt. Und so verdeutlicht Betabrand, was wandelbeschreibende Schlagworte wie „Gemeinschaft

Mode zum Anfassen präsentiert das Online-Modelabel Everlane jetzt doch in ersten Stores von New York und San Francisco.

Bekleidung als „100 % human" bedenkenlos zu kaufendes Gut bietet Everlane und setzt damit auf Ethik statt Schnäppchenjagd.

ersetzt Frequenz" meint: Junge Wilde buhlen nicht länger um die Massengunst, sondern um das Wohlwollen von Gleichgesinnten. Ebenso wie Everlane.

Zeitlose Basics gibt es viele. Aber die von Everlane.com sind unschlagbar günstig, ohne Kompromisse in Qualität oder Ethik einzugehen. Gerade mal sechs Jahre alt, wird die Marke in der USA bereits als das GAP oder J.Crew „4.0" gehandelt. Eigentlich entsprang Everlane der typischen Disruptionsdenke im Silicon Valley. Der Venture-Kapital-erfahrene Gründer Michael Preysman kalkulierte, dass ein schnödes T-Shirt in L.A. produziert sechs, im Laden aber 45 US-Dollar kostet. Preistreiber: die stationären Vertriebsstrukturen.

Also begann er dann 2011, zunächst T-Shirts von Everlane im Direktverkauf abzusetzen – und kam mit drei- statt acht-fachen Margen aus, die in der Branche üblich sind. Mittlerweile ist die Kollektion zeitloser Klassiker auf Jacken, Pullover und Lederwaren ausgedehnt. Investiert wird in designte Formvollendung, nicht in modischen Fummel.

Um seinen Preisvorteil glaubwürdig zu machen und eigentlich unspektakuläre Produkte interessant, setzt Everlane auf radikale Transparenz. Schonungslos legt die Unternehmenswebseite offen, welche Kosten von Material und Lohn bis zu Transport und Overhead anfallen. Auch die Fabriken samt Arbeitsbedingungen werden gezeigt.

Denn Preysman geht es um Bewusstseinsveränderung, nicht um schnöden Verkauf. „Wir wollen den Look von Céline und die Ethik von Patagonia", claimt der 32-Jährige in „Bloomberg Businessweek". So wie der Bio-Supermarkt Wholefoods das amerikanische Bewusstsein für nachhaltige Ernährung schärfte, will Everlane Gleiches für Bekleidung tun. Dazu nutzt der studierte Informatiker jede Gelegenheit: Als 2013 beim Fabrikeinsturz in Bangladesch mehrere 100 Arbeiter starben und die Konkurrenz schärfere Auditkontrollen versprach, postete er unter dem Slogan „Jedes Unternehmen hat seine Geschichte" eigene Vorzeigefabriken. Und weil seine Marke gegen Rabatte standhaft bleibt, baut sie Überproduktion neuerdings mit „Pay-what-you-want"-Son-derverkäufen ab. So wird die Schnäppchenjagd zur Ethik-frage. Denn drei Preise stehen zur Wahl: Beim günstigsten

Kurs wird der Käufer informiert, dass nur Transport und Herstellung abgedeckt sind, beim mittleren Preis auch der Overhead, und nur der reguläre Geldwert sichert Neuentwicklung und Expansion.

Diese Transparenz zahlt sich aus: 2013 setzte Everlane zwölf Millionen US-Dollar um. Seither redet der Gründer von jährlichen Umsatzverdoppelungen, ohne Zahlen zu nennen. „The Fast Company" schätzte den Jahresumsatz 2016 auf 100 Millionen US-Dollar. Doch bleibt die Marke sich trotz Wachstum treu?

Ehrlich wachsen?

„Eher schließen wir das Unternehmen, als physische Läden zu öffnen", bekundete Preysman 2012 in der „New York Times". Seit Dezember betreibt Everlane einen Store in New York, ein zweiter in San Francisco folgt. In Interviews gibt sich der Chef lernfähig: Kunden wollten Produkte anfassen, gerade besondere Materialien wie Kaschmir. Trotzdem spekuliert die Presse, dass die Marke sich selbst kannibalisiert. Preysman verneint das. Transparenz, Ethik und günstige Preise seien und blieben Markenkern. Es gehe darum, die Mission zum Leben zu erwecken. Dass er große Expansionspläne hat, dafür spricht das hohe Venture-Kapital von 250 Millionen US-Dollar, um das er sich aktuell bemüht. Wozu, dazu schweigt er.

Werden disruptive Marken die Bekleidungsbranche also zerstörerisch oder nur etwas störend verändern? Mc Kinseys Retail-Experte Berg ist skeptisch bezüglich echter Einschnitte: „Die erfolgreichen Modeimperien sind zu groß, um Umwälzungen fürchten zu müssen. Zweifellos lernen sie von Innovatoren. Beim Thema Customer Insight beispielsweise ist das bereits geschehen."

Rahel Willhardt arbeitet als freie Journalistin von Köln aus zu Themen über Handel, Immobilienwirtschaft und Marketing.

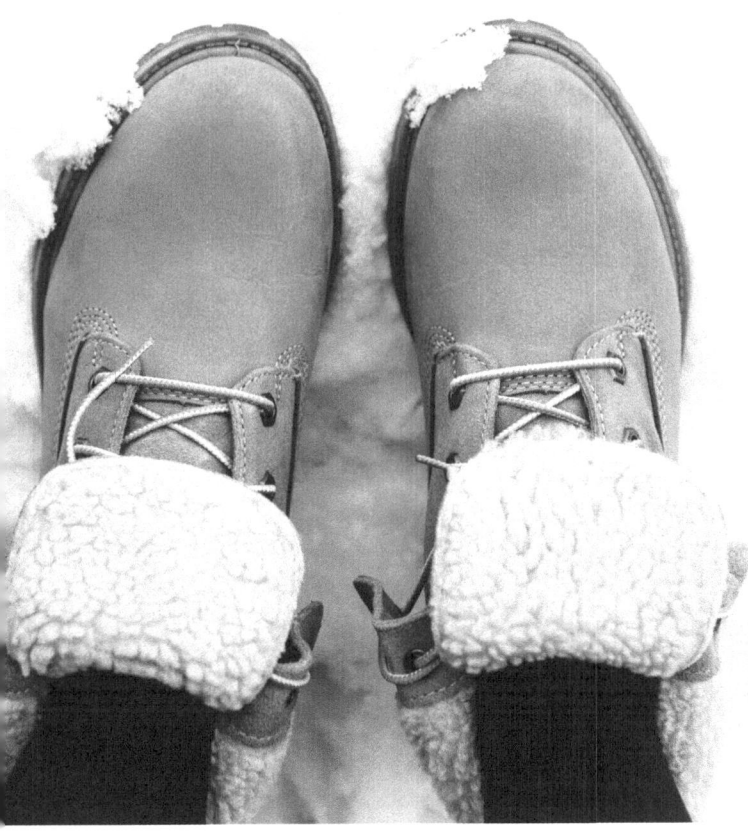

Unerkannte Unternehmerin

Vorbildern der Unternehmensführung in Transformations- und in Turnaroundprozessen ist unsere Serie „masterminds" gewidmet – diesmal: Susanne Klatten.

Susanne Klatten schreiben insbesondere Wirtschaftsredaktionen viele Prädikate als passive zu, aber womöglich nur, weil sie als aktive Managerin im Hintergrund agiert.

© Skion

Den Titel „reichste Frau Deutschlands" hört Susanne Klatten nicht gerne. Das sei ihr unangenehm, sagte sie mal in einem Interview mit der „Zeit". Auch die Etiketten „Milliarden-Erbin" und „BMW-Großaktionärin" nerven sie. Aber ihr Vater Herbert Quandt hat ihr nun einmal dieses Aktienpaket an dem Autobauer zusammen mit weiteren Beteiligungen vermacht – das war 1982. Damals war Klatten 20 Jahre jung. Und mehr als ihre 18,5 Milliarden Euro besitzt laut Forbes-Liste von 2016 keine andere Frau hierzulande. Inzwischen dürfte die 20-Milliarden-Marke überschritten sein.

Doch so will die 55-Jährige nicht wahrgenommen werden. Klatten sieht sich als Unternehmerin, die ihre Beteiligungen weiterentwickelt. Die Impulse für neue Technologien gibt und mit ihrem Kapital ins Risiko geht. Die viel Geld spendet. Dafür hat sie die Initiative „Skala" gegründet, die mit insgesamt 100 Millionen Euro zahlreiche Organisationen fördert. Sie möchte, dass Menschen ihr Schicksal selbst in die Hand nehmen können: „Das Geld soll ein Katalysator sein."

Als Unternehmerin ist Klatten ihrem Lebenslauf zufolge seit 1991 aktiv. Darauf hat sie sich gut vorbereitet. Neben ihrem Studium der Betriebswirtschaftslehre an der University of Buckingham kann sie eine Ausbildung zum Master of Business Administration am International Institute for Management Development in Lausanne vorweisen. Ihre Beteiligungen führt sie in zwei Firmen: die Susanne Klatten GmbH und Co. KG für Automobilwerte für das BMW-Paket von 12,6 Prozent der Stammaktien sowie die Skion GmbH für die Engagements unter anderem bei Altana, SGL Carbon, Avista Oil und Nordex. Nur Altana gehört ihr komplett. Ansonsten liegt ihr Anteil je unter 30 Prozent.

Von den BMW-Stammaktien hält Klatten insgesamt 21 Prozent und ihr Bruder Stefan Quandt 25,8 Prozent. Beide sind seit 1999 einfaches Aufsichtsratsmitglied. In dieser Zeit befand sich der Autobauer in einer Krise. Nachdem die Münchener zig Milliarden Euro bei Rover versenkt hatten, wurde die britische Tochter im März 2000 verkauft. Wohl nur die Treue der Quandt-Familie und ihr Glaube an eine bessere Zukunft des Konzerns verhinderten damals die Übernahme durch einen Wettbewerber. Während die Quandts in den Aufsichtsrat rückten, übernahm der bisherige Produktionsvorstand Joachim Milberg zunächst den Chefposten im Vorstand und dann von 2004 bis 2015 die Führung im obersten Kontrollgremium des Konzerns. Gemeinsam gelang dem Management die Wende zum Besseren. In den vergangenen Jahren kehrte BMW zuverlässige eine satte Dividende an seine Eigentümer aus – allein Klatten erhielt für 2016 gut 400 Millionen Euro; ihr Bruder etwas mehr.

Zur Philosophie von Klatten gehört, dass sie ihren Vorständen und Geschäftsführern eine „lange Leine" lässt. Nur bei einer Beteiligung ist das anders: SGL Carbon. Hier steht sie seit 2013 an der Spitze des Aufsichtsrates; zuvor war sie vier Jahre stellvertretende Chefin des Gremiums. Ob Klatten weiterhin eine erfolgreiche Unternehmerin ist, hängt von der Entwicklung dieser Beteiligung ab. 2009 ist sie über Skion bei dem Kohlenstoffspezialisten eingestiegen; aktuell hält sie 28,5 Prozent. Weil auch BMW 18,4 Prozent des Grundkapitals besitzt, geht bei SGL Carbon nichts ohne Klatten.

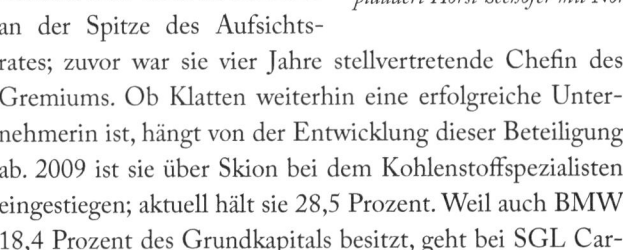

Bayerisches Spitzentreffen: Beim 100. BMW-Geburtstag (v. l.) plaudert Horst Seehofer mit Norbert Reithofer und Susanne Klatten.

Einstieg bei SGL Carbon als Coup gefeiert

Ihr Einstieg wurde noch als Coup gefeiert. Damals galt SGL Carbon als Schlüsselunternehmen für die Automobilindustrie. Neben dem Grafitgeschäft mit der Stahl- und Aluminiumindustrie kreierten die Wiesbadener leichte und hochfeste Verbundwerkstoffe auf Basis von Kohlenstofffasern. Mehrere Autobauer versprachen sich Vorteile für den Leichtbau, wenn sie Stahl durch Karbon ersetzen. Genau zwei Jahre nach dem Skion-Einstieg erwarb VW ein Paket von 9,9 Prozent an SGL Carbon. Das wollte das Automobilunternehmen BMW, das über ein Joint Venture mit dem Chemieunternehmen verfügte, nicht tatenlos hinnehmen und sicherte sich Ende 2011 ein SGL-Paket in Höhe von gut 15 Prozent. Damit war VW ausgebremst – Klatten/Quandt triumphierten über das Managerduo Piëch/Winterkorn.

Bisher indes kommen von BMW und SGL Carbon gefertigte Karbonfasern nur im BMW i3 und im BMW i8 zum Einsatz. Andere Autobauern setzen noch weniger auf Karbon. Denn noch ist die Herstellung des Materials teuer und energieintensiv und wird sonst nur in der Luftfahrt, im Windkraftanlagenbau, für Rennräder und in Formel-1-Boliden verwendet. Deshalb ist der Traum von einer Flotte aus

Karbon-Pkw bisher nicht in Erfüllung gegangen. Im Gegenteil: BMW musste hohe Abschreibungen tätigen.

Jetzt stehen die Weichen auf Rückzug. Aus dem Joint Venture SGL Automotive Carbon Fibers ist BMW ausgestiegen. Schon fragen sich Beobachter, ob auch das Paket an SGL Carbon abgestoßen wird, und spekulieren: „Vielleicht übernimmt Klatten." Dann müsste sie ein Übernahmeangebot für alle Aktien abgeben. Doch noch ist VW engagiert, wenn auch nach der jüngsten Kapitalerhöhung, bei der die Wolfsburger nicht mehr mitzogen, mit verwässertem Anteil. Ob Klatten den Einstieg bei SGL Carbon bereut habe, wurde sie Medien zufolge gefragt. „Noch nicht", lautete die Antwort.

Irgendwann aber dürfte ihre Geduld am Ende sein. Mit Jürgen Köhler, der seit 2014 Vorstandschef ist, hat sie einen Vertrauensmann an ihrer Seite. Mit Hochdruck arbeitet er an der Transformation des Konzerns. Das defizitäre Geschäft mit Elektroden und Kathoden wurde verkauft. Fortan im Fokus stehen „Mobilität, Energieversorgung und Digitalisierung". Unverändert dreht sich dabei alles um Kohlenstoff. Das Element ist für Köhler „die DNA der SGL", was er so konkretisiert: „Aus dem vielseitigen und uns vertrauten Element entwickeln wir smarte Lösungen für zukunftsbestimmende Wachstumsmärkte."

Das hört sich gut an. Dabei hat „die neue SGL" fast die Hälfte ihres Umsatzes verloren und sitzt auf hohen Schulden. Der Verlustvortrag addiert sich auf mehr als eine Milliarde Euro. Noch aber werfen die verbliebenen Bereiche Karbonfasern und Grafit kaum Gewinn ab. Immerhin: Benjamin Pfannes-Varrow von der Bank Berenberg bezeichnet das Unternehmen als „Diamant im Rohzustand". Seine Anspielung zielt auf die Tatsache, dass auch der Edelstein aus Kohlenstoff besteht. Seiner Meinung nach reichen die Trends vom Leichtbau über die Chemie-, Solar-, Halbleiter- und LED-Industrie bis zu Lithium-Ionen-Batterien. Der Analyst prognostiziert ein jährliches Umsatzwachstum „von elf Prozent bis 2020 auf dann 1,2 Milliarden Euro". Kommt es dazu, würde Klatten häufiger als „Unternehmerin" denn als „Erbin" bezeichnet. Dann jedoch bliebe sie wohl erst recht „die reichste Frau Deutschlands".

Stefan Terliesner ist Volkswirtschaftler und freier Wirtschaftsjournalist. Zuvor war er Redakteur bei namhaften Wirtschaftsmedien.

Doppeltes Risiko?

Umstrittene Thesen stellt dieses Magazin in „return kontrovers" zur Diskussion.
Diesmal drehen sich Diskurs und Debatte um die Mitarbeiterkapitalbeteiligung.

Mit folgendem Satz als kritische Bestandsaufnahme eröffnete 2015 die Hans-Böckler-Stiftung ihre Einladung zur durchaus kontrovers besetzten Fachtagung: „Gegenüber der finanziellen Mitarbeiterbeteiligung herrscht in Deutschland teils immer noch eine große Ablehnung." Referenten des Gastgebers oder des Europäischen Wirtschafts- und Sozialausschusses standen Repräsentanten gegenüber vom Deutschen Aktieninstitut, vom Wirtschaftsprüfer Ernst & Young und von Unternehmen wie Bilfinger, Siemens oder Voestalpine. Zum „Status quo der Mitarbeiterkapitalbeteiligung in Deutschland" stellte Prof. Wenzel Matiaske vom Institut für Personal und Arbeit der Helmut-Schmidt-Universität Hamburg eine aktuelle Studie vor unter Arbeitnehmervertretern aus Betrieben ab 150 Mitarbeitern. Zwei Ergebnisse: Mit rund sechs Prozent bleibt der Anteil der Unternehmen mit Kapitalbeteiligung gering. Obwohl bei diesen Betrieben bessere Werte in Gewinn, Umsatz und Personalbestand erzielt wurden.

„Interessante Lösungswege der Kapitalpartnerschaft"

Doch trotz nachgewiesen positiver Effekte scheint das Thema kaum voranzukommen. Das zeigt allein das Recherche-Ergebnis nach relevanter Berichterstattung, die ebenfalls schon zwei Jahre zurückliegt. Die Digitalisierung erfordere „neue Entlohnungskonzepte", fordert damals etwa Klaus F. Zimmermann noch als Direktor des Instituts zur Zukunft der Arbeit im Wirtschaftsteil der „SZ" und schreibt dem „Konzept der ,Kapitalpartnerschaft' interessante Lösungswege" zu. Doch während die EU-Kommission für einen massiven Ausbau plädiere, gebe es in Deutschland „für nur zwei Prozent aller Beschäftigten solche Angebote".

Hans Peter Stihl

Hans Peter Stihl immerhin kürt das „Handelsblatt" in 2015 nicht nur zum „Herr der Motorsägen" und zur „Stimme der Wirtschaft", sondern auch zum „Pionier unter den Familienunternehmen" in puncto Mitarbeiterkapitalbeteiligung. Nur feierte Stihl, der laut Unternehmensinfo noch jeden Tag ins Büro und in die Kantine geht, mittlerweile seinen 85. Geburtstag. Mancher Fan der finanziellen Beteiligung würde sich vermutlich einen jüngeren Befürworter wünschen.

Als 54-Jähriger hatte EU-Kommissar Michel Barnier noch ein Plädoyer für die Mitarbeiterbeteiligung gehalten. Doch jetzt quält sich der ehemalige französische Außenminister mit nun 57 Jahren als Beauftragter der EU-Kommission für die Austrittsverhandlungen gegenüber dem Vereinigten Königreich nur noch mit dem Brexit herum.

Hans-Werner Sinn

Für den markanten Bartträger Hans-Werner Sinn, bekannter Ökonom und langjähriger Präsident des Ifo-Instituts, „begann die Crux schon in den Sechzigerjahren des vergangenen Jahrhunderts, als sich die deutschen Gewerkschaften lieber für die betriebliche Mitbestimmung verkämpften *(sic!)* als für die Mitarbeiterkapitalbeteiligung", wie wieder die „SZ" im Sommer 2014 berichtet über sein Bedauern, dass damit „den Arbeitnehmern die Chance auf eine substanzielle Vermögensbildung" entging.

Die eingangs zitierte Studie rügt zwar den Widerstand von Eigentümern und Geschäftsführern als „Haupt-Hemmer", doch auch das Nein von Gewerkschaften spielt eine relevante Rolle. So wie bei unseren Anfragen zu einem „Pro": Auch hier ein Nein, ob beim DGB („leider muss ich Sie enttäuschen"), bei Verdi („nach längerer Suche … nicht liefern können") oder bei der NGG („nicht im Fokus unserer Tarif- und Betriebspolitik … die kritischen Punkte Sicherung bei Insolvenz und steuerliche Berücksichtigung").

Gegner führen gegen die Modelle nur die Beteiligung der Beschäftigten am Unternehmensrisiko ins Feld, Befürworter sehen ein sinnvolles Instrument – leider oft ungenutzt.

Diese Medien- und Studienauswertung stammt von „return"-Chefredakteur Thorsten Garber.

<table>
<tr><td>PRO</td><td>KONTRA</td></tr>
</table>

PRO

Rainer Nachtrab:
„Kein Ersatz für Gehaltsteile und Mitbestimmungsrechte"

© Simone Leuschner/VAA

Grundsätzlich ist es gut, wenn Unternehmen mit ihren Arbeitnehmern den Erfolg teilen, den sie gemeinsam erwirtschaften. Eine Mitarbeiterkapitalbeteiligung hat Vorteile für Arbeitgeber und Arbeitnehmer. Sie kann die Identifikation der Beschäftigten mit ihrem Unternehmen stärken und die Motivation des Mitarbeiters erhöhen. Sie kann eine partnerschaftliche Unternehmenskultur fördern. Die Mitarbeiterkapitalbeteiligung ist also durchaus ein Instrument, das die jeweiligen Interessen und Ziele von Arbeitnehmern und Arbeitgebern stärker zusammenbringt. Aus wirtschaftsbeziehungsweise gesellschaftspolitischer Perspektive kann sie den Strukturwandel in der Arbeitswelt unterstützen. In der modernen Informations- und Wissensgesellschaft nimmt die Bedeutung unternehmerischen Handelns zu. Mitarbeiterkapitalbeteiligung kann hier einen Beitrag leisten. Viele Signale zur Beförderung der Mitarbeiterkapitalbeteiligung durch die Politik sind denkbar, etwa über eine wesentliche Erhöhung des Freibetrages für die steuerfreie Überlassung von Kapitalbeteiligung durch Arbeitgeber an ihre Arbeitnehmer.

Auf Ausgestaltung kommt es an

Natürlich kommt es immer darauf an, wie die Mitarbeiterkapitalbeteiligung im konkreten Fall ausgestaltet wird. Wichtig ist vor allem, dass sie keinen Ersatz für vertragliche Gehaltsbestandteile und bewährte, gesetzlich garantierte Mitbestimmungsrechte darstellen darf. Sie darf also in keinem Fall weder die Unternehmensmitbestimmung noch die betriebliche Altersversorgung gefährden. Es wird in Zukunft vor allem darum gehen, darüber nachzudenken, wie Mitarbeiterkapitalbeteiligung und Mitbestimmung besser zusammenwirken können.

Rainer Nachtrab ist 1. Vorsitzender des Vorstandes für den Verband VAA – Führungskräfte Chemie.

KONTRA

Thomas Domeyer:
„Von einem doppelten Risiko kann keine Rede sein"

© Peter Berger

Ein entscheidender Effekt von Mitarbeiterbeteiligung ist der positive Einfluss auf wesentliche Erfolgsfaktoren eines Unternehmens. Beteiligte Mitarbeiter sind bei ihrer Arbeit engagierter, motivierter und haben eine stärkere Bindung an ihr Unternehmen. Gerade in Zeiten von Fachkräftemangel kann man diese Wirkung nicht hoch genug einschätzen.

Besonders wichtig ist, dass beteiligte Mitarbeiter partnerschaftlich behandelt werden und der Unternehmer bereit ist, den Erfolg des Unternehmens mit seinen Mitarbeitern zu teilen. Unternehmen, die ihre Mitarbeiter beteiligen, sind nachweislich erfolgreicher als andere. Das liegt natürlich nicht allein an der Mitarbeiterbeteiligung. Aber die Beteiligung der Mitarbeiter ist ein wichtiger Baustein der Unternehmenskultur, die in diesen Unternehmen in der Regel auch insgesamt stärker ausgeprägt ist.

Doppelte Chance

Von einem doppelten Risiko kann in Unternehmen, die ihre Mitarbeiter am Erfolg beteiligen, überhaupt keine Rede sein. Im Gegenteil: Diesen Mitarbeitern bietet sich vielmehr eine doppelte Chance. Das in der Mitarbeiterbeteiligung angelegte Geld ist viel sicherer als bei vielen anderen Anlageformen und hat dabei eine deutlich attraktivere Verzinsung. Das Beste daran: Die Mitarbeiter können den Erfolg durch ihr eigenes Handeln selbst beeinflussen. Falls das Unternehmen doch einmal in schwieriges Fahrwasser gerät, sind es genau diese beteiligten Mitarbeiter, die dann gemeinsam anpacken und das Unternehmen mit aus der Krise führen werden. Erfolgreiche Mitarbeiter arbeiten in erfolgreichen Unternehmen und sind auch daran beteiligt.

Thomas Domeyer ist Prokurist der Goldbeck GmbH und Mitglied im Partnerschaftsausschuss, dem Vertretungsorgan der beteiligten Mitarbeiter.

Datenschutz als Risiko

Fallstricke sind zwar eigentlich absichtlich gelegte Hinterhalte. Doch hier finden Verantwortliche für Unternehmensführung künftig als ständige Rubrik eher Warnhinweise vor Gefahren für Firmen.

Für lückenhaften Datenschutz drohen Unternehmen hohe Bußgelder, wenn sie den Mangel verschuldet haben, was bis zur Krise führen kann.

Kaum jemand würde denken, dass IT-Probleme eine Insolvenz auslösen können. Doch genau das kann passieren, wenn Softwareprobleme etwa Lieferschwierigkeiten auslösen und sich Kunden abwenden. Ebenso können hohe Bußgelder für fehlenden Datenschutz Betriebe in die Krise bringen. Denn für Unternehmen ändert sich Grundlegendes im Bereich des Datenschutzes.

Die neue EU-Datenschutz-Grundverordnung (EU-DSGVO) gilt ab 25. Mai 2018 unmittelbar in allen Mitgliedstaaten der Europäischen Union. Die Verordnung ist von jedem Unternehmen, das personenbezogene Daten verarbeitet, zu beachten. Sie hat Anwendungsvorrang vor nationalen Datenschutzgesetzen, enthält aber Öffnungsklauseln für nationales Recht. Dies führt zu neuen Organisationspflichten für deutsche Unternehmen. Eine Herausforderung wird die Errichtung einer Datenschutz-Compliance gemäß der neuen Grundverordnung. Bei Verkäufen von Unternehmen, bei denen gleichzeitig die vorhandenen Kundendaten verkauft werden, muss ebenfalls auf die Einhaltung der Verordnung geachtet werden.

Die Nichtbeachtung stellt einen enormen Risikofaktor für alle Unternehmen dar, die mit personenbezogenen Daten arbeiten. Dies zeigt der neue Bußgeldrahmen, welcher sich im Vergleich zum bisherigen deutschen Recht drastisch erhöht hat. Gemäß Art. 83 Abs. 1 der Datenschutz-Grundverordnung sollen die neuen Geldbußen wirksam, verhältnismäßig und abschreckend sein. Das wird in jedem Einzelfall von der zuständigen Aufsichtsbehörde bestimmt; dabei handelt es sich um verwaltungsrechtliche Sanktionen. Der Bußgeldrahmen bei Nichtbeachtung der Verordnung kann bis zu zehn Millionen Euro oder zwei Prozent des weltweiten Vorjahresumsatzes betragen. In einigen Fällen sind sogar bis zu 20 Millionen Euro oder vier Prozent des Vorjahresumsatzes möglich. Unternehmen ohne großen finanziellen Spielraum könnten in die Krise geraten.

Unklar ist bisher, wie die Aufsichtsbehörden mit der neuen Verordnung umgehen werden. Die aus Art. 83 der Verordnung entstehenden Rechtsunsicherheiten und Anwendungsfragen bedürfen einer Klärung durch die Aufsichtsbehörden und Gerichte. Die drastische Erhöhung des Bußgeldrahmens steigert nicht nur die Bedeutung der Aufsichtsbehörden, sondern insgesamt auch die des Datenschutzrechts.

Großer Kostenfaktor für Unternehmen

Damit sich die betroffenen Unternehmen darauf vorbereiten können, kann beziehungsweise muss in einigen Fällen ein interner oder ein externer Datenschutzbeauftragter ernannt werden. Dieser richtet das Datenschutz-Compliance-System ein und beaufsichtigt es. Er ist auch Ansprechpartner für die Aufsichtsbehörde. Der Datenschutzbeauftragte sowie das neue Datenschutz-Compliance-System stellen aber neben der organisatorischen Herausforderung auch einen großen Kostenfaktor dar.

Der Datenschutz nach neuer Verordnung sorgt für zusätzliche Kosten in den Betrieben; bei Nichtbeachtung könnten verwaltungsrechtliche Sanktionen zu Zahlungsschwierigkeiten führen. Ein IT-Problem wie fehlender Datenschutz kann im schlimmsten Fall sogar die Insolvenz eines Unternehmens einläuten.

Caroline Pluta, Fachanwältin für Arbeitsrecht und Mediatorin, ist bei der Pluta Rechtsanwalts GmbH für die Schwerpunkte Datenschutz, Compliance und Arbeitsrecht zuständig.

Drahtlos in die Zukunft

Die Digitalisierung steht für diversen Wandel durch Modifikation von Geräten, Fahrzeugen, Information oder Kommunikation. „return" stellt hier regelmäßig Transformationsprozesse vor.

Nun haben auch die Mobilfunker die Industrie 4.0 entdeckt – im Dezember machte Vodafone mit seinem Maschinennetz auffällig Schlagzeilen. Es soll das Internet der Dinge voranbringen. Und in der Tat sind Funk-Technologien für die Digitalisierung wichtig. Vor allem wenn es darum geht, ältere Maschinenbestände zu vernetzen. Das westfälische Technologieunternehmen Harting, einer der weltweit führenden Hersteller für Industriesteckverbindungen, hat dazu eine Lösung entwickelt. Er macht damit auch den eigenen Maschinenpark fit für die Zukunft.

„Die Vernetzung per Mobilfunk spart Zeit und vermeidet Fehler."

Lars Hohmuth

„Harting besitzt einen großen Park von Maschinen unterschiedlichsten Alters, die alle noch einwandfreie Qualität produzieren", sagt Lars Hohmuth, Productmanager Industrial Computing bei Harting. Zwar ist das Unternehmen längst ein Lieferant für Industrieverbindungen aller Art geworden. So gehören digitale Systeme und Lösungen schon lange zum Portfolio. Gleichwohl wird auch echte Hardware bis hin zum Steckverbinder-Gehäuse noch selbst gefertigt. Unter anderem mit Kunststoff-Spritzgussmaschinen, die zum Teil zehn Jahre und älter sind. Aber natürlich immer noch perfekt das produzieren, was sie sollen. Nur so ohne Weiteres lassen sich die eben nicht ins Unternehmensnetz integrieren.

Kleincomputer als Kernstück

„Um die Maschinen am Hauptstandort für Industrie 4.0 fit zu machen, und einheitlich an Unternehmenssoftware- und Fertigungsmanagement-Systeme anzubinden, entwickelten wir einen hoch flexiblen Baukasten zur Datenerfassung und -transkription", erklärt Hohmuth. Kernstück der Lösung ist das Industrie-Kleincomputersystem „Mica". Für das haben die Harting-Entwickler eine drahtlose Anwendung konstruiert, die seit der Hannover Messe 2017 verfügbar ist. Mica

arbeitet mit dem Open-Source-Betriebssystem Linux und ist sehr kompakt. Der Kleincomputer hat unter anderem die Aufgabe, Betriebsdaten vorab zu verarbeiten. So müssen nur noch zentrale Informationen ausgetauscht werden. „Big Data bleibt also überschaubar; die Mica trennt Spreu vom Weizen. Wenn eine Anlage ständig mit 38 Grad Celsius Betriebstemperatur läuft, muss dieser Wert nicht von 20 Sensoren alle zwei Sekunden in die System-Datenbank geschickt werden. Aber jede Abweichung sollte einen – gegebenenfalls ausschließlich lokalen – Alarm auslösen und geloggt werden."

Besonders sinnvoll ist diese Vorverarbeitung natürlich, wenn die Altanlage kabellos eingebunden werden soll. Das bietet sich in diesen Fällen geradezu an, denn in vielen Produktionshallen ist die Netzwerkverkabelung nicht immer gleich um die Ecke erreichbar. Im Blickfeld stehen dabei neben den bekannten Datenfunk-Begriffen WLAN oder Bluetooth auch neuere Drahtlosnetz-Konzepte wie Long Range WAN (LoRa) oder spezielle Datenprotokolle für die industrielle Nutzung drahtloser Netzwerke wie „Dust".

Für Harting hat die Kombination aus Kleincomputer und Mobilfunkanbindung handfeste Vorteile, wie Hohmuth erläutert: „Mit Mica kann man Steuerungsdaten und Einstellberichte drahtlos und ohne Verkabelung und Netzwerktunnel über beliebige Distanzen erfassen oder auch einspielen. So lassen sich Einstellberichte direkt aus dem Büro heraus auf die Maschine hochladen statt wie bisher per USB-Stick. Das spart Zeit und vermeidet Fehler. Wir stellen so sicher, dass nur autorisierte Mitarbeiter die richtigen Einstelldaten auf die richtige Maschine laden."

Armin Hingst arbeitet unter anderem als freier Journalist insbesondere zu Themen der IT-Branche.

Wegbereiter der Transformation
Warum der Mittelstand seine Daten besser schützen sollte

Jedem sollte klar sein, dass Firmeneigentum durch Sicherheitsmaßnahmen vor Raub, Verlust und Missbrauch zu schützen ist. Türen und Fenster werden verriegelt und alarmgesichert; Schränke mit vertraulichen Materialien verschlossen. Im digitalen Raum allerdings lässt das Bewusstsein für Sicherheit häufig zu wünschen übrig. Dabei liegen heutzutage gerade auf den IT-Systemen der Unternehmen viele sensible Daten, die die eigentlichen Unternehmenswerte darstellen. Während bei Behörden und im Verteidigungsbereich Sicherheit in IT-Projekten schon lange im Zentrum stand, wurde Cyber Security in den übrigen Branchen lange stiefmütterlich behandelt. Die offensichtlichen Chancen und Vorteile durch Vernetzung und medienbruchfreie Prozesse waren zu verlockend. Doch mittlerweile ist IT-Sicherheit das verbindende Glied zwischen den neuen Technologien, mindert Geschäftsrisiken und ist der Wegbereiter für neue, sichere Infrastrukturen und Prozesse.

Weltmarktführer geraten ins Visier der Angreifer

Dennoch üben sich gerade kleine und mittelständische Unternehmen in Deutschland nach wie vor in Zurückhaltung, wenn es um das Thema IT-Sicherheit geht. Zu teuer und zu komplex sind die Argumente, die vorgebracht werden. Doch es sind genau die kleinen erfolgreichen Unternehmen, in ihren Bereichen zum Teil sogar Weltmarktführer, die ins Visier der Angreifer geraten. Daher sind sie besonders gefährdet, können doch die Risiken einer unzureichenden IT-Sicherheitsinfrastruktur durchaus die Existenz bedrohen.

Erschwerend kommt hinzu, dass die Angriffsszenarien durch die zunehmende Vernetzung und aktuelle Anforderungen an Flexibilität und Mobilität vielfältiger denn je sind. Sie erstrecken sich von zeitweilig lahmgelegten IT-Systemen inklusive der davon abhängigen Produktion über den Verlust von Know-how bis hin zu perfiden Erpressungsversuchen, bei denen die gespeicherten Daten verschlüsselt und nur gegen Zahlung eines Lösegelds wieder freigegeben

werden – in den allermeisten Fällen übrigens vergeblich. Das Bewusstsein für IT-Sicherheit muss im Unternehmen höchste Priorität genießen und den gleichen Stellenwert besitzen wie Effizienz, Qualität, Nachhaltigkeit oder Innovationsfähigkeit. Hier ist das Management in der Pflicht: IT-Sicherheit ist Chefsache – unabhängig von der Unternehmensgröße – und kann nicht nur im Verantwortungsbereich eines Administrators liegen.

Die gute Nachricht: Richtig eingesetzt ist IT-Sicherheit heute viel mehr als nur ein notwendiges Übel. Sie sorgt für vertrauenswürdige und gleichzeitig einfach zu handhabende Prozesse, bildet die Grundlage für leistungsfähige Netze und steigert Effizienz und Performance. IT-Security wird damit zum Wegbereiter der digitalen Transformation. Jeder Unternehmenslenker muss sich im Klaren sein, dass clevere IT-Sicherheitslösungen in Zukunft ein wichtiges Entscheidungskriterium für Kunden bei der Auswahl eines Produktes oder eines Dienstleisters werden.

Die relevanten Fragen, die Unternehmer jetzt stellen müssen, um sich sinnvoll vor digitalen Bedrohungen zu schützen, lauten: Welche Bedürfnisse hat das Unternehmen? Welche Prozesse müssen geschützt werden? Wo liegen Schwachstellen und Gefahren? Welche Daten erfordern einen besonderen Schutz? Sind es Kundendaten, Mitarbeiterinformationen oder CAD-Zeichnungen eines Prototyps aus der Entwicklungsabteilung?

Anhand der Antworten kann der Bedarf an IT-Sicherheit individuell bestimmt und eine ganzheitliche IT-Sicherheitsinfrastruktur aufgebaut werden. Diese berücksichtigt und kombiniert idealerweise diese drei Komponenten: Bewusstsein, durchdachte Prozesse, vertrauenswürdige IT-Sicherheitslösungen. Damit erhöhen Unternehmen die Leistung von Prozessen, Netzwerken und Infrastrukturen und halten gleichzeitig das zentrale Effizienzversprechen von Digitalisierung.

Dr. Rainer Baumgart ist CEO bei der Secunet Security Networks AG und berufenes Mitglied der Permanent Stakeholders' Group der ENISA, der Europäischen Agentur für Netz- und Informationssicherheit.

Malware

Hacker

Phishing

Backdoors

Password

Identity Theft

Crime

Spam

Virus Computer

Botnet

Firew

Rootk

Social Network

al Fraud

E-Commerce

Update

Worms

Internet Scam

Username

Skimming

Große Angriffsflächen müssen Unternehmen schützen, wenn sie allein gegen die drei völlig verschiedenen „Verwundbarkeitstypen" genug Schutz aufbauen wollen. Auch Bedrohungen und Risiken sind nur durch individuelle Analysen zu ermitteln, um geeignete Gegenmaßnahmen einzuleiten. Das komplette Konept ist ganzheitlich und als Führungsaufgabe zu entwickeln.

Vorsicht, Verwundbarkeit!

Alle angreifbaren Geschäftsprozesse, die von intakter IT abhängen, sind integral zu betrachten und als Chefsache anzusehen. Analysen auf drei Ebenen ergeben geeignete Schutzmaßnahmen.

Das Fachgebiet IT-Sicherheit befasst sich mit der Sicherheit in der Informationstechnologie (IT) beziehungsweise Informations- und Kommunikationstechnik (IKT). Dabei bezeichnet „Sicherheit" einen Zustand, der frei von Gefahren ist oder bei dem es keine nicht akzeptierbaren Risiken gibt. Wie „sicher" aber etwas ist oder empfunden wird, hängt auch von der individuellen Risikobereitschaft des Betrachters ab. Was jemand als sicher empfindet, muss jemand anderes nicht notwendigerweise auch als sicher empfinden. Man denke hier etwa an das Fliegen, das von jemandem mit Flugangst anders empfunden wird als von jemandem ohne Angst. Neuerdings wird anstelle von IT- oder IKT-Sicherheit auch etwa der Begriff „Cybersicherheit" verwendet; gemeint ist das Gleiche.

Vor dem Hintergrund zunehmender Angriffsaktivitäten gegen IT-Systeme und Netzwerke kommt der IT-, IKT- oder Cybersicherheit eine zunehmend wichtige Rolle zu. Viele Unternehmen sind heute von ihrer IT abhängig und können ohne sie nicht funktionieren. Dies gilt namentlich für die Betreiber kritischer Infrastrukturen, es gilt aber in zunehmendem Maße auch für „normale" Betriebe des Mittelstandes.

Für die IT-Sicherheit gibt es immer mehr regulative Vorgaben, die das Management in die Verantwortung versetzen und eine ganzheitliche Betrachtungsweise erzwingen. So reicht es heute nicht mehr aus, IT-Sicherheitsverantwortliche mit der Beschaffung von Antivirensoftware zu beauftragen und es dabei zu belassen. Stattdessen müssen die Abhängigkeiten der Geschäftsprozesse von einer funktionierenden IT integral diskutiert und entsprechende IT-Sicherheitsmaßnahmen abgeleitet werden. Diese Diskussion und Ableitung kann nicht nur technisch geführt werden, sondern muss unter Berücksichtigung von wirtschaftlichen, rechtlichen und organisatorischen Begebenheiten unter der Obhut des Managements erfolgen. Für die IT-Sicherheit und deren Umsetzung trifft ein bekanntes Zitat von Albert Einstein

> „Eine IT-Infrastruktur muss zunächst auf Verwundbarkeiten, Bedrohungen und Risiken untersucht werden."

besonders zu, wonach Theorie und Praxis in der Theorie zwar gleich sind, in der Praxis aber nicht. In der Tat besagt die Lehrmeinung, dass eine IT-Infrastruktur zunächst in Bezug auf ihre Verwundbarkeiten, Bedrohungen und Risiken untersucht werden muss, bevor sinnvolle IT-Sicherheitsmaßnahmen ausgewählt und umgesetzt werden können. Diese risikobasierte Auswahl von IT-Sicherheitsmaßnahmen ist in der Abbildung unten schematisch dargestellt. Insbesondere soll damit sichergestellt werden, dass nur Maßnahmen umgesetzt werden, die sinnvoll und wirtschaftlich vertretbar sind. Fast alle Standards und Best Practices verfolgen diesen Ansatz. Leider sieht – um auf das Zitat von Albert Einstein zurückzukommen – die Praxis anders aus, und alle drei Analyseschritte sind in der Umsetzung mit erheblichen Schwierigkeiten behaftet. Und zwar an den nachfolgenden Punkten:

▶ Die Verwundbarkeitsanalyse ist schwierig, weil sich ein IT-System aus vielen voneinander abhängigen, physisch oder virtuell betriebenen Komponenten auf unterschiedlichen Abstraktionsebenen zusammensetzt. Dazu zählen

Drei Stufen zur Sicherheit

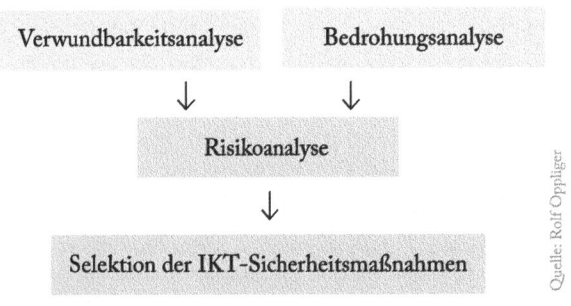

Bis zur Auswahl der richtigen Sicherheitsmaßnahmen bedarf es spezieller Analysen der Angriffsflächen im Unternehmen.

Wie ein Sicherheitsschloss für Datenkanäle und -speicher hilft nur ein ganzheitlicher Ansatz gegen Schwachstellen.

fizieren lassen. In der Theorie errechnet sich ein Risiko als Produkt aus der Eintretenswahrscheinlichkeit und dem Schadensausmaß des risikoverursachenden Ereignisses. In der Praxis können für viele Ereignisse weder die Eintretenswahrscheinlichkeit noch das Schadensausmaß sinnvoll abgeschätzt werden. Es ergeben sich eine große Ungenauigkeit und eine enorme Willkür bei der Abschätzung der Risiken, sodass die entsprechenden Resultate grundsätzlich hinterfragt werden müssen. Viele Analysten begnügen sich denn auch mit qualitativen Risikoanalysen.

Gesamtsystem ist dynamisch

Das wohl größte Problem resultiert aus der statischen und sequenziellen Betrachtung der Analyse- und Sektionsschritte: Aufgrund der Risikoanalyse werden umzusetzende IT-Sicherheitsmaßnahmen selektiert. Dabei ist kein Feedback-Mechanismus vorgesehen. In Tat und Wahrheit beeinflussen die umgesetzten Maßnahmen aber die Analyseergebnisse und damit auch die Maßnahmenselektion.

Das Gesamtsystem ist dynamisch, und die für die Risikoquantifizierung erforderlichen Eintretenswahrscheinlichkeiten sind variabel und abhängig von den umgesetzten Maßnahmen. Gesucht ist eine Art (Gleichgewichts-)Zustand, in dem die Risiken nur noch mit erheblichen und nicht wirtschaftlich vertretbaren Kosten weiter verkleinert werden können. Von einer solchen (dynamischen) Betrachtungsweise sind alle Berechnungsmodelle weit entfernt.

Aufgrund dieser Schwierigkeiten kann man im Rahmen des IT-Sicherheitsmanagements versuchen, die umzusetzenden IT-Sicherheitsmaßnahmen anders herzuleiten und namentlich auf eine explizite Bedrohungs- und Risikoanalyse als vorgelagerte Schritte zu verzichten.

Natürlich kommt bei dieser „direkten" Selektion von IT-Sicherheitsmaßnahmen der Verwundbarkeitsanalyse eine zentrale Bedeutung zu. Das heißt, eine solche Analyse muss so detailliert als möglich angelegt sein. Dabei bezeichnet eine Verwundbarkeit eine (System-)Eigenschaft, die zu einem Sicherheitsverlust führen beziehungsweise für einen Angriff auf das System genutzt werden kann. Jedes System hat spezifische Verwundbarkeiten, und diese Aussage gilt natürlich auch für IT-Systeme. Allerdings gibt es verschiedene Typen von Verwundbarkeiten, die auf unterschiedlichen Ebenen existieren und in einer gesamtheitlichen Betrachtung berücksichtigt werden müssen, etwa in den nachfolgenden Punkten:

Hardware, Firmware, Betriebssystem, Anwendungssoftware und mehr. A priori ist nicht klar, um welche Verwundbarkeiten es bei der Analyse geht. Zudem ist eine Verwundbarkeitsanalyse immer retrospektiv und kann nur Bekanntes in die Betrachtung mit einbeziehen.

▶ Die Bedrohungsanalyse ist schwierig, weil es keine abschließende Liste von Bedrohungen gibt beziehungsweise weil nicht einmal klar ist, anhand welcher Kriterien Bedrohungen unterschieden und klassifiziert werden sollen. So kann die Bedrohung „Datenverlust" zum Beispiel durch fehlende Back-up-Kopien oder durch gezielte Angriffe verursacht sein. In der Praxis behilft man sich mit Bedrohungskatalogen, die mehr oder weniger zufällig und ad hoc zusammengestellt erscheinen und es wohl auch sind. In diesem Sinne stellen diese Kataloge zwar mögliche Ausgangspunkte für Bedrohungsanalysen dar. Es ist aber vollkommen unklar, wie gut diese Ausgangspunkte sind. Jedenfalls sind in allen Katalogen zukünftige Bedrohungen nicht abgedeckt.

▶ Die Risikoanalyse ist zunächst einmal deshalb schwierig, weil sie die Schwierigkeiten und Probleme der Verwundbarkeits- und Bedrohungsanalysen erbt. Erschwerend kommt aber hinzu, dass sich IT-Risiken kaum quanti-

▶ Auf der technischen Ebene gibt es Verwundbarkeiten, die auf der Stufe Hardware, Firmware, Betriebssystem und/oder Applikationssoftware existieren. Diese Ver-

IT-Sicherheit als Trendthema

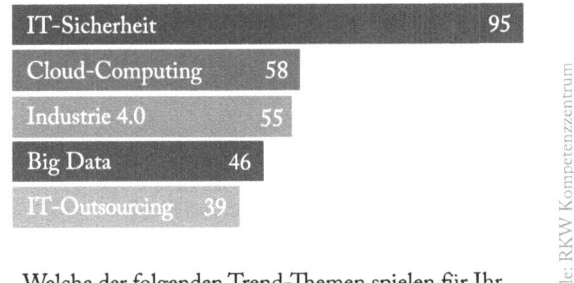

IT-Sicherheit	95
Cloud-Computing	58
Industrie 4.0	55
Big Data	46
IT-Outsourcing	39

Quelle: RKW Kompetenzzentrum

„Welche der folgenden Trend-Themen spielen für Ihr Unternehmen eine Rolle?" (n = 200)

Das wichtigste Thema der Digitalisierung für kleine und mittlere Unternehmen wird in seiner Ganzheitlichkeit unterschätzt.

wundbarkeiten sind vielfältig und nur zum Teil bekannt. Sobald sie aber bekannt sind, können sie oft durch Patchen (zeitnah) behoben werden. Für die Einordnung und Behandlung technischer Verwundbarkeiten gibt es etablierte Klassifikationssysteme.

▶ Auf der systematischen beziehungsweise architektonischen Ebene gibt es Verwundbarkeiten, die sich aus dem Zusammenspiel verschiedener Einzelkomponenten ergeben. Wenn in einer Umgebung zum Beispiel Single Sign-on angeboten wird, dann resultiert eine Verwundbarkeit aus der Möglichkeit, dass Benutzer-Referenzen, sogenannte „Credentials", aus einem System ausgelesen und für den Zugriff auf ein anderes System missbraucht werden können. Dies passiert zum Beispiel bei „Pass-the-Hash"-Angriffen. Diese Verwundbarkeit lässt sich nicht einem bestimmten System zuordnen, sondern ergibt sich aus der Notwendigkeit, dass verschiedene Systeme zusammenarbeiten müssen. Systematische oder architektonische Verwundbarkeiten sind oft subtil und nur schwer auffindbar. Zudem ist ihre Behebung meist kompliziert, nur beschränkt oder grundsätzlich nicht möglich. Insbesondere gibt es für diesen Typ von Verwundbarkeiten kein Klassifikationssystem.

▶ Auf der organisatorischen Ebene gibt es Verwundbarkeiten, die sich aufgrund organisatorischer Begebenheiten bei der Abwicklung von Geschäftsprozessen ergeben. Diese Begebenheiten können sich aufgrund der Administration oder der Führung und Steuerung der Prozesse ergeben. Wenn es etwa möglich ist, unbeaufsichtigt eine Kopie einer ganzen Datenbank zu erstellen, dann ergibt sich eine Verwundbarkeit aufgrund der Tatsache, dass Daten auf nicht berechtigte Art und Weise kopiert und veräußert werden können. Im Zusammenhang mit der Nutzung von Cloud-Diensten kann sich eine Verwundbarkeit aus der Abhängigkeit von einem Diensteanbieter

ergeben. Zudem gibt es bei geschäftsprozessinhärenten Medienbrüchen oft Verwundbarkeiten, weil die Verantwortlichkeiten an diesen Medienbrüchen nicht oder nur unzureichend geregelt sind. Organisatorische Verwundbarkeiten können nicht oder nur begrenzt technisch angegangen und beseitigt werden.

Diese drei Verwundbarkeitstypen sind völlig verschieden und erfordern unterschiedliche Analysemethoden. Für technische Verwundbarkeiten gibt es Werkzeuge, die im Rahmen eines „Vulnerability Managements" automatisch IKT-Systeme untersuchen und gegenüber Datenbanken abgleichen können. Eines oder mehrere solcher Werkzeuge werden sinnvollerweise systematisch und periodisch eingesetzt, um bekannte technische Verwundbarkeiten zeitnah aufzudecken. Technische Verwundbarkeiten können fast nur auf diese Art behandelt werden, das heißt, der Einsatz solcher Werkzeuge ist in diesem Bereich unbedingt erforderlich.

Systematische oder architektonische Verwundbarkeiten werden am besten von IT-Sicherheitsverantwortlichen innerhalb von Fachgremien thematisiert und diskutiert. Dabei muss für jede Verwundbarkeit untersucht werden, ob und wenn ja in welchem Ausmaß sie für die betrachtete IT-Infrastruktur relevant ist. Und vor allem, was man dagegen tun kann. Für diese Art von Verwundbarkeiten gibt es keine sinnvolle Unterstützung durch Werkzeuge.

Organisatorische Verwundbarkeiten können nur im Kontext eines konkreten Geschäftsprozesses erkannt und behoben werden. Dazu ist ein tief greifendes Verständnis für die Geschäftsprozesse erforderlich. Dieses Verständnis ist nur bei Mitarbeiterinnen und Mitarbeitern vorhanden, die für die Prozesse verantwortlich zeichnen. Für das Erkennen und Beheben der Verwundbarkeiten gibt es keine speziellen Formalismen und Methoden. Stattdessen sind die Geschäftsprozess-Verantwortlichen in die Pflicht zu nehmen: Sie haben prozessrelevante Verwundbarkeiten unabhängig von den eingesetzten Technologien zu verstehen und durch geeignete rechtliche, organisatorische oder personelle Maßnahmen zu beseitigen.

Unter dem Strich ist und bleibt die IT-Sicherheit ein „Mehrfrontenkrieg". Dieser lässt sich nicht in Schlachten durch eine einzige IT-Sicherheitsmaßnahme gewinnen. Gefordert ist vielmehr ein ganzheitlicher und differenzierender Ansatz. Mit ihm sind Verwundbarkeiten auf allen Ebenen zu erfassen und im Idealfall auch zu beseitigen.

Rolf Oppliger, Titularprofessor für Informatik an der Universität Zürich, ist Geschäftsführer von E-Security Technologies (www.esecurity.ch).

„Mehr IT-Sicherheit kann ein starkes Asset sein"

„Mit der Vernetzung gehen große Unsicherheiten einher", warnt Marc Elsberg im Interview, was er im Thriller „Blackout" genau beschreibt.

Herr Elsberg, die Chancen digitaler Transformation bestimmen derzeit die Wirtschaft. Risiken kommen vor allem zur Sprache mit Blick auf diejenigen, die diese Möglichkeiten nicht ergreifen. Wie sehen Sie Pro und Kontra?

Marc Elsberg: Ich zeige in meinen Büchern zwar Risiken auf, aber die Chancen überwiegen. Die Möglichkeiten der Digitalisierung sind ungeheuer. Nur dürfen Sicherheitsfragen und ethische Fragen nicht unbeantwortet bleiben. Mit der Vernetzung gehen große Unsicherheiten einher. Die zentralisierten Systeme der Vergangenheit sind nicht aufs Vernetzen ausgelegt.

> „Wertvorstellungen kommen in Auseinandersetzungen zu neuer Technik selten sachlich zur Sprache."
>
> Marc Elsberg

Wie Ihr Buch „Blackout" vor Augen führt?

Ja, ich beschreibe ja in „Blackout", wie wenig entspannt unser komfortables Leben noch funktioniert, wenn es zum flächendeckenden Stromausfall kommt. Aber die zentrale Frage, die sich dahinter verbirgt und ich noch stärker in „Zero" und „Helix" aufwerfe, lautet: Wie wollen wir als Gesellschaft leben? Insbesondere wenn wir auf eine alles umfassende Technik setzen. Denn wie der kanadische Philosoph und Kommunikationstheoretiker Marshall McLuhan richtig erkannt hat: „Wir formen unsere Werkzeuge und danach formen unsere Werkzeuge uns." Ich wünsche mir mehr Diskurs zur Demokratie. Ethische Wertvorstellungen kommen mir in Auseinandersetzungen zu neuer Technik zu selten sachlich zur Sprache. Es muss doch über Chancen und Risiken einen Austausch ohne Ideologisierung geben, um zu gesellschaftlich tragfähigen Lösungen zu kommen.

Hans-Peter Bauer, Vice President der ehemaligen Intel Security und heutigen McAfee, warnte vor der „dunklen Seite der Digitalisierung" durch Hacker im Cyberspace. Wird die Schattenseite immer stärker, je mehr Wirtschaft und Gesellschaft von IT abhängen?

Die Kehrseiten neuer Technologien waren schon immer ein Problem; das klassische Dual-Use-Thema. Die Grenzen zwischen Gut und Böse sind heute gar nicht so klar. Wenn Regierungen auf Facebook etwa Artikel auswerten, wenn der philippinische Präsident Duterte oder US-Präsident Trump mit Social Media ihre Wahlen gewinnen und wenn Kommunikationsnetzwerke wie Google unsere Themen vorgeben. Sind soziale Hacks nicht genauso illegal wie wirtschaftliche? Ich finde, die ab Mai gültige EU-Datenschutzverordnung setzt ein richtiges Signal.

Wirtschaftlich motivierter Cybercrime soll mit rund 600 Milliarden US-Dollar Umsatz pro Jahr den durch Drogenkriminalität erzielten Gesamtwert überholt haben. Sicherheitsexperten entdecken täglich 390.000 neue Schadprogramme. Ist Geld einziger Treiber für die Hacker-Szene?

Ich glaube, die Motive sind ähnliche wie außerhalb der Schattenwelt. Die Lust am Entwickeln und Ausprobieren zum Beispiel. Wissenschaftler oder Künstler haben meist auch nicht zuerst den Profit im Sinn. Das passiert erst, wenn Geschäftsleute daraus Geschäftsmodelle entwickeln. Den Spaß bei Hackern zu zeigen, dass sie eindringen können, sollten wir nicht unterschätzen. Wenn daraus ein Geschäftsmodell wird, mit dem sie Geld verdienen können, ist dies eigentlich doch nur das andere Ende der Wertschöpfung, an dem Sicherheitsunternehmen arbeiten. Ein Riesengeschäft ist es für beide Seiten.

Für das organisierte Verbrechen heißt es oft, staatliche Stellen wie die Polizei würden in Know-how und in Ausstattung hinterherhinken. Gilt das gegenüber Netzangreifern auch?

Je nach Staat gilt das in unterschiedlichem Maße. In Europa liegen die Behörden sicher um einiges hinter den Angreifern.

Aber auch auf unserem Kontinent hat sich ein größeres Bewusstsein dafür entwickelt. Die Strafverfolgungsbehörde der Europäischen Union, Europol, hat aber erst 2014 ihre „Joint Cybercrime Action Taskforce" in Betrieb genommen – mit deutscher Beteiligung. Bei meinen Recherchen zu „Blackout" zwischen 2008 und 2011 war davon noch nichts in Sicht. Damals habe ich aber schon bei Hackern angefragt, wie sie das Stromnetz attackieren würden – und innerhalb einer Woche 50 Möglichkeiten genannt bekommen. Die staatlichen Stellen haben also sicher noch einiges an Entwicklung aufzuholen – und müssen für echte Experten gut zahlen, sonst bekommen sie nur die dritte Garnitur.

„Blackout" wurde in der Unterhaltungskategorie zum „Wissensbuch des Jahres" ausgezeichnet. Waren Sie vor Erscheinen vom Erfolg auch auf fachlicher Seite überzeugt?

Ja, das muss ich gestehen. Ich bin ja während der Arbeit an dem Buch immer tiefer in die Themen hineingerutscht. Dabei ist mir klar geworden, wie grundlegend sich die Ordnungsstrukturen unserer Gesellschaft durch IT verändert haben. Das hat auch in mir immer wieder das Feuer für neue Recherchen entzündet. Und ich habe während des Schreibens gespürt, wie nah mein Thema an den Bedürfnissen in der Gesellschaft liegt. Erste Leser im Freundeskreis spiegelten mir zurück: Das ist mehr als ein Science Thriller. Als nach Veröffentlichung bei mir die erste Einladung aus Berlin zu einem Vortrag über öffentliche Sicherheit einging, sagte meine Frau: „Das überrascht mich nicht."

Wie nähert man sich denn als Buchautor der IT-Sicherheit auf einem Niveau, das sogar Experten anerkennen, ohne das breite Publikum zu überfordern?

Indem man sich viel anliest, mit Experten spricht und sie nutzt, um vertieftes Wissen zu bekommen. Die große Herausforderung ist es dann, komplexe Sachverhalte für das breite Publikum aufzubereiten. Dabei hilft mir zweifelsohne meine Zeit in der Werbung, in der es auch darum geht, Komplexes zu vereinfachen. Nein, eigentlich nicht vereinfachen, sondern nur verständlich zu erklären! Ich muss die Essenz der Sache erzählen. Gute Werbung kommt auch zum Kern des Produktes. Es gilt, eine überzeugende Lösung zu präsentieren, die das Bedürfnis nach Sicherheit stillt. Also schlüssige Antworten auf die Frage zu geben, was für zuverlässige IT-Sicherheit gefragt ist. Zu vereinfachen hieße eher, an der Oberfläche zu bleiben.

Wie aufwendig sind Ihre Recherchen?

Relativ aufwendig. In meinen Büchern finden Leser eine Mischung aus „big picture", technischen Themen und ethischer Auseinandersetzung. Meist beschäftige ich mich schon lange vor der eigentlichen Arbeit mit den Themen. Ich bin halt ein Lesens- und Wissens-Junkie! Mein zuletzt

Bestseller-Autor Marc Elsberg veröffentlichte unter diesem Pseudonym seine Romane über IT-Sicherheit, Datenschutz und zuletzt Gentechnik im deutschen Blanvalet Verlag. Als Marcus Rafelsberger wurde er 1967 in Wien geboren, studierte dort erst Wirtschaft, dann Industriedesign, begann als Grafiker, war später als Texter sowie Konzeptionist in der Werbebranche tätig. In Hamburg arbeitete er von 1995 bis 2003 als Kreativer und Strategieberater in Agenturen wie Scholz & Friends, bevor er zum Beispiel bei Ogilvy als Werber nach Wien zurückkehrte und ab 2007 an einem ersten Science Thriller arbeitete, mit dem er gleich den Durchbruch schaffte.

© Lukas Ilgner

© Lukas Ilgner

Geglückte Transformation vom gefragten Kreativen der Werbung zum genauen Geschichtenerzähler von Science Thrillern: Marc Elsberg

erschienenes Buch „Helix" habe ich zum Teil parallel zur Arbeit an „Blackout" geschrieben. Manche Recherchen sind an einen Erzählstrang geknüpft, andere Untersuchungen führe ich punktuell zu Plots durch. Bei „Helix" sind einige Recherchen an Figuren gebunden.

Verdeutlichen Sie das bitte an einem Beispiel.
Für „Helix" hatte ich bei Jungeltern einen Konflikt beobachtet. Die Mittelschicht betreibt ja zunehmend eine unheimliche Förderung ihrer Kinder, um sie fit für den sozialen und wirtschaftlichen Wettbewerb zu machen. Ich fragte mich, wozu diese Eltern noch bereit wären, wenn sie ihren Kindern noch mehr Vorteile in diesem Wettbewerb verschaffen könnten – etwa durch die jüngsten Revolutionen in der Biotechnologie. Aus diesen sozialen Beobachtungen entwickelte ich eine Idee zur Erzählung rund um die Figuren und zu Themen der Gentechnik. Die fachlichen Wissenslücken waren dann durch Recherchen zu füllen, zum Teil noch während des Schreibens, weil Entwicklungen fortschreiten.

Was von den Ergebnissen zu „Blackout" hat Sie am meisten überrascht – die leichte Verwundbarkeit der Systeme?
Ja, bei „Blackout" auf jeden Fall. Ich war schon erstaunt, wie mangelhaft das Bewusstsein für die Gefahren ausgeprägt war, wo nur „großartige Chancen" gesehen wurden. Selbst in absoluten Führungspositionen war es frappierend, wie Vorstände und hohe Beamte die Verwundbarkeit ignorieren.

Meistens übrigens aus Arroganz und Hybris statt aus Informationsmangel. Die Reaktion klang oft so: „Wovon reden Sie?! Wir haben alles im Griff!" Mittlerweile hat mehr Sensibilisierung stattgefunden. Aber folgen Taten? Und zwar nachhaltige? Derzeit ist IT-Sicherheit immer noch nur als Kostenblock abgebildet. Wer für Projekte verantwortlich zeichnet, sieht sich immer diesem Gegenargument ausgesetzt: „Bisher ist doch nichts passiert."

Sie und der deutsche Autor Frank Schätzing kommen beide aus der Werbung und widmen sich quasi Endzeitszenarien – er den Auswirkungen des Klimawandels, Sie den Folgen von IT-Abhängigkeit. Zufall oder hat er Sie inspiriert?
Und unsere ersten Bücher erschienen im Emons Verlag. Mit „Der Schwarm" hat Schätzing den Verlag gewechselt. Ein tolles Buch, das mich begeistert hat. Aber inspiriert haben mich eher Wissenschaftskrimis wie von Andreas Eschbach oder von Michael Crichton. Im deutschsprachigen Raum gab es ja lange Zeit entweder Romane in diesem Genre, die nicht so gut recherchiert oder von Technikern geschrieben waren. Die Parallelen zwischen Frank Schätzing und mir sind verblüffend, aber persönlich kennengelernt haben wir uns leider noch nicht. Daraus, dass uns die Werbung verbindet, leite ich ab, dass wir beide neugierig auf Neues sind – ob Produkte oder Themen. Das ist doch bei Journalisten auch so, von denen auch schon viele Romane geschrieben haben.

Ob Industrie 4.0, Internet der Dinge oder Selbstfahrerautos – was raten Sie zum Schluss unseren Lesern als Entscheider der Wirtschaft hinsichtlich IT-Sicherheit?
Definitiv die Sicherheit oder besser Resilienz der Systeme deutlich ernster zu nehmen, als es heute getan wird. Ich empfehle einen Blick über den Tellerrand in die vernetzte Welt, denn die Systeme sind meist ganzheitlich verbunden. Unternehmer müssen zwar in erster Linie auf ihr Geschäftsmodell und dessen Profitabilität achten, aber mehr Sicherheit ist nicht nur als Kostenfaktor zu sehen, sondern kann auch ein starkes Asset sein. Insbesondere für Deutschland empfehle ich, die Versäumnisse der vergangenen 20 Jahre aufzuholen. Und zwar nicht nur hinsichtlich der Sicherheit, sondern generell bei den Chancen der Digitalisierung, die man sich global betrachtet hat abnehmen lassen. Mir kommt es so vor, dass dies vor allem an einer technik- und fortschrittsfeindlichen Haltung liegt – selbst bei entscheidend Verantwortlichen zu einem gewissen Grad.

⤓ Mehr unter www.return-online.de

Das Interview mit dem Buchautor führte „return"-Chefredakteur Thorsten Garber in dessen Heimatstadt Wien.

Zukunftsradar statt Zahlenfriedhof

Wie Unternehmer die wichtigsten Parameter anhand der richtigen Kenndaten und angesichts sich schnell verändernder Messpunkte genau im Blick behalten.

Zur schnellen und zielorientierten Steuerung eines Unternehmens sind Kennzahlen unerlässlich. Doch Geschäftsmechanik, Geschäftsmodell und Lebenszyklus von Produkten und Leistungen verändern sich derzeit schnell und radikal – und damit auch die Messpunkte. Wer daher die „üblichen Verdächtigen" verwendet, kreiert lediglich einen Zahlenfriedhof, begibt sich in den Blindflug, verliert Effizienz und Wettbewerbsfähigkeit. Nur wenige „Richtige" zeigen, wo die Reise hingeht. Welches sind die entscheidenden Kennzahlen für das eigene Geschäft? Und welche Parameter müssen mit auf den Zukunftsradar? Antworten darauf gibt der nachfolgende Fünf-Punkte-Check:

„Wer einen Zahlenfriedhof kreiert, begibt sich in den Blindflug, verliert Effizienz und Wettbewerbsfähigkeit."

Check 1 bewertet Geschäftsmodell und Geschäftstyp, also womit bei wem Geld verdient wird.
Bei wem Projekte mit unterschiedlichen Kunden im Vordergrund stehen, geben Projektpipeline, Trefferquote, die Relation von fakturierter Projektleistung zu aufgelaufenen Kosten sowie letztendlich das ehrliche Projektergebnis die Marschrichtung vor. Wird hingegen mit wenigen Kunden kontinuierliches Commodity-Geschäft betrieben, stehen vielmehr Kundenausschöpfung, Kundendeckungsbeitrag und Ertragspotenziale im Fokus. Im Seriengeschäft mit klar definierten und kalkulierten Produkten, wie bei Kfz-Zulieferern, aber auch bei Maschinenbauern, sind die Ist-Kosten auf Vollkostenbasis entscheidend, die das Produkt aktuell in Anspruch nimmt.

Check 2 hilft, Mengengerüste richtig zu messen. Gerade im direkten Konsumentengeschäft nimmt durch die Individualisierung die Anzahl der Bestellungen und Sendungen zu – während die Bestellwerte abnehmen. Kostentreiber ist damit die Anzahl der Prozesse und nicht nur der Preisdruck des Kunden. Es muss also gemessen werden, wie viel die Auftragsannahme, die Verheiratung von Auftragsposition und Bestand, Kommissionierung und Verpackung sowie die Distribution zum Kunden wirklich kosten. Daraus lässt sich dann ableiten, ob beziehungsweise wann beispielsweise Verpackung und Versandkosten zusätzlich berechnet werden müssen.

Check 3 setzt auf ein neues Controlling, um sich beweglicher Geschäftsmechanik anzupassen. Mit jeder Änderung von Geschäftsmodell oder Branchenmechanik muss das Controlling seine Kennzahlen quasi auf null setzen, neue und sinnvolle Messpunkte müssen her. Der nächste Schritt: Die sichere Abbildung aller Prozesse entlang der Messstrecke ist wichtig, um den Ressourceneinsatz zu steuern. Allen Beteiligten muss klar sein, wie viel Zeit, Material, Maschineneinsatz in jedem Prozessschritt künftig stecken sollen.

Check 4 entwickelt Messpunkte für morgen im System. Die Extrapolation der klassischen operativen Kennzahlen in die Zukunft – also für Preise und Mengen, Verfügbarkeit und Durchlaufzeiten – ist keine große Kunst. Doch Vorsicht: Weder Strukturbrüche noch Substitutionsrisiken oder Veränderungen der Branchenmechanik werden damit sichtbar!

Zukunftsradar setzt beim Kunden an

Ein wirksamer Zukunftsradar setzt beim Kunden an: Als qualitative Messpunkte müssen zusätzlich die eigene wie auch die Lieferanten-Wertschöpfung ein Bestandteil sein. Auf Kundenebene ist zu identifizieren, was den Kundennutzen wirklich ausmacht, nämlich womit der Kunde seinen Cashflow erzielt. Die zentrale Frage lautet: Ist ein Unternehmen auch bei Änderung des Erlösmodells erfolgreich? Ein weiterer Messpunkt bildet die eigene Wertschöpfungskette beziehungsweise die Wettbewerbsfähigkeit jedes einzelnen Teilprozesses ab. Die Start-up-Szene zeigt, dass „cherry picking" durchaus möglich ist, also das Herauslösen einzelner

Wie der Pilot im Cockpit fragt sich auch der vorausschauende Wirtschaftskapitän rechtzeitig: Wohin geht die Reise mit meinem Unternehmen? Dazu benötigt er die richtigen Daten, die mit verlässlichen Messinstrumenten und mit veränderbaren Messpunkten gewonnen werden.

Bausteine und Produkte aus einer Wertschöpfungskette. Gerade bei Branchenwertketten mit mehrfacher Disposition sollte man genauer hinsehen: Was passiert, wenn die Disposition auf einer Plattform mit entsprechend degressiven Grenzkosten zentralisiert wird? Was bedeutet das für das eigene Geschäftsmodell oder die Austauschbarkeit der eigenen Wertschöpfung? Viele Angebote aus dem Bereich der „Shared Services" kommen genau aus dieser Ecke. Die strategische Perspektive der Lieferanten gehört mit auf den Radar: Wie steht es um vertikale Integration und damit das Bestreben, weiter nach vorne in der Wertkette vorzudringen?

Check 5 behält die Option Greenfield im Blick. Die größte Herausforderung im Rahmen eines Zukunftsradars ist jedoch, mögliche Angriffe von Branchenfremden vorauszudenken. Wer allein den „Greenfield"-Ansatz zu Ende denkt, kann Strukturbrüche sichtbar machen – und entsprechend neue Produkte und Services auf den Weg bringen sowie den Bestand seiner Produktpalette optimieren. Optionen eröffnen Fragen wie diese: Aus welchen Daten kann für Kunden, das eigene Unternehmen oder Lieferanten Zusatznutzen

generiert werden? Wie sehen für Kunden heute optimale Leistungen und Angebote aus – inklusive Leistung, Erlösmodell, Distribution und Service? Wie würde die Wertschöpfung heute konfiguriert? Wo würde investiert? Welche Rolle spielen dabei Daten und Informationen?

Ohne Datenfokus kein Zukunftsweg

Das Fazit für einen vernünftigen Zukunftsradar statt eines Zahlenfriedhofs klingt klar und einleuchtend: Ohne den Fokus auf Daten wird der Weg in die Zukunft nicht mehr funktionieren. Doch egal welche Kennzahl, egal welcher Parameter: Der Dreh- und Angelpunkt, den Unternehmen nie aus den Augen lassen dürfen, ist und bleibt der Kunde.

Dr. Volkhard Emmrich ist Managing Partner bei Dr. Wieselhuber & Partner.

Miseren, Medien, Mäuse

Kompetente Krisenkommunikation versichert Unternehmen

Unternehmenskrisen sind beliebt in Medien, die für öffentliche Aufmerksamkeit sorgen. In den Firmen gilt es dann, fieberhaft gegenzuarbeiten.

Bereits Anfang der 70er Jahre hat der Soziologe Niklas Luhmann sehr anschaulich formuliert: „Krisen sind unerwartete, thematisch nicht vorbereitete Bedrohungen nicht nur einzelner Werte, sondern des Systemzustands mit seinem eingelebten Anspruchsniveau. Sie stimulieren und sammeln Aufmerksamkeit dadurch, dass sie den Erfüllungsstand zahlreicher Werte diffus, unbestimmt und unter Zeitdruck gefährden. Darauf beruht ihr Integrationseffekt."

Ich mag diese Definition, weil sie bündig und knapp die wichtigsten Merkmale von Krisen auf den Punkt bringt. Als Journalismusforscher würde ich gern noch hinzufügen: Journalisten lieben Krisen, vor allem in ihrem Berichterstattungsumfeld – in der Wirtschaft, in der Politik, in der Wissenschaft und sogar in der Religion. Krisen stehen für Aktualität und sind daher besonders interessant. Weniger beliebt sind die Krisen, die die Medien selbst betreffen.

Betroffene bis zur Kenntlichkeit entstellt

Durch die Kommunikation über Krisen kann man eine Menge lernen. Krisen entstellen das betroffene System bis zur Kenntlichkeit. Denken wir an US-Präsident Trump, der eben nicht nur fast täglich mit seinen Äußerungen und Tweets neue Krisen in die Welt setzt, sondern auf diese

Weise auch vorführt, wie das politische System der USA funktioniert. Unternehmenskrisen mögen weniger globale Auswirkungen haben, funktionieren aber prinzipiell nach ähnlichen Mechanismen. Gerade über Krisenkommunikation von Unternehmen ist viel Sinnvolles publiziert worden. Dass Krisenkommunikation eine Führungsaufgabe sei, dass die Unternehmensführung also im Krisenfall sichtbar und nicht etwa in Urlaub sein sollte, dass Krisenkommunikation nur so gut sein könne wie die Beziehungen zur Presse vor der Krise, kurzum: dass gute Krisenkommunikation vor der Krise beginne.

Sicher sprechen betroffene Unternehmen besser mit einer Stimme, üben vorher besser wie beim Trockenschwimmen und sind gut beraten, auf denkbare Krisen konkret vorbereitet zu sein. Im akuten Krisenfall führen fehlende Strategien und Instrumente im Extremen zur Gefahr für den Fortbestand.

Lohnt sich die kompetente und damit womöglich teure Vorbereitung? Diese berechtigte Frage kann ich nur mit dem Hinweis auf die im Krisenfall immensen Kosten kontern. Auch finanzielle Schäden sind zu vermeiden oder zumindest doch deutlich zu reduzieren, wenn im Vorfeld vergleichsweise geringe Ressourcen für eine professionelle Krisenkommunikation aufgewendet wurden.

Krisenvorbereitung als wirksame Versicherung

In diesem Sinne ist eine aktive und implementierte Krisenkommunikationsstrategie für den Fall der Fälle nicht nur ein Kostenfaktor, sondern auch eine wirksame Versicherung gegen weit höhere Kosten. Dabei verhält es sich wie bei anderen Versicherungen auch: Schäden können entstehen, müssen es aber eben nicht zwingend. Auf jeden Fall spart auch diese Versicherung im Ernstfall bare Mäuse.

Dr. Alexander Görke ist Professor am Institut für Publizistik- und Kommunikationswissenschaft der Freie Universität Berlin mit dem Schwerpunkt Wissenskommunikation/ Wissenschaftsjournalismus.

Wissensquiz für Entscheider

Sachgebiet: Haftung in Krise und Insolvenz

1 Der Geschäftsführer einer GmbH beauftragte den Steuerberater im Jahr 2011, den Jahresabschluss für das Jahr 2009 zu erstellen. Hierzu übergab er ihm unter anderem den Jahresabschluss für das Jahr 2008, der einen nicht durch Eigenkapital gedeckten Fehlbetrag von 32.700,21 Euro auswies. In den Folgejahren erteilte die GmbH dem Steuerberater erneut Einzelaufträge, jeweils die Jahresabschlüsse zu erstellen. Auch diese erstellten Jahresabschlüsse wiesen jeweils nicht durch Eigenkapital gedeckte Fehlbeträge auf.

Die GmbH stellte am 18. Januar 2015 Eigenantrag auf Eröffnung eines Insolvenzverfahrens. Das Insolvenzverfahren über ihr Vermögen wurde am 1. Mai 2015 eröffnet und der Insolvenzverwalter bestellt. Er beantragte festzustellen, dass der Steuerberater sämtliche Schäden seit dem 30. Juni 2011 zu ersetzen habe, die durch eine verschleppte Insolvenzantragstellung bei der GmbH entstanden seien. Der Insolvenzverwalter behauptet, die GmbH habe über keine stillen Reserven verfügt und sei schon seit 2008, jedenfalls aber Mitte 2011, bei Übernahme des ersten Auftrags durch den Steuerberater insolvenzreif gewesen, also überschuldet und daher kreditunwürdig und somit zahlungsunfähig gewesen.

Verteidigung des Steuerberaters

Der Steuerberater argumentiert zu seiner Verteidigung: Er habe jeweils in Anschreiben vom 20. April 2013 und 28. August 2013 darauf hingewiesen, dass der Geschäftsführer verpflichtet sei, regelmäßig die Zahlungsfähigkeit sowie die Vermögensverhältnisse der Gesellschaft dahin gehend zu überprüfen, ob die Zahlungsfähigkeit gewährleistet ist und dass keine Überschuldung vorliegt. Zudem habe er mit Schreiben vom 29. November 2013 auf einen Rückgang der Umsatzerlöse im Vergleich zum Jahr 2012 um fast 50 Prozent bei gleichzeitig um 20 Prozent gestiegenem Personalaufwand hingewiesen.

Aufgrund der bisherigen Rechtsprechung des Bundesgerichtshofs (BGH) zur Frage der Steuerberaterhaftung geht der Steuerberater davon aus, dass eine Haftung in seiner Person nicht in Betracht kommen könne.

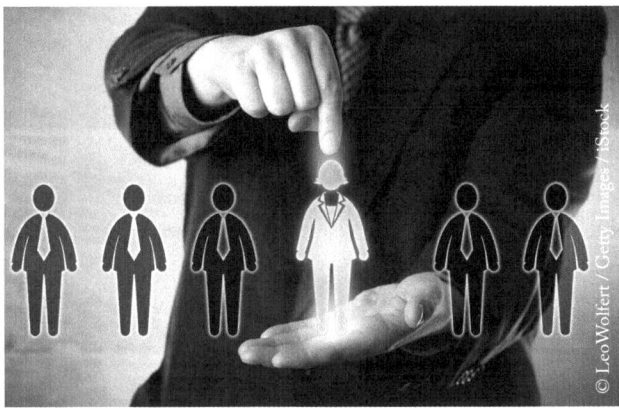

Fingerzeig auf den Schuldigen? Zu Fragen der Steuerberaterhaftung hat der Bundesgerichtshof schon einige Urteile gesprochen.

2 Der zuvor beschriebene Fall ist nur insoweit abgewandelt, als dass der Steuerberater schon im Mai 2011 den Geschäftsführer der GmbH auf das Problem der bilanziellen Überschuldung hingewiesen haben will. Daraufhin habe dieser ihm erklärt, das Problem sei bekannt, es sei eine Kapitalerhöhung geplant, und er werde das Problem mit dem Gesellschafter besprechen.

Liegt der Steuerberater im vorliegenden Fall mit seiner Einschätzung richtig?

a) Nein, der Steuerberater kann sich nicht mit seinen Argumenten von dem durch den Insolvenzverwalter im Raum stehenden Vorwurf der Beihilfe zur Insolvenzverschleppung befreien.

b) Ja, der Insolvenzverwalter nimmt den Steuerberater von vornherein zu Unrecht auf Ersatz des Schadens in Anspruch, der durch die Verschleppung der Insolvenz bei der GmbH entstanden ist.

⤓ Die Lösungen finden Sie unter www.return-online.de

Dr. Alexander Verhoeven, erstmals Gastfachautor in „return", ist Rechtsanwalt und Geprüfter ESUG-Berater der Buchalik Brömmekamp Rechtsanwaltsgesellschaft in Frankfurt am Main.

Hohe Haftungsrisiken

Das komplexe Insolvenzrecht zählt zum Wirtschaftsrecht: Diese Rubrik vermittelt
Basiswissen, diesmal zu Pflichten der Unternehmensführung.

Viele Fallstricke lauern auf Gipfelstürmer in Unternehmen, wenn es mal bergab geht. Insbesondere Geschäftsführer tragen haftungsrechtliche und strafrechtliche Risiken, wenn sie schon mit Beginn der Liquiditätskrise nicht ihren Pflichten nachkommen.

In der Unternehmenskrise sind die Gesellschaftsorgane – also insbesondere die im Handelsregister eingetragenen Geschäftsführer, aber auch der Unternehmer als selbstständig Tätiger – besonderen Verantwortlichkeiten ausgesetzt. Bei Nichtbeachtung drohen erhebliche haftungsrechtliche und im Einzelfall auch strafrechtliche Risiken. In der mittelständisch geprägten Wirtschaft hierzulande betrifft dies vor allem den Inhaber und die Geschäftsführer von Gesellschaften mit beschränkter Haftung (GmbH).

Außerhalb wirtschaftlich krisenhafter Entwicklungen können Unternehmen und damit Unternehmer weitgehend frei von rechtlichen Beschränkungen die unternehmerische Freiheit in Anspruch nehmen. Dies ändert sich schlagartig schon mit Beginn der Liquiditätskrise – und sei sie auch nur vorübergehender Art.

Denn aus der Sicht des Gesetzgebers hat ein Unternehmen nun mal Geld zu haben, weil davon die Funktion des gesamten Wirtschaftskreislaufes abhängt. Dieser Kreislauf basiert nämlich auf dem Vertrauen, dass Verbindlichkeiten bei Fälligkeit auch bezahlt werden können. Ist dies nicht mehr gewährleistet, tritt der Schutz der potenziell betroffenen Gläubiger an die Stelle der unternehmerischen Freiheit. Dies engt diese ein bis zu einem in § 15a der Insolvenzordnung (InsO) definierten Punkt, an dem es nur noch eine Handlungsmaxime gibt: Verantwortliche stellen hier sofort einen Insolvenzantrag. Denn wenn sie dies nicht tun, müssen sie damit alle verbundenen straf- und haftungsrechtlichen Risiken persönlich tragen.

Die Kriminalisierung der betreffenden Unternehmer, die angesichts eines nicht oder zu spät gestellten Insolvenzantrages greift, ist dann gewissermaßen die konsequente Weiterentwicklung des zuvor angesprochenen Schutzgedankens. Vor dem Hintergrund dieser Gefahren gibt der nachfolgende Beitrag einen Überblick über die wichtigen gesellschafts- und haftungsrechtlichen Handlungspflichten von Inhabern, Unternehmern, Vorständen und Geschäftsführern und die damit verbundenen Haftungsrisiken.

Ausgangspunkt jedweder Betrachtung ist ein Prinzip, das in § 43 Abs. 1 des „Gesetzes betreffend die Gesellschaften mit beschränkter Haftung" (GmbHG) niedergelegt ist. Danach hat jeder Geschäftsführer mit der Sorgfalt eines ordentlichen und gewissenhaften Geschäftsleiters beziehungsweise eines ordentlichen Geschäftsmannes zu handeln. Schließlich schuldet er als Treuhänder fremden Vermögens – nämlich das der GmbH – die Sorgfalt, die jeder zu beachten hat, der in leitender Position fremde Vermögens verwaltet.

Die sogenannte Selbstprüfungspflicht fordert, dass die Finanz- und Vermögenslage des Unternehmens laufend überwacht wird, um sich ein zutreffendes Bild von der wirtschaftlichen Situation zu machen. Dazu gehört, dass sich die Geschäftsführung nach betriebswirtschaftlichen Grundsätzen unterjährig aufgestellte Auswertungen anfertigen lässt. Anhand dieser Unterlagen sollen frühzeitig die jeweilige Situation des Unternehmens, also insbesondere die wirtschaftliche Lage, und gegebenenfalls bestandsgefährdende Risiken einzuschätzen sein, um bei Bedarf gegensteuern zu können. Diese Selbstprüfungspflicht verdichtet sich, je stärker Krisenanzeichen sind. Im Zweifel hat die Geschäftsführung den Beweis dafür zu führen, dass sie diese Überprüfung durchgeführt hat.

Überwachungspflichten in der Krise

Die interne Organisationstruktur muss sicherstellen, dass die Geschäftsführung die jeweils aktuellen Informationen erhält und die künftige Entwicklung absehen kann. Insbesondere in der Krise kommt den Überwachungspflichten der Geschäftsführer eine besondere Bedeutung vor allem dann zu, wenn es festgelegte Ressortzuständigkeiten gibt. Dies wird in der Praxis oft und gern vernachlässigt.

Verfügt der Geschäftsführer nicht über ausreichende persönliche Kenntnisse, hat er sich bei Anzeichen einer Krise unverzüglich Rat und Hilfestellung von fachlich qualifiziertem Personal einzuholen und sich beraten zu lassen. Dabei reicht es nicht aus, einen entsprechenden Auftrag zu erteilen, sondern eine unverzügliche Vorlage der Prüfungsergebnisse ist zu veranlassen.

Zur Sicherung der langfristigen Ertragskraft hat der Geschäftsführer auch in der Krise zu prüfen, ob eine Sanierung auf der Grundlage einer Schwachstellenanalyse möglich ist, und das Ergebnis der Prüfung den Gesellschaftern vorzulegen. Ist die Gesellschaft sanierungsfähig, sind unverzüglich die notwendigen Maßnahmen einzuleiten.

Ergeben sich Verdachtsmomente, dass möglicherweise verpflichtende Insolvenzgründe vorliegen, und sieht sich die Geschäftsführung nicht in der Lage, dies zu beurteilen, sind unverzüglich fachlich Qualifizierte zur Prüfung und Beratung hinzuzuziehen. Dies ist dann auch der Zeitpunkt, zu dem Geschäftsführer gegenüber Dritten verpflichtet sind, über das Vorliegen von Insolvenzgründen zu informieren.

Täuscht der Geschäftsführer beispielsweise einen Vertragspartner – vor Abschluss eines Vertrages oder vor Durchführung einer anderen Vermögensverfügung wie der Lieferung von Waren – über die wirtschaftliche Lage oder verschweigt er die kritische Situation, kann dies zur Strafbarkeit wegen Betruges nach § 263 Strafgesetzbuch (StGB) führen und auch zivilrechtlich zum Schadensersatz verpflichten. Eine Verpflichtung zur Aufklärung besteht insbesondere dann, wenn dem Geschäftsführer bewusst ist, dass der Vertragspartner die ihm geschuldete Gegenleistung aufgrund der Zahlungsschwierigkeiten nicht erhalten wird.

Unverzüglich gehandelt werden muss allerdings, wenn Zahlungsunfähigkeit und/oder Überschuldung vorliegen, denn das bedeutet Insolvenzreife für das Unternehmen. Spätestens innerhalb einer Frist von maximal drei Wochen ist nach § 15a InsO ein Insolvenzantrag zu stellen, wenn es ernsthafte Aussichten auf eine Sanierung gibt. Gibt es diese Perspektive nicht, ist der Antrag sofort zu stellen.

Die Frist beginnt übrigens zu laufen, sobald das Vorliegen von Insolvenzgründen bei pflichtgemäßer Kündigung hätte erkannt werden können. Denn hier greift die bekannte Gesetzmäßigkeit: Unwissenheit schützt insoweit vor Strafe nicht. Nach § 64 Satz 1 GmbHG dürfen ab dem Zeitpunkt der Insolvenzreife grundsätzlich keine Zahlungen mehr aus dem Gesellschaftsvermögen geleistet werden. Der Begriff der Zahlung ist umfassend zu verstehen, denn darunter fällt jede Art von Wert- oder Vermögensabfluss. Dazu zählen insbesondere auch die wie Kredittilgungen wirkenden Scheckeinreichungen auf ein für die Gesellschaft debitorisch geführtes Konto.

Enger Rahmen für Zahlungen

Privilegierte Zahlungen gibt es nur in einem sehr engen Rahmen, etwa Zahlungen von Heizung oder Strom, um einen Zusammenbruch des Betriebes zu verhindern. Denkbar wären auch Zahlungen, die der Sanierung dienen. Für sämtliche – entgegen der Masse-Erhaltungspflicht – geleisteten Zahlungen ist die Geschäftsführung ersatzpflichtig. Übrigens unabhängig davon, ob der Gesellschaft ein Schaden entstanden ist oder nicht. Vermögensrechtlich bestraft wird nur das Handeln entgegen der gesetzlichen Anordnung aus § 64 GmbHG; auf Vorsatz oder Fahrlässigkeit kommt es nicht an. In der Krise des Unternehmens, speziell der GmbH, unterliegt die Geschäftsführung vielen rechtlichen Handlungs- und Aufklärungspflichten, bei denen die Rechtsprechung sehr hohe Anforderungen stellt. Um Risiken zu minimieren, bleibt regelmäßig nur die Einschaltung einer insolvenzrechtlich fachkundigen Person. Andernfalls ist die Geschäftsführung hohen persönlichen Haftungsrisiken ausgesetzt.

Prof. Hans Haarmeyer ist Herausgeber von „return".

Bücher

Daniel Schallmo/Joachim Reinhart/
Evelyn Kuntz

Modelltranformation

Dieses Buch stellt technologische Trends in der Digitalisierung vor anhand von drei Kategorien: Konzentration auf Menschen, smarte Maschinen, Enabler-Technolgien. Mögliche Auswirkungen auf Unternehmen kommen ebenso zur Sprache. Dabei liegt der Fokus auf folgenden Elementen von Geschäftsmodellen: Kundensegmente, Kundenkanäle, Kundenbeziehungen, Produkte, Dienstleistungen. Das strukturierte Vorgehen hat hier Priorität.
74 Seiten, 29,99 Euro, ab Februar 2018,
ISBN 978-3-658-20214-9, Springer Gabler

Eliyahu M. Goldratt/
Dwight Jon Zimmerman

Profitable Prozesse

Der israelische Physiker und Managementberater hat mit dem Bestsellerautor der „New York Times" eine Business-Graphic-Novel über Prozessoptimierung vorgelegt. Der Verlag rühmt den Titel „Das Ziel" als „eines der erfolgreichsten Wirtschaftsbücher aller Zeiten". Es geht darum, eine Fabrikanlage innerhalb von drei Monaten deutlich profitabler zu gestalten.
140 Seiten, 25 Euro, ab Februar 2018,
ISBN 978-3-593-50906-8, Campus

Christian Spancken

Online-Strategien

Mit kleinem Budget große Wirkung erzielen sollen Unternehmen auch im Mittelstand, fordert der Wirtschaftsinformatiker und Marketingagentur-Geschäftsführer, durch kluge Online-Strategien. Dazu erläutert er unter anderem, warum dies „viel mehr ist, als im Netz gefunden zu werden".
224 Seiten, 20 Euro, ab Februar 2018,
ISBN 978-3-430-20242-8, Econ

Reinhard K. Sprenger

Führungskräfte

„Kunde – Kooperation – Kreativität": Auf diese drei Kernaufgaben reduziert der bekannte Managementberater die Herausforderungen für Führungskräfte in der Digitalisierung von Unternehmen. Denn diese drei Dimensionen seien im Prozess des modernen Organisierens über Jahrzehnte vernachlässigt worden und kehrten jetzt zurück, weil Digitalisierung „die Konzentration auf das Wesentliche" bedeute. Mit 111 Regeln weist Sprengers Buch „Radikal digital" den Weg des Wandels.
288 Seiten, 25 Euro, ab März 2018,
ISBN 978-3-421-04809-7, DVA

Thomas C. Knecht/Ulrich Hommel/
Holger Wohlenberg (Hrsg.)

Restrukturierung

„Grundlagen, Konzepte, Maßnahmen" verspricht das neue Handbuch zur Unternehmensrestrukturierung des renommierten Herausgeber-Trios. Der Doppelband behandelt aktualisiert alle Aspekte erfolgreicher Sanierungen in Unternehmen – von der Basis bis zur strategischen Umsetzung.
2.179 Seiten, 199,99 Euro, seit Dezember 2017,
ISBN 978-3-658-04115-1, Springer Gabler

Franz-Josef Drees/Annette Reiser/
Michael Connemann

Zoll & Export

„Alles, was Sie jetzt wissen müssen!", verspricht der Verlag den Zielgruppen in exportierenden Unternehmen, darunter auch Geschäftsführern. Es handelt sich zwar um die 11. Auflage, aber „Jahr für Jahr ändern sich die zollrechtlichen Vorgaben", heißt es zu Recht in der Beschreibung. Inhalte: Verfahren und Ein- und Ausfuhr, Warenursprung, Exportkontrolle oder Umsatzsteuer in Zeiten des Brexits.
330 Seiten, 65 Euro, seit Januar 2018,
ISBN 978-3-86586-884-8, Forum Herkert

 **Springer** Professional.de

Termine

BDA
Arbeitsrecht

Der 13. Kongress zum Arbeitsrecht soll einen umfassenden Überblick über Neuigkeiten aus Gesetzgebung, Rechtsprechung und Personalmanagement geben. Steffen Kampeter (im Bild) begrüßt die Tagungsteilnehmer als Hauptgeschäftsführer der Bundesvereinigung der Deutschen Arbeitgeber (BDA), die die Schirmherrschaft der Veranstaltung übernommen hat. Danach folgen Beiträge über das Arbeitsrecht 4.0 oder zu „10 typischen Fehlern der Arbeitsvertragsgestaltung".

Termin: 27. und 28. Februar 2018

Ort: Berlin

www.kongress-arbeitsrecht.de

Gipfeltreffen
Krisenkommunikation

Wie es Pressesprechern gelingt kritische Themen in der Öffentlichkeit professionell zu bewältigen, soll das 28. Treffen beim „Krisenkommunikationsgipfel 2018" vermitteln. Als Referenten stehen überwiegend Pressesprecher auf der Bühne.

Termin: 28. Februar 2018

Ort: Hamburg

www.krisenkommunikationsgipfel.de

Fachkonferenz
Sanierung

Der Fachverband Sanierungs- und Insolvenzberatung (Vorstand im Bild) im Bundesverband Deutscher Unternehmensberater e. V. (BDU) lädt Banker, Anwälte, Kapitalgeber, Insolvenzverwalter und Unternehmensberater zur Fachtagung, um Referenten über Themen berichten zu lassen wie die volkswirtschaftliche Entwicklung, die Megatrends in der Zulieferindustrie der Automobilbranche, den „Verwalter 4.0" und die CRO-Auswahl sowie über die Zukunft von Sanierungskonzepten.

Termin: ab 9. März 2018

Ort: Königswinter

www.bdu.de/veranstaltungen

Insolvenzrechtstag
Theorie und Praxis

Die Arbeitsgemeinschaft Insolvenzrecht und Sanierung im Deutschen Anwaltverein (DAV) e. V. lädt zum 18. Deutschen Insolvenzrechtstag. Zu den zahlreichen Vortragenden gehören Godehard Kayser, Vorsitzender Richter des IX. Senats am Bundesgerichtshof, der bekannte Rechtswissenschaftler Karsten Schmidt von der Bucerius Law School und Christoph Wäger als Richter des V. Senats am Bundesfinanzhof.

Termin: 14. bis 16. März 2018

Ort: Berlin

www.arge-insolvenzrecht.de

IMU-Frühjahrstagung
Marketing Excellence

„Bereit für das Marketing der Zukunft?", fragt das Institut für Marktorientierte Unternehmensführung (IMU) der Universität Mannheim im Titel seiner Frühjahrstagung 2018. Neben Gastgeber Christian Homburg (im Bild), Professor und Inhaber des Lehrstuhls für Business-to-Business-Marketing, sind auf dem Podium wieder Praktiker namhafter Unternehmen vertreten wie Daimler, Evonik, Mister Spex, Peri oder Procter & Gamble.

Termin: 22. März 2018

Ort: Mannheim

https://imu2.bwl.uni-mannheim.de

DIAI
Lehrgangsstart

Der nächste Fachlehrgang im Ausbildungsprogramm für Berater zum Experten für Schutzschirm- und Eigenverwaltungsverfahren in der Insolvenz startet. Das Deutsche Institut für angewandtes Insolvenzrecht e.V. lädt vom 11. bis 14. April zum Modul I und vom 25. bis 28. April zum Modul II. Als Klausurtermin ist der 25. Mai angesetzt, um den Lehrgang mit erfolgreich bestandener Abschlussprüfung und Zertifikat zu absolvieren.

Termin: ab 11. April 2018

Ort: Düsseldorf

www.esug-berater.org

Tools

Hyperwettbewerb
Business Design Attack

Die „Kill My Business Model"-Methode eigne sich dazu, in etablierten Unternehmen das eigene Geschäftsmodell anzugreifen. Die Attacke diene dazu, die Robustheit zu überprüfen, das Modell zu erneuern oder ein neues zu entwickeln – und zwar in fünf Phasen. Diese Schritte sind auf der Website auch beschrieben, die zu Roland Eckert gehört. Der Professor an der FOM Hochschule für Oekonomie und Management schreibt in diesem Heft auch einen Gastfachbeitrag (S. 40) und ist Experte für digitalen Hyperwettbewerb, der „Wettbewerbsvorteile zeitlich begrenzt". Ebenfalls sei hier ein Blick empfohlen für Unternehmensverantwortliche, die sich mit neuen Geschäftsmodellen beschäftigen.

www.hyperwettbewerb.com

BMWi
Go-digital

Das neue Förderprogramm „go-digital" hat das Bundesministerium für Wirtschaft und Energie (BMWi) aufgelegt. Es soll kleine und mittelständische Unternehmen der gewerblichen Wirtschaft unter anderem im Prozess der Transformation ihrer digitalen Geschäftsprozesse unterstützen. Vom BMWi autorisierte Beratungsunternehmen übernehmen die Antragstellung für die Fördermittel, die Abrechnung und das Berichtswesen.

www.innovation-beratung-foerderung.de

Nicht für die Ewigkeit

Warum Wandel Tagesgeschäft ist

Erinnern Sie sich noch an Ihr erstes Mobiltelefon? Mit hoher Wahrscheinlichkeit war es ein Gerät von Nokia. Der finnische Hersteller war schließlich mehr als ein Jahrzehnt Marktführer im Mobilfunkbereich. Erst als 2007 Apple sein erstes iPhone präsentierte, begann der Niedergang. Innerhalb weniger Jahre überrollte Apple Nokia, das Smartphone löste das Mobiltelefon ab. Den Sprung in die Smartphone-Ära haben die Finnen nicht geschafft.

Dabei war Nokia in den Jahrzehnten zuvor mehrfach die Wandlung des Geschäftsmodells gelungen. Das finnische Unternehmen startete 1865 als Papiermühle. Später produzierte es Fahrräder, Reifen, Gummistiefel, Autotelefone und schließlich Handys. Die Häutung Anfang des 21. Jahrhunderts gelang dann nicht mehr.

Nokia ist in die Falle des Marktführers getappt. Gerade Unternehmen, die ein Segment beherrschen, verlieren leicht die Antennen für Veränderungen in der Technologie und für Kundenbedürfnisse. Doch jedem Unternehmer oder angestellten Manager sollte klar sein, dass kein Geschäftsmodell für die Ewigkeit entwickelt ist. Gerade heute.

Rasantere Veränderungen

Die Veränderungsraten werden immer schneller, immer rasanter. So hat die Hotelkette Hilton ungefähr 100 Jahre gebraucht, um ihren Gästen rund 700.000 Zimmer anbieten zu können. Die Online-Plattform Airbnb hat es hingegen in nur sechs Jahren geschafft, eine Million Privatunterkünfte zur Übernachtung zu sammeln. Im 20. Jahrhundert gelang Nokia noch der ständige Umbau des Geschäftsmodells. Als die Geschwindigkeit anzog, schafften die Finnen die Veränderung nicht schnell genug.

Ein Geschäftsmodell muss nicht ständig komplett neu entwickelt werden, aber es muss sich permanent wandeln. Die Produkte, Kunden und Geschäftsprinzipien, die heute den Erfolg ausmachen, können morgen in den Ruin führen. Sie machen satt. Nach der alten Lehre bewegen sich Unternehmen in festgelegten Phasen. Erst wird ein Unternehmen gegründet, dann entwickelt es sich langsam, schließlich immer schneller, irgendwann hat es den Zenit erreicht und schließlich kommt die Liquidation. Nach der Theorie gehören zu jeder Phase ein anderer Management- und Organisationsstil.

Ein junges Unternehmen versucht, mit einem innovativen Produkt oder einer neuartigen Dienstleistung seine Kunden zu finden und seinen Markt zu erobern. Die Organisation ist flexibel und wird angepasst, wenn neue Erfahrungen hinzukommen. Agilität ist das Hauptmerkmal. Ein etabliertes Unternehmen hat seinen Platz am Markt, versucht, mit einer optimierten Kommunikation immer mehr Produkte oder Dienstleistungen zu verkaufen. Die Organisation läuft reibungslos und wird möglichst nicht verändert. Effizienz ist das Hauptmerkmal.

Durch die kürzeren Veränderungsraten sind solche holzschnittartig agierenden Unternehmen kaum überlebensfähig. Die verschiedenen Geschäftsbereiche und Geschäftsmodelle, die ein Unternehmen ausmachen, pendeln in unterschiedlichen Phasen. Sie laufen nicht mehr automatisch synchron. Es gibt Unternehmensteile, die werden gerade aufgebaut, es gibt andere, die wachsen aktuell stark, und es gibt wieder andere Bereiche, die haben ihre Reifephase erreicht. Es müssen also verschiedene Management- und Organisationsstile nebeneinander bestehen.

Und die Veränderung der einzelnen Geschäftsmodelle kann nicht Schritt für Schritt nacheinander angegangen werden. Sie muss gleichzeitig erfolgen. Wer zögert, droht von der nächsten Technologiewelle hinweggespült zu werden.

Nokia hat es versäumt, parallel neben dem etablierten Handy-Bereich ein junges Smartphone-Segment aufzubauen. Apple gelingt es hingegen ausgezeichnet, seine Fangemeinde immer wieder mit Neuheiten zu begeistern. Unternehmen müssen heute aber nicht nur Innovationen entwickeln, sondern auch Organisationen aufbauen, die lernfähig sind, deren Teilbereiche veränderte Situationen rasch erkennen und sich entsprechend wandeln. Die Entwicklung der Geschäftsmodelle ist zur Tagesaufgabe geworden.

Stefanie Burgmaier ist Herausgeberin von „return".

Vorschau 02/18

Die nächste Ausgabe von „return – Magazin für Transformation und Turnaround" erscheint am 18. April 2018.

▶ Moderne Mobilität mittelständischer Unternehmen

▶ Neuralgische Verkehrspunkte und neue Geschäftsfelder

▶ Interview und Firmenprofil mit Vorbildern

▶ Wie sich Firmen im Ausland schlau bewegen

▶ Effiziente und sichere Dienstreisen

Schwerpunkt: Mobilität

© Yiu Cheung / Getty Images / iStock

Impressum

„return – Magazin für Transformation und Turnraound"
www.springerprofessional.de
www.return-online.de
Ausgabe 1 | 2018, 5. Jahrgang
ISSN 2199-8841

Verlag
Springer Gabler
Springer Fachmedien Wiesbaden GmbH
Abraham-Lincoln-Str. 46
65189 Wiesbaden
Die Springer Fachmedien Wiesbaden GmbH ist Teil der Fachverlagsgruppe Springer Nature.

Geschäftsführer
Stefanie Burgmaier | Joachim Krieger | Juliane Ritt

Redaktion
Herausgeber:
Stefanie Burgmaier |
Prof. Dr. Hans Haarmeyer

Teamleitung
Managementzeitschriften:
Anja Schüür-Langkau

Freier Chefredakteur
(verantwortlich für den redaktionellen Inhalt):
Thorsten Garber
Am Stierksken 18
59379 Selm-Cappenberg
Tel. +49 (0) 23 06 / 75 74 99
chefredaktion@return-online.de

Redaktionelle Mitarbeiter
dieser Ausgabe:
Dr. Rainer Baumgart, Alexander Busch, Thomas Domeyer, Prof. Dr. Roland Eckert, Dr. Volkhard Emmrich, Dr. Andreas Fröhlich, Prof. Dr. Christian Gärtner, Gregor Hallmann, Peter Hanser, Armin Hingst, Christian Hoffmeister, Martin Jahrfeld, Anja Kühner, Hilja Müller, Rainer Nachtrab, Rolf Oppliger, Mathias Peer, Caroline Pluta, Stefan

Terliesner, Prof. Dr. Yorck von Borcke, Dr. Alexander Verhoeven, Rahel Willhardt, Timo Wopp

Titelfoto
© ayagiz / Getty Images / iStock

Anzeigen, Marketing
und Produktion
Leiter Media Sales:
Volker Hesedenz

Leiter Vertrieb + Marketing:
Jens Fischer

Gesamtleitung Produktion:
Ulrike Drechsler

Verkaufsleitung (verantwortlich
für den Anzeigenteil):
Eva Hanenberg
Tel: +49(0)611 7878-226
Fax: +49(0)611 7878-430
E-Mail: eva.hanenberg@springer.com

Anzeigendisposition:
Susanne Bretschneider
Tel: +49 (0)611 7878 153
E-Mail: susanne.bretschneider@springer.com

Anzeigenpreise:
Es gelten die Mediadaten von Mai 2017

Produktmanagement:
Britta Rossbach
Tel: +49(0)611 7878-271
E-Mail: britta.rossbach@springer.com

Produktion
Kerstin Brüderlin

Satz
Carina Harbarth, designplus, Merowingerstraße 55, 50677 Köln

Alle angegebenen Personen sind, soweit nicht ausdrücklich angegeben, postalisch unter der Adresse des Verlags erreichbar.

Sonderdrucke
Anja Trabusch
E-Mail:anja.trabusch@springernature.com
Tel: +49(0)611 7878 298

Leserservice
Springer Customer Service Center GmbH
Springer Gabler Service
Tiergartenstr 15, 69126 Heidelberg
Tel: +49(0)6221 345-4303
Fax: +49(0)6221 345-4229
Montag – Freitag 8.00 Uhr – 18.00 Uhr
E-Mail: springergabler-service@springer.com

Druck
Kliemo Printing AG,
Hütte 33, B-4700 Eupen, Belgien

Fachbeirat
Dr. Utz Brömmekamp, Buchalik Brömmekamp Rechtsanwaltsgesellschaft; Udo Doetsch, Sparkasse Duisburg; Prof. Dr. Roland Eckert, FOM Hochschule für Oekonomie & Management im Hochschulzentrum Düsseldorf; Prof. Dr. Christian Gärtner, Quadriga Hochschule Berlin; Carl-Jan von der Goltz, Maturus Finance; Dr. Ulrich Hermann, Heidelberger Druckmaschinen AG; Prof. Dr. Michael Jünger, Technische Hochschule Ingolstadt; Michael Pluta, Pluta Rechtsanwalt; Uwe Rotermund, Noventum Consulting; Heinrich Fritz Stellmach, Stellmach & Bröckers Rechtsanwälte, Wirtschaftsprüfer, Steuerberater; Jan H. Wilhelm, hww Hermann Wienberg Wilhelm Insolvenzverwalter Partnerschaft

Bezugsmöglichkeiten
Das Heft erscheint sechsmal jährlich. Bezugsmöglichkeiten und Details zu den Abonnementbedingungen finden Sie unter www.mein-fachwissen.de/return. Alle Rechte vorbehalten.

Nachdruck
Die Zeitschrift sowie alle in ihr enthaltenen Beiträge einschließlich sämtlicher Abbildungen, Grafiken und Fotos sind urheberrechtlich geschützt. Sofern eine Verwertung nicht ausnahmsweise ausdrücklich vom Urheberrechtsschutz zugelassen ist, bedarf jedwede Verwertung eines Teils der Zeitschrift der

Schutzschirmverfahren, Eigenverwaltung, Sanierung und Restrukturierung, M&A im Krisenumfeld, Insolvenz- und Zwangsverwaltung, Manager- und Gesellschafter- haftung, Gläubigerschutz und Non Performing Loans. Oder kurz:

BBL | Bernsau Brockdorff & Partner
Rechtsanwälte und Insolvenzverwalter

Taxi Surprise

Der Spott schien Dorothee Bär schnell sicher. Dabei hatte die Staatsministe-rin für Digitales doch Anfang März im „heute-journal"-Interview bestätigt, dass sie Investitionen in Infrastrukturen für wichtig halte, indes gehöre mehr dazu. Beispielsweise mithilfe nutzbarer Netzwerke autonom oder „mit einem Flugtaxi durch die Gegend" zu fahren. Gedanken zur Zukunft darf man dergestalt offen-sichtlich hierzulande nicht äußern, ohne dass Bedenkenträger dies als Blödsinn brandmarken. Oder darf nur Frau nicht?

Die Bär-Bewertungen schwanken zwischen anerkannter Kompetenz und unge-wollter Komik. Klar ist, dass sie als Staatssekretärin im Bundesverkehrsministerium quasi unter Welpenschutz stand und künftig mehr liefern muss als flotte Sprüche. Aber auch wenn sie an diesem 19. April erst ihren 40. Geburtstag feiert, müssen Medien wie der „Münchner Merkur" sie nicht reduzieren auf „jung, hübsch, spon-tan". Für den schwachen Scherz über die CSU-Politikerin in der „heute-show" wählte sogar Oliver Welke die anspruchslose Abmoderation: „Warum nicht mal ein bisschen vorausdenken?" Genau!

Direktor Hans-Peter Emil Dürr vom Max-Planck-Institut für Physik erntete keine Häme für seine Aussage: „Anstatt das Automobil immer weiter zu entwi-ckeln, sollten wir uns überlegen, wie wir Mobilität in Zukunft anders gestalten." Daimler-Chef Dieter Zetsche rügte niemand für seine Flugkörpervision: „Dieses Ding – nennen wir es ruhig weiterhin Auto – wird sich in drei Dimensionen bewegen können." Ohne Angriffe äußerte die Deutsche Bischofskonferenz: „Niedrigpreise produzieren eine Nachfrage nach Flugreisen, die im Widerspruch zu einer Entwicklung nachhaltiger Mobilitätskonzepte und Lebensstile steht."

Richtig: Wir benötigen auch eine Art von Taxi Surprise. Airbus arbeitet weder ahnungslos noch umsonst an Fahrzeugen für „Urban Air Mobility". Verlangt ist forsches Vorwärtsdenken, um Transformation hier und in Europa vernünftig vor-anzutreiben. Für ein dicht besiedeltes Transferland geht es außer um Breitband in der Tat vor allem um integrierte Verkehrsplanung mit intelligentem Mobilitäts-Management. Verstopfte Verkehrsadern lähmen wahrlich nicht nur die Wirtschaft. Täglich 4.000 Kilometer Stillstand registriert der ADAC in seiner „Staubilanz 2017" und damit erneut vier Prozent mehr gegenüber Vorjahr.

Fast eine halbe Million Stunden, die Verkehrsteilnehmer nur im Stau verbringen, verursachen jedes Jahr unfassbar hohe betriebs- und volkswirtschaftliche Schäden. Deshalb ist das „return"-Team aufgebrochen, um für diese Ausgabe nach Alter-nativen für mehr Mobilität im Mittelstand zu fahnden. Erfreuliches Ergebnis: Es gibt sie. Noch fehlen genug Veränderungswille und Angebote. Emotionen und Bequemlichkeit stehen im Weg. Vorurteile verhindern Fortschritt, Vorbilder vermitteln Vorsprung. Kluge Menschen fahren vorausschauend. Umdenken ist Kopfsache. Meist mangelt's leider daran.

Ihr

Thorsten Garber

Chefredakteur return / chefredaktion@return-online.de

Fahrerloses Pendeln
16 Autonomer Shuttle-Bus entlastet in Bad Birnbach

Betriebliches Vorsorgen
42 PSV-Vorstand Melchiors sichert Fortzahlungen

Inhalt

return 02/18

Mobiles Frühstücken
46 Langners Liebling wächst zur Flotte

© Wolf GmbH

Besseres Beschaffen
66 Wolf-Einkaufschef Kranert transformiert Zulieferung

Hintergrund & Wissen

Start & Szene

Interview

„Niemand muss seinen Diesel wegwerfen"

Welche Folgen hat das Urteil zu Diesel-Fahrverboten? Antworten dazu von Burkhard Weller, Chef einer der größten Automobil-Handelsgruppen mit gleichem Namen in Deutschland.

© Wellergruppe

Herr Weller, Fahrzeugwirtschaft-Forscher Ferdinand Dudenhöffer sieht schon eine Insolvenz-Welle auf den Autohandel zurollen. Sie auch?
Burkhard Weller: Professor Dudenhöffer versucht sich seit Jahren als Totengräber unserer Zunft. Es ist ihm aber bis heute nicht gelungen, den stationären Handel auszulöschen. Den Hype um Dieselfahrverbote muss man sicher der Arroganz einiger Hersteller und der nun fast sechsmonatigen Nichtregierung zollen. Dennoch: Was macht es denn für eine Aufregung, wenn Hamburg zwei Straßen sperrt und der Autofahrer wie bei einer normalen Umleitung eine Straße weiterfährt? Ich mahne zur Rückkehr der Sachlichkeit. Niemand muss seinen Diesel Euro 5 wegwerfen. Und die Dieselbestände im Autohandel sind nicht wertlos, sondern haben vielleicht einen Wert, der der vorgenommenen Abschreibung nun entspricht.

Welche Konsequenzen sehen Sie für die Autobranche?
Ich erweitere die Frage auch auf die Politik: Die Bundesregierung muss Abwrackprämien für Euro 1-4, nach Blaupause aus dem Jahr 2009, ins Leben rufen. Da wir jetzt eine „Groko" haben wie damals, dürfte das schnell gehen. Die Hersteller und Zulieferer müssen für den Verbraucher kostenlose Lösungen für Euro 5 anbieten.

Diesel dominieren Firmenflotten. Was raten Sie Unternehmern?
Neue Autos zu kaufen. Warum denn nicht?! An Vielfahrern geht der Diesel kaum vorbei, dann eben nur als Euro 6d. Unter 30.000 Kilometern pro anno rechnet sich auch ein Benzin/Hybrid und für Stadtfahrten und Nahverkehr das Elektroauto. Alles ist im Markt verfügbar.

Abgesehen vom Schub für E-Autos: Brauchen wir in der Wirtschaft vor allem eine neue, intelligent vernetzte Mobilität?
Ja, die brauchen wir. Das Auto muss uns die nächste S-Bahn von München-Freising in die Innenstadt anzeigen. Wir müssen aus dem Auto ein Ticket und einen Parkplatz buchen können und – schwups! – umsteigen, damit der Innenstadtverkehr entlastet wird. Die Parkplatz-Sorgen sind so auch entsorgt. Und die Städte werden sauberer. Nur dazu braucht's nicht nur in Politiker-Reden ein 5G-Mobilfunknetz, sondern jetzt mal echt.

Die Fragen an Burkhard Weller stellte Thorsten Garber.

Papierbranche
Hoffnung für Fabriken
Feldmuehle und Hainsberg

Zwei Papierfabriken drängen aus Krisen: Feldmuehle Uetersen (Verwalter: Dr. Tjark Thies/Reimer) aus Schleswig-Holstein hofft nach Insolvenzantrag auf Genesung. Hainsberg (Sachwalter: Dr. Nils Freudenberg/Tiefenbacher) aus Sachsen schrieb nach Insolvenzantrag im April 2017 Gewinne und setzt auf finanzwirtschaftliche Sanierung.
www.feldmuehle-uetersen.com; www.hainsberg-papier.de

Baubranche
Zwei Elemente-Hersteller
stellen Insolvenzantrag

Trotz Bauboom lassen zwei insolvente Bauelemente-Hersteller aufhorchen: Das oberfränkische Unternehmen Michel Fenster mit 60 Mitarbeitern (Verwalter: Peter Roeger/Pluta) und der nordfriesische Fenster- und Türenhersteller Baltic mit 120 Mitarbeitern (Verwalter: Peter-Alexander Borchardt/Reimer) sollen aber fortgeführt werden.
www.michel-fenster.de; www.baltic-fenster-tueren.de

Neue Firmenwagen-Rekorde

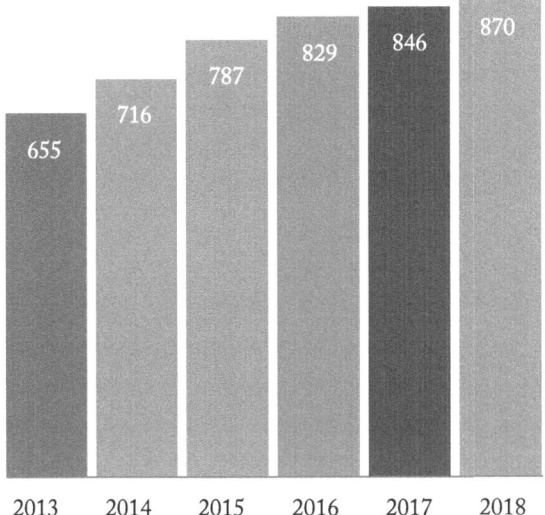

Pkw-Neuzulassungen – Angaben in Tausend – für den relevanten Flotten- und Fuhrpark-Markt in den Jahren 2013 bis 2018 (Prognose).

Die Marktforscher von Dataforce erwarten auch für 2018 steigende Zahlen und damit den vierten Rekordwert in Folge.

Markt-Prognose
Firmenflotten und -fuhrparks wachsen auf Rekordniveau

Im deutschen Pkw-Markt registrierte die Marktforschung Dataforce bei Neuzulassungen im Jahr 2017 hohe Zuwächse bei gewerblichen Haltern. Allein 24 Prozent der Neuzulassungen fanden für Firmenflotten und -fuhrparks statt, was einem Plus von 2,1 Prozent gegenüber Vorjahr entspricht. Auf den Autohandel entfiel ein Anteil von 20 Prozent der Neuzulassungen, wobei die Anzahl im Vorjahresvergleich um 0,5 Prozent zurückging. Die Autobauer selbst meldeten mit neun Prozent der neu zugelassenen Pkw sogar 3,7 Prozent mehr Wagen an als im Jahr 2016. Und Autovermieter steigerten bei einem Anteil von elf Prozent um 3,4 Prozent gegenüber Vorjahr ihre Pkw-Neuzulassungen. Den größten Anteil am Bestand und an den Neuzulassungen (36 %, plus 4,4 %) hatten im vergangenen Jahr private Halter. Insgesamt 846.000 neue Autos wurden 2017 in Flotten von Unternehmen zugelassen. Das sei für Flotten der dritte Jahres-Rekordwert in Folge, konstatiert Dataforce, was auch für Januar 2018 gelte. Für 2018 insgesamt prognostizieren die Marktforscher schon jetzt den vierten Rektordwert in Folge. Nach Fahrzeugsegmenten haben SUV die Mittelklassemodelle im Flottenmarkt überholt.

www.dataforce.de

Fachkräfte-Suche

Gute Arbeitgeber organisieren Talent-Management strategisch

Mit einem noch größeren Fachkräftemangel als im Vorjahr rechnen Wirtschaftsforscher für das Jahr 2018 und sehen daher weniger Wachstum drohen. Rund ein Drittel der Unternehmen sei mehr als ausgelastet, konstatiert das Institut der Deutschen Wirtschaft Köln nach der jüngsten Konjunkturumfrage, wobei von den betroffenen Firmen zwei Drittel die fehlenden Fachkräfte als Grund nennen. Als zweiten Grund nennen 44 Prozent der Befragten verlängerte Lieferzeiten ihrer Zulieferer. Nach einer Auswertung unter den 30 deutschen Top-Aktienkonzernen seien derzeit fast 20.000 Stellen ausgeschrieben – 5.000 mehr als noch vor einem Jahr. Gute Arbeitgeber, die sich über ein langfristig angelegtes Employer Branding auch für (potenzielle) Mitarbeiter zur Marke entwickeln wollen, arbeiten dazu an ihrer Positionierung möglichst mit Alleinstellungsmerkmalen. Dies sollte jedoch einen „klaren Bezug zur Realität in der Organisation" haben, wofür der Beitrag auch ein Prozessschema enthält. Zudem seien „Investitionen in die bestehende Belegschaft" ratsam wie ein Talent-Management.

www.springerprofessional.de/link/15359762

Kunden-Kommunikation

Vertrieb setzt im Austausch künftig auf digitale Agenten

Unternehmen kommunizieren zwar im Jahr 2025 noch immer mit Kunden, aber die Agenten dieser Kommunikation sind dann nicht mehr zwingend Menschen. Der Austausch könnte über automatisierte Datentransfers laufen, prognostizieren die Trendforscher von „2bAhead" in ihrer Studie mit Genesys als Spezialist für Kundeninteraktion und IBM Deutschland als Digitalisierungsexperte. Darüber berichtet Gabi Böttcher, Chefredakteurin der Zeitschrift „Sales Excellence". Die Kommunikation entwickle sich dank Digitalisierung zur Interaktion zwischen Systemen künstlicher Intelligenz. Denn Kunden werden in steigendem Ausmaß ihre Aufgaben und Wünsche an Bots auslagern. Das Bedürfnis, die Kommunikation dazu mithilfe von automatisierten Systemen zu vereinfachen, führe letztendlich dazu, dass Kunden nicht mehr ihre eigene Zeit aufwenden, um sich bei Hotlines oder im Kundenservice um ihre Anliegen zu kümmern. Sogenannte Inter-Bot-Communication prägt dann den Dialog beispielsweise zwischen Vertrieb und Käufern.

www.springerprofessional.de/link/15493252

Mittelstand-Befragung

Relevanz von Elektromobilität in Unternehmen erkannt

Die befragten Unternehmen insbesondere im Wirtschaftszweig „Verkehr und Logistik" seien sich darüber bewusst, dass sie sich mit den weitreichenden Entwicklungen ihrer Branche mit der Elektromobilität auseinandersetzen müssen. Das ergab eine Untersuchung von rund 860 Unternehmen durch das Institut für Mittelstandsforschung (IfM) aus Bonn. Danach sehen Firmen im Baugewerbe dagegen primär ihre Aufgabe darin, Fachkräfte zu gewinnen. Die Digitalisierung stellt vor allem für Organisationen in der ITK- und in der Finanzbranche die zentrale Herausforderung dar. Die unterschiedlich beigemessene Bedeutung hänge vom Alter der Betriebe ab, berichtet IfM-Präsidentin Prof. Friederike Welter: Innovationen etwa interessieren mehr jüngere Firmen, Anpassungsprozesse mehr mittelalte Betriebe.

www.ifm-bonn.org

Plattform-Entwicklung

Genesis validiert KI-Module in autonomen Fahrzeugen

Das Deutsche Forschungszentrum für Künstliche Intelligenz (DFKI) und der TÜV Süd schaffen die Plattform Genesis zur Validierung von KI-Modulen in autonomen Fahrzeugen. Die „Gehirne" der Selbstfahrer-Maschinen sollen damit künftig genauso einer quasi TÜV-Prüfung unterzogen werden wie Karosserie oder Motor. Genesis stehe „für die Genese einer neuen Generation intelligenter Systeme", die künftig den Alltag beeinflusse „wie das Fernsehen oder das Internet", prognostiziert das Team um Prof. Philipp Slusallek, Leiter des DFKI-Forschungsbereichs „Agenten und Simulierte Realität". Ziel sei eine „systematische und validierbare Herangehensweise", um „sicheres und zuverlässiges Handeln" von autonomen Systemen auch in kritischen Lagen zu erreichen.

www.tuev-sued.de; www.dfki.de

ITK-Größen treiben Transformation von Ingram Micro und Also voran

Alexander Maier und Gustavo Möller-Hergt (Foto v. l.), Chefs der beiden führenden Distributoren von ITK-Produkten, treiben die Transformation ihrer Unternehmen voran. Maier, Chief Country Ececutive Germany von Ingram Micro, ändert Struktur und Führung: Klaus Donath verantwortet den neuen Zentralbereich Sales & Business Enablement, unter den nun auch General Sales mit Tom Dreger fällt. Wolfgang Jung wird Executive Director Core Solutions. Christian Nolte, Director B2C Sales, hat Ingram verlassen. Neu bei Also: CEO Möller-Hergt und CFO Ralf Retzko bilden künftig allein die Konzernspitze. Ole Eklund, Vice President für Nord- und Osteuropa, ist gegangen.

www.ingrammicro.de; www.also.com

Markus Mühleisen ist neuer Deutschland-Chef von Arla Foods, nach eigenem Bekunden drittgrößtes Unternehmen seiner Branche hierzulande und weltweit größter Hersteller von Molkereiprodukten in Bio-Qualität. Der 51-jährige Geschäftsführer verantwortet das Geschäft in Deutschland und Österreich. Er folgt auf Winfried Meier (53), der Arla zu 30. April verlässt.

www.arlafoods.de

Gernot Lenz ist als CEO in die Geschäftsführung der „s.Oliver"-Group eingetreten. Er verantwortet alle Marken des Modeunternehmens, darunter Liebeskind Berlin. Er kommt vom Konzern PVH mit Marken wie Calvin Klein und Tommy Hilfiger. Vorgänger Armin Fichtel soll „dem Unternehmen aber in anderer Form erhalten bleiben", so die Pressemitteilung.

www.soliver-group.com

BDO, Wirtschaftsprüfungsgesellschaft mit fast 2.000 Mitarbeitern an 26 Standorten, verstärkt sein 15-köpfiges Team in Bonn „mit Steuer- und Digitalisierungsspezialist" Gero Hagemeister als neuem Partner und Standortleiter Steuern. Er wechselte von einer mittelständischen Wirtschaftsprüfung zu BDO.

www.bdo.de

BBL, Kanzlei mit 200 Mitarbeitern in 30 Standorten, hat Tom Braegelmann als „Restrukturierungsexperten und Legal-Tech-Spezialisten" verpflichtet, um das internationale Geschäft auszubauen. Er arbeitet mit BBL-Partner Peter Jark „in der dynamisch wachsenden Restrukturierungspraxis" zusammen.

www.bbl-law.de

Trompetter Guss gesundet

Eine Sanierung im schwierigen Marktumfeld: Mit dem Verfahren in Eigenverwaltung, das sieben Monate währte, befreite sich der sächsische Eisengießer aus einer existenziellen Krise.

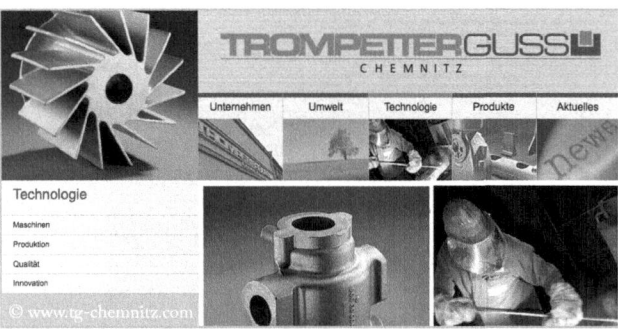

Den „Geist aus der Gießerei" beschwören Medien bei Berichten über Trompetter. Das Unternehmen präsentiert sich eher sachlich.

Die Trompetter Guss Chemnitz (TGC) fertigt bei einem Umsatz von rund 60 Millionen Euro technisch anspruchsvolle Gussteile für Kunden aus der Automobilindustrie, dem Nutzfahrzeugbau und dem Maschinenbau. Kunden sind beispielsweise die Volkswagen AG oder die Knorr-Bremse AG. Das Unternehmen hatte in der Vergangenheit erheblich in die Ausweitung seiner Kapazitäten investiert, um Auftragsanfragen aus der Industrie bewältigen zu können. Ein großer Teil der Aufträge kam jedoch zunächst wegen der Finanzkrise und deren Folgen nicht zustande.

Im weiteren Verlauf zeigte sich, dass die Automobilindustrie und dementsprechend auch die Zulieferindustrie sich einem radikalen Wandel des Marktes stellen müssen. Neben alternativen Antriebs- und neuen Mobilitätskonzepten sorgt derzeit vor allem „Diesel-Gate" für Veränderungen auf dem Markt. Nicht zuletzt schrumpfende Absatzzahlen von Gussteilen, die vor allem in Diesel-Fahrzeugen zum Einsatz kommen, haben die Krisensituation bei der Trompetter Guss Chemnitz GmbH dann weiterhin derart verschärft, dass im Juli 2017 ein Schutzschirmverfahren beantragt wurde.

Rüdiger Wienberg, Gründungspartner der Kanzlei „hww", orchestrierte das Verfahren. Der Insolvenzplan wurde unter Leitung von Prof. Dr. Georg Streit von Heuking erarbeitet. Bettina Schmudde von White & Case beaufsichtigte als Sachwalterin den Gang des Verfahrens.

Dabei war nicht von Beginn an klar, welcher Lösungsweg eingeschlagen wird. Vielmehr wurde parallel zur Ausarbeitung des Insolvenzplans der Erwerb der TGC durch einen externen Investor geprüft. Letztlich haben sich die Gläubiger aber für die Umsetzung einer Insolvenzplanlösung entschieden – unter Führung des neuen und alten geschäftsführenden Gesellschafters, Markus Trompetter. Er führt dazu aus: „Auch in Zukunft sezen wir auf das Knowhow und die zuverlässige Arbeit unserer rund 360 Mitarbeiter, die voll hinter uns stehen."

Neue Aufträge hinzugewonnen

TGC konnte während des Verfahrens nicht nur sämtliche bestehende Aufträge halten, sondern sogar im laufenden Schutzschirmverfahren noch neue Aufträge hinzugewinnen. Trompetter hierzu: „Das zeigt einmal mehr, dass die TGC operativ ein gesundes Unternehmen ist, das mit seinen qualitativ hochwertigen Produkten am Markt äußerst gefragt ist." Die sieben Monate währende Sanierung im Rahmen eines Insolvenzverfahrens führte operativ zu keinen Störungen des Geschäftsbetriebes. Vielmehr konnte durch eine entsprechende Vorbereitung im Vorfeld der Insolvenzantragstellung sichergestellt werden, dass Kunden, Lieferanten und Mitarbeiter dem Unternehmen die Treue gehalten haben. Die weitgehend reibungslose Betriebsfortführung war so möglich.

Nach erfolgter Aufhebung des Insolvenzverfahrens blickt Markus Trompetter optimistisch in die Zukunft: „Die Mannschaft ist hoch motiviert, mit dem Rückenwind der finanziellen Restrukturierung wieder am Markt anzugreifen. Die Auftragslage ist aktuell sehr gut, sodass Zusatzschichten gefahren werden müssen. Für dieses Jahr haben wir Investitionen von über zwei Millionen Euro geplant, mit denen wir unsere Marktposition weiter ausbauen wollen."

Dr. Andreas Fröhlich, Gründer und Managing Partner der Beratungsgesellschaft Perspektiv GmbH, ist spezialisiert auf Mergers & Acquisitions und insolvenznahe Sanierungsberatung.

Im Kurzprofil: Sanierungserfolge nach Insolvenz

	MASSONG always in motion.	**TROMPETTER**GUSS CHEMNITZ	**HENSCHEL**	**TOURATECH** NEUE IDEEN FÜRS MOTORRAD
Name	Walter Massong KG	Trompetter Guss Chemnitz GmbH	Henschel GmbH	Touratech AG
Branche	Logistik-Dienstleister	Automobilzuliefer-Industrie	Maschinenbau	Einzelhandel
Geschäftsfelder/ Produktgruppen	Kontraktlogistik und internationale Spedition	Grau- und Sphäroguss	Maschinen- und Fahrzeugbau	Motorrad-Zubehör und Bekleidung
Umsatz (Mio. €)	50	60	23	32
Mitarbeiter	350	360	183	400

Angaben zum Sanierungsverfahren

Antragsdatum	27.09.2017	26.07.2017	09.02.2017	11.08.2017
Verfahrensart	Fremdverwaltung	Eigenverwaltung, § 270b	Fremdverwaltung	Fremdverwaltung
Sanierer	Dr. Michael Bien (IV)	Bettina Schmudde (SW), Rüdiger Wienberg	Dr. Andreas Kleinschmidt (IV)	Dr. Dirk Pehl (IV)

Lösungsangaben der Sanierung

Art der Sanierung	Übertrag. Sanierung	Planverfahren	Übertrag. Sanierung	Übertrag. Sanierung
Sanierungsdauer	4 Monate	7 Monate	14 Monate	4 Monate
Investoren	Würfel Holding GmbH, Management	–	TS Group	Happich GmbH
Klassifikation	Stratege	–	Stratege	Stratege
Lösungs-beschreibung	Fortführung mit 70 % der Mitarbeiter	Erhalt und Fortführung mit 100 % der Mitarbeiter	Erhalt und Fortführung mit 100 % der Mitarbeiter	Erhalt und Fortführung mit fast 100 % der Mitarbeiter
Aus Sicht der Investoren/ Strategische Eckpunkte	• Eingliederung des Unternehmens in die Gruppe des Erwerbers • Minderheits-Anteilserwerb durch geschäftsführendes Management	• Uneingeschränkte Fortführung der Geschäftstätigkeit • Finanzielle Restrukturierung	• Fortführung des Unternehmens unter renommiertem Namen • Fokussierung auf technisches Wissen des Traditionsbetriebes	• Restrukturierungsmaßnahmen in Fertigung und Logistik • Fokussierung auf Premium-Segment

Quelle: Perspektiv GmbH

Wenn der Staatsanwalt klopft

Unternehmer geraten mitunter unschuldig in die Mühlen der Justiz. Dann beginnen Zeiten voller Belastungen, die die Existenz gefährden können. Letzte Rettung ist oft ein Deal mit den Behörden.

Schlimm genug, wenn die Staatsanwaltschaft vor der Tür steht. Bei Post-Chef Zumwinkel begleitete Medienrummel den Aufmarsch.

So schnell kann es Unternehmer erwischen. Kurz nachdem Peter M. (Name geändert) für sein Start-up die Eröffnung im Beisein von Politikern gefeiert hatte, weil Fördergelder in das Vorhaben geflossen sind, standen plötzlich Ermittler der Staatsanwaltschaft bei ihm auf der Matte. Sie gingen anonymen Hinweisen auf angebliche Umweltverstöße nach. Später kam der Verdacht auf Subventionsbetrug und fehlerhafte Auftragsvergabe hinzu.

„Als ich mit den Vorwürfen konfrontiert wurde, bin ich aus allen Wolken gefallen", sagt Peter M. und betont: „Ich hatte bis dato nicht einmal Punkte in Flensburg und sollte im großen Stil gegen Gesetze verstoßen haben?! Ich war total geschockt." Es begann eine dreijährige Tortur, die seine Zukunftspläne zunichtezumachen drohte. „Obwohl ich mir keines Vergehens bewusst war, zogen sich die Ermittlungen immer länger hin", so der Entrepreneur.

Schlagzeilenträchtig berichteten Medien über die vermeintliche Straftat. Sein Problem: „Potenzielle Kunden waren verschreckt. Geldgeber zögerten." Das Scheitern seines Vorhabens vor Augen, stimmte er schließlich dem Rat seines Rechtsbeistandes zu, sich mit den Behörden auf Einstellung des Verfahrens gegen Zahlung einer Geldauflage zu einigen. § 153a der Strafprozessordnung lässt das zu. Dass Peter M. deshalb seine Unschuld in einem Gerichtsverfahren nicht beweisen konnte, schmerzt ihn bis heute. „Aber ich hatte keine Wahl. Entweder meine Idee geht unter, oder ich zahle Geld in die Landeskasse und die Sache ist vom Tisch."

Unternehmer sehr häufig zu Unrecht beschuldigt

Fälle wie dieser sind keine Seltenheit. André-M. Szesny, Anwalt und Partner bei der Wirtschaftskanzlei Heuking Kühn Lüer Wojtek, weiß: „Sehr häufig werden Unternehmer zu Unrecht beschuldigt und in Strafverfahren verwickelt." Die Behörden seien verpflichtet zu ermitteln, wenn nur die auf Tatsachen gegründete Möglichkeit besteht, dass eine Straftat begangen wurde. Nach Szesnys Beobachtungen agieren Behörden gegenüber der Wirtschaft heute wenig zurückhaltend. Eine Zäsur sei das Korruptionsverfahren gegen Siemens gewesen, das Ende 2006 seinen Anfang nahm. Auch die aktuelle Diskussion um die Einführung schärferer Sanktionen für Unternehmen – eines der Ziele im aktuellen Koalitionsvertrag von CDU/CSU und SPD – sei Ausdruck dieser Entwicklung. „Unternehmen werden eine immer größere Rolle in Strafverfahren spielen", prognostiziert der Wirtschaftsanwalt.

Bundesweit gab es 2016 fast 1.700 Verfahren vor den Wirtschaftsstrafkammern der Landgerichte sowie gut 15.300 entsprechende Verfahren vor Amtsgerichten, registrierte das Statistische Bundesamt. Nur in knapp der Hälfte aller Fälle kommt es zu einem Urteil vorm Amtsgericht, so Schätzungen. Die Verfahren eingestellt werden immerhin in 30 Prozent der Fälle – wie bei Start-up-Unternehmer Peter M. Und zur Zurücknahme der Anklage kommt es sogar in 15 Prozent der Verfahren. Der Rest wird verbucht unter sonstigen Erledigungsarten. Die Anteile schwanken je nach Bundesland. In Bremen kommt es zu weniger Urteilen, in Saarland zu mehr. Vier mögliche Verfahrensstadien gibt es: Ermittlung, Hauptverhandlung, Revision und Strafvollstreckung. Peter M. war mit der ersten Stufe nach eigenen Worten schon „voll bedient". Sarah Diwell, Fachanwältin für Wirtschaftsstrafrecht bei der Kanzlei Freyschmidt Frings Pananis Venn, bestätigt diese verbreitete Gefühlslage: „Die beschuldigten Unternehmer sind stark belastet." Neben der zeitlichen Bürde, die Unternehmern durch die Präsenzpflicht für die Gerichtstermine auferlegt wird, müssen die Betroffenen auch Anwaltskosten stemmen. Selbst im Fall des Freispruchs trägt die Staatskasse nur die gesetzliche Vergütung, die oft weit unter dem Honorar eines auf Wirtschaftsstrafrecht spezialisierten Verteidigers liegt. Hinzu kommt die Vermögensabschöpfung, die schon im Ermittlungsverfahren zu erheblichen Problemen führen kann. „Der Staat sichert vorläufig einen Teil des betrieblichen oder privaten Vermögens; es wird quasi eingefroren", erklärt Diwell. Fachleute sprechen auch von einem „dinglichen Arrest". Wenn das Finanzamt zum Beispiel meint, eine Steuerhinterziehung festgestellt zu haben, greift die Behörden zu diesem Instrumentarium.

„In diesen Fällen ist es essenziell, dass ein versierter Strafverteidiger den Strafvorwurf aus der Welt schafft", betont Maja Osinski, Sprecherin des Rechtsschutzversicherers Roland. Einen guten Anwalt sollte man sich leisten können, weshalb eine entsprechende Rechtsschutzpolice „sehr wichtig" sei. Und Christian Danner vom Versicherer ARAG ergänzt, dass von zähen Strafverfahren betroffene Unternehmer ihren Anwalt vorfinanzieren müssen: „Allein das ergibt schnell einen fünfstelligen Betrag." Die spezialisierten Verteidiger treffen vor Gericht zwar auf qualifizierte Richter und Staatsanwälte. Ob stets ausreichend Wirtschaftskompetenz vorhanden ist, lässt sich nicht generell beantworten. Auch Laienrichter urteilen über Insolvenzverschleppung, Untreue oder Bilanzfälschung. „Aber der Schöffe weiß, welchem Zeugen er Glauben schenken möchte", sagt Szesny. Diese „nichtjuristischen Qualitäten" seien nicht zu unterschätzen. Was die Eignung der Vertreter der staatlichen Anklage betrifft, heißt es in einer Verwaltungsvorschrift: Zur wirksamen Bekämpfung von Wirtschaftskriminalität „bedarf es des Einsatzes von Staatsanwälten mit Kenntnissen insbesondere auf den Gebieten des bürgerlichen Rechts, des Gesellschaftsrechts, des Handels- und Wechselrechts, des

Konkurs- und Vergleichsrechts und des Steuerrechts sowie mit Erfahrungen im Buchführungs- und Bilanzwesen und möglichst auch im wirtschaftlichen Bereich."

Um komplexe und umfangreiche Wirtschaftsstrafsachen zügig bearbeiten zu können, haben die Bundesländer dazu Schwerpunktstaatsanwaltschaften eingerichtet. Dort stehen auch Dezernenten mit Ausbildungen im betriebswirtschaftlichen Bereich zur Verfügung, heißt es auf Anfrage bei Behörden. Um die fachliche Qualität zu erhöhen, werden Schulungen angeboten. Fortbildungen finden etwa an der Deutschen Richterakademie und an der Bundesfinanzakademie statt. Trotz aller Bemühungen um Objektivität – auch unter Zuhilfenahme kostspieliger Gutachten und Gegengutachten – erinnert Anwältin Diwell daran, dass „jede Ermittlung zu falschen Ergebnissen führen kann". Eine unangenehme Vorstellung für Unternehmer, die auf einen guten Ruf angewiesen sind. Wirtschaftsanwalt Szesny ergänzt zudem, dass Einsparungen und Kostendruck nicht immer zu besserer Arbeit führen. Hinzu kommt: Der Rechtsstandort Deutschland steht im Wettbewerb.

Dies offenbart die jüngst veröffentlichte Pressemitteilung des Deutschen Richterbundes, wonach geplant ist, dass Verhandlungen künftig auch in englischer Sprache geführt werden können. Das NRW-Justizministerium wolle damit die Verlagerung „von wichtigen und lukrativen Wirtschaftsprozessen ins Ausland stoppen". Dies betrifft international agierende Unternehmen. Generell gilt: Strafzahlungen und die meisten Geldauflagen fließen in öffentliche Kassen.

Verfahren vom Tisch, Staatskasse gefüllt

Auch deshalb vermutet Diwell, dass bei Staatsanwälten und Gerichten in der Regel die Bereitschaft steigt, eine Einstellung gegen Geldauflage mitzumachen, je länger das Verfahren dauert. Für die Behörden habe das den Charme, das Verfahren vom Tisch zu haben und zugleich noch etwas für die Staatskasse getan zu haben. Auch Unternehmer Peter M. stimmte wie eingangs erwähnt zähneknirschend so einem Deal zu: aus seiner Sicht die bessere Option, bevor sein Start-up die Segel streicht – auch wegen langwieriger Auseinandersetzungen mit der Justiz.

Autor Stefan Terliesner ist Diplom-Volkswirt, arbeitet seit 17 Jahren als freiberuflicher Journalist und war zuvor Redakteur bei namhaften Wirtschaftsmedien.

> „Die beschuldigten Unternehmer sind stark belastet."
>
> **Sarah Diwell**

Ich muss da mal durch

Über blinde Psychopathen und schlaue Spitzmäuse

Just wurde ich von einem großen mittelständischen Unternehmen darum gebeten, einen kabarettistischen Beitrag über Psychopathen in Führungspositionen zu verfassen. Auf die Frage, ob es da Vorbilder in den eigenen Reihe gebe, kam per Mail die Antwort: „Manchmal bedarf es eben eines Hofnarren wie Ihnen, der uns einen Spiegel vorhält. Außerdem waren Sie ja selbst mal Unternehmensberater, dürften sich also mit Personen, die über ein gestörtes Gefühls- und Gemütsleben verfügen, bestens auskennen." Während ich noch über die Antwort schmunzle, stolpere ich über folgende Definition: „Psychopathen sind blind gegenüber den Gefühlen ihrer Mitmenschen. Sie kennen nur das eigene Wohlbefinden und handeln stets aus purem Egoismus." Da denke ich mir: Ist das nicht exakt die Definition, die auf Leute zutrifft, die in die Deutsche Bahn einsteigen und nach einem Sitzplatz Ausschau halten? – Also im Zweifel auf uns alle und nicht nur auf exponierte Führungspersönlichkeiten. Zumindest beobachte ich viele der genannten Symptome immer wieder in deutschen ICE-Zügen.

Atemlos durch Zwiebel-Mett-Geruch

Krieg, Krankheit und Krätze sind wahrlich nicht schön, aber nichts scheint für Bahnreisende schlimmer zu sein, als in einer vollkommen überfüllten Bahn den Platz neben sich freizugeben. Einfachste gesellschaftliche Regeln treten offensichtlich sofort außer Kraft, sobald sich mehr als zehn Personen an einem Ort befinden. „Ach jetzt lassen Sie mich doch bitte erst mal in Ruhe einsteigen, bevor Sie hier alle aussteigen", scheint ein beliebtes Spiel an vollen Gleisen zu sein. Große Freude auch, wenn morgens um sieben der Sitznachbar gerne mal das Zwiebel-Mett-Brötchen auspackt, während über seine viel zu laut eingestellten Kopfhörer Helene Fischers „Atemlos" die Mitreisenden beschallt. Zumindest der Song passt zur Situation.

Ein Klassiker sozialer Inkompetenz ist auch immer wieder das genervte Augenrollen der Zeitgenossen, die nur schwer akzeptieren können, dass ihr XXL-Koffer im Eingangsbereich nicht gerade ein friedliches Miteinander fördert. Sicherlich lassen die beschriebenen Egoismen nicht sofort auf eine psychopathische Persönlichkeitsstörung schließen. Manchmal stelle ich mir allerdings die Frage: Ist das gerade eine niedere Form von Intelligenz oder schon eine gehobene Form von Dummheit?

Wenn beispielsweise zwei Reiseprimaten im Mittelgang aufeinander zulaufen, ist das eigentlich so simpel wie bei einer Multiple-Choice-Aufgabe. Es gibt zwei falsche und eine richtige Lösung. Die richtige: Blickkontakt zum Entgegenkommenden aufnehmen und sich kurz signalisieren, wer zum Ausweichen bereit wäre; kleiner Tipp: Selbst das Ausweichen anzubieten, schadet in der Regel nie. Zwei falsche Verhaltensweisen: Man streckt den anderen mit einem gezielten Faustschlag nieder (noch nie erlebt). Oder, und diese Variante begegnet mir immer wieder, die Kontrahenten stehen sich in einem Moment der Ewigkeit kopfschüttelnd gegenüber, bis sie sich genervt und entsetzt vom Egoismus des jeweils anderen aneinander vorbeischieben; kürzlich von mir aufgeschnappt ergänzt durch das Oberprimaten-Statement: „Ich muss da mal durch."

Bahnfahrer überlegen?

Mein VWL-Professor beschrieb Multiple-Choice-Prüfungen wie folgt: „Wenn Sie eine Spitzmaus in einen Schuhkarton setzen, drei Löcher reinmachen und über jedes Loch 'ne Antwort schreiben, wird die Maus mit einer Wahrscheinlichkeit von 33,3 Prozent durch das Loch mit der richtigen Antwort gehen. Sie müssen als nur ein bisschen schlauer sein als 'ne Spitzmaus." Vielleicht sind wir Bahnfahrer nicht alle Psychopathen, aber der Spitzmaus überlegen sind wir wohl auch nicht. Was meine Recherche zu Psychopathen in Führungspositionen sonst noch erbracht hat, davon werde ich zu gegebener Zeit an dieser Stelle berichten.

Timo Wopp, Diplom-Kaufmann und Ex-Unternehmensberater, tourt als Kabarettist, Vortragsredner und Jongleur: www.timowopp.de

Ihr Spezialist für die Möglichkeiten der Sanierung unter Insolvenzschutz

Jan H. Wilhelm
Sanierungsberater – Insolvenzverwalter

hww hermann wienberg wilhelm. Unabhängig. Kompetent. Engagiert.

Nehmen Sie uns gerne beim Wort.

Gründungspartner Jan H. Wilhelm
Albert- Einstein-Ring 11
22761 Hamburg
Tel.: 040-8539978-0
E-Mail: wilhelm@hww.eu

Verstopfte Verkehrsadern: Staus stehen nicht nur für volkswirtschaftlichen Schaden, sondern halten vor allem Berufspendler vom entspannten Ankommen, konzentrierten Arbeiten und ausreichenden Ausruhen ab. Platzmangel herrscht zur Rushhour auf Deutschlands Straßen ebenso wie etwa hier auf dem Gatot Subroto Highway im Süden Jakartas. Die Hauptstadt von Indonesien zählt Studien zufolge zu den Stau-Hotspots der Welt. Damit es hierzulande nicht anhaltend zu vergleichbaren Verhältnissen oder zu schlimmeren Zuständen kommt, sollen Konzepte zum intelligenten Mobilitäts-Management in Unternehmen dazu beitragen, dienstliche Fahrten mit vernetzten Mitteln insbesondere besser zu planen und zu absolvieren.

Raus aus dem Stau

Pendlerstress. Dieselfahrverbot. Parkplatznot. Die motorisierte Gesellschaft stößt an ihre Grenzen. Unternehmen, die Mobilität für Mitarbeiter intelligent managen, fahren besser.

Wer in Jakarta mit dem Auto zur Arbeit fährt, hat im besten Fall einen kurzen Weg. Selbst für den braucht er aber lange. Denn laut „Start/Stopp-Monitor 2015" des Mineralölherstellers Castrol kann in der Stadt mit dem weltweit größten Stauproblem das Auto vor allem eines gut: stehen. Im Schnitt verbringt ein Fahrzeug im Verkehr der indonesischen Hauptstadt deutlich über 30 Prozent der Zeit bewegungslos.

Da erscheint die deutsche Staumetropole München fast wie eine Autofahrer-Oase. Doch auch hier, errechnete Navigationstechnik-Anbieter Inrix noch im Februar, warten die Menschen zu Stoßzeiten insgesamt 51 Stunden pro Jahr im Stau. Das Auto nutzt über die Hälfte der Deutschen; sehr oft für den Weg zur Arbeit. Genau da setzt Mobilitäts-Management an. Das inzwischen rund 25 Jahre alte Konzept will mehr Menschen dazu bringen, nicht oder zumindest nicht allein mit dem Auto zum Arbeitsplatz zu fahren.

Über die Jahre gab es dazu mehrere bundesweite Projekte: Die Deutsche Energie-Agentur startete vor zehn Jahren mit Unterstützung des Bundesumweltministeriums, das Projekt „effizient mobil" in 15 Modellregionen. „Mobil.Pro.Fit" begann 2012 unter der Federführung des Bundesdeutschen Arbeitskreises für Umweltbewusstes Management. Vier Jahre später ging das Vorhaben etwas modifiziert in „mobil gewinnt" über. Hier kann, wer im Wettbewerb mit seinem Konzept überzeugt, Fördermittel für Beratungsdienstleistungen zum Mobilitäts-Management erhalten.

Bahnhof Nordbögge im westfälischen Bönen im Februar 2018. Der Haltepunkt der 18.000-Einwohner-Gemeinde am nordöstlichen Rand des Ruhrgebiets liegt in der Nähe eines Industriegebiets, in dem viele Logistikzentren ihren Sitz haben, an der Autobahn A2 zwischen Dortmund und Hannover. Auch das Hauptquartier der KiK Textilien- und Non-Food GmbH.

Der Discounter, der inzwischen europaweit 3.500 Filialen betreibt, beschäftigt insgesamt über 25.000 Mitarbeiter. Davon rund 1.200 arbeiten am Unternehmenssitz in Bönen,

800 in der Verwaltung, 400 in der Logistik. Mit dem Haltepunkt Nordbögge sowie dem Bahnhof Bönen verbinden das große Unternehmen die Buslinien 194 und 195. Sie sind mittelbares Ergebnis des Mobilitäts-Managements, das 2013 bei „Mobil.Pro.Fit" ausgezeichnet wurde.

> „Schon auf unserer Intranet-Startseite finden Sie den Link zur Mitfahrbörse."
>
> Dennis Zender

„Vor fünf Jahren gab es die Linien noch nicht, aber in Gesprächen mit dem Verkehrsverbund und den anderen Unternehmen im Industriegebiet haben wir die Verbindung einrichten können", sagt Dennis Zender. Zender ist im Bereich Corporate Social Responsibility der KiK-Hauptverwaltung als Beauftragter für Umwelt-Management und soziales Engagement auch für das Mobilitäts-Management verantwortlich, mit dem es auch nach der Auszeichnung weiterging. Damals war unter anderem ein überdachter Fahrradparkplatz entstanden und eine Mitfahr-Börse ins Leben gerufen worden – gemeinsam mit „Flinc", einem Anbieter von Online-Mitfahrvermittlungslösungen.

Halbierung der Fahrtkosten

„Die läuft heute über unser Intranet, schon auf der Startseite finden Sie den Link dazu", sagt Zender: „Ich selbst habe einen Mitfahrer über unsere Börse gefunden. Nach zwei Jahren ist dieser allerdings von der Zentrale in eine Filiale gewechselt." Zender wohnt im knapp 50 Kilometer entfernten Recklinghausen. „Unmittelbarer positiver Effekt waren die Halbierung der Fahrtkosten und natürlich die Senkung der Abgase", berichtet er vom Nutzen. Wie viele das Mitfahr-Angebot insgesamt nutzen, dazu gibt es bei KiK allerdings keine genauen Zahlen. Anbieter Flinc ist inzwischen von Daimler gekauft worden, um die eigene Sparte „Mobility Services" auszubauen. Hierzu gehören schon die Mobility-App „Moovel", der Taxivermittler „mytaxi" und der Carsharing-Anbieter „Car2go". Exakte Zahlen zur Wirksamkeit sind insgesamt ein Problem beim Mobilitäts-Management, konstatierten die Forscher am Fachgebiet

Bei der Belieferung der Filialen kommt KiK mit vier eigenen Lkw weniger aus – dank besserer Routenführung. Das verringert den CO_2-Ausstoß.

Dieser fahrerlose Linienbus pendelt durchs bayrische Bad Birnbach – ein Projekt der Bahntochter Ioki mit dem französischen Fahrzeug von Easysmile.

Interview

„Verbesserte Verkehrsverhältnisse heben die Motivation"

Jan-Peter Vasiliadis, beim DIHK verantwortlich für die neuen Lehrgänge zum betrieblichen Mobilitätsmanager, über das Pilotvorhaben der Industrie- und Handelskammern.

Wie wird das Pilotprojekt angenommen?

Jan-Peter Vasiliadis: Unsere drei Pilotlehrgänge waren alle schnell ausgebucht. Wir hatten jeweils etwa 16 Plätze im Angebot. Das Angebot umfasst jeweils insgesamt 66 Stunden und schließt mit einem Zertifikat ab. Lehrgänge laufen 2018 zunächst im besonders verkehrsbelasteten Nordrhein-Westfalen. Und zwar im Februar/März in Hagen, im April/Mai in Köln und im September in Bielefeld.

Was versprechen sich teilnehmende Unternehmen davon?

Da geht es um drei Themen. Zum ersten gehören Klimaschutz und Luftreinhaltung, also Stickoxid- und CO_2-Reduktion: Das hat vor allem durch die aktuelle Diskussion um Fahrverbote für Dieselfahrzeuge konkret an Relevanz für Unternehmen gewonnen. Das zweite ist Infrastruktur: Neben klassischen Parkraumproblemen geht es oft darum, dass sich Pendlerverkehr und Zuliefererverkehr in die Quere kommen. Da braucht es intelligente Konzepte, um die Verkehrsverhältnisse vor Ort sinnvoll zu optimieren. Das dritte Thema bezieht sich auf Mitarbeitermotivation und -gesundheit: Verbessert man frustrierende Verkehrsverhältnisse, hilft das, die Motivation zu heben. Zudem fördert es die Mitarbeitergesundheit, wenn mehr Strecken zu Fuß oder mit dem ÖPNV oder mit dem Fahrrad zurückgelegt werden. Das wirkt sich auf den Krankenstand aus.

Am liebsten würde jeder Mitarbeiter aber doch seinen eigenen Parkplatz direkt vorm Werkstor haben, oder?

Wenn Sie so fragen, sicher. Aber letztlich geht es vielen Mitarbeitern nur darum, schnell und effizient zur Arbeit zu

Jan-Peter Vasiliadis von der DIHK-Mittelstandsinitiative „Energiewende und Klimaschutz" bietet bundesweit Lehrgänge.

kommen und dafür auch möglichst wenig Geld ausgeben zu müssen. Auf der anderen Seite sind Dienstfahrzeuge durchaus ein Gehaltsbestandteil, unabdingbar für den Außendienst und häufig auch privat nutzbar. Da kämen künftig auch Elektroautos infrage. SAP etwa will 20 Prozent seiner Dienstfahrzeuge bis 2020 elektrisch haben.

Wie geht es weiter?

Es wird in diesem und im kommenden Jahr zusätzliche Kurse, auch außerhalb von NRW, geben. Zusammen mit den IHKs wollen wir möglichst viele Unternehmen unterstützen. Die genauen Termine werden noch festgelegt. Unternehmen können mit dem aktuell wachsenden Beratungsmarkt, neuen digitalen Dienstleistungen und staatlichen Fördermitteln für Elektromobilität einzelne Maßnahmen direkt umsetzen. Passende Berater finden sie über die deutsche Plattform für Mobilitäts-Management.

BSH Hausgeräte beschäftigt 3.000 Menschen – mit dem preisgekrönten Mobilitätskonzept will das Unternehmen seine Zukunft am beengten Standort sichern.

Im BSH-Logistikzentrum am Standort Traunreut ist schon längst ein hoher Grad an intelligenter Verdichtung im Verkehr notwendig und umgesetzt.

„Integrierte Verkehrsplanung" (IVP) der TU Berlin in ihrer zum Jahresende 2017 erschienenen Studie „MobMan". Die Wissenschaftler ziehen ein ernüchterndes Fazit der administrativen Bemühungen, den Verkehr zu verlagern. Sie sehen Definitionsprobleme und wollen das Mobilitäts-Management weniger als Klimaschutzinstrument sehen, sondern vielmehr strategisch als dritte Säule neben Verkehrs- und Infrastrukturplanung (siehe Seite 36).

Mechthild Stiewe vom Institut für Landes- und Stadtentwicklungsforschung (ILS) des Landes NRW kennt diese Kritik, hält aber betriebliches Mobilitäts-Management durchaus für wirksam. Das ILS hat schon die erste Initiative „effizient mobil" gemeinsam mit dem Institut für Stadtbauwesen und Stadtverkehr (ISB) der RWTH Aachen begleitet. Stiewe ist seit diesen Anfängen vor mehr als zehn Jahren dabei. Bei einer Tagung im November in Basel stellte sie Ergebnisse aus Begleituntersuchungen zum Mobilitäts-Management im Rhein-Main-Gebiet vor. „Zwar ist da noch viel Luft nach oben, aber der Anteil des motorisierten Individualverkehrs ist doch erkennbar gesunken." Das sollen große Langzeitstudien wie „Mobilität in Deutschland" belegen.

Eine umfassende Untersuchung der Marktforschung Infas und des Instituts für Verkehrsforschung im Deutschen Zentrum für Luft- und Raumfahrt (DLR) erbrachte zwischen 2002 und 2008 mit über 60.000 Befragten dazu Ergebnisse. Danach verschob sich schon in diesem Zeitraum der Anteil vom Auto hin zu ÖPNV und Fahrrad, wenn auch nur in sehr geringem Maß. In diesem Jahr werden Daten zu einer neuen Untersuchungswelle veröffentlicht, die im Herbst 2017 endete. Setzt sich der Trend fort, bestätigte das die Einschätzung von Stiewe, die eine Belebung des betrieblichen Mobilitäts-Managements sieht, obwohl sie zugibt: „Ich dachte bis vor wenigen Jahren noch, das Thema sei tot."

Von einem kleinen Boom berichtet Alina Steindl im Projektzentrum des Fraunhofer-Instituts für Materialfluss und Logistik (IML) in Prien am Chiemsee: „Wir sind ganz gut ausgelastet mit den Unternehmen, die von sich aus auf uns zukommen." Steindl betreut beim IML die Projekte für Mobilitäts-Management. Das Projektzentrum Verkehr, Mobilität und Umwelt ist aktiv in der Allianz Verkehr, in der 15 Institute der Fraunhofer-Gesellschaft gemeinsam in sechs Arbeitsgruppen rund um Mobilität forschen und entwickeln. Das Mobility Team aus Prien entwickelt Konzepte und Maßnahmen für Unternehmen, die konkreten Druck spüren. „Das sind dann oft prosperierende Firmen an gewachsenen Standorten, die zum Beispiel vor der Wahl stehen, ihre Produktionskapazitäten zu erweitern oder zusätzliche Parkplätze für die steigende Zahl von Mitarbeitern zu schaffen", sagt Steindl. Beides geht nicht immer, weil der Platz fehlt. Da kann ein intelligentes Mobilitäts-Management konkrete Probleme lösen.

Analyse und Befragung zu Verkehrsmitteln und -wegen

„Wir starten mit Bestandsaufnahmen, denn natürlich wissen die Unternehmen meist nicht genau genug, wie viele Mitarbeiter mit welchen Verkehrsmitteln zur Arbeit kommen", erklärt Steindl. Dazu zählen neben Befragungen auch Analysen der Verkehrswege – bis hin zur Frage, wo genau der Bus hält. „In einem Fall konnten wir die Busnutzung einfach dadurch steigern, dass die Haltestelle auf die Straßenseite des Werkstores verlegt wurde", sagt die Mobilitätsexpertin. Da muss der Bus zwar erst mal wenden, bevor er hält, dann ist es aber einfacher für die Fahrgäste."

Knappen Parkraum dadurch besser zu nutzen, dass mehrere Mitarbeiter mit einem Auto zur Firma kommen, ist naheliegend. Eine Mitfahrbörse gehört daher zum Mobilitätskonzept der BSH Hausgeräte GmbH am Standort Traunreut. Die Börse soll so ausgelegt sein, dass sie dem Schichtbetrieb gerecht wird, in dem ein großer Teil der 3.000 Mitarbeiter in Traunreut arbeitet. Ein Werksrufbus sowie E-Ladestationen und mehrere Elektrofahrzeuge runden das Konzept ab, mit dem BSH jüngst bei „mobil gewinnt" in der Kategorie Verbundprojekte überzeugen konnte. Mit im Boot sind Kommune und Kreis sowie die Deutsche Bahn. Projekt und

Volle Firmenparkplätze als Wachstumshemmnis: Wer das Geschäft ausbaut, verfügt über noch weniger Platz.

Preis haben Wellen geschlagen. „Mit einer solchen Resonanz haben wir nicht gerechnet", sagt Eva Bauerschmidt von der BSH-Unternehmenskommunikation. Wie relevant intelligentes Mobilitäts-Management ist, lässt sich am Zuspruch zu neuen Lehrgängen des Deutschen Industrie- und Handelskammertages offensichtlich auch ablesen (siehe Interview).

Innovative Ansätze wie „Drive on Demand" spielen beim Mobilitäts-Management ebenfalls eine Rolle. So berichtet IML-Beraterin Steindl von einem Industriepark, dem der Verkehr auf dem Werksgelände zu viel wurde. Hier sollen künftig eigene Shuttles für Entzerrung sorgen, die auf Bestellung zwischen den verschiedenen Standorten auf dem Werksgelände hin- und herfahren. „Aktuell sollen das Busse mit Fahrern sein. Aber gerade auf solchen Einsatzgebieten sind natürlich auch autonome Fahrzeuge einsetzbar", prognostiziert Steindl. Wie auf dem „EUREF-Campus" in Berlin, auf dem auch das „Innovationszentrum für Mobilität und gesellschaftlichen Wandel" (InnoZ) seinen Sitz hat. Dort testet InnoZ als Kooperationsunternehmen der Deutschen Bahn AG (DB), des Wissenschaftszentrums Berlin für Sozialforschung gGmbH (WZB) und des Deutschen Zentrums für Luft- und Raumfahrt e. V. (DLR) schon die zweite autonome Shuttle-Bus-Variante. Die Tests überzeugten und so betreibt die DB Regio Süd in Bad Birnbach seit Oktober 2017 den bundesweit ersten Linienbusverkehr mit autonom fahrenden Shuttles – vom Ortszentrum zur Therme und zurück. Auch beim Hausgerätehersteller BSH in Traunreut soll ein autonomer Bus auf dem Werksgelände verkehren.

Die weitaus meisten Unternehmen wählen allerdings den schnelleren und einfacheren Weg, um den drückenden Mitarbeiterverkehr zu bewältigen: Sie bauen mehr Parkplätze. Was nicht heißen muss, auf Mobilitäts-Management zu verzichten. Wie bei KiK. Aus einem Teil des reinen Parkplatzes hat KiK einen Erweiterungsbau samt Parkhaus

gemacht. „Das ist gerade fertig geworden. Es ist für Gäste und Mitarbeiter zugänglich und bietet auch vier Ladesäulen für Elektrofahrzeuge", erläutert CSR-Manager Zender: „Wir selbst nutzen für unser Hauspost-Auto, das zwischen den zwei Hauptstandorten hier pendelt, einen Hybrid." Auch den Fahrradverkehr will man weiter unterstützen: „Um den Anteil der Radler zu erhöhen, würden wir auch mehr abschließbare Abstellmöglichkeiten an den Bahnhöfen begrüßen. Aktuell gibt es aber noch keine geeigneten Flächen."

Quantifizierbaren Nutzen bringt das nicht unbedingt. Aber dem Textildiscounter kommt es darauf an, auch auf dieser Ebene die Mitarbeiterzufriedenheit zu erhöhen und sich als modernes Unternehmen zu präsentieren. Daher sei das Mobilitäts-Management auch beim CSR-Bereich angesiedelt, der mit Social Responsibility und Umwelt-Management zwei Standbeine habe.

Für First Mover lohnt Veränderung im Verkehr

Konkrete Zahlen gibt es hier durchaus, allerdings stehen die nicht für den Mitarbeiter-, sondern nur für den Lieferverkehr zur Verfügung. Dort weist der aktuelle Nachhaltigkeitsbericht trotz Unternehmenswachstums eine geringere CO_2-Emission aus. Zender erklärt das so: „Für die Belieferung unserer Filialen, die wir mit eigenen Lkw vornehmen, haben wir die Routen optimiert, sodass wir vier Fahrzeuge weniger einsetzen müssen." Bis konkrete Auswirkungen wie beim KiK-Lieferverkehr sich aber auch beim Management des Mitarbeiterverkehrs im Unternehmen ermitteln lassen, dürfte es noch dauern. Beim Mobilitäts-Management zu den „First Movern" zu gehören, könnte sich also lohnen.

Kompakt

► Betriebliches Mobilitäts-Management kommt langsam erst jetzt in Schwung, obwohl es schon lange intensiv gefördert wird.

► Unternehmen profitieren vor allem, wenn sie an gewachsenen Standorten prosperieren, denn sie entzerren Parkplatzdruck und Pendlerverkehr.

► Innovative, oft digital gestützte Lösungen, wie autonome Shuttles „on demand", erweitern die Möglichkeiten.

Armin Hingst, der für „return" sonst vor allem über IT-Themen schreibt, gewann bei seinen Recherchen den Eindruck, dass viele Firmen bei diesem Thema erst am Anfang stehen.

„Unser Vorstand lebt das Downsizing vor"

Elektromobilität gehört zur Unternehmensphilosophie der Juwi AG. Über den gewollten Umstieg spricht Jonas Sägesser als Verantwortlicher exklusiv im „return"-Interview.

Herr Sägesser, wer in der autoaffinen Unternehmerschaft des Mittelstands die Ohren spitzt, kann kaum die Kritik an Elektromobilität oder Anbietern wie Tesla überhören. Als wie wahr bewerten Sie die Defizite wie geringe Reichweite und hohe Preise?

Jonas Sägesser: Diese Kritik ist schon alt und ebbt nicht ab, ist aber nur noch bedingt ins Feld zu führen. Diese Defizite kommen im betrieblichen Alltag nur bei bestimmten Einsätzen zum Tragen. Einen Außendienstler mit Fahrleistungen von 50.000 bis 80.000 Kilometern pro anno kann ich noch nicht elektromotorisieren. Elektroautos können aber gut einen Anteil abdecken. Es geht um den richtigen Antriebsmix. Dazu muss man genau Bedarfe kennen.

Die Nachteile lösen sich also nachhaltig in Luft auf?
Ja. Wir haben bei Juwi im Jahr 2009 mit Elektromobilität begonnen. Damals gab es wenig Auto für viel Geld. Aber hohe Initialkosten sind nicht allein zu betrachten, sondern eine Vollkosten-Rechnung ist anzustellen. Der ADAC weist aktuell den E-Golf ab 10.000 Kilometern pro anno als wirtschaftlich aus. Die Reichweite der Batterien wächst heute im Halbjahres-Rhythmus, sodass Entfernungen von 300 Kilometern und mehr relativ bald realistisch sind. Auch die Preise entwickeln sich positiv.

Sie sehen eine Entwicklung weg „vom einfachen Verbrennungsmotor hin zur individuellen Mobilitätsoption". Dabei heben Sie für Firmenflotten vor allem Carsharing hervor. Warum?
Ach, eigentlich bin ich beim intelligenten Mobilitäts-Management immer der Meinung, dass wir nicht nur eine Lösung brauchen. Als Paradedisziplin für Anbieter erachte ich, dafür sinnvollen Mobilitätsmix aus einer Hand vorzuhalten, um Nutzern durch einfaches Verfügbarmachen

> „Manager, die dicke Geschäftswagen fahren, geben schlechte Vorbilder ab."
> Jonas Sägesser

komfortabel entgegenzukommen. Leider sehe ich solche simplen, bequemen und zügigen Zugänge noch nicht. Danach suche ich, denn das gehört zu meinen Aufgaben, um Mitarbeitern attraktive Alternativen zum Verbrenner zu vermitteln. Damals meinte ich vermutlich Corporate Carsharing, also im Austausch mit anderen Firmen auch E-Autos zu teilen. Wir müssen Unternehmensflotten gewissermaßen aufbohren, um auch an der Schnittstelle zur Nutzung Dritter über den eigenen betrieblichen Bedarf hinaus neue Lösungen voranzutreiben.

Am Komfort fehlt es noch bei ökologischer Mobilität?
Der Wettbewerb stellt sich doch offensichtlich so dar, dass neue Angebote immer mit dem Dieselfahrzeug vor der Haustür konkurrieren, das mit Navigationsgerät und Tankkarte ausgestattet ist. Alle Hürden sind in diesem Vergleich zu nehmen, um Alternativen marktfähig zu gestalten.

Wie wirken sich die Veränderungen auf Autovermieter von Avis bis Sixt aus?
Sie werden neue Geschäftsmodelle entwickeln müssen. Nur Vermietung genügt nicht mehr, um den Anforderungen moderner Mobilität gerecht zu werden. In Zukunft sehe ich ihre Aufgabe als Mobilitätsprovider. Dabei werden sie den Kampf um Kunden mit Autoherstellern und anderen Anbietern ausfechten müssen.

Warum umfassen E-Autos erst einen geringen Anteil des Fuhrparks und der Dienstwagenflotte bei Juwi?
Mittlerweile sind wir bei zwölf Prozent, was im Bundesvergleich ein sehr guter Wert ist. Unsere Mitarbeiter sind bundesweit unterwegs und bewegen sich tendenziell immer weiter weg vom Firmensitz. Unser Standort hier in Wörrstadt hat keine gute öffentliche Anbindung. E-Autos allein

reichen nicht, um unseren Bedarf zu decken. Wir brauchen aktuell noch in den meisten Fällen thermische Fahrzeuge und noch mehr ÖPNV-Nutzung. In einigen Fällen leben wir den Mobilitätsmix schon heute. Der Einsatz von E-Fahrzeugen zählt zu den niedrigsten Dauben am Fass, durch den Moblitätsmix können wir die Nachteile durch zu wenig Reichweite ausgleichen. Nach dem Prinzip „das richtige Mobilitätsmittel für den geplanten Zweck". Eine Alternative zu unserem Mix erkenne ich derzeit noch nicht. Gewünscht hätte ich mir schon eine schnellere Entwicklung der von den Herstellern angebotenen Fahrzeuge – vor allem in den vergangenen fünf Jahren. Aktuell hängt es in den meisten Fällen tatsächlich an der noch zu geringen Reichweite und dem noch zu weitmaschigen Lade-Netz.

Welcher Anteil ist angestrebt?
Wir haben uns kein prozentuales Ziel gesetzt, weil dies stark an der Marktentwicklung hängt, die wir nicht beeinflussen können. Wir führen weiter dort Elektromobilität ein, wo sie Sinn ergibt. Hier bewegen wir uns jetzt bei Dienstwagen bei Jahresleistungen von unter 40.000 gefahrenen Kilometern inklusive der Privatnutzung. Wir haben aber auch genug andere Themen. So betrachten wir Opportunitätskosten, die beim Autofahren generell maximal 20 Prozent an Produktivität bringen. Bei längeren Reisen mit der Bahn liegt der Wert zwischen 80 und 100 Prozent.

Mit welchen belastbaren Vergleichszahlen zwischen Elektrofahrzeugen und Verbrennern können Sie aus Erfahrung bei den Komplettkosten aufwarten?
Die Kosten sind ein wichtiges Thema bei der Umstellung. Die Frage „Was kostet mein Fuhrpark?" muss man genau beantworten können. Belastbare Werte für E-Autos sind schwierig zu prognostizieren, weil dafür die Zeit im echten Einsatz für verlässliche Auswertungen zur Gesamtdauer noch zu kurz ist. Aber schon angesichts der geringeren Wartungskosten – im Elektrofahrzeug habe ich wesentlich weniger Bauteile als beim thermischen Fahrzeug – lässt sich behaupten: Die Betriebskosten fallen mit circa 50 Prozent deutlich geringer aus als beim Verbrenner.

Wie lautet ihre Empfehlung mit Verweis auf den Nutzen eines intelligenten Mobilitäts-Managements für andere Mittelständler?
Erst analysieren! Viele Firmen kennen ihre Fuhrpark-Kosten ziemlich genau, viele aber auch nicht. Zum Teil sind noch verschiedene Abteilungen mit Themen auch zu Kosten befasst. Hilfestellung können dabei intelligente Tools für ein ganzheitliches Kosten-Reporting über die ganze Lebenszeit geben – Stichwort TCO (*Total Cost of Ownership/Gesamtkosten; Anm. d. Red.*). Um die Vollkosten eines Elektrodienstwagens

Jonas Sägesser, Leiter des Mobilitätsservice der Juwi AG, verantwortet unter anderem den Fuhrpark des Unternehmens mit rund 1.000 Mitarbeitern und fördert dabei Elektromobilität. Der ursprünglich gelernte Automechatroniker begann beim Spezialisten für erneuerbare Energien als Projektmanager „Research & Development".

nutzerindividuell prognostizieren zu können, nutzen wir ein Excel-Tool, das im Verlauf unseres durch das Bundesverkehrsministerium geförderten Projekts „eMoma" entwickelt wurde. Unternehmen müssen auch im Mittelstand für das Mobilitäts-Management wichtige Kennzahlen plausibel darstellen können, um fundiert gute Entscheidungen zu treffen.

Was raten Sie Unternehmen, die keine eigenen Ressourcen dafür vorhalten?

Wer sich noch nie damit beschäftigt hat, kommt selten darum herum, einen Berater ins Haus holen, um Basics richtig kennenzulernen. Leider kommt von Autohäusern dazu noch gar nichts. Insgesamt warten wir im Bereich des intelligenten Mobilitäts-Managements hier immer noch auf Marken-unabhängige Anbieter mit einfacher Tür-zu-Tür-Planung von Reisen. Sie sollen es dem Nutzer leicht machen, Alternativen zum Verbrenner und insbesondere Mobilitätsketten zu buchen. Hier klafft noch eine große Lücke. Die Aufgabe ist schwierig, aber lösbar. Ganz wichtig ist zudem, das Gespräch mit der Belegschaft zu suchen.

Die Integration von Elektrofahrzeugen in den Fuhrpark zählt für Jonas Sägesser zum Mobilitätskonzept der Juwi AG.

Energie für Erneuerung

Die Juwi AG aus Wörrstadt bei Mainz, gegründet 1996, zählt sich zu den führenden Spezialisten für Projektentwicklung und Dienste rund um den Bau und die Betriebsführung von Anlagen zur Erzeugung von erneuerbarer Energie. Zu den Referenzen gehören vor allem Aufträge zur Nutzung von Wind- und Solarenergie. Die Mannheimer MVV Energie AG ist seit 2014 Partner und mit 63 Prozent Anteilseigner der Juwi-Gruppe. Weltweit erzielen rund 1.000 Mitarbeiter einen Jahresumsatz von 777 Millionen Euro. Neben zahlreichen Branchen-Preisen ergingen auch diverse Auszeichnungen an das Unternehmen als Top-Arbeitgeber oder als CO_2-neutral wirtschaftendes Unternehmen. Elektromobilität ist bei der eigenen Erneuerung gewollt: In der Fuhrpark- und in der Dienstwagen-Flotte fahren zu zwölf Prozent E-Fahrzeuge.

www.juwi.de

Ihr mit Eco Libro entwickeltes Mobilitäts-Management beinhaltet auch einen intelligenten Fuhrpark. Was kann dieser?

Es handelt sich hierbei um ein Standard-Poolfahrzeug-Buchungssystem mit elektronischem Schlüsseltresor. Dieses System haben wir im Rahmen des erwähnten Projekts „eMoma" um ein Modul für die Disposition von E-Fahrzeugen erweitert. Mit dieser Anpassung berechnet die Software unter Berücksichtigung des aktuellen Batterie-Ladezustandes automatisch, ob die Fahrt mit einem unserer Elektrofahrzeuge absolviert werden kann. Damit ist es jedem Nutzer möglich, einfach und sicher ein Elektrofahrzeug zu fahren. Durch diese Maßnahme ist die Auslastung der Elektrofahrzeuge schon um 50 Prozent gestiegen. Große Chancen sehen wir hier künftig bei Elektrofahrzeugen mit Reichweiten über 300 Kilometern, damit könnte über ein Drittel der mit unseren Poolfahrzeugen zurückgelegten Kilometer rein elektrisch bewältigt werden.

Am Anfang stand sicher die Analyse betrieblicher Fortbewegung. Welche Erkenntnisse haben Sie dabei gewonnen?

Kein Fall ist mit einem anderen zu vergleichen. Es braucht Einzelbetrachtungen. Auf Basis von persönlichen Daten zum Mobilitätsprofil eröffnen dann plötzlich unmöglich erscheinende Fälle neue Chancen. Dabei hat uns zuletzt ein Dienstwagenfahrer durch seine Initiative nach erneuter Kalkulation davon überzeugt, dass sich für ihn trotz 60.000 Kilometern pro Jahr ein E-Auto rechnet, das wir zum Ende des vergangenen Jahres dann auch mit dem neuen Opel Ampera E angeschafft haben. Unsere Mitarbeiter sind aus Überzeugung aufgeschlossen und überraschen uns meist positiv. Manchmal scheitert die Anschaffung an anderen Aspekten, weil etwa E-Autos selten mit Anhängerkupplungen für Fahrradträger ausgestattet sind. Auch zu einzelnen Dienstreisen tritt in der Gesamtbetrachtung Erstaunliches zutage, wenn beispielsweise die Bahn bessere Bedingungen bietet.

Angesichts der Bedeutung von Dienstwagen und dem traditionellen Anspruch an Autos etwa im Außendienst: Wie groß sind Widerstände gegenüber Veränderungen?

In Deutschland vergleichsweise unheimlich groß. Bei uns durch unsere nachhaltigen Geschäftsmodelle in erneuerbaren Energien sind die Vorbehalte abgeschwächt. Gleichwohl beeinflusst auch unsere Mitarbeiter, wenn sie „immer schon so gefahren" sind. Ein wichtiger Faktor für uns ist, dass unser Vorstand das Downsizing vorlebt. Einer unserer Unternehmensführer fährt sogar rein elektrifiziert. Wenn der Wandel im Kopf mit Vorbildern eingeläutet wird, befassen sich auch Mitarbeiter schneller mit der Sinnhaftigkeit. Inhaber und Manager, die selbst dicke Geschäftswagen fahren, geben hierzu natürlich eher schlechte Vorbilder ab. Viele Vorurteile bauen sich aber auch über den Generationenwechsel ab.

Vorstände der Juwi-Gruppe als Vorbilder (v. l.): Stephan Hansen (COO), Michael Class (CEO), Dagmar Rehm (CFO).

Wind- und Solarenergie: Die Juwi AG entwickelt Projekte rund um Bau und Betriebsführung von Anlagen.

Apropos: Sie waren nach Ihrer Ausbildung zum Automechatroniker und dem Theologiestudium als Pastor schwerpunktmäßig in der Jugendarbeit tätig. Registrieren Sie andere Prioritäten in Mobilität beim Nachwuchs?
Ja, dieser Wandel findet statt. Das belegen ja auch zahlreiche Studien. Die individuelle Mobilität verliert bei Jüngeren an Stellenwert. Insbesondere im urbanen Umfeld sind das Autofahren und -parken extrem unattraktiv. Auf dem Land mag die eigene Mobilität noch ein hohes Gut sein. Aber auch bei jungen Arbeitnehmern ändern sich die Ansprüche spürbar. Wenn Dienstwagen nicht mehr im Fokus stehen, wirkt sich das im Arbeitsmarkt beziehungsweise Bewerbermarkt aus. Beizeiten wird es darum gehen, Mitarbeitern möglicherweise Mobilitätsbudgets zur Verfügung zu stellen, mit denen sie ihre Fortbewegungsmittel selbst mischen. Diese Flexibilität mag die heutige Jugend.

Ein grundsätzliches Umdenken wird allen Mitarbeitern vor allem wo abverlangt?
Wir alle werden mehr über unsere Mobilität nachdenken müssen. Dafür werden schon allein sportliche Richtlinien zu Dienstwagen sorgen, in denen maximale CO_2-Werte festgelegt sind. Solche Tools üben einen sanften Druck aus, um neben dem Downsizing auch auf E-Mobile oder auf ÖPNV umzusteigen. Ich habe überdies noch von keinem Mitarbeiter nach erstmaliger Nutzung die Rückmeldung erhalten, dass er kein E-Auto mehr fahren möchte. Ausprobieren überzeugt. Aber modernes Mobilitäts-Management macht mehr aus als die Fahrzeugwahl. Für jede Dienstfahrt und für jeden Pendler gilt es, ganzheitlich die individuelle Mobilität zu hinterfragen.

Welche Vorteile abseits der Kostenbetrachtung stellen Sie für Arbeitgeber heraus?

Sie erhöhen ihre Attraktivität als Arbeitgeber für Bewerber. Ausgewiesenes Argument angesichts von Fachkräftemangel. Nachhaltigkeit ist mittlerweile ein Kriterium bei der Entscheidung für einen Arbeitgeber. Mit der Effizienz in Mobilität steigt auch die Zufriedenheit von Mitarbeitern. Mit dem Optimieren stellen sich schließlich auch wirtschaftliche Vorteile ein, die unter anderem Arbeitsplätze sichern.

Und was haben Arbeitnehmer vom Umdenken?
In unserer Gedankenwelt ist Mobilität zweifelsohne mit Emotionen besetzt. Uns ist der Dienstwagen wichtig. Aber die Vorteile von intelligentem Mobilitäts-Management wer-den schnell erkennbar. Vernetzte Angebote helfen uns auch in der privaten Nutzung. Aus eigener Erfahrung bei Juwi weiß ich: Die Kollegen mit E-Auto sind motiviert! Sie freuen sich und fühlen sich wohl damit.

Wie würden Sie vorbildliche Unternehmensführung im Transformationsprozess von Mobilität definieren?
Zwei entscheidende Fragen muss sich der Unternehmer zunächst selbst beantworten: Was kostet die Anpassung meiner Mobilität? Und was bin ich eventuell auch bereit, dafür auszugeben? Denn die Initialzündung muss von oben kommen, um Mobilität im Unternehmen neu zu denken und nachhaltig zu betreiben. Der erste Schritt in die Umsetzung ist dann, wenn Geschäftsführer und Vorstände mit bestem Beispiel vorangehen. Gravierende Veränderungen im Fuhrpark-Management sind ohne die Unternehmensführung gar nicht möglich.

⤓ Mehr unter www.return-online.de

Das Interview mit dem Mobilitäts-Nachhaltigkeitsmanager führte „return"-Chefredakteur Thorsten Garber.

Transformation der Geschäftsreise

Intelligente Mobilität mit digitalen Helfern verändert mit hohem Tempo jede Dienstreise.
Die Dürr AG nutzt diese Entwicklung zu Kosteneffizienz und zu mehr Service.

Mit direkten Vertretungen in 31 Ländern an 92 Standorten zählt Dürr zu den weltweit führenden Maschinen- und Anlagenbauern. Eine Globalität, die auch in den Projekten des Unternehmens aus Bietigheim genutzt wird. So werden Spezialisten aus Korea in der Slowakei eingesetzt oder Fachpersonal aus Mexiko in den USA. Alleine in Deutschland werden rund 11.000 Tickets gebucht, weltweit mit allen Konzerntöchtern 19.000 Tickets.

Alle wesentlichen Aktivitäten für die geschäftliche Mobilität der Mitarbeiter laufen im Corporate Mobility Management zusammen, vom Travel und Flotten-Management

Transformierter Anlagenbauer für ausgeprägte Automatisierung

1895 gründet Paul Dürr in Cannstatt eine Bauflaschnerei, die 1932 von seinem Sohn Otto übernommen wurde. Mit

Zentrale der Dürr AG, nördlich von Stuttgart.

der Einrichtung eines Konstruktionsbüros beginnt die Entwicklung hin zum Engineering-Unternehmen in seiner heutigen Form. Heute zählt Dürr mit Stammsitz in Bietigheim zu den weltweit führenden Maschinen- und Anlagenbauern mit ausgeprägter Automatisierungskompetenz.

Rund 55 Prozent des Umsatzes entfallen auf das Geschäft mit Automobilherstellern und -zulieferern. Zu weiteren Abnehmerbranchen zählen der Maschinenbau, die Chemie- und Pharmaindustrie und die holzbearbeitende Industrie. Zum Dürr-Konzern gehören ferner der Messtechnik-Konzern Carl Schenck AG sowie die Homag Group AG, der führende Hersteller für Produktionstechnik für die holzbearbeitende Industrie. Dürr ist in 28 Ländern direkt vertreten, erzielte 2017 einen Umsatz von 3,7 Milliarden Euro und beschäftigt rund 15.000 Mitarbeiter.

www.durr.de

über Visabeschaffung, Reisekostenabrechnung bis zum Travel Risk Management einschließlich der Organisation von Appartements und Meetings. „Wir sind im Corporate Mobility Management praktisch der Helikopter für alles, was die gesamte Wertschöpfungskette der geschäftlichen Mobilität betrifft", beschreibt Corporate Mobility Managerin Brigitte Lehle den ganzheitlichen Ansatz ihres Bereichs. Die Reiseausgaben sind in einer global ausgerichteten Wirtschaft wie der deutschen enorm. So gaben die Unternehmen 2016 laut der Geschäftsreiseanalyse des Verbands Deutsches Reise-Management (VDR) rund 51,6 Milliarden Euro aus – so viel wie noch nie. Tendenz steigend. Bei dem hohen Volumen wundert es wenig, dass Unternehmen ihr Travel Management organisatorisch in den Einkauf eingliedern. In Bietigheim ist dagegen das Corporate Mobility Management im Personalbereich angesiedelt.

„Damit unterstreichen wir die Nähe zum Mitarbeiter und die Orientierung an seinen Bedürfnissen", hebt die gelernte Reisebürokauffrau und Betriebswirtin Lehle die Unternehmensphilosophie hervor. Gegen den häufig vorgebrachten Vorwurf bezüglich Travel Managern, die im Personalbereich angesiedelt sind und daher eher die Bedürfnisse der Mitarbeiter als die Kosten im Blick behalten würden, wehrt sich die 37-Jährige vehement. Schließlich ist sie in einem schwäbischen Unternehmen tätig, in dem Kosteneffizienz quasi immer ein zentrales Thema darstellt.

Durch Digitalisierung Komplexität reduzieren

Die Digitalisierung durchdringt nicht nur das Kerngeschäft von Dürr, sondern auch das Geschäftsreise-Management. Integrierte und prozessunterstützende Technologien sollen hierbei unterstützen. Ziel ist eine Reduktion von indirekten Kosten durch Verschlankung von Prozessen, Vermeidung von Medienbrüchen und Redundanzen sowie die Analyse von neuen Technologien und ihre Einführung. „Der Mobility Manager ist vergleichbar mit einem Trendscout", beschreibt Lehle als ein „überzeugter Digital Native" ihre Aufgabe, „der schaut, welche Technologien auf dem Markt

Auftrieb mit besseren Möglichkeiten: Neue Konzepte, digitale Lösungen und veränderte Erwartungen von Vielfliegern und -fahrern in Unternehmen transformieren die Beweglichkeit im Business. Die Geschäftsreise 4.0 wird mit intelligent vernetzten Systemen komfortabler.

vorhanden sind, um die Problemlösungen des Unternehmens mit digitalen Lösungen zu beheben." In das Travel-Management-Programm konsolidierten die Schwaben alle Tochtergesellschaften, um zu gewährleisten, dass die Sicherheit der Mitarbeiter auf Reisen gegeben ist. Unterstützt wird dies durch ein 2017 implementiertes professionelles Travel Risk Management, das eine vollständige Integration, einheitliche Prozesse, einheitliche und bessere Kommunikationswege sowie eine schnellere und proaktive Kontaktaufnahme bei Risiken ermöglicht.

Der Mobilitätsmarkt ist durch vielfältige Angebotsformen stark fragmentiert. Eine Entwicklung, die noch durch völlig neue Mobilitätsformen wie die Sharing Economy ergänzt und verstärkt wird. Es entsteht ein Bedarf an Tools, die dem Unternehmen beziehungsweise dem Reisenden eine intelligente Kombination und den Echtzeitzugriff auf alle vorhandenen Mobilitätskonzepte erlauben. Eine zentrale Rolle nimmt hierbei das Onlinebuchungstool des Unternehmens ein, auf dem versucht wird, so viele Lösungen wie möglich zu integrieren.

In dem Tool sind ferner die Reiserichtlinien hinterlegt mit einem Korridor, innerhalb dessen der Mitarbeiter entscheiden darf, was er auswählt. Über jede Buchung wird der Vorgesetzte informiert, der bei Kostenüberschreitungen intervenieren kann. So wird über die Reiserichtlinien und die Buchungswege dafür gesorgt, dass die Compliance-Regeln des Unternehmens eingehalten werden.

Das Ziel des Onlinebuchungstools ist eine einfache, transparente und schnelle Buchbarkeit von Reisedienstleistungen vom Taxi bis zum Hotel. Dazu gehört eine integrierte Mitfahrzentrale beziehungsweise ein integrierter Fuhrparkbereich. Hier heißt der Mietwagen nur Fahrzeug, und das nicht ohne Grund. Benötigt ein Mitarbeiter am Standort Bietigheim ein Fahrzeug, prüft das Tool, ob ein Firmenwagen zur Verfügung steht. Wenn nicht, geht die Anfrage automatisch an einen Mietwagenanbieter. Die Abholung am Standort erfolgt genauso wie beim Autovermieter mit Schlüsselkastensystem und digitalisierter Führerscheinkontrolle. Ein Tool, das die Flottenfahrzeuge des Unternehmens besser auslastet, den Reisenden die Buchung erleichtert und nicht zuletzt die Umwelt schont.

Zudem kann ein Taxi über das Onlinebuchungstool „end-to-end" gebucht werden. Der Taxiservice wird auch in Ländern wie Indien oder China angeboten. Das Travel

„Der Mobility Manager ist vergleichbar mit einem Trendscout."

Brigitte Lehle

Work-Life-Balance
steigert Reise-Effizienz

Die Netzwerkinitiative „Driversity", in der Brigitte Lehle als verantwortliche Managerin der Dürr AG mitarbeitet, geht der Frage nach, ob eine bessere Work-Life-Balance zu einem höheren „Return on Investment" der Geschäftsreise führt. Laut Studie von Scott Gillespie sind die Effizienz einer Reise und die Motivation des Mitarbeiters um so niedriger, je günstiger die Reise ist. Die Initiative aus Unternehmen, Wissenschaft, Mobilitätsdienstleistern und IT-Unternehmen will nachweisen, dass weniger stringente Reiserichtlinien effizienter sind. Unternehmen sollten sich

den Wünschen des Mitarbeiters öffnen, um die Motivation auf Reisen hoch zu halten. Womöglich präferiert er ein Hotel mit Wellness-Bereich und fliegt dafür lieber Economy als Business Class. Das muss nicht die Kosten in die Höhe treiben. Der Geschäftsreisende erhält ein Budget und versucht damit, seine Bedürfnisse auf Reisen zu decken. Gleichzeitig erhält er die Information, was die anderen Mitarbeiter durchschnittlich auf Reisen ausgeben. Damit kann er einschätzen, ob er sich im richtigen Rahmen bewegt.

Management garantiert, dass ein zertifizierter Taxifahrer im Einsatz ist, die Bezahlung bargeldlos erfolgt und man sicher sein kann, an den richtigen Ort gebracht zu werden. Ein Tool, das einen großen Mehrwert bietet in Ländern, in denen es gewisse Risiken gibt. Wo es sinnvoll ist, kommen auch neue Sharing-Konzepte zum Einsatz. Allerdings gibt es bei Carsharing-Konzepten beispielsweise Probleme, weil sie in der Fläche noch nicht realisierbar sind. Der Anspruch, dass die Mitarbeiter bequem und gleichzeitig kostengünstig unterwegs sind, ist in der Regel schwer umsetzbar, weil Komfort seinen Preis hat. Zwar locken etwa Fluggesellschaften mit Bonusmeilen, bei ihnen zu buchen, was aber nicht immer die günstigste Angebotsalternative darstellt. Der Anlagenbauer entwickelte einen

© Jaworski

„Die Dürr AG hat die Gamification Tools konsequent entwickelt und eingesetzt."

Prof. Jerzy Jaworski

je nach wirtschaftlicher Lage des Unternehmens angepasst werden kann.

Der Aufwand für die Steuerung der Geschäftsreisen ist minimal, weil alles automatisch abläuft. Das Konzept generiert für das Unternehmen einen Spareffekt und dient als Mehrwert, der auch in Bewerbungsgesprächen hervorgehoben wird. „Die Dürr AG war das erste Unternehmen in Deutschland, das diese Gamification Tools konsequent entwickelt und eingesetzt hat", unterstreicht Prof. Jerzy Jaworski, der das Fach Tourismus-Management an der Hochschule Heilbronn vertritt. Der Dürr AG sei es gelungen, lobt Jaworski, in das kreative Projekt neue Trends in der Technik, Wirtschaft und Gesellschaft einzubauen. Aber wie jedes Projekt verlief das auch bei Dürr nicht ohne Spannungen und kleine Eskalationen. „Diese hat aber die Dürr AG für mich beispielhaft beherrscht", betont Jaworski.

Gamification-Ansatz, um die Buchung teurer Flüge zu verhindern. Mitarbeiter, die reiserichtlinienkonforme Buchungen durchführen, erhalten firmeninterne „Dürr Travel Points". Erreichen sie eine gewisse Punktzahl, können sie bei der nächsten Reise Business Class fliegen.

Dürr Travel Points
in vier Kategorien

Die jeweilige Punktzahl hängt von verschiedenen Faktoren ab wie der Wahl von Promotion-Tarifen einer günstigen Airline, wofür Dürr vier Kategorien definierte, wie eine frühe Buchung oder einen günstigen Flugtag. Für die Prämienflüge gibt es aber ein Preislimit, das Reisende in jedem Fall einhalten müssen. Das Konzept bietet noch den wirtschaftlichen Vorteil, dass die Punktezahl für die Buchungen

Auf Dienstreisen spielen persönliche Bedürfnisse und Gewohnheiten eine größere Rolle als am Arbeitsplatz. So schätzen es die Mitarbeiter, vor allem, wenn sie länger unterwegs sind, das Land näher kennenzulernen. Diesen sozialen Fokus, sich selbst zu bereichern durch neue kulturelle Erfahrungen, unterstützt das Dürr Mobilitäts-Management.

„Das erhöht die Motivation der Mitarbeiter auf Reisen", hat die privat wie geschäftlich global viel reisende Mobilitätsmanagerin sowohl die Bedürfnisse der Mitarbeiter als auch die Effizienz für das Unternehmen im Blick. So gibt es im „Inside Mobility"-Newsletter nicht nur Informationen über die Einführung des weltweiten Travel Risk Managements oder die Nutzung von Online-Check-in, sondern ebenso Insidertipps wie über Koreas Hauptstadt

Fördertechnikkonzepte wie das Twin-Trolley-System sorgen bei Dürr für einen taktzeitgenauen Karosserie- und Materialfluss.

Der Dürr-Roboter ist der einzige Roboter weltweit, der ausschließlich zum Lackieren entwickelt wurde.

Seoul vom Dürr-Mann vor Ort. „Der Reisegrund muss geschäftlich sein, kann aber auch einen Privatanteil bedingen, wenn keine Mehrkosten für das Unternehmen entstehen", definiert Lehle das Credo, das den Mitarbeitern ein ausgewogeneres Verhältnis von Beruf und Privatleben auf Reisen ermöglicht.

SOS Management für Krisenregionen

Nur schwer verhindern lassen sich Reisen in Krisenregionen, die von Krieg, Kriminalität, Terrorismus, Naturkatastrophen oder Seuchen bedroht sind, weil dort Kunden zu bedienen sind. „Doch da ist Sicherheit unser oberstes Credo", garantiert Lehle. Um sich für diese Fälle professioneller aufzustellen, wurde im vergangenen Jahr das internationale „SOS Management" eingeführt. In der Kommunikation des Mobility Managements, in Webinaren oder in der Kommunikation über Sicherheitsdienstleister werden Mitarbeiter zu den Risiken informiert. Das ist ein Angebot nicht nur für junge und noch unerfahrene Geschäftsreisende, sondern ebenso für alte Hasen mit schon längerer Aufenthaltsdauer, die sich dadurch womöglich (zu) sicher fühlen.

Das Krisen-Management wird zudem vereinfacht durch ein optionales Traveller Tracking. Das Aufspüren von Mitarbeitern in Krisensituationen geht heute mit Onlinetool viel schneller. Früher musste manuell jeweils das Reporting des Reisebüros durchforstet werden, um festzustellen, welche Mitarbeiter betroffen sein könnten. Heute liefert der Provider im Krisenfall automatisch diesen Report. Oder Lehle kann über das Checking Tool herausfinden, welche Mitarbeiter eventuell betroffen sein könnten. Eine Zwei-Wege-Kommunikation per SMS, E-Mail oder VoIP ermöglicht eine schnelle Kontaktaufnahme mit den Mitarbeitern. Zusätzlich wurde eine App mit einer

Tracking-Funktion installiert, die einmalig die Standortdaten übermittelt, zum Beispiel nachdem sich der Mitarbeiter im Hotel eingecheckt hat. Die Nutzung dieses Sicherheitsangebots ist nicht verpflichtend für die Mitarbeiter. „Wir schaffen die Awareness bei den Mitarbeitern, dass Sicherheit wichtig ist und wie er damit umzugehen hat", berichtet Reisemanagerin Lehle: „Aber alles andere liegt in der Verantwortung des Mitarbeiters."

Mehr Engagement und Unterstützung wünscht sich die Mobility Managerin, die mehrere Jahre im Vertrieb und Key-Account-Management eines Geschäftsreise-Dienstleisters tätig war, von ihren zahlreichen Dienstleistern: „Sie haben die Hauptexpertise für jeden Travel Manager, was Lösungen und Möglichkeiten angeht. Da müssten sie noch besser an die Travel Manager der Unternehmen herantreten."

Kompakt

▶ Ein zentrales Onlinebuchungstool reduziert indirekte Kosten durch Verschlankung von Prozessen und vermeidet Medienbrüche sowie Redundanzen.

▶ Der Gamification-Ansatz eignet sich zur Incentivierung der Mitarbeiter und ihrer reiserichtlinienkonformen Buchung von Reisen.

▶ Die Effizienz einer Reise und die Motivation des Mitarbeiters sind um höher, wenn auf seine Bedürfnisse eingegangen wird.

Peter Hanser gehört selbst zu den Vielreisenden: Der Diplom-Ökonom war mehr als drei Jahrzehnte als Wirtschaftsredakteur europaweit unterwegs und arbeitet seit 2014 meist mobil als freier Journalist.

Universal unterwegs

Mobile Dienste aus vier Ländern

Großbritannien
Wie fahrerlose Gefährte
mit menschlichem Namen
Gäste durch London kutschieren.

Lettland
Wodurch „Pilot Automotive Labs"
auf der Teststrecke in Riga
allen Autos das Fahren beibringt.

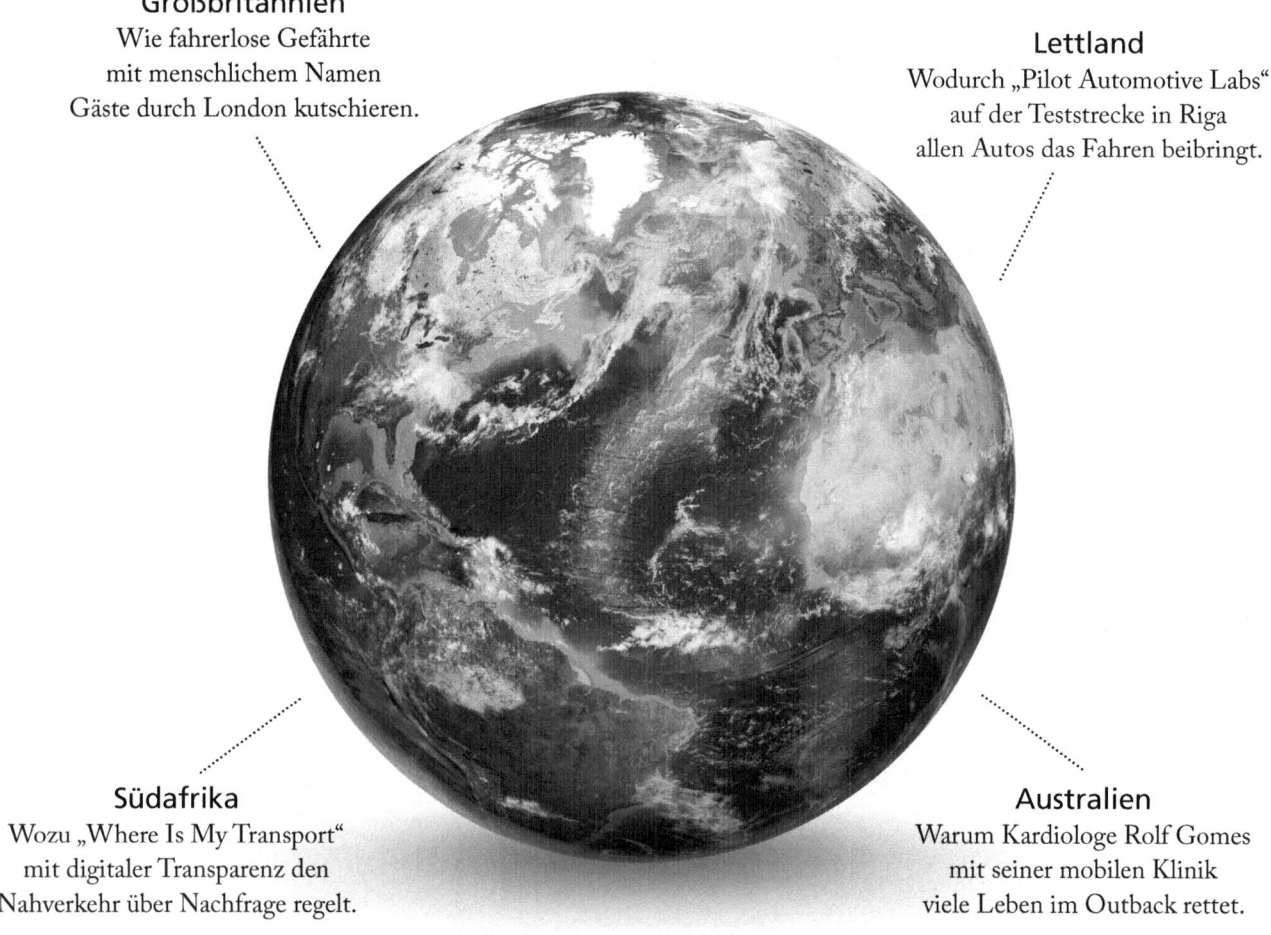

Südafrika
Wozu „Where Is My Transport"
mit digitaler Transparenz den
Nahverkehr über Nachfrage regelt.

Australien
Warum Kardiologe Rolf Gomes
mit seiner mobilen Klinik
viele Leben im Outback rettet.

Lastwagen verlängert Leben

Australien: Wie Kardiologe Dr. Rolf Gomes mit mobiler Klinik im umgebauten Truck entlegene Regionen im Hinterland anfährt, um die bessere medizinische Versorgung zu garantieren.

Erkrankungen des Herz-Kreislauf-Systems zählen auch in Australien zur häufigsten Todesursache. „Doch die Wahrscheinlichkeit, auf dem Land an einer Herzerkrankung zu sterben, ist um 44 Prozent höher als in der Stadt", sagt Dr. Rolf Gomes, ein Kardiologe, der dies nicht länger akzeptieren wollte. Er erfand Australiens größte mobile Klinik „The Heart of Australia". Das maßgefertigte Wunderwerk auf Rädern bringt Diagnosegeräte und Mediziner ins Hinterland sowie Jobs und für viele Menschen ein längeres Leben.

Rund 4.300 Menschen leben in der Region rund um Longreach, mitten in Australiens nordöstlichem Bundesstaat Queensland. Der Landstrich ist besonders berühmt für seine Küste mit dem Great Barrier Reef im Korallenmeer, aber auch berüchtigt für Dürren und Überschwemmungen, für Farmland und Outback. Zur nächsten Klinik in Brisbane fährt man von hier zwei Tage. Am Ortsrand von Longreach hält der Herz-Lastwagen mit dem Anhänger so lang wie ein Schwimmbecken. Per Knopfdruck schiebt sich der Behandlungsraum auf sechs Meter Breite heraus. Eine Krankenschwester prüft Telefon und Diagnosegeräte – Echokardiograf, Laufbandmonitor und Spirometer. Der Lkw ist bereit für den ersten Patienten des Tages.

Mobil im Einsatz: Kardiologe Dr. Rolf Gomes vor seiner rollenden Klinik.

© Heart of Australia

Den Ingenieur reizte die Lkw-Konstruktion

„Viele Menschen hier haben nie einen Facharzt gesehen", sagt Dr. Gomes. Farmarbeit, Geldmangel und enorme Distanzen sorgen dafür, dass Patienten notwendige Check-ups ausfallen lassen. Gomes kam als Zehnjähriger aus Indien nach Australien, wurde erst Elektroingenieur, dann Mediziner. „Den Ingenieur in mir hat die Konstruktion des Lkw gereizt", lacht Gomes, der als Assistenzarzt im Hinterland sah, mit welch beschränkten Mitteln Ärzte arbeiten mussten. Gomes ließ sich in Brisbane nieder, doch das Outback vergaß er nicht: „Ich sah mich in der Praxis um: Laufbänder, Ultraschallgeräte,

Herzrhythmus-Monitore – und dachte: Was spricht dagegen, all das in ein Fahrzeug zu packen und zu Leuten zu bringen, die es dringend brauchen?"

Fünf Jahre vergingen zwischen Idee und Realisierung. Er fand Sponsoren, Staat und Bundesland gaben als Startfinanzierung eine halbe Million australische Dollar dazu. Für 700.000 Euro baute er den Anhänger zur Klinik aus, ebenso viel veranschlagte er für den Betrieb im ersten Jahr. Gomes selbst nahm eine zweite Hypothek auf sein Haus auf. „Wer Geld von anderen erbittet, muss auch selbst bereit sein zu investieren." Seit 2014 legt der „Herzbus" jeden Monat 8.000 Kilometer zurück und hält in 13 Orten. Eine Firma wechselt die Reifen, eine andere füllt den Tank, ein Hauptsponsor zahlt Honorare, Logistik und Management, andere bestreiten laufende Kosten. In die Regionen bringt der Bus zugleich Arbeit: Sonografinnen, die im Ort keine Stellen fanden, arbeiten jetzt regelmäßig im Herzbus.

Gomes und sein Team haben seither mehr als 3.000 Patienten gesehen, zu OPs am offenen Herzen geschickt, dringende Eingriffe veranlasst und Leben gerettet. Gomes freut der Erfolg: „Ich weiß jeden Abend, etwas Sinnvolles getan zu haben."

Nicht verstehen kann er, wieso die Gesundheitsbehörden sein Projekt nicht langfristig unterstützen. Er würde den Dienst gerne um andere Spezialisten erweitern und auf andere Regionen ausweiten. „Wir können nicht verantworten, dass die Landbevölkerung auf einfache medizinische Leistungen verzichten muss, die für Städter selbstverständlich sind – wenn es offenbar anders geht." Auftrieb gab ihm im vergangenen Jahr eine private Millionenspende, mit der er jetzt einen zweiten Lastwagen finanziert, um mehr Patienten zu erreichen.

Julica Jungehülsing arbeitet seit 17 Jahren als freie Journalistin in Australien und hat für „return" mehrfach über interessante Wirtschaftsthemen aus dem Südpazifik berichtet.

Autos erlernen das Fahren

Lettland: An autonom fahrenden Autos arbeiten große Auto- und Technologie-Konzerne. Aber auch ein Start-up aus Lettland will den Markt aufrollen.

Das lettische Unternehmen Pilot Automotive Labs bietet eine vergleichsweise günstige Lösung für Selbstfahrer-Autos.

Es geht um nichts weniger als den Markt der Zukunft: Autobauer, Branchenzulieferer, Technologiekonzerne, Fahrdienst-Vermittler und Dutzende Start-ups – sie alle wittern das große Geschäft und investieren, was das Zeug hält, in autonom fahrende Auto. Zwischen ihnen ist ein Wettlauf um die Neugestaltung der Mobilität ganz ohne Menschen am Steuer entbrannt.

Während viele Entwickler von automatisierten Fahrfunktionen oder von Fahrzeugen, die sich irgendwann komplett selbstständig fortbewegen sollen, ihre Projekte quasi im Geheimen vorantreiben, gibt sich Rihards Gailums relativ offen. Denn der Lette will anders als Wettbewerber nicht das Auto neu erfinden. Mit seinem Start-up „Pilot Automotive Labs" arbeitet er an einer technischen Lösung, mit der zugelassene Fahrzeuge nachgerüstet werden können und die verspricht, jedes Auto autonom zu machen.

„Es ist ein universelles Modul und muss nicht tief in das Auto integriert werden", sagt Gailums über den von ihm vor zwei Jahren entwickelten Pilot Mini. Jeder durchschnittlich technikaffine Autofahrer soll das Modul selbst einbauen können – auf der Windschutzscheibe hinter dem Rückspiegel. Das Modul ist mit Radar- und Kamera-Sensoren sowie intelligenter Software ausgestattet, sodass mit seiner Hilfe die Umgebung wahrgenommen und die gesammelten Daten interpretiert werden können. Erfasst werden Abstände und Fahrbahnmarkierungen. Das Radarsystem kann von hinten auftauchende Fahrzeuge erkennen. Die Sensoren warnen vor besonderen Gefahren auf der Straße. Erkannte Signale wie Verkehrsschilder, Ampeln oder auch nahende Fußgänger werden auf einem Touchscreen eingeblendet.

Durch Verbindung mit einer „Drive by wire"-Komponente könnten auch einfache Fahraufgaben übernommen werden. Der Wagen kann sich beispielsweise selbstständig auf Kurs halten. Dafür regelt das Assistenzsystem nicht nur Gas und Bremse, sondern greift auch in die Lenkung ein, erläutert Gailums. Damit könnte das Auto selbstständig einer vorprogrammierten Strecke folgen und sich mit einer Cloud verbinden, um von Verkehrssituationen zu lernen und Daten zu teilen. Wenn er von selbstfahrenden Autos spricht, betont Gailums vor allem die Sicherheit. Dazu führt er große Zahlen ins Feld: Rund um die Welt gebe es im Jahr gut 1,2 Millionen Verkehrstote. Davon sterben 93 Prozent durch menschliche Fehler. Diese Opfer zu vermeiden sei sein Ziel. Dazu setzen er und sein Team auf Markttests und Machbarkeitsnachweise, um den Pilot Mini bis 2019 regulär auf die Straßen zu bekommen.

Universalmodell für rund 1.000 US-Dollar

Rund 1.000 US-Dollar soll das Universalmodell kosten. Den Vertrieb sollen Autozubehör-Händler übernehmen. Auch markenspezifische Modelle soll es geben – wie jetzt schon für den KIA Soul oder den Jaguar XE verfügbar. Entwickelt werden die Module in den USA, genauer im „Portland Tech Incubator" von Jaguar Land Rover. Zuvor hatte Pilot Automotive Labs mit Nissans Luxusmarke Infiniti kooperiert.

Tests fahren will Gailums auch in seiner Heimat: Zusammen mit dem Telekommunikationsanbieter LMT und Forschungsinstituten baut er in Riga eine Teststrecke für selbstfahrende Autos. Unterstützt wird die Initiative von Lettlands Regierung, die den rechtlichen Rahmen dafür schafft.

Alexander Welscher arbeitet von Lettlands Hauptstadt Riga aus als Baltikum-Korrespondent für die Deutsche Presse-Agentur (DPA) und schreibt hier erstmals für „return".

Harry holt keinen Wagen

Großbritannien: Ein Gefährt mit menschlichem Namen ohne Pilot fährt Bewohner durch London – vorerst testweise. Doch die Regierung treibt Smart Mobility voran.

Im vergangenen Frühling wurden Anwohner im Londoner Stadtteil Greenwich eingeladen, sich in ein fahrerloses Gefährt namens „Harry" zu setzen, welches sie entlang der Themse manövrierte – so kollisionsfrei wie möglich. Es war der erste Testlauf des Greenwich Automated Transport Environments unter dem Titel „Gateway"-Projekt, das die gesellschaftlichen Auswirkungen selbstfahrender Fahrzeuge untersucht. Die Vehikel sind mit Kameras, Laser und Sensoren ausgestattet, mit deren Hilfe sie sich selbst eine Route aussuchen und Hindernissen ausweichen. Ziel des Projekts ist es herauszufinden, wie sich autonome Fahrzeuge in städtische Mobilität einfügen können und was für gesellschaftliche, technische und rechtliche Schranken überwunden werden müssen, bevor sie Realität werden können.

Die Gateway-Vehikel sind im Smart Mobility Living Lab unterwegs, einem Laboratorium für urbane Mobilität, in dem neue Ansätze zur Verbesserung des städtischen Verkehrs ausprobiert werden. London bietet sich bestens an für solche Experimente: Die Stadt ist eines der wichtigsten Zentren für digitale Technologie und verfügt somit über das nötige Know-how; zudem entwickelt sich die Metropole rasant, sodass innovative Lösungen für Transportprobleme nötig sind. Im Smart Mobility Lab können diese Herausforderungen für Verkehr, Infrastruktur und Urbanisierung in einem realen Umfeld analysiert werden. Die Lösungen lassen sich auf ähnliche Städte übertragen.

Positive Prognose fürs Marktpotenzial

Die Regierung ist sich des Potenzials der Smart Mobility bewusst: Nach einer Studie, die im vergangenen September erschien, wird der britische Markt für autonome Fahrzeuge in 20 Jahren rund 28 Milliarden Pfund schwer sein. Das Centre for Connected and Autonomous Vehicles ist dem Transportministerium unterstellt und finanziert Projekte wie das Smart Mobility Lab, um diesen Sektor zu fördern. Schatzkanzler Philip Hammond prognostizierte noch im November, dass die Briten schon in zwei Jahren mit fahrerlosen Fahrzeugen auf britischen Straßen rechnen können. Andere sind weniger zuversichtlich. Der Transportausschuss der London Assembly – also des gewählten Lokalparlaments

Testfahrzeug „Harry" befördert Bewohner ohne Pilot durch London. Das Vehikel ist dafür mit Kameras, Laser und Sensoren ausgestattet.

der britischen Hauptstadt – veröffentlichte erst im Februar einen Bericht, der den Enthusiasmus zur Einführung von fahrerlosen Autos dämpft. Frühestens ab dem Jahr 2030 sei zu erwarten, dass solche Fahrzeuge auf den Londoner Straßen unterwegs sind, warnen die Autoren. Auch die neuen Technologien bewerten sie weniger euphorisch. Dadurch seien zwar Staus aufzulösen, die in London ein akutes Problem darstellen, aber zur Kehrseite schreiben die Studien-Autoren: Leute, die heute kaum fahren, könnten die Vorteile von Connected und Autonomous Vehicles und dann auch das Auto häufiger nutzen. Wenn dies im großen Stil passiere, könne das zu Verkehrsstaus beitragen, was den Übergang zum nachhaltigen Transportsystem verhindere.

Die beste Lösung wäre also, wenn selbstfahrende Autos nicht auf individueller Basis genutzt würden, sondern als gemeinsame Ressource, also dass mehrere Passagiere sich die Fahrzeuge teilen. Selbstfahrende Busse könnten demnach die neue Technologie besonders effizient nutzen. Jedoch wirft auch das neue Probleme auf. Insbesondere hinsichtlich vieler Arbeitsplätze: Rund 25.000 Londoner sind als Busfahrer angestellt. Ersetzen Automaten sie, hätte dies krisenhafte Konsequenzen für die Beschäftigung innerhalb der Stadt.

Peter Stäuber zog es von der vergleichsweise gemütlich motorisierten Schweiz im Jahr 2010 in den pulsierenden Ballungsraum von London. Dort schreibt er seitdem unter anderem über Wirtschaftsthemen.

Nachfrage steuert Nahverkehr

Südafrika: Ein Unternehmen aus Kapstadt liefert Daten für intelligente Mobilitätskonzepte. Damit will es Ordnung ins Chaos bringen im System aus privat betriebenen Sammeltaxis.

Südafrikas Sammeltaxis stehen auch in Kapstadt an jeder Ecke, hier an der Station Adderley, als Kleinbusse für viele Fahrgäste.

Ein schnell nach oben und unten wippender Daumen bedeutet: „Anhalten!" Fünf Finger einer ausgestreckten Hand stehen für: „Ich will nach Fish Hoek fahren!" – Diese besondere Zeichensprache nutzen Fahrgäste von Sammeltaxis in Kapstadt. Aufgeschrieben ist sie nirgendwo. Doch wer sich wie ein Einheimischer fortbewegen will, sollte sie kennen.

Wie überall in Afrika sind die privat betriebenen Kleinbusse das wichtigste Transportmittel vor allem für die ärmere Bevölkerung. Jeden Tag kurven damit Hunderttausende Menschen kreuz und quer durch die Stadt. Streckenpläne gibt es nicht, auch keine Fahrpläne. Trotzdem funktioniert das System – irgendwie.

In Afrikas rasant wachsenden Metropolen stoßen die bisherigen Transportmodelle jedoch mittlerweile an Grenzen. In Städten wie Johannesburg, Nairobi oder Lagos verbringen die Bürger jeden Tag viele Stunden im Verkehr, nur um zur Arbeit und nach Hause zu gelangen. Wer nicht mit dem Auto unterwegs ist, nutzt oft nicht nur Sammeltaxis, sondern auch Busse und Züge. Schnelle Anschlüsse sind Glückssache: Fahrt- und Ankunftszeiten können sich jeden Tag ändern. Und nicht immer sind die gewählten Kombinationen die kostengünstigsten. Geringverdiener in Südafrika geben bis zu 40 Prozent ihres Monatseinkommens für den Transport aus. Ein Unternehmen aus Kapstadt mit dem Namen „Where Is My Transport" versucht, mehr Ordnung in das chaotische System zu bringen. „Bis zu 80 Prozent des öffentlichen Nahverkehrs in Afrika wird von informellen Anbietern erbracht", sagt Gründer und Chef Devin De Vries. Die Digitalisierung

dieser Netzwerke sorge für mehr Transparenz und bringe erhebliche Erleichterungen: für Bürger, Arbeitgeber und Stadtverwaltungen. „Das Problem in Afrika ist nicht, dass es zu wenig öffentlichen Nahverkehr gibt. Im Gegenteil: In den großen Metropolen gibt es genügend Angebote, aber sie sind oft nicht zentral gesteuert und aufeinander abgestimmt."

Die Geschäftsidee hatten De Vries und ein Studienfreund an der Universität in Kapstadt, die sich über die fehlenden Fahrpläne für die Universitätsbusse ärgerten. Als sie den Busservice der Uni optimiert hatten, wagten sie sich an ein größeres Projekt: die Routen des formellen und informellen Nahverkehrs in der Stadt nachzeichnen. Dafür wurden Helfer geschult und mit Smartphones und GPS-Systemen ausgestattet. Sie fahren täglich herum, um Daten über Routen zu sammeln. Bis heute wurden Strecken von einer Gesamtlänge von 85.373 Kilometern in 22 Städten erfasst.

Apps auch für Unternehmen

Die riesige Datensammlung ist jetzt der Ausgangspunkt für eine schier unbegrenzte Zahl von Anwendungen: von „Journey-Planning-Apps" für Pendler über Apps für Unternehmen zur Transportoptimierung bis hin zu Instrumenten für die intelligente Städte- und Verkehrsplanung. Das Ziel besteht aber nicht darin, starre Fahrpläne und Streckennetze wie in entwickelten Ländern einzuführen.

Geht es nach den Visionären von „Where Is My Transport", könnte der Kontinent beim Thema Nahverkehr eine Entwicklungsstufe überspringen. „Nachfragegesteuerter Nahverkehr" ist das Schlagwort: autonom fahrende Transportmittel, die allein durch die Nachfrage gesteuert werden. Für die Fahrgäste von Südafrikas Sammeltaxis ist das nichts Neues. Dank Handy-Apps können sie aber beispielsweise in Johannesburg bald alle Fahrten besser koordinieren – und zwar dann ohne kryptische Handzeichen am Straßenrand.

Claudia Bröll berichtet seit mehr als einem Jahrzehnt aus Johannesburg und Kapstadt über die Wirtschaft im südlichen Afrika, davon seit vier Jahren für „return".

Letzte Ausfahrt

Mit intelligentem Mobilitätsmanagement greifen Unternehmen zum wirkungsmächtigen
Instrument des aktiven Mitgestaltens, um nicht vom Wandel überholt zu werden.

Der Verkehrs- und Mobilitätssektor in Deutschland steht vor einem tief greifenden Wandel. Eine Vielzahl von disruptiven Innovationen und juristische Grundsatzentscheidungen erzeugen eine Dynamik, deren mittelfristige Effekte für die gesamte Branche rund um die Autoindustrie aktuell nur schwer einschätzbar sind. Besonders die verfassungsgerichtlichen Entscheidungen zu möglichen Fahrverboten und autonomen Fahrsystemen bestimmen, wie sich zukünftig der Verkehrsbereich in Deutschland entwickeln wird.

Die Auswirkungen gehen dabei weit über das Verkehrssystem hinaus und beeinflussen das gesamte Wirtschafts- und Versorgungssystem im bundesdeutschen Raum. Deshalb ist es insbesondere für Akteure aus der Wirtschaft unabdingbar, eine aktive Rolle bei der Gestaltung des Strukturwandels zu übernehmen, um nicht langfristig durch verkehrsträgerspezifische Abhängigkeiten benachteiligt zu werden.

In der Vergangenheit haben sich drei Ansätze zur Gestaltung des Verkehrssystems entwickelt: Am Anfang stand die Infrastrukturplanung. Lässt sich die Infrastruktur aus ingenieurwissenschaftlicher Perspektive berechnen und kalkulieren, sind langfristige Effekte eine geringe Flexibilität und hohe

Unterhaltskosten. Ergänzend zur Infrastrukturplanung entwickelte sich als zweiter Ansatz das Verkehrs-Management, das dazu dienen sollte, den Verkehr kurzfristiger und auch ohne große Investitionen in die Infrastruktur zu beeinflussen. Als sich Anfang dieses Jahrtausends abzeichnete, dass auch das Verkehrs-Management das entfesselte Verkehrswachstum in urbanen Räumen nicht zu bändigen vermag, blieb für Politik und Planung nur noch ein letztes Mittel zur nachhaltigen Verkehrsgestaltung: das Mobilitäts-Management.

Entscheidungen von Nutzern beeinflussen

Im Gegensatz zu den ersten beiden Ansätzen zielt das Mobilitätsmanagement nicht auf die Gestaltung des Verkehrsflusses, sondern auf die Beeinflussung der verkehrsrelevanten Entscheidungen von Nutzern, noch bevor Verkehr entsteht. Dementsprechend reichen die ingenieur- und wirtschaftswissenschaftlichen Berechnungen des Infrastruktur- und Verkehrs-Managements nicht mehr aus, um die komplexen Zusammenhänge hinter den Verkehrshandlungen zu erklären. Vielmehr benötigt es sozialwissenschaftliche Herangehensweisen, um das Handeln der Menschen, die den Ausgangspunkt jeder Verkehrsbewegung bilden, zu verstehen.

Dazu wurde in den letzten Jahren viel Forschungsarbeit geleistet. Die grundlegenden Zusammenhänge über die Wirkweise und Beeinflussbarkeit von Mobilität sind zum großen Teil bekannt. Die große Herausforderung besteht heutzutage darin, dieses Wissen mithilfe von Maßnahmen und Strategien in die Praxis zu überführen. Durch die dezentrale Wirkungsweise von Mobilitäts-Management spielen dabei nicht nur die klassischen Akteure aus Politik und Planung eine gestalterische Rolle, sondern vor allem Unternehmen, Verbände und Institutionen verfügen über ungenutzte Potenziale. Diese gilt es auszuschöpfen, um damit Einflusschancen auf die regionale Mobilitätsplanung zu eröffnen und eine aktive Rolle bei der nachhaltigen Verkehrsgestaltung zu übernehmen.

Doch wie kann ich als mittelständisches Unternehmen an dieser Entwicklung teilhaben? Wie kann ich die Fehler meiner Vorgänger vermeiden und langfristig ein erfolgreiches

Sechs Gütekriterien zur Umsetzung

Diese Eigenschaften haben Forscher der TU Berlin identifiziert als Voraussetzungen für intelligentes Mobilitäts-Management.

Quelle: ILS/TU Berlin

Leere Straßen sehen Verkehrsteilnehmer speziell in Städten eher selten. Besonders in Ballungsräumen gerät die mangelhafte Infrastruktur zum Problemfall in einer wachsenden Wirtschaft. Intelligentes Management ist gefragt, aber nur vernetzt umsetzbar.

Mobilitäts-Management etablieren? Neben übergreifenden Handlungsstrategien für die Bundespolitik und Ministerialverwaltungen lassen sich aus den Forschungsergebnissen auch konkrete Handlungsempfehlungen für regionale Akteure wie Unternehmen ableiten. Drei besonders relevante seien hier herausgegriffen:

Erstens sollte die Wirtschaftspolitik darauf zielen, Entscheidungsträger in Unternehmen für ein fortschrittliches Mobilitäts-Management zu gewinnen. Insbesondere im Regionalen verfügen Betriebe über ein hohes politisches Gewicht, welches noch nicht ausreichend genutzt wird, um mehr Entscheidungsträger zu aktivieren. Ein innovatives Mobilitäts-Management und dessen systematische Anwendung sollten von Betrieben als wirtschaftspolitisches Argument ins Feld geführt werden, um regionalpolitisch an Einfluss bei Mobilitäts- und Verkehrsstrategien zu gewinnen. Auf bundespolitischer Ebene ist weiterhin die Kommunikation über Wirtschaftsverbände und Unternehmensinitiativen maßgeblich, um Strategien auf Bundesebene zu institutionalisieren.

Zweitens können sich Unternehmen auch über ein intelligentes Mobilitäts-Management im Wettbewerb profilieren. Bei systematischer Anwendung, beispielsweise finanziert durch eines der Bundesförderprogramme, können signifikante Vorteile in Personalakquise, Gesundheits-Management, Öffentlichkeitsarbeit sowie in der Anerkennung von Corporate Social Responsibility generiert werden. Besonders Betriebe in strukturstarken und strukturschwachen Regionen können über die angewandten Maßnahmen einen Wettbewerbsvorteil erzielen. Während in strukturstarken Regionen Mobilität aufgrund von Übernutzung gefährdet ist, stellt sich in strukturschwachen Regionen das gleiche Phänomen aufgrund von Unternutzung ein. Unternehmen mit Mobilitäts-Management können Standortnachteile reduzieren und die Mitarbeiterakquise optimieren.

Drittens ist das eigene Wirkungspotenzial von Unternehmen zusätzlich mithilfe von Netzwerken zu multiplizieren. Unternehmensnetzwerke, aber auch branchenübergreifende Gesellschafts- oder Regionalnetzwerke können dabei helfen, die eigenen Ideen und Konzepte zu optimieren und passende Fördermöglichkeiten aufzudecken. Gerade in Zusammenarbeit mit den Kommunalverwaltungen und Nahverkehrsunternehmen kann sich das Unternehmen als zentraler Akteur bei der Verkehrsgestaltung positionieren und damit die Entwicklungskonzepte wesentlich mitgestalten. Hierfür ist der kooperative Umgang mit regionalen Akteuren anzustreben und das existierende Netzwerk zu nutzen.

Handlungsfeld für Unternehmensführer

Mobilitäts-Management eröffnet Unternehmensführern ein komplexes Handlungsfeld, das mittlerweile gut untersucht ist. Es bietet neuen Akteuren die Möglichkeit, gestaltend mitzuwirken. Um Herausforderungen durch Disruption im Verkehrswesen bestmöglich zu begegnen, ist es deshalb essenziell, sich als Einzelakteur aktiv in den Gestaltungsprozess einzubringen. Hierbei helfen regionale und branchenübergreifende Netzwerke, die Interessen einzelner Unternehmen gegenüber Politik und Planung zu vertreten. Damit lässt sich eine **wirtschaftlich erfolgreiche Mobilitätswende** mitgestalten.

Denn andernfalls drohen Akteure, die sich nicht mit eigenen Strategien und Konzepten aktiv am Transformationsprozess beteiligen, von den zukünftigen Restriktionen und Wandelerscheinungen überholt und damit wirtschaftlich sowie gesellschaftspolitisch abgehängt zu werden. Oder deutlicher: Es geht nicht mehr darum, Fahrverbote zu verhindern, sondern sie zu managen.

Oliver Schwedes, Professor am Institut für Land- und Seeverkehr (ILS) der Technischen Universität Berlin, ist Leiter des Fachgebiets „Integrierte Verkehrsplanung". Alexander Rammert (rechts im Bild) ist dort wissenschaftlicher Mitarbeiter und beteiligt an dem vom Bundesforschungsministerium geförderten Projekt „MobMan – Mobilitäts-Management".

Flotte Flotte

In Unternehmen fehlt oft der Blick auf die Kosten von Fuhrpark und Mobilität. Dabei erzielt Optimierung direkt messbare Ergebnisse und erhöht schnell die Zufriedenheit der Zielgruppen.

© arsdigital / Fotolia

Ein Heer von Autos ist im Auftrag von Arbeitgebern auf deutschen Straßen unterwegs: Fast fünf Millionen Wagen der insgesamt knapp 41 Millionen Pkw haben gewerbliche Halter. Ihr Anteil steigt stetig, zeigen Zahlen des Kraftfahrtbundesamtes, und zwar in allen Bundesländern.

Mittelständische Unternehmen ticken anders als Großkonzerne. Hier stehen weniger die reine Kostensicht und die Aktienperformance im Vordergrund, sondern konkrete Herausforderungen wie die profitable Unternehmensexpansion, Industrie 4.0 oder das Gewinnen und Halten von Fach- und Führungskräften. Insbesondere die Qualifikation und Loyalität der eigenen Mitarbeiter sind ein wesentlicher Faktor bei der Zukunftssicherung, aber auch zur Differenzierung von Wettbewerbern.

Eine wichtige Rolle für die Attraktivität des Arbeitgebers spielt neben der Gehaltsfrage der klassische Firmenwagen. Mit nachfolgenden Generationen verändert sich allerdings der Wert eines eigenen Fahrzeugs zugunsten von Carsharing und Co. Daher empfiehlt es sich, das Mobilitätsangebot für Mitarbeiter auszudehnen und flexibler zu gestalten. Das Fahrzeug bleibt dennoch wichtig. Zeitgemäße Firmenwagen- beziehungsweise Mobilitätsrichtlinien können dazu beitragen, die Zufriedenheit und Loyalität der Mitarbeiter zu verbessern und gute Mitarbeiter zu binden.

Wie konkret diese Abhängigkeit sein kann, wird in der Praxis schnell sichtbar. In einem Gespräch mit einer Führungskraft erfuhr ich: „Wenn die Geschäftsführung einen bestimmten Bewerber für sich gewinnen möchte, werden Zugeständnisse beim Firmenwagen gemacht und dabei oft die bestehende Firmenwagenrichtlinie ausgehebelt. So etwas erfahren Mitarbeiter, die sich an die Regeln halten müssen. Der Unmut in der Belegschaft wächst dadurch."

Firmenwagenrichtlinie von Unternehmensstrategie ableiten

Den Rahmen für Fahrzeugflotten von der Unternehmensstrategie abzuleiten und nachvollziehbar zu leben ist also wichtig, um solche Effekte zu vermeiden. Hierbei sind die Bedürfnisse der bestehenden und künftigen Mitarbeiter in Balance zu den Unternehmenszielen zu berücksichtigen. Eine gut vereinbarte Firmenwagenregelung zeichnet sich durch den vorherigen Dialog mit der Zielgruppe aus. Weniger durch Detailreichtum, der in der Praxis doch eher selten umgesetzt wird.

Neben einer zeitgemäßen Richtlinie kommen natürlich weitere wichtige Faktoren hinzu: Sie haben Einfluss auf Prozesseffizienz, Mitarbeiterzufriedenheit, Stückkosten und auf die Gesamtkosten der Unternehmensmobilität. Dies gilt sowohl bei personenbezogenen Firmenfahrzeugen als auch beim großen Teil an Pool-, Service- und Funktionsfahrzeugen. Denn die Zahlen steigen: So zeigt eine Deloitte-Studie aus 2017, dass Flottenzulassungen zwischen 2012 und 2016 um elf Prozent zugenommen haben und bis 2020 um weitere sieben Prozent steigen werden. Ein klares Zeichen dafür, dass sich Unternehmen mit dem Thema beschäftigen müssen.

Abseits der in Medien viel diskutierten Trends im Fuhrpark wie Vernetzung, Digitalisierung, Elektromobilität oder Corporate Carsharing bleiben für die Optimierung des eigenen Fuhrparks einige recht handfeste Themen übrig: Eine saubere und praxisnahe Pkw-Regelung, die sich aus der Unternehmensstrategie ableitet, bildet eine gute Basis für ein professionelles Fuhrpark-Management. Unabhängig ob der Fuhrpark 50, 500 oder 5.000 Fahrzeuge umfasst, benötigt ein Unternehmen die erforderliche Transparenz vorhandener Verträge, vernünftige Fuhrparkstrukturen, richtige Verantwortlichkeiten und einen Überblick über tatsächlich alle Kosten. Dies sind wichtige Grundlagen für die passende Auswahl von Dienstleistern und Servicebestandteilen zu bestmöglichen und wettbewerbsfähigen Konditionen.

Die meisten Flottenfahrzeuge sind heutzutage geleast. Neben der Finanzleasingrate spielen jedoch die Servicebausteine eine gewichtige Rolle bei den Kosten. So hat die Deloitte-Studie verdeutlicht, dass neben der Finanzdienstleistung die größten Ertragsquellen der Anbieter die Servicebestandteile mit über 40 Prozent darstellen. Selbst die Fahrzeugverwertung leistet einen Beitrag von bis zu 20 Prozent.

Hebel, an denen es sich anzusetzen lohnt. So kann die Vergabe an spezialisierte Dienstleister wie für Schaden-Management, Reifenersatz, Smart Repair und mehr bares Geld sparen. Sinnvoll kann auch eine Abrechnung nach Ist-Kosten („Offene Abrechnung") sein, was vereinzelt ebenfalls bis zu 20 Prozent an Einsparungen ergeben kann. Das Unternehmen hält dazu entweder selbst das nötige Know-how vor oder bedient sich eines externen Flottendienstleisters. Auf jeden Fall lohnt es sich für Entscheider, sich mit dem Thema Fuhrpark und Unternehmensmobilität zu beschäftigen, denn es wirkt nachhaltig und differenziert. Im Unternehmensergebnis sind die meisten Effekte sogar direkt messbar.

Autor Timo Darr ist Inhaber einer Beratungsgesellschaft für Unternehmensmobilität. Er war zuvor in einem DAX-30-Konzern für Aufbau und Entwicklung von Travel- und Fuhrpark-Management tätig.

Augen auf bei der Autowahl!

Über das Bewusstsein, wie welcher Geschäftswagen wirkt

Eine Person, drei Perspektiven: August Achleitner baut als Leiter der Porsche-Baureihe 911 außergewöhnliche Autos für emotionale Entscheider.

Von Beginn an hatte das Automobil starke Symbolkraft für gelungenen Aufstieg und gesellschaftlichen Rang. Bis heute ist es der kostenintensivste Investitionsgegenstand, der für andere deutlich sichtbar ist. An ihm scheiden sich die Geister – nach dem Motto „Liebe geht durch den Wagen". Dies gilt umgekehrt auch für Abneigung.

Es gibt tatsächlich nicht selten Entscheider, die beispielsweise sagen: „Diesen Typ würde ich nie fahren, da sitzen die falschen Leute drin." Vor der Anschaffung eines Geschäftswagens stellen sich Fragen dergestalt: Bin ich mit meinem Angebot raus, weil ich im falschen Auto vorfahre? Dürfen oder sollten Kreative anderes fahren als Steuerfachleute? Indes frage ich: Ist die Sensibilität für Geschäftswagen nicht längst passé in Zeiten flacher Hierarchien moderner, ja geradezu hipper Unternehmen und der sich allzu basisdemokratisch gebenden Arbeitswelt? Viele trimmen sich und ihre Firma zeitgeistig auf egalitär. Doch nur keine Illusion: Die Macht kommt heutzutage nur smart daher.

Beim üblichen deutschen Dienstwagen-Einerlei geht es wie fast immer um Risikominimierung. Bloß nicht anecken! Nicht bei Geschäftspartnern, Kollegen, Kunden und schon gar nicht bei der Geschäftsleitung. Die Wahl eines angemessenen Geschäftswagens ist auch aus anderer Perspektive von Bedeutung. Entscheider gehören zur privilegierten Gruppe, die ihre Fahrzeug-Entscheidung selbst trifft.

Als Selbstständiger oder Inhaber sende ich damit auch eine Botschaft. Jedoch muss ich wohl oder übel damit leben, für meine Wahl bisweilen quasi in Pflicht und Haftung genommen zu werden. Natürlich kommt es immer auf den Blickwinkel an: etwa, wie der Besitz des klassischen Porsche 911er beim FDP-Chef Christian Lindner oder beim Linken-Politiker Klaus Ernst zu werten ist. Wichtige Fragen: Bei welchem erfolgreichen Mittelständler will ich positiven Affekt in Bezug auf Gleichklang erzeugen? Oder muss ich vielmehr befürchten, dass er meinen Tagessatz neu verhandeln will, wenn ich mit meinem neuen Audi SQ7 vorgefahren bin?

Der Inhaber eines Groß-Sauna-Clubs fährt vielleicht passend den wuchtigen schwarzen Mercedes-SUV mit Viel-Zylinder-Motor – ausgestattet mit allem, was das AMG-Regal hergibt, insbesondere mit extremer Tieferlegung und extremen Niederquerschnittreifen. Und das übrigens bei einem an sich geländegängigen Allradler; aber das nur nebenbei bemerkt! Oder mein Gesprächspartner ist Verleger eines bibliophilen Hauses ‚mit reichlich klassischer Bildung versehen, der das Unternehmen mit sanfter Hand und bereitwilliger Gefolgschaft führt. Hier ist durchaus damit zu rechnen, dass er den 280 SL aus Prinzip noch immer ständig fährt; also jene Pagode, die sein Vater schon 1971 als Neuwagen erworben hat.

Mythische Marken und cooler Kult

Wenn ich mir kein teures Fahrzeug leisten kann, dann gilt es, mich durch meine Fahrzeugwahl aus den sozialen Vergleichsprozessen herauszuziehen. Mein Tipp: Machen Sie etwas ganz anderes! Da wären mythische Marken wie Alfa Romeo oder mega Modelle wie Renault Espace. Oder den kleinen Jaguar. Ja doch, den gibt's auch! Wenn der Wagen wenig kosten soll, setzen Sie auf Allrad- oder Gas-Panda, einen alten Volvo oder Saab – die sind Kult und halten ewig! So ein Auto dient als Brückenbauer, um ins Gespräch zu kommen. Generell gilt bei der Geschäftswagen-Wahl: Sie können machen, was Sie wollen, wenn Sie wissen, was Sie tun. Sie sollten sich aber eine gute Geschichte ausdenken. Gönnen Sie sich Freude am Auto, das Sie für sich bestimmt haben.

Dr. Rüdiger Hossiep lehrt Wirtschaftspsychologie an der Ruhr-Universität Bochum.

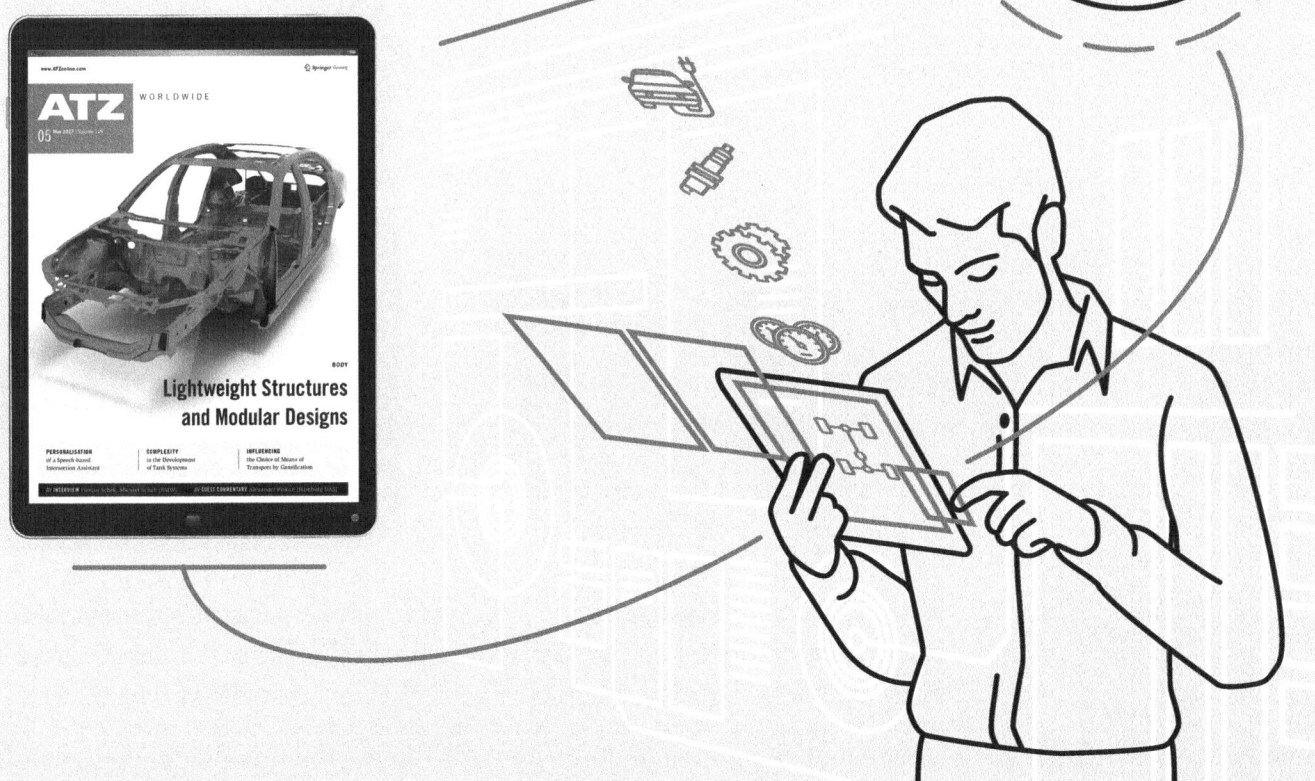

Hans H. Melchiors verantwortet seit 2011 als Vorstand das Ressort „Betrieb und Finanzen" des Pensions-Sicherungs-Vereins auf Gegenseitigkeit (PSVaG) mit Sitz in Köln. Die Organisation sichert die betriebliche Altersvorsorge für den Fall der Insolvenz eines Arbeitgebers und zählt mehr als 94.000 beitragspflichtige Mitgliedsunternehmen. Rund vier Millionen Betriebsrentner stehen schon unter Insolvenzschutz. Diplom-Ökonom Melchiors war vor seiner Aufgabe beim PSVaG schon Vorstand in der Hanse-Merkur-Gruppe und in Volksfürsorge-Gesellschaften. Zuvor war er in leitenden Positionen bei HVB und bei Condor tätig.

„In Krisenzeiten leiden die solidesten Arbeitgeber"

Der PSVaG sichert Fortzahlungen betrieblicher Altersvorsorge für Firmen in Finanznot, etwa bei Insolvenz. Über Krisen im Solidarsystem spricht Vorstand Hans H. Melchiors.

Herr Melchiors, die Wirtschaft brummt, die Zahl der Unternehmensinsolvenzen hat einen historischen Tiefstand erreicht. Bauen Ihre 220 Mitarbeiter zurzeit Überstunden ab?

Hans H. Melchiors: Schön wär's! Das ist aber nicht der Fall. Wir sind auch ein ganz normales Versicherungsunternehmen. Das bedeutet: Auch uns beschäftigen wichtige Themen wie der Datenschutz, die Digitalisierung oder aktuell regulatorische Fragestellungen bei Kapitalanlagen. Zudem verfolgen wir natürlich auch die gesamten Entwicklungen im Insolvenzbereich. Das heißt: Was man auf dem Markt sieht oder Creditreform meldet, ist nicht gleichbedeutend mit unserer Arbeitsleistung.

Das Marktgeschehen ist kein Spiegelbild Ihrer Tätigkeit?
Nicht unbedingt. Nehmen wir das Jahr 2016. Da hatten wir den niedrigsten Beitragssatz überhaupt – nämlich 0,0 Promille, unter anderem auch wegen einiger Sondereffekte. 2017 ist der Satz deutlich angestiegen auf 2,0 Promille – obwohl die Zahl der Insolvenzen laut Creditreform insgesamt weiter gesunken ist. Der Hintergrund ist: Wenn eine Firma in die Insolvenz geht, hat sie eine betriebliche Altersversorgung oder sie hat keine. Hat sie keine, sind wir nicht betroffen. Daran sieht man: Es gibt einen gewissen Zufallseffekt.

Gibt es denn einen Index, an dem sich die PSVaG-Intensität ablesen lassen?
So richtig nicht. Wir haben schon einige Wirtschaftsparameter wie den Ifo-Index über unsere Jahresbilanzen gehalten, um Erkenntnisse für Verläufe zu generieren. Wirtschaftsprüfer fragen inzwischen gerne nach solchen Vorschauen. Leider lassen sich Verläufe für die nächsten Monate nicht verlässlich vorhersagen. Denn wenn nur eine Großinsolvenz kommt, ist die ganze Betrachtung zuvor obsolet. Der

Arcandor-Fall zum Beispiel war ein solcher Ausschlag, der uns insbesondere in der Höhe der Belastungen in 2009 überrascht hat.

Seit dem 1. Januar 2018 gilt das neue Betriebsrentenstärkungsgesetz. Welche Konsequenzen erwachsen daraus für den PSVaG?
In das neue Gesetz ist zum Beispiel ein Punkt eingeflossen, den wir selbst initiiert haben. Und zwar die Möglichkeit der privaten Fortführung und Übernahme von Rückdeckungsversicherungen durch den Arbeitnehmer oder Rentner, sofern der Arbeitgeber insolvent wird. Wir geben den Betroffenen die Möglichkeit, statt des gesetzlich unverfallbaren Anspruchs die Rückdeckungsversicherung zu übernehmen und sie privat fortzuführen. Das hat den Vorteil, dass der Versicherte einen eventuell bestehenden Hinterbliebenen- und Invaliditätsschutz aufrechterhalten und gegebenenfalls von einer Überschussbeteiligung des Versicherers profitieren kann. Bisher war der PSVaG gesetzlich verpflichtet, den gesetzlichen Anspruch abzusichern und die Rückdeckungsversicherung zur Reduzierung der Beiträge heranzuziehen. Das hatte einige Arbeitnehmer oder Rentner schlechtergestellt. Deshalb ist diese gesetzliche Neuerung ein echter Vorteil für die Betroffenen.

Der PSVaG besteht inzwischen seit 43 Jahren. Heute gilt die Pensions-Sicherung als selbstverständlich. Was war seinerzeit der Anlass für die Gründung?
Dazu müssen wir in die 60er Jahre zurückgehen. Damals wollte die Bundesregierung erreichen, dass erworbene Pensionsansprüche sichergestellt werden, falls das pensionszusagende Unternehmen in Finanznot gerät. Dieses Anliegen löste eine sozialpolitische Diskussion aus. Am Ende stand die privatwirtschaftliche Lösung, wonach eine

> „Wenn eine Großinsolvenz kommt, ist die ganze Betrachtung obsolet."
>
> Hans H. Melchiors

Organisation als Sicherungseinrichtung gegründet wird mit einer Pflichtmitgliedschaft für alle Arbeitgeber, die sicherungspflichtige betriebliche Versorgungen unterhalten. Am 19. Dezember 1974 wurde das Gesetz zur Verbesserung der betrieblichen Altersversorgung verabschiedet – drei Tage später wurde der Pensions-Sicherungs-Verein zum Träger der Insolvenzsicherung der betrieblichen Altersversorgung bestimmt. Der PSVaG nahm am 1. Januar 1975 seine Geschäftstätigkeit auf.

Inzwischen versichern Sie Unternehmen auch aus Luxemburg. Wie kam es dazu?

Die deutschen Erfahrungen im Laufe der Jahre hatten positive Ausstrahlung auf den Nachbarn Luxemburg, was

Die Verwaltung des PSVaG sitzt in Köln und organisiert den Versicherungsschutz für mehr als 94.000 Mitglieder.

Versicherungsverein zum Schutz der Betriebsrenten

Als gesetzlicher Träger zur Insolvenzsicherung der betrieblichen Altersversorgung fungiert seit 1975 der Pensions-Sicherungs-Verein Versicherungsverein auf Gegenseitigkeit (PSVaG). Er gewährleistet die Fortzahlung der Betriebsrenten für den Fall der Insolvenz eines Arbeitgebers in Deutschland und Luxemburg. Der PSVaG sichert damit Rentner und Anwärter ab, die Anspruch auf eine insolvenzgeschützte Betriebsrente haben. Als Versicherungsverein auf Gegenseitigkeit ist der PSVaG privatrechtlich organisiert, jedoch durch das Betriebsrentengesetz (BetrAVG) mit hoheitlichen Befugnissen ausgestattet. Der PSVaG hat seinen Sitz in Köln und zählt 94.500 beitragspflichtige Mitglieder. Unter Insolvenzschutz stehen rund vier Millionen Betriebsrentner und rund 6,8 Millionen Anwärter. Der Kapitalwert dieser Versorgungsverpflichtungen beträgt laut PSVaG rund 333 Milliarden Euro. Die Abwicklung der Rentenzahlungen übernimmt ein Konsortium von 49 Lebensversicherungsunternehmen unter der Geschäftsführung der Allianz Lebensversicherungs-AG, Stuttgart.

www.psvag.de

durchaus als Anerkennung für die Tätigkeit des PSVaG zu werten ist. Mit dem Großherzogtum bestand Einigkeit, dass sich die betriebliche Altersversorgung Luxemburgs gut in das deutsche Insolvenzsicherungssystem integrieren ließe – sowohl unter rechtlichen als auch unter wirtschaftlichen Gesichtspunkten. Deshalb handelten die Bundesrepublik Deutschland und das Großherzogtum Luxemburg über einige Jahre hinweg einen Staatsvertrag aus, der am 22. September 2000 geschlossen wurde. Seit 2002 sichert der PSVaG daher in Luxemburg die innenfinanzierte betriebliche Altersversorgung.

Der PSVaG wächst von Jahr zu Jahr. Allein von 2006 bis 2016 stieg Ihre Mitgliederzahl um fast 50 Prozent auf knapp 95.000. Welche Fakten begründen diesen Zuwachs?

Starke Mitgliederzuwächse hatten wir schon ab 2002/2003. Ein Grund dafür war die Einführung der Entgeltumwandlung als betriebliche Altersversorgung. Mit dem Rentenreformgesetz 1999 stellte der Gesetzgeber klar, dass diese Verträge dem Schutz des Betriebsrentengesetzes unterliegen, somit der Insolvenzschutz des PSVaG zu gewähren ist. Das Altersvermögensgesetz aus 2002 regelte dann den Anspruch der Arbeitnehmer gegenüber ihrem Arbeitgeber, was die Nachfrage zusätzlich stärkte.

Mit dieser Entwicklung stieg die sozialpolitische Bedeutung des PSVaG. Sind Ihre Mitglieder tatsächlich überzeugte PSVler oder eher gesetzlich verdonnerte Zwangsmitglieder?

Ich glaube: Die meisten Mitglieder wissen um die positive Bedeutung des PSVaG, der eine stolze Gesamtbilanz vorweisen kann. Dieses Institut genießt bei Sozialpartnern und Politikern hohes Ansehen. Spätestens mit der AEG-Krise 1982 wurde deutlich, dass die Arbeitgeber ihrer sozialpolitischen Verantwortung für das Sicherungssystem der betrieblichen Altersversorgung nachkommen.

„Krise" ist ein gutes Stichwort: Gerade in schwierigen wirtschaftlichen Zeiten haderten bekanntlich einige PSVaG-Mitglieder mit der steigenden Beitragslast, wollten das Solidarsystem sogar verlassen. Schnee von gestern?

Gerade in Krisenzeiten leiden auch die solidesten Arbeitgeber unter einer Zusatzlast – insbesondere, wenn die Krise direkte Auswirkungen auf die einzelnen Unternehmen hat. Wir haben aus den Erfahrungen gelernt. Über das Glättungsverfahren und mit dem Ausgleichsfonds mildern wir Spitzenbelastungen der Mitglieder. Mit dem Ausgleichsfonds, der aktuell 2,5 Milliarden Euro beträgt, sorgen wir in besseren Zeiten solidarisch vor; mit dem Glättungsverfahren strecken wir in schwierigen Zeiten hohe Belastungen über mehrere Jahre.

Andrea Nahles sagte als Arbeitsministerin: „Der PSVaG ist ein wichtiger Pfeiler der deutschen Alterssicherungsarchitektur."

PSV-Aufsichtsratschef Dieter Hundt: „Die gesetzliche Insolvenzsicherung der betrieblichen Altersvorsorge ist nicht mehr wegzudenken."

Der PSVaG hat bald 20.000 Sicherungsfälle im Zuge von Insolvenzen erlebt. Gab es Fälle, die Ihnen besondere Sorgen bereitet haben?

Das sind natürlich die Großschadensfälle: AEG, Babcock Borsig, Philipp Holzmann. Die Insolvenz des Handelskonzerns Arcandor 2009 brachte uns das bisher größte Schadenjahr: 4,4 Milliarden Euro – das war bis dato unvorstellbar. Diese Summe war dreimal so hoch wie das schlechteste Jahr 2002 mit über 700 Sicherungsfällen durch Insolvenzen. Zur Finanzierung war ein Beitragssatz, der normalerweise um die drei Promille pendelt, von plötzlich 14,2 Promille nötig. Die Wucht dieses Finanzaufwandes wurde über insgesamt fünf Jahre „geglättet", um unsere Mitglieder liquiditätsmäßig nicht zu überfordern.

Sie sichern die betriebliche Altersversorgung sowohl von aktuell Beschäftigten als auch von Rentnern. Gibt es Unterschiede im Verfahren?

Der Unterschied besteht darin, dass im Schadensfall vorrangig die Ansprüche der Rentner bearbeitet werden, damit die Unterbrechung der Rentenzahlung möglichst kurz gehalten wird. Wichtiger Hinweis: Der PSVaG bekommt meist erst mit der Insolvenz-Eröffnung Kenntnis von den einzelnen individuellen Versorgungsansprüchen und kann erst dann jeden Einzelfall prüfen. Es entsteht also regelmäßig eine Lücke, die dann rückwirkend geschlossen wird. Die Anwartschaften der einzelnen Anwärter werden anschließend zügig festgestellt. Ihnen entstehen dadurch aber keinerlei Nachteile. Beispielsweise wurden dem PSVaG 2009 rund 90.000 Anwartschaften gemeldet – 2016 nur 8.000.

In manchen Planverfahren klagen Insolvenzverwalter, dass der PSV als Gläubiger für sich eine Sonderstellung und eine höhere Quote als „Preis" für seine Zustimmung verlangt. Wenn das zutrifft: Womit begründen Sie diesen Anspruch?

Es kursiert schon mal das Bild vom „harten Hund", der der PSVaG sei. Das stimmt nur sehr bedingt. Der PSVaG ist gesetzlicher „Zwangsgläubiger". Schon diese Eigenschaft unterscheidet ihn von den meisten anderen Insolvenzgläubigern. Zudem sind die Forderungen, die sich nach der Insolvenz-Eröffnung gegen den PSVaG richten, teils extrem langjährig. Während andere Gläubiger kurz- oder mittelfristig abgefunden werden, schleppen sich für den PSVaG die Finanzierungsrisiken mitunter über Jahrzehnte hin. Das macht den Unterschied.

...und das bedeutet für Ihre Ziele in einem Insolvenzplanverfahren?

Das vorrangige Interesse des PSVaG bei Insolvenzplanverfahren liegt in einer mindestens partiellen Wiederübernahme der betrieblichen Altersversorgung nach erfolgreicher Plandurchführung. Die Lösung über eine Quotenerhöhung kommt dann zum Zuge, wenn Beteiligte, zum Beispiel Neugesellschafter, eine Wiederübernahme ausschließen. Das bloße „Nicht-Wollen" eines Beteiligten darf aber nicht den Willen des Gesetzgebers aushebeln, der grundsätzlich die Wiederübernahme von betrieblicher Altersversorgung nach wirtschaftlicher Gesundung vorsieht. Der Quotenaufschlag ist dann eine pragmatische Lösung. Grundsätzlich gilt: PSVaG-Politik ist, Unternehmen in Not aus der Misere zu helfen. Auch das unterscheidet uns von anderen Gläubigern, die manchmal allein ihre Quote sehen und schnellstmöglich aussteigen wollen.

Das Interview beim PSV-Vorstand in Köln führte Diplom-Journalist Alexander Ebert, der damit erstmals als freier Autor für das „return"-Magazin arbeitete.

Besseren Betrieb backen

Ein schweres Erbe lastete auf Markus und Oliver Langner als Nachfolger des Bäckereibetriebs in dritter Generation. Heute blicken beide befreit zurück auf ihre Insolvenz als Weg zur Rettung.

Der Anfang vom Ende liegt fast ein Vierteljahrhundert zurück. Im Jahr 1994 nehmen Dietmar und Karin Langner insgesamt 5,5 Millionen D-Mark in die Hand. Sie wollen als Inhaber in zweiter Generation mit mutiger Investition ihrem Unternehmen mehr Schub verschaffen. Zu der Zeit können in Königslutter noch 15 Handwerksbetriebe der Zunft existieren, heute arbeiten in dem 16.000-Einwohner-Städtchen noch drei backende Bäckereien. Von der Mauer-Öffnung profitieren im ehemaligen Grenzgebiet auch die Langners, die von Niedersachsen über Helmstedt zusätzlich drei Verkaufsfahrzeuge mit Waren nach Sachsen-Anhalt schicken.

Doch der Plan für den Neubau auf der grünen Wiese, der allein mehr als 1.000 Quadratmeter Produktionsfläche vorsieht, basiert auf abenteuerlichen Annahmen zur Auslastung einhergehend mit dem aggressiven Ausbau von Verkaufsstellen. Trotzdem rät auch der langjährige Berater in steuerlichen Fragen seinen beiden Mandanten zu diesem Schritt. Dabei geht das Finanzkonzept ausgesprochen optimistisch von zwei Umsatzverdoppelungen in den nächsten Fünf-Jahres-Zeiträumen bis zum Jahr 2004 aus. Für dieses Wachstum soll die stolze Zahl von anvisierten 20 Filialen sorgen, obwohl das Unternehmen zum Start noch aus nur zwei Geschäften und vier Verkaufswagen besteht.

„Mein Bruder und ich hätten beim Übergang dringend einen externen Experten gebraucht – und wohl auch schon damals

> „Wir hätten schon damals einen klaren Schnitt zur Gesundung des Unternehmens benötigt."
>
> **Markus Langner**

einen klaren Schnitt zur Gesundung des Unternehmens benötigt", sagt Oliver Langner rückblickend. Als die beiden Nachfolger den Betrieb im Jahr 2009 übernehmen, sind die rosa Träume von einst schon längst der grauen Realität gewichen. Geplatzt sind alle Prognosen zu Standort-Übernahmen, die sich quasi im Schlaf über Nacht durch Aufgaben anderer Betriebe ergeben sollten. Ihre Eltern mussten sogar weiteres Geld in die Hand nehmen, um neue Geschäfte zu eröffnen. Noch zwei Millionen Euro an Verbindlichkeiten verbrennen jedes bessere Betriebsergebnis.

Überziehungszinsen und Säumniszuschläge verhageln die Bilanz der beiden neuen Firmenchefs. Mahnungen mehren sich. Einlagen aus Lebensversicherungen stopfen monetäre Löcher. Zahlungsziele im Drei-Wochen-Rhythmus sind immer seltener einzuhalten. Immerhin sieben Jahre halten die beiden gelernten Bäckermeister noch durch, bevor sie ihren Insolvenzantrag für das Unternehmen mit rund 60 Mitarbeitern einreichen. „Es war ein heißer Tag im August 2016", erinnert sich Markus Langner noch genau an den gemeinsamen Gang zum Amtsgericht Wolfsburg. „Enorm erleichtert über diese Entscheidung zur Rettung des Unternehmens" seien beide gewesen, beschreibt er den Moment als „Erlösung von der Last".

Allein mit ihrer einschneidenden Erfahrung sind die Bäckerbrüder aus Braunschweigs Nachbarstadt allerdings nicht. Zuletzt ging unweit für das nordhessische „Backparadies

Vorher: Rosarot dominierte nicht nur als Farbe im Design des alten Unternehmens. Die Wachstumspläne entpuppten sich als schöner Traum.

Nachher: Mit dem Grün der Hoffnung schicken die Langner-Bäckerbrüder künftig nach überstandener Insolvenz auch eine neue Flotte los.

Ofenfrisch fertigt der Handwerksbetrieb in der großen Produktion seine Waren, darunter als Bestseller das Heidebrot nach Familientradition. Zur Gesundung der wirtschaftlichen Situation bewerteten die Inhaber ihr Portfolio kritisch und reduzierten die Vielfalt auf ein vernünftiges Maß.

Jungclas" mit fast 200 Mitarbeitern und mehr als 20 Filialen der Insolvenzantrag beim Amtsgericht Marburg ein. Der Zentralverband der Zunft in Berlin registrierte seit 2010 einen Rückgang um fast 3.000 auf rund 11.700 Betriebe. Die Zahl der Auszubildenden hat sich in dem Zeitraum nahezu auf unter 12.000 halbiert. Gestiegen sind die Beschäftigtenzahl und der Jahresumsatz je Betrieb, was Konzentrationstendenzen zeigt.

„Drastische Auslese ebbt ab"

Der „Strukturwandel über das vergangene Jahrzehnt" begann mit eigenen Backstationen für Frischwaren in Lebensmitteldiscountern wie Aldi und Lidl. Das bestätigt Hauptgeschäftsführer Daniel Schneider vom Zentralverband auf Anfrage, schränkt zum Niedergang seiner Branche allerdings ein: „Die drastische Auslese ebbt ab. Wir merken das seit 2017 an Seitwärtsbewegungen." Als Beleg nennt er die Fallzahlen für Insolvenzen im deutschen Bäckerhandwerk aus den vergangenen 13 Jahren: Tatsächlich lag sein Handwerk im Trend bundesdeutscher Rekord-Niedrigstände und meldete insgesamt nur 51 Insolvenzen im Jahr 2017. Vor fünf Jahren waren es noch 168 und 2006 sogar 200 Fälle von Unternehmenspleiten. Neben der Marktbereinigung sieht Schneider „multifaktorielle Gründe" für Schieflagen von Betrieben des Bäckerhandwerks wie betriebswirtschaftliche Defizite, fehlende Nachfolger oder den geforderten Mindestlohn.

Auf die Unterstützung von Mitgliedern in Krisen angesprochen, verweist der Hauptgeschäftsführer des Zentralverbandes auf die Landesinnungen. In Süddeutschland, wo im Gegensatz etwa zum Osten die Welt im Backhandwerk noch in Ordnung sein soll, antwortet stellvertretend der württembergische Landungsinnungsmeister Martin Reinhardt ziemlich deutlich: „Genug Hilfen bieten unsere Betriebsberater.

Aber man muss Hilfe schon auch annehmen wollen und in Schieflagen nicht zu spät in Anspruch nehmen." Andreas Kofler, Geschäftsführer der Landesinnung in Stuttgart, bestätigt die Botschaft an Betriebe: „Bitte nicht warten, bis das Kind in den Brunnen gefallen ist. Einige Indikatoren zeigen früh, wenn das Unternehmen vom Kurs abkommt." Bäckermeister in Not sollten sich an die Berater im Verband wenden, die betriebswirtschaftlichen und juristischen Hintergrund mitbringen, rät er. Doch besser als das Nachjustieren unter Druck erscheint Kofler vorausschauendes Unternehmertum zur Prävention: Dazu gehöre, aus „innerer Überzeugung eine Identität" zu entwickeln, Alleinstellungsmerkmale gegenüber Wettbewerbern zu kreieren und die Produktvielfalt an das Potenzial des Publikums anzupassen. Marktanteile an den Lebensmittelhandel verliert das Handwerk schon seit Jahren. Auffangen konnten die Bäckereien dies mit Frühstück, Mittagstisch und zum Mitnehmen belegten Brötchen nebst anderen Snacks. Abheben von Discountern können sich Betriebe zudem mit Premium. Brandl, „Meister des Handgebäcks" im österreichischen Linz, erzielt etwa für seine schlichte „Semmerl" spektakuläre Spitzenpreise.

Von solchen Orten auch geschäftlichen Genusses war „Langner's Backparadies" weit entfernt im Niemandsland zwischen Braunschweig und Helmstedt, wo die Kundschaft rapide altert und junge Generationen in größere Städte ziehen. Nur besonders tolle Hechte unter den Bäckereichefs berichten hier vom brummenden Business, um vorzugaukeln: „Im Himmel ist Jahrmarkt", wie Markus Langner die vorgespielte Euphorie bezeichnet und bemängelt: „Nur unter guten Kollegen spricht man ehrlich." Ehrlich und früh genug gestehen sich beide Brüder ein, sich „nicht mehr alleine" aus der Lage befreien zu können. Dabei hatten sie schon versucht, mit den Banken bessere Lösungen für die prekäre Situation zu finden. Sie strafften den Personaleinsatz, schlossen defizitäre Filialen und steigerten den Umsatz im Frühstücksgeschäft.

„Aber es hat halt nicht gereicht", sagen die Langners unisono. Ihr Scheitern einzuräumen und Insolvenz zu beantragen – „das war kein einfacher Schritt", betonen beide: „Aber damit ging auch eine lange Qual zu Ende."

Sofort zur Tat schritt Tobias Hartwig von der Kanzlei Schultze & Braun, den das Gericht zum vorläufigen Insolvenzverwalter bestellte, gleich nach dem Anruf des Richters. „Als ich aufgelegt hatte, stellte ich gleich ein Team zusammen und bin dann nachmittags zum Betrieb gefahren", berichtet er auch von einer Mitarbeiterversammlung, die Mut vermittelte. Obwohl Oliver Langner offen gesteht, beim

© langners-backparadies.de

Flotten-Logo: Nur noch Langner lautet der Absender, im Marken-Mittelpunkt steht künftig der „Pausen-Liebling".

Tradition inklusive „Tchibowagen"

Mit dem Bäckereibetrieb blickt Familie Langner auf eine 65 Jahre während Firmengeschichte zurück. Kurt Langner, der das Handwerk noch in Schlesien erlernt hatte und von Anfang an entsprechende Spezialitäten anbietet, eröffnet mit Ehefrau Anneliese am 18. Mai 1953 die Bäckerei im Zentrum von Königslutter. Fast zwei Jahrzehnte später besteht Sohn Dietmar seine Meisterprüfung, 1980 übernimmt er den Betrieb. Schon sechs Jahre zuvor war mit dem „Tchibowagen" das erste Verkaufsmobil gestartet. In den 90er Jahren folgt die Übernahme einer ebenfalls schlesischen Traditionsbäckerei aus Helmstedt, die Fahrgeschäft-Flotte wächst auf drei Wagen, am Stadtrand von Königslutter entsteht eine Produktionsfläche mit mehr als 1.000 Quadratmetern, und bis 2002 gehören nach einer weiteren Übernahme in Braunschweig acht Geschäfte zum Betrieb. 2009 treten die Söhne Markus und Oliver die Nachfolge an, ein Jahr später beschäftigt „Langner's Backparadies" schon 75 Mitarbeiter und betreibt 15 Geschäfte. Fast halbiert hat sich die Standortzahl nach Insolvenz und Sanierung.

www.langners-backparadies.de

ersten Anblick des Sanierungsexperten im Business-Anzug „um Gottes willen gedacht" zu haben. Doch der diplomierte Wirtschaftsjurist habe mit seinem ersten scherzhaften Spruch – „Betrachten Sie mich als Ihren Hausmeister mit Krawatte" – schnell das Eis gebrochen. Umgekehrt spart Profi-Firmenretter Hartwig nicht mit Lob für die Langners: „Diese beiden Unternehmer waren schon früh aktiv in der Vorarbeit zum Insolvenzverfahren, das wir wie eine Eigenverwaltung leben konnten. Sie haben ihre hohe Fachkompetenz als Bäckermeister mit neuen Geschäftsideen eingebracht, eigene Konzepte zur Gesundung beigetragen, hohe Bereitschaft mit viel Offenheit zum Turnaround bewiesen und damit insgesamt echt Großes zum Erhalt geleistet."

Zu den gemeinsamen Sofortmaßnahmen zählten das Straffen des Personaleinsatzes, das Schließen zweier defizitärer Filialen, der Ausbau des Frühstücksgeschäftes, das Sichern von Insolvenzgeld für Mitarbeiter sowie das Neuverhandeln von Verträgen für Versicherungen und fürs Fahrzeug-Leasing. Insbesondere die Fuhrpark-Kosten lagen im Benchmark „doppelt so hoch wie im Durchschnitt", waren zu minimieren und die Zahl der Wagen zu halbieren.

Insolvenzverwalter hebt Vorteile hervor

Die Vorteile des Insolvenzverfahrens im Hinblick auf kündbare Dauerschuldverhältnisse, auf kürzere Mietkündigungsfristen und auf optimierbare Verträge hebt Hartwig hier hervor. Die Maschinen im Backbetrieb befanden sich schon überwiegend in Eigentum, sodass die Bank mit Sicherungsrecht zu 100 Prozent vom Schuldner bedient wird. „Aber auch für die ungesicherten Gläubiger können wir eine Quote von 25 Prozent prognostizieren, die sonst im Schnitt bei 2,2 Prozent liegt", stellt der Insolvenzverwalter heraus.

„Mit dem klaren Schnitt hat uns die Sanierung auch geholfen, unsere Köpfe von Geldsorgen zu befreien und jede Kreativität wieder auf das Kerngeschäft zu lenken", berichten die Bäckermeister. Sie analysieren insbesondere ihr Produktportfolio und ermitteln Erstaunliches: Mit 43 Produkten erzielt das Unternehmen 93 Prozent des Umsatzes, hält allerdings rund 160 Produkte im Sortiment vor. Nach der Bereinigung führt die Bäckerei nun noch 60 verschiedene Produkte.

„Verständlicherweise haben unsere Verkäuferinnen anfangs wegen der reduzierten Vielfalt gemeckert. Aber Kunden ordern überwiegend bekannte Klassiker ihres Bäckers und nur hier und da wechselnde Warenangebote", weiß Markus Langner. Doch im gesunden Geschäftsmodell geht es nun einmal grundsätzlich darum, die richtige Balance dabei zu finden, den Mehrwert für Kunden zu erzeugen und angemessenen Ertrag fürs Unternehmen zu erzielen. Bei Brötchen, Brot, Gebäck sowie Kuchen und Torten steht am Ende

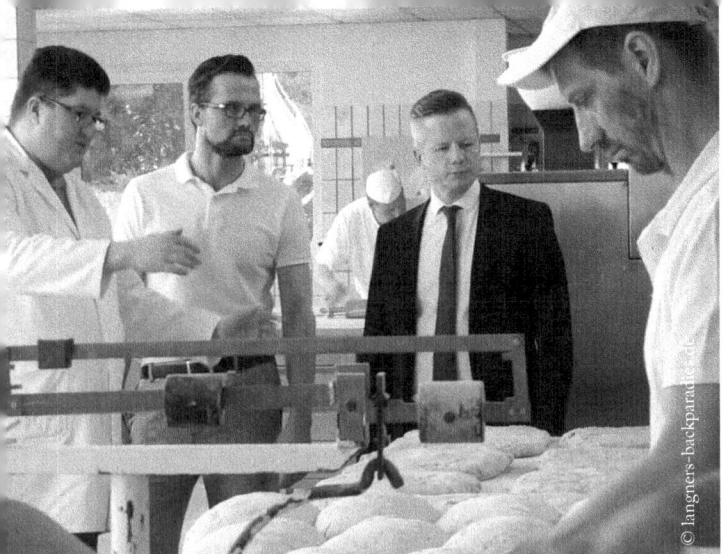

Turnaround-Team (v. l.): Die Inhaber Markus und Oliver Langner inspizieren mit Insolvenzverwalter Tobias Hartwig ihre Backstraße.

Kompetenz als Ware im Regal und als Service beim Verwöhnen will die Bäckerei Langner nach der Sanierung voll ausspielen.

für diesen Betrieb die Erfolgsformel „7 plus 2". Feststehende sieben Klassiker bereichern täglich zwei wechselnde Angebote. Für Langners Spezialitäten sprechen dabei Bestseller wie das Heidebrot nach schlesischer Familientradition oder der Schokoladenkuchen nach hauseigenem Rezept.

Sogar zwei Preiserhöhungen von je fünf Prozent für alle Produkte sind im Abstand von zwei Monaten durchzusetzen. Weiter bereinigen wollen die beiden Bäckermeister ihr Filialnetz um unwirtschaftliche Standorte mit niedriger Kundenfrequenz. Ausbaupläne treiben die Brüder umgekehrt aber auch um: Raum für Expansion mit Geschäften sehen sie speziell in Richtung Wolfsburg. Für eine neue Vertriebsschiene auf Rädern haben sie Kontakt zu einem Partner aus der Region rund um Osnabrück aufgenommen, der schon täglich 16 Fahrzeuge nach ähnlichem Modell auf die Straße schickt. Als Frühstücksmobil wollen die Langners eine Flotte unter dem Markennamen „Pausen-Liebling" in Gewerbegebiete ihrer Umgebung entsenden.

Mobiler Verkauf als DNA des Unternehmens

„Der mobile Verkauf gehört zur DNA unseres Unternehmens schon seit 50 Jahren", betont Oliver Langner historisch verbrieftes Können. Schließlich beweisen die Langner-Teams ihre Verwöhn-Kompetenz beim Frühstück schon seit Bestehen stationär im Café. Die großzügige Gastronomie neben dem Produktionsbetrieb ist trotz Ortsrandlage auch heute gut gefüllt mit Speisetouristen, die teilweise schon am frühen Morgen zum Schlemmen anreisen.

Keine fünf Monate nach Eingang des Insolvenzantrags findet Tobias Hartwig dann auch noch zwei Investoren mit gutem Bezug zu dem insolventen Unternehmen. Beide Geldgeber steigen zum 1. Januar 2017 ein: Der neue Gesellschafter mit 51-prozentiger Beteiligung an der neu gegründeten Langner's Backparadies GmbH kommt aus Magdeburg und

machte einst Millionen mit gebrauchten Abfüllanlagen. Der andere Miteigentümer aus Wolfsburg war vorher Unternehmer einer Autoservice-Kette und ist leidenschaftlicher Hobby-Bäcker. Er übernimmt das Gelände mit Halle nebst Backstraße und vermietet den Produktionsbetrieb an die beiden Bäckerbrüder. Beide Investoren wollen zwar ungenannt bleiben, dürften sich aber auch anonym „über eine ordentliche Rendite freuen", wie Tobias Hartwig vermutet. Der Experte wird's aus Erfahrung wissen.

Denn bei Schultze & Braun finden sich in den Pressemitteilungen allein fünf zu Verfahren bei insolventen Bäckereien. Dabei haben die Langner-Brüder nach fünf Jahren eine Rückkaufoption, um beide Investoren wieder auszulösen und um wieder allein ihr Backparadies auszubauen. Eine wichtige Lehre der überwundenen Krise lautet für Markus Langner: „Öfter und immer wieder hinterfragen, ob uns das Tagesgeschäft noch zeitgemäß gelingt. Wir schauen aber optimistisch in die Zukunft, dass wir uns jetzt einen besseren Betrieb backen."

Kompakt

▶ Das dramatische Bäckereien-Sterben ebbt zwar ab, aber nur bestens aufgestellte Meisterbetriebe bleiben bei weiterer Marktbereinigung bestehen.

▶ Stetige Neuausrichtung durch Kostendisziplin, Portfoliostraffung und Positionierung idealerweise im Premium von Backkunst mit Alleinstellungsmerkmalen stärkt die Geschäftsmodell-Transformation.

▶ Bei Anzeigen von Krisen insbesondere wirtschaftlicher Art frühzeitig externe Berater etwa der Innung einbinden, um einen Turnaround einzuleiten.

Für das Unternehmensporträt reiste „return"-Chefredakteur Thorsten Garber zum Bäckereibetrieb nach Königslutter bei Braunschweig.

Mit frischem Geld gut fahren

Die Digitalisierung eröffnet neue Geschäftsfelder rund um die Mobilität.
Kapitalgeber erkennen das Potenzial und investieren kräftig in Start-ups.

Das Start-up Vimcar aus Berlin entwickelte ein digitales Fahrtenbuch, das über einen Stecker in der Diagnoseschnittstelle des Fahrzeugs alle Fahrten automatisch aufzeichnet, und auch eine digitale Fuhrparkleitung.

Die Nachricht schlug ein wie eine Bombe: Stolze 460 Millionen Euro erhielt „Auto1" vom Vision-Investmentfonds des japanischen Technologiekonzerns Softbank. Das Berliner Start-up betreibt unter anderem das Gebrauchtwagenportal wirkaufendeinauto.de. Durch den Deal avancierte Auto1 mit einer Bewertung von 2,9 Milliarden Euro zum zweitwertvollsten Start-up Europas, übertroffen nur noch vom schwedischen Musik-Streamingdienst Spotify. Start-ups im Automobilsektor ziehen Geld an, das zeigt auch die Managementberatung Oliver Wyman in einer Analyse, die etwa ein Jahr vor dem spektakulären Auto1-Deal veröffentlicht wurde. Demnach bekamen Start-ups aus diesem Sektor von 2011 bis Ende 2016 global Kapital von mehr als 50 Milliarden US-Dollar. In Deutschland allein flossen Investitionen in Höhe von 316 Millionen US-Dollar. Nach der Analyse sind seit Anfang des Jahrtausends weltweit in der Automobilbranche mehr als 1.000 neue Unternehmen entstanden. Deutschland lag bei den Neugründungen hinter China, den USA und Großbritannien, aber noch vor Frankreich und Indien.
Den Beratern von Oliver Wyman zufolge investieren nicht nur Finanzinvestoren in die Mobilitätsbranche. Auch etablierte Autohersteller wollen sich über Beteiligungen den

Zugang zu technischen Innovationen sichern, die Start-ups entwickeln. „Die schwerfälligen Autobauer können die agilen und skalierbaren Strukturen der Start-ups nur bedingt abbilden", sagt Andreas Nienhaus, Principal bei Oliver Wyman: „Autobauer investieren daher eher in junge Unternehmen, als die Themen intern auszubauen."

Autokonzerne steigen ein

Ein gutes Beispiel ist die digitale Autowerkstatt „Caroobi", die 2017 eine Finanzierung in knapp zweistelliger Millionenhöhe von BMW i Ventures, DN Capital und Cherry Ventures erhielt. Bei Caroobi können Kunden Reparaturen zum Festpreis buchen, ihr Auto kostenlos abholen und dann in einer Partnerwerkstatt reparieren lassen. Das komplexe Werkstattsuchen, undurchsichtige Kostenvoranschläge oder überteuerte Leistungen sollen damit der Vergangenheit angehören. „Der Markt brauchte dringend eine digitale Lösung", sagt Nico Weiler, der 2015 gemeinsam mit Mark Michl das Start-up gründete: „Fahrzeugschäden werden von uns nicht vor Ort in der Werkstatt, sondern per Ferndiagnose über einen

Algorithmus und über 40 Kfz-Experten ermittelt." Auch die Werkstattbesitzer sollen profitieren. „Wir verschaffen unseren Partnerwerkstätten neue Kunden aus dem Internet und erhöhen ihre Auslastung enorm", sagt Co-Gründer Mark Michl. „Außerdem können wir Ersatzteile in sehr viel größerem Volumen einkaufen und automatisieren den manuellen, administrativen Aufwand." Caroobi arbeite inzwischen mit 650 Partnerbetrieben zusammen, ohne dafür geworben zu haben. Laut Weiler ist das Start-up seit der Finanzierung von BMW i Ventures auf rund 100 Mitarbeiter gewachsen, der Umsatz habe sich im Jahr 2017 verzehnfacht, jeden Monat würden gut 4.000 Autos in ganz Deutschland repariert.

„Dass BMW i Ventures als einer der wichtigsten Investoren im Automotive-Bereich bei uns eingestiegen ist, zeigt, dass wir auf dem richtigen Weg sind", glaubt Michl: „Wir haben jetzt einen ganz anderen Zugang zu Experten im Markt und erhalten neue Einblicke." Die Millionen der BMW-Wagniskapitalgeber sollen dazu dienen, die eigene Technologie weiter auszubauen und die Integration der Partnerwerkstätten zu vertiefen.

Gründer-Erfahrung
mit Turnaround

Frisches Geld erhielt kürzlich auch Lukas Steinhilber, Co-Gründer und CEO des Berliner Start-ups „Vehiculum": Zwei Millionen Euro gaben Investoren wie Coparion, die Schneider-Golling-Versicherungsgruppe und der Seriengründer Oskar Hartmann. Zuvor waren schon Geldgeber mit Bezug zur Automobilbranche eingestiegen, etwa Ex-VW-Vorstand Michael Kern. Vehiculum vermittelt über seine Internetplattform Auto-Leasingverträge für gewerbliche Kunden, ein Geschäft, das zuvor rein analog ablief. Steinhilber erklärt: „Vehiculum-Kunden können im Schnitt bis zu 4.000 Euro pro Leasingvertrag sparen, weil das Fahrzeugleasing noch zu 95 Prozent offline vertrieben wird – und Kunden schlicht keine Preise vergleichen können." Vehiculum dagegen vergleiche täglich die Angebote Hunderter Leasinganbieter und biete so einen Preisvergleich in Echtzeit.

Seit der Gründung im Jahr 2015 ist Vehiculum stark gewachsen, sagt Steinhilber: „Alleine im letzten Jahr um knapp 2.600 Prozent." In diesem Jahr sollen Leasingverträge im Wert von über 400 Millionen Euro von rund 30 Mitarbeitern vermittelt werden. Doch der Erfolg stellte sich nicht von selbst ein. Steinhilber und seine Co-Gründer Melchior Bauer und Guy Moller hatten ihr Start-up anfangs selbst finanziert, nach acht Monaten standen sie kurz vor dem Aus. „Rückblickend hatten wir die Komplexität des Marktes zu dem Zeitpunkt unterschätzt", gibt Steinhilber zu. „Wir haben trotzdem nicht eine Sekunde an unserer Idee gezweifelt und Anfang 2016 endlich Investoren gefunden, die an uns geglaubt haben."

Diese Geldgeber fanden die Gründer zunächst über ihr eigenes Netzwerk, dann half eine Roland-Berger-Studie. „Frisch gegründet, wurde Vehiculum darin auf der Weltkarte der spannendsten Geschäftsmodelle platziert – als einziges deutsches Start-up!", betont Steinhilber: „Dadurch kamen wichtige Kontakte zu anderen Investoren zustande." Es zahlte sich auch aus, früh in PR zu investieren. „Viele Gründer unterschätzen, wie viel Einfluss Öffentlichkeit auch in einer frühen Phase schon auf ihr Business und die Investorensuche hat", konstatiert Steinhilber, obwohl die Chancen

Nico Weiler und Mark Michl (v. l.) gründeten eine digitale Autowerkstatt und erhielten Millionen unter anderem von BMW i Ventures.

im Mobilitätssektor groß seien: „Dieser Multi-Milliarden-Dollar-Markt ändert sich von Grund auf. Investoren haben einen besonderen Blick auf Mobilitätsdienstleistungen geworfen. Hier wird sich eine ganze Reihe neuer Player in die Wertschöpfungskette einreihen."

Vehiculum nutzt die Investorengelder, um seinen Service stetig zu erweitern, etwa um ein Tool für das Management kleiner und mittelgroßer Flotten. Die Autobeschaffung inklusive Versicherung und weiterer Serviceleistungen könne so einfach sein wie der Schuhkauf im Internet, glaubt der Gründer. Deshalb wolle Vehiculum perspektivisch auch europaweit tätig sein und Privatkunden „Autos im Abo" anbieten.

Investorengelder helfen bei der Expansion. Das gilt auch für das Ende 2013 gegründete Berliner Start-up „Vimcar", welches ein digitales Fahrtenbuch und eine digitale Fuhrparkleitung anbietet. Fünf Millionen Euro erhielt Vimcar 2017 unter anderem von Unternehmertum Venture Capital Partners, Coparion und der französischen Arnault-Gruppe. „Mit den frischen Finanzen wollen wir uns noch mehr unserem digitalen Fuhrparkmanager widmen", sagt Vimcar-Gründer und Geschäftsführer Andreas Schneider. Einige neue Funktionen seien geplant, nach der Kooperation mit

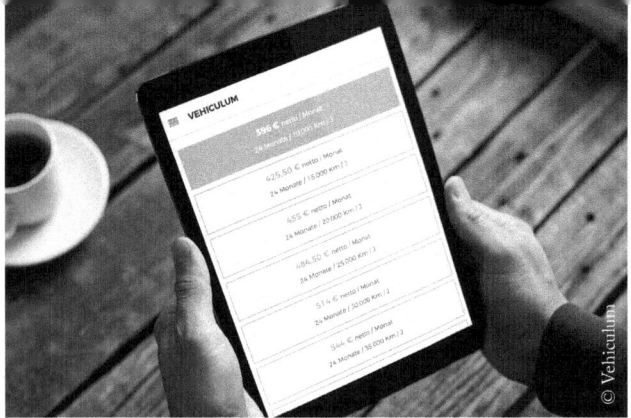

Auto-Leasingverträge für gewerbliche Kunden vermittelt Vehiculum über seine Internetplattform. Ein Geschäft, das früher rein analog betrieben wurde.

Guy Moller, Melchior Bauer und Lukas Steinhilber (v. l.) erhielten im vergangenen Jahr zwei Millionen Euro von externen Interessenten.

dem Marktführer für elektronische Führerscheinkontrolle „LapID" stehen unter anderem die Integration von Unfallverhütungsvorschriften und die Tankkartenintegration auf der Liste.

Kernprodukt von Vimcar ist ein digitales Fahrtenbuch, das über einen Stecker in der Diagnoseschnittstelle des Fahrzeugs alle Fahrten automatisch aufzeichnet. Eine integrierte SIM-Karte überträgt die Daten auf die Vimcar-Server, sodass während der Fahrt kein Smartphone nötig ist. Der Fahrtenbuchstecker kann selbst eingesetzt werden, ein Besuch in der Werkstatt ist somit nicht nötig – anders als bei Telematik-Boxen. Von anderen digitalen Fahrtenbüchern setzt sich das Vimcar-Produkt dadurch ab, dass man mit dem Deutschen Steuerberaterverband kooperiert und vom Softwarehaus Datev empfohlen wird. Schneider hebt hervor: „Wir haben unser Fahrtenbuch in Zusammenarbeit mit Steuerberatern entwickelt und können so ein Höchstmaß an Finanzamt-Konformität gewährleisten."

Das Vimcar-Fahrtenbuch hilft durch das Aufsplitten von Privat- und Betriebsfahrten dabei, den geldwerten Vorteil genau zu berechnen, der durch einen Firmenwagen entsteht, und damit Steuern zu sparen. Der Fuhrparkmanager „Vimcar Fleet" und die Fahrzeugbuchungsplattform „Vimcar Booking" sollen darüber hinaus vor allem kleinen und mittelständischen Unternehmen helfen, die eigenen Fahrzeuge effizienter zu nutzen. Das Geschäft läuft laut Schneider sehr gut: „Vor allem in unserer Hochsaison im Dezember und Januar können wir uns nicht über mangelnde Anfragen beklagen."

Der Umsatz ist in dieser Zeit am höchsten, weil der Umstieg von der Ein-Prozent-Methode auf ein Fahrtenbuch nur zum Jahreswechsel möglich ist, sofern nicht schon handschriftlich Fahrtenbuch geführt wird oder ein Fahrzeugwechsel ansteht. Mittlerweile hat Vimcar über 25.000 Fahrzeuge ausgestattet, vor allem bei kleinen und mittelständischen Unternehmen. Zu den Kunden zählen aber auch Konzerne wie die Deutsche Bahn. Mit einigen Automobilherstellern ist man wegen der Direktintegrationen des Vimcar-Fahrtenbuchs im Gespräch, sodass es künftig möglich sein könnte, Vimcar über den „App-Store" der Fahrzeuge freizuschalten und

ganz ohne Hardware zu arbeiten. „Der Bereich der digitalen Mobilitätsdienstleistungen ist ein schnell wachsender Markt, in dem sich vieles ändert", sagt Vimcar-Gründer Schneider. „Folglich ist in dem Bereich durchaus Potenzial zu erkennen – für uns und auch für Investoren." Die Mobilitätsbranche werde seit Urzeiten von den großen Autokonzernen dominiert, durch kleinere digitale Akteure werde er nun aber aufgemischt und biete einen Nährboden für herstellerübergreifende Innovationen. „Diese spannende Dynamik steckt voller Möglichkeiten für neue Geschäftsideen – und ist damit natürlich auch für Investoren attraktiv", sagt Schneider.

Mobilitätsdienste: Einnahmen steigen weltweit um das Dreifache

Die Einschätzung des Vimcar-Gründers deckt sich mit den Erkenntnissen von Oliver Wyman. Die Berater sagen voraus, dass die Einnahmen durch Mobilitätsdienstleitungen weltweit um das Dreifache steigen werden bis zum Jahr 2025. Die Mehrheit der Automobil-Start-ups – in Deutschland knapp zwei Drittel – ist in diesem Bereich aktiv, dahinter folgt mit einigem Abstand das Geschäftsfeld rund um vernetzte und autonome Fahrzeuge.

Im nächsten Schritt, sagen die Management-Berater, müssen die großen Hersteller die Mobilitätslösungen der Start-ups in ihre eigene Markenwelt integrieren. „Die größte Herausforderung ist dabei, die von den Kunden erwarteten Qualitätsstandards bei Neuwagen auch auf App-basierte Angebote auszuweiten", prognostiziert Principal Nienhaus von Oliver Wyman und warnt: „Wenn eine App abstürzt, akzeptieren Kunden dies heute zähneknirschend. Wenn jedoch das Navi im Auto für ein paar Minuten den Geist aufgeben sollte, ist dies nicht hinnehmbar."

Gregor Hallmann arbeitet in Berlin als freier Wirtschafts- und Finanzjournalist. Er war zuvor bei einer Nachrichtenagentur tätig und studierte Politologie und Rechtswissenschaften.

Stilsicherer Individualist

Die Uhren-Marke „Nomos Glashütte" tickt präzise zur Transformation im wandelnden Markt. Das liegt an Gründer Roland Schwertner, weil er einen anderen Kurs fährt als viele Wettbewerber.

Roland Schwertner arbeitete als EDV-Berater und Fotograf, bevor er nach der Wende im sächsischen Glashütte ins Uhrengeschäft einstieg.

© Nomos Glashütte

A m Markt für hochwertige mechanische Zeitmesser ging es seit der Jahrtausendwende kräftig aufwärts. Teure Uhren fanden in China neue und kaufkräftige Zielgruppen. Viel Geld verdienten Luxusgüterhersteller wie LVMH aus Frankreich, die Schweizer Konzerne Richemont und Swatch mit ihren zahlreichen Nobelmarken sowie unabhängige Größen à la Rolex oder Patek Philippe. Neue Modelle, immer mehr Marken und ein steigendes Preisniveau sorgten für gute Stimmung in der Branche.

Doch dann wurde die Antikorruptions-Kampagne, die im Jahr 2012 begann, zum Partyschreck im Land des Lächelns. Weil teure Uhren als typisches Korruptionsgeschenk gelten, gingen in China und Hongkong immer weniger prestigeträchtige Chronografen über den Ladentisch. Mit dramatischen Folgen: „Der Absatz von Luxusuhren brach um etwa ein Drittel ein", sagt Frank-Michael Müller vom Marktforschungsunternehmen Responsio.

Nische
statt Krise

Der sächsischen Uhrenmanufaktur Nomos Glashütte machte die Krise weniger zu schaffen als vielen Konkurrenten. „Für uns ist wichtig, dass Chinesen unsere Uhren kaufen, wenn sie nach Deutschland kommen – und das klappt ganz gut", sagt Firmengründer Roland Schwertner. Denn der Großteil der Nomos-Uhren wird hierzulande verkauft, nur etwa 30 Prozent gehen in den Export. Zwar beschäftigt die Firma inzwischen über 300 Mitarbeiter und wächst beim Umsatz zweistellig. Doch Schwertner weiß, dass der Exportanteil noch steigen muss: „Wir haben zuerst auf den deutschsprachigen Raum geschaut, dann wollten wir im übrigen Europa wachsen, und jetzt blicken wir vor allem auf die USA." Er hat extra seinen Sohn nach New York geschickt, um den US-Markt zu erobern. „In den USA steht Nomos noch am Anfang. Wachstumspotenzial ist also reichlich vorhanden", urteilt Marktexperte Müller.

Nomos Glashütte hilft die Kraft der Nische. Anders als viele Wettbewerber setzt man nicht auf barocke Gold- und Platinuhren mit Diamantbesatz, sondern auf hauseigene Uhrwerke, flache Gehäuse aus Stahl und eine reduzierte Designsprache. „In Deutschland sind wir Marktführer in unserem Preissegment", sagt Schwertner. Zum Einstieg gibt es eine Nomos für knapp über 1.000 Euro. Wer will, kann fast 16.000 Euro für eine Uhr aus Sachsen ausgeben. „Wir sehen uns nicht in der Tradition des Luxus für Könige und Kaiser, sondern stehen für bezahlbare, aber höchste Qualität", beschreibt Schwertner sein Konzept. Die Gestaltung der Uhren orientiert sich an den Prinzipien von Bauhaus und Deutschem Werkbund.

„Nomos bedient perfekt die Zielgruppe der Liberal-Intellektuellen, zu denen Freiberufler wie Architekten, Ärzte, Journalisten oder Künstler gehören", meint Marktforscher Müller: „Das sind Menschen, die schlichte Eleganz schön finden, die das Einfache und Klare schätzen." Ein Erfolgsgeheimnis von Nomos sei, dass die Firma nicht nur an Uhren und deren Produktion denke, sondern auch an ihre Kunden.

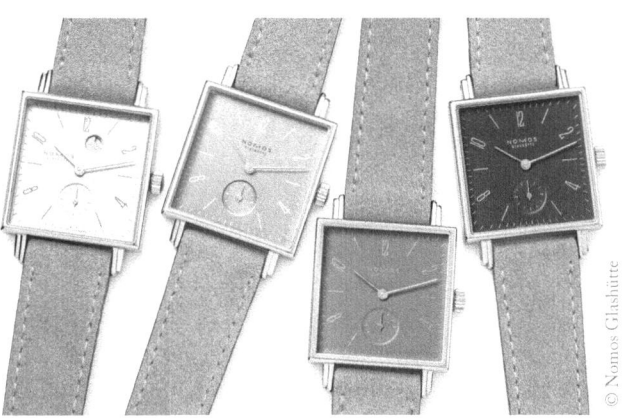

Berliner Mischung: So heißt Nomos kunterbunte Kollektion des Modells „Tetra" mit Beinamen wie „Kleene" oder „Clärchen".

So wie seine Kundschaft hat auch Schwertner einen eigenen Kopf. Der Berater, EDV-Experte und Modefotograf gründete Nomos Glashütte nach der Wende. Der Anfang war schwer, erinnert sich der Düsseldorfer: „Ich bin kein Schweizer oder Uhrmacher und ich hatte kein Geld. In dieser Mischung fehlte eigentlich etwas, um erfolgreich zu sein." Obwohl die ersten Modelle sich gut verkauften, versiegte bald das geliehene Startkapital. Schwertner verdiente noch in seinen alten Jobs dazu. Im Jahr 1997 stieg das Warenhaus Manufactum ein. Schwertners Hartnäckigkeit zeigte sich auch am Willen, nicht von Zulieferern abhängig zu sein. Er steckte viel Geld in die Entwicklung eines eigenen Swing-Systems, des Herstücks einer Uhr – in einer Zeit, als die Swatch-Tochter Nivarox wichtige Bauteile kaum noch an Wettbewerber lieferte. Dieses Ziel hat er 2014 erreicht. „Unabhängigkeit von Zulieferern ist für die Zukunft einer Marke ein wesentlicher Punkt", sagt Fachmann Müller.

Schwertner kann Verantwortung teilen. Schon seit 1999 leitet der Sachse, gelernte Werkzeugmacher und Ingenieur Uwe Ahrendt die Produktion in der Glashütte-Manufaktur. Design und Marketing werden seit 2001 von Judith Borowski in der Tochtergesellschaft „Berlinerblau" geführt. Beide sind Mitgesellschafter, Schwertner blieb aber bis heute Mehrheitsgesellschafter der Kommanditgesellschaft. „Drei können mehr als einer, auch wenn wir nicht immer einig sind", betont er, denn sich mit Ja-Sagern zu umgeben kommt für

ihn nicht infrage: „Wenn alle dem Chef nur Nettes sagen, hat man irgendwann kein Korrektiv mehr." Auch wenn sich die Absatzkrise etwas gelegt hat, bleibt es spannend am Uhrenmarkt, prognostiziert Uhrenexperte Frank-Michael Müller: „Es gibt eine Verschiebung von Offline- zu Online-Käufen. Die Handelslandschaft wird in zehn Jahren komplett anders aussehen." Die großen Konzerne seien darauf aus, selber als Händler aktiv zu sein, um die Handelsmargen einzustreichen. Und die Kunden seien bereit, wie er Marktforscher ermittelte: „Im letzten Jahr sagten uns schon 54 Prozent der Befragten, die offline mehr als 1.000 Euro für eine Armbanduhr ausgeben würden, dass sie dies auch online machen würden, selbst bei einem Wert über 10.000 Euro gibt es eine signifikante Online-Kaufbereitschaft." Dennoch werde sich eine Reihe von Marken auch im stationären Handel halten können. „Wenn in den nächsten zehn Jahren jeder zweite Juwelier schließt, können die übrigen immer noch Uhren verkaufen. Da bleibt also Platz", sagt Müller. Nomos Glashütte sieht sich mit seinem Online-Shop jedenfalls auch für den digitalen Vertrieb gerüstet.

Smartwatch keine ernste Bedrohung

Auch das Thema Smartwatch, das die Branche umtreibt, bereitet Roland Schwertner keine größeren Sorgen. „Für die Branche mag das eine ernsthafte Bedrohung sein, aber nicht für uns", sagt der Nomos-Gründer: „Seine Persönlichkeit kann man auch zukünftig sehr gut mit einer eleganten, mechanischen Uhr ausdrücken." Frank-Michael Müller sieht das ähnlich: „Andere Marken sind durch die Smartwatch viel gefährdeter, weil Nomos weniger als Statussymbol dient und die freiheitlich denkende Zielgruppe gar nicht will, dass über die Smartwatch jederzeit alle ihre Daten erfasst werden."

Angebote anderer Interessenten gab es schon viele, doch Schwertner und seine Mitgesellschafter setzen weiter auf ihre Unabhängigkeit. „Solange wir für Dritte interessant sind, sind wir auch überlebensfähig", betont der Gründer: „Nur wenn es für die Firma wichtig ist, würden wir uns öffnen." Die Freude an Nomos Glashütte will er sich noch lange erhalten.

Autor Gregor Hallmann porträtierte den Unternehmer, den er in Berlin traf.

Präventiv restrukturieren?

Umstrittene Thesen stellt dieses Magazin in „return kontrovers" zur Diskussion.
Diesmal drehen sich Diskurs und Debatte um einen Vorschlag der EU-Kommission.

Wie heiß ein Thema für Diskussionen sorgt, ist oft schon an umstrittenen Begriffen zu spüren. In meinem Interview mit Insolvenzverwalter Jan H. Wilhelm hatte ich zwar selbst schon Gänsefüßchen in der Frage gesetzt, ob ein „vorinsolvenzliches" Verfahren auf seinem Wunschzettel stehe, aber die An- und Abführung konnte er selbstverständlich nicht hören und antwortete: „Doch sehr. Wenngleich ich über die Formulierung ‚vorinsolvenzlich' nur den Kopf schütteln kann."

Recht hatte der Jurist und Unternehmenssanierer, denn die EU-Kommission hat genau genommen einen „Vorschlag für eine Richtlinie (...) über präventive Restrukturierungsverfahren" unterbreitet. In der Langfassung lautet der Entwurf gar wie ein fordernder Appell für „die zweite Chance und Maßnahmen zur Steigerung der Effizienz von Restrukturierungs-, Insolvenz- und Entschuldungsverfahren". Damit schwingt zwischen den Zeilen der Vorwurf mit, dass angeschlagenen Unternehmen nicht oft genug die Möglichkeit zur Sanierung außerhalb des Justizapparates eröffnet wird. Wer die „Steigerung der Effizienz" anmahnt, bemängelt zudem den Erfolg der bisherigen Vorgehensweise.

Marie Luise Graf-Schlicker

Etwas auszusetzen hatte auch Ministerialdirektorin Marie Luise Graf-Schlicker vom Bundesjustizministerium, als ich in Bezug auf das Brüsseler Angebot danach fragte, ob sie den Eindruck der Öffentlichkeit verstehe, ihr Amt unterstütze den Vorstoß als Bedenkenträger nur halbherzig. „Sofern ein solcher Eindruck entstanden ist, ist er schlicht falsch", entgegnete sie entschieden: „Bundesminister Maas hat den Vorstoß der EU-Kommission im Grundsatz öffentlich und auch bei den Beratungen im Rat für Justiz und Inneres der Europäischen Union begrüßt."

Künftig kann er als Außenminister vor allem und unter anderem Europa bereisen. Seine SPD-Kollegin, die promovierte Juristin Katarina Barley, soll jetzt das Justizministerium führen und in ihrer Amtszeit womöglich die nationale Umsetzung der EU-Idee zur Unternehmenssanierung auch national zum Abschluss bringen. Denn: „Der Entwurf der EU-Kommission steht!", bloggt im „Handelsblatt Rechtsboard" mit Rechtsanwalt Daniel F. Fritz der Sprecher der Europagruppe der Arbeitsgemeinschaft Insolvenzrecht und Sanierung im Deutschen Anwaltverein schon ausgesprochen optimistisch.

Weniger sicher klingen Wirtschaftsjuristin Dr. Andrea Braun und ihr Kollege Dr. Thomas Hoffmann der „Practice Group Restrukturierung & Insolvenz" von Noerr LLP: „Deutsche Unternehmen müssen sich für ein vorinsolvenzliches Sanierungsverfahren noch etwas gedulden." Es sei nicht zu erwarten, dass der Gesetzgeber seine vorhandenen verfahrensrechtlichen Möglichkeiten komplett anpasst. Ob das so eintritt?

Kreditgeber kritisieren angeblich den Vorstoß

Jedenfalls nicht, wenn es nach den Kreditgebern geht: „Banken wollen kein präventives Sanierungsverfahren", behauptet Desirée Backhaus auf www.finance-magazin.de. Sie sieht Restrukturierungskreise leidenschaftlich streiten, ob Deutschland ein solches Angebot überhaupt braucht. Vielleicht sollte man mal Unternehmer dazu befragen. Stattdessen bezieht sie sich auf befragte Banker und Investoren, von denen es 56 Prozent für „unnötig" halten, aber immerhin 44 Prozent auch Bedarf.

Der Tenor in Wirtschaftsmedien klingt kritisch: Ob das „Handelsblatt" klagend titelt „Brüssel greift ins Insolvenzrecht ein" oder besagtes „Finance-Magazin" droht „EU zwingt Deutschland zu neuem Sanierungsverfahren" – warum nur so ablehnend? Die Gesundung von Unternehmen, bisher unter der Regie von Gerichten, ist meines Erachtens nicht gerade von Erfolg gekrönt. Das frühzeitige Verfahren wäre zusätzlich einen Versuch wert.

Diese eigene Erfahrung und externe Medienauswertung stammen von „return"-Chefredakteur Thorsten Garber.

PRO

Lars Westpfahl:
„Wir brauchen Verfahrensrahmen außerhalb der Insolvenzordnung"

© Freshfields

Deutschland ist eines der ganz wenigen europäischen Länder, das in diesem Bereich nichts vorzuweisen hat, und deshalb werden nach wie vor wirtschaftlich bedeutsame und vor allem finanzielle Restrukturierungen deutscher Unternehmen über das vielfach erprobte englische Scheme of Arrangement implementiert.

Warum ist das so? Viele Unternehmen haben zwar einen positiven operativen Cashflow, können aber ihre Finanzierungslast nicht tragen. Je komplexer die Finanzierung, desto schwieriger deren Restrukturierung, da die Zustimmung aller Betroffenen dann fast nicht zu erreichen ist. Außerhalb der Insolvenz erlaubt in Deutschland aber nur das Schuldverschreibungsgesetz einen sogenannten Cram-down dissentierender Gläubiger. Sind aber durch die Insolvenz tiefgreifende Beeinträchtigungen zu befürchten, bleibt nur der Weg ins Ausland. Auch das Schutzschirmverfahren hilft in diesen Fällen nicht weiter, da es eben gerade ein Insolvenzverfahren ist.

Grundsätzlich in Eigenverwaltung

Was brauchen wir also in Deutschland? Einen Verfahrensrahmen, der außerhalb der Insolvenzordnung angesiedelt ist und seinen Anwendungsbereich vor der materiellen Insolvenz hat. Das Verfahren sollte grundsätzlich in Eigenverwaltung durchgeführt werden und ein Sanierungsbeauftragter oder -walter nur dann eingesetzt werden, wenn Schuldner oder die Mehrheit der Gläubiger dies für notwendig oder zumindest hilfreich erachten. Zum Schutz des Verfahrens sollte ein Moratorium beantragt werden können. Schließlich sollte im Rahmen eines Plans in die Rechte von Minderheitengläubigern und gegebenenfalls auch Anteilseignern eingegriffen werden können.

Dr. Lars Westpfahl leitet bei Freshfields Bruckhaus Deringer die deutsche Fachgruppe Restrukturierung/Insolvenz.

KONTRA

Axel W. Bierbach:
„EU muss Mitgliedsstaaten mehr Spielraum geben"

© MHBK

Der Richtlinienvorschlag der EU-Kommission will erzwingen, was frühere Empfehlungen nicht vermochten. Die Kommission formuliert hinsichtlich Rechtsordnungen mit schlecht funktionierendem und restrukturierungsschwachem Insolvenzrecht. Gerichte und Verwalter sollen weitgehend von dem Verfahren ferngehalten werden. Dieser Schritt birgt erhebliche Risiken, zumal die Entschuldung, nicht die Gläubigerbefriedigung das Ziel ist. Viele Unternehmer verweigern sich in Krisensituationen der Realität und stellen viel zu spät einen Insolvenzantrag. Die EU-Kommission plant zahlreiche Vergünstigungen, um das zu verhindern. Der mit einem Insolvenzverfahren verbundene Kontrollverlust soll für den Schuldner weder im Verfahren noch hinterher eintreten. Stattdessen sollen die Gläubiger notfalls dazu gezwungen werden, die Restrukturierung über Monate zu begleiten, indem ihnen sogar die Möglichkeit einer Kündigung oder eines Lieferstopps untersagt werden soll.

Programm überspannt

Dieses Programm überspannt nicht nur die (verfassungs-)rechtlichen Grenzen einer Restrukturierung. Es wird in einer vernetzten Wirtschaft auch Ansteckungseffekte auslösen, indem es so manchen Gläubiger selbst in die Krise stürzt. Der Paradigmenwechsel von einem geordneten und überwachten Gläubigerbefriedigungsverfahren hin zu einem reinen Entschuldungsverfahren gefährdet nicht nur viele Unternehmen, sondern auch das Vertrauen in die Märkte. Die EU muss nationalen Gesetzgebern deutlich mehr Spielraum geben. Nur so kann das gut funktionierende deutsche Insolvenzrecht um sinnvolle Sanierungswerkzeuge bereichert werden.

Insolvenzverwalter Axel W. Bierbach ist Partner der Sozietät Müller-Heydenreich Bierbach & Kollegen und Vorstand im Verband VID.

Künstliche Identifizierung

Begutachtung von Werbemotiven durch KI-Bilderkennung

Hohe Wellen schlug Anfang März eine Meldung der Online-Ausgabe der „FAZ": Zalando streiche 200 Stellen im Marketing der Berliner Zentrale und setze stattdessen verstärkt auf Algorithmen und künstliche Intelligenz (KI). Man wolle auf diese Weise schneller und automatischer kundennäher werden, unter anderem sollen Werbe-Mails von Automaten verschickt werden. Ein weiteres Signal dafür, dass die Digitalisierung gewohnte Arbeitsumgebungen stark verändert. Wie weit diese Disruption schon jetzt gehen kann, lässt sich an einer aktuellen Studie des Website-Analysetechnik-Anbieters Quantcast ablesen. Passend zum Weltfrauentag ermittelte das britische Unternehmen mit zwei deutschen Büros, dass die Automobilindustrie trotz steigender Kaufkraft von Frauen immer noch einseitig auf Werbekonzepte setzt, die Männer ansprechen. Unter die Lupe genommen wurden rund 4.000 digitale Werbemotive von über 1.000 Kampagnen – allerdings nicht durch menschliche Gutachter, sondern durch künstliche Intelligenz.

Quantcast Deutschland-Chef Volker Helm: „Wir wollten mit der Studie zeigen, wie Werbetreibende von KI profitieren können."

Analyse von Anzeigen für Autos, Technik, Finanzen

Dazu nutzte Quantcast für sein Analyse-Tool die Bilderkennungstechnologie des US-Start-ups Clarifai, das Motive mittels KI automatisch erfassen und kategorisieren kann. So gerüstet, schaute sich die Quantcast-Lösung die Kampagnendaten von Marken aus den Bereichen Automobil, Technologie und Finanzdienstleistung an, die sich zwischen November 2017 und Februar 2018 an britische Webnutzer richteten. Analysiert hat Quantcast dann zunächst, welche der von der KI-Bilderkennung ermittelten Kreativkonzepte die Interaktion weiblicher und männlicher Nutzer am effektivsten beeinflussten. Kurz gesagt, welche Motive Männer

oder Frauen dazu bringen, sich intensiver mit der Marke auseinanderzusetzen.

Im zweiten Schritt ermittelte Quantcast, wie häufig die Marken diese jeweils geeigneten Motive einsetzten. Das ziemlich eindeutige Ergebnis: Während effektiv erkannte Frauenthemen wie „Zusammengehörigkeit", „Reise", „Abenteuer" oder „Gepäck" nur zu unter einem Prozent in den Werbeanzeigen der Automobilindustrie zu finden waren, tauchten Themen mit hoher Wirkung auf Männer in fast 30 Prozent der Anzeigen auf: Konzepte wie „Straße", „Wirtschaft", „Geschwindigkeit".

Ein Ergebnis, das Volker Helm als Chef von Quantcast für die D-A-CH-Region und Nordeuropa selbst überrascht: „Es gibt immer noch Marken, die ihre Kampagnen auf überholte Wahrnehmungen zu ihren Zielgruppen stützen. Der Internationale Frauentag ist ein guter Zeitpunkt, um kritisch zu hinterfragen, ob wir vorhandene Daten und Technologien nutzen, um Stereotype – ob bewusst oder unbewusst – zu vermeiden." Die hier testweise eingesetzte KI von Clarifai erweitert das Portfolio des britischen E-Commerce-Kundendatenspezialisten. Helm: „Wir wollten damit konkret zeigen, wie Werbetreibende von KI profitieren können. Der Fokus bei Quantcast liegt auf unserer eigenen Technologie. Damit analysieren wir das Nutzerverhalten im offenen Internet, um Online-Werbekampagnen besser und genauer an die richtigen Zielgruppen aussteuern zu können." Auch die Quantcast-Plattform basiere bereits auf KI und Machine Learning. Aus dem vorliegenden Fall sollten Autowerber wohl lernen und intensiver um potenzielle Käuferinnen buhlen: So kommt die Shell-Studie „Pkw-Szenarien bis 2040" zu dem Schluss, dass dann nahezu die Hälfte der Autofahrer weiblich sein wird.

Armin Hingst arbeitet unter anderem als freier Journalist insbesondere zu Themen der IT-Branche.

Mobilität der Zukunft

Wie der Mittelstand mehr Möglichkeiten für Flotten nutzt

Noch sind autonomes Fahren und Connected Car nicht in unserem Alltag angekommen, aber der Weg dorthin wurde beschritten. Wir sind schon jetzt mitten in der Diskussion darüber, was diese Neuerungen für die Zukunft bedeuten. Für die Zukunft von Privatpersonen, aber besonders auch für die zukünftigen Mobilitätskonzepte von mittelständischen Unternehmen. Denn gerade im Geschäftssegment beobachten wir schon seit einigen Jahren eine deutliche Verschiebung hin zu kundenorientierten, flexiblen und bedarfsgerechten Transportmodellen.

Starre Mobilitätssysteme mit Dienstwagen und Unternehmensflotten werden schon bald der Vergangenheit angehören. Für Flottenmanager, Travel Manager und Geschäftsführer ist es deshalb an der Zeit, den Blick nach vorne zu richten und die vielfältigen Optionen zu verstehen und zu nutzen. Egal ob sie besitzen, mieten oder teilen – besonders für kleine und mittelständische Unternehmen gibt es jetzt noch mehr Möglichkeiten des Flotten-Managements als je zuvor.

Für Unternehmen, die mit einer kleineren Belegschaft oder einem saisonalen Konjunkturzyklus arbeiten, ist der Besitz eines Fahrzeugs oft keine tragfähige und kosteneffektive Lösung. Neue „Shared Mobility"-Lösungen helfen dabei, flexibler auf die Bedürfnisse der Mitarbeiter hinsichtlich Mobilität einzugehen. So werden hohe Wartungs- und Instandhaltungskosten vermieden, während gleichzeitig die Anschaffungskosten für eine firmeneigene Flotte wegfallen.

Transformation der Mobilität

Anstelle des traditionellen Firmenwagenmodells bewegt sich die Branche hin zu einem gemischten Angebot aus fester Flotte, Carsharing, Chauffeur Drive und Autovermietung. Es liegt deshalb nahe, dass Unternehmen in nicht allzu ferner Zukunft auf bedarfsgesteuerte Flotten zurückgreifen werden, die sowohl elektrische, vernetzte als auch letztlich autonome Fahrzeuge beinhalten werden.

Als einer der führenden Mobilitätsdienstleister sehen wir sehr deutlich die Veränderungen im Markt. Die Arbeitswelt ist flexibel und sie stellt diese Anforderung selbstverständlich auch an die Mobilitätslösungen, mit denen sie arbeitet. Diese Transformation der Mobilität wird auch Veränderungen in Bezug auf die Berufsbilder mit sich bringen. Flottenmanager werden beispielsweise in Zukunft deutlich weniger Zeit damit verbringen, die Fahrzeugwartung zu überwachen und zu steuern. Sie werden stattdessen zu Projektmanagern, die die verschiedenen Mobilitätslösungen verwalten und optimal aufeinander ausrichten. So wie sich die Rolle des Fuhrparkmanagers in den Unternehmen verändert, so verändert sich auch unsere Rolle für Firmenkunden. Mobilitätsdienstleister werden in Zukunft nicht alleine durch das Bereitstellen von Fahrzeugen bestehen können. Stattdessen sehen wir unsere Hauptaufgabe darin, unsere Kunden bei der optimalen Nutzung der vorhandenen Techniken und Plattformen zu unterstützen – ganz egal ob sie Hilfe im Bereich Wartung und Instandhaltung von Flotten benötigen oder ob sie Fragen zu den Themen Fahrzeugbereitstellung, Telematik, Informatik oder anderen Dienstleistungen haben. Denn durch die daraus resultierenden individuellen Mobilitätslösungen optimieren wir die Mobilität von Unternehmen und Mitarbeitern unabhängig davon, ob sie nur in einer Stadt oder auf der ganzen Welt unterwegs sind.

Steigende Flexibilität, sinkende Ausgaben

Mit Anwendungen wie unserem Modell „Fleet Management as a Service" wird nicht nur die Mitarbeitermobilität modernisiert, sondern gleichzeitig die Kosten für die firmeneigene Flotte gesenkt. Die dadurch steigende Flexibilität der Unternehmen bei gleichzeitig geringeren Ausgaben wird die Mobilität im Mittelstand revolutionieren. Ich bin davon überzeugt, dass sich die Branche in den nächsten fünf Jahren stärker verändern wird als in den vergangenen 20 Jahren zusammen. Wir freuen uns darauf, dass wir bei Avis während dieser spannenden Zeit der Veränderungen am Steuer sitzen und die Zukunft aktiv mitgestalten dürfen.

Martin Gruber ist Managing Director der Autovermietung Avis Budget in Deutschland, Österreich, der Schweiz, Polen und der Tschechischen Republik.

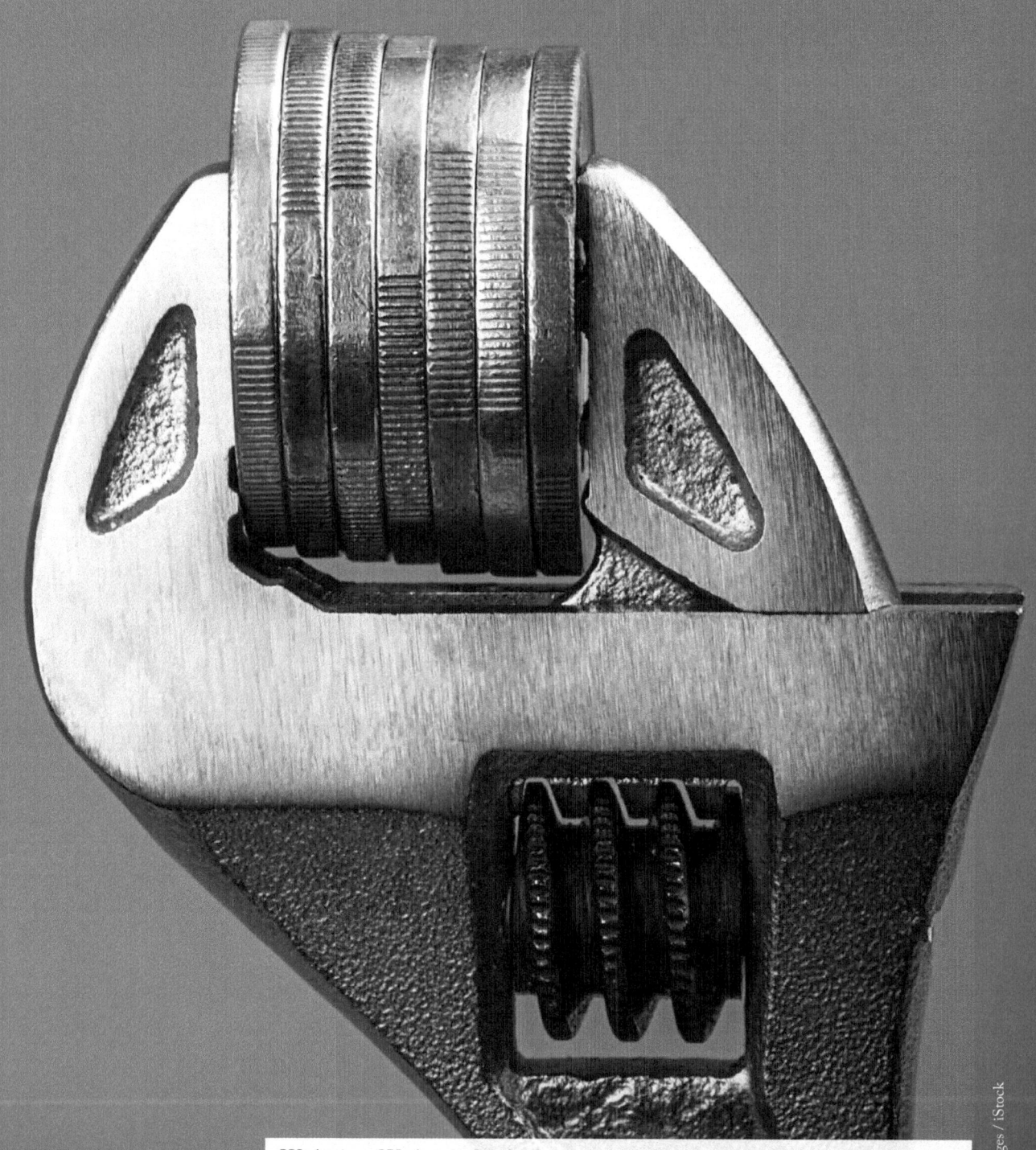

Wirksames Werkzeug: Maßnahmen zur Verbesserung der eigenen Preise wirken sofort, werden von Führungskräften in Unternehmen allerdings immer noch unterschätzt. Diese messen nach Befragungen Maßnahmen zur Kostenoptimierung eine höhere Relevanz für Ertragssteigerungen bei. Eine Vernachlässigung mit nachteiligen Folgen insbesondere in Krisen.

Pricing als Ertragswerkzeug

Wenn Unternehmen in Schieflagen geraten, denken Manager meist sofort an Kostensenkung.
Pricing als direkt wirksamer Stellhebel mit positivem Effekt wird dabei zu oft übersehen.

Kaum ein Tag vergeht, ohne dass Medien über Unternehmen berichten, die Restrukturierungsprogramme verabschiedet oder Sparprogramme abgeschlossen haben. Über die Einführung von intelligenten Preisstrategien und Preismodellen ist dagegen wenig zu erfahren. Dies deckt sich mit den Ergebnissen unserer Pricing-Studie, nach der fast 40 Prozent aller befragten Führungskräfte Maßnahmen zur Kostenoptimierung die deutlich höhere Relevanz für die Ertragssteigerung beimessen als der Optimierung des Preis-Managements.

Diese Sichtweise vernachlässigt allerdings zwei zentrale Aspekte. Zum Ersten wirken sich alle Pricing-Maßnahmen direkt auf den Gewinn aus. Ein Prozentpunkt, der im Pricing herausgeholt wird, schlägt sofort auf die „Bottom-line" durch. Dadurch reichen häufig schon kleine Maßnahmen, um den Gewinn deutlich nach oben zu bringen. Die Praxis hat gezeigt, dass eine umfassende Optimierung des Preis-Managements zu einer Steigerung der Umsatzrendite zwischen einem und drei Prozentpunkten führt. Zum Zweiten sind Preismaßnahmen schnell, einfach und kostengünstig umzusetzen. Es wird weder ein Sozialplan benötigt, noch zieht dies hohe Investitionen nach sich.

Pricing als moderner Management-Prozess

In den meisten Unternehmen wird Preis-Management deutlich zu eng gedacht. Fast immer liegt der Fokus auf der Preissetzung für die wichtigsten Produkte, den sogenannten A-Produkten. Genau auf diesen Produkten liegt allerdings ebenso der Fokus der Einkäufer. So entsteht schnell der Eindruck, im Pricing bestünde kein Spielraum mehr. Der entscheidende Schritt ist es daher, Pricing nicht nur als Festlegung der Listenpreise, sondern als umfassenden Management-Prozess zu sehen.

Ein großes Unternehmen der Maschinenbaubranche mit unterschiedlichen Business Units hatte über Jahre hinweg immer wieder verschiedene Einzelmaßnahmen im Pricing durchgeführt. Das Thema fiel aber nie richtig auf fruchtbaren Boden und die gewünschten Ertragseffekte blieben aus. Der Schlüssel zum Erfolg war die Einführung eines „Pricing Frameworks", mit dem sich alle Business Units koordinieren konnten und eine gemeinsame Sprachen fanden. Mithilfe des Frameworks wurden im ersten Schritt die zentralen Ertragshebel identifiziert.

Darauf aufbauend wurde eine Pricing Roadmap erstellt, mit der dauerhafte Pricing Excellence möglich wurde. DasPricing Framework zeigt auf den ersten Blick, dass professionelles Preis-Management aus sehr vielen Einzelaspekten besteht. Durch die hohe Hebelwirkung des Preises ist es sinnvoll, auch kleine Schrauben optimal einzustellen. An welchen Stellen sich letztlich das höchste Potenzial verbirgt, ist von Branche zu Branche, aber auch von Unternehmen zu Unternehmen höchst unterschiedlich.

Drei Ertragshebel sind nachfolgend ausgewählt. Diese haben sich nach unserer langjährigen Erfahrung als die zentralen Ertragshebel im Preis-Management herausgestellt. Alle Hebel sind in der Lage, schnell und nachhaltig die Erträge zu steigern. Da es aus Sicht des Top-Managements nicht immer einfach ist zu analysieren, ob überhaupt Optimierungsmöglichkeiten bestehen, haben wir zudem zu allen Hebeln klare Kernfragen formuliert. Diese ermöglichen es, sich schnell einen Überblick zu verschaffen, ob Handlungsbedarf besteht.

Beim Value Pricing lauten die Kernfragen: Gibt es einen schriftlich definierten Prozess, wie die Listenpreise festgelegt werden sollen? Oder existieren nur allgemeine Vorstellungen, dass irgendwie Kosten, Wettbewerb und der Kunde berücksichtigt werden?

In den meisten Unternehmen ist die Festlegung des Listenpreises der zentrale Startpunkt des Preis-Managements. Kaum ein Unternehmen hat allerdings einen schriftlich definierten Prozess für diese zentrale Unternehmensfunktion. Dies führt in der Praxis häufig dazu, dass Wettbewerbspreise

> „In den meisten Unternehmen wird Preis-Management deutlich zu eng gedacht."

© 3alexd / Getty Images / iStock

Zur Gelddruckmaschine taugt der moderne Pricing-Prozess zwar nicht, aber zur signifikanten Steigerung der Umsatzrendite.

nur unzureichend vorliegen und der Kundennutzen nicht systematisch berücksichtigt wird. Wenn die Umstellung von kostenbasiertem auf value basiertes Pricing gelingen soll, müssen hierfür auch die entsprechenden Tools zur Verfügung gestellt werden. Zudem muss sichergestellt sein, dass Methoden zur Anwendung kommen, mit denen nicht nur A-Produkte zu bepreisen sind, sondern mit denen ein umfangreiches Portfolio optimiert werden kann. Denn die Chancen zur Preisanpassung liegen im Regelfall eher in den Randsortimenten als im Kernsortiment.

Zu Rabatten, Konditionen und Preisnachlässen sind die Kernfragen zu stellen: Werden Preisnachlässe systematisch vergeben nach dem Prinzip von Leistung und Gegenleistung? Oder ist das Rabattsystem eher historisch gewachsen? Die entscheidende Beschreibung für Konditionen ist im Regelfall „historisch gewachsen". Kaum ein Unternehmen verfügt über ein sauber gestaltetes Konditionen- und Rabattsystem. Die Gründe hierfür sind vielfältig und häufig gut nachvollziehbar: Entweder wurden Potenzialkunden hohe Rabatte gewährt – der Kunde hat sich aber nie zu einem

Großkunden entwickelelt –, oder in schlechten Zeiten wurden Aufträge zu schlechten Konditionen abgeschlossen, aber diese nie zurückgenommen.

Manchmal sind es auch einfach nur Zufälle: In einem Unternehmen der Elektroindustrie hatten Kunden in Norwegen über 20 Jahre die höchsten Rabatte, weil der ursprüngliche Landesverantwortliche den Markt falsch eingeschätzt hatte. Unter dem Strich liegt im Konditionensystem daher bei den meisten Unternehmen erhebliches Optimierungspotenzial.

Zur Preisdurchsetzung heißen die Kernfragen: Sind unsere Außendienstmitarbeiter in Preisverhandlungen geschult? Bekommen sie ausreichend Unterlagen zur Verfügung gestellt, die unsere Produktwerte kommunizieren? Stellen Sie sich vor, Sie würden mich einstellen: Welche Informationen würde ich von Ihnen bekommen, die mich bei der Preisdurchsetzung unterstützen?

Ein Vertriebsmitarbeiter benötigt zum erfolgreichen Verkauf drei Kompetenzen: Produktkompetenz, Verkaufskompetenz und Preiskompetenz. Die meisten Unternehmen sind sehr gut darin, Mitarbeiter mit Produktkompetenz auszustatten. Jeder Mitarbeiter erhält in der Regel stapelweise technische Informationen. Ein erster Qualitätsabfall ist dann bei der Verkaufskompetenz festzustellen: Den Unternehmen fällt es häufig schwer, die Produkteigenschaften in tatsächlichen Kundennutzen zu übertragen. Wichtig ist es dabei, sowohl einen Prozess für das Erstellen von Value-Unterlagen als auch einen zur Verteilung dieser Unterlagen einzurichten.

In einem Unternehmen des Sonderfahrzeugbaus gab es zwar ein sehr aktives Produkt-Management, das zahlreiche Unterlagen erzeugte. Es gab außer E-Mail-Austausch aber kein System, um diese gezielt zu verteilen und den Empfang nachzuhalten. Die Folge: Kaum ein Außendienstler nutzte die Unterlagen richtig. Der Außendienst benötigt als drittes Know-how eine hohe Preiskompetenz. Verkäufer müssen umfassend geschult sein, welche verhandlungstaktischen und psychologischen Prozesse während einer Preisverhandlung ablaufen.

Preis-Management in der Digitalisierung

Die Digitalisierung des Pricings steckt – wie in vielen anderen Disziplinen auch – noch in den Kinderschuhen. Insbesondere daraus ergibt sich aber die Chance, hier noch Wettbewerbsvorteile zu erzielen. Die Gaming-Industrie hat es vor wenigen Jahren vorgemacht: Statt ein Spiel nur einmalig zu verkaufen, werden In-Game-Käufe und Zusatzkäufe angeboten, die mittlerweile bis zu 50 Prozent des Umsatzes ausmachen.

Porsche zeigt derzeit, dass innovative Abrechnungsmodelle auch auf andere Branchen übertragbar sind. Die

Pricing als moderner Management-Prozess

1. Pricing Strategy
- Marktstrategie und Ziele
- Preispositionierung
- Preis-Image
- Segmentierung und Differenzierung

2. Price Setting
- Value Pricing
- Preisanpassungen
- Life Cycle Pricing
- Innovative Pricing Models
- International Pricing

3. Price Execution
- Konditionen-Systematik
- Big Deal Management
- Preiseskalation
- Preisverhandlungen
- Value-Informationen

4. Pricing Organisation und Steuerung
- Marktforschung
- Pricing Analytics/Controlling
- Pricing Organisation/Prozesse
- Incentive-Systeme
- Know-how/Fähigkeiten

Pricing Framework als modellhafter Rahmen für alle Geschäfte

Quelle: Prof. Roll & Pastuch – Management Consultants

Koordinationswerkzeuge wie diese bilden eine gemeinsame Sprache für alle Business Units im Unternehmen, was den wichtigen Weg zu richtigen Preisen weist.

Sportwagenschmiede hat angekündigt, in Zukunft mehr Angebote „on demand" anbieten zu wollen: Ein kurzfristiger PS-Boost, eine andere Fahrwerk-Abstimmung für ein Wochenende auf der Rennstrecke oder ein dynamisches Scheinwerferlicht für die bevorstehende, lange Nachtfahrt – solche Wünsche sind dann auf Abruf erfüllbar. Diese Entwicklung wird sich schon allein aufgrund der Attraktivität konstanter Umsatzströme auch auf andere Branchen übertragen. Früher war die Welt einfach.

Es reichte, gelegentlich im Jahr zu schauen, was der Wettbewerb so macht, und dann die Preise anzupassen. Diese beschaulichen Zeiten sind vorbei – zumindest in den meisten Branchen, die online verkaufen. Mehrmals täglich werden Preise durch intelligente Algorithmen an den Wettbewerb angepasst. Dadurch verändern sich aber auch die notwendigen Fähigkeiten der Produkt- und Pricing-Manager. Früher war Pricing ein Gemisch aus Marktkenntnis und intensiver Recherche. Heute ist es notwendig, das Know-how in puncto Pricing mit technisch-mathematischem Wissen zu verbinden. Nur so sind die Algorithmen korrekt einzustellen.

Ein Versand- und Filialhändler hatte die Preisverantwortung zwischen seinem Geschäft online und offline in getrennte Hände gelegt. Während der Online-Bereich durch eine aggressive Preisbildung zwar deutliche Umsatzsteigerungen erzielen konnte, erlitt der Filialbereich durch eine Gleichpreispolitik einen deutlichen Gewinneinbruch. Sowohl die Algorithmen als auch die Prozesse und Verantwortungen müssen also völlig neu koordiniert werden.

Pricing ist nach wie vor ein stark unterschätzter Ertragshebel. Das Potenzial ist gerade in Unternehmen groß, die bisher noch wenige oder keine Pricing-Projekte umgesetzt haben. Basis der Optimierung ist ein umfassendes Pricing Framework, das die Handlungsfelder benennt und darauf aufbauend priorisiert. Alle Maßnahmen sind mit einfachen Mitteln und ohne große Investitionen umzusetzen. So kann richtiges Pricing nicht nur bei gesunden Unternehmen, sondern auch im Rahmen von Sanierungen extrem hilfreich sein. Häufig sind sogar „quick wins" möglich. Sie wirken sich sofort positiv auf den Ertrag aus.

Kompakt

▶ Gezielte Preisanhebungen im Randsortiment oder bei Ersatzteilen – insbesondere bei Geringdrehern oder kritischen Teilen gibt es fast immer Potenziale.

▶ Kürzung von Rabatten, für die es keine logische Begründung oder Gegenleistung gibt.

▶ Nicht-Weitergabe von Einkaufsvorteilen.

▶ Check auf kostenlose oder sehr günstige Services und Zusatzleistungen, die beim Wettbewerb einen höheren Preis haben.

▶ Schulung und Sensibilisierung der Vertriebsmitarbeiter für Preisverhandlungen – oftmals scheitert es nicht am Wollen, sondern an Wissen und Fähigkeiten.

Prof. Oliver Roll ist Inhaber des Lehrstuhls für Preis-Management an der Hochschule Osnabrück und Gründer der Unternehmensberatung Prof. Roll & Pastuch – Management Consultants.

„Wir haben uns besser auf Beschaffungsmärkte eingestellt"

Wie die Wolf GmbH für ihre Heizungs- und Klimasysteme schon bei der Auswahl der Lieferanten hohe Risiken minimiert, erklärt Einkaufschef Ernst Kranert.

Herr Kranert, warum trifft der Wolf-Slogan „Voll auf mich eingestellt" auch auf Ihre Lieferanten zu?

Ernst Kranert: Er trifft zumindest auf die Masse unserer Lieferanten zu, weil wir sie früh über unsere Erwartungen aufklären, etwa auch über regelmäßige Lieferantentage. Sie können sich also auf Wolf einstellen, was sich in der Entwicklung widerspiegelt, dass wir mit immer mehr A-Lieferanten und immer weniger B-Lieferanten zusammenarbeiten.

> „Die Transformation des Einkaufs setzte bei der Organisation und beim Personal an."
>
> **Ernst Kranert**

Und wie stellt sich Wolf auf seine Lieferanten ein?

Als Kunde setzen wir selbstverständlich Standards wie durch elektronische Schnittstellen. Große Lieferanten verfügen hier über eigene Standards, dort stellen wir uns darauf ein. Unsere Beziehung ist per se geprägt von einem Geben und Nehmen. Grundsätzlich sind Botschaften wie der von Ihnen zitierte Werbeslogan auf unsere Kunden und unsere Mitarbeiter gerichtet, sie gelten im Prinzip für alle unsere externen Geschäftspartner und damit auch für Lieferanten.

Wie unterstützen Sie Zulieferer dabei, nicht in Schieflagen zu geraten?

Konkret fällt mir da ein Beispiel aus dem Jahr 2009 ein, als einer unserer Zulieferer durch seine extreme Abhängigkeit von BMW und Auftragsrückgänge von bis zu 60 Prozent arg ins Trudeln geraten ist. Wir haben von ihm Montageschienen für Solarsysteme bezogen und ihm Überbrückungskredite gewährt. Zur Kostensenkung hat dieser Lieferant zunächst seine Produktion von Deutschland nach Tschechien verlagert, bekam dann aber wieder Rückenwind.

Fällt Ihnen auch ein aktuelleres Beispiel ein?

Ja, aktuell befinden sich zwei unserer Zulieferer aus Italien in finanzieller Schieflage. Unser Wolf-Team für „Kontinu-

ierlichen Verbesserungs-Prozess" (KVP) war bei einem Unternehmen zur Beratung vor Ort, wie dort Kosten zu senken sind, um es aus der unwirtschaftlichen Lage zu befreien. Bei dem anderen italienischen Lieferanten war die Termintreue zu optimieren. Wolf ist vor einigen Jahren ja als „Fabrik des Jahres" ausgezeichnet worden unter anderem für Lean Production und Kanban-Systeme, sodass unser KVP-Team eine Menge an Know-how weiterzugeben hat.

Kommt das Schwächeln von Lieferanten häufig vor?

Wir verzeichnen unter unseren Lieferanten zwei bis drei Insolvenzen pro Jahr. Jüngst im Januar waren es allerdings gleich zwei zu Jahresbeginn. Wir hoffen, dass damit quasi das Kontingent erfüllt ist. Aber es handelt sich um zwei C-Lieferanten, die mit 12.000 Euro Einkaufsvolumen bei uns nicht im Fokus des Risiko-Managements stehen. Bei insgesamt 170 Millionen Euro Einkaufsvolumen bieten solche untergeordneten Fälle eher die Chance, um mitunter sogar Artikel aus unserem Programm zu nehmen. Hier bleiben 13 von bisher 150 Zubehörteilen im Programm 2019, sodass wir für die anderen in Ruhe nach neuen Zulieferern suchen können.

Greift Ihr Risiko-Management bei A-Lieferanten rigoroser?

Ja, unsere Einkäufer sind dahingehend speziell geschult und erkennen frühzeitig, wenn sich eine Insolvenz anbahnt. Allein mit Bilanzauskünften können Sie übrigens kein Risiko-Management betreiben, denn dafür sind die Daten viel zu alt – die Werte liegen bis zu zwei Jahre zurück.

Was sind die häufigsten Ursachen?

Eine unwirtschaftliche Produktion zählt immer wieder zu den Hauptursachen. Damit einher geht eine mangelnde Produktivität in der Wertschöpfung. Das Produktions-Management

Ernst Kranert, Bereichsleiter Einkauf der Wolf GmbH, verantwortet ein Einkaufsvolumen von 170 Millionen Euro pro Jahr und managt mit seinen Teams alle Aufträge an insgesamt 560 Zulieferer. In komplexen Ketten weltweit hat die Risikobewertung einen hohen Stellenwert.

stellt sich oft leider zu unorganisiert dar. Das liegt beispielsweise in inhabergeführten Firmen daran, dass der Chef als Techniker und Tüftler zwar top Ideen hat, aber die Prozessketten einem Saustall gleichen. Uns fällt das spätestens in den monatlichen Bewertungen auf an den Daten zu Termintreue und Qualitätssicherung.

Und wie fangen Sie solche Defizite auf?

Ich spreche darüber im wöchentlichen Jour fixe mit den verantwortlichen Einkäufern, die Maßnahmen zum Abstellen solcher Defizite mit dem Lieferanten inklusive Fristen vereinbaren. Wir stellen unsere monatlichen Bewertungen auch jedem Zulieferer über unser Lieferanten-Portal als PDF-Datei zum Download zur Verfügung.

Als Sie vor 14 Jahren bei Wolf begannen, stand das Unternehmen selbst in tiefroten Zahlen. War damals im Einkauf das Wichtigste, möglichst billig zu beschaffen?

Ja, bevor ich hier anfing, war das wohl so. Dazu muss man wissen, dass Wolf im Jahr 2002 noch als Billigmarke galt gegenüber Wettbewerbern wie Viessmann, Buderus oder Vaillant. Wolf gehörte damals als alte Preussag-Beteiligung noch zum TUI-Konzern, der sich dann zur Touristikgröße entwickelte. Mit tiefroten Zahlen war Wolf aber nicht zu verkaufen. Unser Turnaround dauerte bis zum Jahr 2006, in dem Wolf an die Centrotec Sustainable AG veräußert wurde. Für die Restrukturierung waren mit dem langjährigen Geschäftsführungsvorsitzenden Alfred Gaffel, heute bayerischer Arbeitgeberpräsident, und Technikchef Dr.

Fritz Hille zwei ehemalige Wolf-Führungskräfte zurückgeholt worden.

Wie sanierte Wolf seinen Einkauf?

Sie holten eigens einen Unternehmensberater für den Einkauf ins Haus, bündelten die bis dahin drei getrennten Einkaufsleistungen zu einer Einheit und stellten für die neue, große Abteilung einen neuen Einkaufsleiter ein: mich. Ich habe in der Restrukturierung noch mit auf den Weg gebracht, die Beschaffung für unsere Produkte übergreifend zum Warengruppen-Management zusammenzufassen. Man sagt bei solch umwälzendem Wandel ja salopp „Blut muss zum Anfang fließen", sodass wir dabei gleich zu Beginn auch Verantwortliche im Einkauf ausgewechselt haben. Vor allem aber haben wir Prozesse in der Aufbau- und Ablauforganisation verändert. Die Transformation setzte bei der Organisation und beim Personal an. An erste Stelle trat die Qualität, an zweite Stelle das Preis-Leistungs-Verhältnis.

„Das jeweils am Markt günstigste Preis-Leistungs-Verhältnis" sei angestrebt, ist über das Ziel der „Wolf-Einkaufsstrategie" zu lesen. Ist der Preis also nie allein entscheidend?

Nein, nie. In unserer Bewertungsmatrix zur Auswahl eines neuen Lieferanten oder eines neuen Teils vereinen die Qualitätskriterien die meisten Punktzahlen

Ihr Einkauf verfolgt „eine individuelle Warengruppenstrategie". Welche Vorteile hat das, und nach welchen Kriterien wurden früher Komponenten beschafft?

Wolf befreite sich aus tiefroten Zahlen auch mit der Transformation des Einkaufs, der per Risiko-Management seine Lieferanten im Blick behält.

Früher waren wie erwähnt die billigsten Lieferanten und die niedrigsten Preise ausschlaggebend. Heute schauen wir auf das beste Kosten-Leistungs-Verhältnis, denn der Preis alleine bildet nur einen Kostenaspekt ab. Die Zahl der Lieferanten wurde vorher nicht kontrolliert; heute schon – und zwar inklusive der Risiken. Die Zahl unserer Zulieferer lag mal bei 680 und beträgt jetzt noch 560. Wir haben uns bei Wolf auch besser auf Beschaffungsmärkte eingestellt.

Und zwar wie?

Nehmen wir zwei Warengruppen wie Flachstahl und Elektronik. Flachstahl gehört zu den auch in der Qualität standardisierten Commodity-Produkten ohne große Unterschiede bei Lieferanten, unter denen wir im Prinzip sogar international auswählen könnten. Hier legen wir gewissermaßen eine Liste mit benötigten Flachstahl-Produkten an, und Lieferanten können ihre Angebote einreichen. Bei Elektronik reden wir von spezifischer und hochkomplexer Fertigung. Hierfür ist ein ganz anderes Einkaufs-Management gefragt, das auf die Steuerung der Innovationskraft abhebt und technische Kompetenz bewerten können muss.

Wolf orientiert sich bei der Beschaffung an der auf fünf Jahre ausgelegten Unternehmensstrategie, die als zentrales Element „die Steigerung der Wettbewerbsfähigkeit" beinhaltet. Wie nehmen Sie Ihre Zulieferer mit auf Ihrem Weg für permanente Verbesserungen?

Indem wir mit unseren Lieferanten zum einen darüber Gespräche führen, welche Produkte wir in den kommenden fünf Jahren gemeinsam entwickeln wollen. Dabei geht es insbesondere darum, wie sich unsere Zulieferer mit ihrem Know-how einbringen können. Unsere Transparenz reicht bis zum Offenbaren von Betriebsgeheimnissen, weshalb

unsere Partner auch eine Geheimhaltungsvereinbarung unterzeichnen müssen. Wir erwarten umgekehrt in aller Offenheit, dass uns jeder Lieferant impft, was wir noch besser machen können. Bei gemeinsam hervorgebrachten Neuheiten gewähren wir uns nach Möglichkeit gegenseitig drei bis vier Jahre an Schutz, um diese Alleinstellungsmerkmale für uns zu behalten.

Ihre Lieferanten verstehen Sie als „Technologiepartner". Wie funktioniert diese Partnerschaft am konkreten Beispiel einer Produktinnovation?

Wir wollen ein neues Gas-Brennwert-Gerät für ein Exportland entwickeln. Wer diesen Markt kennt, weiß, dass der Absatz vor allem auf bestimmte Regionen in diesem Land zielt, wo schwierige Umweltbedingungen den Bedarf an speziellen Lösungen erzeugen. Durch diese Umweltbedingungen werden einzelne Komponenten des Gas-Brennwert-Gerätes besonders belastet, was geringere Wartungszyklen erfordert. Die Hersteller dieser Komponenten entwickeln mit uns Lösungen, um diesen Anforderungen zu begegnen. Seit November 2017 haben wir 80 dieser Komponenten in diesem Zielmarkt im Einsatz, um die Verträglichkeit angesichts der Umweltbedingungen zu testen. Hier wird der gemeinsame Weg von der Idee bis zur Serie reichen. Über den Zeitraum der Exklusivität verhandeln wir allerdings noch.

Forscher sehen einen Trend zur Individualisierung von Kundenwünschen und fordern deshalb, dass für einen „Einkauf 4.0" vor allem Veränderungen in der Bedarfsermittlung von Unternehmen stärker gefragt sind. Sehen Sie die Beschaffungsmarktforschung auch als wichtigstes Zukunftsfeld für den Einkauf?

Ja, definitiv! Die Liefergröße eins mit kürzester Lieferzeit heißt ein Ziel. Heute dauert es von der Bestellung bis zur Auslieferung maximal 14 Tage. Bei unseren Klimageräten halten wir keines auf Lager, sondern fertigen jedes individuell für jeden Kunden. In dem Bereich ist der Wettbewerb enorm stark, aber nach der Anzahl verkaufter Geräte ist Wolf der größte Hersteller in Westeuropa. Eine unserer Stärken: Sobald der Auftrag eintritt, bestellen wir erst dann einen Großteil der Teile. Die meisten Kaufteile erreichen uns nach zwei bis fünf Tagen. Trotzdem hege ich große Hoffnung, dass wir mithilfe auch von künstlicher Intelligenz noch schneller werden. Marktforschung kann hier genauso wie beim Absatz auch im Einkauf helfen. Dafür sehe ich in Zukunft eine wachsende Bedeutung.

↓ Mehr unter www.return-online.de

Das Interview mit dem Purchasing Director führte „return"-Chefredakteur Thorsten Garber.

Einkauf 4.0

Kommentar: Bessere Beschaffung nach digitaler Transformation

In den Warenkorb kommen nicht nur bei Online-Kunden erhebliche Werte, sondern auch beim Einkauf von Unternehmen.

Kaum ein Phänomen hat die Management-Diskussionen so beherrscht wie die Digitalisierung – oder deren betriebswirtschaftliche Entsprechung, die Industrie 4.0. Was vor wenigen Jahren noch als Hype abgetan wurde, beschäftigt nun tagtäglich Chef-Etagen und Mitarbeiter als Frage: Wie mit der digitalen Revolution umgehen?

Zu viele Unternehmen, insbesondere im Mittelstand, verharren noch in Passivität mit Aussagen wie dieser: „Mal abwarten, man wird schon sehen, was kommt. Den letzten E-Hype haben wir auch überstanden." Doch wenn eines sicher ist, dann, dass der Blick in die Vergangenheit keine gute Prognosebasis für die Zukunft ist. Die Veränderungsgeschwindigkeit hat nachweislich zugenommen und wird weiter steigen. Was vor nicht allzu langer Zeit als Vision galt, ist heute technisch und wirtschaftlich sinnvoll möglich, was wir am 3-D-Druck sehen.

Mittlerweile steht wenig überraschend nicht mehr nur die Industrie als Ganzes, sondern auch die wertschöpfenden Funktionen wie Produktion, Logistik oder eben auch der Einkauf im Fokus der digitalen Transformation. Auch hier lässt sich leider noch oft Zurückhaltung erkennen, die notwendigen oder möglichen Veränderungen anzustoßen.

Dabei birgt die Digitalisierung auch Chancen. Zum Beispiel den Einkauf neu zu positionieren. In vielen Unternehmen fristet die Abteilung ein Dasein als Bestellbüro. Oder, nicht viel besser, als „Kostenklopper". Die zentralen Potenziale des „Einkaufs 4.0" dagegen liegen auf der strategischen Ebene. Nämlich: neuartige und dabei häufig digitale Ansätze und Innovationen aus den Beschaffungsmärkten als Impuls in das Unternehmen zu geben.

Selbstverständlich bringt die Digitalisierung durchaus Kostenvorteile. Zunächst einmal in einem Bereich, der im Mittelstand vielfach vernachlässigt wird: bei Prozessaufwänden. Hier kann durch Automatisierung oder Autonomisierung operativer Abläufe wie der Bestellabwicklung eine enorme Effizienz von bis zu 30 Prozent erzielt werden. Das bedeutet nicht, Personal entlassen zu müssen. Vielmehr werden zeitliche Freiräume für wertbringende Aktivitäten geschaffen.

Mehr Zeit, Verhandlungen professionell vorzubereiten bedeutet höhere Lieferantenleistung bei niedrigeren Kosten. Ebenso, wenn für wichtige Bezugsquellen mehr Kapazität für die Suche und für das Management zur Verfügung stehen. Auch für das „Scouting" von digitalen Innovationen ergeben sich mehr Freiräume. Der Mehrwert des Einkaufs liegt dann nicht mehr nur in gesenkten Kosten und schlankeren Prozessen, sondern auch in höheren Umsätzen aufgrund attraktiverer Endprodukte.

Akteure oft zu passiv

Der Einkauf bringt die dafür nötigen Voraussetzungen schon mit. Oft bleiben die Akteure aber zu passiv. Dabei sind Selbstbewusstsein über vorhandene Fähigkeiten, eine aktivere Rolle zur eigenen Positionierung und die solide Planung zur Digitalisierungsstrategie wichtige Meilensteine. Sie können ohne großen Aufwand angegangen werden und so die Transformation mit dem Ziel „Einkauf 4.0" schneller Realität werden lassen.

Florian C. Kleemann ist Professor für Supply Chain Management an der Hochschule München. Zudem agiert er als Berater und Autor zu Digitalisierung und Beschaffung.

Auf Kurs wie im Flug?

Geldgeber rollen in Zinstief-Zeiten zwar den roten Teppich für Kreditnehmer aus und zaubern einen bunten Mix zur Finanzierung auf die Matte. Doch Firmenchefs loten besser die Risiken aus.

In Zeiten niedriger Zinsen wird Geld zum freien Gut und alles scheint finanzierbar. Banken stehen bei den Unternehmen Schlange und bieten Finanzierungen zu nie da gewesenen Konditionen: ohne Auflagen, Reporting- oder zusätzliche Covenants-Pflichten. Auch neue Produkte wie Schuldscheindarlehen schießen wie Pilze aus dem Boden. Grund zu großer Freude über minimale Finanzierungskosten? Bedenkenlose Finanzierung neuer Tochtergesellschaften? Wohl kaum. Denn der kunterbunte Finanzierungs-Flickenteppich besteht aus unterschiedlichsten Instrumenten, Konditionen und Vertragsbedingungen – und bringt damit einige Herausforderungen und auch Nachteile mit sich.

Häufig braucht es noch nicht mal eine echte Krise oder Verlustsituation, um zu merken, dass die neuen Finanzierungs-Partnerschaften auf tönernen Füßen stehen. Es geht oft allein um die Wachstumsziele der Finanzierer. Vielfach reichen allein Missverständnisse und unterschiedliche Interpretationen über den Finanzierungsanlass, um Unternehmen in arge Bedrängnis zu bringen.

Fest steht: Das vermeintliche Schlaraffenland der Finanzierung ist schon durch Regularien sowie die Automatisierung von Prozessen und Entscheidungen in den Banken begrenzt. Banken sollen und müssen wachsen, aber ohne Risiko. So gehen sie viele kleinere, neue Engagements ein und vergeben oft Blanko-Kredite zu günstigen Konditionen. Beliebte Einstiegsprodukte sind Saisonfinanzierungen oder kurz laufende Darlehen. Das Kreditrisiko des neuen Kunden jedoch wird meist erst anschließend geprüft und daraufhin entschieden, ob man wirklich an Bord bleiben will. Was also, wenn das Analyseprogramm die Cashflow-Situation des Unternehmens nicht positiv beurteilt? Dann bleibt der ausgelaufene Kredit fällig, wird nicht prolongiert und im schlimmsten Fall ist das Unternehmen formal zahlungsunfähig.

Auch bei Schuldscheindarlehen, die heute gern von Landesbanken begeben werden, überwiegen die Vorteile eher für Banken: Sie erzielen eine hohe Gebühr beim Kunden, und das Darlehen erscheint nicht in der eigenen Bilanz, da die

> „Nicht die Kosten bestimmen, wie gut ein Unternehmen finanziert ist."

Einlagen von Sparkassen eingesammelt werden. Für Unternehmen hingegen können diese Darlehen durchaus unhandlich sein: Wer seine Reporting-Pflichten nicht einhält oder Vertragsbedingungen bricht, der sieht sich unterschiedlichsten Gläubigern gegenüber, weiß nicht, wer ihre Interessen bündelt und mit welchen Forderungen er letztlich konfrontiert wird.

Mittelstandsanleihen, die aktuell in Verruf geraten sind, belegen auch: Jeder Gläubiger kann seine Forderung verkaufen, und plötzlich verhandeln externe Dritte mit Fonds über eine komplette Refinanzierung. Läuft es ganz schlecht, drängen die neuen Gläubiger sogar ins Eigenkapital.

Fehlendes Interesse an langfristiger Beziehung

Sei es beim schnellen Kredit einer neuen Bank oder beim langfristigen Schuldscheindarlehen: In beiden Fällen können die Anonymisierung und das fehlende Interesse an einer langfristigen Geschäftsbeziehung den Flickenteppich der Finanzierung leicht zerreißen. Nicht die Kosten der Finanzierung bestimmen also, wie gut ein Unternehmen finanziert ist – vielmehr sind es die Ziele des Finanzierungspartners.

Gerät im Rahmen der Internationalisierung das Wachstum eines Unternehmens in Fahrt, kommt schnell eine weitere Herausforderung hinzu: die Finanzierung neuer Tochtergesellschaften. Da diese im Ausland meist ad hoc keine regionale Finanzierung bekommen, hilft das Stammhaus in der Regel gern über freie Linien aus. Doch Forderungen an die Töchter bleiben häufig stehen. Wenn in Deutschland die Linien volllaufen, während das entsprechende Sicherungsgut in Form von Beständen oder Debitoren in der falschen Bilanz liegt, flaut die Freude über den neuen Standort schnell ab. Spätestens Wirtschaftsprüfer nehmen die Werthaltigkeit der Forderungen genauer unter die Lupe – vor allem, wenn diese schon länger offen sind. Kann die Auslandstochter dann ihre Schuld nicht begleichen, muss die Forderung wertberichtigt werden. Was wie ein reiner Buchvorgang daherkommt, muss

© Pobytov / Getty Images / iStock

Abwärts aus Geldnot? Wie für Piloten gilt für Unternehmensführer auch bei der Firmenfinanzierung, das Ziel im Blick zu behalten, auf Kurs zu bleiben und auf keinem allzu unsicher geknüpften Flickenteppich zu fliegen.

doch als Verlust ausgewiesen werden – und alarmiert im Zweifel die Bank. Denn wer will schon Verluste finanzieren? Ein Blick in den Kreditvertrag zeigt jedoch schnell, dass das Geld gar nicht für Auslandsengagements hätte verwendet werden dürfen. Und schon wird das Ganze nicht nur kompliziert, sondern auch rechtlich unzulässig.

Doch wie mit diesen Herausforderungen umgehen? Der umsichtige Unternehmer und sein Chief Financial Officer (CFO) sollten aus der Vogelperspektive mit der Brille des Finanzierers einen Blick auf Finanzbedarf, Bilanz- und Cashflow-Relationen werfen, Risiken und ihre Auswirkungen auf Ertrag und Cashflow ausloten. Werden diese Erkenntnisse am aktuellen Finanzierungsmix gespiegelt, zeigt sich schnell, wo Schwachstellen liegen.

Außerdem kann so im Rahmen einer Planung aufgezeigt werden, wie hoch der Mittelbedarf des Unternehmens in der Zukunft ist. Wie und wo werden Geschäfte mit Dritten, also den Kunden, gemacht? Wie kann das Geld dahin zurückfließen, wo das Geschäft finanziert wurde? Auf Basis dieser Antworten können Unternehmensfinanzierungen aufgebaut oder schlicht Linien vereinbart werden, die gegebenenfalls auch von Auslandsgesellschaften in Anspruch genommen werden können. Nur eine saubere Finanzierung, die nicht ausschließlich notwendige Mittel der Höhe nach bereitstellt, sondern vor allem die künftige Geschäftsentwicklung berücksichtigt, hilft hier weiter. Am Ende aber sollte vor allem eines nicht vergessen werden: Zahlungsunfähigkeit bedeutet nicht Verlust oder Zusammenbruch des Cashflows. Zahlungsunfähig ist ein Unternehmen, wenn es seinen Verpflichtungen nicht zum Tag der Fälligkeit nachkommen kann; also zum Beispiel ein endfälliger Kredit nicht prolongiert oder durch eine andere

Finanzierung ersetzt werden kann. Und am Ende entscheidet immer die Bank oder der Gläubiger des fällig gewordenen Kredits darüber, ob das Unternehmen zahlungsunfähig ist – oder wie genau dies eben verhindert werden kann. Günstige Finanzierungskosten helfen hier kaum, eine lang gewachsene Beziehung mit der Hausbank hingegen wesentlich mehr.

Versuchung des billigen Geldes widerstehen

Das klare Fazit zur Firmenfinanzierung: Wesentlich zuverlässiger ist ein Unternehmen für die sichere Zukunft durch eine fundierte, wenn auch kostspieligere Gesamtfinanzierung zu begleiten. Diese bildet in einem Vertrag mit unterschiedlichen Bausteinen alle Finanzierungsanforderungen ab und folgt dem Geschäftsmodell. In einem Finanzierungskonsortium ist dabei eine einzige Bank der Vertragspartner. Das Management einzelner Finanzierungen entfällt. Für neue zusätzliche Investitionen müssen nicht immer wieder separate Finanzierungen gefunden werden.

Der vermeintlich billige Flickenteppich zur Finanzierung sollte also in den meisten Unternehmen gar nicht erst geknüpft werden. Stattdessen sollte der Versuchung des billigen Geldes widerstanden werden. Denn in puncto vernünftige Finanzierungsstruktur gilt schlicht: Mehr ist mehr.

Dr. Volkhard Emmrich ist Managing Partner der Unternehmensberatung Dr. Wieselhuber & Partner in München.

Schadenersatz aus Stellenanzeigen

Diskriminierung als Gefahr in der Unternehmensführung

Angebliche Verstöße gegen das Allgemeine Gleichbehandlungsgesetz beschäftigen zunehmend die Gerichte.

Ein aus der Zeitung bekannter Fall im Münchner Raum: Ein 43-Jähriger lebte von Schadenersatzzahlungen wegen angeblicher Diskriminierung in Stellenanzeigen. Er klagte regelmäßig vor dem Amtsgericht München wegen angeblicher Verstöße von Unternehmen gegen das Allgemeine Gleichbehandlungsgesetz (AGG) im Rahmen der Bewerberauswahl. Dies hat das Gericht nach einer Serie von gleichlautenden Klagen festgestellt und dem ein Ende bereitet. Im letzten Fall verlangte er 2.140 Euro Entschädigung und Schadenersatz wegen Geschlechterdiskriminierung.

Das AGG beinhaltet ein grundsätzliches Verbot, bei einer Stellenausschreibung zu diskriminieren. Das gilt in Bezug auf das Alter, die Rasse oder ethnische Herkunft, das Geschlecht, die Religion oder Weltanschauung, eine Behinderung oder die sexuelle Identität (§ 1 AGG).

Der 43-Jährige hatte sich zuletzt auf eine Stellenanzeige einer Sportmarketing-Firma beworben, die eine „nette weibliche Telefonstimme" gesucht hatte. Das Gericht stellte zwar eine Verletzung des AGG wegen Geschlechterdiskriminierung fest, sprach dem 43-Jährigen aber keine Entschädigung oder Schadenersatz zu. Es sah es als erwiesen an, dass die Klagen missbräuchlich waren und dem alleinigen Ziel dienten, seinen Lebensunterhalt damit zu verdienen.

Dies ist sicherlich kein Einzelfall, denn viele Unternehmen achten nicht auf die genaue Formulierung ihrer Stellenanzeigen. Sie eröffnen damit angeblichen Bewerbern die Möglichkeit, auf Schadenersatz zu klagen. Aber auch ohne solche „Bewerber" kann eine Stellenanzeige einige Fallstricke beinhalten.

Aufgrund eines aktuellen Beschlusses des Bundesverfassungsgerichts müssen Personalverantwortliche in Zukunft beispielsweise ihre Stellenausschreibung auf ein drittes Geschlecht mit dem Vermerk „inter/divers" ausweiten und können sich nicht mehr auf „m/w" beschränken. Unternehmen suchen dann zum Beispiel einen „Rechtsanwalt m/w/d". In ihrem Beschluss vom 10. Oktober 2017 fordern die Richter, dass neben Mann und Frau im Personenregister eine dritte Geschlechtsangabe erfolgen muss und die Möglichkeit des Freilassens der Felder „m/w" nicht ausreicht. Dies wird dann natürlich auch auf andere Bereiche wie Stellenanzeigen Auswirkungen haben und eine zusätzliche Gefahr für diskriminierungsrechtliche Sanktionen darstellen.

Genaue Wortwahl ist entscheidend

Zu beachten ist, dass die gezielte Suche nach einem Bewerber, der eines oder mehrere der in § 1 AGG genannten Merkmale aufzeigt, in Ausnahmefällen erlaubt sein kann. So hat das Landesarbeitsgericht Köln (7 Sa 913/16) kürzlich entschieden, dass die Suche nach einer Verkäuferin in einem Betrieb, der bis dahin lediglich Männer beschäftigte, keine Diskriminierung darstellt, sondern im Sinne des AGG ist.

Aber nicht nur die Gestaltung der Stellenanzeige, sondern auch die Absage, das Bewerbungsgespräch selbst, die interne Kommunikation sowie eventuelle Vermerke auf den Bewerbungsunterlagen, die man vor der Rückgabe an den Bewerber vergisst zu entfernen, können Gefahren in sich bergen. Ein falsches Wort oder gut gemeintes Feedback falsch verstanden – schon landet man vor Gericht und sieht sich Schadenersatzforderungen ausgesetzt. Die genaue Wortwahl ist entscheidend, um keine Angriffsfläche zu bieten.

Caroline Pluta, Fachanwältin für Arbeitsrecht und Mediatorin, ist bei der Pluta Rechtsanwalts GmbH für die Schwerpunkte Datenschutz, Compliance und Arbeitsrecht zuständig.

Wissensquiz für Entscheider
Sachgebiet: Aufrechnung aus Schadensersatz-Ansprüchen

1 Zwischen der X GmbH und dem öffentlichen Auftraggeber Bundesamt Y als Hauptauftraggeber der X GmbH bestehen Bauverträge zu verschiedenen Projekten. Unter anderem betreibt man gemeinsam die Bauvorhaben A und B. Die X GmbH stellt am 24. Juni 2015 beim zuständigen Amtsgericht G einen Insolvenzantrag. Die Anordnung der Eigenverwaltung erfolgt am gleichen Tag. Die Eröffnung des Insolvenzverfahrens in Eigenverwaltung erfolgt am 28. August 2015.

Die Vertragswerke bezüglich der beiden Bauvorhaben sind jeweils vor Eröffnung des Insolvenzverfahrens und Anordnung der Eigenverwaltung abgeschlossen worden. Die Bauvorhaben sind von beiden Vertragsparteien noch nicht vollständig abgeschlossen worden. Das Bauvorhaben A ist witterungsbedingt schon vor Verfahrenseröffnung unterbrochen worden. Das Bauvorhaben B ist in zwei Bauabschnitte unterteilt. Der erste Bauabschnitt wurde vor Verfahrenseröffnung abgeschlossen. Der zweite Bauabschnitt muss erst noch begonnen werden. Hierzu soll ein Nachtrag zum Bauvertrag geschlossen werden, der den Werklohn für die Arbeiten bezüglich des zweiten Bauabschnitts von einer auf 1,8 Million Euro erhöhen würde. Dieser Nachtrag ist zurzeit noch in Verhandlung. Mit einem positiven Abschluss rechnen die Parteien in Bälde.

Nichterfüllung durch den Nichteintritt

Der Geschäftsführer der X GmbH beabsichtigt, in den Bauvertrag zum Bauvorhaben B nach Maßgabe des verhandelten Nachtrags gemäß § 103 der Insolvenzordnung (InsO) einzutreten. In Bezug auf das Bauvorhaben A soll voraussichtlich der Nichteintritt nach § 103 Abs. 2 Satz 1 InsO erklärt werden. Eine Aufforderung gegenüber der eigenverwaltenden Schuldnerin zur Erklärung nach § 103 Abs. 2 Satz 2 InsO durch das Amt Y ist noch nicht erfolgt.

Der Geschäftsführer der X GmbH macht sich nun Sorgen, dass die Behörde Y die bezüglich des fortzuführenden Bauvorhabens B zukünftig anfallenden Werklohnforderungen durch Aufrechnung mit den Ansprüchen aus Schadensersatz wegen Nichterfüllung durch den Nichteintritt bei Bauvorhaben A „verrechnen" könnte. In diesem Fall würde ein Eintritt in das Bauvorhaben B aus seiner Sicht wirtschaftlich keinen Sinn ergeben.

2 Der zuvor beschriebene Fall ist nur insoweit abgewandelt, als dass der Geschäftsführer zusätzlich wissen möchte, wie es sich mit der Aufrechenbarkeit von Ansprüchen aus Abschlagsrechnungen verhält – nämlich in Bezug auf verschiedene Bauvorhaben für das Amt Y und bezüglich Leistungen der X GmbH aus der Zeit vor der Verfahrenseröffnung.

Berechtigte Sorgen des Geschäftsführers?

Sind die Sorgen des Geschäftsführers der X GmbH, das Amt Y könnte eventuell die Ansprüche auf Werklohnzahlung durch Aufrechnung verrechnen, im vorliegenden Fall berechtigt?

a) Nein, die Sorgen des Geschäftsführers der X GmbH sind unbegründet. Die Behörde Y kann ihre Ansprüche aus Schadensersatz wegen Nichterfüllung nicht mit den neuen Forderungen aus dem Bauvorhaben B aufrechnen.

b) Ja, der Geschäftsführer der X GmbH macht sich zu Recht Sorgen. Die Behörde Y kann jederzeit die Werklohnforderung aus dem Bauvorhaben B gegen die Forderungen aus Schadensersatz wegen Nichterfüllung bezüglich Bauvorhaben A aufrechnen.

Lösungen
Die richtige Antwort zu Fall 1 lautet a).
Die richtige Antwort zu Fall 2 lautet b).

Dr. Alexander Verhoeven ist Rechtsanwalt und geprüfter ESUG-Berater der Buchalik Brömmekamp Rechtsanwaltsgesellschaft in Frankfurt am Main.

Große Unbekannte

Das komplexe Insolvenzrecht zählt zum Wirtschaftsrecht. Diese Rubrik vermittelt Basiswissen für Unternehmer. Diesmal zum Begriff der Zahlungsunfähigkeit.

Am liebsten maskieren möchte sich so mancher Unternehmer, wenn ihm nachgesagt wird, er könne seine Rechnungen nicht mehr bezahlen.

© francescoch / Getty Images / iStock

Kaum ein Begriff hat für das gesamte Wirtschaftsrecht und für die unternehmerische Praxis eine solche Bedeutung wie die Zahlungsunfähigkeit. Denn deren Eintritt markiert zugleich die Grenze, bis zu der das Wirtschaftsrecht einem Unternehmen die Teilnahme am Wettbewerb gestattet. Wird diese Grenze überschritten, drohen heftige Sanktionen – bis hin zur existenzvernichtenden Haftung der Handelnden.

Gleichwohl ist der Inhalt des Begriffs der Zahlungsunfähigkeit weitgehend unbekannt oder wird mit Allgemeinplätzen bedacht, wie: „Er ist pleite", „Er kann seine Rechnungen nicht mehr bezahlen" oder „Er hat kein Geld mehr auf dem Konto". Alles weit von dem entfernt, was das Wirtschaftsrecht unter der richtigen Definition versteht. Das mag zum einen daran liegen, dass der Begriff der Zahlungsunfähigkeit in keinem Gesetz allgemein definiert ist und vielleicht auch noch sehr unverständlich im Geschäftsverkehr gebraucht wird. Zum anderen liegt es aber auch daran, dass Zahlungsunfähigkeit im Laufe der vergangenen 130 Jahre durch die Rechtsprechung ganz unterschiedlich aufgefasst worden ist. Zumal der beschriebene Zustand einem Wandel unterworfen ist wie das Wirtschaftsleben insgesamt.

Richtige Definition von Zahlungsunfähigkeit

War die Zahlungsunfähigkeit in der Mitte des vergangenen Jahrhunderts noch relativ schuldnerfreundlich definiert, so hat sich dies seither grundlegend verändert. Der Gedanke des Gläubigerschutzes hat mit der Reform der Insolvenzordnung die Führung übernommen, indem in den §§ 17 ff. der Insolvenzordnung (InsO) zumindest abstrakt die Voraussetzungen gesetzlich bestimmt worden sind.

Wenn in § 17 InsO definiert ist, dass „ein Schuldner als zahlungsunfähig gilt, wenn er nicht in der Lage ist, die fälligen Verbindlichkeiten zu erfüllen", so drängt sich sofort die Frage auf, welche Zeiträume von der Fälligkeit umfasst sind und auf welche Verbindlichkeiten es ankommt. Die Rechtsprechung des Bundesgerichtshofs hat diese Fragen im Jahre 2005 dahin gehend definiert, dass die Zahlungsunfähigkeit voraussetzt, dass der Schuldner mehr als zehn Prozent seiner fälligen Verbindlichkeiten nicht binnen drei Wochen ausgleichen kann. Ist dies der Fall, dann ist er zahlungsunfähig im insolvenzrechtlichen Sinne – und löst damit zugleich eine Vielzahl von straf- und haftungsrechtlichen Risiken aus, wenn er sich von diesem Zeitpunkt an nicht rechtmäßig verhält.

Kriterien zur Abgrenzung

Um die Zahlungsunfähigkeit konkreter bestimmen zu können, sieht das Gesetz zwei mögliche Abgrenzungskriterien vor: die Zahlungseinstellung und die „nur" drohende Zahlungsunfähigkeit. Eine Zahlungseinstellung führt nach dem Gesetz zwingend zur Annahme der Zahlungsunfähigkeit und damit auch zur Insolvenzantragspflicht. Nach § 17 Abs. 2 Satz 2 InsO hat ein Schuldner schon dann seine Zahlungen eingestellt, wenn er einen wesentlichen Teil seiner fälligen Zahlungsverpflichtungen etwa gegenüber dem Finanzamt oder den Krankenkassen nicht bedient. Für diesen Fall ist er insolvenzantragspflichtig.

Liegt eine nur kurzfristige Liquiditätsunterdeckung vor, die zumindest bis auf einen geringfügigen Rest von weniger als zehn Prozent innerhalb von drei Wochen behoben werden kann, dann handelt es sich nur um eine Zahlungsstockung, die keine Insolvenzantragspflicht auslöst. Allerdings eröffnet sich dem Schuldner nach § 18 Abs. 2 InsO die Möglichkeit, freiwillig einen Insolvenzantrag zu stellen, um sich oder sein Unternehmen im Schutz einer Eigenverwaltung zu sanieren und die Krise zu überwinden.

Will man feststellen, in welchem Stadium sich ein Unternehmen befindet, so ist nach der Rechtsprechung für einen ordentlichen Geschäftsführer oder Unternehmer die Aufstellung eines Finanz- oder Liquiditätsstatus zu einem konkreten Stichtag unverzichtbar. In diesem Finanzstatus dürfen auf der Aktivseite nur die am Stichtag verfügbaren liquiden Finanzmittel eingestellt werden. Also nur die effektiv vorhandenen flüssigen Mittel im Sinne des § 266 Abs. 2 Handelsgesetzbuch (HGB) wie Barmittel, Bankguthaben, Schecks in der Kasse sowie freie, ungekündigte und vertraglich vereinbarte Kreditlinien.

Liquiditätslücke erfordert Finanzplan

Hingegen dürfen auch kurzfristig verfügbare Finanzmittel wie erwartete Zahlungseingänge aus Kundenforderungen nicht berücksichtigt werden. Dies gilt auch für Möglichkeiten zu einer Kreditaufnahme. Dem „Aktivvermögen" sind die inventarmäßig erfassten und fälligen Verbindlichkeiten auf den gleichen Stichtag als Passiva gegenüberzustellen, deren Zahlung der beziehungsweise die Gläubiger verlangen können.

Ergibt sich aus dem Finanzstatus eine Liquiditätslücke, so ist die finanzielle Entwicklung in einem Finanzplan für einen Prognosezeitraum von mindestens drei Wochen darzustellen. Das heißt: Nunmehr geht es um eine zeitraumbezogene Betrachtung. In diese Periodenrechnung können dann auch Ausgleichs- und Anpassungsmaßnahmen einbezogen werden wie Einzahlungen oder Kreditaufnehmen – wenn deren Zufluss sicher ist. Der Finanzplan schließt auch alle kurzfristig zu beschaffenden liquiden Mittel ein. Damit gemeint ist zum Beispiel verstärkter Abverkauf oder Aktionsverkauf von Warenbestand in den Folgewochen.

Durch aktives Debitoren-Management kann zudem der Forderungsbestand und durch geringere Disposition der Warenbestand reduziert werden. Lässt sich danach die Liquiditätslücke innerhalb von drei Wochen schließen, so liegt lediglich eine Zahlungsstockung vor, die zu keinen unmittelbaren Handlungs- oder Haftungspflichten führt. Alle im Finanzplan unterstellten Prämissen sind zu dokumentieren und müssen für einen fachkundigen Dritten selbsterklärend sein. Für einen Finanzplan müssen umfangreiche Fragen etwa zur Fälligkeit bestimmter Zahlungen beantwortet werden. Dazu gehören Fragen zu Steuern, Tilgung, Löhnen oder Zinsen. Zur eigenen Entlastung sollte die Aufstellung dringend durch einen versierten Fachmann erfolgen.

Kennzahlen im Blick behalten

Die Darstellung hier macht vor allem deutlich, dass mit dem Eintritt einer betriebswirtschaftlichen Krise das Wirtschaftsrecht massiv das Handeln der Verantwortlichen bestimmt. Das schränkt ihre Handlungsspielräume zum Schutz der Gläubiger immer weiter ein. So lange, bis letztlich nur noch die strafbewehrte Insolvenzantragspflicht als letzte Handlungsmaxime übrig bleibt. Hat man allerdings im Unternehmern fortlaufend die oben genannten Kriterien im Blick und gleicht sie mit Kennzahlen fortlaufend ab, dann ist nicht nur das Unternehmen, sondern auch jeder verantwortlich Handelnde auf der sicheren Seite.

Prof. Hans Haarmeyer ist Herausgeber von „return".

Bücher

Wolfgang Hirn
Unbekannte Wettbewerber

Unternehmensführer aus China drängen in westliche Märkte. Sie beteiligen sich an hiesigen Firmen und stehen mit ihren Produkten nicht mehr nur für Billigwaren. Ihre Unternehmen werden immer größer und effizienter. „In Europa müssen wir auf solche Giganten mit der Bildung europäischer Champions reagieren. Deshalb war die Fusion der Bahnsparten von Alstom und Siemens richtig", sagt Autor Wolfgang Hirn.
284 Seiten, 26 Euro, seit Februar 2018,
ISBN 978-3-593-50874-0, Campus

Ranga Yogeshwar
Wandelnde Welt

Innovationssprünge seien „häufig gleichbedeutend mit Krisen", heißt es zum Buch des Diplomphysikers und Wissenschaftsjournalisten, vor allem bekannt aus der WDR-Sendung „Quarks & Co". Er blickt auf den Wandel der Welt, insbesondere auf die digitale Revolution, auf Gentechnik und künstliche Intelligenz. Er versuche, so der Verlag, „den Fortschritt in seinem Gesamtzusammenhang zu begreifen".
400 Seiten, 22 Euro, seit Oktober 2017,
ISBN 978-3-462-05113-1, Kiwi

Stefan Mayr
Untersuchte Sanierung

Die außergerichtliche Sanierung aus betriebswirtschaftlicher Sicht untersucht der Universitätsprofessor für Controlling und Consulting der Johannes Kepler Universität Linz. Er legt neben einer umfassenden Darstellung des State of the Art in der Forschung auch methodische Grundlagen dar und präsentiert empirische Befunde. Ein Ergebnis: Für den Erfolg der Sanierung sind Ressourcenaspekte im Unternehmen und Stakeholder-Beziehungen wichtig.
344 Seiten, 59,99 Euro, seit Januar 2018,
ISBN 978-3-658-20228-6, Springer Gabler

Michael Wolff
Porträtierter Präsident

„Viele Schilderungen von Vorgängen im Weißen Haus widersprechen sich, viele sind, ganz nach Trump-Manier, schlicht erlogen", schreibt der Autor und räumt ein, dass sich dies wie ein roter Faden durch sein Buch zieht. Denn er porträtiert den US-Präsidenten hautnah. Trump selbst kommentierte das Erscheinen mit den Worten: „Voller Lügen, Entstellungen und Quellen, die nicht existieren." Das Enthüllungsbuch ermöglicht Blicke hinter die Kulissen des Weißen Hauses mit erstaunlichen Ergebnissen.
480 Seiten, 19,95 Euro, seit Februar 2018,
ISBN 978-3-498-09465-2, Rowohlt

Manuel Wiesche/Petra Sauer/Jürgen Krimmling/Helmut Krcmar (Hrsg.)
Modellhafte Mobilität

„Datengetriebene Geschäftsmodelle für Mobilität in der Smart City" heißt der Untertitel dieses Buches, welches das Potenzial von Smart Data für die Entwicklung intelligenter Mobilitätsdienste aufzeigen soll. Dabei beschreiben die Autoren, wie datengetriebene Plattformen innovative Geschäftsmodelle ermöglichen und damit intelligente Mobilität und Logistik in Städten fördern.
432 Seiten, 64,99 Euro, seit April 2018,
ISBN 978-3-658-21213-1, Springer Gabler

Andreas Boes /Tobias Kämpf/Barbara Langes/Thomas Lühr (Hrsg.)
Agiles Büro

Neue Organisationskonzepte für die digitale Transformation im Büro und ihre Folgen für die Angestellten schildern die vier Autoren vom Institut für sozialwissenschaftliche Forschung aus München. Eine zentrale Rolle spielten bei den Konzepten etwa Lean Production und agile Methoden.
226 Seiten, 24,99 Euro, seit Januar 2018,
ISBN 978-3-8376-4247-6, Transcript

Springer Professional.de

Neuerscheinung des Monats

Kennzeichen der vierten industriellen Revolution

Anabel Ternès und Sebastian Schieke erklären anschaulich, was eine Industrie 4.0 kennzeichnet, wieso sich der Mittelstand mit Digitalisierung beschäftigen muss und wie die erfolgreiche Auseinandersetzung in der Praxis aussehen kann. Sie liefern Hintergrundwissen, aktuelle Fallbeispiele und strategische Hinweise. Mittelständische Unternehmen erhalten so grundlegende Informationen und Tipps zur Digitalisierung.

72 Seiten, 9,99 Euro, ab April 2018,
ISBN 978-3-658-20916-2, Springer Gabler
www.springerprofessional.de/link/15498444

Empfehlung des Monats

Restrukturierung – Überzeugen mit Plan

Wenn Unternehmen sich neu ausrichten wollen, müssen sie Investoren von sich überzeugen. Und um das für die Neuausrichtung notwendige Kapital zu generieren, ist vor allem eines wichtig: ein guter Restrukturierungsplan. Damit insbesondere Großinvestoren vom Erfolg überzeugt sind, muss dieser Plan der umfassenden Recherche, Expertise und fundierten Analyse von Investment-Experten standhalten. Häufig seien eine zu hohe Kostenbasis, Veränderungen im Marktumfeld oder das Management verantwortlich für die Schieflage, so Autor Alexander Dominicus.

www.springerprofessional/link/15437560

Das Wissensportal Springer Professional

Unser Wissensportal bündelt die wichtigsten Fachgebiete Wirtschaft und Technik. Im Channel Marketing + Vertrieb finden Sie aktuelle Informationen und weiterführende Literatur für Vertriebs- und Marketingexperten. Dort ist auch das Archiv von „return" hinterlegt (auch als E-Magazin), das für Abonnenten der Zeitschrift frei zugänglich ist. Abonnenten von Springer Professional haben zudem kostenfrei Zugriff auf die im Magazin gekennzeichneten Links aus dem Portal.

 Springer Professional.de

Termine

ATZlive

Fahrer-Assistenzsysteme

Für Kurzentschlossene, da „return" am 18. April erscheint, ein interessantes Event zu Fahrerassistenzsystemen: Zu den Keynote-Speakern gehören Prof. Dr. Gernot Spiegelberg (Foto) als Leiter der Konzeptentwicklung für Elektromobilität in der Siemens AG und Dr. Michael Hafner als Chef für Automatisiertes Fahren und Aktive Sicherheit in der Entwicklung von Mercedes-Benz Cars in der Daimler AG. Aber das kompetent besetzte Feld von Referenten hat noch mehr zu bieten, um dem Fortschritt auf den Grund zu gehen. Vor allem neue Technik und der richtige Versicherungsschutz prägen die Themen.

Termin: 18. und 19. April 2018
Ort: Wiesbaden

www.atzlive.de

BRSI

Denkfabrik

Transformation, Wachstum und Qualität – diesen drei Themen widmet sich die Denkfabrik Wirtschaft der Bundesvereinigung Repositionierung, Sanierung und Interim Management (BRSI). Zielgruppe dieser Veranstaltung sind sowohl der Mittelstand als auch Repositionierungsexperten wie Wirtschaftsanwälte, Unternehmensberater und Interim-Manager.

Termin: 24. und 25. April 2018
Ort: Augsburg

www.brsi.de

Insolvenzrecht-Tagung

Stellschrauben

„Effektivität und Effizienz des Insolvenzrechts – sichtbare und unsichtbare Stellschrauben" lautet der Titel dieser Veranstaltung der Arbeitsgemeinschaft „Insolvenzrecht & Sanierung" im Deutschen Anwaltverein. Dabei geht es um die Auswahl des besten Insolvenzverwalters für Unternehmen, um die Anforderungen an den Beruf und um die Übertragung standardisierter Vorgänge auf „digitale Roboter".

Termin: 24. April 2018
Ort: Frankfurt am Main

www.arge-insolvenzrecht.de

Steuerberaterkongress

Brennpunkte

Dr. Raoul Riedlinger eröffnet den 56. Deutschen Steuerberaterkongress als Präsident der Bundessteuerberaterkammer. Als Festredner angefragt ist Bundesfinanzminister Olaf Scholz (Foto). Drei Arbeitskreise, darunter zum „Brennpunkt Mittelstand", und sechs Foren, darunter zu Ertragsteuern, zählen zum Programm.

Termin: 14. und 15. Mai 2018
Ort: Berlin

www.deutscher-steuerberaterkongress.de

Turnaroundkongress

Wendemanöver

Wie mittelständische Unternehmer und ihre Berater mehr Fahrt aufnehmen im Wandel der sich verändernden Anforderungen, vermittelt diese Veranstaltung, die nach sechs Jahren als Gläubigerkongress nun klarer unter dem Titel Turnaroundkongress segelt. Zu den Referenten zählen Rolf A. Königs (Foto), CEO der Aunde-Gruppe und Präsident von Borussia Mönchengladbach, CDO Prof. Ulrich Hermann von Heidelberger Druckmaschinen und Prof. Günther Schuh von der RWTH Aachen.

Termin: 7. und 8. Juni 2018
Ort: Köln

www.turnaroundkongress.de

Konstanzer Trialog

Unternehmenskrisen

Dieser zweite Trialog zwischen Deutschland, Österreich und der Schweiz widmet sich der Unternehmensfortführung und -sanierung. So gehören Prof. Bettina Nunner-Krautgasser (Foto) von der Universität Graz und Prof. Ulrich Haas von der Universität Zürich zu den Referenten.

Termin: 3. und 4. Juli 2018
Ort: Konstanz

www.kongress-bodenseeforum.de

Tools

Mittelstandsinitiative
Förderfundgrube

Über dieses Portal unterstützt die DIHK Service GmbH in Partnerschaft mit dem Wirtschafts- und mit dem Umweltministerium des Bundes sowie dem Zentralverband des Deutschen Handwerks den deutschen Mittelstand bei der Umsetzung der Energiewende. Dazu finden Unternehmer hier Qualifizierungen, Informationen, Leitfäden, Webinare, Verlinkungen auf konkrete Projekte sowie Hinweise auf zahlreiche Förderprogamme. So werden bis zu 80 Prozent der Kosten für Energieberatungen in kleinen und mittleren Unternehmen übernommen, wenn sie durch einen in der Beraterbörse gelisteten Berater durchgeführt werden.

www.mittelstand-energiewende.de

Dena
Energiequelle

Die Deutsche Energie-Agentur (Dena) arbeitet im 18. Jahr als „Kompetenzzentrum für Energieeffizienz, erneuerbare Energien und intelligente Energiesysteme". Rund 650 Projekte hat die Dena seitdem auch in Unternehmen begleitet, die Fortschritte in puncto Gebäude, Strom und Verkehr erzielen wollten. Dabei setze man „vor allem auf marktwirtschaftliche Instrumente und innovative Geschäftsmodelle", heißt es hier.

www.dena.de

Große Linien statt kleine Karos

Wie Fortschritt im Insolvenzrecht gelingt

Dem Machtpragmatiker Helmut Schmidt wird diese Empfehlung zugeschrieben: „Wer Visionen hat, soll zum Arzt gehen." Zum Mantra erheben deutsche Politiker dieses Zitat des ehemaligen Bundeskanzlers immer dann, wenn es darum geht, Fragen der künftigen Gestaltung unserer Gesellschaft zu beantworten. Statt sich der rasant wandelnden Welt zuzuwenden, verharren sie und befassen sich nur mit kleinen Karos, die in der Gegenwart zu füllen sind. Große Teile der Bevölkerung fordern indes zu Recht von der Politik die große Linie. Daran entlang sollen durchaus Visionen entstehen zur künftigen Gestaltung unserer Gesellschaft im vereinten Europa. Fehlende Antworten zu drängenden Fragen machen einen Teil des AfD-Erfolges aus und sind zugleich mitverantwortlich für den SPD-Niedergang. Die SPD befindet sich immer noch auf der Suche nach dem kleinen Mann, den sie schützen muss, und übersieht dabei: Der kleine Mann ist längst groß und selbstständig geworden. Und er glaubt weder ihr noch anderen, dass mit Positionen aus dem 19. Jahrhundert erfolgreich das 21. Jahrhundert zu gestalten ist.

Wenig wundert also, dass eine jüngst gehaltene Grundsatzrede zur Vision eines neuen Europas weltweit große Beachtung fand. Gehalten hat sie der französische Präsident Macron am 26. September 2017 in der ehrwürdigen Sorbonne-Universität von Paris. Nur in Deutschland reagierte man mit gewohnt spöttischer Herablassung und tat die Ideen des ambitionierten Politikers mit dem Hinweis ab: Auch er werde irgendwann erkennen, dass kleine Karos und nicht große Linien das Maß aller Politik seien. Ein guter Teil dieser bemerkenswerten Grundsatzrede widmete sich dem Wirtschaftsrecht und enthielt den fast revolutionären Vorschlag: Deutschland und Frankreich sollten ihr Insolvenzrecht bis zum Jahre 2024 angleichen. Leider scheuen sich viele deutsche Politiker bis heute, das „I-Wort" überhaupt in den Mund zu nehmen. Doch das französische Staatsoberhaupt entwickelt dazu die große Linie, um bis heute divergierende Rechtstraditionen im Interesse eines einheitlichen und erfolgreichen Wirtschaftsraums Europa zu überwinden. Damit liegt Macron im Trend. Denn global

betrachtet dient das Insolvenzrecht vermehrt dem Erhalt von Arbeitsplätzen und Unternehmen. Damit rücken die Gläubiger verstärkt in den Fokus. Aktuelles Beispiel dafür ist auch der Entwurf der EU-Kommission für ein präventives Restrukturierungsverfahren. Es soll nicht mehr sämtliche Gläubiger erfassen, sondern nur eine Auswahl von ihnen.

Die Abwehrreaktionen in Expertenkreisen hierzulande lassen völlig außer Acht, dass mit dem deutschen Insolvenzrecht die Konzentration auf betroffene Gläubiger krachend gescheitert ist. Ein Beleg in Zahlen: Statistisch betrachtet erhält jeder Gläubiger zwei bis drei Prozent Insolvenzquote. Dagegen kann die gesamte „Crash"-Industrie vorzüglich von Insolvenzen leben und labt sich an Unternehmenskrisen.

Insolvenzrecht zur Finanzstabilität

Das Insolvenzrecht sorgt mit für die Finanzstabilität vieler Volkswirtschaften. Dies hat Frankreichs Präsident Macron klar erkannt. Auch das französische Recht ist schon lange auf den Erhalt von Unternehmen und Arbeitsplätzen ausgerichtet. Es wäre also an der Zeit, dass auch Deutschland den Anschluss an die Moderne findet. Die Orientierung am § 1 unserer Insolvenzordnung, wonach eine Insolvenz vorrangig als Instrument zur Rettung von Unternehmen und Arbeitsplätzen sowie zum Vermeiden gesamtwirtschaftlicher Schäden dienen soll, wäre wichtig für die Alltagspraxis. Die große Linie des neuen Insolvenzrechts müsste darauf zielen, einen spürbaren Beitrag zu leisten, um endlich der Stigmatisierung von Insolvenzen entgegenzutreten.

Die Professoren Christoph Paulus und Reinhard Dammann haben aufgezeigt, welche Gemeinsamkeiten deutsches und französisches Insolvenzrecht eint. Und zwar trotz aller Divergenzen und Differenzen. Es gibt ihn also, den einfachen Weg in die praktische Umsetzung von präsidentiellen Visionen. Wenn da – meist auf deutscher Seite – in den Köpfen nur nicht kleine Karos als Blockaden stehen.

Prof. Hans Haarmeyer ist Herausgeber von „return".

Vorschau 03/18

Die nächste Ausgabe von „return – Magazin für Transformation und Turnaround" erscheint am 14. Juni 2018.

▶ Vorbilder nachhaltiger Unternehmens-sanierungen im Porträt und im Interview

▶ Erkennbare Anzeichen zum frühzeitigen Abwenden von Krisen

▶ Stakeholder-Management von der Bank über Lieferanten bis zu Mitarbeitern

▶ Außergerichtliche Ansätze zur Verhinderung der Insolvenzanmeldung

▶ Finanz- und leistungswirtschaftliche Maßnahmen

Schwerpunkt: Gelungene Sanierung

© Wireframestudio / Getty Images / iStock

Impressum

„return – Magazin für Transformation und Turnraound"
www.springerprofessional.de
www.return-online.de
Ausgabe 2 | 2018, 5. Jahrgang
ISSN 2199-8841

Verlag
Springer Gabler
Springer Fachmedien Wiesbaden GmbH
Abraham-Lincoln-Str. 46
65189 Wiesbaden
Die Springer Fachmedien Wiesbaden GmbH ist Teil der Fachverlagsgruppe Springer Nature.

Geschäftsführer
Stefanie Burgmaier |
Joachim Krieger | Juliane Ritt

Redaktion
Herausgeber:
Stefanie Burgmaier |
Prof. Dr. Hans Haarmeyer

Teamleitung Management-zeitschriften:
Anja Schüür-Langkau

Freier Chefredakteur
(verantwortlich für den redaktionellen Inhalt):
Thorsten Garber
Am Stierksken 18
59379 Selm-Cappenberg
Tel. +49 (0) 23 06 / 75 74 99
chefredaktion@return-online.de

Redaktionelle Mitarbeiter
dieser Ausgabe:
Axel W. Bierbach, Claudia Bröll, Timo Darr, Alexander Ebert, Dr. Volkhard Emmrich, Dr. Andreas Fröhlich, Martin Gruber, Gregor Hallmann, Peter Han-ser, Armin Hingst, Dr. Rüdiger Hossiep, Julica Jungehülsing, Prof. Florian C. Kleemann, Caroline Pluta, Alexander Rammert, Prof. Oliver Roll, Prof. Oliver Schwedes, Peter Stäuber, Stefan Terliesner, Dr. Alexander Verhoeven, Alexander Welscher, Dr. Lars Westpfahl, Timo Wopp

Titelfoto
© sergeysan1 / Getty Images / iStock

Anzeigen, Marketing
und Produktion
Leiter Media Sales:
Volker Hesedenz

Leiter Vertrieb + Marketing:
Jens Fischer

Gesamtleitung Produktion:
Ulrike Drechsler

Verkaufsleitung (verantwortlich
für den Anzeigenteil):
Eva Hanenberg
Tel: +49(0)611 7878-226
Fax: +49(0)611 7878-430
E-Mail: eva.hanenberg@springer.com

Anzeigendisposition:
Susanne Bretschneider
Tel: +49 (0)611 7878 153
E-Mail: susanne.bretschneider@springer.com

Anzeigenpreise:
Es gelten die Mediadaten von 01.01.2018

Produktmanagement:
Britta Rossbach
Tel: +49(0)611 7878-271
E-Mail: britta.rossbach@springer.com

Produktion
Kerstin Brüderlin

Satz
Carina Harbarth, designplus, Merowingerstraße 55, 50677 Köln

Alle angegebenen Personen sind, soweit nicht ausdrücklich angegeben, postalisch unter der Adresse des Verlags erreichbar.

Sonderdrucke
Anja Trabusch
E-Mail:anja.trabusch@springernature.com
Tel: +49(0)611 7878 298

Leserservice
Springer Customer Service Center GmbH
Springer Gabler Service
Tiergartenstr 15, 69126 Heidelberg
Tel: +49(0)6221 345-4303
Fax: +49(0)6221 345-4229
Montag – Freitag 8.00 Uhr – 18.00 Uhr
E-Mail: springergabler-service@springer.com

Druck
Kliemo Printing AG,
Hütte 33,
B-4700 Eupen, Belgien

Fachbeirat
Dr. Utz Brömmekamp, Buchalik Brömmekamp Rechtsanwaltsgesellschaft; Udo Doetsch, Sparkasse Duisburg; Prof. Dr. Roland Eckert, FOM Hochschule für Oekonomie & Management im Hochschulzentrum Düsseldorf; Prof. Dr. Christian Gärtner, Quadriga Hochschule Berlin; Carl-Jan von der Goltz, Maturus Finance; Dr. Ulrich Hermann, Heidelberger Druckmaschinen AG; Prof. Dr. Michael Jünger, Technische Hochschule Ingolstadt; Michael Pluta, Pluta Rechtsanwalt; Uwe Rotermund, Noventum Consulting; Heinrich Fritz Stellmach, Stellmach & Bröckers Rechtsanwälte, Wirtschaftsprüfer, Steuerberater; Jan H. Wilhelm, hww Hermann Wienberg Wilhelm Insolvenzverwalter Partnerschaft

Bezugsmöglichkeiten
Das Heft erscheint viermal jährlich. Bezugsmöglichkeiten und Details zu den Abonnementbedingungen finden Sie unter www.mein-fachwissen.de/return
Alle Rechte vorbehalten.

Nachdruck
Die Zeitschrift sowie alle in ihr enthaltenen Beiträge einschließlich sämtlicher Abbildungen, Grafiken und Fotos sind urheberrechtlich geschützt. Sofern eine Verwertung nicht ausnahmsweise ausdrücklich vom Urheberrechtsschutz zugelassen ist, bedarf jedwede Verwertung eines Teils der Zeitschrift der vorherigen schriftlichen Zustimmung des Verlags. Das gilt insbesondere für Vervielfältigungen, Nachdrucke, Bearbeitungen, Übersetzungen, Mikroverfilmungen, öffentliche Zugänglichmachung sowie die Einspeicherung in elektronischen Systemen und die Verbreitung oder Verwertung in elektronische Systeme.

Die Artikel von Return sind mit größtmöglicher Sorgfalt erstellt. Die Redaktion übernimmt jedoch keine Gewähr für die Richtigkeit, Vollständigkeit und Aktualität der abgedruckten Inhalte. Für den Inhalt der Werbeanzeigen ist das jeweilige Unternehmen bzw. die jeweilige Gesellschaft verantwortlich. Jedes Jahresabonnement beinhaltet die Freischaltung für das Online-Archiv auf Springer Professional. Der Zugang gilt ausschließlich für den einzelnen Empfänger des Abonnements.

Für unverlangt eingesandte Beiträge und Rezensionsexemplare wird nicht gehaftet.

Wenn es mal nicht mehr läuft und läuft und läuft ...

Alternative Antriebe, autonomes Fahren, Carsharing: Die Zukunft der Mobilität wird gerade zur Gegenwart. Neue Ideen und neue Technologien bieten neue Chancen und Möglichkeiten, aber auch große Risiken für Unternehmen und ganze Branchen. Und wenn es trotz des mobilen Fortschritts mal zum Stillstand kommt, unterstützt BBL Bernsau Brockdorff & Partner als eine der bundesweit führenden Kanzleien für Restrukturierung, Sanierung und Insolvenz Unternehmen auf dem Weg aus der Krise.

Frühstarter-Erfolg

© Bernd Hegert

Gegner sahen ihn als Symbolfigur des Kapitalismus. Doch die meisten achteten ihn als Ausnahmeerscheinung unter deutschen Spitzenmanagern – ob als Fachmann oder als Persönlichkeit. Er galt als intellektuell und unternehmerisch brillant, als offen für Kritik und für unkonventionelle Konzepte, als fordernd in Transparenz und in Verantwortung gegenüber der Macht der Banken. Auf dem Höhepunkt berief die Bundesregierung den studierten Betriebs- und Volkswirt zum Berater, um Stahlmarkt und Bankenlandschaft neu zu ordnen. Gleichwohl währte die Zeit des Alfred Herrhausen auf dem Gipfel nur kurz: Zum Vorstandschef der Deutschen Bank stieg er fast genau vor 30 Jahren auf – und fiel schon 18 Monate später im November 1989 dem Bombenattentat der RAF zum Opfer.

Der hochgeschätzte Manager führte die Deutsche Bank hierzulande zur unangefochtenen Marktführerschaft und international in die Top-Riege der Geschäftsbanken. Was er heute wohl über die weitere Entwicklung des größten Kreditinstituts speziell im Umgang mit dem Mittelstand denken und aussprechen würde? Andere Aussagen, die zum Aphorismus taugen, sind von ihm überliefert: „Die meisten Fehler machen Unternehmen, wenn es ihnen gut geht, nicht wenn es ihnen schlecht geht." Sein Ausspruch ist als Aufruf zu verstehen, rechtzeitig Segel für den richtigen Kurs zu setzen, um gar nicht erst in wilde Gewässer und in Häfen mit kriselnden Märkten zu schippern.

Also je früher, desto besser. Darüber herrscht Einigkeit. Selbst wenn es für Prävention zu spät ist, kennen kompetente und erfahrene Krisenbekämpfer genug geeignete Gegenmittel. Schließlich gab und gibt es leider ausreichend Unternehmensinsolvenzen zum Üben. Über das bestmögliche Verfahren zur Gesundung streiten Interessengruppen vehement, die gut am Leid verdienen. Unbedarfte Unternehmer gerade in kleinen und mittleren Organisationen verpassen immer noch zu häufig den Zeitpunkt, um für die sichere Zukunft vorzubauen oder in Schieflage mit sachverständigen Unterstützern die Wende und den Wandel einzuleiten.

Deshalb haben wir uns auf die Suche begeben nach objektiven Erfolgsfaktoren für das Gelingen von Sanierungen. Das Spektrum der Möglichkeiten zwischen außergerichtlichen und gerichtlichen Verfahren präsentiert ab Seite 16 unser Schwerpunkt. Die Bausteine für ein (wieder) erstarktes Unternehmen durchziehen aber wie ein roter Faden das gesamte Heft: Gefragt sind Chancenfinder mit exzellenter Unternehmensführung, die nachhaltige Trends erkennen und ihr Geschäftsmodell dafür ertüchtigen, dazu tragfähige Kapitalstrukturen anlegen mit angepassten Kostenblöcken und standardisierten Prozessen.

Von der Umsetzung in die Praxis berichten unter anderem zwei namhafte Vorbilder in großen Exklusiv-Interviews: Manager Dr. Thomas Knecht von Hellmann Logistics (S. 22) und Unternehmer Rolf A. Königs von der Aunde Group (S. 42) bestätigen beispielhaft die Systematik für Sanierung inklusive Frühstarter-Erfolg.

Ihr

Thorsten Garber
Chefredakteur return / chefredaktion@return-online.de

16 *Supersanierer*
Unternehmer als Held
der Krisenbewältigung

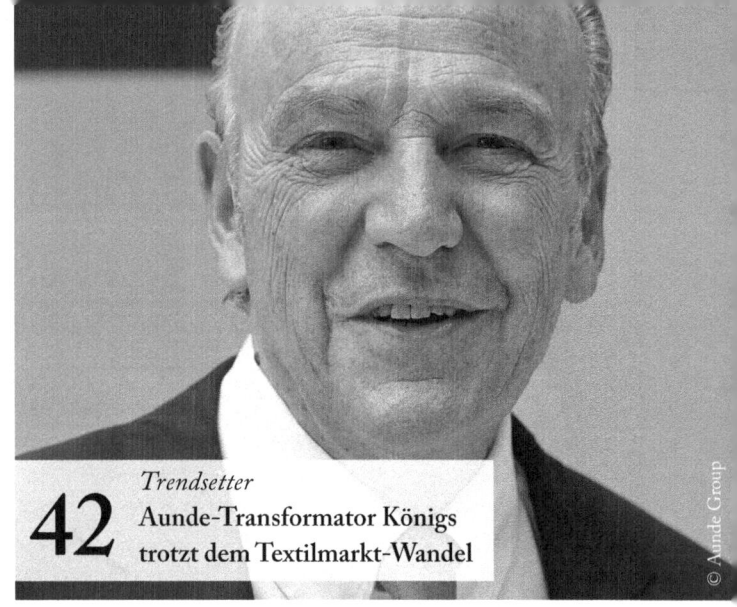

42 *Trendsetter*
Aunde-Transformator Königs
trotzt dem Textilmarkt-Wandel

Inhalt

return 03/18

© Florian Bauer

Hintergrund & Wissen

Start & Szene

Interview

„Digitalisierung durch Leuchtturmprojekte sichtbar"

Mehr als 370 Digitalchefs hat die Quadriga Hochschule für ihre Studie mit TMG Consultants befragt. Über erste Ergebnisse sprechen die Professoren Christian Gärtner und Christian Heinrich.

Christian Gärtner

Christian Heinrich

Wie messen Chief Digital Officer (CDO) konkret den Erfolg digitaler Geschäftsmodelle?

Christian Gärtner: Es werden vor allem Wachstum und Kosten getrackt, kaum jedoch so etwas wie „verbessertes Kundenerlebnis". Außerdem bilden die verwendeten Leistungskennzahlen (KPIs) absolute Größen ab. Dabei bräuchte es mehr KPIs, die es Managern ermöglichen, sich ein Bild über dynamische Entwicklungen zu machen. Überraschend fanden wir, dass 25 Prozent der Befragten gar keine KPIs zur Steuerung und Erfolgsmessung einsetzen.

Die CDO-Funktion ist relativ jung. Welche Maßnahmen helfen ihnen, sich zu beweisen?

Insgesamt haben wir mehr als 100 Nennungen zur Reputationssteigerung gesammelt. Die meistgenannten „Leading Practices" sind in vier Handlungsfelder einzuteilen: Digitalisierung durch Leuchtturmprojekte sichtbar machen, harte und weiche Anreize für Ziele vorgeben, Commitment mit Kommunikation und Top-Management sicherstellen, Methoden

agilen Arbeitens einsetzen wie Rapid Prototyping, Scrum oder Design Thinking. Das Etablieren agiler Organisationen ist ein wichtiges Ziel, meist aber nur bei internen Prozessen. Das Vernetzen mit Externen wie Forschungseinrichtungen, Freelancern oder Start-ups erhält noch wenig Beachtung.

Was hilft ihnen beim Umsetzen von Strategie?

Christian Heinrich: Top-down-Verantwortlichkeiten sind zu schaffen. Digital- und Unternehmensstrategie müssen synchronisiert sein. Dann sind Prozessdigitalisierung, Marketing Automation, kollaboratives Arbeiten oder datenbasierte Geschäftsmodell-Entwicklung im Projektmodus umzusetzen. Fortgeschrittene Organisationen verbinden Innovation, Finanzen und Entwicklung im „Venture Incubation"-Ansatz und damit technologische Innovationen mit bestehender Wertschöpfung. Bei Venture Incubation werden Start-ups oder technologiebasierte Inhouse-Geschäftsmodelle getestet und auf Markt- und Integrationsfähigkeit geprüft.

Welche Hindernisse hemmen sie im Unternehmen?

Fehlendes Wissen gepaart mit falschen Erwartungen. Wenn offen und transparent kommuniziert wird, erweist sich die Digitalisierung als Chance für alle.

Die Fragen an die beiden Professoren stellte Thorsten Garber.

Musikindustrie
US-Gitarrenbauer Gibson meldet Insolvenz an

Mit Gibson aus Nashville/Tennessee, im Jahr 1902 gegründet und neben Fender einer der weltweit bekanntesten Hersteller von Zupfinstrumenten wie E-Gitarren, hat Insolvenz nach Chapter 11 im US-amerikanischen Recht „Bankruptcy Protection" angemeldet. Die Unternehmensführung will versuchen, die Firma innerhalb eines Jahres zu retten.

www.gibson.com

Modeindustrie
Britisches Label Bench schwächelt mit Konzern

Von der Insolvenz des britischen Unternehmens ist der deutsche Ableger betroffen: Das Modelabel Bench, im Jahr 1989 gegründet und mit seinen Kapuzen- und Fleece-Pullis einst bei Jugendlichen begehrt, soll unter Problemen mit dem Britischen Pfund, dem Wettbewerb und der Logistik leiden. Eigentümer ist die deutsche Emeram Capital Partners.

www.bench.de

Verfahrensverteilung in Unternehmensinsolvenzen
März 2012 bis Januar 2018

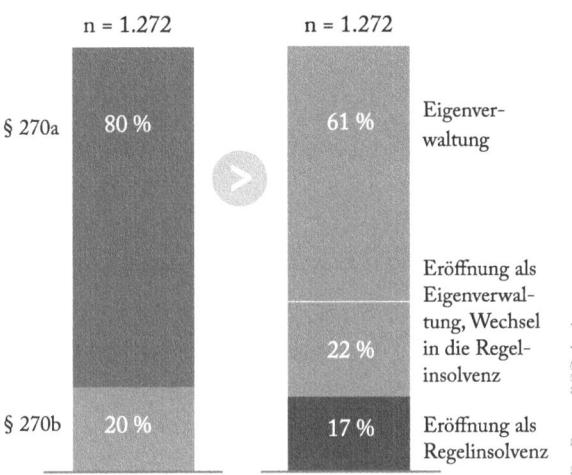

Wechsel von der Eigenverwaltung in die Regelinsolvenz. Nicht eindeutig der Verfahrensart nach § 270a oder § 270b ESUG zuzuordnende Unternehmen nicht berücksichtigt.

Insgesamt scheitern knapp 40 Prozent der beantragten Eigenverwaltungsverfahren laut BCG-Analyse.

Quelle: WBDat/INDat Report; BCG-Analyse

Insolvenzverfahren-Studie
ESUG: Durchbruch nach sechs Jahren erreicht

Alle eröffneten Insolvenzverfahren in Eigenverwaltung seit Inkrafttreten des ESUG im Jahr 2012 hat die internationale Managementberatung „The Boston Consulting Group" (BCG) zum sechsten Mal in einer Studie betrachtet. Die Daten umfassen nun rund 1.500 Verfahren aus 71 Monaten und lassen Aussagen belastbar erhärten. Danach hat sich die Eigenverwaltung bei den 50 größten Unternehmensinsolvenzen zum Standardverfahren entwickelt; 64 Prozent richteten sich 2017 nach den §§ 270a und 270b. Bei den großen Fällen wird in drei von vier Unternehmen die Geschäftsführung durch einen Sanierungsspezialisten ersetzt. Große Verfahren verlaufen auch deutlich erfolgreicher – nur 17 Prozent der Anträge werden nicht in Eigenverwaltung eröffnet. Von den rund 40 Prozent gescheiterten Eigenverwaltungsverfahren wurde ein Großteil erst später zur Regelinsolvenz. Insgesamt hat der Anteil von Eigenverwaltungen zwar leicht zugenommen, bleibt aber mit 2,7 Prozent die Ausnahme. Eine Spezialisierung hat BCG bei den Beteiligten festgestellt: Ein Drittel der Verfahren verteilt sich auf die Top 5 der Sanierungsgeschäftsführer und -Sachwalter.

www.bcg.com

Bankenvorstand-Interview
KfW-Inlandschefin Hengster spürt Aufbruch und Veränderung

Auf den Wettbewerbsdruck im Finanzierungsgeschäft der deutschen Bankenlandschaft angesprochen, beobachtet Dr. Ingrid Hengster (Foto), dass Banken über das Wie der Anpassung ihrer Geschäftsmodelle diskutieren. „Ich spüre einen Aufbruch und Veränderung", sagt das Vorstandsmitglied der KfW-Bankengruppe im Interview mit dem „Bankmagazin". Da die KfW kein eigenes Filialnetz betreibe, sondern die Förderung im Inland über Hausbanken, sei mittlerweile der „Kreditantragsweg stark digitalisiert". Alle Kredite für wohnwirtschaftliche Förderungen können schon in digitaler Form beantragt werden, sagt sie, bis Ende 2018 sollen alle KfW-Produkte bei Finanzierungspartnern auch für Gewerbekunden digital verfügbar sein.

www.springerprofessional.de/link/15747870

CFO-Umfrage
Finanzchefs erwarten mehr Investitionen

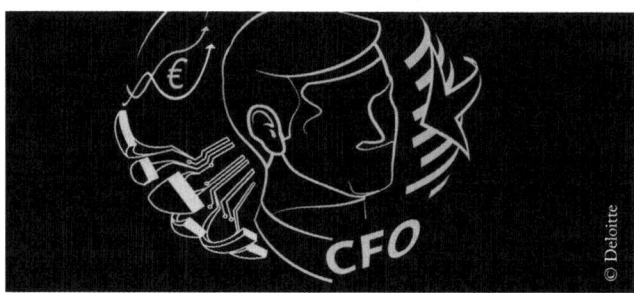

150 Finanzvorstände aus Mittelstand und Großunternehmen in Deutschland befragten die Autoren für die Studie der Wirtschaftsprüfung und Risikoberatung Deloitte. Sie blicken optimistisch auf die weltwirtschaftliche Lage und sehen eine erhöhte Investitionsbereitschaft in ihren Unternehmen, sodass Deloitte von einem Rekordwert ausgeht. 63 Prozent nennen Deutschland als Investitionsziel. 76 Prozent wollen in Software, Datenverarbeitung, IT-Netzwerke und Internet investieren, 75 Prozent in Prozessoptimierung, knapp die Hälfte plant erhöhte Ausgaben für die Weiterbildung der Mitarbeiter. Für die digitale Transformation befinden sich viele Unternehmen noch in einer Frühphase der Entwicklung. Politische Risiken werten sie als größte Unsicherheitsfaktoren.

www.deloitte.de

Elektroauto-Strategie
Audi plant E-Version für jedes Modell bis 2025

Der Automobilhersteller Audi hat seine Strategie zur Mobilitätswende vorgestellt und damit seine Pläne zur Elektrifizierung der Modellpalette. Danach soll bis 2025 für jedes Modell auch eine elektrifizierte Version zur Verfügung stehen. Der SUV Audi E-Tron soll noch in 2018 in Serie gehen. Die Basis für die später mehr als 20 E-Modelle liefert Konzern-Mutter Volkswagen sowie die E-Plattform, die VW mit Porsche entwickelt hat. Die Transformation bei Audi betrifft auch die weitere Digitalisierung, die zur Wertschöpfung beitragen soll. Audi entwickelt dafür eine integrierte IT-Plattform für Fahrzeug-Konnektivität und digitale Services, die auch mit anderen Fahrzeugen aus dem Hause Volkswagen kompatibel sein sollen. „Wir wollen Premium-Elektroautos und Digital-Angebote, die auch wirtschaftlich attraktiv sind. Das ist unser klarer Anspruch für die Mobilität der Zukunft", so Alexander Seitz, Vorstand für Finanz, IT und Integrität bei Audi.

www.springerprofessional.de/link/15747984

Mittelstand-Befragung
Relevanz von Elektromobilität in Unternehmen erkannt

Die ZF Friedrichshafen AG beteiligt sich als Gründungsmitglied an der „Mobility Open Blockchain Initiative". Für Arwed Niestroj, Vice President Global Innovation Hubs and Digital Transformation beim Autozulieferer ZF, bietet das einheitliche Netzwerk viele Vorteile: „Mit unserer Teilnahme bieten wir unseren Kunden immensen Mehrwert, indem wir sichere und leistungsfähige Lösungen für die Zukunft der autonomen Mobilität entwickeln." So könnten Fahrzeuge, Serviceanbieter und Infrastruktur direkt miteinander kommunizieren. Transaktionen könnten sicher über Cloud-Services abgewickelt werden. Fahr- und Diagnosedaten, etwa für Taxis oder Carsharing, ließen sich leichter verarbeiten. Auch im Kampf gegen Cyber-Kriminalität könnte die Blockchain-Technologie helfen. Nicht zuletzt soll durch die Allianz, der sich auch BMW, Bosch, Ford, GM und Renault angeschlossen haben, eine schnellere Entwicklung digitaler Services erreicht werden.

www.springerprofessional.de/link/15735574

Christian W. E. Haub übernimmt allein als CEO von Tengelmann

Christian W. E. Haub und Karl-Erivan W. Haub (Fotos v. l.) führten seit dem Generationswechsel im Jahr 2000 als Brüder und als Co-CEOs das mehr als 150 Jahre alte Familienunternehmen Tengelmann. Nachdem Karl-Erivan W. Haub seit dem 7. April in den Schweizer Alpen als vermisst galt, teilte die Unternehmensgruppe am 18. April mit, dass der jüngere Bruder (53) mit sofortiger Wirkung die alleinige Geschäftsführung übernimmt. Nach intensiver Suche gebe es „keine Überlebenswahrscheinlichkeit mehr". Der Verlust sei „eine Tragödie", gefährde aber nicht den Fortbestand. „In den vergangenen Jahren ist es uns gelungen, das Unternehmen durch einen umfassenden Transformationsprozess zu führen. Es ist nunmehr grundsolide und zukunftsfähig aufgestellt", so der neue CEO.

www.tengelmann.de

Andreas von Wallfeld ist neuer Leiter Marketing, Vertrieb und Services Mercedes-Benz Lkw. Er folgt auf Till Oberwörder, der jetzt bei Daimler Buses verantwortet. Göran Nyberg übernimmt ab September das Vorstandsressort für Sales und Marketing der MAN Truck & Bus AG. Er folgt auf Heinz-Jürgen Löw, der zu Jahresbeginn zum Vorstand für Vertrieb und Marketing bei Volkswagen Nutzfahrzeuge berufen wurde.

www.daimler.com; www.mantruckandbus.com; www.volkswagenag.com

Kai Graf, bisher Leiter für den Wholesale-Vertrieb von Seidensticker Hemd, verantwortet künftig den gesamten Vertrieb der Marke. Er berichtet an die geschäftsführenden Gesellschafter Frank und Gerd Oliver Seidensticker. Der 38-Jährige kam 2017 von der Rösch Fashion, wo er Vertrieb und Marketing als Geschäftsführer führte. Graf übernimmt für Kevin Ziegler, Head of Distribution and Business Development Seidensticker Shirts & Blouses, der die Seidensticker-Gruppe verlässt.

www.seidensticker.com

Puma, Sportartikelhersteller, hat Dr. Martin Benda zum neuen Leiter der Rechtsabteilung ernannt. Er arbeitete nach seiner Promotion im Gewerberecht bei Mannesmann Mobilfunk und bei Coca-Cola. Er folgt auf Jochen Lederhilger, der sich selbstständig macht.

www.puma.de

Schultze & Braun, Unternehmensverbund für Insolvenzverwaltung und Krisenberatung, kommt künftig ohne Dr. Stefan Schmittmann als „Of Counsel" aus. Er ist in den Aufsichtsrat der Commerzbank AG und dann im Gremium zum Vorsitzenden gewählt worden.

www.schultze-braun.de

Vosla leuchtet wieder

Die Unternehmensführung leitete für die ausgegründete Philips-Tochter früh vor Eintreten der Krise ein Sanierungsverfahren ein. Das milderte später die Belastungen.

Perfektes Licht für perfekte Autos möchte Vosla unter dem Claim „German Precision Lighting" seinen Kunden liefern.

Vosla entwickelt schon seit mehr als 70 Jahren höchst spezielle Beleuchtungslösungen, die auch den hohen Standards der Automobil- und Flugzeugindustrie entsprechen. Darüber hinaus steht das Unternehmen für spezielle Lichttechnik in Arbeitsumgebungen wie im Lager oder auf dem Feld, in der Medizin und im Schienenverkehr sowie für Anwendungen im Outdoor- und Freizeitbereich.

Alle Aktivitäten in diesen Geschäftsbereichen wurden im Jahre 2012 von Philips in dieser Gesellschaft gebündelt. Die neu gegründete Vosla GmbH wurde dann an einen Finanzinvestor ausgegründet. Als „Mitgift" wurde eine Vereinbarung mit Philips getroffen, über einen Zeitraum von fünf Jahren weiterhin Lampen von Vosla zu beziehen. Diese Vereinbarung ist zum August 2017 ausgelaufen.

Zu diesem Zeitpunkt betrug der Philips-Umsatzanteil noch immer rund 50 Prozent. Mit dem Auslaufen dieser Abnahmevereinbarung kamen weitere Herausforderungen auf das Unternehmen zu. Denn die LED-Technologie etablierte sich vor allem in der Automobilindustrie, womit die Verdrängung von Halogen-Leuchten einherging, die zum Vosla-Kernsegment gehören.

Schon in den Zeiten, als die Geschäfte noch gut gingen, wurde auch deutlich, dass diese existenzbedrohenden Veränderungen nicht hätten bewältigt werden können. Die notwendigen Sanierungsschritte, die spätestens mit Wegfall der Philips-Vereinbarung hätten eingeleitet werden müssen, wären nicht zu finanzieren gewesen. Daher hatte das Management frühzeitig entschieden, ein Insolvenzverfahren

in Eigenverwaltung als Sanierungsinstrument zu nutzen. Die Maßnahme eingeleitet wurde schon im Januar 2017 – also mehr als ein halbes Jahr vor Auslaufen der Philips-Vereinbarung.

Dabei wurde das Eigenverwaltungsverfahren genutzt, um die wesentlichen Sanierungsschritte umzusetzen. Die Anpassung der Belegschaft von 330 Mitarbeitern auf 210 Arbeitnehmer galt aufgrund der zu erwartenden Umsatzeinbrüche als unvermeidbar. Weiterhin hat die Vosla-Geschäftsführung mit der Gewerkschaft für die Dauer von sechs Jahren einen Sanierungstarifvertrag verhandelt. Danach wird es in den nächsten drei Jahren keine betriebsbedingten Kündigungen beim Unternehmen in Plauen geben.

Neuausrichtung als ganzheitlicher Anbieter

Außerdem konnte während des Insolvenzplanverfahrens die DI Kapital GmbH als Finanzinvestor dafür gewonnen werden, Geschäftsanteile zu erwerben. „Wir werden Vosla als innovativen und ganzheitlichen Anbieter von Lichtsystem-Lösungen für Automobil- und Industriekunden ausrichten", erklären die beiden Geschäftsführer der inhabergeführten Beteiligungsgesellschaft. DI Kapital wird die Neuausrichtung von Vosla sowohl mit dem notwendigen Kapital als auch mit operativem und strategischem Know-how unterstützen. Perspektivisch ist geplant, weitere Felder in Lichttechnologien zu erschließen und etwa die Entwicklung der LED-String-Technologie voranzutreiben. Das Gericht hob das Insolvenzverfahren im Februar 2018 auf. Die Übertragung der Geschäftsanteile auf DI Kapital wurde wirtschaftlich rückwirkend zum 31. Oktober 2017 vollzogen und somit wie im Insolvenzplan vorgesehen.

Dr. Andreas Fröhlich, Partner und Head of Corporate Finance der Beratungsgesellschaft Baker Tilly, ist spezialisiert auf Mergers & Acquisitions und insolvenznahe Sanierungsberatung.

Im Kurzprofil: Sanierungserfolge nach Insolvenz

	vosla GERMAN LIGHTING	**PARACELSUS** KLINIKEN	**DLW** FLOORING	**beate uhse**
Name	Vosla GmbH	Paracelsus-Kliniken	DLW Flooring GmbH	Beate Uhse AG
Branche	Leuchtmittelindustrie	Krankenhäuser	Bauzuliefer-Industrie	Erotik-Fach-Einzelhandel
Geschäftsfelder/ Produktgruppen	Leuchtmittel für Luftfahrt und Automobil-Industrie	Betrieb von Krankenhäusern	Herstellung von Bodenbelägen aus Linoleum	Online- und stationärer Einzelhandel für Wäsche und Erotikartikel
Umsatz (Mio. €)	49	409	133	103
Mitarbeiter	330	5.200	730	345

Angaben zum Sanierungsverfahren

Antragsdatum	31.01.2017	21.12.2017	11.10.2017	15.12.2017
Verfahrensart	Eigenverwaltung, § 270a	Eigenverwaltung, § 270a	Eigenverwaltung, § 270a	Eigenverwaltung, § 270a
Sanierer	Dr. Dirk Herzig (SW), Dr. Stefan Weniger	Rainer Eckert (SW), Andreas Ziegenhagen, Daniel Fritz	Dr. Tibor Braun (SW), Patric Naumann	Dr. Sven-Holger Undritz (SW), J. von Buchwaldt, Dr. G. Bernsau

Lösungsangaben der Sanierung

Art der Sanierung	Planverfahren	Planverfahren	Übertrag. Sanierung	Planverfahren
Sanierungsdauer	12 Monate	4 Monate	4 Monate	4,5 Monate
Investoren	DI Kapital GmbH	Porterhouse Group AG	Gerflor SAS	Robus Capital
Klassifikation	Finanzinvestor	Finanzinvestor	Stratege	Finanzinvestor
Lösungsbeschreibung	Fortführung mit 65 % der Mitarbeiter Sanierungstarifvertrag	Fortführung aller Häuser bei weitestgehendem Erhalt der Mitarbeiterschaft	Fortführung eines Standortes mit insgesamt rund 45 % der Mitarbeiter	Fortführung mit ca. 40 % der Mitarbeiter Debt-Equity-Swap
Aus Sicht der Investoren/ Strategische Eckpunkte	• Finanzielle Stabilisierung zur Restrukturierung nach Wegfall des Hauptkunden	• Uneingeschränkte Fortführung der Geschäftstätigkeit • Senkung der Betriebskosten	• Schließung eines unprofitablen Werks • Ergänzung des eigenen Produktspektrums	• Zusammenführung der gesunden Geschäftsbereiche in neue Gesellschaft • Personelle Restrukturierung

Quelle: Baker Tilly

Lässt Justitia die Großen laufen?

Komplexe Wirtschaftsstrafverfahren binden Kapazitäten von Richtern und Staatsanwälten.
Dies führt zu Strafrabatten, was dem allgemeinen Gerechtigkeitsempfinden widerspricht.

Mit großen Wirtschaftsstrafverfahren tut sich die Justiz in Deutschland schwer. Je komplexer der Sachverhalt und je größer die Aktenberge sind, desto häufiger streicht Justitia als Göttin der Gerechtigkeit die Segel: Statt zu einer Gerichtsentscheidung kommt es zu einem Vergleich oder der Einstellung des Verfahrens. Oder die Vorwürfe werden auf einen eng umrissenen Teilaspekt begrenzt, um wenigstens hier zu einem Urteil zu kommen. In einigen Fällen droht sogar Verjährung, weil sich die Ermittlungen so lange hinziehen.

Nicht selten haben Beobachter den Eindruck, als müssten kleine Unternehmen dafür den Kopf hinhalten. Es riecht nach einem Deal getreu der Maßgabe: „Stiehlst du ein Pferd, wird man dich hängen. Stiehlst du eine ganze Herde, wird man mit dir verhandeln." Das widerspricht dem Gerechtigkeitsempfinden.

Entsprechende Berichte über das Phänomen „Die Großen lässt man laufen" kursieren schon seit einiger Zeit in den Medien. So berichtete das ARD-Magazin „Plusminus" im Sommer 2017 über angeblichen Sozialabgabenbetrug von Großunternehmen, denen aufgrund der Komplexität des Sachverhalts und wegen fehlender Kapazitäten der Justiz seit Jahren kaum beizukommen sei. Dem Fernsehbeitrag zufolge geht es um zweistellige Millionen-Euro-Beträge. Während die Mühlen der Justiz in diesen Fällen quälend langsam mahlten, hätten sich die Behörden bei einer kleinen Reinigungsfirma mit 25 Beschäftigten, die als Haushaltshilfen in Seniorenhaushalten tätig seien, rasch und unnachgiebig „festgebissen". In diesem Fall gehe es um rund 8.000 Euro. Der Bericht steht als Beispiel für ein weitverbreitetes Gefühl: Verfahren scheitern, wenn der Aktenberg groß ist.

Tatsächlich fordern Bearbeitungsgrundsätze von Landesjustizministerien „eine zielstrebige und zügige Bearbeitung von Wirtschaftsstrafsachen". Dies sei von „vorrangiger Bedeutung". Für eine Umsetzung haben die Leiter der Staatsanwaltschaften Sorge zu tragen, heißt es etwa in den Verwaltungsvorschriften des Landes Brandenburg. Schließlich

> „Die Einstellung eines Verfahrens ist keine Niederlage."
>
> **Beate Weik**

verursachte Wirtschaftskriminalität nicht nur erheblichen materiellen Schaden für die betroffenen Bürger und den Staat.

Darüber hinaus könne Wirtschaftskriminalität zur Folge haben, „dass das für unsere Gesellschaft existenznotwendige Vertrauen der Allgemeinheit in die Redlichkeit des wirtschaftlichen Geschehens und der daran Beteiligten nachhaltig erschüttert wird". Es geht also auch und vor allem um fundamentale Prinzipien des Zusammenlebens. Zur Umsetzung sind allerdings entsprechende Einrichtungen der Rechtsprechung offensichtlich zu unterbesetzt. Es fehlt an Kapazitäten, um auch große Wirtschaftsstrafverfahren zügig abzuarbeiten.

Inzwischen ist das Thema in der Politik angekommen. Der neue Koalitionsvertrag zwischen der Union und der SPD sieht eine Stärkung des Rechtsstaats vor. Mindestens 2.000 neue Stellen für Richter und Staatsanwälte sowie für zusätzliche Mitarbeiter sollen beim Bund und in den Ländern entstehen. Das hatte unter anderem der Deutsche Richterbund gefordert.

Justiz als Nadelöhr der Strafverfolgung

„So kann es gelingen, die chronischen Personalsorgen schrittweise zu beheben", begrüßt ein Sprecher des Richterbundes auf Anfrage die Ankündigung der Politik und räumt ein: „Eine unterbesetzte Justiz ist inzwischen zum Nadelöhr bei der Strafverfolgung geworden, auch der Rechtsschutz für Unternehmen und Bürger dauert teilweise zu lange." Symptome einer überlasteten Justiz zeigten sich bei Wirtschaftsstrafverfahren immer wieder. Landgerichte müssten in fast jedem dritten einen „Strafrabatt" geben, weil die Verfahren sich unvertretbar lange hingezogen hätten. Wegen solcher zu langen Verfahrensdauer habe dieser Rabatt auf die tatsächlich der Tat und der Schuld angemessene Strafe im Schnitt exakt 4,1 Monate betragen.

Justitia, Göttin der Gerechtigkeit, ist nicht blind, aber insbesondere bei Wirtschaftsstrafsachen offensichtlich im Nachteil gegenüber großen Gegenspielern durch mangelhafte Ausstattung und Ausdauer.

Dem Richterbund-Sprecher zufolge geschieht die Berechnung des Personalbedarfs der Gerichte und Behörden mit dem System „Pebbsy". Dabei soll der tatsächliche Personalbedarf, der für die Erledigung der justiziellen Aufgaben erforderlich ist, möglichst genau auf betriebswirtschaftlicher, analytischer Basis abgebildet werden. Die jetzt geplante Aufstockung findet vor dem Hintergrund der kommenden Pensionswelle statt. In den nächsten 15 Jahren gehen 40 Prozent aller Richter und Staatsanwälte in Bund und Ländern in den Ruhestand, heißt es beim Richterbund.

Auch wegen dieser Dringlichkeit werden jetzt neue Stellen geschaffen. Ob sie dann auch tatsächlich besetzt werden können, ist indes eine andere Frage. Nach einem Jura-Studium kann sich ein Berufsanfänger aussuchen, ob er Richter, Staatsanwalt oder Mitarbeiter einer Wirtschaftskanzlei wird. Letztere bezahlt vielfach das dreifach Gehalt. Das Bundesverwaltungsgericht hat soeben erst speziell für Berlin festgestellt, dass die Richterbesoldung zu niedrig und „nicht amtsangemessen ist" (BVerwG 2 C 56.16 – Beschluss vom 22. September 2017).

Richter und Staatsanwälte kämpfen aber auch mit der Komplexität von Wirtschaftsstrafsachen. Während normale Gerichtsverfahren im Durchschnitt sieben bis acht Monate dauern, benötigen schwierige Themen mit mehreren Hauptverhandlungsterminen schon jetzt in 24 Prozent der Fälle einen Zeitraum von mehr als zwölf Monaten. Dies belegen Daten des Statistischen Bundesamtes für das Jahr 2016. In manchen Fällen dauern die Prozesse dann sogar mehrere Jahre. Auch das verfestigt zum Eindruck: Die Großen lässt man laufen. Insbesondere Großunternehmen und ihre Manager leisten sich teure Anwälte, die mit allen Wassern gewaschen sind. Große Kanzleien haben Mitarbeiter, die sich spezialisieren und auch im Verlauf eines Verfahrens aufkommende Fragen intensiv bearbeiten können. Auch das trägt gelegentlich zum Kräfteungleichgewicht und damit zur Prozessverlängerung bei. Doch auch hier hat die Politik inzwischen reagiert. In den vergangenen Jahren führten mehrere

Gesetzesänderungen dazu, dass Kriminelle höhere Strafen erhalten, wenn sie überführt sind. Hinzu kommen neue, aber teilweise umstrittene Ermittlungsmethoden: so der Ankauf von CDs durch Steuerfahnder oder der verstärkte Einsatz von Software-Programmen, die in Bilanzen nach Auffälligkeiten suchen. Dies alles schreckt potenzielle Straftäter ab und dürfte mit dazu beigetragen haben, dass die Anzahl der von Wirtschaftsdelikten betroffenen Unternehmen gesunken ist.

Waffengleichheit bei Wirtschaftsstrafsachen?

Wichtig, um mehr „Waffengleichheit" herzustellen: Heute gibt es mehrere Schwerpunkt-Staatsanwaltschaften für Wirtschaftsstrafsachen. Es ist zu beachten, dass Staatsanwälte häufig als Ankläger bezeichnet werden, sie selbst sich aber eher als Mitarbeiter einer Behörde sehen, die bei Anzeigen oder beim Anfangsverdacht ermitteln muss. Und zwar mit offenem Ausgang.

„Die Einstellung eines Verfahrens ist für uns deshalb auch keine Niederlage", sagte Beate Weik, Chef-Staatsanwältin für Wirtschaftsdelikte in Stuttgart, vor zwei Jahren kurz nach ihrem Dienstantritt in einem Zeitungsinterview.

Aktuell leitet sie die „Diesel"-Abteilung, die gegen die Verantwortlichen bei Bosch, Daimler und Porsche ermittelt. Auch dieses Verfahren dürfte sich hinziehen – und bindet viele Kräfte. Andere Verfahren bleiben dann vielleicht liegen – möglicherweise zum Leidwesen aller Beteiligten. Hohe Aktenberge erschweren dann Justitia wieder die Arbeit, wenn nicht mehr Personal und mehr IT-Einsatz bei der Bewältigung helfen.

Stefan Terliesner hatte in „return 02/18" über Ermittlungen von Staatsanwälten gegen mittelständische Unternehmer berichtet. Dieser zweite Teil aus Sicht der überforderten Justiz lag nahe.

Spieglein an der Wand
Die andere Seite einer Botschaft

Barak Obama antwortete jüngst auf die Frage, wie er denn verhindern wolle, dass sich seine Töchter tätowierten, recht smart: Er hätte seinen Kindern angedroht, Michelle und er würden sich exakt das gleiche Tattoo an exakt der gleichen Stelle stechen lassen. Hier soll nicht ausgeschmückt werden, ob die Obamas wirklich durchgezogen hätten, wären Malia oder Natasha mit dem Gesichtstribal eines Mike Tysons nach Hause gekommen. Aber auch ich glaube stark daran, dass die Erziehungsmethode des so genannten „Spiegelns" viel mehr Einfluss bewirkt als plumpe Verbote oder strikte Befehle.

Ostern erst spiegelte ich den Tobsuchtsanfall meines Sohnes, der sich nach wenigen Minuten lautlos in sein Zimmer verkroch. Zwar teilte mir meine Frau daraufhin mit, sie könne mich seit dem soeben Gesehenen nicht mehr attraktiv finden, aber man muss auch mal ein Opfer bringen. Ich bin ein großer Fan der Aussage Paul Watzlawicks, man könne nicht nicht kommunizieren. Darüber hinaus arbeite ich sehr gerne mit dem Vier-Ohren-Modell von Friedemann Schulz von Thun, nach dem jede Botschaft vier Seiten hat: Sachinhalt, Selbstoffenbarung, Beziehung und Appell. Lange war ich der Überzeugung, dass sich mit diesem Hintergrundwissen die Spiegel-Methode perfektionieren und auf sämtliche Lebensbereiche übertragen ließe, bis ich vergangene Woche an meine Grenzen stieß.

Ich sitze im Meeting mit dem Marketing-Leiter eines mittelgroßen Familienunternehmens, welches in leichte Schieflage geraten ist. Schieflage ist hier die freundliche Umschreibung für Sanierungsfall. Die Situation ist angespannt und die Worte karg verteilt. Der Marketing-Leiter erinnert stark an Thomas Bach, den deutschen Präsidenten des Internationalen Olympischen Komitees (IOC). Dessen Ausstrahlung mutet an wie die einer Büroklammer, aber er wirkt auch seriös wie ein russischer Doping-Kontrolleur. An seiner Seite die Event-Managerin der Veranstaltung, die ich moderieren soll. Während ich mein Moderationskonzept präsentiere, kommt aus dem Nichts der Watzlawick ins Spiel. Zwar fällt mir der Marketing-Bach kein einziges Mal ins Wort, doch kratzt er sich während meines Vortrages permanent mit seinem Daumennagel an seinen unteren Schneidezähnen, um anschließend dran zu riechen. Man kann wirklich nicht nicht kommunizieren.

Sofort schießen mir sämtliche Seiten des Vier-Ohren-Modells durch den Kopf. Die Sachebene seiner nonverbalen Botschaft ist klar: Er hat eine Zwangsstörung. Die Selbstoffenbarung: Er hat sie offensichtlich nicht im Griff. Die Beziehungsebene: Er hält nicht viel von mir, sonst würde er sich vor meinen Augen zusammenreißen. Doch was ist der Appell? Will er vielleicht nur meine Moderationsfähigkeiten testen und sehen, wie ich ihn höflich dazu bringe, damit aufzuhören? Hier stößt das Spiegeln an die Grenzen seiner Möglichkeiten. Was soll ich machen? Anfangen, in der Nase zu bohren? Mit dem kleinen Finger im Ohr nach Öl suchen?

Beziehungsstatus eindeutig geklärt

Oder muss ich extremer werden? Mit der vollen Hand vorne rein in die Hose und die Chlamydien mal so richtig durchwirbeln? Auch händisch im hinteren Hosenbereich nochmals nachschauen? Also so richtig den Jogi Löw machen? Sodass selbst der Marketing-Leiter sofort ruft: „Okay, Herr Wopp, stopp! Sie haben mich, ich hör' auf!"
Aber die Obamas hätten sich ja auch nie das Gesichts-Tattoo stechen lassen. Unsicher wende ich mich meinem Laptop zu, um die nächste Folie zu öffnen, und sehe aus dem Augenwinkel, wie die Event-Managerin mit einem Klaps seine rechte Hand von seiner Nasenöffnung wegstupst, um ihn anschließend mütterlich-streng kopfschüttelnd zu disziplinieren. Verstohlen guckt er zu Boden und ein weiterer Beziehungsstatus in diesem Raum ist auch ohne Spiegeln ein für alle Mal geklärt.

Timo Wopp, Diplom-Kaufmann und Ex-Unternehmensberater, tourt als Kabarettist, Vortragsredner und Jongleur: www.timowopp.de

Man muss kein Superman sein. Aber oft führen Management-Fehler, Marktveränderungen durch Innovationen oder ein verändertes Käuferverhalten ein Unternehmen in die Krise. Unternehmer handeln häufig zu spät, weil ihnen wichtige Unternehmenskennzahlen fehlen oder sie die Augen vor der Wirklichkeit verschließen. Das Insolvenzrecht schafft mit seinen Instrumenten die Voraussetzungen, dass strauchelnde Unternehmen wieder in die Erfolgsspur zurückfinden können. Ganz ohne Heldenmut und übermenschliche Kräfte.

Krisen erfolgreich meistern

Unternehmer nutzen noch nicht genug Chancen, sich neu und zukunftsfest aufzustellen.
Kompetenten Krisenbewältigern könnten mit Gesetzgeberhilfe mehr Sanierungserfolge gelingen.

Ein harter Wettbewerb und strukturelle Defizite führten die ATG Sicherheitstechnik 2015 in die Krise. Eine Rückbesinnung auf die Kernkompetenzen führte zu alter Stärke zurück, und nach elf Monaten konnte die Insolvenz im Eigenverwaltungsverfahren aufgehoben werden. „Wir haben betriebswirtschaftlich, finanzwirtschaftlich und personell alle Problemfelder bereinigen können, haben das Filialnetz neu geordnet und die Unternehmensleitung neu besetzt", sagte seinerzeit Hauptgesellschafter Axel Mauersberger über die erfolgreiche Sanierung.

Seit der Einführung des „Gesetzes zur weiteren Erleichterung der Sanierung von Unternehmen" (ESUG) im März 2012 wurden bis Januar 2018 laut aktueller ESUG-Studie der Boston Consulting Group (BCG) insgesamt rund 1.500 Verfahren in Eigenverwaltung beantragt beziehungsweise durchgeführt. Ihr Anteil an insgesamt 57.200 Insolvenzverfahren im Zeitraum beträgt nur 2,7 Prozent. Die Zahl wirkt sehr klein. Aber BCG-Sanierungsexperte Dr. Ralf Moldenhauer relativiert als Mitautor der Studie: „Von den 50 größten Insolvenzen sind im vergangenen Jahr 64 Prozent über ein Eigenverwaltungsverfahren abgewickelt worden – und das ist der große Erfolg." Damit hat sich das Eigenverwaltungsverfahren bei Großinsolvenzen als Standardverfahren etabliert. Die Studie zeigt aber auch, dass knapp 40 Prozent der exakt 1.513 beantragten Eigenverwaltungsverfahren scheiterten. Die Gründe liegen in einer Ablehnung des Antrags durch das Amtsgericht oder das Verfahren kippte in die Regelinsolvenz.

Je größer die Unternehmen, umso größer also die Erfolgsaussichten, dass die Sanierung gelingt? Dafür spricht, dass diese Unternehmen besser auf die Komplexität des Verfahrens vorbereitet sind und zumeist über eine höhere Liquidität als mittlere oder kleine Unternehmen verfügen, um das Eigenverwaltungsverfahren durchzuführen. Denn für die externe Hilfe wird Geld benötigt, über das kleine und mittlere Unternehmen zumeist nicht mehr verfügen. „Häufig nehmen diese Unternehmer den Familienanwalt, und der ist

> „Die Insolvenz ist dafür da, eine Volkswirtschaft zu bereinigen."
>
> Robert Simon

oftmals der Falsche", konstatiert Moldenhauer. Es ist eine banale Erkenntnis, aber das frühzeitige Wahrnehmen von Krisenanzeichen und das rechtzeitige Ergreifen von Gegenmaßnahmen sind der beste Schutz gegen Insolvenzen. Doch die Realität stellt sich häufig anders dar. „Der kaufmännische Bereich ist häufig desolat, weshalb man große Probleme hat, die Krisenzeichen zu erkennen", weiß Interimsmanager Prof. Robert Simon. Die technische Überlegenheit der Produkte allein reicht nicht. Zum Erfolg gehört ebenso ein ausgefeiltes Marketing oder die Logistik. Hinzu kommen eine fehlende realistische Selbsteinschätzung oder die Neigung, sich die Lage schönzureden, sowie die emotionale Verbundenheit des Unternehmers mit seinem Unternehmen oder die Angst vor dem Kontrollverlust durch die Abgabe des Unternehmens an den Insolvenzverwalter.

Grundsätzlich betrachten Experten das ESUG als ein gelungenes Sanierungsinstrument, wenngleich sie noch Optimierungsbedarf sehen. Vorsichtiger in der Beurteilung des ESUG zeigt sich Michael Pluta. Der Fachanwalt für

Kompakt

▶ Wichtig für die Betriebsfortführung in der Insolvenz ist das Insolvenzgeld. Deshalb sollten schon möglichst im Vorfeld der Insolvenz eine Analyse und Optimierung der Personalstruktur stattfinden.

▶ Schon vor der Insolvenzbeantragung sollten Risikobewertungen von Lieferanten vorgenommen und Alternativen geprüft werden, um möglichen Lieferstopps zu begegnen. Ebenso empfiehlt sich ein Aufbau von Vorräten, um Lieferengpässen vorzubeugen.

▶ Damit wichtige Mitarbeiter das Unternehmen nicht verlassen, sind eine offene Kommunikation und ihre Einbeziehung in die Planungen erforderlich.

▶ In Krisenunternehmen fehlt oft ein transparentes Rechnungswesen/Controlling. Das ist notwendig.

Präventives Restrukturierungsverfahren

„Unternehmen nicht unnötig mit Papierkram belasten"

Der Vorschlag aus Brüssel zur präventiven Restrukturierung soll die Sanierung in Unternehmen erleichtern. Zur Kritik bezieht die EU-Kommission auf Anfrage Stellung.

Kritik: Die Richtlinie ist schuldnerfreundlich. Es findet kein fairer Interessenausgleich zwischen Schuldner- und Gläubigerinteressen statt. Handwerker, die überwiegend Gläubiger sind, werden benachteiligt. Es findet eine Ungleichbehandlung der Gläubiger statt.

Konter der Kommission: Die vorgeschlagene Richtlinie versucht, ein ausgewogenes Verhältnis zwischen Gläubigern und Schuldnern in einem Unternehmen, das präventiv umstrukturiert wird, einschließlich der Anteilseigner, zu erreichen, indem beispielsweise verhindert wird, dass ein einzelner Gläubiger bei einer solchen Umstrukturierung sie blockiert und somit aus seinem Interesse einen ungerechtfertigten Vorteil zieht. Dies zeigt auch, wie die vorgeschlagene Richtlinie eine Gleichbehandlung der Gläubiger ermöglicht. Da alle Unternehmen, einschließlich derjenigen mit handwerklichen Tätigkeiten, mit Ausnahme der Kreditgeber, sowohl Schuldner als auch Gläubiger sind, können Handwerksbetriebe als solche nicht durch präventive Umstrukturierungen benachteiligt werden. Der Begriff der Fairness ist jedoch ein subjektiver Begriff: Was einem gerecht erscheint, erscheint einem anderen nicht unbedingt

fair. Die EG hat bisher beide Ansichten festgestellt: Die vorgeschlagene Richtlinie ist zu gut für den Schuldner ebenso wie zu gläubigerfreundlich.

Die Richtlinie enthält keine präventiven Umstrukturierungsmaßnahmen, es fehlende klare Definitionen der Zugangsvoraussetzungen und sie bietet keine Spezifikationen von Frühwarnsystemen.

Der Vorschlag der EG enthält verschiedene Arten präventiver Umstrukturierungsmaßnahmen, wie die Beibehaltung von Forderungen, Umstrukturierungsplan und so weiter. Der Zugang zu präventiven Umstrukturierungen wird absichtlich weit gefasst. Erstens, um Unternehmen in Fällen, in denen sie gerettet werden müssen, nicht unnötig mit Papierkram zu belasten, wobei Zeit essenziell ist. Zweitens, um die Rechtssysteme der Mitgliedstaaten zu respektieren, da nicht notwendigerweise alle Zugangstests für Unternehmen haben, die in ein Umstrukturierungsverfahren eintreten wollen. Die Implementierung von Frühwarnsystemen wurde absichtlich den Mitgliedstaaten überlassen, um ihre nationalen Systeme zu respektieren.

Insolvenzrecht formuliert sibyllinisch: „Es kommt immer darauf an, was man daraus macht, und das hängt von den Beteiligten ab." Genau hier sieht Pluta einen Webfehler des Gesetzgebers. Denn den Auftrag bekommt der Sanierer vom Unternehmer oder von der Geschäftsführung, aber ohne diesen zu vertreten. Wenn der Sanierer nun erkennt, dass seine Auftraggeber Bestandteil des Problems bei der Sanierung sind, dann kann er gleich wieder seine Sachen packen. „Es ist aber die Erwartung des Gesetzgebers, dass ich in der Eigenverwaltung vorrangig die Gläubigerinteressen vertrete", sagt Pluta.
Bedarf für ein Feintuning des ESUG sieht auch Prof. Lucas F. Flöther. Vor allem hält der Fachanwalt für Insolvenzrecht eine Angleichung des Rechts an das tatsächliche Geschehen für notwendig ebenso wie eine Stärkung der formalen Rolle des Sachwalters. „Nach § 270 ist er eine Art Kassenprüfer und hat operativ nicht viel zu sagen. Aber in der Praxis sind die Sanierungsexpertise des Sachwalters und seine Fähigkeit, die Interessen der Stakeholder in Einklang zu bringen, durchaus gefragt", beschreibt Flöther die Realität der Insolvenzarbeit. Nicht die Lebenswirklichkeit spiegle das ESUG wider,

kritisiert Dr. Christoph Niering als Vorsitzender des Verbands Insolvenzverwalter Deutschlands (VID): „Die gesetzlichen Regelungen sind im Kern nicht ausreichend präzise, aber die Praxis versucht, durch lösungsorientierte Ideen die Lücken zu schließen", konstatiert der Fachanwalt für Insolvenzrecht. Als Kritikpunkte führt Niering unter anderem die nicht ausreichend definierten Schnittstellen zwischen Sach- und Eigenverwalter sowie die Frage der Überlassung nahezu aller verfahrensleitender und administrativer Aufgaben beim eigenverwaltenden Schuldner an. Deshalb erhofft sich Niering, dass die Ende April abgeschlossene ESUG-Evaluierung diese Fehlentwicklungen aufdeckt und der Gesetzgeber angemessen reagiert.
Maßnahmen, die Liquidität zurückbringen, sind in der Krise der erste Schritt auf dem Weg zur Sanierung. Das Problem besteht jedoch darin, dass die Sanierer oft in ein Unternehmen kommen, in dem ein Investitionsstau herrscht. Der lässt sich mit den knappen Finanzmitteln nur schwer lösen. „Den Markt kann man nur maximal zwei Jahre beruhigen, und wenn man dann keine Investoren gefunden hat, wandert er ab", weiß Pluta aus seinen Sanierungsprojekten. Für ihn zählt

„Den Markt kann
man nur maximal
zwei Jahre beruhigen."

Michael Pluta

„Ohne ein funktionierendes Geschäftsmodell, kann ein Unternehmen mit der
Restrukturierung nur Zeit kaufen."

Ralf Strehlau

noch als entscheidender Erfolgsfaktor, wer das Unternehmen aus der Krise führt: „Viel hängt von den Eigenschaften der handelnden Personen ab und welches Ansehen und Können sie haben." Die Krux für den Sanierer dabei: Das sind nicht die Personen, die das Unternehmen in die Krise gebracht haben.

„Rund 75 Prozent der Insolvenzen sind auf Management-Fehler zurückzuführen sind, weil Geschäftsleitungen der Krisensituation nicht gewachsen sind oder das Vertrauen der wesentlichen Stakeholder fehlt", listet Niering die Probleme auf. Und wenn Geld und Vertrauen fehlen, dann steht am Ende nicht der Erhalt der bisherigen Eigentümerstrukturen, sondern die Übernahme durch einen Investor.

Robert Simon bezweifelt, dass Sanierungen gelingen können, wenn ein Management am Ruder bleibt, welches das Unternehmen in die Krise bugsiert hat. Selbst wenn – wie beim von der EU-Kommission vorgeschlagenen präventiven Restrukturierungsverfahren – der Einstieg in den Sanierungsprozess früher erfolgt. „Da müssen neue Impulse reinkommen, indem die Führungsmannschaft um Krisenexperten ergänzt wird", fordert der Interimsmanager. Auch Manager auszutauschen lässt sich dann nicht vermeiden. Allerdings mahnt Simon, mit Augenmaß zu agieren, denn es bestehe die Gefahr, viel Know-how zu verlieren. Dies beschleunige die Krise nur weiter.

Viele Branchen leiden durch Strukturwandel. Geschäftsmodelle sind schnell obsolet. Der nächste Konjunktur-Schwächephase wird schonungslos die Defizite offenlegen. „Wenn ein Unternehmen kein funktionierendes Geschäftsmodell hat, kann es mit der Restrukturierung nur Zeit kaufen", warnt Ralf Strehlau als Präsident des Bundesverbands Deutscher Unternehmensberater vor den Folgen eines Konjunkturabschwungs. Echter Wandel gelinge nur selten innerhalb einer Restrukturierung. Denn der Geschäftsführer von Anxo Management Consulting setzt drei bis fünf Jahre für die

Aufstellung des neuen Geschäftsmodells an. Häufig sind Änderungen des Geschäftsmodells mit Umsatzrückgängen verbunden. „Dafür muss man Speck an den Rippen haben, sonst wird es schwer, seine strategische Neuausrichtung und Restrukturierung zu finanzieren", prophezeit Strehlau.

Diese Parallelität zwischen finanz- und leistungswirtschaftlicher Sanierung ist für Flöther ein wichtiger Erfolgsfaktor. Zum Beleg führt der Sanierer die gescheiterten ESUG-Verfahren an. Sie hätten gezeigt, dass eine reine finanzwirtschaftliche Sanierung in der Regel keinen Sinn macht. „In dem ESUG-Verfahren können höchstens die Weichen für eine strategische Neuausrichtung gestellt werden", weiß der Insolvenzrechtsexperte.

Restrukturierung braucht neue Geschäftsmodelle

Ein gutes Geschäftsmodell mit Zukunft ist für Robert Simon die „Conditio sine qua non" für einen erfolgreichen Turnaround, also notwendige Bedingung. Falls dies nicht der Fall ist, hat der erfahrene Interimsmanager eine harte Empfehlung parat: „Vergessen Sie das ESUG! Wenn das Geschäftsmodell nichts taugt, wickeln Sie das Unternehmen einfach ab! Sparen Sie sich die Zeit!" Er ergänzt: „Die Insolvenz ist schließlich auch dafür da, eine Volkswirtschaft zu bereinigen." Für frühzeitige Sanierungsversuche setzt sich die Europäische Kommission mit dem Vorschlag der Richtlinie zur präventiven Restrukturierung ein. Sie soll insolvenzbedrohte, aber noch lebensfähige Unternehmen mit finanziellen Problemen unterstützen durch Schaffung eines planbaren, kostengünstigen und gerichtsfernen Sanierungsverfahrens. Ziel der Richtlinie ist die Entschuldung des Unternehmens. Dadurch soll ein Eingriff in ungesicherte Gläubigerrechte möglich sein

„In dem ESUG-Verfahren können höchstens die Weichen für eine strategische Neuausrichtung gestellt werden."

Lucas F. Flöther

„Rund 75 Prozent der Insolvenzen sind auf Management-Fehler zurückzuführen."

Christoph Niering

und die Gläubiger Sanierungsbeiträge in Form von Forderungsverzichten leisten (siehe Seite 74).

Berater Strehlau begrüßt die Richtlinie. Sie könnte die Hemmschwelle vor der Restrukturierung abbauen. Dafür spreche einmal, dass sich das Unternehmen separat mit den Gläubigern einigen kann und nicht so in der Öffentlichkeit steht wie beim Planinsolvenzverfahren. Die Öffentlichkeit erhöht das Risiko, komplett in die Insolvenz abzurutschen. Und der Unternehmer begibt sich nicht in die Hand des Insolvenzverwalters, sondern behält die volle Verfügungsgewalt. Außerdem hofft er, dass durch das Verfahren die Awareness steigt und es als ganz normales Instrument genutzt wird. Diese Chance sieht auch Flöther, doch mahnt er, den mit dem ESUG begonnenen Schritt zur Insolvenzkultur nicht zunichtezumachen. Die beiden Instrumente sollten passgenau aufeinander abgestimmt werden. Unternehmen, die das präventive Restrukturierungsverfahren in Anspruch nehmen, sollten deshalb noch weit weg von der materiellen Insolvenz sein. „Bei einem Unternehmen, das vielleicht nur auf der Passivseite der Bilanz Probleme hat, kann es Sinn machen, eine Restrukturierung ohne die klassischen Insolvenzwerkzeuge und weitgehend gerichtsfrei stattfinden zu lassen", plädiert Flöther für eine Präzisierung der EU-Richtlinie in diesem Punkt. Dagegen hält Niering eine gerichtliche Beteiligung und damit die Beteiligung von Verwaltern für sinnvoll. Dann könnte die Richtlinie der EU-Kommission eine Fortentwicklung und ein weiteres Tool in „Insolvenz"verfahren sein, das Akzeptanz bei den Gläubigern findet. Außerdem kämpft Niering mit dem Berufsverband der Insolvenzverwalter für eine klare Abgrenzung zwischen den Verfahren. Dahinter steht die Frage, wann ein Unternehmen in welches Verfahren gehen kann. „Wenn es so ist, dass man das Restrukturierungsverfahren noch unmittelbar vor dem Eintritt der Insolvenz

nutzen kann und zudem der Vollstreckungsschutz zeitlich weitreichend gestaltet werden kann, dann steht der Erhalt der betroffenen Unternehmen und damit auch der Arbeitsplätze infrage", warnt Niering.

Dennoch gibt es viel Kritik von den verschiedensten Seiten an dem Entwurf der EU-Kommission (siehe Seite 18). Die Kritik richtet sich dagegen, dass über ein gut funktionierendes Insolvenzrecht ein anderes Gesetz übergestülpt wird. „Es ist in Ordnung, wenn die Finanzen und die Leistung restrukturiert werden", sagt Michael Pluta, fordert aber: „Es sollte aber nicht das Unternehmen ausgenommen werden und die Insolvenzpflicht hintenanstehen, solange das Verfahren läuft, sondern die Gesetze sollten weitergelten, und man sollte das möglichst nur auf die Finanzgläubiger beschränken."

Frühzeitiges Erkennen verschafft beste Chance

Die beste Chance, Krisenzeiten zu überstehen, besteht im frühzeitigen Erkennen erster Anzeichen. Dann können Maßnahmen zur Krisenbewältigung eher erfolgreicher greifen. Darauf zielte das ESUG, das auch zur Entstigmatisierung von gescheiterten Unternehmern führen sollte. Auch in diese Richtung zielt die Europäische Kommission mit der Richtlinie zur präventiven Restrukturierung. Fraglich, ob das gelingt. Denn wie Moldenhauer betont: „Wenn man hart drauf schaut, bleibt es immer noch eine Insolvenz."

Peter Hanser war drei Jahrzehnte als Wirtschaftsredakteur tätig und arbeitet seit 2014 als freier Journalist.

Ihr Spezialist für die Möglichkeiten der Sanierung unter Insolvenzschutz

Jan H. Wilhelm
Sanierungsberater – Insolvenzverwalter

hww hermann wienberg wilhelm. Unabhängig. Kompetent. Engagiert.

Nehmen Sie uns gerne beim Wort.

Gründungspartner Jan H. Wilhelm
Albert- Einstein-Ring 11
22761 Hamburg
Tel.: 040-8539978-0
E-Mail: wilhelm@hww.eu

„Sanierungsfall eines verschlafenen Riesen"

Turnarounds wie beim Logistiker Hellmann gelingen nur mit klarer Führung und in Teamwork, betont Restrukturierungsprofi und Vorstandschef Thomas Knecht im Interview.

Herr Dr. Knecht, die kürzlich verfestigte Kooperation zwischen Hellmann und der Hochschule Osnabrück untermauerten Sie mit den Worten, neben der Digitalisierung sei nachhaltige Logistik der „Motor des Wandels". Wieso sehen Sie eine Schlüsselrolle für Ihre Branche?

Thomas Knecht: Historisch betrachtet verstehen viele unter Logistikdienstleistungen doch, dass Kunden ein Paket von A nach B bringen oder gebracht haben wollen. Entsprechend groß ist in diesem volumenstarken Geschäft der Margendruck, wodurch Unternehmen allenfalls hinter dem Komma verdienen. Erkennbar ist jetzt aber der Trend, dass sich Logistiker vermehrt in die Wertschöpfung ihrer Kunden einbringen. Mit dem zunehmenden Online-Shopping entsteht neben dem digitalen Strom ein logistischer Strom. Wir hosten heute die Waren von Kunden. Dadurch wird sich nicht nur für uns viel wandeln.

Welche bahnbrechenden Lösungen erwarten Sie von Forschung und Wissenschaft?

Wir möchten beispielsweise mehr über Kunden lernen – ob B2B oder B2C. Vor allem über ihr Verhalten und ihre Digitalisierung. Das wird zum Managen von Logistikströmen immer wichtiger. Die Wissenschaft tut sich hier leichter, Daten in der Marktforschung zu erheben. Unser Chief Digital Officer wird sich auch um passende Technologien für neue Lösungen kümmern. Und das gesamte Hellmann-Management nimmt die entsprechende Transformation der Geschäftsmodelle vor.

Entscheidern im Mittelstand geben Sie hinsichtlich ihrer Logistik im Unternehmen welche Empfehlung?

Da es sich immer schwieriger gestaltet, den Logistikfluss angesichts von hohem Kostendruck und anspruchsvollem Handling selbst zu managen, sollten sie sich hier kompetenten Partnern anvertrauen. Händlern, die selbst Läger betreiben, sage ich: Das bekommen Logistiker besser hin! Denn sie verfügen über operative Prozess-Exzellenz, haben klar die Wertschöpfung im Blick und generieren mehr Volumen.

> „In stetiger Preissensibilität lässt sich Profitabilität nur schwierig erreichen."
> Thomas Knecht

Wo sehen Sie den größten Bedarf an Transformation in der Logistikbranche?

Luft- und Seeverkehre sind heute reines Trading-Geschäft. Kundennutzen ist hier nur wenig zu entwickeln, in stetiger Preissensibilität lässt sich Profitabilität nur schwierig erreichen. Einen Container von Panama nach Hamburg zu befördern bietet nun mal wenig Spielraum. Insofern erscheint mir die Transformation hin zur Kontrakt-Logistik für Industrien in kompletten Wertschöpfungsketten interessant. Allein jede Retoure erzeugt einen Move, in dessen Verlauf noch Musik für mehr Innovation enthalten ist. Leistungen lassen sich hier individualisieren, bessere Preisspektren ausleuchten.

Hellmann ist in 150 Jahren zum Weltkonzern gewachsen. Kultur, Struktur und Prozesse sind nicht mitgewachsen. Bereitete das den Boden, auf dem Krisen gedeihen?

Die stumpfe Antwort hieße: Ja. Aber anerkennen wir doch zunächst mal die enorme unternehmerische Leistung dahinter, die zwei Familienstämme in vier Generationen erreicht haben. Inklusive globalem Footprint mit 255 Niederlassungen in nahezu 60 Ländern. Sicher verkraftet jedes Unternehmen eine solche Entwicklung ohne entsprechend mitwachsende Strukturen und Prozesse selten ohne kleine oder große Krisen. Unterschiedliche Auffassungen in der Unternehmensführung sorgen zudem dafür, dass bis in untere Führungsebenen zu wenig gegen zu hohe Strukturkosten angekämpft wird. Hellmann entwickelte sich so über Jahre in winzigen Schritten zum Sanierungsfall eines etwas verschlafenen Riesen.

Wie schlimm war die Lage auf dem Tiefpunkt?

Hellmann hat im Jahr 2014 bekanntermaßen einen zweistelligen Millionen-Euro-Betrag als Negativergebnis ausgewiesen. Auch das darauffolgende Jahresergebnis war negativ. Klar, dass alle Stakeholder dann genauer hinschauen. Dass die Stabilität in den Zahlen fehlte, machte uns am meisten nervös. Mit meinem Einstieg ins Management entstand eine Mehrheit in der obersten Entscheidungsebene. Und wir haben alle gemeinsam stark an den Strukturen gearbeitet, bis wir die Basis für mehr Klarheit durch monatliche Zahlen in Volumina, Mengen, Kunden und Produkten hatten. Auf dieser Basis ist eine stabile Steuerung möglich.

Schwächen im Finanzwesen und Brüche in der Finanzierung zeigte Hellmann, weshalb die klare Zuordnung von 2.000 Kostenstellen auf konkrete Verantwortlichkeiten als ein Meilenstein zur positiven Veränderung gilt. Wie war es vorher geregelt?

Streng genommen fand ich nach meinem Eintritt in die Geschäftsführung eine Kostenstellenstruktur vor, wovon ein nicht unerheblicher Teil gewissermaßen herrenlos war. Dieser Umstand eröffnete sich mir während interessanter Gespräche mit allen Führungskräften. Aber so groß sich dieser Fakt jetzt anhört, glauben Sie mir: Dies war nur ein Stellschräubchen im ganzheitlichen Konzept für bessere Strukturen, Finanzen und Strategien.

Welche Brüche in der Finanzierung haben Sie geheilt?

Wir haben alle unsere Finanzstrukturen mit mehr als einem Dutzend Finanzdienstleistern einem Covenants Test unterzogen, um zu prüfen, ob aus unserer Sicht alles passt. Brüche haben uns bewogen, insbesondere mit Banken zu verhandeln. Unsere Finanzierung, deren Umbau sich bis zur vergangenen Woche hingezogen hat, steht jetzt aber bis zum Jahr 2021. Und zwar mit leichterem Marschgepäck als vorher! Die Kreditunterlagen allein umfassen mehrere Hundert Seiten, was die Komplexität belegt. Das Konsortium unserer Finanzdienstleister haben wir stabil bewahrt, um hier breit aufgestellt zu sein.

Warum hat Sie die Inhaberfamilie dann 2015 als ersten Externen in die Geschäftsführung berufen, statt Sie weiter als Berater im Unternehmen zu belassen?

Dazu muss ich erklären, aus welchem Fahrwasser wir kamen. Der Erstkontakt ist Ende 2014 zustande gekommen, die Sanierung begann im Jahr 2015. Da waren die Hellmann-Vettern beide bereits in den 60ern und sich nicht konsequent einig. Wir mussten aber schnelle Entscheidungen treffen. Im Prinzip habe ich, auf dem Rücksitz sitzend, beide moderiert. Dadurch ergab sich ein hohes Vertrauen. Ihre Entscheidung, in dieser Lage den ersten

Mit Dr. Thomas Knecht ernannten Jost und Klaus Hellmann im Jahr 2015 den ersten familienfremden Geschäftsführer ihres Logistikunternehmens, das weltweit agiert und 1871 gegründet wurde. Als Consultant hatte er die Führung in Osnabrück zuvor als Mandat der Unternehmensberatung Roland Berger begleitet, wo er insgesamt zehn Jahre mit dem Schwerpunkt Restrukturierung arbeitete, zuletzt als Senior Partner. Mit der Umfirmierung zur Hellmann Worldwide Logistics SE & Co. KG übernahm der ehemalige Investmentbanker im Dezember 2017 als CEO den Vorsitz des Vorstandes.

© Hellmann

Externen in die Geschäftsführung zu berufen, zeugt meines Erachtens von Größe.

Zumal sich Klaus Hellmann zügig ins Aufsichtsgremium und damit aus dem operativen Geschäft zurückgezogen hat.
Ja, er ist mittlerweile auch fast 70 Jahre alt. Und Jost, so viel darf ich in diesem Interview erstmals öffentlich sagen, wird sich Ende 2018 aus der Geschäftsführung zurückziehen. Damit läuten beide auch einen Generationswechsel ein.

Die Arbeit bei der Top eins unter den deutschen Managementberatungen war sicher vielfältig. Warum sind Sie auf das Angebot eingegangen?
Ich war als Senior Partner bei Roland Berger verantwortlich für die weltweite Restrukturierung. Ich hatte mehr als ein Jahrzehnt vom Sanierer-Urgestein Karl-J. Kraus viel über das Funktionieren von Dienstleistungen in der Industrie gelernt und immer Klienten mit Problemen betreut.

Im ehemaligen Getreidespeicher am Osnabrücker Hafen arbeiten Hellmann-Zentralabteilungen im preisgekrönten Bürogebäude.

Vier Generationen vom Fuhrwerk zum Giganten

Mit einem Pferdefuhrwerk gründete Carl Heinrich Hellmann vor fast 150 Jahren in Osnabrück seinen Ein-Mann-Betrieb. In vierter Generation steht das Familienunternehmen heute als globaler Logistikdienstleister für knapp 13.400 Beschäftigte in mehr als 160 Ländern, die nach eigenen Angaben pro Arbeitstag knapp 80.000 Sendungen übernehmen und damit einen Jahresumsatz von rund drei Milliarden Euro erzielen. 30 Prozent davon mit Landverkehren, 25 Prozent mit Seefracht, 24 Prozent mit Luftfracht und 21 Prozent mit sonstigen Diensten. Im August des vergangenen Jahres wurden die Spartengesellschaften „Air & Sea", „Road & Rail" sowie „Contract Logistics" gegründet, im Dezember folgte die Umfirmierung zur Hellmann Worldwide Logistics SE & Co. KG.
www.hellmann.net

Vielfältig waren die Erfahrungen, aber Entscheidungen haben letztlich die Geschäftsführungen und Vorstände der von mir betreuten Unternehmen getroffen. Ich wollte selbst Verantwortung übernehmen – und bei Hellmann gleich für 15.000 Menschen. Die Größe, die Komplexität und die Internationalität haben mich sehr gereizt. Ich sehe jetzt vieles, was Berater nie sehen. Selbstverständlich war ich immer bestrebt, meinen Mandanten gute und praktikable Ratschläge zu geben. Aber wie man so schön sagt: Papier ist geduldig.

Gehörte die nachhaltige Sanierung des Hellmann-Geschäftes in den USA und in Brasilien zu den besonders störenden Baustellen im Operativen?
Beide Länder sind stark zu differenzieren. Brasilien hat derart große Schwankungen auch durch die staatlichen Rahmenbedingungen, dass es in diesem Ländermarkt ganz schwierig zu planen ist. In den USA verhält es sich insofern anders, als dass Nordamerika für Logistiker zu den Schlüsselmärkten gehört, in denen es ums Netzwerkgeschäft geht. Aber leider zählen Logistikdienstleistungen dort zu den stark standardisierten und leicht austauschbaren Commodities. Trotzdem zahlt unsere Branche in Großstädten hohe Lohnkosten. In unserer Restrukturierung waren die USA sicher ein wichtiges Thema im Operativen. Wir haben dort auf ein „Hub Satellite"-Konzept umgestellt, um internationale Warenströme besser zu verteilen. Der US-Markt hält aber immer noch große Herausforderungen bereit. Und wie wir an unseren Ergebnissen sehen, hat Präsident Trump auch schon einige Bremsspuren in unserer Bilanz hinterlassen.

Bitte in Kürze: Welche wesentlichen Fortschritte haben Sie im Organisatorischen durch Spartengründung, Rechtsformwandel und Regelkommunikation erzielt?
Die größten Fortschritte sehe ich durch die bessere Systematik in unseren Prozessen erzielt. Das klingt leichter, als es war. Aus fünf Geschäftsbereichen mit insgesamt 190 überwiegend geografischen Legaleinheiten haben wir als rechtlich unabhängige Teilkonzerne die drei Spartengesellschaften Air & Sea, Road & Rail und Contract Logistics gebildet, wobei internationale Kunden in allen drei Sparten von uns bedient werden. Mit diesen neu eingeführten Strukturen hat sich eine große Truppe bei uns fast ein Jahr lang beschäftigt. Denn bei dermaßen großen Verschiebungen spielen beispielsweise steuerliche und arbeitsrechtliche Aspekte eine Rolle. Damit einher ging die weitere Professionalisierung auf Management-Ebene und in Aufsichtsgremien.

Zielt die Umstellung auch auf eher größere Kunden?
Nein, neben Key Accounts arbeitet Hellmann weiter an Einzelaufträgen inklusive deren Wertschöpfung. Aber

In der Kontrakt-Logistik für Industrien übernimmt Hellmann komplette Lagerhaltungen inklusive Verpackung und Versenden – in Prozess-Exzellenz.

Weltweite Transporte von See-Containern, Luftfracht, Gütern im Straßen- und Schienenverkehr gehören zum Spektrum.

selbstverständlich schauen wir uns Kleinstaufträge von C- und D-Kunden an, um über diese Strukturierung auch digitale Lösungen für die Abwicklung zu schaffen.

Der Druck ist im umkämpften Markt nicht geringer geworden. An welchen Stellschrauben drehen Sie noch, um die Profitabilität des Geschäftsmodells zu sichern?
Profitabilität geht nicht selten auf eine stabile Umsatzqualität zurück. Für die Analyse benötigen wir Transparenz in Zahlen, Daten, Fakten. Wir erhöhen darüber schrittweise den profitablen Umsatz. Dazu gehört auch, sich von Kunden mit unprofitablen Aufträgen zu trennen, obwohl kein Unternehmen das gerne tut. Viel lieber ist es uns aber, über bestehende Kontrakte noch einmal zu verhandeln, um zu akzeptablen Konditionen für beide Seiten zu kommen. Für neue Aufträge haben wir zum Teil zweistellige Preiserhöhungen durchgesetzt. Preis und Menge müssen in einem ausgewogenen Verhältnis zueinander stehen. Intern sind Overhead-Kosten zudem immer ein Thema, um Angebote damit möglichst gering zu belasten, allerdings ohne harte Abbau-Maßnahmen einzuleiten.

Mit welchen Kennzahlen können Sie belegen, dass Hellmann nachhaltig erfolgreich und gelungen saniert ist?
Umsatz und Rohertragsmarge sind seit 2015 jedes Jahr gestiegen. Profitabel arbeitet Hellmann wieder seit 2016. Und 2017 war noch besser als das Vorjahr. Die Gesellschaft ist heute also nicht abschließend saniert. Wir sind allerdings auf einem guten Weg. So haben wir das EBT (Earings Before Taxes/Gewinn vor Steuern; Anm. d. Red.) im Vergleich zum Vorjahr um 37 Prozent steigern können.

Wenn Hellmann jetzt gesundet wieder organisch wachsen soll: Wo konkret?
Stark gewachsen sind wir schon 2017 in der Kontrakt-Logistik. Wer sein Geschäft hier gut versteht und vernünftige

Verträge über Jahre abschließt, kann in seinen Planungen auf jeden Fall besser kalkulieren. In den Ländermärkten ragen beim Wachstum besonders Mexiko, Hongkong und China heraus.

Zuletzt sorgten bei Logistikdienstleistern wieder Insolvenz-Fälle für Aufmerksamkeit. So übernahm Würfel mit der Spedition Walter Massong immerhin ein 350-Mitarbeiter-Unternehmen. Welche Zukäufe plant Hellmann?
Ich möchte es mal so formulieren: Wir sind wieder offen und aufgeschlossen dafür. Wir schauen aber sehr gezielt auf Übernahme-Kandidaten, analysieren sie sauber. Klar ist, angesichts der Digitalisierung an der Kundenfront werfen wir sicher ein Auge auf entsprechende Start-ups. Und voraussichtlich werden wir unser Netzwerk im Landverkehr ausbauen. Anders gesagt: Wir wenden unseren Blick von Europa nicht ab.

Werten Sie Krisen als nichts Schlimmes, sondern nur als Chance zur Wende?
Ganz klar und eindeutig als Chance. In Zyklen von Geschäftsmodellen geht es naturgemäß rauf und runter, weshalb ein frühzeitiger Umbau etwa über eine Restrukturierung auch ganz natürlich ist. Eine kontrollierte Sanierung, ob nun außergerichtlich oder gerichtlich, ist doch auch nichts Verwerfliches. Die Möglichkeiten nach § 270a und § 270b der Insolvenzordnung sind dabei auch eine gute Option. Ich glaube sogar, dass deshalb 95 Prozent der Sanierungen außergerichtlich stattfinden, weil unsere Unternehmerschaft und unsere Gesellschaft damit ein Problem haben. Insolvenzen gelten leider immer noch als gefühltes Scheitern.

⬇ Mehr unter www.springerprofessional.de

Das Interview mit dem Hellmann-Vorstandschef führte „return"-Chef- redakteur Thorsten Garber in der Unternehmenszentrale in Osnabrück.

Geist aus der Flasche

Mit der gelungenen Sanierung hat Messer Tehnogas deutsch-serbische Erfolgsgeschichte geschrieben. Dabei stand das Unternehmen aus Belgrad vor der Privatisierung fast vor dem Aus.

Blau wölbt sich der serbische Himmel über die weißen Großraumtanks mit dem deutschen Emblem. Leise zischen die Industriegase im Schatten der mächtigen Luftzerlegungsanlage von Messer Tehnogas im zentralserbischen Donaustädtchen Smederevo in die bereitstehenden Tankwagen. Zufrieden lässt Geschäftsführer Ernst Bode seinen Blick über blinkende Kompressoren, Gasleitungen und Schaltanlagen gleiten.

Als frischgebackener Finanzleiter und zunächst stellvertretender Geschäftsführer hatte der hochgewachsene Hesse erstmals 1998 das rund 60 Kilometer von Belgrad entfernte Hauptwerk des damals noch jugoslawischen

In die moderne Produktion flossen 100 Millionen Euro.

Weltweiter Erfolg mit Industriegasen

Die Messer Group GmbH in Bad Soden zählt zu den erfolgreichsten Unternehmen, die weltweit Industriegase verkaufen. Schon seit über zwei Jahrzehnten engagiert sich der Hersteller von technischen und medizinischen Gasen in fast allen Staaten Ost- und Südosteuropas. Die 1997 in Serbien übernommene Tochter Messer Tehnogas unterhält mit einem Jahresumsatz von rund 65 Millionen Euro und derzeit 345 Mitarbeitern insgesamt 70 Produktions- und Distributionsanlagen im ganz Land. Wichtige Großkunden sind das Stahlwerk in Smederevo, die Kupferhütte in Bor und die in Pančevo ansässige Petrochemie und Raffinerie. Neben fast allen Industriebranchen beliefert Messer Tehnogas auch Krankenhäuser, Gastronomie- und Forschungsbetriebe.

www.messergroup.com

Industriegasproduzenten besucht. Damals sei Tehnogas „stehend k. o." gewesen, erinnert sich Bode an den mühsamen Neuanfang: „Die Firma hatte enorme Liquiditätsprobleme, einen viel zu hohen Personalbestand und völlig veraltete Anlagen: Die letzten ernsthaften Investitionen waren 20 Jahre zuvor erfolgt."

Zwei Jahrzehnte später strahlt das 1929 gegründete Traditionsunternehmen nicht nur wegen seiner hochmodernen Produktionsanlagen im neuen Glanz. „Wir sind in Serbien Marktführer und in der Messer Group schon seit Jahren eines der profitabelsten Tochterunternehmen mit der größten Produktpalette", berichtet Bode nicht ohne Stolz. Ob technische oder medizinische Gase, Kühlmittel, Argon, poröse Masse oder Helium: „Wir verkaufen hier nicht nur, sondern produzieren alles in Serbien." Auch in den Nachbarstaaten sei Messer inzwischen die Nummer eins – oder „gute Nummer zwei": „Serbien ist der Anker für die gesamte Produktion von Messer in Südosteuropa. Wenn irgendwo eine Anlage ausfällt, wird die von Smederevo aus versorgt: Wir sind das Back-up für die Messer-Werke in der ganzen Region."

Steiniger Weg zur Trendwende

Doch der Weg von Messer Tehnogas bis zur gelungenen Trendwende war keineswegs leicht, sehr langwierig – und auch von zahlreichen Rückschlägen gekennzeichnet. Nicht nur firmeninterne Probleme und konjunkturbedingte Gegenschläge, sondern auch politische Wirren sollten den Neustart von Tehnogas nach dem Messer-Einstieg vor mehr als 20 Jahren erschweren. In der Transformation des Unternehmens spiegeln sich auch die turbulenten Entwicklungen wider, die Serbien seit den Jugoslawien-Kriegen der 90er Jahre durchlaufen hat.

Schmunzelnd weist Geschäftsführer Bode in seinem Büro im Belgrader Firmensitz auf ein vergilbtes Titelblatt der einstigen Betriebszeitung „Tehnogas List" aus dem Jahr 1973: Unter dem Foto des damals als Betriebsdirektor agierenden, später als Autokrat bekannt gewordenen Slobodan

Gase aus Flaschen: Technische und medizinische Industriegase produziert Messer Tehnogas für große Unternehmenskunden wie Stahlwerke, Kup-ferhütten und Raffinerien sowie für Krankenhäuser, Gastronomiebetriebe und Forschungseinrichtungen.

Milošević prangt als Schlagzeile einer der Glaubenssätze von Jugoslawiens seinerzeit noch intakten Vielvölkerstaat: „Brüderlichkeit, Einigkeit und Arbeiterselbstverwaltung sind der Schlüssel zum Erfolg."

Es waren nicht nur der durch den Zerfall Jugoslawiens bedingte Wegfall von Märkten, Kunden und Lieferanten sowie die UN-Sanktionen, die Tehnogas im Kriegsjahrzehnt wie Serbiens gesamte Wirtschaft in Bedrängnis brachten: Der Personalbestand von 1.350 Mitarbeitern sei schon zu den besten jugoslawischen Zeiten „viel zu groß" gewesen, sagt Bode. Selbst bei Berücksichtigung des größeren Marktes und angesichts der Produktions- und Vertriebsstrukturen wären 600 Mitarbeiter „mehr als genug" gewesen. Gleichzeitig seien die Angehörigen des Managements eben „auch Kinder ihrer Zeit und Umgebung" gewesen, wie Bode betont: „Technischer Fortschritt, Modernisierung und Effizienz waren hier nicht wirklich ein Thema. Aber wenn Du zu viele Leute und ineffiziente Anlagen hast, rächt sich das, wenn es knapp wird: Dann kriegst Du dafür die Rechnung präsentiert."

Obwohl das sogenannte „Restjugoslawien" nach Ende des Bosnien- und Kroatienkriegs für Investoren Mitte der 90er Jahre noch immer als Hochrisiko-Land galt, waren es neben dem Markt und den Produktionskapazitäten auch die Entwicklungsperspektiven der Region, die Messer doch 1997 zum Einstieg bei Tehnogas bewogen. „Wir waren praktisch in allen Staaten der Region aktiv. Serbien war der letzte weiße Fleck – das passte einfach", sagt Bode. Nach

der Unterzeichnung des Dayton-Friedensvertrags sei die Erwartung gewesen, dass es mit der Region „bald vorangehen" werde: „Wir ahnten damals nicht, dass 1999 noch der ganze Kosovo-Schlamassel folgen sollte."

Dabei erwiesen sich die Restrukturierung und der Arbeitsalltag der neu übernommenen Firma schon als schwierig genug. Die anfangs fast ausschließlich staatlichen Kunden hätten zwar über kein Geld verfügt, „wollten aber beliefert werden", umschreibt Bode die lähmenden Liquiditätsprobleme. Zum Teil wurden diese mit Naturaliengeschäften gelöst: „Für unsere Gaslieferungen wurden wir vom Stahlwerk in Smederevo teilweise mit Strom bezahlt. Die Kompensationsrechnung ging für uns bei den zunächst sehr niedrigen Strompreisen zwar nicht ganz auf. Aber zumindest konnten wir so produzieren – und liefern."

Als größte Herausforderung für Messer Tehnogas sollte

Kompakt

▶ Für gelungene Übernahmen sind ein langer Atem und die Kontinuität des Engagements vonnöten.

▶ Neben einer sorgfältigen Standortwahl sind zuverlässige Mitarbeiter, eine gute Rechtsberatung und Transparenz in der Buchhaltung der Schlüssel zum Erfolg.

▶ Die eigene Marktposition ist bei ständiger Verbesserung der Effizienz im engen Kontakt mit den Kunden zu stärken.

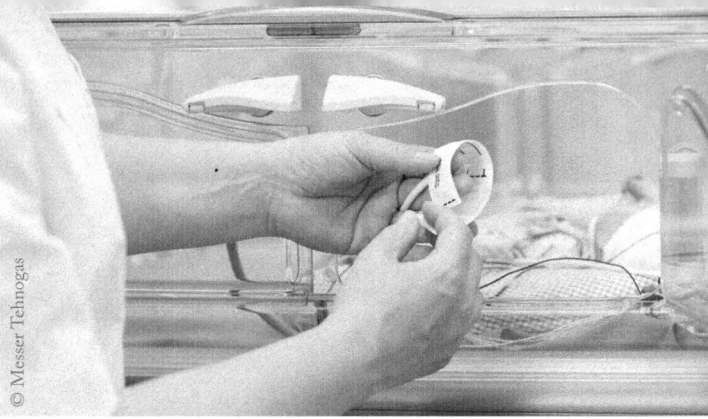

„Schweißargon" heißt das Einkomponenten-Schutzgas unter anderem für Metalle, das Messer für Anwendungen in der Industrie liefert.

Medizinische Gase finden vielfältige Anwendungen etwa in Krankenhäusern wie hier auf einer Geburtsstation für die Beatmung von Babys.

sich jedoch der Abbau der Belegschaft von damals 1.350 auf heute 350 Mitarbeiter entpuppen. Ein Großteil der 72,5 Millionen D-Mark, mit denen die Messer Group die Kapitalerhöhung für den Einstieg bei Tehnogas finanziert hatte, sei für Abfindungen und Sozialprogramme „draufgegangen", erinnert sich Bode, dass bis zu 13.000 Euro pro Mitarbeiter gezahlt worden seien: „Bei den Mini-Gehältern von 1999 waren das sehr hohe Summen. Viele meldeten sich freiwillig."

Einerseits seien mit dem allmählichen Abbau, der mit den Gewerkschaften abgestimmt war, vor allem Streiks und soziale Unruhen vermieden worden. Andererseits habe die Firma dadurch „fast sechs Jahre in Agonie" gelegen, blickt Bode zurück: „Vielleicht wäre ein klarer, schneller Schnitt besser gewesen. So dominierte hier jahrelang die Frage, wer geht und wer bleibt. Oft gingen leider die besten Leute."

Als größter Gegenschlag sollte sich jedoch die Nato-Bombardierung Serbiens während des Kosovo-Kriegs im Jahr 1999 erweisen: „Nach der Nato-Bombardierung war die Hälfte unserer Kunden als Kollateralschäden verschwunden", erklärt er die Umsatzeinbrüche: „Erst 2006 hatten wir wieder das Niveau von 1998 erreicht."

Als Bode 2005 schließlich die alleinige Geschäftsführung übernahm, war der von ihm als „Auskehrphase" bezeichnete Neustart der Firma weitgehend bewältigt. Seit 2006 segelt Messer Tehnogas auf Expansionskurs. Gleichwohl ist das Unternehmen wie Serbiens Wirtschaft vor Rückschlägen nicht gefeit. Vor allem die in Südosteuropa sehr schmerzhaft gespürten Folgen der Finanz- und Wirtschaftskrise von 2008 sowie der Abschied des Großkunden US Steel im Jahr 2012 aus Smederevo sollten auch den Gasproduzenten hart treffen. Trotz ständiger Bestrebungen, die Produktionseffizienz zu erhöhen, seien die Geschicke der

Firma natürlich sehr eng mit der Entwicklung des Landes verbunden, sagt Bode: „Wenn es Serbien gut geht, geht es Tehnogas gut. Und wenn die Industrie wächst, wachsen auch wir mit. Wenn Serbiens Industrie hoffentlich einmal eine höhere Ebene erreicht, als nur Kabelbäume zu flechten oder Autositze zu nähen, sollten die Zeiten auch für uns noch besser werden. Denn je entwickelter eine Industrie, desto höher ihr Gasbedarf."

Doch nicht nur, was Gewinn und Wachstum angeht, scheint das mittlerweile mehrfach ausgezeichnete Erfolgsunternehmen weniger ein Spiegel- als ein Vorbild für Serbiens schwächelnde Wirtschaft zu sein. Bis zur Krise von zehn Jahren galt das gebeutelte Land mit satten Wachstumsraten von über fünf Prozent als eine der am schnellsten wachsenden Ökonomien Europas. Eindeutig ein Erfolg nach Jugoslawien-Kriegen, UN-Sanktionen und Nato-Bombardement. Heute indes dümpelt der EU-Anwärter selbst im regionalen Vergleich nur noch im hinteren Mittelfeld. Obwohl sich das zeitweise in den Minusbereich abgesackte Wachstum im vergangenen Jahr auf 2,8 Prozent berappeln konnte, hat sich Serbiens Entwicklungsrückstand gegenüber den EU-Staaten im letzten Jahrzehnt eher vergrößert als verkleinert.

Die Krise von 2008 und die folgenden Einbrüche der Auslandsinvestitionen haben die strukturellen Probleme schonungslos offengelegt: Vor allem die aufgeblasene Verwaltung, der Vorschriftenwust und rechtsstaatliche Mängel erweisen sich noch stets als Investitions- und Wachstumshemmnisse. Bei der Beschreibung der Schwierigkeiten, mit denen ein Investor in seinem Gastland rechnen muss, nimmt Ernst Bode kein Blatt vor den Mund. Nach Ansicht des 56-jährigen Serbien-Veteranen stehe sich Serbien „leider oft selbst im Weg" und leistete sich die restriktivste

> **„Es dauert ewig, ausstehende Zahlungen einzuklagen. Am Ende erhält man trotzdem nichts."**
>
> **Ernst Bode**

„Diveline", die Messer-Marke für Tauchgase, versorgt Sport- und Berufstaucher unter Wasser, wobei das richtige Atemgasgemisch wichtig ist.

„Gases for Life" erhalten Kunden in Branchen wie Chemie, Metall, Bau, Lebensmittel und Getränke, Papier und Kunststoff, Medizin und Pharma.

Gesetzgebung in Südosteuropa: „Es ist Wahnsinn, was für Vorschriften hier zu erfüllen sind, schlimmer als in den viel höher entwickelten Volkswirtschaften Westeuropas – fast als ob wir in Finnland oder der Schweiz sind."

Lokale Lieferanten seien „sehr kapitalschwach" und forderten oft Vorauszahlung, weil sie ihre Produktion nicht vorfinanzieren könnten: „Und wenn etwas schiefgeht, lässt sich kaum auf Garantien und Regressansprüche pochen: Das kann man hier alles vergessen." Doch das größte Hindernis sind seiner Meinung nach die sehr träge mahlenden Mühlen der serbischen Justiz: „Es dauert ewig, ausstehende Zahlungen einzuklagen. Es kann sich selbst bei völlig unstrittigen Rechnungen drei, vier Jahre hinziehen. Am Ende gewinnt man dann zwar den Prozess, aber erhält trotzdem nichts, weil der Schuldner längst über alle Berge ist oder bei der mittlerweile bankrotten Firma nichts mehr zu holen ist."

Auch ein der Landessprache mächtiger Erfolgs-Manager hat Lehrgeld in der Fremde zu zahlen. Er sei oft „zu gutgläubig" gewesen, räumt Bode offen ein. Neben sorgfältiger Standortwahl und gutem Rechtsberater hält er verlässliche Mitarbeiter für die wichtigste Grundlage des Erfolgs: „Man braucht Leute, denen man vertrauen kann und die einem lieber offen eine unangenehme Wahrheit sagen, als sich durchzuwursteln; Mitarbeiter, die Energie und Ideen haben – und nicht in die eigene Tascharbeiten, lügen und betrügen." Kleinere Betriebe hätten bei der Personalauswahl häufig ein besseres Händchen, so seine Erfahrung: „Der Mittelständler fühlt das im Bauch, die Großunternehmen oft nur im Kopf."

Entscheidend für Messer Tehnogas sei gewesen, mit der Einführung von SAP früh Transparenz in die Buchhaltung des übernommenen „Kolosses" zu bringen: „Transparenz in den Laden reinzubekommen ist der erste und wichtigste Schritt: In dem Moment, wo eine Software eingesetzt wird, die Du kontrollierst und verstehst, musst Du Dich nicht mehr an zahllosen Schlachtplätzen über irgendwelche Kleinigkeiten volllabern lassen."

Zumindest für die Messer Group hat sich das Engagement in Serbien trotz zahlreicher Tücken und Anlaufschwierigkeiten durchaus ausgezahlt. Neben dem guten

Ausbildungsniveau sieht Bode das vergleichsweise geringe Lohnniveau als enormen Vorteil: „Wenn es dann noch gelingt, die Effizienz der Produktion an das westeuropäische Niveau anzugleichen, hat man angesichts der sehr niedrigen Kosten einen irren Hebel: Es gibt viele Investoren, deren serbische Werke effizienter und profitabler arbeiten als die Mutterfirmen."

Als Beispiel für gelungene Transformation einer jugoslawischen Traditionsfirma in ein „hochmodernes Unternehmen, das auch in die anderen Länder der Region exportiert", preist Jörg Heeskens, der deutsche Wirtschaftsberater des serbischen Präsidenten, das Erfolgsunternehmen. Messer Tehnogas zeichne sich durch „Kontinuität" über 20 Jahre aus: „Leider kommt es bei Übernahmen nach einigen Jahren oft wieder zum Schnitt. Dann muss man ganz von vorne anfangen."

Portfolio-Ausbau und neue Exportmärkte

Auf den Erfolgen der Vergangenheit kann sich kein Unternehmen ausruhen. Mit der Produktpalette von 2005 könnte die Firma kaum heutige Ergebnisse erzielen, betont Bode: „Wir haben unser Programm stets ausgeweitet und neue Exportmärkte erschlossen." Die Messer Group hat 100 Millionen Euro in den vergangenen zwei Jahrzehnten in Modernisierung der Anlagen und in Ausweitung der Produktpalette der serbischen Tochtergesellschaft investiert. Weitere Investitionen sind geplant, um die Energie- und Produktionseffizienz zu erhöhen. Tehnogas sei in der Tat transformiert, unterstreicht Geschäftsführer Bode und warnt zugleich: „Aber eine Firma ist ein lebendiger Organismus. Wenn Du Marktführer bleiben willst, musst Du die Technik und Effizienz der Produktion ständig verbessern – und vor allem mit Deinen Kunden arbeiten."

Thomas Roser arbeitet seit seinem Journalistik-Studium als Korrespondent: erst in den Beneluxstaaten, dann in Polen und seit 2007 von Belgrad aus in Balkanstaaten; von dort schrieb er schon mehrfach für „return".

Wendemanöver weltweit

Sanierungsversuche aus vier Ländern

Brasilien
Wie der Odebrecht-Konzern nach Korruptionsskandal seinen Ruf renovieren will.

Lettland
Womit dem baltischen Tiger vorbildlich der Kampf gelang gegen die ruinöse Staatskrise.

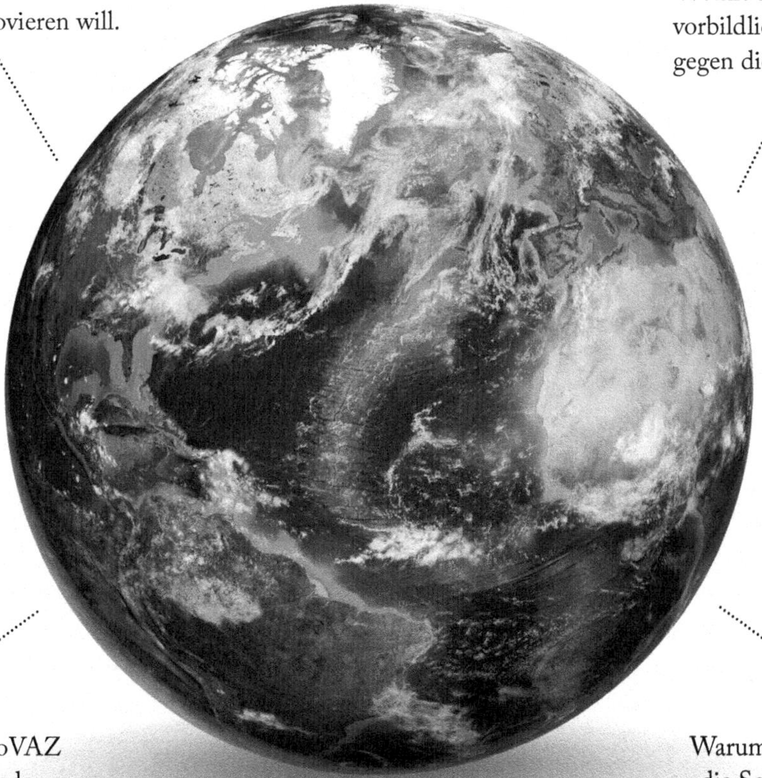

Russland
Wieso Autobauer AvtoVAZ mit seiner Marke Lada ausdauernd dem Ende trotzt.

China
Warum staatliche Stellen die Schotten schließen, wenn Firmenpleiten drohen.

© jimmyjamesbond / Getty Images

Hausputz gegen Sumpfschmutz

Brasilien: Odebrecht als einst schillernder Star unter den Großkonzernen versucht,
seinen beschädigten Ruf zu sanieren. Denn der Name steht auch für Korruption.

Der brasilianische Konzern Odebrecht und seine Mitarbeiter sahen sich immer in einer anderen Liga – über der Konkurrenz. Das lag einerseits an der Größe des Unternehmens: Im Zenit seines unternehmerischen Erfolges 2015 erzielte der Familienkonzern mit 170.000 Mitarbeitern rund 50 Milliarden US-Dollar Umsatz. Statt wie ursprünglich in Bau, Energie und Chemie war Odebrecht da schon in 15 verschiedenen Branchen tätig. Für Agrarwirtschaft bis zu Abwasser, vom Schiffsbau bis zu Rüstungsgütern stand dabei der größte private Mischkonzern, der in allen Staaten Lateinamerikas und den USA tätig war.

„Beim Odebrecht" waren die Mitarbeiter immer stolz auf die deutsche Herkunft. Die Familie war Mitte des 19. Jahrhunderts aus Preußen nach Brasilien ausgewandert. In Bahias Hauptstadt Salvador gründete Norberto Odebrecht 1944 seinen Baukonzern.

Eine Mischung aus protestantischer Arbeitsethik und Mafiakultur machte den Konzern groß und einflussreich. Odebrecht ähnelte dabei einer Sekte, deren Mitglieder von der eigenen Überlegenheit zutiefst überzeugt waren. Ihren Geschäftserfolg erklärten sie mit der hohen Qualität: Planung, Bau und Finanzierung geschähen nach dem „Odebrecht-Standard". Sie vergaßen hinzuzufügen: Auch die Korruption geschah mit Perfektion und in einer Größenordnung, die bisher unerreicht geblieben ist in Lateinamerika.

Kein Stein mehr auf dem anderen

Der rasante Absturz begann ab Juni 2015: Marcelo Odebrecht, CEO und Miteigentümer aus der dritten Generation, war bei seiner Festnahme 46 Jahre alt. Nach seiner Kronzeugenaussage und zweieinhalb Jahren Haft wurde er Weihnachten 2017 in den Hausarrest entlassen. Doch da stand in seinem Imperium kein Stein mehr auf dem anderen.

Inzwischen hatten sein Vater Emílio Odebrecht und 77 andere Direktoren und Manager des Konzerns zugegeben, dass sie 3,4 Milliarden US-Dollar an Schmiergeldern für Beamte und Politiker in zwölf Ländern Lateinamerikas und Afrikas ausgegeben hatten. Sie gewannen so öffentliche Ausschreibungen und konnten überhöhte Preise verlangen. Odebrecht hat sich verpflichtet, in Brasilien, in den USA und

Fußball-Stadien wie die „Arena Corinthians São Paulo" hat Odebrecht auch schon gebaut.

in der Schweiz insgesamt 3,5 Milliarden US-Dollar an Strafen zu zahlen. Das Management versucht, reinen Tisch zu machen: Dabei helfen sollen die Verkäufe von acht Unternehmen, aber auch Umbenennungen, um Odebrecht als belasteten Namen loszuwerden. Fast das gesamte Top-Management ist ausgewechselt, die Führung auf ein Sechstel reduziert und eine Abteilung für Corporate Governance geschaffen. Ob das reicht, ist unklar.

Jetzt hat Odebrecht eine Anleihe nicht bezahlt. Die Gefahr besteht, dass der Konzern in Konkurs geht, wenn die Banken keinen neuen Kredit geben. Doch die sind misstrauisch: Findet wirklich ein Kulturwandel im Konzern statt? Odebrecht kann schwerlich beweisen, dass sein Management geläutert ist. Das Unternehmen kann sich nur beschränkt wieder um Staatsaufträge bewerben. In mehreren Staaten Lateinamerikas ist das verboten. In Brasilien konnte der Konzern seit 2015 gerade mal eine einzige öffentliche Ausschreibung gewinnen. Wie soll Odebrecht seine Expertise, seine Mitarbeiter und seinen einst guten Ruf als Baukonzern hinüberretten in eine neue Ära? Und wie kann das Unternehmen dabei das Stigma vergessen lassen, das die gigantische Korruptionsmaschine hinterlassen hat? In Lateinamerika beobachteten jedenfalls die Konkurrenten ganz genau, ob es dem Konzern gelingt, sich aus dieser Zwangslage zu befreien.

Alexander Busch, aufgewachsen in Venezuela, berichtet aus Brasilien seit 25 Jahren über Lateinamerika. Der studierte Volkswirt lebt in São Paulo und Salvador da Bahia.

Abneigung gegen Bankrotte

China: Ein Insolvenzgesetz existiert seit dem Jahr 2007. Doch erst seitdem der staatliche Einfluss nachlässt, steigen jetzt die Fallzahlen.

Es war einmal ein deutsch-chinesisches Joint Venture, in dem der deutsche Miteigner die Kontrolle verloren hatte. „Der chinesische Partner hatte die für den Geschäftsbetrieb nötigen Stempel unter seine Kontrolle gebracht. Dem Joint Venture ging es nicht gut, aber eine Rettung mithilfe des deutschen Investors erschien möglich", erinnert sich Ralph Koppitz, Chefrepräsentant der Kanzlei Taylor Wessing in Shanghai. Die Anwälte beantragten damals ein Insolvenzverfahren. „Dadurch wollte unser Mandant die Kontrolle zurückgewinnen, den Partner auskaufen und die Arbeitsplätze erhalten. Die lokale Regierung sah dies positiv. Doch der zuständige Richter lehnte zunächst ab – weil die Jahres-Quote für Insolvenzen schon ausgeschöpft sei."

Es ist ein typisches Beispiel für politische Unwägbarkeiten, wie sie in China immer möglich sind. Auch wenn es seit 2007 ein Insolvenzgesetz für Unternehmen gibt. Es ersetzte damals einen komplizierten Wirrwarr aus Regeln und Prozessen – und sollte Marktkräften einen größeren Raum geben. Auch bekamen Gläubiger mehr Rechte. Sicherheiten auf ausstehende Kredite rangieren gemäß internationalen Standards nun vor den Ansprüchen von Arbeitern – die zuvor nach sozialistischer Tradition ganz oben standen.

„Das Insolvenzgesetz selbst ist gut und entspricht internationalen Standards", sagt Victor Jong, Partner bei der Beratungsfirma Pricewaterhouse Coopers (PwC) in China und Experte für Restrukturierung und Insolvenzrecht. „Nur mit der Anwendung hat es anfangs gehakt."

Gewollt geringe Insolvenzzahlen

Es gebe eine gefühlsmäßige Abneigung gegen Bankrotte. Regierungen aller Ebenen tun sich schwer, staatliche Firmen pleitegehen zu lassen. „In den ersten neun bis zehn Jahren gab es daher nur etwa 3.000 Insolvenzfälle pro Jahr vor Chinas Gerichten", sagt Jong – sehr wenig für ein Land, in dem nach inoffiziellen Statistiken jährlich rund 800.000 Firmen einfach

© TaylorWessing

Ralph Koppitz, Chefrepräsentant der Kanzlei Taylor Wessing in Shanghai.

schließen, wie er sagt: „Sie werden verkauft, liquidiert oder schlicht von den Besitzern aufgegeben." In China gibt es keine Pflicht, eine Insolvenz zu beantragen", ergänzt Ralph Koppitz.

Heute wirbt die Regierung verstärkt für formale Verfahren und baute Insolvenzgerichte auf. Die Zahlen sind daher stark gestiegen. 2017 nahmen die Gerichte nach Angaben des Obersten Gerichtshofes im ganzen Land insgesamt 9.542 Insolvenzanträge an, 68,4 Prozent mehr als ein Jahr zuvor. Davon 1.775 Fälle oder 18,6 Prozent der Anträge zielten auf eine Restrukturierung ab. Von diesen endete etwa jeder zehnte schlussendlich doch mit dem Unternehmensaus – alle anderen bekamen die Chance auf einen Neustart.

Keine klaren Maßstäbe für Zahlungsunfähigkeit

Darüber entscheiden wie in Europa die vom Gericht ernannten Insolvenzverwalter. Anders als in Europa gibt es aber keine klaren Maßstäbe, ab wann ein Unternehmen überschuldet oder zahlungsunfähig ist. Jeder Fall wird individuell bewertet. „Bei Staatsfirmen ist die Annahme häufig, dass sie noch zu retten ist", sagt Michael-Florian Ranft, International Head der China Group von Taylor Wessing in München. Sie sind also im Vorteil gegenüber Privatfirmen. Staatliche Geldtöpfe für Insolvenzverfahren oder Restrukturierungen gibt es laut Ranft aber nicht.

Bei dem Fall des Joint Ventures habe es am Ende doch noch geklappt mit dem Verfahren, sagt Koppitz. Auch dank der Vermittlung des Deutschen Generalkonsulates ist das Unternehmen heute im Alleinbesitz der Deutschen – und wieder gesund.

Christiane Kühl arbeitet seit 18 Jahren als China-Korrespondentin und schrieb erstmals in „return" 02/15 für dieses Magazin.

Trotzreaktion gegen Todeskampf

Russland: Lada kennen Deutsche als Automarke der Jäger. Sie fahren das Modell 4x4 dort, wo ihr teurer Geländewagen sonst Kratzer bekommt. Doch der Autobauer hat Ausdauer.

Rein statistisch blickt der Hersteller der Marke Lada 2017 auf ein gutes Jahr in Deutschland zurück. Das Unternehmen AvtoVAZ steigerte die verkauften Stückzahlen um 57 Prozent. Die Stückzahl von 2.635 Fahrzeugen treibt zwar deutschen Wettbewerbern nicht den Angstschweiß auf die Stirn, stellt aber einen besseren Wert dar als etwa die Verkaufszahlen von Fiat oder Honda in Russland.

Für ein Unternehmen, dessen Ende in den vergangenen 25 Jahren gefühlte 1.000-mal angekündigt wurde und gewissermaßen nur 100-mal fast eintrat, ist das schon erstaunlich. Vor allem, dass der Anbieter seinen Status als größter Automobilproduzent im Ostblock bis heute halten konnte. Eine Schließung des Werkes war keine Option. Für die Stadt Toljatti und die Region Samara ist AvtoVAZ von größerer Bedeutung als VW für Wolfsburg und Niedersachsen.

Nach der Wende in der Sowjetunion sah sich das Management mit Unbekanntem konfrontiert: Konkurrenz. Nachdem der durchschnittliche Sowjetbürger zehn bis 15 Jahre auf einen Neuwagen warten musste, konnte er jetzt sofort aus Modellen aller Hersteller der Welt auswählen. Die Lada-Modelle, die damals technisch und optisch noch wie aus den 60er Jahren anmuteten, konnten selbst bei niedrigsten Preisen mit Gebrauchtwagen westlicher Hersteller aus den 80er Jahren nicht mithalten. Das Management versagte kläglich. Der chronisch klamme Staat versuchte verzweifelt, AvtoVAZ durch Geldspritzen mit dem Kinn über Wasser zu halten. Und die Belegschaft wurde um 25 Prozent reduziert. Organisierte Kriminalität, veruntreute Neuwagen und Ersatzteile in epischem Ausmaß – die Mängelliste war lang. Gekennzeichnete Modelle für die Mafia erkannte man auf dem Fließband.

In der ersten Dekade des 21. Jahrhunderts wurden wieder und wieder Versuche unternommen, das Design und die Technik der Modelle auf einen halbwegs marktfähigen Stand zu bringen und mit Kampfpreisen die Absatzzahlen zu verbessern. Aber Hersteller wie VW, BMW, Renault, Hyundai oder Kia bauten lokale Fabriken auf, welche die hohen Einfuhrzölle auf Neuwagen umgingen und somit preislich attraktiver wurden. Die weltweite Finanzkrise 2008 tat ihr Übriges: AvtoVAZ verzeichnete 2009 einen Rekord beim Rückgang. Die Verkaufszahlen sanken gegenüber Vorjahr um satte 39 Prozent. Dies war der Trigger für eine längst überfällige

Für Fans des „Lada 4x4"-SUV hat der russische Autobauer jetzt dieses Modell kreiert - mit „Camouflage body color".

Restrukturierung. Der Haupteigentümer des Werkes, die staatliche Technologieholding Rostekhnologii, verkaufte einen 25-prozentigen Anteil an Renault-Nissan und investierte über 700 Millionen Euro. Außerdem engagierte man 2011 den britischen Automobildesigner Steve Mattin, der zuvor Modelle für Mercedes und Volvo entworfen hatte. Er wurde Chefdesigner und der schwedische Top-Manager Bo Andersson wurde AvtoVAZ-Präsident.

Transformation zur Stabilisierung

Auch wenn der Turnaround einige Jahre auf sich warten ließ und viele Probleme fortbestehen: Die drastischen Schritte seit 2009 führten zu einer Erneuerung und Stabilisierung des Unternehmens. Ohne diese Transformation hätte sich die allgemeine Krise auf dem russischen Automarkt in den Jahren 2014 und 2015 infolge des Rubelverfalls weitaus schlimmer auf AvtoVAZ ausgewirkt.

Vom Ende der Krise zeugt auch eine Personalentscheidung: Im Februar hat der Vizepräsident für operatives Krisenmanagement das Unternehmen verlassen. Ein Posten, der übrigens 2016 erst eingeführt wurde. Die Stelle wird nicht neu besetzt.

Holger Zscheyge ist Managing Director beim Informationsdienstleister Infotropic Media in Moskau und schreibt seit 2015 immer wieder mal exklusiv für „return".

Rosskur gegen Tigertod

Lettland: Der radikale Spar- und Reformkurs des baltischen Landes gilt als
Vorbild im Kampf gegen Staatskrisen. Die sozialen Folgen aber sind enorm.

EU-Finanzmarktkommissar Valdis Dombrovskis, einst Ministerpräsident Lettlands, besuchte jüngst Riga nach harten Einschnitten.

Ende 2017 war es so weit: Mit einem Wachstum des Bruttoinlandsprodukts (BIP) von 4,2 Prozent im vierten Quartal hatte Lettland auf dem Papier die Finanzkrise endgültig überwunden. Nach zehn Jahren erreichte das baltische EU-Land mit seiner Wirtschaft wieder das Niveau vor der Krise, nachdem es durch eine tiefe Rezession mehr ein Fünftel seiner Wirtschaftsleistung eingebüßt hatte. Dazwischen lag ein Sparkurs, mit dem sich Lettland gesundschrumpfte und auch fit machte für den 2014 eingeführten Euro.

Nach sieben Wachstumsjahren in Folge stehen die Zeichen weiter auf Aufschwung. „In Lettland hält die stabile wirtschaftliche Entwicklung an, ohne dass bisher makroökonomische Ungleichgewichte festgestellt werden", kommentierte EU-Finanzkommissar Valdis Dombrovskis den jüngsten Bericht der EU-Kommission zu seinem Heimatland. Darin prognostiziert die Brüsseler Behörde für 2018 und 2019 ein BIP-Wachstum von jeweils mehr als drei Prozent. Damit gehört die Ostseerepublik wieder zu den dynamischsten Staaten in Europa.

Doch der Weg dorthin war hart. Die Finanzkrise führte fast zum freien Fall des „baltischen Tigers", wie Lettland aufgrund der zweistelligen Wachstumsraten nach dem EU-Beitritt 2004 genannt wurde. Viele Letten konsumierten, als gäbe es kein Morgen – und gerne auch auf Pump. Bis die Konjunktur überhitzte und die Blase platzte. Um gut 20 Prozent stürzte zwischen 2008 und 2010 die Wirtschaftsleistung ab, die Arbeitslosigkeit schnellte um fast denselben Wert hoch. Lettland geriet an den Rand einer Staatspleite.

Dass das Kartenhaus nicht komplett zusammenkrachte und Lettland sich überraschend zügig wieder erholte, schreiben viele auch Valdis Dombrovskis zu, der bis 2013 Regierungschef war und international viel Anerkennung für seine Stabilisierungspolitik erhielt. Der Finanzexperte kam im März 2009 ans Ruder, nachdem die vorherige Regierung im Gefolge der Finanzkrise gescheitert war. Im Kampf gegen die Krise verpasste er den knapp zwei Millionen Letten ein striktes Sparprogramm mit Steuererhöhungen und brutalen Ausgabenkürzungen, die sich zwischen 2008 und 2012 zusammen auf 17 Prozent des BIP beliefen. Gemeinsam mit Hilfskrediten der EU und des Internationalen Währungsfonds (IWF) wurden Haushalt und Wirtschaft damit wieder auf Kurs gebracht. Dabei verzichtete die Regierung in Riga entgegen dem Rat des IWF damals auch darauf, ihre eng an den Euro gebundene Währung abzuwerten.

Bürger bezahlen hohen Preis

„Lettland hat geschafft, wovon viele meinten, dass es nicht zu schaffen ist", schreibt Dombrovskis in seinem Buch „How Latvia came through the financial crisis". Doch der Preis dafür war hoch und bezahlen mussten ihn vor allem die Bürger, von denen viele ihre Arbeit verloren oder mit drastisch gekürzten Bezügen über die Runden kommen mussten. Dazu kamen schmerzhafte Einschnitte im Sozialwesen.

Anders als etwa in Griechenland gab es dagegen aber kaum lautstarke Proteste aus der Bevölkerung. Dafür stimmten die Bürger mit den Füßen ab: Existenzsorgen, Sehnsucht nach sozialer Sicherheit und mangelnde Perspektiven trieben vor allem junge, qualifizierte Leute in Scharen zur Arbeitssuche ins Ausland. Bis heute leidet Lettland unter den Folgen der Abwanderung. Auch Armut und Einkommensungleichheit verschärften sich im Land.

Alexander Welscher arbeitet von Riga aus als Baltikum-Korrespondent vor allem für die Deutsche Presse-Agentur – und für „return".

Konservativ oder präventiv

Die Faktoren erfolgreicher Sanierungen ermitteln empirische Studien eingehend. Der Vergleich der Ergebnisse von gerichtlichen und außergerichtlichen Verfahren fällt dabei relativ eindeutig aus.

Der österreichische Automobilzulieferer C-Tec steht Ende 2008 kurz vor der Insolvenz. Grund sind Einbrüche bei der Nachfrage, die aufgrund der Wirtschaftskrise ausgelöst wurden. Das mehr als 1.000 Mitarbeiter große Unternehmen hatte erst zuvor einen weiteren Zulieferbetrieb fremdfinanziert übernommen. Gleichzeitig führen die Umsatzeinbrüche zu einem signifikanten Verlust.

Der Eigentümer tritt Anfang des Jahres 2009 in Verhandlungen mit den Hausbanken und schließt eine Restrukturierungsvereinbarung ab. Die betroffenen Banken gewähren einen Teilverzicht der Kreditforderungen, gleichzeitig kommt es zu einer teilweisen Sicherungsübereignung der Gesellschaftsanteile an die Banken. Für die operative Sanierung wird ein Neukredit zur Verfügung gestellt. Seitdem hat sich die Betriebsleistung des Unternehmens mehr als verdoppelt, die Ebit-Marge liegt deutlich über dem Branchenschnitt. Das Beispiel belegt, dass die außergerichtliche Sanierung

eine legitime Variante zur gerichtlichen Sanierung darstellen kann. Aus wissenschaftlicher Sicht stellt sich die Frage, wie das Phänomen der außergerichtlichen Sanierung dargestellt werden kann. Oder was in der Unternehmenspraxis die Treiber einer erfolgreichen Restrukturierung sind.

Theoretisch gibt es drei Ansätze für außergerichtliche Sanierungen: den ressourcenorientierten Ansatz, die Stakeholder-Theorie sowie Überlegungen aus institutioneller Sicht. Mithilfe des ressourcenorientierten Ansatzes wird analysiert, welche Bestände an Mitteln und Fähigkeiten notwendig sind, eine Krise dauerhaft zu überwinden und ein Unternehmen strategisch neu auszurichten. Die betroffenen Gläubiger haben zu klären, ob ein Unternehmen lebensfähig ist oder ob Ressourcen wie Anlagen oder Mitarbeiter neu zu allokieren sind. Die Sanierungsfähigkeit des Unternehmens steht im Mittelpunkt.

Die Perspektive der Stakeholder-Theorie umfasst für eine Unternehmenssanierung die Analyse mit Blick auf interessierte Kreise im Allgemeinen und Gläubigern im Speziellen bezüglich der Ausgestaltung des Sanierungsprozesses und der Verhandlungsführung mit den betroffenen Personen. Das Management dieser Stakeholder-Beziehungen ist einer der integralen Bestandteile einer Sanierung. Denn die Unterstützung durch Gläubiger und andere Anspruchsgruppen manifestiert sich darin, dass Geschäftsbeziehungen aufrechterhalten und konkrete Sanierungsbeiträge zur Verfügung gestellt werden. Hier steht also die subjektive Sanierungswürdigkeit des Unternehmens aus Sicht der Anspruchsgruppen im Mittelpunkt.

Aus institutioneller Sicht können sowohl regulatorische als auch ethische und kulturell-kognitive Aspekte einen Einfluss auf die Entscheidung ausüben, ob für die Sanierungsform – etwa ein gerichtliches oder ein außergerichtliches Verfahren – oder für die konkrete Ausgestaltung des Sanierungsprozesses. Die regulatorische Ebene wird geprägt durch Insolvenzgesetze, in denen das Verhältnis zwischen gerichtlicher und außergerichtlicher Sanierung geregelt ist. Dagegen spielen auf der ethischen und kulturell-kognitiven Ebene moralische Wertvorstellungen, die öffentliche Meinung und die Entscheider die bedeutende Rolle.

Sanierungsformen auf einen Blick

> Außergerichtliche Sanierung
> auf Basis zivilrechtlicher Vereinbarungen

↓

> Präventive Sanierung mit gerichtlicher Überwachung jedoch ohne Öffentlichkeitswirkung

↓

> Gerichtliche Sanierung
> bzw. Abwicklung

Die einzelnen Sanierungsformen sind idealerweise komplementär und nicht konkurrierend ausgestaltet.

Für alle drei Ansätze kann es Argumente geben, Studien belegen allerdings Vorteile für außergerichtliche Sanierungen.

Quelle: Prof. Stefan Mayr

Schneller unter Schutz: Je eher Unternehmen unter dem Dach einer präventiven Restrukturierung zukunftsfähig aufgestellt werden, desto größer die Erfolgsaussichten. Die besseren Erfolgsquoten bestätigen empirische Untersuchungen von Sanierungsfällen.

Studien beschäftigen sich mit den Erfolgsquoten, der Sanierungsdauer sowie der Befriedigungsquote der betroffenen Gläubiger. Diese empirischen Untersuchungen stammen aus den USA, Japan und Europa. Als Datenquellen dienten Bankenakten oder Datenbankabfragen. Die ermittelten Erfolgsquoten liegen interessanterweise in Europa mit rund 60 Prozent und Japan mit sogar rund 90 Prozent deutlich über den Werten in den USA. Als Gründe dafür können die relativ hohe Unterstützungsbereitschaft und auch hohe Workout-Kompetenz europäischer und japanischer Hausbanken genannt werden. Die Dauer der untersuchten Fälle scheint mit bis zu zwei Jahren bis zum Abschluss einer Sanierungsvereinbarung relativ lang. Doch die Zeiträume spiegeln den notwendigen Zeitbedarf für eine erfolgreiche Restrukturierung wider.

Außergerichtlich minimiert Schaden

Die ermittelten Befriedigungsquoten der Gläubiger liegen mit rund 65 bis 85 Prozent deutlich über jenen der gerichtlichen Sanierung. Die außergerichtliche Sanierung kann bei einem erfolgreichen Abschluss den Schaden für die Gläubiger verhältnismäßig gering halten. Als Erfolgsfaktoren einer außergerichtlichen Sanierung lassen sich auf Basis einer Studie der Universität Linz folgende Faktoren nennen: eine hohe Innovationsorientierung, ein fundiertes Sanierungskonzept sowie eine proaktive Kommunikation durch das Management. Die Träger der Sanierung sind neben den Hausbanken auch Eigentümer, die ihren Beitrag leisten. Die Diskretion außergerichtlicher Sanierungen wird ebenfalls durch die Untersuchungen bestätigt. Der Vorteil dieser Diskretion außergerichtlicher Sanierungen wird bestätigt. Im Vergleich der beiden Sanierungsformen lässt sich konstatieren, dass außergerichtliche Sanierungen generell höhere Erfolgsquoten als gerichtliche Sanierungen erzielen. Dies kann zum einen auf einen höheren Handlungsspielraum zurückzuführen zu sein, zum anderen jedoch auch mit der Flexibilität der Gestaltung der Sanierungsvereinbarung begründet werden. Die Vorteile der gerichtlichen Sanierung sind hingegen in der transparenten Abwicklung durch gerichtliche Überwachung und in der Rechtssicherheit zu sehen. Bei der Entscheidung für eine Sanierungsform sind jeweils die Besonderheiten des Einzelfalls zu prüfen, wie Krisenstadium, vorhandene Ressourcen oder rechtliche Risiken.

Keine Frage des Ob, sondern des Wie

Der Vorschlag der Europäischen Kommission zur präventiven Restrukturierung als quasi Zwischenform der Sanierung bestimmt seit dem Jahr 2016 die Diskussion. Nicht zuletzt die zuvor angeführten empirischen Befunde belegen, dass eine stärkere rechtliche Absicherung mithilfe eines präventiven Restrukturierungsverfahrens Sinn ergibt. Demnach dienen außergerichtliche Sanierungen nicht nur dem Schuldenschnitt, sondern stellen vielmehr die betriebswirtschaftliche Restrukturierung in den Mittelpunkt, welche in einem Sanierungskonzept zum Ausdruck gebracht werden muss. Es stellt sich daher nicht die Frage, ob, sondern wie eine präventive Restrukturierung ausgestaltet sein muss und wie diese in die auf europäischer Ebene sehr unterschiedlichen Rechtsrahmen eingebunden werden kann.

Sinnvollerweise handelt es sich hierbei um ein nichtöffentliches Verfahren mit minimaler gerichtlicher Einbindung. Je besser in diesem Zusammenhang die Komplementarität der außergerichtlichen über eine präventive hin zur gerichtlichen Sanierung hergestellt wird, desto eher kann man der Forderung der Europäischen Kommission nach einer „2nd chance policy" nachkommen.

Prof. Stefan Mayr ist assoziierter Professor am Institut für Controlling und Consulting der Universität Linz (Österreich). Sein Buch über außergerichtliche Sanierungen erschien im Januar 2018 bei Springer Gabler.

Wie ein Bumerang

Steigende Zinsen könnten sich negativ auf deutsche Unternehmen auswirken. Die Bedeutung von Restrukturierungen würde dann wieder wachsen. Doch ändern sich die Dynamik und die Rollen.

Als Bumerang für deutsche Unternehmen könnte sich der Zinsanstieg erweisen. Zusätzlich drohen Strafzölle und Defizite in der Digitalisierung.

Restrukturierungsfälle gibt es in Deutschland momentan selten, denn das Umfeld könnte nicht besser sein. Getrieben durch die steigenden Exporte, die anhaltend hohe Binnennachfrage und die gute Beschäftigungslage, erzielt die deutsche Wirtschaft immer neue Höchststände. Hinzu kommt die Niedrigzinspolitik der Europäischen Zentralbank (EZB), die auch operativ schwachen Unternehmen günstige (Re-)Finanzierungsmöglichkeiten bietet.

Doch genau damit könnte mittelfristig Schluss sein. Der Zinsanstieg könnte wie ein Bumerang für deutsche Unternehmen wirken. Sollte es zudem zu einem Handelsstreit zwischen den USA und China kommen, könnten Strafzölle auch deutsche Unternehmen treffen. Eine weitere Herausforderung für alle Branchen ist die zunehmende Digitalisierung.

Vor diesem Hintergrund rechnen wir damit, dass Restrukturierungen künftig wieder relevanter und die nötigen Erfolgsfaktoren noch wichtiger werden.

Grundlage für eine erfolgreiche Restrukturierung ist die Erarbeitung eines ganzheitlichen Restrukturierungskonzepts. Wir nennen es auch „Restrukturierungs-Dreieck", weil es grundsätzlich auf drei Säulen aufbaut:

► Strategisch: Zunächst wird das aktuelle Geschäftsmodell hinterfragt und die Wettbewerbsfähigkeit analysiert. Es geht um die Frage, wo und wie ein Unternehmen in seinem jeweiligen Wettbewerbsumfeld künftig profitabel wachsen kann und welche Produkte, Länder und Märkte relevant und nachhaltig für weiteres Wachstum sind.

► Finanziell: Parallel muss eine tragfähige Kapitalstruktur, also eine optimale Balance aus Eigen- und Fremdkapital, definiert werden. Die Fremdkapitalfinanzierung sollte kurz- und langfristige Finanzierungskomponenten enthalten, um mit Kreditlinien und Darlehen langfristig planen zu können, aber auch die Finanzierungskosten so gering wie möglich zu halten. Oberste Maßgabe bei allen Überlegungen ist, dass jederzeit ausreichend liquide Mittel im Unternehmen vorhanden sind, damit mögliche „Negativ-Szenarien" wie Verzögerungen in der Umsetzung von Maßnahmen oder unvorhersehbare Marktveränderungen nicht gleich das Aus eines Unternehmens bedeuten.

► Operativ: Ebenso wichtig wie die strategische und die finanzielle ist die operative Neuausrichtung. Ein kritischer Punkt ist dabei die Anpassung der Kostenstrukturen. Denn je nach Art und Höhe der Fixkosten, etwa für Mieten und Gehälter, können Kostensenkungen nur langsam umgesetzt werden. Darüber hinaus müssen Prozesse verschlankt und standardisiert sowie alte Strukturen aufgebrochen und an das neue Geschäftsmodell angepasst werden.

Da die meisten Unternehmen schon vor einer Sanierung in finanzielle Schieflage geraten sind, bleibt für ein Restrukturierungskonzept in der Regel nur wenig Zeit. Dabei sind schnelle Erfolge wichtig, um bei Stakeholdern wie

Mitarbeitern, Kunden, Lieferanten und Gläubigern womöglich verloren gegangenes Vertrauen zurückzugewinnen. Insbesondere ist klarzumachen, dass die ersten Weichen für die Weiterführung des Unternehmens gestellt sind.

Berater als Mediator

Unerlässlich ist hierfür eine professionelle Kommunikation nach innen und außen, die auf die unterschiedlichen Bedürfnisse der Stakeholder abgestimmt ist. Berater übernehmen hier die Rolle des Mediators zwischen den einzelnen Stakeholdern. Die richtige Balance zu halten zwischen Vertraulichkeit und Offenlegung von Informationen ist dabei besonders wichtig.

Ob Gläubiger, Private-Equity-Investoren oder Waren-Kreditversicherer: Durch die komplexeren, zum Teil gegensätzlichen Interessen gilt es im Sinne einer ganzheitlichen Lösung, kompetent durch die Finanzierungslandschaft zu navigieren. Zu guter Letzt muss die Organisation so aufgestellt sein, dass die Umsetzung der Maßnahmen gemessen und nachgehalten werden kann. Die zunehmende Unsicherheit aufgrund der eingangs beschriebenen Entwicklungen erhöht zusätzlich die Komplexität von Restrukturierungsfällen. Einem Mehr an Flexibilität und ganzheitlichen Lösungen ist eine viel größere Aufmerksamkeit zu widmen, vor allem bei komplexen Stakeholder-Strukturen und Abstimmungsprozessen. Berater nehmen deshalb vermehrt die Rolle des Chief Restructuring Officers (CRO) ein, um die Umsetzung dauerhaft zu begleiten.

Restrukturierungskonzepte müssen heute immer eine digitale Dimension beinhalten. Dies ist notwendig, um die Chancen und Risiken des Geschäftsmodells besser zu erfassen, die Wachstums- und Erlöspotenziale aufzuzeigen und die Kommunikation mit den Stakeholdern zu steuern.

Dieses Autoren-Duo von Roland Berger, die Nummer eins unter den Top Ten der deutschen Management-Beratungen, arbeitet in Frankfurt am Main: Dr. Sascha Haghani (oben) führt das global agierende „Restructuring & Corporate Finance Competence Center", in dem auch Dr. Matthias Holzamer als Partner tätig ist.

„I´ll be back!"

Warum jeder Unternehmer besser Herr des Handelns bleibt

Es klingt zwar wie eine Drohung, wenn Arnold Schwarzenegger als Maschinen-Mann T-800 im Film „Terminator" sagt: „I'll be back." Doch darf jeder Unternehmer in der Insolvenz durchaus für sich reklamieren: „Ich komme wieder." Denn wer will sich schon dauerhaft von fremden Mächten das Zepter aus der Hand nehmen lassen? Wer will schon im gewohnten Tagesgeschäft unterbrochen und in Entscheidungen kontrolliert werden?

Ist die Unternehmenskrise überwunden und die Insolvenz überstanden, agieren endlich alle Berater, Verwalter und Sachwalter wieder in ihren eigenen Büros. Dann kann es wie gewohnt weitergehen, oder? Schließlich sind die Schulden im Idealfall getilgt, womöglich ist ein neuer Investor gefunden. Mit der zurückeroberten Herrschaft über das Unternehmen kehrt also der Alltag ein. Jeder, der eine Diät ausprobiert hat oder mit dem Rauchen aufhören wollte, weiß, wie leicht es ist, in alte Verhaltensmuster zurückzufallen.

Tödlicher Rückfall in alte Verhaltensmuster

Oder nehmen wir ein Beispiel aus der Medizin: Der Schlaganfallpatient wird nach der Entlassung aus dem Krankenhaus sorgsam und langsam auf das Leben vorbereitet. Eine Rehabilitation ist für den nachhaltigen Genesungsprozess immens wichtig und Voraussetzung. Gewohnheiten werden überdacht, behutsam verändert und verinnerlicht. Und zwar interdisziplinär sowie in allen Dimensionen und Lebensbereichen. Der Rückfall in alte Verhaltensmuster kann hier sogar tödlich enden. Das Gesundheitssystem ist nicht nur darauf eingerichtet, die Symptome zur behandeln, sondern auch eine Wiederholung zu verhindern.

Anders beim „Patient Unternehmen": Die grundlegende Reorganisation und die Etablierung aller Prozesse können nicht innerhalb von ein paar Monaten gelingen. Eine kontinuierliche Begleitung bis zur tatsächlichen Stabilisierung ist nicht vorgesehen. Zu hohe Schulden und mangelnde Liquidität sind in der Beratungspraxis beim Mandanten der überwiegend empfundene Engpass. Die unbequemen Wahrheiten schlummern im Verborgenen. Die ursprünglichen Ursachen der Krise werden nur ungern konsequent angegangen. Ausgetretene Pfade verlassen die internen Akteure nur unter großer Kraftanstrengung. Die unverstellte Sicht auf die Position des Unternehmens im Markt und damit auch auf alle Schwächen bringt nicht nur mehr Klarheit, sondern oft vor allem enorme Ernüchterung mit sich. Wo der oben beschriebene Schlaganfallpatient Anleitung und Begleitung verschrieben bekommt, könnte der „Patient Unternehmen" schnell rezidiv, also rückfällig werden.

Die Reha-Phase des Unternehmens

In nur acht Prozent der Insolvenzverfahren gelingt es, ehemals schwächelnde Unternehmen langfristig auf wirtschaftlich stabile Füße zu stellen. Das klingt zwar nach nur selten erfolgreicher Rettung. Doch eine überstandene Insolvenz schafft immerhin perfekte Rahmenbedingungen für den Neuanfang. Allerdings beginnt dann die eigentliche Arbeit, quasi die Reha-Phase des Unternehmens. Dann gilt es, Gelerntes umzusetzen und zu etablieren, kontinuierlich Beratung und Monitoring einzufordern sowie alle Entscheidungen immer wieder zu hinterfragen. Die eindeutige und sehr konkrete Empfehlung muss also lauten: Jeder Unternehmer sollte sich ausreichend Zeit für den Richtungswechsel nehmen. So erleichtert jeder Firmenchef nach überstandener Krise sein dürfte, so diszipliniert und so konsequent müssen aber die Handlungsempfehlungen der Berater umgesetzt werden. Inhaber, die dagegen lieber im Unternehmen statt am Unternehmen arbeiten, beschwören damit gleich wieder große Gefahr herauf. Sie gehen damit nämlich das Risiko ein, dass der Verwalter schon bald erneut an die Tür klopft und droht: „I'm back!"

Stefan Burk ist Vorstand der Burk AG, ein auf Krisenintervention und Insolvenzprophylaxe spezialisiertes Beratungsunternehmen, das bundesweit tätig ist mit Schwerpunkten wie Krisen-Management, Insolvenzbegleitung, Restrukturierung und Sanierung.

www.returnlive.de

rɘturn live

Transformations-Kongress

27. und 28. November 2018 | Frankfurt am Main

 Energie
Neue Geschäftsmodelle
und Konzepte verändern die
Energiebranche nachhaltig

Zeitschrift für
Energie

 Mobilität
Transformation. Digitalisierung. Elektrifizierung. Automobilindustrie im Wandel

ATZ

 Finanzierung
Banken und Versicherer
tragen zum Wandel bei und
erfinden sich selbst neu

BANKMAGAZIN

Geschäftsmodelle transformieren,
Wandel vorantreiben

Vertreter aus Unternehmen, Politik, Hochschulen und Beratungen geben Einblicke
in Strategien und diskutieren über Herausforderungen und Lösungsansätze.

rɘturn live
Abraham-Lincoln-Straße 46
65189 Wiesbaden | Deutschland
Telefon +49 611 7878 118
Telefax +49 611 7878 452

Programm & Anmeldung: www.returnlive.de

Rolf A. Königs führt als Chairman und CEO den weltweit agierenden Automobilzulieferer Aunde Group, zu dem die drei Unternehmen Aunde, Isringhausen und Fehrer gehören. Als er vor 40 Jahren die Unternehmensführung übernahm, belasteten millionenschwere Schulden das Betriebsergebnis, heute erzielen 22.600 Mitarbeiter in 29 Ländern 2,7 Milliarden Euro Umsatz. Damit gilt der Mittelständler als Paradebeispiel für gelungene Transformation trotz starken Strukturwandels in der Textindustrie. Ehrenamtlich erfüllt Königs viele verschiedene Funktionen, darunter als Präsident des Fußballbundesligisten Borussia Mönchengladbach und als Vizepräsident des Gesamtverbandes Textil + Mode.

„Wir haben die großen Trends vorausgesehen"

Rolf A. Königs steht mit seiner Aunde Group für vorbildliche Transformation in der stark veränderten Textilbranche. Ein Interview über Wende und Wandel.

Herr Königs, zur Ihrer Ehrensenator-Ernennung an der Hochschule Niederrhein charakterisierte Sie der Laudator als „unermüdlichen Arbeiter", der stets „Nicht reden! Machen!" fordert. Ist mit dieser Art Ihr großer Automobilzulieferer noch zu managen?

Rolf A. Königs: Aber sicher, gerade deshalb! Ob im Großen oder Kleineren ist Unternehmertum doch dies: Menschen haben eine Vision, entwickeln dafür eine Strategie und gehen in die Umsetzung. Insofern ist das Machen wichtiger Endpunkt einer Wertschöpfung. Das hört sich einfach an, aber darauf fußt in der Tat mein Erfolgsrezept. Der Aufbau von Geschäft ist einfach. Der Abbau, etwa beim Schließen eines Werkes, ist da schon schwieriger. Da zeigt man dann, ob man's als Unternehmer wirklich kann – nämlich an Lösungen zu arbeiten.

Was halten Sie außer harter Arbeit und zügigem Handeln grundsätzlich für entscheidend, um durch vorbildliche Unternehmensführung zum Erfolg zu kommen?

Das ist doch keine harte Arbeit, die belastet. Unternehmer gehen als Idealisten mit einer gewissen Lockerheit an Aufgaben heran. Verkrampfungen spüren Mitarbeiter. Das Vorleben als Vorbild ist heute genauso gefragt wie Teamarbeit. Konkret gehen an jedem 15. eines Monats die weltweiten Zahlen bei unserer Holding ein. Wenn etwas aus dem Plan läuft, kümmert sich erst das Team darum – und irgendwann sicher auch „der Königs". Unser Führungsstil setzt aber auf Eigenständigkeit auch für Jüngere.

Ihr Vertrauen in diese Freiheiten wurde nie enttäuscht?

Nachwuchskräften sage ich in Vorstellungsgesprächen oft, dass sie sich frei entfalten, aber nicht frei walten und schalten können. Anders gesagt sollen sie sich rechtzeitig melden, wenn sie selbst keine Lösung für ein Problem finden. Auch

> „Wer sich zukunftsfähig weiterentwickeln will, muss permanent seine Produktpalette anpassen."
>
> Rolf A. Königs

dies klingt einfach, ist aber entscheidend. Deshalb halte ich auch nichts von allzu langen Stellenbeschreibungen.

Ihre „Transformation vom Tuchhersteller zum Systemlieferanten" thematisieren Sie oft selbst, etwa aktuell beim Turnaround-Kongress in Köln. Welche Triebfedern haben die einstige Manufaktur konkret nach vorne katapultiert?

Vermutlich vor allem, dass wir damals bei Achter & Ebels die großen Trends vorausgesehen haben. Als klassischer Tuchhersteller für die Konfektion in der Bekleidungsindustrie haben wir ab 1920 auch schon Fahrzeughersteller mit Stoffen beliefert. Denn es war erkannt worden, dass die Branche der Konfektionsbetriebe sich wandelt und wegen der Lohnkosten erst nach Südeuropa, dann nach Afrika, dann nach Fernost oder in den Nahen Osten geht. Mit diesen „Best Cost Countries" zu konkurrieren, wäre für unser Unternehmen mit klassischen Tuchen für Frauen und Männer sinnlos gewesen. Also wurde von Stoffen für Oberbekleidung auf technische Textilien umgestellt. Als drei zusätzliche Triebfedern sehe ich also diese Beweglichkeit im Strukturwandel, die damit verbundene Produkt-Neuorientierung inklusive der wachsenden Fertigungstiefe plus Ausbau für den gesamten Fahrzeuginnenraum sowie sicher auch unsere starke Internationalisierung.

Sehen Sie mit diesen Mitteln auch andere Mittelständler und ihre Berater gut gewappnet gegen den Veränderungsdruck, der angeblich permanent zunimmt?

Durchaus, denn wer sich zukunftsfähig weiterentwickeln will, muss permanent seine Produktpalette anpassen und seine Internationalisierung steuern, denn wichtige Kunden bewegen sich meist weltweit. Das bedeutet, in der Produktentwicklung und in der Standortwahl flexibel zu bleiben. Passend dazu bedarf es zeitgemäßer Unternehmensstrukturen für geeignete Prozesse sowie heute des Auf- und Ausbaus der Digitalisierung. Anderswo beliebte Organigramme brauchen wir in unserem Unternehmen dafür nicht.

Bei ständiger Zukunftsgewandtheit laufen Unternehmer womöglich Gefahr, ihre Herkunft zu vergessen. Was trägt Achter & Ebels bis heute seit fast 120 Jahren?
Wir erhalten unseren Charakter als familiengeführter Mittelständler. Dafür steht unsere Führungsstruktur, die unsere entsprechende Unternehmenskultur fördert. Dazu zählen immer offene Türen, auch hier bei mir. Und wenn ich mich weltweit auf Dienstreisen befinde, bin ich mittendrin unter unseren Leuten.

Ihre Unternehmens-Story liest sich wie aus einem Lehrbuch. Welche Rückschläge waren die schlimmsten, aber auch lehrreich?

Neben Neubauten an internationalen Standorten errichtet Aunde bald diese moderne Zentrale in Mönchengladbach.

Vorzeigebeispiel der Textilindustrie

Die beiden Firmengründer Achter & Ebels begannen im Jahr 1899 in Mönchengladbach als „Mechanische Buckskin- und Kammgarn-Weberei" mit der Herstellung von Stoffen für die damals in der Region stark präsente Bekleidungsindustrie. Heute verarbeitet das Ursprungsunternehmen vor allem Textil und Leder als technische Tuche für die Fahrzeugindustrie und ist Teil der Aunde Group. Hierzu gehören seit 1991 der Marktführer für Sitzsysteme und technische Federn für Nutzfahrzeuge Isringhausen aus Lemgo sowie seit 2014 Fehrer aus Kitzingen, Spezialist für Komponenten im Fahrzeuginnenraum sowie Sitzpolster und -module. Mittlerweile erzielen 22.600 Mitarbeiter an 115 Standorten in weltweit 29 Ländern rund 2,7 Milliarden Euro Jahresumsatz. Aunde gilt als herausragendes Vorzeigebeispiel für gelungene Transformation im Strukturwandel der Textilindustrie.

In der Weltwirtschaftskrise ab 2009 kam ja zunächst aus den USA die Immobilienkrise zu uns, aus der sich eine Finanzkrise entwickelte, die sich dann auf die gesamte reale Wirtschaft übertrug. Wir hatten insbesondere nach der Messe IAA 2008 unser Auftragsbücher voll. Kunden wollten sogar mit in unsere Kapazitäserweiterung investieren. Dann der plötzliche Einbruch. Allein unser Unternehmen Isringhausen erzielte auf einmal 50 Prozent weniger Absatz und Umsatz. Das war schlimm, aber auch lehrreich!

Wie lautete die Lehre?
Dass wir den Aufbau und den Abbau in allen Unternehmen als kontinuierlichen Verbesserungsprozess betreiben müssen. Immerhin haben wir diese Krise vor allem mit einer um 16,7 Prozent verkürzten Arbeitszeit gemeistert und ohne betriebsbedingte Kündigungen überstanden. Für manche Unternehmer mag das Outsourcing eine Lösung sein, die eine Zeit lang sehr angesagt war. Wir empfinden es dagegen als einen Segen, die Fertigungstiefe im eigenen Haus auszubauen. Auch das verschafft uns eine gewisse Solidität, um Durststrecken zu überbrücken.

Ihr Lebenswerk als Krisenbewältiger und Erfolgstreiber wurde mehrfach gewürdigt. Was war für die Wende wesentlich?
Der rote Faden in der Unternehmensführung. Als ich im Jahr 1978 die Leitung des Unternehmens übernahm, hatte es 36 Millionen D-Mark Umsatz und Schulden. Damit fertigzuwerden, indem ich Partner bat zu stunden, war meine erste Aufgabe und mir eine Lehre. Ich wollte nie wieder „bitte, bitte!" sagen müssen. Anders formuliert ist mir die Solidität unserer Finanzen extrem wichtig. Daraus habe ich abgeleitet, dass wir für finanzielle Unabhängigkeit quasi unternehmerisch Plattformen errichten müssen, von denen aus sich aus eigener Kraft vorwärtsgerichtete Strukturen entwickeln lassen.

Stellen Sie für die Aunde Group auch heute den geeigneten Krisenschutz so sicher?
Nicht nur, denn wir folgen vor allem auch einem ausgeklügelten Leitfaden für unser Riskmanagement. Ein Beispiel daraus: Wir prüfen permanent, ob wir an den richtigen Produkten für die Zukunft arbeiten.

Wirtschaftlich Gescheiterte leiden hierzulande oft unter Stigmatisierung. Wie bewerten Sie diese Fälle im Unternehmertum?
Das kann jedem passieren. In Ländern wie den USA gilt man erst nach einem Scheitern als gestandener Unternehmer. Entwicklungen, die disruptiv Einzug halten, bringen oft so schnell so viel Bewegung in Märkte, dass Unternehmen

Kreativität entstehe aus Internationalität, sagt CEO Rolf A. Königs über die Produktvielfalt innerhalb seiner Unternehmensgruppe.

Technische Textilien zählen zu den Spezialitäten des Automobilzulieferers unter anderem für innovative Sitzbezüge.

davon überrollt werden können. Schauen wir doch nur auf neue Antriebe und selbstfahrende Autos in unserer Branche. Unternehmer haben sich allerdings auf solche neuen Situationen einzustellen. Für uns Zulieferer ist diese Umstellung sogar überlebenswichtig. Man hat sich also frühzeitig mit der Zukunft und rechtzeitig mit nachhaltigen Trends zu beschäftigen. Klagen über umwälzende Marktveränderungen, für die Unternehmer achselzuckend ihren verpassten Anschluss reklamieren, halte ich für keine gute Antwort.

Was raten Sie anderen Unternehmern, wie sie am besten Prävention betreiben?
Indem sie vorausschauend ihr Unternehmen führen, dafür hautnah und früh an Trends dranbleiben. Also bitte nicht erst agieren, wenn die Lage schon kritisch ist. Dafür gibt es ja genug Beispiele. Wir selbst weiten schließlich auch unsere Wertschöpfung und unsere Internationalisierung weiter aus.

Beschreiben Sie bitte anhand eines Beispiels, wie Ihre Unternehmen innovative Produktentwicklung betreiben.
Für alle drei Marken und alle 29 Länder kommen unsere F&E-Abteilungen vor einer internen Jury zusammen. Diese Treffen im Innovationsforum bringen immer wieder tolle Ideen in Vielfalt hervor. Meine Erkenntnis: Kreativität entsteht aus Internationalität! Wenn Afrikaner, Asiaten und Europäer bei uns zusammenkommen, sind auch dem Einfallsreichtum keine Grenzen gesetzt.

Das konkrete Beispiel?
Aus einer dieser Ideen entstand ein überaus nachhaltiges Verfahren: Wir sammeln PET-Flaschen, schreddern sie und liefern sie als Granulat zu unserem Werk nach Luxem-

burg. Wir haben vor drei Jahren begonnen, dieses Plastik mit Farben anzureichern und daraus hochwertige bunte Fäden für textile Oberflächen herzustellen, die wir als Marke „Tex Blue" mit echtem Nachhaltigkeitswert vermarkten. BMW hat diese neue Technologie gerne in seinen Modellen i3 und i8 eingesetzt. „Tex Leather" ist auch so entstanden in unserem Innovations-Team, das weitere Nachhaltigkeitsthemen finden wird.

Auffällig bei Aunde ist der Aufbau integrierter Management-Systeme nach Null-Fehler-Strategie – nach Einführung der DIN EN ISO 9001 vor 22 Jahren über sieben weitere Qualitätsstandards bis zum angestrebten „Total Management". Warum sind so viele streng festgelegte Prozessketten wichtig für Sie?
Die Automobilbranche verlangt so hohe Standards. Alle sieben Stufen führten uns letztlich zum integrierten Total Management. Wir haben aber weit vor 1996 angefangen mit der Prozesssystematik, als es noch gar keine Management-Systeme gab. Wer wie ein Weltmeister an kontinuierlicher Verbesserung arbeiten will, um die Null-Fehler-Strategie umzusetzen, muss frühzeitig dafür eine Unternehmenskultur entwickeln. Das heißt ja nicht, dass bei uns kein Fehler passieren darf; er darf sich nur nicht wiederholen.

⬇ Mehr unter www.springerprofessional.de

Das Interview mit dem CEO der Aunde Group sowie Präsident und Geschäftsführer des Fußballbundesligisten Borussia VfL 1900 Mönchengladbach GmbH führte „return"-Chefredakteur Thorsten Garber am Unternehmenssitz in Mönchengladbach.

Kampf aus der Krise

Der neue CEO und Chief Restructuring Officer gestaltet in der Manz AG nicht nur Prozesse schlanker. Er setzt auch auf Standards, um künftig individuelle Kundenwünsche besser zu erfüllen.

Wie man ein Unternehmen auf Vordermann bringt, müsste Eckkard Hörner-Marass in der SRH Hochschule Heidelberg gelernt haben. Er ist zertifizierter Restrukturierungs- und Sanierungsberater. Aktuell wendet er sein Wissen bei der Manz AG an. Der 57-jährige Diplom-Ingenieur übernahm beim angeschlagenen Hightech-Maschinenbauer im Oktober 2016 die neu geschaffene Funktion als „Chief Restructuring Officer" (CRO). Neun Monate später, als der bisherige Vorstandschef und Firmengründer Dieter Manz nach 30 Jahren in den Aufsichtsrat wechselte, rückte Hörner-Marass an die Spitze des Konzerns mit Sitz im baden-württembergischen Reutlingen. Seitdem treibt er die Neuaufstellung des 1987 gegründeten und seit 2006 an der Börse notierten Unternehmens voran. „2017 haben wir zahlreiche Maßnahmen auf den Weg gebracht, um wieder dauerhaft profitabel zu sein", sagte der neue Vorstandsvorsitzende bei seiner ersten Bilanzvorlage am 29. März 2018. Auch Analyst Robert-Jan van der Horst vom Research-

Anbieter Montega sieht das so: „Ich halte die Rückkehr zur operativen Profitabilität in 2018 für gut erreichbar." Demnach kämpft sich da ein global agierendes mittelständisches Unternehmen Schritt für Schritt aus der Krise.

Gründer Manz selbst leitete Ende 2015 die Restrukturierung ein, nachdem Auftragsverschiebungen alle bisherigen Prognosen ins Leere laufen ließen. Seit 2011 hatte der Konzern nach Steuern keinen Gewinn mehr erzielt. Damals generierten die Schwaben noch 30 Prozent ihrer Erlöse durch den Verkauf von Anlagen zur Herstellung von Solarmodulen. Wenige Jahre zuvor lag der Anteil fast doppelt so hoch, also bis zu 60 Prozent. Doch der Markt brach wegen Überkapazitäten zusammen. Hohe Abschreibungen waren die Folge. Gleichzeitig investierte Manz in die modernere CIGS-Dünnschicht-Solarmodul-Technologie. Im Gegensatz zu kristallinen Silizium-Solarzellen besitzen CIGS-Solarzellen einen Absorber, der aus Kupfer-Indium-Gallium-Diselenid besteht und daher Licht wesentlich besser absorbiert.

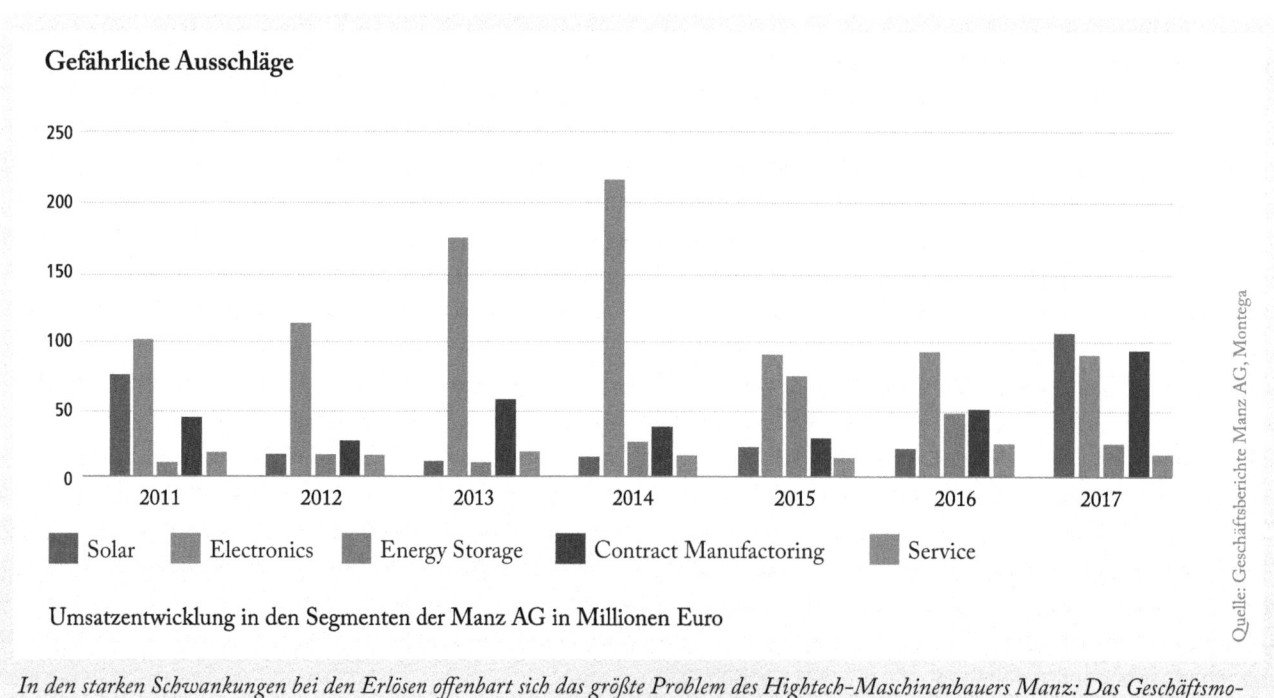

Gefährliche Ausschläge

Solar Electronics Energy Storage Contract Manufactoring Service

Umsatzentwicklung in den Segmenten der Manz AG in Millionen Euro

Quelle: Geschäftsberichte Manz AG, Montega

In den starken Schwankungen bei den Erlösen offenbart sich das größte Problem des Hightech-Maschinenbauers Manz: Das Geschäftsmodell mit der Fertigung von hochkomplexen Spezialmaschinen ist mit enormen Risiken behaftet.

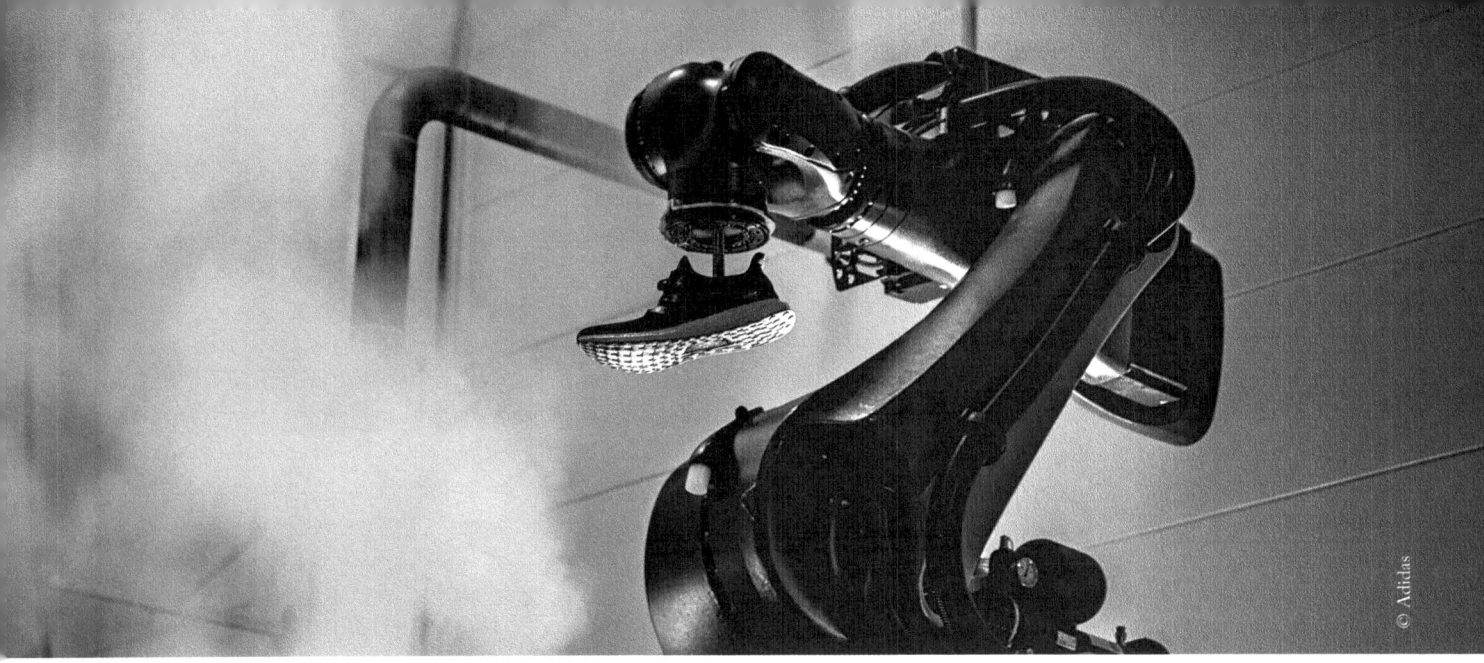

Automatisierte und flexible Produktionstechnologien für Sportartikel wie Schuhe oder Bekleidung hat Manz exklusiv für Adidas entwickelt. Die lokale Fertigung „Speedfactory" erlaubt es, künftig Schuhe individuell und effizient am Ort des Verbrauchers herzustellen.

Parallel zu den Forschungs- und Entwicklungsaktivitäten im Solarbereich erweiterte das Management die Angebotspalette um integrierte Produktionslinien zur Herstellung von Geräten wie Smartphones und Tablets sowie zur Herstellung von Batterien für Elektrofahrzeuge. Hierfür stehen die Sparten Electronics sowie Energy Storage. Vor allem der Trend hin zu mobilen und internetfähigen Endgeräten bescherte dem Konzern drei, vier Jahre lang eine hohe Nachfrage nach entsprechenden Maschinen. Insofern gelang es dem Management, dem verbrannten Solargeschäft neue Umsatzquellen entgegenzustellen. Einfacher wurde die Steuerung des Unternehmens dadurch aber nicht. Denn während dieser Zeit sprangen die Bereichsumsätze wild nach oben und unten, was jede Planung zu einem Vabanquespiel machte (siehe Grafik „Gefährliche Ausschläge" auf Seite 44).

Aufträge gekündigt oder verschoben

In den Erlösschwankungen offenbart sich das größte Problem des Hightech-Maschinenbauers: Das Geschäftsmodell mit der Fertigung von hochkomplexen Spezialmaschinen ist mit enormen Risiken behaftet. Das zeigt die Häufung von aufgekündigten und verschobenen Aufträgen insbesondere im Jahr 2015. Einmal entschied sich ein Kunde – im Markt munkelt man von Apple – für die Technologie eines anderen Anlagenbauers. Ein anderes Mal musste Manz auf Geheiß

des Kunden nacharbeiten, die Anlagen gingen später an den Abnehmer als geplant, damit floss auch das Geld später als gedacht. Diese Schwierigkeiten sind sozusagen systemimmanent. Manz baut keinen Standard, sondern auf die jeweiligen Kundenwünsche angepasste, komplexe Anlagen. Das sind zunächst nur Prototypen, die den Konzern meist mehr Geld kosten, als ihr Verkauf einbringt. Gewinne sprudeln mit den Folgeaufträgen, die erst eingehen nach einem erfolgreichen Start der Produktion beim Kunden.

Ein gutes Beispiel dafür ist die sogenannte „Speedfactory"-Initiative: Für Adidas fertigt Manz Maschinen zur vollautomatischen Produktion von kundenspezifischen Sportartikeln. Die Verbraucher kreieren Schuhe oder Kleidungsstücke an ihrem Computer selbst und anschließend werden ihre Wünsche direkt in Produktionsdaten transformiert und umgesetzt. Nach Angaben von Manz wurden die ersten Anlagen an Adidas „ausgeliefert und zum Teil auch bereits abgenommen". Beobachtern zufolge ist der Schuh- und Sportartikelbereich aufgrund der großen Kombinationsmöglichkeiten prädestiniert für solche zukunftsweisende On-Demand-Fertigung. Technologisch scheint Manz hervorragend positioniert zu sein. Aber das Kernproblem ist und bleibt die unberechenbare Umsatz- und Ergebnisentwicklung. Hier mehr Gleichmäßigkeit reinzubekommen, ist das Ziel des aktuell noch nicht ganz abgeschlossenen Restrukturierungsprogramms „Manz 2.0".

> „2016 war kein leichtes Jahr. Aber es war ein wichtiges Jahr, an dem wir gewachsen sind."
>
> Dieter Manz

Die Hauptverwaltung der Manz AG arbeitet in diesem modernen Gebäude im baden-württembergischen Reutlingen.

Innovationstreiber im Hightech-Maschinenbau

Als technikaffin, bodenständig und fleißig gelten die Menschen in Baden-Württemberg – und mittendrin liegt Reutlingen. Hier hat der Hightech-Maschinenbauer Manz seinen Firmensitz. Die insgesamt gut 1.700 Mitarbeiter entwickeln und produzieren aktuell noch in Deutschland, der Slowakei, Ungarn, Italien, China und Taiwan. Vertriebs- und Service-Niederlassungen gibt es in den USA und Indien. Der Umsatz betrug 2017 rund 325 Millionen Euro. Gegründet wurde Manz im Jahr 1987 durch Dieter Manz. Bis zu seinem Wechsel in den Aufsichtsrat im vergangenen Jahr stand der Ingenieur an der Spitze des Konzerns. Er formte aus dem Automatisierungsspezialisten einen heute weltweit agierenden Maschinenbauer und führenden Technologieanbieter zur Herstellung von Solarmodulen, elektronischen Geräten und Lithium-Ionen-Batterien.

Wer rasch wächst, benötigt oft Kapital von außen. Daher ging Manz 2006 an die Börse und führte seitdem zwei Kapitalerhöhungen durch. Seit der letzten Finanzierungsmaßnahme ist die Shanghai Electric (SE), ein großer Hersteller von Energieanlagen, mit 20 Prozent am Aktienkapital des deutschen Unternehmens beteiligt. Zudem betreibt Manz mit SE und Shenhua, einem chinesischen Energiekonzern in Staatsbesitz, ein Gemeinschaftsunternehmen im Bereich der CIGS-Solarmodul-Technologie. Offenbar passt der Innovationstreiber gut ins Beuteschema chinesischer Investoren. Künftig will Manz nur noch in China und der Slowakei produzieren. Im Rahmen seiner sozialen Verantwortung engagiert sich das Unternehmen mit dem Projekt „Zukunft schenken – Metallwerkstatt Äthiopien" für die Berufsausbildung junger Äthiopier.

www.manz.com

Kern der laufenden Gegenmaßnahmen sind die Anpassung der globalen Konzernstruktur sowie die Umstellung der Fertigung auf standardisierte Einzelmaschinen.

Die ursprünglich in Erwägung gezogene Trennung vom Solargeschäft ist vom Tisch, nachdem Ende 2016 die Shanghai Electric Group bei Manz eingestiegen ist. Seitdem ist der chinesische Kraftwerksbauer mit rund 20 Prozent zweitgrößter Aktionär nach Firmengründer und Aufsichtsrat Manz, der etwa 24 Prozent hält. Vermutlich hat der neue Ankeraktionär die Solarsparte von Manz gerettet. Bereits 2017 schnellte der Bereichsumsatz wieder von 21 Millionen Euro auf 104 Millionen Euro in die Höhe. Nun hoffen Vorstand und Belegschaft von Manz, dass die Chinesen den Bau von Solarparks auch außerhalb Chinas ausweiten und die dafür benötigten Zellen auf Manz-Maschinen gefertigt werden. Das könnte die Umsatz- und Ergebnissituation dieses Konzernbereichs erheblich stabilisieren.

Tesla gehandelt als möglicher Abnehmer

Ein weiterer Hoffnungsträger ist die Sparte „Energy Storage" – allerdings schon seit 2009. Vom Massenmarkt der Elektromobilität ist zwar oft die Rede, bisher sind alle Beteiligten und damit auch Manz aber noch weit davon entfernt. Zwischenzeitlich wurde der Elektroautobauer Tesla als möglicher Abnehmer gehandelt. Die Amerikaner kauften mit Grohmann aber lieber gleich ein komplettes deutsches Maschinenbauunternehmen. Die Folge: Manz muss sich wieder einmal in Geduld üben.

Eigenen Angaben zufolge wird der Batteriebereich „voraussichtlich erst ab 2019 einen positiven Beitrag zum Konzernergebnis vor Zinsen und Steuern leisten". Verantwortlich hierfür seien auch „hohe Aufwendungen für Forschung und Entwicklung zum Ausbau des Produktportfolios". Das Gleiche gilt für das viel umsatzstärkere Segment „Electronics". Kaum eine Branche steht unter so großem Innovations- und Wettbewerbsdruck wie die Konsumelektronik, zu der die Endgeräte gehören, die auf Manz-Maschinen entstehen.

Manz muss es gelingen, Spezialitäten und Standards unter einen Hut zu bringen. Folglich arbeitet das Management um Konzernlenker Hörner-Marras seit Mitte 2017 intensiv daran, das Produktportfolio um die oben erwähnten standardisierten Einzelmaschinen zu erweitern. Dabei handele es sich um Anlagen im Sinne von „Stand Alone" – im Gegensatz zu Maschinen, die Bestandteil einer vollintegrierten Produktionslinie sind. Das werde zur Ausweitung der Kundenbasis sowie zur Stabilisierung der Geschäftsentwicklung beitragen, heißt es. In Reutlingen betont man, dass Standard nicht „von der Stange" bedeutet. Die Anlagen könnten „mit relativ geringem Aufwand individualisiert werden".

Diese „Modular Stacking Machine" von Manz bietet durch gezielte Materialzuführung eine konstant hohe Verfügbarkeit.

Präzision hat Prioriät in der Produktion von Manz, denn die Fertigungstechnik für Firmenkunden muss ganz genau funktionieren.

Als weitere Restrukturierungsmaßnahmen setzt man auf Produktionsverlagerung von Deutschland und von Taiwan in die Volksrepublik China. In Zukunft will das Manz-Management nur noch im Reich der Mitte und in der Slowakei fertigen lassen. Die Streichung von 174 Arbeitsplätzen sei schon vollzogen, heißt es. Weiteres „Potenzial für eine nachhaltige Ergebnissteigerung" sieht der Vorstand in dem „Abbau von Parallelstrukturen" und der „Verringerung von Schnittstellen".

Unternehmensbeobachter van der Horst vom Analysehaus Montega sieht Manz jedenfalls auf einem guten Weg: „Angesichts des hohen Auftragsbestandes von 222 Millionen Euro zum Jahresende 2017 sowie des guten Order-Momentums in den Bereichen Electronics und Energy Storage zu Beginn des Jahres 2018 halten wir die Ziele für gut erreichbar." Die Vorgaben für dieses Jahr formuliert

Manz-Chef Hörner-Marass folgendermaßen: „Wir rechnen für den Konzern mit einer deutlichen Umsatzsteigerung und einem leicht positiven operativen Ergebnis vor Zinsen und Steuern." Konkret soll der Erlös um bis zu 14 Prozent auf 370 Millionen Euro zulegen und das Betriebsergebnis (Ebit) ohne Sondereffekte eine positive Kehrtwende um immerhin etwa 30 Millionen Euro vollziehen.

Restrukturierung bewirkt Optimismus

Im Jahr 2017 sprang der Konzernumsatz um 41 Prozent auf den Rekordwert von 325 Millionen Euro in die Höhe. Das Ebit schaffte es jedoch nur wegen der Effekte aus dem Verkauf der CIGS-Technologie mit 1,6 Millionen Euro so gerade eben in die schwarzen Zahlen. Auf diesem Gebiet ist Manz ein Joint Venture mit einem chinesischen Partner eingegangen. Hörner-Marass verbreitet Optimismus, dass die Restrukturierungsmaßnahmen wirken. Dies zeige das Schlussquartal 2017 mit einem Umsatzbeitrag von 132 Millionen Euro und einem positiven Ebit, belegt er und betont die solide Basis: „Wir haben das Fundament geschaffen, um das Unternehmen auf stabiles und ertragsorientiertes Wachstum in allen Geschäftsbereichen auszurichten." Indes müssen die nächsten zwei Jahre zeigen, ob der Restrukturierungs- und Sanierungsberater mit nachhaltigen Ergebnissen dauerhaften Erfolg erzeugt hat.

Kompakt

▶ Der Spezialmaschinenbau ist gekennzeichnet von starken Umsatz- und Ergebnisschwankungen, was die Steuerung eines Unternehmens extrem schwierig macht.

▶ Mehr Stabilität bringt ein Produktportfolio aus standardisierten Einzelmaschinen und Modulen. Das Produkt bleibt stark auf den Kundenwunsch zugeschnitten. Weil es aber aus Standardelementen aufgebaut ist, kann es mit relativ geringem Kostenaufwand individualisiert werden.

▶ Überlebenswichtig sind die Bereitschaft und die Fähigkeit zu Forschung und Entwicklung. Wer das neueste und (technologisch) beste Produkt anbietet, ist in diesem Sinne unersetzlich.

Stefan Terliesner ist Diplom-Volkswirt, arbeitet seit 17 Jahren als freiberuflicher Journalist und war zuvor Redakteur bei namhaften Wirtschaftsmedien.

Sinnlichkeit schlägt Sex

Der Markt für Erotik steht für Wandel: Sexualität haftet hier nichts Schmutziges mehr an. Statt schmuddeliger Sexshops locken Hochglanz-Präsenzen im Internet. Die Zielgruppe ist jetzt weiblich.

Spielerisch, verführerisch und humorvoll kommt die Bildsprache in den Onlineshops der Erotikbranche heute daher. Damit versuchen die neuen Anbieter, vor allem eine weibliche Zielgruppe anzusprechen, die mittlerweile längst ihre Scham überwunden hat.

Aus der Mode kommen Sex und Erotik wohl niemals. Der Umgang damit hat sich dagegen kräftig gewandelt. Davon zeugte zuletzt die Insolvenz des ehemaligen Marktführers Beate Uhse. Denn neue Wettbewerber halten die Branche für ertragreich. „Sex sells" gilt nun mal ebenso wie: „Wer nicht mit der Zeit geht, der geht mit der Zeit." Zunächst hat das Internet den einstigen Platzhirschen im deutschen Erotikmarkt das Leben schwer gemacht: Jahrzehntelang waren Pornofilme die Top-Umsatzbringer im Geschäftsmodell von Beate Uhse. Dann kam das Internet und machte zunächst mit Online-Videotheken und dann mit Streaming-Angeboten den geliehenen Videos auf DVD den Garaus. Sexfilme, direkt in Schlaf- oder Wohnzimmer geliefert, punkten als unkomplizierter und vor allem diskreter und anonymer Service.

Nicht nur der Erotikhandel leidet darunter – auch die Anzahl der Sexshops sinkt seit Langem. Gab es vor 20 Jahren noch mehr als 1.500 dieser Läden in Deutschland, hat sich bis heute ihre Zahl mehr als halbiert. Der Grund: Sexshops haben bis zu 70 Prozent ihres Umsatzes mit Kabinen für Pornofilme gemacht – und deren Kunden sind entweder weggestorben oder eben ins Internet abgewandert. Dies seien zwar auch Gründe für die Insolvenz von Beate

Uhse, aber keine Entschuldigung für falsche unternehmerische Entscheidungen: „Das Unternehmen hätte mit seinem Kundenwissen und seinen Kundenbeziehungen eine gute Basis beispielsweise für den Start einer Zweitmarke gehabt", sagt Thomas Roeb, Professor für Handelsbetriebslehre an der Hochschule Bonn-Rhein-Sieg. Weshalb das unterblieben ist, darüber lässt sich trefflich diskutieren: Erschien der Aufbau eines Portals à la Amazon oder Netflix für Pornofilme als zu wenig aussichtsreich? Waren die dort zu erzielenden Margen nicht attraktiv genug? Wurde der Einstieg in den Online-Handel aus Rücksicht auf den verwandten Orion-Versandhandel zu lange hinausgezögert? Wurde die eigene Marke als zu wertvoll eingeschätzt?

Der Versuch der Marken-Transformation von Beate Uhse zu „BU" jedenfalls schlug fehl. Das englische „be you" hat trotz jahrelanger Versuche keine sichtbaren Markenwurzeln in den Kunden-Köpfen geschlagen. Roeb vermutet: „Eine erfolgreiche Repositionierung geschieht Schritt für Schritt, nicht mit einer radikalen Kehrtwende – aber dafür fehlte Beate Uhse wohl die Zeit." „Die neue Positionierung muss sich materialisieren und erlebbar sein", beschreibt Roeb.

Das allein ist schon schwierig genug. Der zweite Schritt birgt die größere Herausforderung: „Parallel dazu muss die alte Markenpositionierung aus den Köpfen gelöscht werden", schildert der BWL-Professor. Das gelingt nur den allerwenigsten Marken. Als einziges geglücktes Marken-Revirement fällt Roeb der Discounter Aldi ein – „vom Unterklasse-Billigheimer zum auch von einkommensstarken Kunden geschätzten Supermarkt". Die Aldi-Gruppe habe allerdings viel Zeit gehabt und auch keine derartige 180-Grad-Zielgruppen-Wende hinlegen müssen, wie dies Beate Uhse versucht hat und in Eigenverwaltung noch immer versucht. Wie hartnäckig sich Zielgruppen-Vorstellungen in den Köpfen halten, davon zeugt die Bekanntheit von Testimonials wie „Clementine" und „Herrn Kaiser" oder Slogans wie „Bauknecht weiß, was Frauen wünschen". Und das noch nach Jahren. Frauen haben sich inzwischen zur Zielgruppe Nummer eins für Erotik-Artikel entwickelt. Der Mann als Ziel des Geschäftsmodells hat ausgedient. Lag bei Beate Uhse der Anteil männlicher Kundschaft einst bei über 80 Prozent, so ist die Kundschaft des Erotikhandels heute weiblich. Anders formuliert es André Bierbaß, Chief Operating Officer bei eis.de: „Wir haben unseren Beitrag dazu geleistet, dass das Thema Erotik in der Mitte der Gesellschaft angekommen ist."

„Das Thema Erotik ist in der Mitte der Gesellschaft angekommen."

André Bierbaß

Frecher Umgang hilft, Scheu abzulegen

Vor allem Frauen helfe der freche, humorvolle, aber stets professionelle Umgang mit dem Thema, ihre Scheu abzulegen und offen über ihre Sexualität zu sprechen. „Unsere Käufer sind zwischen 18 und 55 Jahren, und in diesem Altersbereich ist die Verschämtheit verschwunden", sagt der CEO des Online-Erotikshops. Das manifestiere sich auch darin, dass inzwischen weniger als die Hälfte der Pakete mit neutralem Absender bestellt werden. Da eis.de zur Unternehmensgruppe Triple A Internetshops gehört, unter deren Dach auch druckerzubehoer.de agiert, zählt dies zur häufig gewünschten Absender-Alternative. „Man schämt sich nicht mehr, wenn ein Paket von eis.de möglicherweise beim Nachbarn abgegeben wird", betont Bierbaß.

Wie krass der gesellschaftliche Wandel ist, zeigt ein Vergleich in der Rückschau: Während heute für Sextoys zur Hauptsendezeit auf Publikumskanälen im Fernsehen geworben wird, sprachen damals Eltern das Wort „Sex" selten offen aus. Verklausuliert ging es eher um „Ehehygiene". Erotische Fantasien verbannten Mann und Frau aus ihren Beziehungen. „In den Anfangsjahren der Bundesrepublik wurde Beate Uhse von politischen und klerikalen Kreisen als Volksverderberin geschmäht und juristisch verfolgt, weil man ihr vorwarf, Kondome an unverheiratete Personen abzugeben und damit der Unzucht Vorschub zu leisten", schrieb Uwe Kaltenberg, Geschäftsführer des Bundesverbandes Erotik Handel.

Die lange vernachlässigte Frau hat mit ihren Wünschen den Markt für Erotikartikel deutlich vergrößert. „Das schlägt sich auch im Produkt-Design nieder, das mit Soft-Touch-Charakter statt reiner Plastikgehäuse dem weiblichen Bedürfnis nach Sinnlichkeit entgegenkommt", beschreibt Bierbaß. Da das Sextoy immer mehr zum Alltagsbegleiter wird, musste ein kompaktes Design her. „Heute nehmen viele Frauen ihr Spielzeug so selbstverständlich in der Handtasche mit wie eine Packung Taschentücher und das Smartphone", weiß der Geschäftsführer. In den USA werden diese Produkte in der Rubrik „sexual wellness" angeboten und sind damit im Lifestyle-Markt angekommen.

Nicht zuletzt habe die gestiegene Nachfrage auch zu einer Ausweitung des Angebotsspektrums geführt. Gab es früher bei eis.de beispielsweise nur ein Gleitgel der Eigenmarke, werden nun 16 verschiedene Sorten angeboten. Das Geschäft mit Eigenmarken floriert übrigens im Erotikhandel. Eis.de brachte 2016 die ersten Druckwellen-Vibratoren der Marke „Satisfyer" auf den Markt, die sich seither zu einer der größten Toy-Marken weltweit entwickelt hat.

Filmische Freiheiten befeuerten den gesellschaftlichen Wandel – etwa mit „Sex and the City" oder „Fifty Shades of Grey". In deren Fahrwasser gründeten Lea-Sophie Cramer und Sebastian Pollok vor fünf Jahren die Online-Plattform amorelie.de und damit den Internetversand für „Alles rund ums Liebesleben". Die beiden hatten sich während ihrer Zeit bei der Boston Consulting Group kennengelernt. Sie bezeichnen Sexspielzeug als Lovetoys. Ihr Motto: Spieltrieb und Sinnlichkeit schlagen Sex. Die Präsentation von Dildos und Co. im Lifestyle-Onlineshop ist hochwertig, aus jedem Pixel der Webseite sprüht sexuelles Selbstbewusstsein – vor allem das weibliche. Männer stellen etwa 40 Prozent der Käufer bei Amorelie. Sie kaufen oft für die Paarbeziehung und damit für die Partnerin ein, denn beim Paar hat meist die Frau das letzte Wort auch zu diesem Spielzeugkauf. Wie jedes schnell wachsende Start-up verbuchte Amorelie anfangs Millionenverluste. Laut Geschäftsbericht wurde 2016 der Break-Even

Die neue Marke „bu - be you" statt „Beate Uhse" in den Köpfen von Kunden zu positionieren ist schwierig.

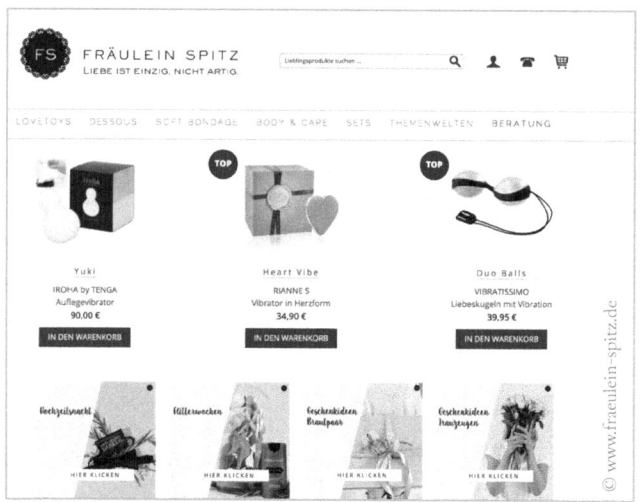

Der Name „Fräulein Spitz" dieses Onlineshops ist eindeutig zweideutig, die Präsentation der Produkte aber nüchtern.

erreicht. Das Ebitda verbesserte sich von minus 4,7 auf 1,6 Millionen Euro. Die Umsätze sind von 20,6 auf 36,3 Millionen Euro gestiegen – ein Wachstum von rund 76 Prozent. Im vergangenen Jahr kletterte der Umsatz noch mal um 55 Prozent auf gut 56 Millionen Euro. Im Jahr 2015 verkauften die Gründer insgesamt 75 Prozent der Anteile an die Pro-Sieben-Gruppe, die auch unter den Anfangsinvestoren war. Sie steuerte unter anderem Sendezeit für Fernsehwerbung bei. Werbebotschaften von Erotik-Unternehmen sprühen heute vor Wortwitz: „Es rappelt im Karton" oder „Und wann kommst du?" heißt es da. Auch auf großflächigen Plakatwänden war Sextoy-Werbung schon zu sehen, beispielsweise in der Berliner U-Bahn. Ob das Grundbedürfnis hinsichtlich Sexualität jemals vergleichbar wie jenes nach Essen und Trinken mit Verkaufsargumenten angesprochen wird, bleibt allerdings weiter abzuwarten.

Wenn Amorelie das Harrods des Erotikhandels ist, dann ist Eis der Aldi. Letztgenannter Online-Erotikshop wurde schon 2006 gegründet und zählt damit zu den Start-ups, die erwachsen geworden sind. Das beweist auch ein Blick in die Geschäftszahlen: Schwarze Zahlen wurden erstmals im Geschäftsjahr 2016 erreicht. 2015 lag der Jahresfehlbetrag der Eis GmbH noch bei knapp 730.000 Euro. Doch schon im Folgejahr stand ein Plus von mehr als 190.000 Euro in der Bilanz. Nach eigener Aussage zählt das Unternehmen jetzt gut acht Millionen Kunden in Deutschland und Österreich, 270 Mitarbeiter und mehr als 25.000 Produkte.

Das jüngste Erotik-Start-up heißt „Fräulein Spitz" und kommt aus Flensburg wie Beate Uhse und der Orion-Versand. Jennifer Eilers und Stefanie Höller studierten gemeinsam Mode und Textil an der dortigen Universität. Als sie – zufällig gleichzeitig schwanger – nach Reizwäsche für Schwangere suchten, hatten sie ihre erste Marktnische gefunden. Noch am Campus in 2014 gegründet, positioniert sich „Fräulein

Spitz" als Luxuslabel für Toys, Wäsche und Accessoires, das die Individualität der Kundinnen fördern möchte. „Liebe ist einzig, nicht artig" lautet deshalb ihr Motto.

Wie Tupperpartys für Erotikartikel

Doch nicht nur im Online-Handel ist die Erotikbranche erfolgreich. Auch der Direktvertrieb boomt. Petra Zwanziger suchte nach einem Produkt, das sich für einen neuen Strukturvertrieb eignete. Schon vor 18 Jahren stieß sie auf Vibratoren. Heute ist ihr Unternehmen, „Fun-Concepts" der Marktführer für quasi „Tupperpartys" mit Erotikartikeln. „Von Frauen für Frauen" heißt der Party-Mitmach-Aufruf. Mittlerweile präsentieren mehr als 3.900 sogenannte Dildofeen die Produkte auf Sextoy-Partys. Im Feensprech heißen Dildos dann Zauberstäbe – und mehr als 100.000 Stück verschickt Fun-Concepts pro Jahr. Im Schnitt 180 Partys pro Tag sorgen für einen Jahresumsatz von rund 15 Millionen Euro.

Der Erfolg der Dildofeen hat inzwischen zahlreiche Nachahmer angelockt, die Junggesellinnenabschiede zu „Pepper Partys" werden lassen. Doch nicht nur die Vertriebswege haben sich durch Digitalisierung und Zuhause-Partys verändert. Auch die Grenze zur Bekleidungsindustrie verschwimmt: So bietet eis.de auch Bademode. Und sexy Dessous, wie sie heute offen in den Fußgängerzonen-Schaufenstern von Hunkemöller und Intimissimi zu sehen sind, gab es früher schließlich nur in Erotikshops zu kaufen.

Anja Kühner ist freie Wirtschaftsjournalistin in Düsseldorf. Sie schreibt regelmäßig über Start-ups und Existenzgründer.

r∂turn

Magazin für Transformation und Turnaround

Gallier aus Ostwestfalen

Vorbildern der Unternehmensführung in Transformation und in Turnaround-Prozessen
ist unsere Serie „masterminds" gewidmet – diesmal: Wolff-Geschäftsführer Eduard Dörrenberg.

Eduard Dörrenberg, geschäftsführender Gesellschafter des Familienunternehmens Dr. Kurt Wolff, will gewinnen und hat dabei keine Angst vor mächtigen Konkurrenten. Sein Mittel, um erfolgreich zu sein: Dinge tun, die andere nicht tun.

© Dr. Kurt Wolff

Auch für Eduard Dörrenberg kam es im Leben anders als geplant. Der Urenkel von Unternehmensgründer Dr. August Wolff hatte nicht vor, in das Familienunternehmen einzusteigen. Er studierte Maschinenbau an der ETH Zürich. Es folgte eine dreijährige Tätigkeit bei der internationalen Managementberatung A.T. Kearney, an die sich ein MBA-Studium an der Hochschule für internationales Management (Insead) anschloss.

In die Zeit des Studiums fiel der Mauerfall. Daran faszinierte den angehenden Maschinenbauer, wie sich zwei Märkte anschickten, sich zu vereinen. Er entschied sich, diesen spannenden Prozess mitzuerleben, und wurde doch fürs Unternehmen aktiv. 1990 unterbrach er dafür sein Studium und ging für ein Jahr nach Ostdeutschland, um den Vertrieb aufzubauen. Doch als man Dörrenberg fragte, ob er ins Unternehmen einsteigen wolle, lehnte er dankend ab. Ein Unternehmer-Saatkorn war allerdings während seines Engagements im Vertrieb schon auf Nährboden gefallen. Sieben Jahre später stieg er als geschäftsführender Gesellschafter der Kosmetiksparte bei Dr. Kurt Wolff ein.

Eine gute Entscheidung für das Unternehmen, wie die Bilanz belegt nach 20 Jahren unter Dörrenbergs Führung. In dieser Zeit verdreifachte sich der Umsatz rein organisch von 100 auf 298 Millionen Euro, die Marke Alpecin entwickelte sich von 15 auf 84 Millionen Euro, Vagisan schoss von null auf 23 Millionen Euro, Plantur startete von null auf 55 Millionen Euro durch. Der Mittelständler aus Bielefeld wurde zum internationalen Player, dessen Auslandsanteil im Umsatz von fünf auf 65 Millionen kletterte.

Doch global stehen Markenartikler unter großem Druck. Um den Wachstumskurs fortzusetzen, muss der Vater von drei Kindern einige Herausforderungen bewältigen: Individualisierung der Produkte, das Erstarken chinesischer Markenhersteller, eine dramatische Änderung der Mediennutzung, der Einfluss von Social Media und Influencern, Private Labels und die wachsende Macht von Onlinehändlern wie Amazon, Walmart oder Alibaba. Was kann Wolff aus Ostwestfalen dem entgegensetzen?

Kampfeswille war im sportlichen Manager geweckt. „Um zu gewinnen, muss man manchmal auch andere schlagen", sagt Dörrenberg. Im Wettbewerb vergleicht er sein Unternehmen mit der Rolle von Asterix: „Wir sind umgeben von römischen Garnisonen, also großen multinationalen Wettbewerbern, und können nur überleben, indem wir anders sind. Wir müssen anders kämpfen und wir müssen andere Waffen benutzen."

Seine Waffengattung wählt Wolff in der Blue-Ocean-Strategie, die auf die Entwicklung dauerhaft profitabler Geschäftsmodelle durch die Entwicklung innovativer und neuer Märkte abzielt. „Wir machen das, was andere nicht machen, denn da haben wir keinen Wettbewerb und können bessere Preise erzielen", formuliert Dörrenberg seinen Ansatz. Stolz ist er auf sein persönliches Lieblingsprodukt: Denn Alpecin sei das erste und einzige Shampoo, mit dem beim Waschen schon nach zwei Minuten das Coffein an die Haarwurzeln gelange und damit Haarausfall vorbeuge. Weltweit einzigartig sei sogar das Alpecin Hybrid Coffein Shampoo gegen trockene Schuppen, das im vergangenen Jahr gelauncht wurde. Einmalig ist gleichfalls das Kopfhaut-Sonnenliquid, das im vergangenen Jahr nach fünfjähriger Entwicklungsarbeit versuchsweise gelauncht wurde und ein weltweites Männerleiden lindert.

Speerspitze der Internationalisierung: Mit dem Radsport-Sponsoring forciert Eduard Dörrenberg (li.) das internationale Geschäft.

Asien gibt den Takt vor

„Wir müssen Probleme lösen, die wirklich existieren. Dafür müssen wir bereit sein, gegen Vorstellungen zu agieren, die sich über Jahrzehnte verankert haben", lautet das Credo des Unternehmers. Dabei spielt er auf seinen Kampf mit Zahnärzteschaft und medizinischer Forschung um die fluoridfreie Zahnpasta Karex an. „Fluorid – erste Verbraucherschützer rufen nach Verbot" hatte Dr. Wolff im Januar in einer großformatigen Zeitungsanzeige provokant Alarm geschlagen. Eine wütende Reaktion der Bundeszahnärztekammer blieb nicht aus, die in dem Vorwurf einer unbegründeten Verunsicherung der Bevölkerung mündete. Doch Dörrenberg gibt sich westfälisch stur, ist überzeugt von dem Produkt und wünscht sich, dass auch in Deutschland künftig Fluorid wie in Australien infrage gestellt wird.

Eines der großen Ziele des Unternehmers war die Internationalisierung des Unternehmens. Dafür zog er vor vier Jahren mit seiner Familie nach Singapur, um den Wachstumsmarkt Asien zu erobern. Der Erfolg zeigt sich darin, dass der Shampoo-Hersteller mittlerweile auf mehreren asiatischen Märkten sowie in China im stationären Handel und auf Online-Plattformen präsent ist.

Am „Singles' Day", dem chinesischen „Black Friday", verkaufte Alpecin innerhalb von 24 Stunden so viel Shampoo wie nie zuvor in einem Land. Dörrenberg eröffnete noch ein kleines Büro in Korea als dem innovativsten Kosmetikmarkt der Welt. „Viele in Europa wissen das noch nicht, aber alle anderen", sagt sich Dörrenberg zum Standort-Vorteil. Im Sommer wird er nach Deutschland zurückkehren und das Asiengeschäft in die Hände des Teams legen, das er aufgebaut hat.

Man merkt dem Unternehmer an, dass ihn die digitale Entwicklung in Asien beeindruckt. Er sieht darin große Chancen: 2016 gründete er die Unternehmenseinheit „eWolff". Das Team, das in einem Bielefelder Coworking Space arbeitet, hat die Aufgabe, sich um Märkte und Marken zu kümmern sowie die Verbindung von der Offline- in die Online-Welt zu schaffen.

Für die Geschäftsführung wurde ein externer Digitalbeirat gegründet, in dem Digitalexperten regelmäßig mit dem Wolff-Führungsteam diskutieren. Außerdem beteiligte sich das Unternehmen an einem Berliner Healthcare-Inkubator. Geplant ist zudem, einen eigenen Inkubator zu gründen. „Dort wollen wir eigene Start-ups gründen oder Start-ups aufnehmen, um sie weiterzuentwickeln", kündigt Dörrenberg zur Verknüpfung von Offline- und Online-Geschäft an. Ein weiteres Digital-Team soll in den USA etabliert werden. Dazu beitragen soll auch das Radsport-Engagement im Profi- und Amateurbereich. Für Dörrenberg, selbst begeisterter Rad- und Skifahrer, bildet dieses Sponsoring die Speerspitze der strategischen Internationalisierung.

Seine nächsten Ziele: Dieses Jahr will er mit Wolff die 300-Millionen-Marke überspringen, mit Innovationen weiterwachsen, die neuen Teams stärken, sich mit der Digitalisierung persönlich in der Geschäftsführung beschäftigen und den Kampf für tägliche Zahncreme ohne Fluorid fortführen. Sein weiterer Wunsch zum eigenen 50. Geburtstag im Juli: das gelbe Trikot für sein Team bei der Tour de France.

Peter Hanser traf für dieses Porträt den Unternehmer in Bielefeld.

Lähmender Datenschutz?

Umstrittene Thesen stellt dieses Magazin in „return kontrovers" zur Diskussion.
Diesmal drehen sich Diskurs und Debatte um die seit 25. Mai anwendbare DSGVO.

Ein beachtlicher Wert auch für die Relevanz der europäischen Datenschutz-Grundverordnung (DSGVO), wenn Google in nur 460 Millisekunden zum Kürzel mehr als 5,3 Millionen Ergebnisse liefert. Sollten wir stutzen, dass Bing und Yandex fast deckungsgleich je nur eine Million Treffer anzeigen? Manipuliert da wer Meinungsbildung, indem beide Suchmaschinen vier Millionen Nennungen ausblenden? Scherz beiseite, denn Satiriker haben schon genug Schabernack über Schummel geschrieben und getrieben, seit beim US-Sozialnetzwerk Facebook der Skandal mit Cambridge Analytica aufflog über unzulässig geteilte Daten von 87 Millionen Nutzern.

Sascha Lobo

Ernsthaft weiter bringt uns die Diskussion in Fachkreisen auch nicht. Der fast immer und überall zum Digitalen gefragte Sascha Lobo (Foto), der mit rotem Irokesen-Haarschopf rein optisch als Marke unter den Internet-Experten gilt, versucht, seine Haltung zum Datenschutz anlässlich der DSGVO „neu zu sortieren". Das darf er als Kolumnist wöchentlich in der „Netzwelt" von „spiegel online", wo er sich von Datenschützern und von Konzernen gleichsam bevormundet fühlt und deshalb unentschieden in der Botschaft endet: „Ein Kampf tobt darum, wer mir geilere Vorschriften machen darf."

Von einer „völlig unbefriedigenden Situation", von echter Verzweiflung und von „gewaltig Panik" bei Mittelständlern handelt der besorgte Beitrag im Wirtschaftsteil der „Welt" von Michael Gassmann und Benedikt Fuest. Nach ihrer Beobachtung empfinden manche Unternehmen die neuen Vorschriften „nachgerade als schikanös", doch der Verordnung sei „kaum zu entkommen". Dann aber wäre es doch sinnvoll, sich auf die Anwendung des Regelwerks ausreichend vorzubereiten.

Wie schlecht indes die Unternehmen nach zweijähriger Übergangsfrist mit ihrer DSGVO-Umsetzung zum 25. Mai dastehen, dazu schwankt nur die Höhe nur die Werte. Jedes dritte Unternehmen (33 Prozent) der 500 Befragten in der deutschen Wirtschaft hatte sich „noch überhaupt nicht mit den Vorgaben beschäftigt", schilderte der IT-Branchenverband Bitkom erschrocken im September. Selbst „die Mehrheit der Informationswirtschaft" – also Unternehmen für Informations- und Kommunikationstechnologien, Medienbetriebe und wissensintensive Dienstleister – sieht noch im Februar das Zentrum für Europäische Wirtschaftsforschung (ZEW) nach repräsentativer Umfrage als ungenügend für die DSGVO-Anwendung präpariert.

Technisch und juristisch auf der sicheren Seite?

Dabei drohen Mittelständlern, die technisch wie juristisch nicht auf der sicheren Seite stehen, drakonische Geldstrafen: Die maximale Buße reicht bis zu 20 Millionen Euro oder bis zu vier Prozent des weltweit erzielten Gesamtumsatzes im vorherigen Geschäftsjahr. So besehen lohnt sich diesmal das Einbinden externer Berater, um das Gesetz der Europäischen Union zu befolgen. Der Staatenbund schreibt in 99 Regeln der DSGVO fest, wie personenbezogene Daten im Netz zu verarbeiten sind. Zwar scheinen IT-Fachleute und Anwälte wegen der späten Reaktion vieler Unternehmen derzeit hoffnungslos ausgebucht, aber in der Praxis soll es Ertappten zum Vorteil gereichen, wenn sie zumindest schon Maßnahmen eingeleitet haben.

Mehr Transparenz walten zu lassen und von Betroffenen die Einwilligung zur Verarbeitung ihrer Daten einzuholen – diese Forderung der EU-DSGVO klingt nicht nach Hexenwerk. Einige Vorteile müssten sogar das „Things to do"-Buch von Unternehmensführern füllen – veraltete Prozesse optimieren, mehr Vertrauen bei Kunden gewinnen oder effektives Marketing mit bereinigten Datenbeständen betreiben. Denn andernfalls stimmt, was der auf Online-Recht und digitale Transformation spezialisierte Rechtsanwalt Carsten Ulbricht im Interview für „w&v" rund um die DSGVO bemängelt: „eine ganze Menge gefährliches Halbwissen". Das lähmt allerdings.

Diese Medien- und Studienauswertung stammt von „return"-Chefredakteur Thorsten Garber

PRO

Irene Bertschek:
„Unternehmen erwarten hohe Umsetzungskosten"

© ZEW

Die Unternehmen der deutschen Informationswirtschaft – also IKT-Unternehmen sowie Medien- und wissensintensive Dienstleister – empfinden die Datenschutz-Grundverordnung (DSGVO) vor allem als organisatorische und personelle Belastung.

In diesem dienstleistungsintensiven Wirtschaftssektor spielen Daten eine große Rolle. Hier geht jeweils mehr als die Hälfe der Unternehmen davon aus, dass höhere Kosten für die Schulung von Beschäftigten beziehungsweise ein höherer Arbeitsaufwand auf sie zukommen, ergab eine repräsentative Umfrage des ZEW.

Fast jedes zweite Unternehmen erwartet zudem, dass Geschäftsprozesse durch die DSGVO komplizierter werden. Hingegen rechnet nur ein Bruchteil der Unternehmen, nämlich zehn Prozent, mit Wettbewerbsvorteilen für EU-Unternehmen auf internationalen Märkten. Gar nur fünf Prozent erwarten, dass sich die Verordnung positiv auf die eigene Geschäftsentwicklung auswirkt. Die Begeisterung hält sich also in Grenzen.

Vorteil durch Vertrauen

Auf kurze Sicht betrachtet ist dies verständlich, denn die Umsetzung der DSGVO erfordert, dass die Unternehmen ihren Umgang mit Daten anpassen oder neu organisieren. Allerdings könnte die DSGVO mittel- bis langfristig der deutschen und der europäischen Wirtschaft zum Vorteil gereichen. Nämlich dann, wenn dadurch das Vertrauen der Kundinnen und Kunden gestärkt wird und deutsche Produkte und Dienste gerade deshalb bevorzugt werden, weil man seine Daten in sicheren Händen weiß.

Prof. Irene Bertschek ist Leiterin des Forschungsbereichs Digitale Ökonomie am Zentrum für Europäische Wirtschaftsforschung (ZEW).

KONTRA

Andrea Voßhoff:
„Nicht der Datenschutz lähmt Unternehmen"

© Bundesregierung/Kugler

Einwände führen oft geringere Gewinne ins Feld: „Datenschutz bindet unnötig wertvolle Ressourcen in unseren Unternehmen und drückt damit aufs Geschäftsergebnis." Derartige Aussagen sind meines Erachtens so weitsichtig wie die Betrachtungsweise eines Lagerfeuers ausschließlich als potenzielle Ursache für einen Flächenbrand. Denn so wie ein Lagerfeuer dazu genutzt werden kann, um sich aufzuwärmen oder Marshmallows und Würstchen zu rösten, können Unternehmen den Datenschutz auch zu ihrem Vorteil nutzen.

Es ist zwar richtig, dass die DSGVO neue Herausforderungen für Unternehmen mit sich bringt. Allerdings erfindet sie zum einen den Datenschutz nicht neu; viele der in der Kritik stehenden Anforderungen existieren auch schon nach dem geltenden Recht. Zum anderen bietet die Auseinandersetzung mit dem Thema Datenschutz im Rahmen der DSGVO-Umstellung für viele Unternehmen auch die Chance, innovativ Datenschutz als Wettbewerbsvorteil für sich nutzbar zu machen.

Mehraufwand wird zum Mehrwert

Gerade in Zeiten von Daten-Skandalen wie bei Facebook wird die Nachfrage nach datenschutzfreundlichen Produkten und Dienstleistungen immer größer. Wenn es ein Unternehmen schafft, Datenschutz so einzusetzen, dass hieraus ein imageförderndes Qualitätsmerkmal entsteht, wird aus dem hierfür investierten Mehraufwand schnell ein echter Mehrwert. Es ist also nicht der Datenschutz, der Unternehmen lähmt, sondern vielmehr die fehlende Perspektive, ihn für sich nutzbar zu machen.

Andrea Voßhoff ist die Bundesbeauftragte für den Datenschutz und die Informationsfreiheit.

Präzise Hammerkraft

Wie digitale Werkzeug-Steuerung noch besser wird

Das maschinelle Oberflächenhämmern, kurz: MOH, bezeichnet das Werkzeugmaschinenlabor (WZL) der RWTH Aachen als „weitgehend unerforscht". Praktische Relevanz hat es allerdings längst. Denn mit dem computergesteuerten Verfahren helfen die Experten von Accurapuls schon seit 2012 dabei, unter anderem Werkzeuge für Karosserieteile belastbarer und maßhaltiger zu machen. Damit MOH-Potenziale noch besser ausgenutzt werden können, soll digitale Technik diese Art der Oberflächenbehandlung weiter optimieren. Das WZL aus Aachen und das Unternehmen aus Lippetal arbeiten dafür eng zusammen.

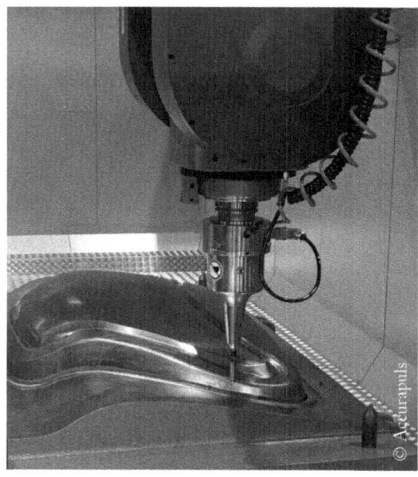

Die digital gesteuerten Hammerköpfe werden präzise entlang der Werkzeug-Oberflächen geführt.

Was der Automobilkunde stillschweigend erwartet, nämlich glatte, passgenaue Karosserieteile, ist in der Fertigung mit vielen Herausforderungen verbunden. Große teure Pressen mit ebenso aufwendigen Tiefzieh-Werkzeugen meistern enorme Anforderungen. Vor allem die Oberflächen solcher Werkzeuge müssen viel aushalten. Hier kommt Accurapuls ins Spiel: Die Werkzeugtechnikfirma produziert hoch frequent klopfende Hammerköpfe. Sie veredeln die Oberflächen zum Beispiel der erwähnten Tiefzieh-Werkzeuge. Das metallische Korn wird dadurch feiner, dichter und die Randzonen deutlich widerstandsfähiger.

Wissen über Wo und Wie jedes Werkzeug-Eingriffs

Was wie Hightech klingt, ist es auch: Die Köpfe müssen hoch präzise entlang der Oberflächen geführt werden. Das übernimmt die Steuerungssoftware, eine Accurapuls-Eigenentwicklung. Das Verfahren ist in seiner analogen Form seit Jahrhunderten im Einsatz: Das Dengeln von Sensen, welches sie härter und schärfer macht, beruht auf demselben Prinzip. Die Zukunft des „Mikrokaltschmiedens", wie MOH auch heißt, soll sogar noch digitaler als die Gegenwart werden. Denn im Verbundprojekt mit der RWTH ging es darum, die einzelnen Parameter beim Hämmern besser zu erfassen.

Peter Schenk, gemeinsam mit Christian Löcker geschäftsführender Gesellschafter bei Accurapuls, sagt: „In der Praxis, bei der Automobilindustrie, bewährt sich unser Verfahren im Alltag längst, weil wir dank der Software exakt wissen, wo welcher Eingriff am Werkzeug vorgenommen wird. Vor unserem System hat man zum Beispiel Tiefzieh-Werkzeuge für Kotflügel per Hand gefinisht und poliert. Da sind rechte und linke Versionen eben nicht geometrisch genau gleich."

Kein Wunder also, dass selbst große Autohersteller des Lobes voll für Accurapuls sind. „Einer unserer Kunden meinte gar, wenn man ein Beispiel für wirkliche Industrie 4.0 sucht, solle man zu uns kommen", berichtet Schenk.

Gleichwohl gehen er und Geschäftsführerkollege Löcker mit der Uni-Zusammenarbeit den digitalen Weg noch weiter. So erfassen Master- und Doktorarbeiten an der RWTH seit Sommer 2016 zusätzliche Kenngrößen des Mikrokaltschmiedens, beispielsweise die Hammerkraft, analysieren und klassifizieren parallel auch die Werkstoffqualitäten, die dabei herauskommen. Die Daten dazu werden über eine Cloud ausgetauscht. So bleibt das ohnehin schon innovative Verfahren am Puls der Zeit.

Daher sieht Schenk die aktuellen Turbulenzen der Automobilindustrie gelassen. Einerseits sei der Markt „modellgetrieben" – auch schadstoffärmere neue Modelle brauchen schließlich Blechteile, für die gute Werkzeuge benötigt werden. Andererseits bringen die deutlich kleineren, neuen und elektrischen Antriebseinheiten auch deutlich höhere und zudem abrupter wechselnde Belastungen mit sich. Weil die klassische Oberflächenbearbeitung ausgereizt sei, sehen Experten wie Robby Mannens vom Aachener Werkzeugmaschinenlabor hier viele neue Möglichkeiten für MOH. Geforscht wird deshalb weiter gern daran.

Armin Hingst arbeitet unter anderem als freier Journalist vor allem zu IT-Themen und zu vielfältigen Aspekten der digitalen Transformation.

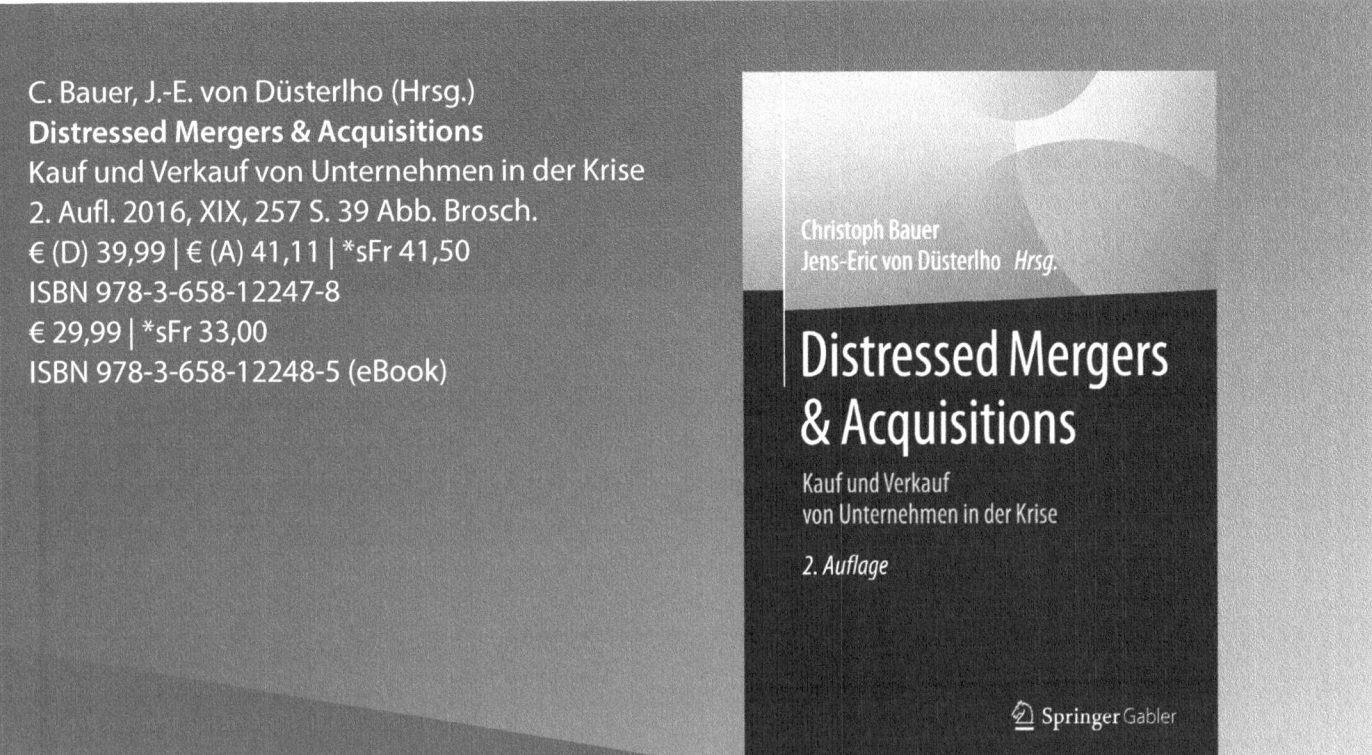

„Immer mehr Mittelständler entdecken Crowdlending"

Nicht nur Start-ups besorgen sich Kapital auf digitalem Weg, sondern zunehmend auch traditionelle Mittelständler. Christopher Gräz, CEO der Kapilendo AG, erklärt die Vorgehensweise von Crowd-Plattformen und deren Vorteile für etablierte Unternehmen.

Kapilendo vermittelt online Kredite für Unternehmen. Reicht ein gutes Verhältnis zur Hausbank nicht mehr aus?

Grätz: Ein gutes Verhältnis zur Hausbank ist richtig und wichtig. Der Anspruch von Online-Kapitalmarktplätzen wie Kapilendo ist nicht, die Banken zu ersetzen. Vielmehr geht es uns um ein ergänzendes Angebot und eine moderne Art der Unternehmensfinanzierung. Dabei sind alle Varianten möglich, vom klassischen Kredit über Nachrangdarlehen und Mezzanine-Kapital bis hin zum Eigenkapitalgeber. Der Unternehmer kann so seinen Finanzierungsmix erweitern und ist weniger abhängig von nur einer Bank. Jeder Finanzchef sollte Crowdlending als Finanzierungs-Option also zumindest kennen. Hinzukommt, dass die Banken viele Vorgaben einhalten müssen.

Welchen Unternehmen empfehlen Sie die Finanzierung durch die „Crowd"?

Eine Finanzierung per Crowdlending kommt für fast alle Unternehmen infrage – von der Wachstums- über die Investitions- und Betriebsmittelfinanzierung bis zur Produktionsvorfinanzierung. Einzig Kfz- und Immobilienfinanzierungen bietet Kapilendo nicht – das sind nicht unsere Geschäftsfelder.

Ist Crowdlending nur für Start-ups?

Absolut nicht. Das Modell hält verstärkt Einzug in den etablierten Mittelstandsmarkt. Die Unternehmen kommen immer häufiger aus traditionellen Branchen – von Spedition und Zahnarztpraxen über Anlagenbau bis Gastronomie. Wer bei uns finanziert, muss mindestens drei Jahre erfolgreich bestehen. Wir haben auch erste „Wiederholungstäter" unter unseren Kunden. Hertha BSC beispielsweise. Der Berliner Fußballverein hat zweimal Millionenprojekte über unseren Kreditmarktplatz finanziert.

Was hat ein Unternehmen davon, über Kapilendo zu finanzieren?

Neben einer diversifizierten Finanzierungsbasis bieten wir den Zugang zu einer breiten Öffentlichkeit. Ein Finanzierungsprojekt bei Kapilendo fungiert auch als Marketing-Aktion. Unsere Anleger sind bei Consumer-Produkten gleichzeitig potenzielle Kunden. Wenn sie von einem Projekt überzeugt sind und ihr Geld geben, haben sie auch Interesse daran, dass das Vorhaben gelingt. Dann gehen sie in dem Restaurant selbst Essen oder kaufen das Produkt. Umgekehrt beweisen Mittelständler durch digitale Finanzierung auch ihre Fähigkeit und Bereitschaft zur Innovation. Das ist ein gutes Argument bei Perso-

© Kapilendo AG

Christopher Grätz

Vorstandsvorsitzender der Kapilendo AG

nalmarketing und Recruiting. Den von uns gedrehten Unternehmensfilm können unsere Kunden zudem nutzen.

Wie läuft eine Finanzierungsrunde ab?

Zunächst werden die Zahlen des Unternehmens geprüft und die Zusage erteilt. Für die Präsentation der Finanzierungskampagne auf unserer Website erstellt unser Team alle wichtigen Informationen sowie das Drehbuch zum Unternehmensfilm. Gedreht wird an einem Tag vor Ort. In unserem Newsletter kündigen wir die Projekte vorab an, damit sich jeder interessierte Anleger vor dem Online-Start informieren kann. Abends um 18:30 Uhr beginnt dann der Finanzierungsprozess – und ist meist wenige Momente später abgeschlossen. Anschließend erhält das Unternehmen die Summe ausgezahlt und kann damit sein Vorhaben verwirklichen. Die Rückzahlung an die Anleger erfolgt im festgelegten Zeitrahmen.

„Digitale Finanzierung beweist Fähigkeit und Bereitschaft zur Innovation."
Christopher Grätz

Unternehmen legen ihre Zahlen ungern offen. Welche müssen sie bei Kapilendo einreichen?

Wir prüfen jedes Projekt genau, bevor wir es Anlegern anbieten, denn wir wollen seriös präsentieren. Wir brauchen von einem Unternehmen die letzten drei Jahresabschlüsse und eine BWA. Diese Unterlagen hat jeder auf Knopfdruck parat. Unternehmer können sie auch selbst online hochladen. Eine Rückmeldung, ob wir die Finanzierung übernehmen oder nicht, kommt innerhalb von drei Tagen. Wir verlangen keine dinglichen Sicherheiten. Grundsätzliche Bewertungsgrößen wie Eigenkapitalquote oder Verschuldungsgrad ermitteln wir aus den zur Verfügung gestellten Zahlen, veröffentlichen sie aber nicht. Die Anleger sehen auf unserer Plattform jeweils nur vier Zahlen: Gründungsjahr, Mitarbeiterzahl, Umsatz und Jahresergebnis.

Was kostet Ihre Finanzierung?

Unsere Gebühren sind völlig transparent und liegen bei ungefähr zwei

Prozent des Finanzierungsbetrags. Darin sind alle unsere Dienstleistungen enthalten: Für Finanzierungen ab 80.000 Euro drehen wir einen kurzen Unternehmensfilm, damit die potenziellen Anleger das Vorhaben verstehen und sich ein Bild vom Unternehmen und den entscheidenden Personen machen können. Wir bieten eine Art „Rundum-Sorglos-Paket" und kümmern uns auch um die Steuerbescheinigungen für jeden einzelnen Anleger.

Wer sind eigentlich die Anleger?

Den einen typischen Anleger gibt es nicht. Auf unserer Plattform sind institutionelle Investoren ebenso aktiv wie Privatleute. Darunter ist der 18-Jährige, der in möglichst viele Projekte 100 Euro investiert ebenso wie die 95-Jährige. Im Durchschnitt werden pro Projekt 1500 bis 2000 Euro investiert.

Wie ist denn der Markt für Crowdlending aktuell aufgeteilt?

In Deutschland gibt es aktuell etwa 140 Plattformen, die um Projekte und Kapitalgeber buhlen. Kapilendo hat bisher mehr 100 Finanzierungen umgesetzt. Als einer der Top-3-Anbieter von Unternehmensfinanzierungen in Deutschland haben wir eine starke Position erreicht. Der Crowdlending-Markt in den USA oder Großbritannien ist den Deutschen einige Jahre voraus – und daher gehen wir davon aus, dass er sich auch bei uns konsolidieren wird.

Konsolidierung? Der Crowdlending-Markt wächst in Deutschland doch gewaltig.

Stimmt. Im vergangenen Jahr ist Kapilendo dreistellig gewachsen. Das liegt vor allem daran, dass sich immer mehr etablierte Unternehmen der digitalen Finanzierung öffnen und erkennen, dass wir eine Finanzierung auch in den Bereichen bieten, die bei den Banken eher unbeliebt sind. Zum Beispiel der Aufbau eines digitalen Vertriebs. Hier fehlt der Bank oft die dingliche Sicherheit. Unsere digital-affinen Anleger verstehen solche Geschäftsmodelle und unterstützen Unternehmen gerne bei der Digitalisierung.

Unternehmensporträt

Die Kapilendo AG ist ein Full-Service-Anbieter für Unternehmensfinanzierungen. Etablierte Wachstumsunternehmen und kleine und mittelständische Unternehmen erhalten Zugang zu Nachrangkapital und klassischen Krediten durch private Anleger und Investoren. Das Fintech-Start-up mit Sitz in Berlin beschäftigt aktuell 35 Mitarbeiter.

Anleger entscheiden eigenständig, in welche Projekte sie ab 100 Euro investieren möchten.

Konditionen erhalten Unternehmer für Beiträge von 25.000 € bis 2.500.000 € bei Laufzeiten zwischen 12 und 60 Monaten mit erster Rückmeldung innerhalb von 48 Stunden.

Kontakt:
Kapilendo AG – Ihre Finanzierungsberater
Tel.: +49 (0)30 364 2857 70, E-Mail: unternehmen@kapilendo.de, www.kapilendo.de

Das richtige Profil für die Unternehmensfinanzierung zielt darauf, die Tilgung zeitlich zu strecken. Zusätzliche Bankpartner oder digitale Kreditplattformen reduzieren zum Beispiel die Abhängigkeiten.

Transformierte Tilgungsprofile

Die expansive Geldpolitik der EZB hat deutschen Mittelständlern attraktive Finanzierungsumfelder bereitet. Doch Veränderungen verlangen jetzt Anpassungen.

Deutsche Mittelständler, die auf hohen Beständen an liquiden Mitteln sitzen, jammern über die Niedrigzinspolitik der Europäischen Zentralbank (EZB) und drohende Negativzinsen. Dagegen profitierten Unternehmen, die zur Umsatz- und Wachstumsfinanzierung auf Kredite angewiesen sind, bislang meist von günstigen Bankkonditionen. Dies wird sich in den nächsten Monaten ändern, denn dann jammern beide Gruppen.

Die Negativzinsen bei der Geldanlage werden absehbar noch länger bleiben, die Kreditkonditionen drohen anzuziehen. Ein erster Grund für die Kreditverteuerung kommt aus der gesamtwirtschaftlichen Stimmungslage. Das zeigt sich im „Finanzierungsmonitor 2018", den der „digitale Mittelstandsfinanzierer" Creditshelf und die Technische Universität Darmstadt erhoben haben. Für die Studie wurden 200 Finanzentscheider aus mittelständischen Industrie-, Handels- und Dienstleistungsunternehmen befragt.

Danach erwartet ein Viertel der deutschen Mittelständler, dass die Konjunktur in Deutschland noch in diesem Jahr überhitzen wird. Knapp zwei Drittel der Unternehmen rechnen spätestens 2019 mit einem Ende des wirtschaftlichen Booms. Dabei glauben die Industriebetriebe noch eher an einen länger anhaltenden Aufschwung, während sich die Handelsunternehmen schon deutlich skeptischer zeigen. Mit der Eintrübung der wirtschaftlichen Stimmungslage geht auch der Anstieg für das wahrgenommene Kreditrisiko einher, das den Kreditzins langsam nach oben treibt.

Hinzu kommt aus Bankensicht die immer weiter wachsende Last der Regulierung, durch die nicht nur die Kosten der Kreditabwicklung steigen, sondern auch die Kosten der geforderten Eigenkapitalunterlegung für jeden Unternehmenskredit zunehmen. Diese Kosten werden auf den Kreditzins überwälzt – soweit es die Wettbewerbssituation erlaubt. Bankkredite werden also teurer; gerade für den Mittelstand, der keinen direkten Kapitalmarktzugang hat und nicht eine herausragende Bonität vorweisen kann. Aber es bleibt wohl nicht allein beim reinen Preiseffekt. Aus der letzten

„Die Negativzinsen werden bleiben, die Kreditkonditionen drohen anzuziehen."

Abschwungphase nach dem Ausbruch der globalen Finanzkrise ist vielen Unternehmen in Erinnerung geblieben, wie plötzlich Restriktionen einer allgemeinen Kreditklemme über sie hereinbrachen. Unabhängig von der Höhe des Kreditzinses waren viele Banken überhaupt nicht mehr bereit, Kreditengagements zu verlängern oder kurzfristige Überbrückungskredite bereitzustellen. Seither gilt das Ver-trauensverhältnis aus vielen gewachsenen Hausbankbeziehungen als zumindest erschüttert.

Wenn sich nun die nächste Rezession abzeichnet, gilt es, das Fremdkapital und die Kapitalstruktur mittelfristig krisenfest zu strukturieren. Dazu empfiehlt sich Diversifikation über die Zeit und über verschiedene Kreditgeber. In zeitlicher Hinsicht sollten Unternehmen darauf achten, dass nicht ihr gesamtes langfristiges Fremdkapital zu einem Zeitpunkt fällig wird und prolongiert werden muss.

Tilgungsprofile sollten so über die Zeit gestreckt werden, dass in kritischen Phasen jeweils möglichst nur ein kleiner Teil der gesamten Schulden refinanziert werden muss. Auch auf einen möglichen Ausschluss von vorzeitigen Kündigungsrechten durch die Bank sollte hierbei geachtet werden, damit das ursprüngliche Tilgungsprofil nicht in einer Krise zusammengeschoben werden kann und so das strukturierte Tilgungsgefüge aushebelt.

Kompakt

▶ Mit der konjunkturellen Abschwächung werden sich Kreditkonditionen für Mittelständler verschlechtern.
▶ Eine zeitliche Streckung von Tilgungsprofilen sollte jetzt angelegt werden.
▶ Weitere Bankverbindungen reduzieren die Abhängigkeit von der Hausbank.
▶ Digitale Kreditplattformen ermöglichen schnelle, unbesicherte Ergänzungen in der Kreditstruktur zu attraktiven Konditionen.

Offenheit gegenüber Online-Finanzierern

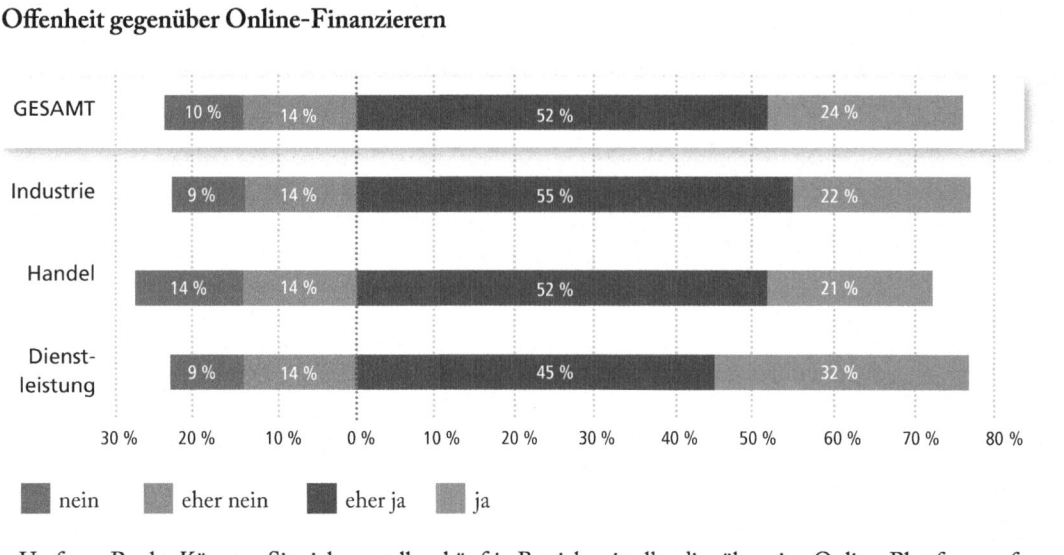

Quelle: Finanzierungsmonitor 2018, TU Darmstadt/Creditshelf

Umfrage-Punkt: Könnten Sie sich vorstellen, künftig Betriebsmittelkredite über eine Online-Plattform aufzunehmen, wenn das günstiger und unkomplizierter ist? *(Antworten der Unternehmen in Prozent)*

Drei von vier Mittelständlern erwägen, ihre Betriebsmittelkredite künftig über eine Online-Plattform abzuwickeln.

In einem zweiten Schritt sollte jeder Mittelständler darauf achten, neben seiner etablierten Hausbank weitere Kreditgeber ins Boot zu holen, um die Abhängigkeit von der Hausbank zu reduzieren. Dafür ist gegenwärtig ein (noch) guter Zeitpunkt, denn die Unternehmen können aktuell meist entspannt ohne kritische Finanzierungsnot in Gespräche mit neuen Kreditbanken gehen und dabei oft neue Finanzierungsbeziehungen zu attraktiven Konditionen aufbauen.

Hält die positive wirtschaftliche Entwicklung noch eine Zeit an, kann Reputation als zuverlässiger Kreditnehmer aufgebaut werden, die später dann vielleicht gebraucht wird. Denn sollte sich die Bonitätslage verschlechtern, ist die neue Bankbeziehung etabliert und belastbar.

Wer dagegen wartet, muss damit rechnen, in einer kritischeren Phase gar keine neue Bankverbindung aufbauen zu können, weil in der Not regelmäßig unterstellt wird, dass der Suche nach einer neuen Bankverbindung die Weigerung der Hausbank zur Weiterfinanzierung vorangegangen ist.

Die Kreditstruktur ist nicht nur durch neue Bankverbindungen jenseits der Hausbank zu ergänzen, die dann vor allem für langfristige Investitionskredite genutzt werden. Daneben werden künftig kurze Laufzeiten stärker ins Blickfeld von Unternehmen und Investoren rücken. Denn hier treffen technologische Innovationen auf ein bei Banken immer zurückhaltender bedientes Segment: den Betriebsmittelkredit.

Gerade zur Vorfinanzierung saisonaler Geschäftsmodelle, die in Krisenzeiten als besonders riskant erachtet werden, sind Betriebsmittelkredite notwendig und haben eine kurze Laufzeit von meist sechs bis acht Monaten. Sie sind unbesichert und damit teuer für Banken, da sie diese verstärkt

mit Eigenkapital unterlegen müssen. Da die kreditsuchenden Unternehmen Betriebsmittelkredite oft jährlich wiederkehrend brauchen, sind sie ein ideales Investmentprodukt für Fintechs oder digitale Finanzierungsplattformen (Peer-to-Peer-Kreditplattformen).

Dauerhafte Unabhängigkeit

Das Gesamtvolumen der Kredite ist in der Regel groß genug für die Mindestanlagesummen professioneller Investoren. Die kurze Laufzeit hält das Kreditrisiko in kalkulierbaren Grenzen. Angesichts des Interesses der Betriebe, sich eine dauerhafte Unabhängigkeit in der kurzfristigen Finanzierung aufzubauen, sollte die Nachfrage bei guten Kreditnehmern hoch sein. Auf der anderen Marktseite finden Investoren hier eine neue Anlageklasse zur Diversifikation.

Wenn Mittelständler noch freie Sicherheiten besitzen oder aber Banken noch Risikoappetit verspüren, werden die Unternehmen meist ihren Banken treu bleiben und über sie finanzieren. Andernfalls können die Unternehmen versuchen, einen Teil ihrer Betriebsmittelfinanzierung unbesichert bei institutionellen Investoren aufzunehmen – unabhängig von ihren Hausbanken. Da diese Investoren den gesamten Kreditbestand einer Firma prüfen, könnte das Verteilen der kurzfristigen Verbindlichkeiten auf andere Schultern ihnen helfen, fällige langfristige Kredite zu refinanzieren.

Tatsächlich erwägen drei von vier Mittelständlern, ihre Betriebsmittelkredite künftig über eine Online-Plattform abzuwickeln, wenn die neuen Anbieter günstiger und

Wunsch nach Kredit ohne Besicherung

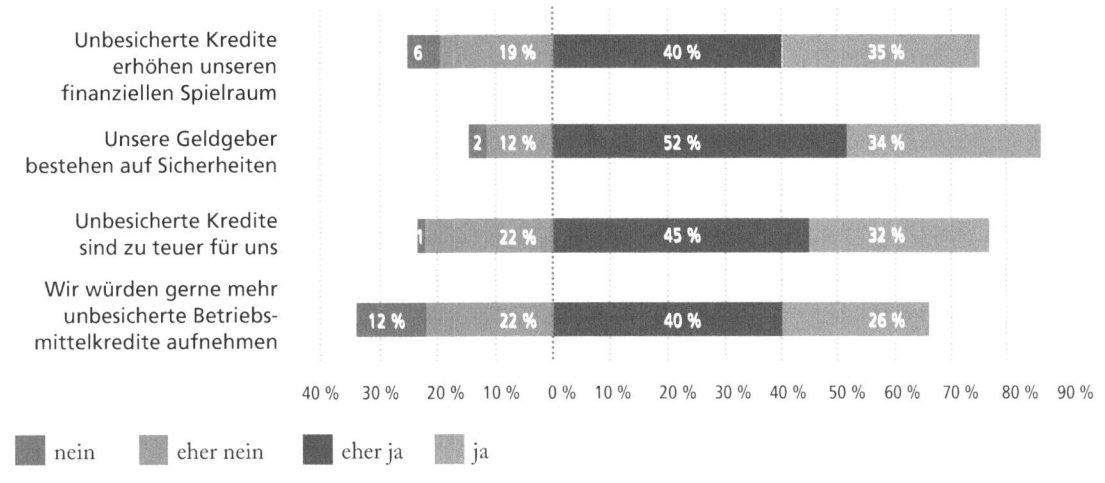

Umfrage-Punkt: Bitte nehmen Sie Stellung zu unbesicherten Betriebsmittelkrediten.
(Antworten der Unternehmen in Prozent)

Zwei von drei Unternehmen wünschen sich Kredite ohne Besicherung zur Finanzierung des laufenden Geschäfts.

unkomplizierter arbeiten als traditionelle Banken (siehe Grafik, linke Seite). Wichtige Wechselgründe sind dabei auch der Wunsch nach Aufrechterhaltung der Stabilität und eine schnelle Bereitstellung der Mittel.

Zwei von drei Unternehmen wünschen sich Kredite ohne Besicherung zur Finanzierung des laufenden Geschäfts (siehe Grafik, oben). Auch das ergab der „Finanzierungsmonitor 2018". Wenn Unternehmen eine Vorfinanzierung benötigen, dann meist sehr schnell: Bei den Betriebsmittelkrediten sind 87 Prozent auf die Finanzierungszusage innerhalb einer Monatsfrist angewiesen. 15 Prozent benötigen die Entscheidung regelmäßig sogar in höchstens einer Woche. Entsprechend ist die rasche Kreditzusage für 94 Prozent der Unternehmen ein wichtiges Kriterium. Das stellt die Banken mit ihren Abläufen, gesetzlich vorgeschriebenen Regularien und Dienstwegen vor erhebliche Herausforderungen – die sie nicht immer meistern können.

Wie arbeiten Finanzierungsplattformen wie Creditshelf? Der digitale Kreditmarktplatz vermittelt endfällige Kredite mit maximal zwölf Monaten Laufzeit an mittelständische Firmen und richtet sich nur an professionelle Akteure. Kreditnehmer sind Mittelständler mit einem Finanzierungsbedarf zwischen 100.000 und 2,5 Millionen Euro. Investoren sind Family Offices, Stiftungen und institutionelle Geldgeber wie Kreditfonds oder Unternehmen. Anders als beim Bankkredit müssen die Kreditnehmer keine Sicherheiten stellen und können so ihren finanziellen Spielraum erhöhen. Die Plattform prüft die Kreditrisiken in einem dreiteiligen Prozess: Sie holt eine Bewertung von externen Auskunfteien ein und führt eine eigene Kreditanalyse nach professionellen

Standards durch. Schließlich erhält der Investor eine qualitative Risikoeinschätzung mit Hinweis auf wesentliche Stärken und Herausforderungen des Kreditnehmers. Da die Plattform nicht die teuren Kostenstrukturen einer Bank hat, sind die Kredite für die Firmen deutlich günstiger.

Insbesondere bei Handels- und Industrieunternehmen kommt das gut an. „Keller Sports" beispielsweise, der in Europa zu den führenden Online-Shops für Sportbedarf zählt, konnte seine Lieferanten im Weihnachtsgeschäft über einen auf der Plattform vermittelten Kredit schnell bezahlen und den Skonto ausnutzen. Das hat ihm bei der Finanzierung Kostenvorteile in Höhe von 60 Prozent beschert.

Professionelle Kreditergänzung

Der Clou einer derartigen Finanzierung ist, dass sie den Bankkredit professionell ergänzt, statt mit diesem zu konkurrieren. Keller Sports etwa wurde sogar von seiner Hausbank auf die Möglichkeit zur unbesicherten Finanzierung über die digitale Plattform hingewiesen. Ergebnis ist also quasi eine „Win-win-win-Situation" – für den Kreditnehmer, seine Hausbank und den institutionellen Kreditgeber, der im Niedrigzinsumfeld nach Anlagen sucht.

Prof. Dirk Schiereck ist Leiter des Fachgebiets Unternehmensfinanzierung an der Technischen Universität (TU) Darmstadt und Beirat beim digitalen Mittelstandsfinanzierer Creditshelf GmbH.

„Strategische M&A-Aktivität hilft bei der Transformation"

Florian Bauer lehrt strategisches Management an der renommierten Lancaster University. Über seine mehrfach gekürten Forschungen zu Mergers & Acquisitions (M&A) spricht er im Interview.

Herr Professor Bauer, haben Sie in jüngster Vergangenheit einen beispielhaften M&A-Prozess beobachtet, der insbesondere Mittelständlern als Vorbild dienen könnte?

Florian Bauer: Ja, ich war sogar selbst bei einer solchen Akquisition dabei. Ein Mittelständler aus Norditalien hat für den technologisch motivierten Kauf einer Produktionsanlage zuvor viel darüber nachgedacht, gut geplant und vorbereitend viele Meetings abgehalten. Dabei hat das Unternehmen, das generell auf zahlreiche Zukäufe gesetzt hat, eine Reihe von Key Learnings gesammelt. Aber: Bei der nächsten Akquisition war über einen Unternehmenszukauf ein Marktzugang angestrebt, wofür man glaubte, den vorherigen Fall als Blaupause verwenden zu können. Und das ging schief.

Ist Ihnen auch noch ein prominenteres Beispiel in Erinnerung?

Doch, obwohl es schon länger her ist, war 2008 der Zukauf des Chipherstellers P.A. Semi durch Apple eine kluge Akquisition, denn genau diese Technologie hatte man in Cupertino gebraucht.

Unternehmen mit regelmäßiger M&A-Aktivität sehen Sie besser gerüstet, weil sie ihr Geschäftsmodell eher variieren können und damit eine höhere Überlebensrate mitbringen. Ist aktive M&A also Grundvoraussetzung für die erfolgreiche Transformation?

Nicht grundsätzlich. Aber ab einer gewissen Größe werden Unternehmen zu langsam. Dann ist M&A ein gutes Instrument, denn mit Akquisitionen kann man sich schnell weiterentwickeln. Das Spektrum zwischen organischem Wachstum und akquiriertem Wachstum hat eine Studie im vergangenen Jahr untersucht. Dazwischen gibt es viele Varianten. Mittelständler neigen zum Kauf von Netzwerkpartnern, die sie

„Die strategische Überlegung hinter der Akquisition ist entscheidend."

Florian Bauer

schon gut kennen. Also Zulieferer oder Vertriebspartner. Diese Übernahmen funktionieren gut, bringen aber zu wenig Veränderungen.

Verhilft mehr M&A-Aktivität nun zu mehr Transformation?

Strategische M&A hilft zumindest bei der Transformation. Viele Banken versuchen es damit derzeit. Sie wissen, unter welchem enormen Veränderungsdruck sie stehen, also kaufen sie zu. In Schweden haben Banken viele Fintech-Firmen gekauft und plattgemacht aus dem Trugschluss heraus, sie würden sich damit Wettbewerb vom Hals schaffen. Selbstverständlich kommt der nächste Fintech-Gründer bestimmt.

Ist mit der Kaufwut der überhitzte Markt zu erklären?

Die Bewertung von Start-ups halte ich zum Teil für abartig hoch. Wir sehen einen wahnsinnigen Hype. In Israel beobachten wir geradezu eine Kaufwut etwa auch in der Pharmabranche. Ja, der Markt ist ziemlich überhitzt.

Unberechtigt?

Nun, von 100 Start-ups bleiben nach drei Jahren nur noch wenige übrig. Das sagt einiges über das hohe Risiko solcher Käufe. Also gehe ich davon aus, dass den übernehmenden Firmen dies bewusst ist.

M&A spielt seit 120 Jahren in Forschung und Praxis eine zentrale Rolle. Aber zwischen 40 bis 60 Prozent der Übernahmen scheitern. Warum?

Rational erklärt die Wissenschaft schon vieles: Über große Strategiemodelle etwa können 50 Prozent der Erfolge und der Misserfolge erklärt werden, indem Faktoren identifiziert werden. Aber mit 50 Prozent erklärt man eben nur jeden zweiten Fall. Neben dem Rationalen spielt also das

Menschliche eine gewichtige Rolle. Mitunter kommen dabei völlig irrationale Entscheidungen zustande. Nehmen wir den mittelständischen Inhaber, der sich vorgenommen hat, im 60. Lebensjahr einen Umsatz von 250 Millionen Euro zu erzielen. So etwas gibt es! Mit der Integration des Zukaufs kann der Deal dann ganz schnell zerstört werden. Oder ein Unternehmen scheucht ungewollt den Wettbewerb auf, sodass es nach der Übernahme zur Zielscheibe wird.

Objektive Bewertungen zum M&A-Erfolg müssten nach 120 Jahren doch möglich sein.
Dazu müsste klar definiert sein, was genau unter M&A-Erfolg fällt. Der ROI? (Return on Investment, Anm. d. Red.) Die erreichte Reduzierung von Kapazität? Das Maß an Technologie-Zuwachs? Die Bedeutung des zugewonnenen Marktzugangs?

Ihr Berechnungsergebnis, dass zwischen 70 bis 90 Prozent der untersuchten M&A-Fälle keinen Wert schaffen, klingt schon schlimm. Was machen Unternehmen falsch?
Zu viele Unternehmen versuchen offensichtlich, die M&A-Umsetzung nach dem immer gleichen Muster durchzuziehen. Für die operative Integration ist das in den meisten Fällen falsch. Und es zerstört Wert. Technologiegetrieben Akquisitionen muss man beispielsweise sich in Ruhe entwickeln lassen, um die Wertquelle vernünftig zu nutzen. Sie sind in den ersten ein, zwei Jahren sogar zu beschützen! Unternehmensprozesse und -kulturen, die intensiv Innovationen hervorbringen, sind nicht schleunigst zu integrieren.

Gibt es Berechnungen zu den Schäden?
Wenige konkrete, aber zumindest Hochrechnungen. Danach liegen die gescheiterten M&A-Fälle bei 40 bis 60 Prozent. Das bekannte globale Transaktionsvolumen entspricht dem Bruttoinlandsprodukt (BIP) von Deutschland. Angesichts der Scheiterquote ergibt sich daraus eine Vernichtung in einer Größenordnung des BIP von Indien. Oder, anders gerechnet, sechsmal die Staatsverschuldung Griechenlands. Ich weiß, das ist sehr provokant gesprochen, aber allein für den M&A-Prozess von Daimler-Chrysler gehen Berechnungen davon aus, dass 30 Milliarden US-Dollar vernichtet wurden. Bildhaft gesprochen entspricht das einem 30 Kilometer hohen Stapel aus 100-Dollar-Scheinen mit einem Gewicht von 306 Tonnen, die in 13 Sattelzüge passen. Irre, oder?!

Allerdings, aber gibt es keinen Hoffungsschimmer?
Doch, laut Studie von Clayton Christensen gelingen Akquisitionen grundsätzlich vor allem dann, wenn mit ihnen gezielt ein Geschäftsmodell gestärkt oder hinzugekauft werden soll.

Übernahmen führen nicht überwiegend große Konzerne, sondern zu 86 Prozent die Mittelständler in der D-A-CH-

Florian Bauer wechselte jüngst von der Universität Innsbruck in Österreich als Professor für Strategy, Entrepreneurship & Innovation zur renommierten Lancaster Universiy Management School in Großbritannien. Seine Forschungsarbeiten zu Mergers & Acquisitions (M&A) wurden mehrfach ausgezeichnet.

© Florian Bauer

Region durch. Wie stehen die KMU-Akteure im internationalen Vergleich da, was die professionelle, nachhaltige und langfristige M&A angeht?

Ganz gut. Genau diese mittelständischen Unternehmen sind nämlich meist in Familienhand, werden professionell geführt und verhalten sich auch in M&A ziemlich professionell. Bei ihnen stecken meist gute Überlegungen hinter dem Zukauf. Und sie gehen ungern zu großen Beratungen oder Kanzleien, sondern lieber zum vertrauten Steuerberater. Das klingt zunächst seltsam, aber damit funktioniert es! Bei schlechten Vorüberlegungen nützt auch die beste Investmentbank nichts. M&A-Boutiquen verdienen viel Geld am Abschluss, das System ist also sehr orientiert am Abschluss. Die Wertsteigerung wäre eigentlich die bessere Bewertung der Beratung.

Mittelstandspräsident Mario Ohoven sagt in Deutschland für die nächsten vier Jahre die Übergabe in 150.000 kleinen und mittleren Unternehmen voraus. Wie relevant ist M&A als Alternative zur eigenen Nachfolgeregelung?

Höchst relevant. Viele Unternehmen finden schlicht keine Nachfolger. Dort, wo kein Nachfolger zur Verfügung steht, ist das Unternehmen ein potenzieller Übernahme-Kandidat. Unternehmern fällt es aber sehr schwer, ihr Lebenswerk abzugeben. Hier sehe ich einen ungeheuren Bedarf an Beratung. Und zwar zu folgenden Fragen: Wie bereite ich mich rechtzeitig richtig vor? Wie schmücke ich die Braut schön? Muss die Firma ihren Namen behalten? Wie schaffe ich Sicherheit für meine Mitarbeiter? Ich rate jedem übergebenden Unternehmer allein schon wegen der Emotionen, sich früh Gedanken über diese entscheidenden Zukunftsfragen zu machen.

Was kann der Unternehmer selbst tun, außer sich professionelle Berater zu suchen?

Andere Mittelständler direkt ansprechen, die als Übernahme-Kandidaten infrage kommen. Umgekehrt sollten Unternehmer als potenzielle Käufer bitte Due Diligence, also die sorgfältige Prüfung und Analyse des zu übernehmenden Unternehmens, sehr ernst nehmen. Dann ist der Abschluss auch über einen Steuerberater abzuwickeln. Die strategische Überlegung hinter der Akquisition ist also entscheidend. Ich habe vor einigen Jahren mal einen Anruf aus einer 20.000-Mitarbeiter-Firma erhalten, die Zukäufe tätigen wollte, nur weil sie genügend Cash auf der Kante hatte. Einen strategischen Grund konnte mir das Management zu dem Zeitpunkt nicht nennen. Glücklicherweise kam es zur Vollbremsung. Wir haben dann zunächst im Strategie-Workshop eine Akquisitionslogik erarbeitet. Dabei stellte sich heraus: Das Unternehmen war gut beraten, M&A nicht nur in einzelnen Projekten zu denken.

Eingangstor zum anerkannten Wissenshort im Nordwesten Großbritanniens, wo bald ein M&A-Forschungszentrum eröffnet.

Top-Titel und -Köpfe der Campus-Uni

Die Lancaster University Management School, gegründet 1964, gilt als renommierte öffentliche Campus-Hochschule mit mehr als 12.000 Studenten. Die Forschungs- und Bildungseinrichtung nördlich von Liverpool und Manchester gehört zu den wenigen, die als „Quadruple-accredited word-ranked" anerkannt ist. Die „Sunday Times" kürt Lancaster zur „University of the year", in „Corporate Strategy" steht die Universität laut „Financial Times" für die globale Nummer eins vor Harvard. Zu den zahlreichen anerkannten Wissenschaftlern gehört Stephen Taylor, Professor für Finanzen und weltweit führender Wissenschaftler für Wirtschaftsmathematik, zu den bekannten Absolventen zählt etwa Antony Burgmans, Chairman des Unilever-Konzerns.

www.lancaster.ac.uk

Die Mittelstandsallianz im Bundesverband mittelständische Wirtschaft hat jüngst als neuen Partner den Bundesverband M&A ins Boot geholt. Ein Zeichen für Nachholbedarf im Kompetenzaufbau?

Im Durchschnitt ist sicher noch mehr Kompetenz aufzubauen. Zumal es für Mittelständler unter einer bestimmten Größe sich nicht lohnt, einen eigene M&A-Abteilung zu betreiben. Der Bundesverband kann als Wissensträger durchaus mit seinen KMU-Mitgliedern zu einem professionellen Austausch dazukommen. Selbstverständlich gibt es dazu auch andere Plattformen für Mittelständler.

⬇ Mehr unter www.springerprofessional.de

Das Interview mit dem M&A-Experten führte „return"-Chefredakteur Thorsten Garber.

Keine schädliche Beihilfe

Warum der Sanierungsertrag steuerfrei zu stellen ist

Darf die Steuerpflicht auch bei Sanierungsgewinnen greifen, die dadurch entstehen, dass Gläubiger auf Forderungen verzichten?

Werden einem sanierungsbedürftigen Unternehmen Forderungen durch die Gläubiger erlassen, so entsteht daraus steuerrechtlich ein Sanierungsertrag. Dabei handelt es sich jedoch lediglich um einen Buchgewinn aufgrund des Untergangs der gegen das Unternehmen gerichteten Forderungen, der mit keinem Liquiditätszufluss verbunden ist. Die Steuerpflicht eines solchen Sanierungsgewinns würde die Liquidität des betroffenen Unternehmens erneut belasten und müsste gegebenenfalls über eine zusätzliche neue Mittelzuführung finanziert werden.

Da die Steuerpflicht von Sanierungsgewinnen die angestrebte Gesundung des Unternehmens behindern oder sogar konterkarieren kann, ist es sachgerecht, den Sanierungsertrag insoweit steuerfrei zu stellen, wie er vorhandene Verlustvorträge und Verlustverrechnungsmöglichkeiten übersteigt. Der Staat verhält sich hier nicht anders als die übrigen Gläubiger, die im Interesse der langfristigen Fortführung des Unternehmens auf eigene Ansprüche verzichten.

Bis 1998 waren Sanierungsgewinne nach § 3 Nr. 66 Einkommensteuergesetz (EStG) steuerfrei. Nach der Einführung des unbegrenzten Verlustvortrags wurde die entsprechende Vorschrift gestrichen, da in der Steuerfreiheit des Sanierungsgewinns bei gleichzeitig möglichem Vortrag der Verluste auf zukünftige Veranlagungszeiträume eine Doppelbegünstigung gesehen wurde. In der Folge ist trotz zeitlich unbegrenzten Verlustvortrags die Möglichkeit der Verlustverrechnung allerdings durch verschiedene Maßnahmen stark eingeschränkt worden. Um Härtefälle zu vermeiden,

hat die Finanzverwaltung mit dem sogenannten Sanierungserlass vom 27. März 2003 die Voraussetzungen festgelegt, unter denen im Billigkeitsweg ein Erlass der Steuern auf entstandene Sanierungsgewinne gewährt werden konnte, wenn alle Verlustverrechnungsmöglichkeiten ausgeschöpft waren und noch ein steuerpflichtiger Gewinn übrig blieb.

Nachdem der Bundesfinanzhof diese Verwaltungsanweisung als nicht mit dem Gesetzesvorbehalt vereinbar abgelehnt hat, reagierte der Gesetzgeber schnell. Er führte einen neuen § 3a EStG mit parallelen Regelungen für das Körperschaftsteuer- und das Gewerbesteuergesetz durch das Gesetz gegen schädliche Steuerpraktiken im Zusammenhang mit Rechteüberlassungen ein. Das Inkrafttreten dieser Steuerfreistellung steht jedoch unter dem Vorbehalt, dass sie keine europarechtlich unzulässige staatliche Beihilfe darstellt. Die EU-Kommission hat sich dazu bisher noch nicht geäußert.

Schutz für neue Finanzierungen

Im Richtlinienentwurf der EU-Kommission zur präventiven Restrukturierung sind verschiedene Aussagen zum Schutz für neue Finanzierungen enthalten. Nicht angesprochen werden jedoch die steuerlichen Folgen aus einem Forderungserlass durch die Gläubiger. Auch wenn die EU nicht für die direkten Steuern zuständig ist, muss dieser Frage Beachtung geschenkt werden, damit die steuerlichen Aspekte nicht die mit dem Richtlinienentwurf verfolgten Ziele behindern.

Wir regen daher eine zeitnahe Klarstellung der Europäischen Kommission an, wonach die Steuerfreistellung eines Sanierungsgewinns aus einem Schuldenerlass im Rahmen einer (vor-)insolvenzlichen Restrukturierung keine schädliche Beihilfe darstellt. Damit würde dann auch § 3a EStG anwendbar mit dem Ergebnis, dass die steuerliche Behandlung von Sanierungsgewinnen in Deutschland nach 20 Jahren endlich wieder gesetzlich festgeschrieben wäre.

Dr. Raoul Riedlinger ist Präsident sowohl der Bundessteuerberaterkammer als auch der Steuerberaterkammer Südbaden. Er arbeitet als Steuerberater, Rechtsanwalt und Wirtschaftsprüfer in Freiburg im Breisgau.

Balance im Dreiklang

Unternehmenslenker geben in Sanierungen den Takt vor wie Dirigenten beim Orchester. Sie setzen auf Werttreiber, entwickeln Strategien, sorgen für Cashflow und stabilisieren die Finanzierung.

Laut Bundesgerichtshof ist klar, was eine erfolgreiche Sanierung ausmacht: Maßnahmen, die das Unternehmen durchgreifend und nachhaltig sanieren, gewährleistete Wettbewerbsfähigkeit, branchenübliche Rendite und Durchfinanzierung. Von juristischen Formulierungen losgelöst oder von den Vorgaben des Instituts für Wirtschaftsprüfer abgesehen ist ein Unternehmen aus unserer Sicht zukunftsfähig, wenn ein Dreiklang besteht. Erstens: Das Unternehmen hat eine strategische Perspektive und bietet seinen Kunden Leistungen mit überlegenem Nutzen. Zweitens: Es verfügt deshalb über ausreichend Cashflow, da dieses Angebot von Kunden honoriert wird. Drittens: Es hat eine stabile Finanzierung. Für alle drei Kompositionen stets in der Pflicht ist das Management. Denn es agiert quasi am Dirigentenpult, wenn es darum geht, das Unternehmen im Dreiklang zu führen. Dafür sollten Sanierungsansätze im ersten Schritt identifiziert werden – und zwar anhand folgender Krisen-Typisierung.

Der klassische Verluste-Macher: In allen Strukturen und Prozessen hat sich Schlendrian breitgemacht, das Unternehmen ist mental „satt und zufrieden". Doch in den Büchern sieht es anders aus. Hier greifen alle klassischen Instrumente der leistungswirtschaftlichen Sanierung: Varianten reduzieren, Organisation straffen, Personal abbauen, Produktion in Fluss bringen, Restrukturierungskosten durch Bestandsabbau finanzieren, Konditionen kundenseitig verbessern, Preise und Lieferantenmix optimieren und Kunden selektieren. Kann das dafür notwendige Geld aus Beständen und sonstigen Reserven geschöpft werden, läuft die Sanierung ohne Probleme über die Bühne. Doch das Management muss die durchgängige und tiefgreifende Umsetzung dieser Maßnahmen möglich machen. Viel zu häufig werden wichtige Entscheidungen wie beim Pingpong zwischen Gesellschafter und Management hin- und hergespielt. Die Folge ist lähmende Entscheidungslosigkeit.

Der Altlasten-Träger: Weniger bekannt, aber in der Praxis dafür umso häufiger sind Unternehmen, die einen Altlasten-Rucksack mit sich herumtragen: Verlustgeschäfte der Vergangenheit, bilanzielle Auswirkungen von Einzelereignissen, ungünstige vertragliche Bindungen oder auch Pensionsrückstellungen. Dadurch werden strategische Perspektiven nicht wahrgenommen, Neufinanzierungen erschwert, Cashflow-Potenziale aktueller Geschäfte nicht ausgeschöpft und meist nur das Nötigste investiert. Sind auch kapitalseitig Altlasten zu finden, wird eine Sanierung ohne bilanzielle Bereinigung unmöglich. Häufig ist die Eigenverwaltung das probateste Mittel, um die Rucksäcke loszuwerden, aus vertraglichen Verpflichtungen herauszukommen und damit der Sanierung eine zukunftsorientierte Entwicklung zu geben.

Der verschlafene Low Performer: der Spezialfall unter den Sanierungsfällen. Ehemalige High Performer mit guter Substanz und Marktposition, die aber Marktanteilsverluste, Mengen- und Erlösrückgänge und damit einhergehend Ineffizienzen und Strukturkostenprobleme hinnehmen, statt Gegenmaßnahmen zu ergreifen. Ausgaben werden zurückgestellt, das Sortiment wird immer breiter, Variantenpunkte rutschen immer tiefer in die Wertschöpfung. Alle bemühen sich um Einzelthemen, aber der Gesamtzusammenhang wird schlicht übersehen. Echte Weichenstellungen bleiben aus. Diese Sanierung ist am schwierigsten, denn alle sind überzeugt, das Richtige zu tun. Das Unternehmen blutet sowohl geistig wie materiell aus. Assets werden für Investoren und Dritte unattraktiv. Der Gesellschafter muss verstehen, dass sein Lebenswerk nur durch Veränderung eine Zukunft hat, dass alte Zöpfe abgeschnitten werden müssen. Mut und Ideen für neue Wege sind gefragt. Vertrauen in neue Begleiter, und nicht in jahrzehntelange Wegbegleiter, ist gefragt.

Die Beseitigung der Ursachen erfordert Transparenz, Klarheit und Konsequenz seitens des Managements. Egal, um welchen Typ von Krise es sich handelt. Dafür muss zuerst ein Zielbild entwickelt werden, also die strategische Perspektive, die aufzeigt, wie das Unternehmen nach der Sanierung aussehen soll und muss. Dieses Leitbild des sanierten Unternehmens muss sich ohne Tabus hart an Markt und Wettbewerb orientieren. Im zweiten Schritt sind kritische Fragen zu

> „Es zählen Gesellschafter, die um die Veränderungen wissen und wie Investoren agieren."

Professionelle Lenker setzen für Zukunftsfähigkeit auf die Balance des Dreiklangs im Unternehmen und zudem konsequent auf Werttreiber auch in der Sanierung. Sie nehmen ihre Mitarbeiter mit und ruhen sich nicht auf alten Erfolgen aus.

beantworten: Wie genau kommt das Unternehmen dorthin? Was kostet dieser Weg? Wie gelingt die Finanzierung?

Die Antworten könnten unangenehm sein. Etwa wenn das Ziel nicht erreichbar ist oder mangels neuer Gesellschafter das Eigenkapital fehlt. Manchmal reichen indes die Substanz im Working Capital und das nicht betriebsnotwendige Vermögen aus, um den Turnaround aus eigener Kraft zu stemmen. Gelingt es den Entscheidern auf Ebene der Gesellschafter und des Managements, neues Vertrauen zu schaffen, wird die Belegschaft mit am Strang ziehen. Dafür ist jedoch alles Notwendige, auch Unschönes, klar und deutlich zu kommunizieren und alle Mitarbeiter einzubinden.

Cashflow als Lebenselixier

Der Cashflow führt oft ein Schattendasein. Dabei ist er das Lebenselixier jedes Unternehmens. Er bestimmt die Bonität und damit die Möglichkeit, auch Kredite aufzunehmen. Durch ihn können neue Geschäfte aufgebaut und Dinge vorangetrieben werden, die nicht mit Fremdkapital finanziert werden können. Cashflow entsteht in erster Linie, wenn der Kunde durch die Angebote eines Unternehmens einen hohen Nutzen erlebt. Diese Leistungen sind intern sehr effektiv und produktiv umzusetzen. Der Schlüssel zum Erfolg im Cashflow ergibt sich aus individualisierbaren Leistungen mithilfe von Standardbausteinen und -prozessen. Variantenvielfalt und Komplexität sind passé.

Unternehmen, die sich mittels Sanierung zukunftsfähig positionieren wollen, stehen vor einer großen Herausforderung: die Finanzierung der Sanierung selbst und der Aufbau der dazu vernünftigen Finanzierungsstruktur. Denn die (Ausfall-)Risiken eines Kredites werden künftig parallel unter verschiedenen Gesichtspunkten bewertet, Zusatzkosten errechnet und ein risikoadäquater Mindestzinssatz ermittelt. Banken müssen dabei Risikokredite bilanziell direkt mit dem Eigenkapital saldieren – ohne Gewinn- und Steuerminderung in der Gewinn-und-Verlust-Rechnung. Eigenkapital und Erträge werden also vernichtet. Kurzum: Der Spielraum der Banken zur Finanzierung von Sorgenfällen geht gegen null. Echte leistungswirtschaftliche Sanierungen sind unter Bankenbegleitung nur noch möglich, wenn sie mit der Entschuldung und der signifikanten Risikosenkung der Finanzierer verbunden sind – in möglichst kurzem Zeitraum.

Für den Mittelstand mit hoher Fremdfinanzierung durch Banken bedeutet das vor allem die Entschuldung innerhalb der Sanierung. Das Risiko der Banken ist zu reduzieren, das Unternehmen zu konsolidieren. Erst danach folgt die leistungswirtschaftliche Sanierung, die Weiterentwicklung des Geschäftsmodells und der Strategie durch frisches Geld, durch Eigenkapital und durch neue Finanzierungsstrukturen. Liquidität ist in den Märkten vorhanden. Es stellt sich nur die Frage, ob sie vom Alt-Gesellschafter, einem Investor oder von einem Fremdkapitalgeber kommt. Es kommt also auf das Management an, das Unternehmen voranzubringen, sich durchzusetzen und seine Mitarbeiter mitzunehmen, und damit auf Unternehmenslenker, die in der Sanierung konsequent auf Werttreiber setzen und sich nicht auf vergangenen Erfolgen ausruhen. Und es zählen Gesellschafter, die um die Veränderungen bei Kapitalgebern wissen und eher wie Investoren agieren. Sie halten ausreichend Liquidität außerhalb des Unternehmens.

Dr. Volkhard Emmrich ist Managing Partner der Unternehmensberatung Dr. Wieselhuber & Partner in München.

Stufenplan statt Rosenkrieg
Risiken für Umsätze durch interne Konflikte

Statt auf die Wahl der Waffen sollten Konfliktparteien besser auf Win-win-Lösungen setzen, um auf beiden Seiten große Schäden zu verhindern.

Arbeitnehmer und Arbeitgeber stehen sich vor Gericht gegenüber und fragen sich, wie es plötzlich so weit kommen konnte. Eine Kumulation solcher Fälle bis hin zum Stillstand ganzer Abteilungen kann einen Risiko- und Kostenfaktor darstellen. Schon Gerichtskosten, Abfindungszahlungen, Arbeitnehmersuche oder Produktionsstillstand können zu erheblichen Umsatzverlusten führen. Und dabei ist der Imageverlust noch nicht berücksichtigt, der sich ebenfalls negativ auf den Umsatz auswirken kann.

Konflikte beruhen fast immer auf Missverständnissen, meist aufgrund mangelnder oder fehlerhafter Kommunikation über einen längeren Zeitraum. Je früher man solche Konflikte erkennt, desto größer sind die Chancen, diese erfolgreich zu lösen. Dies veranschaulicht das bekannte Neun-Stufen-Modell der Konflikt-Eskalation des österreichischen Organisationsberaters und Konfliktforschers Friedrich Glasl. Das Modell unterteilt einen Konflikt in neun Eskalationsstufen auf drei Ebenen:

- ▶ Erste Ebene: 1. Spannung, 2. Debatte/Polemik, 3. Taten statt Worte;
- ▶ Zweite Ebene: 4. Bilden von Koalitionen, 5. Gesichtsverlust, 6. Drohungen;
- ▶ Dritte Ebene: 7. Begrenzte Vernichtungsschläge, 8. Zersplitterung, 9. Gemeinsam in den Abgrund.

Konflikte der Eskalationsstufen 1 bis 3 sind am einfachsten zu lösen: durch ein klärendes Gespräch oder auch durch Zuhilfenahme eines Vermittlers oder Mediators. Auf dieser Stufe ist eine Win-win-Situation möglich. Dies bedeutet, dass beide Parteien mit der Lösung zufrieden sind. Ab der vierten Eskalationsstufe benötigen die Betroffenen von außen Unterstützung zur Lösung des Konflikts. Die Einschaltung eines Mediators ist ratsam. Hier kann es allerdings zu „Win-lose-Ergebnissen" und damit negativen Erlebnissen kommen. Eine Partei ist dabei zufriedener als die andere. Die Lösung wird aber von beiden Seiten akzeptiert. Eine Zusammenarbeit ist wieder möglich.

Auf den Eskalationsstufen 7 bis 9 kann eine Mediation meistens nicht mehr weiterhelfen. Hier haben sich die Fronten so verhärtet, dass keine oder keine konstruktive Kommunikation zwischen den Parteien mehr möglich ist. Den Konflikt kann nur noch ein Machteingriff von oben oder außen – also etwa durch Entscheidung einer Führungskraft oder eines Gerichts. Allerdings führt dies meist in „Lose-lose-Lagen" mit Ergebnissen, mit denen beide Parteien unzufrieden sind, sich aber daran zu halten haben. Gerade für Führungskräfte ist es daher wichtig, Konflikte und Eskalationsstufe frühzeitig zu erkennen, die richtigen Gegenmaßnahmen zu kennen und rechtzeitig die Deeskalation einzuleiten. Denn die Energie zur Erhaltung der Arbeitsfähigkeit, die aufgebracht werden muss, steigt pro Eskalationsstufe proportional an. Fazit: Es gilt, Konflikte frühzeitig zu erkennen und so früh wie möglich mit der richtigen Methode einzuschreiten.

Bis an den Abgrund im Ehekrieg-Klassiker

Anschaulich wird das im Film „Der Rosenkrieg" von Regisseur Danny DeVito mit Michael Douglas und Kathleen Turner. Als Ehepaar streben zunächst beide eine gütliche Einigung an. Gespräche führen jedoch zur Verhärtung des Konflikts, gefolgt von gegenseitigen „Vernichtungsschlägen", die dem anderen nur noch schaden sollen. Konfliktlösung passé (Eskalationsstufe 7)! Wenn das Paar in der Schlussszene über zerstörter Haus-Einrichtung gemeinsam am Kronleuchter hängt und schließlich in den Abgrund stürzt, ist Eskalationsstufe 9 erreicht: „lose-lose".

Caroline Pluta, Fachanwältin für Arbeitsrecht und Mediatorin, ist bei der Pluta Rechtsanwalts GmbH für die Schwerpunkte Datenschutz, Compliance und Arbeitsrecht zuständig.

Wissensquiz für Entscheider

Sachgebiet: Ansprüche wegen Verstoß gegen Zahlungsverbot

1 Der Geschäftsbetrieb der A-GmbH, ein Unternehmen aus dem Baugewerbe, befindet sich in einer angespannten Lage. In den vergangenen zwölf Monaten haben die Geschäftsführung und die jeweils zuständigen Bauleiter einige Projekte der beiden größten Kunden grundlegend falsch berechnet. Diese wurden mit einem negativen Gesamtergebnis abgeschlossen. Wegen der hohen Verluste, die drohen, konnten kleinere Bauvorhaben mit defizitären Leistungsbilanzen aufgrund von Fehlkalkulationen im üblichen Rahmen nicht mehr kompensiert werden. Zudem sind einige der laufenden Baustellen mit hohen Nachtragsforderungen gegenüber dem jeweiligen Auftraggeber belastet.

Der entstandene Liquiditätsengpass führt zum Verlust von Flexibilität in einem stark von konjunkturellen Einflüssen abhängenden Geschäft. Zu allem Überfluss meldet sich just in diesem Moment mit der B-GmbH ein früherer Geschäftspartner, mit dem schon länger eine von Streitigkeiten belastete Beziehung besteht. Aus einem gemeinsamen Bauprojekt verlangt dieser 200.000 Euro. Die A-GmbH sieht für diesen Anspruch keine Berechtigung. Sie macht dagegen aus der Schlussrechnung eines gemeinsamen Bauvorhabens noch 150.000 Euro geltend. Doch die Geschäftsführung der B-GmbH geht robust vor und stellt Insolvenzantrag gegen die A-GmbH.

Diverse Rechnungen schon beglichen

Zwischenzeitlich hat die Geschäftsführung der A-GmbH im Wege von Überweisungen oder Verrechnungen mit Gegenforderungen über den Verlauf des normalen Geschäftsbetriebs diverse Rechnungen von anderen Zulieferern und Subunternehmern beglichen. Die Geschäftsführer der A-GmbH machen sich nun Sorgen, dass der (vorläufige) Insolvenzverwalter des Eröffnungsverfahrens und des anschließend eröffneten Insolvenzverfahrens die Vorgänge vor dem Insolvenzantrag prüfen und sie persönlich auf Ersatz der geleisteten Zahlungen in Anspruch nehmen könnte. Insbesondere sorgen sie sich wegen der Dokumentation innerhalb des Unternehmens, hier vor allem bezüglich der Buchhaltung der Schuldnerin. Sie haben in den Wochen vor Insolvenzantragstellung keinen Liquiditätsstatus erstellt, da man mit dem Versuch der Konsolidierung im laufenden Tagesgeschäft ausreichend beschäftigt war.

2 Die Geschäftsführung hat mit Beginn der sich abzeichnenden Krise schon regelmäßig einen Liquiditätsstatus erstellen lassen – anfangs wochenweise, mit stärkeren Krisenzeichen auch tageweise. Sie kann dies dokumentieren unter anderem anhand der frühzeitigen Einbindung eines Insolvenzexperten. Damit ist belegt, dass vor und zur Zeit des Insolvenzantrags noch keine Zahlungsunfähigkeit gegeben war. Zudem kann die Unternehmensführung über ein rechtzeitig in Auftrag gegebenes Gutachten zur Forderung der B-GmbH nachweisen, dass sie berechtigte Zweifel dazu vorbringen kann.

Sind die Sorgen der Geschäftsführung der A-GmbH, der (vorläufige) Insolvenzverwalter könnte sie eventuell persönlich wegen Verstoß gegen das Zahlungsverbot gemäß § 64 GmbHG in Anspruch nehmen, im vorliegenden Fall berechtigt?

a) Nein, die Sorgen der Geschäftsführung der A-GmbH sind unbegründet. Der (vorläufige) Insolvenzverwalter kann sie nicht aus § 64 GmbHG in Anspruch nehmen.

b) Ja, die Geschäftsführung der A-GmbH macht sich zu Recht Sorgen. Der (vorläufige) Insolvenzverwalter kann die Geschäftsführung wegen Verstoß gegen das Zahlungsverbot persönlich in Anspruch nehmen.

Lösungen
Zu Fall 1 lautet – je nach Einzelfallgestaltung – die richtige Antwort b).
Zu Fall 2 kann kann – je nach Einzelfallgestaltung – die richtige Antwort a) sein.

Dr. Alexander Verhoeven ist Rechtsanwalt und geprüfter ESUG-Berater der Buchalik Brömmekamp Rechtsanwaltsgesellschaft in Frankfurt am Main.

Fehlende Brücke

Das komplexe Insolvenzrecht zählt zum Wirtschaftsrecht. Diese Rubrik vermittelt
Basiswissen für Unternehmer. Diesmal zur präventiven Restrukturierung.

© ilkercelik / Getty Images / iStock

Über eine Brücke muss der Geschäftsführer zur Rettung seines Unternehmens gehen, jetzt womöglich über einen Weg außerhalb des Gerichts.

Gerät ein Unternehmen in Deutschland in eine wirtschaftliche Schieflage, so hält hiesiges Recht aus Sicht der Weltbank eine der besten Sanierungsordnungen der Erde bereit. Denn einem Unternehmen, das noch marktfähig ist, ist damit eine nachhaltige Überwindung der Schieflage möglich. Allerdings ist der Preis dafür hoch. Zu hoch für die meisten Unternehmer, denn diese Chance steht nur in einem gerichtlich kontrollierten Verfahren zur Verfügung. Das Unternehmen muss dafür ein Insolvenzverfahren beantragen. Für die meisten Inhaber oder Manager eine Option, die für sie nicht infrage kommt. Alles ist für sie denkbar, bloß keine Insolvenz. Und sei es auch in Eigenverwaltung.

Mit diesem Gefühl stehen deutsche Unternehmen nicht allein da. Europaweit ist zu beobachten, dass die länderspezifischen Regelungen nicht zu signifikant mehr Akzeptanz führen. Unternehmen in der Krise suchen nicht den Schutz des

Insolvenzverfahrens, sondern fliehen – mit meist negativen Folgen für das Unternehmen und die Wirtschaft insgesamt. Einziger Ausweg vor dem Weg in die Insolvenz ist in Deutschland eine außergerichtliche Sanierung. Damit ist der Versuch gemeint, mit allen Gläubigern einen gemeinsamen Weg aus der Krise zu finden. Das Problem dabei ist: Es bedarf der Zustimmung aller Gläubiger. Schert auch nur einer aus, ist die außergerichtliche Sanierung gescheitert. Deshalb hat die EU-Kommission ein Konzept entwickelt, das den dritten Weg eröffnet – und damit auch in Deutschland. Ziel ist die außergerichtliche Sanierung, bei der es nicht der hundertprozentigen Zustimmung aller Gläubiger bedarf. Dann soll eine qualifizierte Mehrheit reichen von beispielsweise mehr als 75 Prozent, um auch opponierende Gläubiger an die Inhalte zu binden. Experten sprechen vom sogenannten präventiven Restrukturierungsverfahren.

Derzeit laufen die abschließenden Beratungen über diesen Vorschlag der EU-Kommission. Sind alle Bedenken ausgeräumt, wird auch der deutsche Gesetzgeber an die Neuregelung gebunden sein, denn alle EU-Mitglieder sind ab da per Frist verpflichtet, die Umsetzung in zwei Jahren zu vollziehen. Erst dann wird sich die rechtliche Kluft schließen, die in Deutschland seit mehr als einem Jahrhundert klafft.

Missbrauch als Vermutung

Gegen die Regelung laufen derzeit zwar einige Gläubigergruppen vehement Sturm – vor allem aus der Kreditwirtschaft, aber auch aus den Reihen der Insolvenzverwalter und den Insolvenzgerichten. Das Mantra der Gegner lautet: Ohne gerichtlich institutionalisierte Kontrolle drohe ein Missbrauch. Das ist eine Vermutung. Gewiss ist dagegen, dass präventive Restrukturierungen nach den Vorstellungen der EU das Geschäftsfeld der Beteiligten in Restrukturierung und Sanierung auf den Kopf stellen werden. Denn sowohl Insolvenzverwalter als auch Insolvenzgerichte spielen bei solchen außergerichtlich angelegten Verfahren keine Rolle mehr. Dies würde das Ende der Crash-Industrie bedeuten, die in Deutschland von Insolvenzen rund um den juristischen

Rahmen profitiert. Die EU-Kommission erwartet, dass die Hemmschwelle kriselnder Unternehmen sinken wird, sich rechtzeitig in ein solches Verfahren außerhalb der Gerichte zu begeben. Damit, so die Hoffnung, steigen zugleich die Sanierungschancen. Unter anderem, weil dann frühzeitiger Schritte zum Turnaround eingeleitet werden.

Anfangs beschränkte sich die Diskussion in EU-Kreisen allein auf Finanzgläubiger. Doch in der Kontroverse hat die Fortentwicklung enorm an Fahrt aufgenommen. Speziell in Irland und in den Niederlanden liegen schon entsprechende weitergehende Entwürfe vor. Alles dabei läuft in die Richtung, dass jede nur denkbare Sanierungsmöglichkeit aufgegriffen wird im neuen, außergerichtlichen und EU-weiten Verfahren. Insolvenzverfahren könnten danach nur noch für die Liquidation von Unternehmen bestimmt sein. Keine schlechte Perspektive angesichts von aktuellen Erwartungen einer durchschnittlichen Quote von 2,6 Prozent für ungesicherte Gläubiger sowie einer Quote im Promille-Bereich in Sanierungen durch Insolvenzverwalter.

Große Leitlinie des neuen Verfahrens

Als grobe Linie des EU-Vorstoßes ergibt sich zusammengefasst folgendes Leitbild für das präventive Restrukturierungsverfahren außerhalb der Gerichte:

▶ Die Einleitung des Verfahrens soll dem Schuldner vorbehalten sein, also dem Unternehmer. Voraussetzung ist, dass kein Insolvenztatbestand gegeben ist, was nach deutschem Recht bedeutet, dass weder Zahlungsunfähigkeit noch Überschuldung vorliegen. Dies muss möglicherweise ein sachverständiger Dritter bestätigen.

▶ Der Schuldner verfügt über einen Sanierungsplan, der bei Annahme durch die Gläubiger geeignet ist, die bestehende Krise nachhaltig zu überwinden. Die Annahme der Gegenmaßnahmen durch die große Mehrheit der Gläubiger muss wahrscheinlich erscheinen.

▶ Der Sanierungsplan ist beschränkt auf bestimmte Gruppen von Gläubigern wie Lieferanten, Vermieter oder Finanzgläubiger. Er muss dann auch nur Wirkungen innerhalb dieser Gruppen entfalten. Er kann alle Gläubiger umfassen und bindet dann bei mehrheitlicher Zustimmung auch alle Gläubiger. Der Plan kann Neuregelungen für Verhältnisse unter Beteiligten enthalten, in bestehende Rechte eingreifen oder diese ändern. Ob auch in bestehende Arbeitsverhältnisse eingegriffen werden kann, ist derzeit noch ziemlich strittig.

▶ Mit der Einleitung des Verfahrens tritt entweder automatisch oder auf Antrag ein sogenannter „stay" ein. Das heißt, alle bestehenden Vertragsverhältnisse werden für eine gewisse Zeit eingefroren. In der Regel für 60 bis 90

Tage. Die Verträge können also weder gekündigt noch einseitig verändert werden. Vollstreckungsmaßnahmen werden unterbrochen. Verständigen sich Schuldner und Gläubiger auf den Stillstand, ist dieser bindend.

▶ Tritt der „stay" aufgrund einer gesetzlichen Regelung nicht automatisch ein und ist auch keine einverständliche Regelung erreichbar, bedarf es eines gerichtlichen Beschlusses. Übrigens ebenso für eine Verlängerung. Zuständig dafür sein sollen spezielle und professionell ausgestattete Restrukturierungsgerichte oder andere Institutionen.

▶ Schuldner und Gläubiger treffen sich, um über die Konditionen des Sanierungsplans zu diskutieren und die Abstimmung vorzubereiten. Die Gläubiger werden dazu nach dem Grad der Betroffenheit in bestimmte Gruppen eingeteilt. Der Schuldner muss versuchen, die Mehrheit der Gruppen zu einer Zustimmung zu bewegen. Opponieren nur einige Gläubiger oder eine Minderheit der Gruppen, so kann deren Zustimmung durch einen gerichtlichen Beschluss ersetzt werden. Die derzeit in der EU diskutierte notwendige Mehrheit für eine bindende Zustimmung schwankt zwischen 75 und 90 Prozent.

▶ Erreicht der Sanierungsplan des Schuldners die notwendigen Mehrheiten, so wirkt der Plan für und gegen alle betroffenen Gläubiger. Auf Antrag eines nicht zustimmenden Gläubigers kann der Plan gerichtlich dahin gehend überprüft werden, ob es zu willkürlichen oder grob gesetzeswidrigen Regelungen gekommen ist.

Ein dergestalt mögliches Restrukturierungsverfahren würde in Deutschland erstmals die Chance erhöhen, dass Unternehmer in Krisensituationen ihr Verhalten grundlegend ver-ändern. Denn das Fenster zum Eintritt in ein solches Verfahren wäre nur für kurze Zeit geöffnet. Die Früherkennung von krisenhaften Entwicklungen erfordert dann eine ganz neue Qualität in der Unternehmensführung. Denn wird dieses Fenster verpasst, und rutscht das Unternehmen in eine Insolvenzlage, dann wirft dies eher die Frage auf, wer das zu verantworten hat und für die Folgen haftet. Damit würde sich das durch Insolvenzrecht determinierte Denken und Handeln im Unternehmen verlagern auf eine Zeit lange vor dem Eintritt in die Zahlungsunfähigkeit und Überschuldung. Es ist davon auszugehen, dass sich damit die Sanierungschancen erheblich erhöhen. Und hierzulande würde das präventive Restrukturierungsverfahren eine Brücke bauen, damit sich Deutschland zu einem echten Sanierungsstandort entwickelt.

Prof. Hans Haarmeyer ist Herausgeber von „return".

Bücher

Frank Keuper/Marc Schomann/Linda Isabell Sikora/Rimon Wassef (Hrsg.)

Umdenker-Führung

Die renommierten Autoren aus Wissenschaft und Praxis geben Handlungsempfehlungen, wie Unternehmensführer aktuell Disruption gestalten und die Organisation davon profitiert. Ein ganzheitliches Umdenken und die integrierte Digitalisierung zählen zu den Voraussetzungen für agiles und innovatives Umsetzen des Transformationsprozesses in Digital Leadership. Auch der Transformation von Unternehmensberatungen ist ein Kapitel gewidmet. Der erstgenannte Autor ist Direktor des Steinbeis Centers of Strategic Management.

441 Seiten, 64,99 Euro, seit Februar 2018,
ISBN 978-3-658-19131-3, Springer Gabler

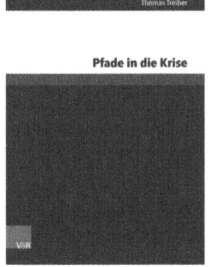

Thomas Treiber

Familien-Faktor

Der Autor ist Geschäftsführer eines mittelständischen Unternehmens und studierte BWL speziell zu Organisationstheorie und Strategischem Management. Seine Studie beleuchtet strategische Pfade, den Einfluss von Entscheidungsträgern und die Dynamik in Familienunternehmen.

456 Seiten, 65 Euro, seit März 2018,
ISBN 978-3-8471-0835-1, Vandenhoeck & Ruprecht

Ashlee Vance

Querdenker-Erfolg

Noch kein Journalist habe wie Ashlee Vance für diese Biografie zuvor solch einen „exklusiven und direkten Zugang" zu Elon Musk erhalten, kündigt der Verlag an. Mit Paypal, Tesla und Space X hat der gebürtige Südafrikaner in der Tat einige aufsehenerregende Start-ups gegründet. Gleichwohl gilt er in Unternehmerkreisen als umstritten. Ob der hier als „Real Iron Man" bezeichnete Musk wirklich zu den Größten seit Henry Ford gehört, muss er indes noch in Erfolg nachweisen.

384 Seiten, 19,99 Euro, seit Mai 2018,
ISBN 978-3-89879-906-5, FBV

Rainer Fröhlich/Thomas J. Grommes/ Roland M. Müller/Jan Reinecke/Joost Schneider/Rainer E. Ulrich/Robert Wende/Hanns-Peter Wiese/Nikolas Zirngibl (Hrsg.)

Unternehmer-Ratgeber

„Für alle, die die Herausforderungen der Business Transformation erfolgreich meistern wollen", heißt es in der Buchbeschreibung des Verlages: Dieser Ratgeber sei so verfasst, dass er Unternehmern als praktische Anleitung dienen könne und in Checklisten-Charakter die entscheidenden Punkte aufl000000000iste, die bei der Umsetzung von Carve-outs, Mergers & Acquisitions und Post Merger Integrations unbedingt berücksichtigt werden sollten.

120 Seiten, 25 Euro, seit Mai 2018,
ISBN 978-3-96251-013-8, Frankfurter Allgemeine Buch

Petra Barsch/Gabriele Trachsel

Recruiting-Erfolg

Die Expertin für Arbeitswelten der Zukunft und die Personalauswahl-Beraterin für kleine und mittlere Unternehmen analysieren den aktuellen Mangel an Fachkräften, zeigen Handlungsoptionen für Unternehmen auf und präsentieren Beispiele für vorbildlichen Recruiting-Erfolg. Ihre Methoden und Instrumente sollen direkt in der Praxis anwendbar sein.

199 Seiten, 28,99 Euro, seit Juni 2018,
ISBN 978-3-658-17271-8, Springer Gabler

Ilja Grzeskowitz

Menschen-Motive

Der Bestseller-Autor rüttle mit diesem Buch auf und vermittle Mut, „die Herausforderungen der Zukunft anzunehmen", schreibt der Verlag. Dabei rücke er drei M der Motivation ins Zentrum: das Motiv, die Menschen und das Machen. Was antreibt, was Sinn ergibt und was in Gemeinschaft erreichbar ist, sei dabei so wichtig wie nie zuvor.

224 Seiten, 22,90 Euro, ab August 2018,
ISBN 978-3-86936-870-2, Gabal

 **Springer** Professional.de

Neuerscheinung des Monats
Technikfolgen-Facetten für selbstfahrende Autos

Autor Johannes Ritz arbeitet an der Eidgenössischen Techni-schen Hochschule (ETH) Zürich, speziell Regelungstechnik. Er ist als Softwareentwickler für eingebettete Systeme tätig und bringt Erfahrungen als Entwicklungsingenieur für Elektronik in der Hardwareentwicklung mit. In diesem Buch ergründet er die Technikfolgen in allen Facetten für eine Mobilität mit selbstfahrenden (autonomen) Fahrzeugen. Ökonomie, Ökologie, Haftung, Carsharing und Sicherheit spielen dabei eine Rolle.
218 Seiten, 19,99 Euro, seit Juni 2018,
ISBN 978-3-658-20952-0, Springer Gabler
www.springerprofessional.de/link/15746952

Empfehlung des Monats
Künstliche Intelligenz: Prestige statt Profitabilität

Beim Thema künstliche Intelligenz setzen Unternehmen noch zu oft auf hochkom-plexe Projekte, statt mit einfacheren Mitteln schnelle Erfolge zu erzielen. Diesen Schluss zieht Autor Volker Darius, Head of Corporate Excellence & Transforma-tion Central Europe bei Capgemini Consulting. Dabei beruft er sich auf Ergebnisse der Studie „Turning AI into concrete value". Als Projekte mit geringer Komplexität und hohen Renditen empfiehlt er Fehlererkennung, Chatbots, virtuelle Assistenten sowie die Gesichtserkennung.
www.springerprofessional.de/link/15741850

Das Wissensportal Springer Professional

Unser Wissensportal bündelt die wichtigsten Fachgebiete Wirtschaft und Technik. Im Channel Marketing + Vertrieb finden Sie aktuelle Informati-onen und weiterführende Literatur für Vertriebs- und Marketingexperten. Dort ist auch das Archiv von „return" hinterlegt (auch als E-Magazin), das für Abonnenten der Zeitschrift frei zugänglich ist. Abonnenten von Springer Professional haben zudem kostenfrei Zugriff auf die im Magazin gekennzeich-neten Links aus dem Portal.

 **Springer** Professional.de

Termine

Universitätskreis
Haftung und Sicherung

Das Zentrum für Insolvenz und Sanierung (ZIS) der Universität lädt zum 14. Mannheimer Insolvenzrechtstag wieder Experten für Recht, Betriebs- und Volkswirtschaft ein. So sprechen Godehard Kayser, Vorsitzender Richter am Bundesgerichtshof, Georg Bitter von der Uni Mannheim und Christoph Uhländer von der NRW-Finanzhochschule Nordkirchen.

Termin: 15. Juni 2018
Ort: Mannheim

www.zis.uni-mannheim.de

Insolvenztage
Recht und Versicherung

Neuerungen im Recht stehen während der 20. Düsseldorfer Insolvenztage im Mittelpunkt – von der Anfechtung oder vom Berufsrecht in der Restrukturierung über Sanierung in Eigenverwaltung oder Innenansichten des Bundesgerichtshofes bis hin zu Organhaftung und Vermögensversicherung. Zu den zahlreichen renommierten Referenten gehört Vorstand Prof. Volker Römermann (Foto).

Termin: 20. und 21. Juni 2018
Ort: Düsseldorf

www.anwaltakademie.de

Veranstaltungsreihe
Chance oder Gefahr

Das Wittener Institut für Familienunternehmen (Wifu) veranstaltet seit fast zehn Jahren bei kostenlosem Eintritt die internationale Vorlesungsreihe „Between Rigor und Relevance" zum Thema „Family Business Research". Diesmal spricht PD Dr. Christoph Schreiber über Lösungen von Gesellschafter-Konflikten durch das Insolvenzrecht und damit über „Chance und Gefahr für Familienunternehmen". Er ist Akademischer Rat am Lehrstuhl für Steuerrecht der Friedrich-Alexander-Universität Erlangen-Nürnberg und vertritt den Lehrstuhl für Recht der Familienunternehmen am Wifu.

Termin: 20. Juni 2018
Ort: Witten

www.uni-wh.de

Expertentag
Schulden und Zerschlagung

Über die Überschuldung von Unternehmen und ihre Folgen diskutieren Experten während dieser Veranstaltung. Zu den Referenten zählen Martin Karollus vom Institut für Unternehmensrecht der JKU Linz sowie Manfred Kvasnicka (Foto) von PwC Österreich.

Termin: 20. Juni 2018
Ort: Linz

www.restrukturierung.at

Kongress
Insolvency & Restructuring

Die Arbeitsgemeinschaft Insolvenzrecht und Sanierung im Deutschen Anwaltverein lädt zum 7. Europäischen Insolvenz- und Restrukturierungs-Kongress ein. Das Spektrum reicht von „legal tech" bis zum „insolvency hub".

Termin: 28. und 29. Juni 2018
Ort: Brüssel

www.arge-insolvenzrecht.de

Seminar
Berater und Manager

An Interimmanager und Unternehmensberater richtet sich diese Fortbildung zur Haftung in Unternehmenskrisen und zur risikobewussten Beratung.

Termin: 10. September 2018
Ort: Bonn

www.bdu.de

Forum
Business und Change

Über digitalen und kulturellen Wandel in Unternehmen geht es im „Business unusual Forum" unter anderem mit Referent Uwe Rotermund (Foto) von Noventum. Die Plattform soll interaktiv Führungskräfte zusammenbringen.

Termin: 28. September 2018
Ort: Münster

www.businessunusualforum.de

Tools

Berater-Portal
Unternehmenssanierung

© www.www.kmu-berater-sanierung.de

Die Fachgruppe Sanierung im Bundesverband der Freien Berater e. V. hält auf ihrer Website einige nützliche Hinweise für Unternehmen in Krisen bereit. Von den ersten Schritten zur Sanierung bis zum Insolvenzantrag, von einer Beraterdatenbank bis zum Krisencheck oder von Fallbeispielen bis zur Wissensdatenbank. Auch Antworten auf die Frage „Wie arbeitet ein guter KMU-Berater?" sind zu finden.

www.kmu-berater-sanierung.de

Gründer-Portal
Checklisten

© www.existenzgruender.de

Das Bundesministerium für Wirtschaft und Energie (BMWi) bietet auf seinem Existenzgründerportal unter dem Menüpunkt „Planer & Hilfen" auch Checklisten und Übersichten, darunter zu Krisenvorbeugung und -management. Neben fünf Checklisten gibt es dort auch Übersichten wie die „Früherkennungstreppe" oder „10 Wege aus der Krise". Zudem gibt es 25 Praxishilfen zur täglichen Arbeit in der Unternehmensführung.

www.existenzgruender.de

Gründlich statt schnell

Was Scheitern mit Innovationskraft zu tun hat

Deutsche tun sich schwer, mit beruflichen Misserfolgen und Niederlagen umzugehen. Ein Bewerber, der Lücken im Lebenslauf oder das Berufsfeld öfter mal gewechselt hat, wird von der Personalabteilung meist gleich aussortiert. Ein Manager, der keine Kaminkarriere mit regelmäßigem Zuwachs von Verantwortung nachweisen kann oder von einer Branche zur anderen springt, wird selten einen Mentor finden. Ein Unternehmer, der schon mal ein Geschäftsfeld sanieren oder gar einen Betrieb schließen musste, gilt schnell als Versager. Dabei ist Scheitern eine wichtige Schule, oft sogar eine Voraussetzung für Erfolg. Nur wer sich mit dem eigenen Versagen auseinandersetzt und große Rückschläge emotionslos analysiert, kann daraus für die Zukunft lernen.

Zweite Chance verdient

Dass jeder eine zweite Chance verdient hat, ist mittlerweile auch im deutschen Insolvenzrecht angekommen. Es geht nicht mehr nur darum, die Gläubiger zu befriedigen, sondern auch darum, ein angeschlagenes Unternehmen zu sanieren und in anderer Form fortzuführen. Das deutsche Insolvenzrecht sieht ausdrücklich einen Sanierungsplan vor. Er dient dazu, ein Unternehmen zu erhalten und nicht abzuwickeln.

Während das deutsche Recht sich in den vergangenen Jahren deutlich gewandelt hat, ändert sich die deutsche Mentalität nur langsam. Zwar erkennen nach einer Studie der Universität Hohenheim fast 80 Prozent der Deutschen inzwischen, dass Misserfolge zu Selbstreflexion und Rückbesinnung und damit langfristig zu positiven Ergebnissen führen können. Allerdings gewinnen nur rund 50 Prozent der Befragten einem unternehmerischen Scheitern etwas Positives ab. Mehr als 40 Prozent der Interviewten haben Bedenken, bei einem Unternehmer Waren zu bestellen, der bereits einmal zu Fall gekommen ist. Sie haben Angst, dass sie nicht beliefert werden.

Diese Skepsis gefährdet den Erfolg der deutschen Wirtschaft. Denn Misserfolge sind vor allem bei Innovationen und in jungen Unternehmen unvermeidlich. Jedes fünfte Start-up erreicht das dritte Geschäftsjahr nicht, sondern verschwindet wieder vom Markt. Ein echter Entrepreneur redet mit Kollegen und Beratern über seine Fehlschläge, um sie ja nicht zu wiederholen. Der Amerikaner Max Levchin beispielsweise ging mit mehreren Gründungen baden, bevor er mit Paypal erfolgreich wurde. Wer nicht wagt, der wird nicht gewinnen.

Deutsche lassen sich schneller verunsichern als beispielsweise Amerikaner. Nach einer aktuellen Umfrage beklagen mehr als 80 Prozent der Deutschen eine mangelnde Fehlertoleranz in ihren Unternehmen. Mehr als die Hälfte der Arbeitnehmer, aber auch der Auftragnehmer, also der Dienstleister und Zulieferer, befürchtet, bei einem Misserfolg die Anerkennung ihrer Kollegen, Teams und Kunden zu verlieren. Gar 41 Prozent sehen ein Scheitern als Hemmnis für die weitere Karriere oder Zusammenarbeit. Diese mangelnde Fehlerkultur schwächt die Innovationskraft. Denn viele behalten ihre Ideen lieber für sich, als sie im Unternehmen voranzutreiben – aus Angst zu scheitern.

Restrisiko bleibt

Großkonzerne, die Innovationen nicht den Start-ups überlassen wollen, müssen akzeptieren, dass nicht jede neue Geschäftsidee ein Erfolg werden kann. Die deutsche Tugend, alle Neuerungen zunächst komplett zu durchdenken und anschließend vor der Markteinführung gründlich zu testen, sorgt für Sicherheit, aber auch für Langsamkeit. Dabei bleibt ein gewisses Restrisiko bei jedem unternehmerischen Handeln.

In einer Welt, in der technologische Veränderungen immer schneller werden, muss stets abgewogen werden, wann Gründlichkeit wichtiger als Geschwindigkeit ist und wann nicht. Nur dann kann die deutsche Wirtschaft dauerhaft mit der Konkurrenz aus den USA und Asien mithalten.

Stefanie Burgmaier ist Herausgeberin von „return".

Vorschau 04/18

Die nächste Ausgabe von „return – Magazin für Transformation und Turnaround" erscheint am 16. August 2018.

▶ Innovationsfelder zur Zukunftsfähigkeit der mittelständischen Wirtschaft in der D-A-CH-Region durch Industrie 4.0

▶ Exzellenz in Produktionsprozessen durch Automatisierung und Optimierung

▶ Beispiele für intelligente Vernetzung von virtuellen Systemen und realer Welt

▶ Wie Mittelständler ihre Mitarbeiter mit auf die Reise in die Industrie 4.0 nehmen

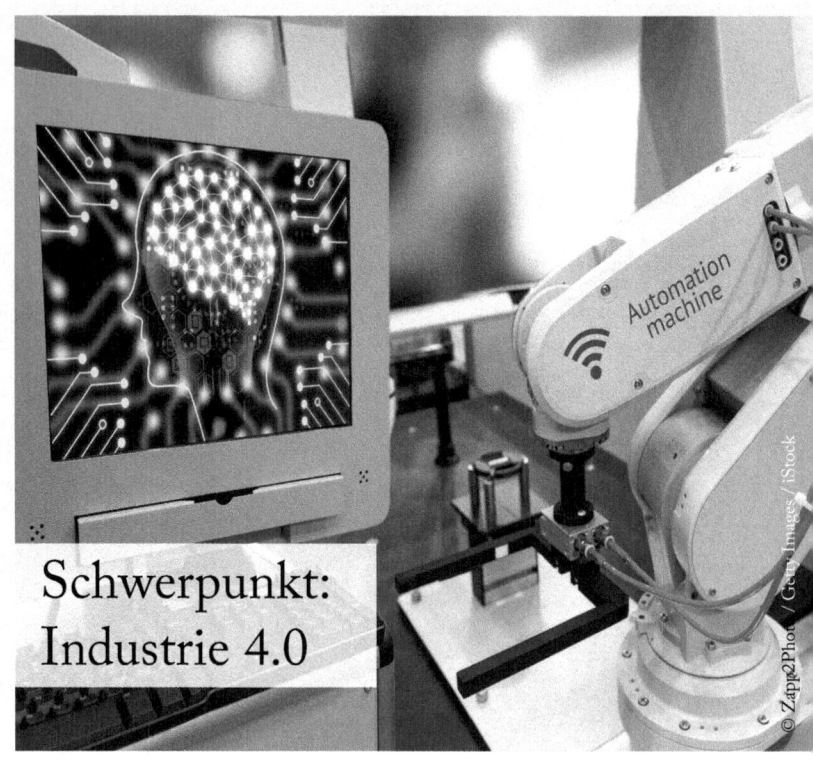

Schwerpunkt: Industrie 4.0

© Zapp2Photo / Getty Images / iStock

Impressum

„return – Magazin für Transformation und Turnraound"
www.springerprofessional.de
www.return-online.de
Ausgabe 3 | 2018, 5. Jahrgang
ISSN 2199-8841

Verlag
Springer Gabler
Springer Fachmedien Wiesbaden GmbH
Abraham-Lincoln-Str. 46
65189 Wiesbaden
Die Springer Fachmedien Wiesbaden GmbH ist Teil der Fachverlagsgruppe Springer Nature.

Geschäftsführer
Stefanie Burgmaier |
Joachim Krieger | Juliane Ritt

Redaktion
Herausgeber:
Stefanie Burgmaier |
Prof. Dr. Hans Haarmeyer

Teamleitung Managementzeitschriften:
Anja Schüür-Langkau

Freier Chefredakteur
(verantwortlich für den redaktionellen Inhalt):
Thorsten Garber
Am Stierksken 18
59379 Selm-Cappenberg
Tel. +49 (0) 23 06 / 75 74 99
chefredaktion@return-online.de

Redaktionelle Mitarbeiter dieser Ausgabe:
Prof. Irene Bertschek, Stefan Burk, Alexander Busch, Dr. Volkhard Emmrich, Dr. Andreas Fröhlich, Dr. Sascha Haghani, Peter Hanser, Dr. Matthias

Holzamer, Armin Hingst, Christiane Kühl, Anja Kühner, Prof. Stefan Mayr, Caroline Pluta, Prof. Dirk Schiereck, Dr. Raoul Riedlinger, Thomas Roser, Stefan Terliesner, Dr. Alexander Verhoeven, Andrea Voßhoff, Andreas Welscher, Timo Wopp, Holger Zscheyge

Titelfoto
© skodonnell / Getty Images / iStock

Anzeigen, Marketing und Produktion
Leiter Media Sales:
Volker Hesedenz

Leiter Vertrieb + Marketing:
Jens Fischer

Gesamtleitung Produktion:
Ulrike Drechsler

Verkaufsleitung (verantwortlich für den Anzeigenteil):
Eva Hanenberg
Tel: +49(0)611 7878-226
Fax: +49(0)611 7878-430
E-Mail: eva.hanenberg@springer.com

Anzeigendisposition:
Susanne Bretschneider
Tel: +49(0)611 7878 153
E-Mail: susanne.bretschneider@springer.com

Anzeigenpreise:
Es gelten die Mediadaten von Mai 2017

Produktmanagement:
Britta Rossbach
Tel: +49(0)611 7878-271
E-Mail: britta.rossbach@springer.com

Produktion
Kerstin Brüderlin

Satz
Carina Harbarth, designplus, Merowingerstraße 55, 50677 Köln

Alle angegebenen Personen sind, soweit nicht ausdrücklich angegeben, postalisch unter der Adresse des Verlags erreichbar.

Sonderdrucke
Anja Trabusch
E-Mail:anja.trabusch@springernature.com
Tel: +49(0)611 7878 298

Leserservice
Springer Customer Service Center GmbH
Springer Gabler Service
Tiergartenstr 15, 69126 Heidelberg
Tel: +49(0)6221 345-4303
Fax: +49(0)6221 345-4229
Montag – Freitag 8.00 Uhr – 18.00 Uhr
E-Mail: springergabler-service@springer.com

Druck
Kliemo Printing AG,
Hütte 33,
B-4700 Eupen, Belgien

Fachbeirat
Dr. Utz Brömmekamp, Buchalik Brömmekamp Rechtsanwaltsgesellschaft; Udo Doetsch, Sparkasse Duisburg; Prof. Dr. Roland Eckert, FOM Hochschule für Oekonomie & Management im Hochschulzentrum Düsseldorf; Prof. Dr. Christian Gärtner, Quadriga Hochschule Berlin; Carl-Jan von der Goltz, Maturus Finance; Dr. Ulrich Hermann, Heidelberger Druckmaschinen AG; Prof. Dr. Michael Jünger, Technische Hochschule Ingolstadt; Michael Pluta, Pluta Rechtsanwalt; Uwe Rotermund, Noventum Consulting; Heinrich Fritz Stellmach, Stellmach & Bröckers Rechtsanwälte, Wirtschaftsprüfer, Steuerberater; Jan H. Wilhelm, hww Hermann Wienberg Wilhelm Insolvenzverwalter Partnerschaft

Bezugsmöglichkeiten
Das Heft erscheint sechsmal jährlich. Bezugsmöglichkeiten und Details zu den Abonnementbedingungen finden Sie unter www.mein-fachwissen.de/return. Alle Rechte vorbehalten.

Chancenwitterung

© Bernd Hegert

Zwischen Verlustangst und Chancenwitterung hin- und hergerissen scheinen Menschen, für die Industrie 4.0 an Relevanz gewinnt. Empfindliche Stellen bringt der Vorstandsvorsitzende der Siemens AG aktuell gut auf den Punkt. Zuerst aber fühlte sich Joe Kaeser allein gelassen in seinem Kampf gegen Populismus der AfD-Politikerin Alice Weidel, die als Angstmacherin zur Bundestagsdebatte über „Kopftuchmädchen" und „Messermänner" schwadroniert hatte. Er übte als einziger Chef eines deutschen Großunternehmens scharfe Kritik: Sie schade „mit ihrem Nationalismus dem Ansehen unseres Landes in der Welt" und gefährde damit „die Haupt-Quelle des deutschen Wohlstands", schrieb er im Tweet mit dem Einstieg „Lieber ‚Kopftuch-Mädel' als ‚Bund Deutscher Mädel'", woraufhin anonym feige Drohungen gegen ihn und seine Familie folgten.

Beachtenswert, dass der Siemens-Chef in diesem konkreten Fall den Bogen spannt zwischen Werten und Strukturwandel in Wirtschaft und Gesellschaft: Mit der vierten industriellen Revolution – geprägt von Digitalisierung, Robotereinsatz und künstlicher Intelligenz – verschwinde oder verändere sich jeder dritte Arbeitsplatz in der Industrie. Doch dürfe das Stärken des Standortes nicht zu monopolistischen oder nationalistischen Entwicklungen führen. Wirtschaftsführer sieht der Siemens-Manager in besonderer Pflicht, sich an der Debatte über die sozioökonomischen Folgen der Veränderungen zu beteiligen. Recht hat er. Den Wandel vollzogen hatte Siemens kurz zuvor durch die neue Partnerschaft mit Alibaba Cloud, einem Tochterunternehmen der gleichnamigen chinesischen B2B-Plattform. Sie wollen gemeinsam das industrielle Internet der Dinge in China fördern. Das Abkommen kommentierte Kaeser so: „Wir stärken damit unsere globale Führungsposition in der Automatisierung und Digitalisierung der industriellen Welt."

Auch im Mittelstand sind Themen und Projekte rund um Industrie 4.0 längst angekommen, denn dort verändert die Digitalisierung genauso Geschäftsmodelle wie Anforderungen an die Belegschaft. Diese Ausgabe bezeugt: Neue Kompetenzen sind gefragt – und damit ein anderes Personal-Management. Für die Umsetzung von Industrie 4.0 in ihren Unternehmen sehen Entscheider als höchste Hürden das Beherrschen der Komplexität und des Aufbaus neuer Strukturen und Prozesse, womit wir wieder beim aufgeklärten Personal wären.

Für Chancenwitterung statt Verlustangst steht dieser Medientitel mit Schutzfaktor seit seiner Gründung. Denn wir wollen gute Möglichkeiten zur Transformation und zum Turnaround selbst in Krisen aufzeigen. Aus der Praxis für die Praxis, mit Profit für Profis. Deshalb finden Sie, liebe Leserin und lieber Leser, auf den folgenden Seiten wieder ein Füllhorn an fundierten Beiträgen, die Nutzwert, Inspiration und Orientierung vermitteln. Mit dieser Wissensquelle sind Sie quasi wie durch ein Schutzschild auch gut gewappnet gegen Demagogie inklusive Dramatisierung.

Ihr

Thorsten Garber

Thorsten Garber
Chefredakteur return / chefredaktion@return-online.de

© cyber-stock.adobe.com

© Trumpf

Inhalt

return 04/18

Start & Szene

Schwerpunkt

Menschen & Unternehmen

Firmenprofil

46 Porzellan von Kahla: Design, Handwerk und Transponder

Unternehmerporträt

54 Michael Otto gilt als Vorbild für Transformation im Handel

© Kahla

© Otto GmbH & Co KG, Hamburg

Hintergrund & Wissen

Start & Szene

Interview

„Bedenklich stimmt der Anstieg betroffener Arbeitsplätze“

Die Creditreform-Wirtschaftsforschung hat die deutschen Unternehmensinsolvenzen des ersten Halbjahres analysiert. Die Trends erläutert Michael Bretz, Mitglied der Geschäftsleitung.

© Bretz/Creditreform

Herr Bretz, Sie haben zwar für das erste Halbjahr weniger Unternehmensinsolvenzen ermittelt, aber ist der verlangsamte Rückgang ein Alarmsignal?

Michael Bretz: Nein, kein Alarmsignal. Die Rückgänge unterliegen einer Volatilität, so dass die Werte zwischen drei und zehn Prozent schwanken. Aber die Verlangsamung lässt darauf schließen, dass wir einen niedrigen Basiswert erreicht haben.

Mit einem Anstieg ist nicht zu rechnen?

Auf das Insolvenzgeschehen wirken zwei Faktoren: Konjunktur und Finanzierung. Da derzeit für beides keine veränderten Bedingungen abzusehen sind, gehe ich auch von keinem Anstieg aus. Allerdings rechnen einige Experten mit steigenden Zinsen schon ab Herbst. Wenn dies eintritt, könnte sich dies negativ auf die Unternehmensfinanzen auswirken und damit auf Bilanzen, Liquidität und Zahlungsverhalten.

Registrieren Sie Negativtrends?

In der Tat liegen aktuell die Forderungsverluste je Insolvenzfall bei rund 1,5 Millionen Euro, was der höchste Wert seit dem Krisenjahr 2009 ist. Bedenklich stimmt vor allem der Anstieg betroffener Arbeitsplätze: Wir haben 120.000 fürs erste Halbjahr registriert – und damit ein Plus von 18,8 Prozent im Vorjahresvergleich. Dabei gab es keine Riesen-Insolvenzen wie 2012 mit Schlecker und Tausender verlorener Jobs. Im Kern sind also mehr große Mittelständler betroffen, die mehr als 50 Millionen Euro Umsatz erzielen und für die wir eine Steigerung von 66 Prozent ermittelt haben und ein Plus von 24,5 Prozent für die Rechtsform GmbH.

Nach welchen Bundesländern, Branchen und Bestandsjahren trifft es Unternehmen häufig?

Zu negativen Spitzenreitern gehört wieder das Land Bremen, aber auch Baden-Württemberg legte bei Unternehmensinsolvenzen mit zwei Prozent zu, was ungewöhnlich ist. Beim Bau und im verarbeitenden Gewerbe lief es besser, negativ ragen heraus der Handel und die Dienstleister, was bei Letztgenannten gravierend ist, weil sie mehr als die Hälfte unserer Unternehmen stellen. Auffällig auch, dass es ältere Betriebe häufiger erwischt: Wir haben ein Plus von zwei Prozent bei Insolvenzen in Unternehmen nach neun Bestandsjahren und mehr.

Das Interview führte Thorsten Garber.

Druckindustrie

Traditionsbetrieb Kessler nach 50 Jahren insolvent

Die Kessler Druck + Medien GmbH & Co. KG hat acht Wochen nach dem Einreichen des Insolvenzantrages den Betrieb eingestellt. Laut „Augsburger Allgemeine“ verlieren 150 Mitarbeiter ihren Arbeitsplatz. Nach Angaben des Unternehmens auf der Website zählt Kessler mehr als 200 Mitarbeiter und war mehr als 50 Jahre auf dem Markt.

www.kesslerdruck.de

Papierindustrie

Zanders will Restrukturierung im Insolvenzverfahren fortsetzen

Rund 500 Beschäftigte bangen um den Fortbestand ihrer Papierfabrik, vor 189 Jahren in Bergisch Gladbach gegründet. Bekannt ist Zanders durch die Papierfabrik Gorsmühle. Nach Insolvenzantrag durch die Geschäftsführung ist Dr. Marc d'Avoine zum vorläufigen Insolvenzverwalter bestellt und soll die Restrukturierung fortsetzen.

www.zanders.de

Eigenverwaltung endet im Insolvenzplan
Anteil der Verfahren in Prozent

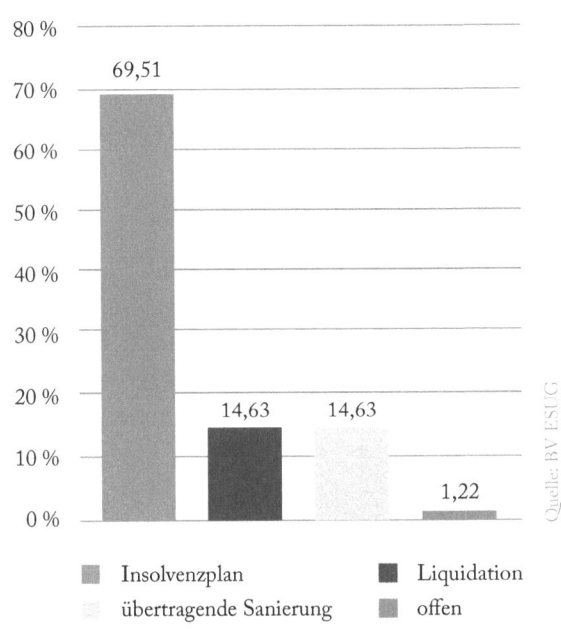

Hohe Erfolgsquote bei Verfahrenseröffnung: In fast 70 Prozent der Unternehmen führte die Eigenverwaltung zum Insolvenzplan.

ESUG-Studie
Rettung in Eigenverwaltung etabliert und funktioniert

Das Insolvenzverfahren in Eigenverwaltung etabliere sich „immer mehr zu einem Erfolgsmodell", bilanzieren die Autoren in ihrer Studie für den Bundesverband ESUG, das DIAI und die Westfälische Hochschule. Für die Erhebung sechs Jahre nach Inkrafttreten des Gesetzes zur weiteren Erleichterung der Sanierung von Unternehmen (ESUG) wurden erstmals auch betroffene Entscheider und Experten befragt. Sie hatten ein solches Verfahren durchlaufen und zeigten sich zu 80 Prozent zufrieden mit dem Verlauf. „Neun von zehn Unternehmer würden den Weg in einer Krise erneut gehen", heißt es dazu. Die Studie ermittelte auch Zahlen für das bessere Abschneiden von Eigenverwaltungsverfahren im Vergleich zu Regelinsolvenzen: Gläubiger erhielten demnach „eine rund zwei- bis dreimal höhere" Quote, die Arbeitsplätze blieben zu 78 Prozent erhalten. „Auswirkungen und Nachhaltigkeit der Reformbemühungen" für Gläubiger und Unternehmer hält Robert Buchalik als Vorstand des BV ESUG erst jetzt für sichtbar. So seien zwei Drittel der Unternehmer noch vollständig im Besitz ihrer Firma, sechs Prozent immerhin noch teilweise.

www.bv-esug.de

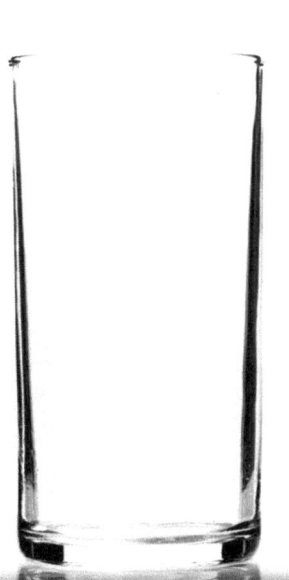

return live
Transformations-Kongress als hochkarätig besetzte Premiere

Der erste Transformations-Kongress unter dem Titel „return live" als Event-Premiere dieser Zeitschrift bringt am 27. und 28. November in Frankfurt am Main namhafte Experten auf die Bühne. Die Veranstaltung für Entscheider aus Wirtschaft, Wissenschaft, Beraterszene und Politik vermittelt vielfältig den aktuellen Stand von nachhaltigen Veränderungen und Trends, erfolgreichen Anpassungen von Geschäftsmodellen, Digitalisierung und Globalisierung sowie Wandlungs- und Zukunftsfähigkeit. Der erste Kongresstag stellt Treiber für Transformation und Turnaround in den Mittelpunkt. Der zweite Tag legt den Fokus auf Energie, Mobilität und Finanzen. Denn mit der „Fachzeitschrift für Energiewirtschaft", der „ATZ" und dem „Bankmagazin" sind aus dem Kreis der Springer Fachmedien Wiesbaden auch drei hierauf spezialisierte Titel beteiligt. Zu den Referenten zählen Repräsentanten von Philips, Fujitsu, IBM, EnBW, N24 Bank und Schaeffler.

www.returnlive.de

Studie
Software-Entwickler fast weltweit stärker gefragt

Der Stellenwert von Software-Entwicklern wandelt sich weltweit – weg vom reinen Techniker hin zum Entscheidungsträger. Dieser sollte in der neuen Rolle von der Unternehmensführung um Rat gefragt und bei Beschlüssen zu Unternehmenszielen und Projektstrategien einbezogen werden. Eine aktuelle Studie der Payment-Plattform Stripe ermittelte für die vergangenen fünf Jahre, dass 54 Prozent der Entwickler einen wachsenden Stellenwert bei wichtigen Unternehmensentscheidungen gespielt haben. Dieser Bedeutungsgewinn gehe einher mit der stärkeren Relevanz von IT nicht nur in Wirtschaftsorganisationen. Allerdings vollzieht sich diese Entwicklung in Deutschland signifikant langsamer als in allen anderen untersuchten Märkten wie in den USA, in Großbritannien, in Frankreich, Singapur oder Australien. So gaben nur 18 Prozent der in Deutschland Befragten an, ihr Input finde bei wichtigen Geschäftsentscheidungen starke Berücksichtigung; weltweit war es knapp ein Viertel.

www.springerprofessional.de/link/15548500

Leserbrief
„Alle Beteiligten sollten bei Sanierungen wie ein Gewerk zusammenwirken"

Csaba Angyal hält return 03/18 für „eine gelungene Ausgabe", wie der ESUG-Berater auch als Mitglied von DDIM und BV ESUG schreibt – bis auf den Titelreport „Krisen erfolgreich meistern".

„Zum ersten ist dieser meines Erachtens zu flach und enthält Binsenweisheiten", schreibt er, etwa dass „75 Prozent der Insolvenzen auf Management-Fehler zurückzuführen sind". Zum zweiten sei vor allem „erschreckend festzustellen, wie lobbyistisch die Argumentation von Fachanwälten für Insolvenzrecht und von Insolvenzverwaltern häufig ist".

Csaba Angyal, Partner der AtoZ Complete GmbH, kritisiert: „Aussagen wie die zur ‚Stärkung der formalen Rolle des Sachwalters' sind durch Eigeninteressen motiviert, dienen der Ausweitung von Umsatzquellen oder sind von Verlustängsten zu Umsatzpotenzialen geprägt. (...) Aus Erfahrungen meine ich, dass im Eigenverwaltungsverfahren und noch mehr in der außergerichtlichen Restrukturierung als CRO ein betriebswirtschaftlicher Praktiker mit operativ relevanten Kenntnissen des Insolvenzrechts geeigneter ist als ein Fachanwalt für Insolvenzrecht, der (...) häufig noch nie selbst längere Zeit operativ in Unternehmen tätig war, die er federführend sanieren will".

„Alle Beteiligten wie Verwalter, Berater oder Interim-Manager sollten bei Sanierungen wie ein Gewerk zusammenwirken, um das bestmögliche Ergebnis zur nachhaltigen Restrukturierung zu erreichen", fordert unser Leserbriefschreiber: Dieses Ziel stehe „insbesondere bei Verfahren nach Paragraph 270a/b der Insolvenzordnung und in außergerichtlichen Verfahren" im Mittelpunkt und garantiere „gleichzeitig die höchstmögliche Gläubigerbefriedigung".

Betriebswirtschaftlichen und rechtlichen Ansprüchen sei gleichsam Rechnung zu tragen, so Csaba Angyal: „Singuläre Interessen der oben genannten Akteure, die direkt an der Sanierung beteiligt sind, sollten keine Rolle spielen."

Die Redaktion freut sich über Reaktionen wie Zuschriften, so auch über Leserbriefe. Im return-Magazin wird dafür gerne Platz eingeräumt, jedoch sollten Stellungnahmen bitte 1.500 Zeichen nicht überschreiten. Kürzungen bleiben deshalb vorbehalten. Danke für Ihr Verständnis.

Bosch erneuert Geschäftsführung

Stefan Hartung, Rolf Najork, Christian Fischer und Michael Bolle (Fotos v. l.) sind neu in die Geschäftsführung der Robert Bosch GmbH berufen. Letztgenannter übernahm im Juli die erstmals geschaffene Position des Chief Digital Officer und als Technologiegeschäftsführer. Dr. Bolle leitete zuvor Forschung und Entwicklung. Mit seiner Berufung sei „ein deutliches Zeichen" für „die digitale Transformation des Unternehmens" inklusive Verzahnung von „Technologie- und Produktstrategie" gesetzt, teilte Bosch mit. Dr. Hartung wird ab 2019 neuer Vorsitzender des Unternehmensbereichs Mobility Solutions und folgt damit auf Dr. Rolf Bulander, der zum Jahresende in den Ruhestand geht. Statt Hartung verantwortet dann Najork Industrial Technology, Dr. Fischer kommt von Roland Berger und leitet Energy and Building Technology.

www.bosch.de

Stefan De Loecker verantwortet im Vorstand der Beiersdorf AG neben den Regionalressorts „Near East/Americas" jetzt zusätzlich „Planung, Strategie, Unternehmensentwicklung" für den bald ausscheidenden Vorstandschef Stefan F. Heidenreich. Zuvor war schon Dessi Temperley als Finanzvorstand für Jesper Andersen berufen worden. Sie kam von Nestlé, dort zuletzt in der Schweiz als Head of Investor Relations, und arbeitete davor beim Energieunternehmen Shell.

www.beiersdorf.de

Jörg Hönemann, bisher Partner der Unternehmensberatung Ernst & Young in Hannover, verantwortet als neuer Chief Finance Officer (CFO) von Bahlsen ab dem dritten Quartal die Bereiche Corporate Finance & Taxation, Corporate Controlling & BICC, Corporate Development & Sustainability, Legal und Compliance. Er ist Nachfolger von Helge Wieneke, der den Gebäckhersteller auf eigenen Wunsch verlassen hat, um an eigenen Geschäftsideen zu arbeiten.

www.thebahlsenfamily.com

Hansgrohe SE, Sanitärtechnik-Hersteller, hat seit August einen neuen Vorstandsvorsitzenden: Hans Jürgen Kalmbach, bislang Vorstand Sales International, folgt auf Thorsten Klapproth nach vier Jahren als CEO.

www.hansgrohe-group.com

WTS, global agierende Steuer- und Rechtsberatung, hat hierzulande bekannte Verstärkung erhalten: Prof. Dietmar Gosch, ehemals Vorsitzender Richter am Bundesfinanzhof, berät jetzt in komplexen Steuerfragen.

www.wts.com

Papierfabrik trotzt Druck

Die Papierindustrie kämpft mit einer existenziellen Krise, denn digitalisierte Büros verbrauchen weniger Papier. Doch die Feldmühle Uetersen ist erfolgreich saniert.

Spezialpapiere für die Verpackungsindustrie und für die Printprodukt-herstellung kommen aus der traditionsreichen Feldmühle.

Die Papierfabrik Feldmühle Uetersen ist einer der größten Industriebetriebe in Schleswig-Holstein. Das Unternehmen wurde 1904 gegründet, kontinuierlich vergrößert und modernisiert. Im Werk hat man sich auf die Herstellung von Spezialpapieren konzentriert. Die jährlich produzierten 250.000 Tonnen Papier werden weltweit überwiegend für die Herstellung von Printprodukten und in der Verpackungsindustrie eingesetzt.

Im Jahre 1990 übernahm der finnische Papierkonzern Stora Enso das deutsche Unternehmen. Der Münchener Finanzinvestor Perusa stieg im Jahr 2015 ein. Noch im selben Jahr erfolgte der Weiterverkauf an die FK Paper Beteiligungen GmbH und die Querino GmbH. Während dieser Jahre war Feldmühle stets stark defizitär, auch wenn intensive Bemühungen inklusive Ausweitung der Produktpalette und Ausbau der Vertriebsaktivitäten angestoßen wurden. Bei einem Umsatz von rund 150 Millionen Euro betrug der Verlust regelmäßig circa zehn Millionen Euro pro anno. Ein nachhaltiger Sanierungsschritt wurde daher notwendig, um den Fortbestand des Unternehmens zu sichern – und damit ein Antrag auf ein Insolvenzverfahren.

Im Rahmen des Verfahrens wurde die Berliner Beteiligungsgesellschaft Kairos gewonnen, bei Feldmühle zu investieren. Durch diesen Einstieg konnten 400 der insgesamt 420 Arbeitsplätze erhalten werden. „Dass diese Sanierung erfolgreich gelungen ist, ist vor allem dem Engagement, der Flexibilität und dem Entgegenkommen der Feldmühle-Belegschaft zu verdanken", sagte Insolvenzverwalter Tjark Thies. Er setzte die Sanierung erfolgreich um. Ende Mai 2018 hatte der Feldmühle Betriebsrat einem zehnprozentigen Gehaltsverzicht der Mitarbeiterinnen und Mitarbeiter bis zum 31. Dezember 2019 zugestimmt und damit eine wesentliche Voraussetzung für die Finanzierbarkeit der Übernahme geschaffen. Ein derart konstruktives und verantwortungsvolles Verhalten sei auch in Insolvenzverfahren keine Selbstverständlichkeit, so Thies.

„Keine Rede von Hurra-Stimmung"

Entsprechend kommentiert der Betriebsratsvorsitzende, Thorsten Buthmann, dass von einer „Hurra-Stimmung bei der Belegschaft der Uetersener Papierfabrik keine Rede sein kann. Zu hart sind die Einschnitte für die verbleibenden 400 Mitarbeiter". Denn auch die Fortsetzung des Verzichts auf das 13. Monatsgehalts ist Bestandteil des Beitrages der Belegschaft. Doch Buthmann sagt andererseits: „Wir können froh sein, dass es überhaupt weitergeht. Wir waren so gut wie erledigt. Anders wäre es nicht möglich gewesen."

Auch der Betriebsrat hofft, dass nach dem dritten Besitzerwechsel in drei Jahren jetzt langfristig Ruhe einkehrt. Dazu beitragen dürfte, dass Geschäftsführer Heiner Kayser im Amt bleibt und die von ihm begonnene Neuausrichtung weiter vorangetrieben wird. „Trotz Insolvenz haben wir die Leistung in den vergangenen Monaten gesteigert. Ich bin optimistisch, dass wir unser Ziel erreichen", sagte Geschäftsführer Kayser.

Dr. Andreas Fröhlich, Partner und Head of Corporate Finance der Beratungsgesellschaft Baker Tilly, ist spezialisiert auf Mergers & Acquisitions und insolvenznahe Sanierungsberatung.

Im Kurzprofil: Sanierungserfolge nach Insolvenz

	feldmuehle	KÜBLER & NIETHAMMER PAPIERFABRIK KRIEBSTEIN AG	)eyevis	ptc
Name	Feldmuehle Uetersen GmbH	Kübler & Niethammer Papierfabrik Kriebstein AG	eyevis – Gruppe	Product Trade Centre Germany GmbH
Branche	Papier-Industrie	Papier-Industrie	Elektronik-Industrie	Lebensmittel-Großhandel
Geschäftsfelder/ Produktgruppen	Herstellung von Spezialpapieren	Herstellung von Spezialpapieren	Herstellung von Projektions- und Großbildtechnik	Import und Großhandel von Fisch und Meeresfrüchten
Umsatz (Mio. €)	152	49	30	150
Mitarbeiter	420	130	120	194

Angaben zum Sanierungsverfahren

Antragsdatum	24.01.2018	24.02.2017	05.12.2017	08.03.2018
Verfahrensart	Fremdverwaltung	Fremdverwaltung	Fremdverwaltung	Fremdverwaltung
Sanierer	Dr. Tjark Thies (IV)	Dr. Hubert Ampferl (IV)	Dr. Holger Leichtle (IV)	Dr. Jan-Philipp Hoos (IV)

Lösungsangaben der Sanierung

Art der Sanierung	Übertrag. Sanierung	Planverfahren	Übertrag. Sanierung	Übertrag. Sanierung
Sanierungsdauer	4,5 Monate	14 Monate	5 Monate	3 Monate
Investoren	Kairos Industries AG	Deutsche Investorengruppe	Leyard Group	TFE GmbH
Klassifikation	Finanzinvestor	Finanzinvestor - Buy/Build	Stratege	Stratege
Lösungs-beschreibung	Fortführung mit ca. 95 % der Mitarbeiter	Fortführung mit kompletter Belegschaft	Eingliederung und Erhalt von ca. 60 % der Mitarbeiter	Fortführung aller Standorte mit kompletter Belegschaft
Aus Sicht der Investoren/ Strategische Eckpunkte	• Erfolgreiche Sanierung • Strategische Neuausrichtung mit Unterstützung des Erwerbers	• Erweiterung der Produktpalette • Unterstützung durch branchenerfahrene Erwerbergruppe	• Einbringung der gesamten Gruppe in Erwerbergesellschaft • Fokussierung auf Neuentwicklungen	• Neue Führung durch sanierungserfahrenen Branchenspezialisten • Verlegung des Hauptsitzes

Quelle: Baker Tilly

Wie vom Skorpion gestochen

Existenzen geraten in Gefahr, wenn anfangs attraktive Aufträge zum Abgrund führen.
Im vorliegenden Fall fiel ein Systemhaus fast dem IT-Projekt einer Anwaltskanzlei zum Opfer.

Seine Geschichte über ein Geschäft zwischen Ruin und Rettung nötigt Besuchern beim Systemhaus-Kongress großen Respekt ab: Thorsten Podzimek schildert dort, wie ein erst erstrebenswerter Auftrag sein Unternehmen fast in die Insolvenz trieb. Der Geschäftsführer der SAC GmbH erntet Applaus für sein Bekenntnis: „Unternehmer in Krisen sieht man als Verlierer. Lieber erzählt man von erfolgreichen Projekten und hervorragenden Margen. Doch bei übertriebenen Success Stories, die oft gar nicht stimmen, höre ich gar nicht mehr hin."

Für seine ehrliche Abrechnung mit der eigenen Branche loben ihn Fachkreise als mutigen Vorreiter. Denn Akteure der IT-Branche feiern lieber Geschäftserfolge und Gewinnertypen. Ergo herrscht kein Mangel an Lobpreisungen wie für „IT Award Winners". Der Widerspruch zwischen euphorischem Jubel und rauer Realität fällt wohl deshalb so krass aus, weil dieses Business besonders hart und schnelllebig vonstattengeht. So hört man hinter vorgehaltener Hand, bei Hardware reiche das Feilschen bis zur letzten Stelle hinter dem Komma.

Die Transformation zum Lösungsanbieter mit kompletten Paketen und besseren Konditionen fällt vielen schwer. „Geld für Zeit" in Rechnung zu stellen, weil ein Techniker etwa einen Drucker repariert, sei kein Geschäftsmodell mehr mit Zukunft, prognostiziert Podzimek: „Ganzheitliche IT-Lösungen as a Service möglichst zu überschaubaren Flatrate-Konditionen sind gefragt."

All' diese Entwicklungen hätten jedoch nichts mit seinem Fall zu tun, betont der Unternehmer. Sein Systemhaus gehört mit mehreren Standorten im Rhein-Main-Neckar-Gebiet zu den größeren Anbietern in Deutschland. Allein SAC beschäftigt mehr als 30 Mitarbeiter und zählt mit Acoris AG und Cairo AG zu drei IT-Dienstleistern unter dem Dach der Accas Group. Aber auch sein Auftraggeber, der beim IT-Projekt mit listigen Vertragsauslegungen die dramatische Krise auslöste, ist mit bundesweit fünf Standorten beachtlich groß und mit juristischen Winkelzügen wirkungsvoll unterwegs.

„Im Nachhinein wundert mich nicht, dass Anwälte und Steuerberater auf schwarzen Listen von IT-Unternehmen stehen", berichtet Podzimek von Vorbehalten seiner Zunft. Die Kanzlei fordert eine komplett neue IT-Infrastruktur an, was anfangs nach einem lukrativen Auftrag mit Referenz-Charakter klingt. Doch Warnsignale lassen nicht lange auf sich warten: Beim ersten Treffen sitzen gleich Anwälte mit am Tisch. Die über einen Drittbieter schon bestellte Anwaltssoftware verursacht lange Aufrufzeiten – bis zu 13 Sekunden pro Akte. Veraltet ausgestattet präsentieren sich die Kanzleistandorte, die zudem gleichzeitig umgestellt werden sollen, statt erst Erfahrung in einer Bürogemeinschaft zu sammeln. So nimmt das Unglück seinen Lauf: „Aus 15 Servern wurden 47 – auf unsere Kosten, denn der Anwalt auf der Gegenseite verwies mit juristischen Formulierungen auf Vertragsinhalte, die wir zu erfüllen hätten", berichtet Podzimek. Angsteinflößende Anwaltsfloskeln spicken mannigfaltige Mängellisten mit schwammigen, aber vermeintlich verbindlichen Passagen. So schulde der Anbieter seinem Auftraggeber „ein System mittlerer Art und Güte". Antwort auf Nachfrage, was dies sei: „Das entscheidet der Richter."

Mit dieser Zermürbungstaktik habe der Anwalt vermutlich das Defizit zu übertünchen versucht, mutmaßt Podzimek, „dass der Kunde die Komplexität unterschätzt und die Kostenkalkulation falsch berechnet hatte". Das Gesamtvolumen von 500.000 Euro bei 250 Anwendern sei zu gering angesetzt. Die Lücke sollte sein Schaden sein: Durch Vorleistungen habe sein Unternehmen rund 500.000 Euro als Minus im Cashflow „die ganze Zeit vorweggeschoben".

„Uns blieben noch zwei Wochen, bis wir den Antrag auf Insolvenz hätten stellen müssen", beziffert er die knappe Frist bis zur Pleite. Nicht nur finanzielle Verluste entstanden: Dieses

„Mich wundert nicht, dass Anwälte und Steuerberater auf schwarzen Listen stehen."

Thorsten Podzimek

Der giftige Angriff beginnt mit der gefährlichen Drohung: Mit dem Stich des Skorpions vergleicht der betroffene Systemhausinhaber seine Erfahrung mit der beauftragenden Anwaltskanzlei, die mit Hinhaltetaktik fast sein Unternehmen in den Tod getrieben hätte.

Projekt habe seinen Betrieb für andere Kunden lahmgelegt. Zwei Mitarbeitern ging der Streit derart an die Nieren, dass sie SAC verließen. Sein Team habe um technische Lösungen gekämpft, „um endlich Zahlungsbereitschaft zu erzeugen". Über zwei Jahre quittierte der Auftraggeber weder für Systeme noch für Support. Statt geradewegs auf den Abgrund wies ein Kanzlei-Mitarbeiter aus Versehen den Weg zur Rettung, als er die volle Projektsumme zur Überweisung anwies.

„Juristische Spielchen"

Erst heute, nach zwei Jahren, steht SAC wieder auf sicherer Basis. „Lernen durch Schmerz", nennt Thorsten Podzimek die Lektion, die er im Vortrag veranschaulicht als „Fabel vom Skorpion und dem Frosch", die mit dem Todesstich des giftigen Spinnentieres endet. „Juristische Spielchen" durchschaue und kontere er jetzt besser. Die glückliche Wendung bestärke ihn darin, „niemals aufzugeben". Aber sicher werde er Verträge künftig besser prüfen und notfalls ablehnen, obwohl er Partnerschaften gern per Handschlag besiegle.

„Den absolut wasserdichten Vertrag gibt es nicht", bestätigt Rechtsanwalt Klaus-Christian Falkner, spezialisiert auf IT-Projektverträge: „Rahmendaten sollten beide Parteien im Vertrag festschreiben und in einer Präambel den Ausgangspunkt, die Herangehensweise, das Ziel und das maximal verfügbare Budget für das Projekt beschreiben." Entscheidend sei aber, auf Vertrauensbasis und auf Augenhöhe zu agieren, wofür der Kunde das Gefälle im Know-how etwa mit externer Hilfe überwinden müsse. Letztlich gehe es um geeignete

IT-Infrastruktur, mit der beide Seiten leben können. Einen Beitrag zum Scheitern von IT-Projekten leisten nach seiner Erfahrung beide Vertragsparteien ähnlich oft: „Anbieter versprechen das Blaue vom Himmel, Auftraggeber unterschätzen den Aufwand." So seien der Einsatz eigener Ressourcen wie die umfassende Mitarbeit von Key Usern für das Gelingen essenziell. Zudem vergüte ein fairer Zahlungsplan die Aufwände in Etappen und biete dennoch Möglichkeiten für einen Einbehalt, wenn eine Projektschieflage droht.

Die vertraglichen Leistungspflichten sorgfältig und möglichst genau zu definieren, dazu rät Thomas Kriesel, Bereichsleiter Unternehmensrecht im Digitalverband Bitkom. Denn eine konkrete Leistungsbeschreibung könne das Streitpotenzial bei der Vertragsdurchführung reduzieren. In IT-Projekten würden die Anforderungen in einem Pflichten- oder Lastenheft festgelegt, das die Leistungen exakt beschreibe.

Allerdings sei die Erstellung eines Pflichten- oder Lastenheftes mit Aufwand verbunden, der bei der Vergütungsregelung berücksichtigt werden sollte, meint Kriesel: „Fragen zum Ablauf und zur Durchführung des Projekts können in der Leistungsbeschreibung rechtssicher vereinbart werden, während eine einseitige Festlegung durch einen Vertragspartner mit dem AGB-Recht in Konflikt geraten könnte." Es lasse sich aber „nicht für jede denkbare Unstimmigkeit" vorab eine rechtliche Lösung finden. Daher setze der IT-Projekterfolg „die faire und vertrauensvolle Zusammenarbeit" voraus.

Thorsten Garber, Chefredakteur von „return", stieß bei Recherchen in der IT-Branche auf diesen Fall und sprach unter anderem mit dem SAC-Geschäftsführer in Darmstadt.

Digitalisierung von oben
Wenn das Siezen und die Krawatten wegfallen

Eigentlich sollte es jeder als Kompliment auffassen, der es in seiner Firma nicht in die höchsten Führungsebenen schafft. Denn traut man dem gemeinen Flurfunk, kommen ja eh nur die größten Deppen auf den Chefsessel. Oder eben die mit der größten kriminellen Energie. Das zumindest sind zurzeit die einzigen beiden Schlüsse, die sich aus dem Verhalten aktuell dreier deutscher Autobosse ziehen lassen.

Als oberstes Ende der Nahrungskette von millionenfachem Betrug im eigenen Laden nichts mitbekommen zu haben, ist entweder gelogen, oder nur durch ein exorbitantes Maß an Stumpfheit zu erklären. Da Martin Winterkorn und Rupert Stadler über Jahrzehnte für ihre fachlichen Kompetenzen in höchsten Tönen gelobt wurden, mag Letzteres absurd erscheinen, wäre allerdings durch das Peter-Prinzip durchaus erklärbar. Nach diesem Prinzip wird man so lange befördert, bis man das Maß seiner absoluten Unfähigkeit erreicht hat.

An der Spitze
nicht auffallen

Das kennen wir vor allem aus unserem Schulsystem. Um unfähige Lehrer von Schülern fernzuhalten, macht man sie zu Rektoren. Wenn sie auch den Job versemmeln, zu Bildungsdezernenten. Theoretisch ließe sich diese Reihe über Staatssekretär bis hoch zum Bundesbildungsminister fortsetzen. Wer ist das eigentlich aktuell? Wissen Sie es auch nicht!? Sehen Sie! Eigentlich fällt man da oben nicht weiter unangenehm auf.

Dabei gibt es nach Peter zwei Grundarten des „Nach-oben-Stolperns". Die aus meiner Sicht schönere, aber im Fall der Autobosse sicherlich unwahrscheinlichere Variante ist die seitliche Arabeske. Demnach werden bewusst Titel und Abteilungen ohne jegliche Kompetenzen geschaffen, einzig und allein um unfähige Mitarbeiter auszulagern und weiteres Unheil zu vermeiden. Ich wurde zum Beispiel mal zum „Leiter Sonderaufgaben" gemacht und war damit im gesellschaftlichen Ansehen angesiedelt noch unter Praktikant.

„Wie, Kaffeekochen? Das kann doch unser Leiter Sonderaufgaben machen!"

Für unsere Autobauer wahrscheinlicher: die sogenannte geräuschlose Sublimierung. Unfähige Mitarbeiter werden befördert, um den anderen zu signalisieren, dass sie auch aufsteigen können. Man muss nur unfassbar viele Hierarchieebenen einführen, und alle werden sich ins Zeug legen, das nächsthöhere Level zu erreichen. Nach dem Motto „Wenn der Vollhorst das schafft, schaff ich das auch!", legen sich alle auf Befehl von oben mächtig in die Riemen. Sieht auch gut aus, bewirkt aber wenig.

Die satirische Überspitztheit des Peter-Prinzips ist nicht von der Hand zu weisen und wurde von den Autoren bewusst eingesetzt. Doch beschleicht mich das ungute Gefühl, dass dieses Prinzip einen Teil der vorherrschenden Kultur in deutschen Konzernen gut beschreibt. Unweigerlich stellt sich die Frage, wie in solchen Großtankern ein Kulturwandel, welcher mit der Digitalisierung einhergeht, gelingen soll?

„Digitalisierung ist, wenn wir in den Meetings die Krawatten abnehmen, und anfangen, uns auf einmal zu duzen." So schrieb es jüngst eine Führungskraft nach drei Tagen Workshop zum Thema Kulturwandel auf ihre Pappkarte, um das Verhalten ihrer Mitarbeiter zu beschreiben. Die meisten lebten in ihrer Abteilung immer noch nach der Devise: „Ich guck mir das hier noch 30 Jahre an, dann bin ich eh weg."

Viele würden nach wie vor auf Anweisungen von oben warten, obwohl fast alle Hierarchieebenen abgebaut wurden, um die Eigeninitiative zu fördern. Tenor: „Hier setzt der Kulturwandel erst ein, wenn die Leute total überrascht sind, dass ihr selbstfahrendes Auto sie morgens nicht in die Firma, sondern zum Jobcenter fährt, weil es vor ihnen schon ihre Mails gecheckt hat." Übrigens: Die da oben hatten dafür immer schon ihren Fahrer.

Timo Wopp, Diplom-Kaufmann und Ex-Unternehmensberater, tourt als Kabarettist, Vortragsredner und Jongleur: www.timowopp.de

Ihr Spezialist für die Möglichkeiten der Sanierung unter Insolvenzschutz

Jan H. Wilhelm
Sanierungsberater – Insolvenzverwalter

hww hermann wienberg wilhelm. Unabhängig. Kompetent. Engagiert.

Nehmen Sie uns gerne beim Wort.

Gründungspartner Jan H. Wilhelm
Albert- Einstein-Ring 11
22761 Hamburg
Tel.: 040-8539978-0
E-Mail: wilhelm@hww.eu

Wie beim Ineinanderfügen von Bausteinen wachsen in der Industrie 4.0 verschiedene Welten zusammen. Digitale Fabriken gehören heute zumindest in Teilen schon längst zum Alltag in Deutschland, obwohl die allgemeine Klage über eine zu langsame Wirtschaft hierzulande dominiert. Auch in klassischen Branchen wie der traditionellen Stahlherstellung agieren Anlagenbauer wie die SMS Group am Puls der Zeit. Da der deutsche Mittelstand seit jeher darauf achtet, wie sich Produktion optimieren lässt, gibt es auch außerhalb von Konzernen interessante Beispiele. Offen bleibt indes die Frage, woher genug geeignete Fachleute kommen sollen, die Projekte für Industrie 4.0 umsetzen, denn das können Maschinen allein nicht.

Verschmelzende Welten

Wo Industrie 4.0 funktioniert, wächst vieles zusammen: die Welt des Unternehmens mit der Welt der Kunden, IT- und Ingenieur-Welten, virtuelle und reale Welten.

Aufmerksam beobachtet Manuel Ortiz die Bewegung des Pfannendrehturms über die Verteilerrinne mit dem Flüssigstahl. Von seinem Bedienerstuhl aus hat er alles unter Kontrolle im neuen Stahlwerk von E.P.S. Siderúrgica Nacional in Cuidad Piar, Venezuela. Er kann eingreifen, wenn es nötig ist. Das ist wichtig, denn der Projektleiter ist verantwortlich für die Schulung der Mitarbeiter. Seine Crew muss den riesigen Komplex mit angeschlossenem Walzwerk und einer Produktionskapazität von 1,55 Millionen Tonnen Flüssigstahl pro Jahr steuern und ist entsprechend aufmerksam bei der Sache.

Die Schulung lief, obwohl das Werk noch nicht fertig war. Ortiz samt Crew saßen in Mönchengladbach statt in Venezuela. Hier stehen vor fünf, jeweils gut vier Quadratmeter großen Leinwänden mehrere große original Bedienpulte. Sie werden später in die Anlage in Venezuela eingebaut – mit realen Steuerungselementen. Auf den großen Screens gibt es Kino der besonderen Art: animierte Betriebsabläufe, die in 3D alle relevanten technologischen Prozesse etwa eines Stahlwerks abbilden. Das reicht vom Elektrolichtbogenofen über die Stranggießanlagen bis zum Warmwalzwerk.

„Plug & Work" nennt das die SMS Group, die damit zeigt, welche Rolle Industrie-4.0-Anwendungen selbst in der als klassisch geltenden Stahlindustrie spielen. SMS liefert die Anlage quasi schlüsselfertig. Ralf Zettier, Head of Automation Hot Rolling Mills der SMS Group: „Mit Plug & Work können unsere Kunden die Zeit der Inbetriebnahme um bis zu 30 Prozent reduzieren." Dazu entsteht während der Planung schon ein digitaler Zwilling des neuen Werks.

> „Mit Plug & Work können unsere Kunden die Zeit der Inbetriebnahme um bis zu 30 Prozent reduzieren."
> **Ralf Zettier**

Das Verzahnen von virtueller und realer Welt ist nicht nur bei SMS inzwischen Alltag. Industrie 4.0 gelingt dort, wo sich die Vorteile verschiedener Welten optimal miteinander verbinden. Dann ist das kein Hype-Wort mehr, sondern schafft handfeste Vorteile. Die gibt es schon jetzt im bundesdeutschen Produktionsleben häufiger als viele Unkenrufer meinen.

So hilft Industrie 4.0 ganz unspektakulär weiter, wenn es darum geht, Produktionsprozesse transparent zu machen. Das zeigt der Blick ins Werk Mulfingen von ebm-papst: Eine Mitarbeiterin der Endmontage von Radiallüftern setzt an ihrem Arbeitsplatz die vollautomatisch vorgefertigten Elektronik-Baugruppen zu einem Komplettlüfter zusammen. Die kreisrunde Platine mit elektronischen Bauteilen sieht wie alle anderen aus – aber der obligatorische Scan des kleinen Barcodes zeigt ihr, dass die Baugruppe doch nicht zum Rest gehört. Sie sortiert die Platine aus. Die nächste passt und der

Neue Ingenieure braucht das Land

In klassischen Ingenieurbranchen wie dem Maschinen- und Anlagenbau verändern sich im Zeichen von Industrie 4.0 die Anforderungsprofile immer mehr. Fraglich ist allerdings, ob sich genug geeignete Fachkräfte finden. Da scheinen deutsche Unternehmen durchaus skeptisch, wie aus einer Studie von Ernst & Young zur Digitalisierung in der deutschen Wirtschaft hervorgeht: Immerhin 20 Prozent der befragten Führungskräfte aus 2.000 Firmen halten fehlendes Fachpersonal für ein Hindernis bei der Digitalisierung – noch vor IT-Sicherheit.

Auch der VDI ist längst alarmiert. Der mächtige Berufsverband der Ingenieure mit mehr als 150.000 Mitgliedern rechnet damit, dass bis zum Jahr 2029 im Extremfall 700.000 Ingenieure ersetzt werden müssen, wie die Vereinigung schon 2015 in einem Szenario mit dem Institut der deutschen Wirtschaft ermittelt hatte. Konsequenzen daraus sind schon gezogen: Der VDI verpasste sich einen neuen, frischen Marktauftritt. Den vermittelte er natürlich nicht in erster Linie über seine Zeitung. Zu den erfolgreichsten Elementen der Kampagnene zählten Blogs mit Ingenieursgeschichten, Whatsapp-Kanal und andere digitale Initiativen.

Interview

„Kommunikation und Transparenz sind der Schlüssel"

Alexander Frank, Leiter Entwicklung und Verfahren bei ebm-papst, über die Grundlagen erfolgreicher Projekte in der Industrie 4.0.

Ihr Unternehmen ebm-papst hat weder einen Chief Transformation Officer noch einen Chief Digital Officer. Wie muss das Management aufgestellt sein?

Alexander Frank Hilfreich sind flache Hierarchien, wie es sie in einem mittelständisch geprägten Unternehmen gibt. Bei uns hat der CEO 2009 gesagt, dass er in die Digitalisierung einsteigen will; damals gab es den Begriff Industrie 4.0 ja noch gar nicht. Die Umsetzung lag dann bei einer kleinen Arbeitsgruppe, geleitet vom IT-Leiter und mir. Und auch heute ist die Kerngruppe mit insgesamt sechs Mitarbeitern nicht viel größer.

Mittelständisch geprägtes Unternehmen ist mit gut 15.000 Mitarbeitern etwas untertrieben.

Von der Zahl her vielleicht, aber wir haben bewusst keine Konzernstrukturen. Unbürokratische Abläufe ermöglichen schnelles Handeln. Eigenverantwortung und -initiative des Mitarbeiters sind Säulen unserer Firmenphilosophie. So können wir Dinge einfach auch einmal ausprobieren.

Das klingt nach Atmosphäre wie im Start-up.

In der Tat, ein bisschen ist das so. Wir arbeiten auch bei der Weiterentwicklung unseres Manufacturing Execution Systems, das unter anderem Produktionsprozesse transparent macht, so wie viele IT-Projekte heute entstehen: Kurzzyklisch definieren wir neue Anforderungen, die wir dann möglichst rasch umsetzen, um sie gegebenenfalls ebenso schnell anpassen zu können. Kommunikation und Transparenz sind der Schlüssel zum Erfolg. Sie müssen

Alexander Frank, Leiter Entwicklung Verfahren bei ebm-papst

© ebm-papst

die Beteiligten möglichst früh einbinden und den Nutzen transparent machen. Sobald der Nutzen erkannt wird, haben Sie die Leute im Boot.

Bei alledem darf man natürlich seine Ziele nicht aus den Augen verlieren. Denn vor allem, wenn viel möglich ist, verliert man sich oft in Spielereien. Bei unserem Modulbaukasten ist klar: Alles, was neu hinzukommt, muss entweder die Qualität verbessern oder die Kosten senken. Sonst wird nicht weitergemacht.

Was gibt es noch für Voraussetzungen?

Bevor Sie Prozesse digitalisieren, müssen Sie diese effizient gestalten. Erst dann ergibt es Sinn, die Digitalisierung anzugehen. Ineffiziente Prozesse optimieren Sie nicht durch Digitalisierung. Im Gegenteil, Sie machen Sie nur noch komplexer und teurer dazu.

Lüfter kann fertig montiert werden. Klingt nüchtern, trägt aber dazu bei, dass das Hohenloher Unternehmen in der Weltspitze vorn bleibt. Denn mit weltweit über 15.000 Mitarbeitern und aktuell mehr als zwei Milliarden Euro Umsatz gehört ebm-papst zu den führenden Ventilator-Herstellern. Die beschriebene Prozesskontrolle ist möglich, seit ein „Manufacturing Execution System" (MES) immer weiß, welche Baugruppe gerade in welchem Teilprozess steckt. Zwar stellt das Unternehmen seit vielen Jahren zahlreiche Elemente der Lüfter und Motoren schon ganz ohne manuellen Eingriff her. Die erwähnte kreisrunde Platine etwa wird vollautomatisch per SMT bestückt: Surface Mounted

Technology heißt, dass elektronische Kleinbauteile wie Widerstände, Chips oder Sicherungen direkt auf der Leiterplatte verlötet werden können. Die SMT-Maschinen halten die Kleinteile in Gurten vor, die wie Filmrollen aussehen. Sie entnehmen daraus, was gebraucht wird, positionieren, verlöten und leiten an die nächste Station.

Doch Automation allein sorgt noch nicht für den nötigen Überblick. Zudem gibt es trotz Fertigung von immerhin 14 Millionen Produkten jährlich allein in Mulfingen viele Baugruppen, die in sehr kleinen Losgrößen hergestellt werden. Manche haben nur eine Auflage von 20 oder 30 Stück. Über das MES sind einzelne Baugruppen identifizierbar: Jede

3D-Maschinenkino: Leitstellen-Mitarbeiter der SMS Group betreiben welt-weit Testcenter und steuern hier den digitalen Zwilling eines Stahlwerks.

Qualitäts-Scan: Alle Fertigungsdaten erfasst das Manufacturing Execution System (MES), so dass bei der manuellen Endmontage auch alles sicher sitzt.

erhält eine ID samt Barcode, über die alle Daten von den verbauten Einzelteilen bis zum Ergebnis der bisher absolvierten Funktionstests abrufbar sind.

„Anfangs gab es durchaus Widerstände im Haus, über so ein System die Abläufe zentral zu lenken," sagt Alexander Frank, Leiter Entwicklung Verfahren bei ebm-papst: „So manchem war es nicht geheuer, die Produktionssteuerung von vermeintlich ausfallgefährdeten Netzwerken abhängig zu machen." Doch offene Diskussionen, eine hohe Netzverfügbarkeit und der Nutzen überzeugten auf Dauer. Vermutlich auch die keinesfalls rigide, sondern sehr sachorientierte Vorgehensweise.

„Eine totale Vernetzung sämtlicher Prozesse wollen wir gar nicht", sagt Frank. „Vernetzung muss einen Nutzen schaffen, nur dann ist sie sinnvoll. Ist der nicht gegeben, wird auch nicht vernetzt. Zudem war es wichtig, die Industrie 4.0 MES-Applikationen modular aufzubauen." Die enge Verbindung zur Praxis halten „Key User" in allen Produktionseinheiten, die vierzehntägig zusammenkommen. Sie besprechen Veränderungen von Programmmodulen oder regen Neuentwicklungen an.

Auch wenn ebm-papst keine totale Vernetzung anstrebt, sind die künftigen Vorhaben ambitioniert. Denn im nächsten Ausbauschritt ist man dabei, die inzwischen riesigen Datenmengen, die sogar in unternehmenseigene Clouds ausgelagert werden, genau zu analysieren. Ziel ist es, mit Hilfe von Data-Analytics die vorhandenen Daten auszuwerten und auf Verhaltensmuster zu überprüfen, um so Prozesse zu optimieren oder gar ganz einsparen zu können.

Big-Data-Analyse durch Experten aus eigenem Start-up

Erste Pilotprojekte laufen, denn ebm-papst programmiert die maschinenseitigen Module des MES-Systems mittlerweile selbst. Dennoch braucht man für die Big-Data-Analyse auch Experten wie Mathematiker, die so ein produktionsorientiertes Unternehmen normalerweise nicht hat. Das

Unternehmen gründete dazu eigens ein Start-up, das sich mit solchen Themen befasst.

Liegt der Schwerpunkt bei ebm-papst auf der Verbindung zwischen Daten und Prozessen, geht es beim Industrie-4.0-Projekt im westfälischen Blomberg darum, isolierte Teilverfahren zu einem größeren Automatismus zusammenzufassen. Der Industrieelektronik-Anbieter Phoenix Contact gehört ebenfalls zur weltweiten Spitzengruppe seiner Branche. Das Produktionsprogramm umfasst auf den ersten Blick einfache Reihenklemmen zur Stromübertragung ebenso wie hochkomplexe Steuerungstechnik für die Industrie.

Trotz Automatisierung noch genug manuelle Arbeit

Ist schon die Zahl der Produktlinien beeindruckend, treiben vor allem die vielen Varianten den Umfang des Portfolios in die Höhe. „60.000 verschiedene Produkte kommen da zusammen", so Stefan Flachmann, Abteilungsleiter Neuwerkzeuge. Sehr viele Produkte haben Kunststoffgehäuse, die das Unternehmen fast alle selbst herstellt. Dazu benötigt es viele unterschiedliche Spritzguss-Formen und entsprechend viele Werkzeuge. Daher hat der unternehmenseigene Werkzeugbau viel zu tun.

Computergesteuerte Fünf-Achs-Fräsmaschinen bearbeiten schon seit vielen Jahren den Stahlrohling vollautomatisch. Gleiches gilt für Messmaschinen oder die Herstellung der speziell geformten Grafit-Elektroden der Senkerodier-Maschinen, die ebenfalls automatisch agieren. Manuell blieb aber der Wechsel zwischen den Bearbeitungsschritten vom Fräsen, über das Erodieren und Nachfräsen bis zum Messen sowie eventueller Nacharbeit. Manuell blieb auch die Säuberung zwischendurch.

„Nicht alles schöne Arbeit", räumt Flachmann ein, aber vor allem eine, die für viel Aufwand sorgte. Liegezeiten waren hier das Problem. So zeigten Studien, dass ein Werkstück im Werkzeugbau durchschnittlich nur zehn Prozent der Zeit

Endmontage bei ebm-papst: Die Prozesssteuerung garantiert Qualität trotz hoher Stückzahlen, wenn wie hier Lüfter am laufenden Band entstehen.

bearbeitet wird, aber 90 Prozent der Zeit wartet. Und zwar darauf, gemessen, gesäubert und weiterbearbeitet zu werden. „Das mussten und wollten wir ändern", sagt Flachmann, der das umfangreiche Modernisierungsprojekt leitete.

Die Herausforderung beschränkte sich dabei nicht nur darauf, die Maschinen-Hardware miteinander zu verbinden. Es galt, eine eigene Datenverteilstation einzurichten, die mit den unterschiedlichen Formaten umgehen kann. Heraus kam, was der Fachmann „verfahrensgemischte Prozesskette" nennt. Der Effekt: Nun kommt der Rohling an der einen Stelle der verzahnten Maschinerie hinein, auf der anderen Seite gemessen, gewaschen und für gut befunden wieder heraus. Für alles andere sorgt der verzahnte Produktionsprozess.

Jobs hat das nicht gekostet, aber verändert. „Unsere Experten an den Maschinen gibt es nach wie vor", sagt Flachmann, „sie machen aber jetzt etwas anderes." Statt nur für eine Maschine aus dem Verbund zuständig zu sein, geht es nun um den kompletten Prozess. „Heute wird fast jeder Eingriff nur noch am Rechner gemacht statt wie früher per Hand an der Maschine, unsere Techniker sind fast zu Programmierern geworden."

Kompakt

▶ Industrie 4.0 funktioniert, wenn digitale und reale Welt sich ideal ergänzen.

▶ Je realistischer virtuelle Vorwegnahmen der realen Produktion sind, desto mehr profitieren Anwender.

▶ Erfolgreiche Unternehmen setzen Digitalisierung nur dann ein, wenn sie messbaren Nutzen bringt.

▶ Techniker und Ingenieure wandeln sich von einsamen Tüftlern zu teamorientierten Digitalarbeitern.

▶ Schnelle Teillösungen statt Perfektion sind gefragt.

So wie bei Phoenix Contact in manchen Bereichen Techniker nahezu zu Programmierern werden, verschmelzen auch an anderer Stelle Arbeitsbeschreibungen, oft sogar das Arbeitsprinzip. Denn das Vorbild der sich schnell entwickelnden Start-ups in der IT-Welt färbt immer mehr auf die klassische Ingenieurtechnik ab. Schon seit Jahren ist in der IT-Branche das agile Projektmanagement auf dem Vormarsch: Statt sehr lange detailliert alle Anforderungen zu beschreiben und dann in einem Rutsch umzusetzen – daher der Name „Wasserfall" –, gehen viele erfolgreiche und vor allem schnelle IT-Projekte nach agiler Methode vor.

Im Prozess, auch Scrum genannt, werden die Anforderungen in kleine und sinnvolle Häppchen aufgeteilt. Diese Etappen meistern Teams dann schnell. Sie probieren aus und optimieren. Was langwierige IT-Prozesse heute beschleunigt – nämlich „trial and error" statt detailverliebtes Dauertüfteln – treibt auch die Ingenieurswelt an. So gibt es schon seit einiger Zeit eine agile Projektentwicklung beim Werkzeugbauer Trumpf (Interview ab Seite 22).

Agile Teams entwickeln Projekte heute effizient und transparent

Auch die Teams bei ebm-papst gehen diesen Weg bewusst (Interview Seite 18). SMS digital nutzte gar das Phänomen des Crowdsourcing: Das Unternehmen schrieb kurzerhand einen Wettbewerb aus und machte die zuvor anonymisierten Kundendaten für Datencrawler öffentlich, um schnell viele Erkenntnisse aus den enormen Datenmengen zu ziehen, die bei einer Stranggieß-Anlage zur Verarbeitung von Flüssigstahl zu Stahlbrammen anfielen. „Was dabei herauskam, waren Einblicke, die nur mit Bordmitteln nicht zustande gekommen wären", bilanziert SMS-Pressesprecher Thilo Sagermann.

Trotzdem muss auch in Zeiten von Industrie 4.0 nicht alles digital sein. Alexander Frank und sein Team bei ebm-papst haben bis zu tausend Einzelprojekte im Jahr zu bewältigen. Um das möglichst optimal zu organisieren, holen sie sich Hilfe bei Fraunhofer-Experten. In der Projektorganisation ist seitdem das Kernelement eine riesige Wand – aber nicht voll mit computeranimierten Bildern, sondern mit handgeschriebenen Karten. „Mit unserem Projektboard steuern wir unsere Projekte effizient. Die wöchentlichen kurzen Abstimmungen am Board schaffen die nötige Transparenz", sagt Frank.

Armin Hingst schreibt als freier Journalist in „return" vor allem über IT-Themen und über diverse Aspekte digitaler Transformation, so auch in dieser Heftausgabe seinen vierten Teil unserer neuen Serie „Digitales" (S. 58) sowie – damit prädestiniert für Industrie 4.0 – eben auch diesen Titelreport.

„Wir verstehen Digitalisierung als Wachstumstreiber"

Den Wandel zur Industrie 4.0 begleitet Entwicklungsleiter Dr. Thomas Schneider sowohl im Transformationsprozess bei seinem Arbeitgeber Trumpf als auch über Plattformen bei Kunden.

Herr Schneider, über ihr Wirken heißt es in einem Beitrag von Trumpf: Die Umstellung auf Industrie 4.0 dürfe keinem Selbstzweck folgen, sondern müsse Mehrwert schaffen. Gelingt dies vor allem über standardisierte Prozesse?

Bei Industrie 4.0 steht heute die Vernetzung im Fokus. Früher haben Maschinenbauer nur Einzeltechnologien verkauft, die der Kunde dann irgendwie vernetzt hat. Aber die Transparenz durch Digitalisierung fehlte, welche heute in Echtzeit herzustellen ist. Prozesse für Lean Production und Qualitätsmanagement haben zwar seit den 90er Jahren auch in vielen Industriezweigen verstärkt Einzug gehalten. Aber einige Prozesse sind für Industrie 4.0 noch mal neu zu ordnen, so dass es einen neuen Effizienzschub gibt.

> „Silodenken wirkt sich für die Vernetzung irreführend aus. Abgrenzungen sind nicht erwünscht. Brüche gilt es aufzulösen."
>
> Thomas Schneider

Die Prozesse müssten bei vielen Mittelständlern doch schon sauber aufgestellt sein, nach Jahren mit Qualitätsmanagement-Systemen. Warum gleichen Wertschöpfungsketten trotzdem noch einem „Saustall", wie ein Kritiker urteilt?

Ein solches Wort sollten wir nicht verwenden, das ist nicht seriös. Sicher mangelt es bei manchen Firmen zwischen einigen Fertigungsschritten an sauberen Datenschnittstellen, was dann im Zweifel sogar zu Materialengpässen führt. Wenn die Auftragsbearbeitung in der Fertigung noch nicht optimal funktioniert, kann das auch eine höhere Lagerhaltung verursachen. Industrie 4.0 sorgt für den konstanten Fluss.

Andererseits spricht selbst Dr. Prokop als Ihr CEO für Machine Tools von immer kürzeren Lieferzeiten, kleineren Losgrößen und möglichst sinkenden Teilepreisen im immer schnelleren Wandel und immer komplexerer Logistik, wodurch Aufträge kaum noch prozesssicher und ohne steigende Fehlerzahlen zu erfüllen seien. Diese Zunahme an Anspruch und Anfälligkeit bekommt man in den Griff?

Ja, denn Industrie 4.0 zeigt uns das richtige Handeln auf. Auch kleine Mittelständler unter unseren Kunden arbeiten in komplexen Lieferketten globaler Fertigungsindustrie. Klassische Zulieferbetriebe müssen dazu heute imstande sein und im internationalen Kontext mithalten. Sie müssen in Präzision, Qualität und Kosten alle Anforderungen erfüllen. In der Vergangenheit konnten sie durch individuellen Mitarbeitereinsatz die steigenden Ansprüche kompensieren. Unter verstärktem Wettbewerbsdruck ist diese Aufgabe heute allein mit Manpower nicht mehr lösbar. Das kann nur die Digitalisierung. Da diese Mittelständler in der Regel keine eigenen IT-Abteilungen besitzen, bieten wir ihnen Hilfe bei der digitalen Transformation.

Ihr Unternehmen hat mit dem Fraunhofer IPA die Prozesse von 25 Trumpf-Kunden untersucht; danach entfallen 80 Prozent der Bearbeitungszeit auf administrative Tätigkeiten wie Angebotserstellung und Materialbestellung, die nichts zur Herstellung beitragen. Hilft Automatisierung, solche Zeitfresser zu beseitigen?

Ja, es geht in der Digitalisierung auch darum, interne Prozesse zu verschlanken, die Wertschöpfung ganzheitlich zu digitalisieren. Durch das Aufheben von Informationsbrüchen – also etwa Verwendung von Papier einerseits und Software andererseits – lassen sich die Prozesse deutlich beschleunigen und verbessern. Gleiches gilt für die Tätigkeiten direkt vor und nach dem eigentlichen Fertigungsprozess. So verknüpft beispielsweise unser Laservollautomat „TruLaser Center 7030" mit dem Schneiden von Blechen auch das Entnehmen des Materials und das Ablegen der fertigen Teile.

Also geht es nicht nur um das Beseitigen von Defiziten in Abläufen, sondern vor allem um mehr Wertschöpfung.

Die Elemente, die bei unseren Entwicklungen zunächst auf digitale Transparenz in der Fertigung zielen, reichen grundsätzlich weiter in Services wie vorausschauende Wartungen. Diese Services, zu denen auch das automatisierte Bestellen gehören kann, erhöhen ebenfalls die Wertschöpfung innerhalb von Prozessketten. Für solche Fragen suchen wir selbstverständlich auch Lösungen.

Volle Transparenz ist eine Forderung, die sicher auf Widerstand stößt in Unternehmen mit Abteilungen, die bisher im stillen Kämmerlein agieren. Deckt Industrie 4.0 zwangsläufig alle Abläufe auf?

Ja. Silodenken wirkt sich für die Vernetzung irreführend aus. Abgrenzungen sind nicht erwünscht. Das Management führt das Unternehmen quer über alle Abteilungen. Brüche, die früher womöglich zwischen Abteilungen in Kauf genommen wurden, gilt es aufzulösen.

Von null auf hundert zu einer voll integrierten Produktionslösung zu kommen, halten Sie für schwierig, und raten zum Prozess in sinnvollen Schritten. Wie und wo fangen Unternehmen am besten an?

In unserem „True Connect-Einstiegs"-Paket sind Hardware, Software und Services für die Smart Factory enthalten. Die digitale Darstellung kann dazu dienen, dem Käufer auf sein Smartphone zu spielen, ob seine Maschine läuft oder nicht. Damit, aber auch durch andere Lösungen, erhält er die Chance, sich weiter mit der Transparenz innerhalb seines Unternehmens auseinanderzusetzen.

Ist Lean Production oder ein anderes Prozess-Management-System die Voraussetzung für den Start von Industrie 4.0 oder reichen geordnete Strukturen im Betrieb?

Nein, alles ist miteinander verzahnt. Für die digitale Transformation ist es notwendig, alle Schritte für Lean Production und Qualitätsmanagement mitzugehen. Denn dies reduziert Komplexität in der Fertigung, eine Bedingung für eine sinnvolle Vernetzung. Kein Unternehmer möchte Komplexität und Inneffizienz in cloudbasierte Services übertragen.

Die Einführung von Industrie 4.0 allein durch Anschaffung von womöglich intelligenten Maschinen bleibt aber Illusion. Auf welchen Sinn und Zweck zielt die Digitalisierung stattdessen?

Sie ermöglicht unseren Kunden, im globalen Wettbewerb neues Geschäft aufzubauen und altes Geschäft zu erhalten. Neue Möglichkeiten entstehen unseren Kunden dabei unter anderem dadurch, dass sie Durchlaufzeiten im bestehenden Geschäft einsparen. Wir verstehen die Digitalisierung nicht als Selbstzweck, sondern als Wachstumstreiber. Das gilt für unsere Kunden genauso wie für Trumpf.

© Trumpf

Thomas Schneider verantwortet als Geschäftsführer die Entwicklung im Geschäftsbereich Werkzeugmaschinen und leitet den Bereich Life Cycle Engineering und Produktqualität beim bekannten Familienunternehmen Trumpf. Mit seinem Team möchte er prägend wirken im Maschinen-Service und in der kompletten Vernetzung der Produkte „in Zeiten von Industrie 4.0 und Big Data Analytics". Der Dr.-Ing. begann seine berufliche Karriere als wissenschaftlicher Mitarbeiter am Karlsruhe Institute of Technology (KIT), war dann „Head of Controlling A380 Engineering" bei Airbus, Consultant bei McKinsey sowie „Director Flight Controls and Actuation Systems" bei Liebherr-Aerospace Lindberg.

Mitunter entsteht in Diskussionen der Eindruck, als müssten nur noch Maschinen miteinander kommunizieren und Daten fließen. Wie wichtig ist Manpower?

Der Mensch war, ist und bleibt entscheidend in der vernetzten Fertigung. Auch bei der Entwicklung von digital vernetzten Produkten, die insbesondere bei Maschinenbauern immer komplexer ausfallen, ist die Expertise etwa von Konstrukteuren gefragt. Auch die Prozesse, die Maschinen lernen sollen, müssen zunächst von Menschen gestaltet werden. Egal, ob bei Trumpf oder bei einem anderen Unternehmen in der Industrie.

Benötigen Unternehmen angesichts von Agilität und Transparenz nicht eine andere Art von Mitarbeitern?

Klar erkennen wir bei unseren Kunden, dass sie auch Mitarbeiter mit neuen Kompetenzen benötigen. Dies wird in vernetzten Fabriken sogar noch zunehmen. Die Grundlagen für Entscheidungen, die früher nachgelagert getroffen werden konnten, liegen jetzt sofort und noch an der Maschine als digitalisierte Information vor. In der effizienten Produktion wird noch an Ort und Stelle entschieden.

Auch beim Laserschneiden erhöht Trumpf etwa mit diesem „Tru-Laser Center 7030" die Prozesssicherheit in der Fertigung.

Wegebner für Smart Factory

Die bekannte Unternehmensgruppe mit Hauptsitz in Ditzingen/Baden-Württemberg sieht sich selbstbewusst als Markt- und Technologieführer für Werkzeugmaschinen und Lasertechnik. Einst als mechanische Werkstätte im Jahr 1923 gegründet, erwirtschafteten zuletzt knapp 12.000 Mitarbeiter weltweit einen Jahresumsatz von mehr als drei Milliarden Euro. Für die industrielle Fertigung sollen jetzt insbesondere Software-Lösungen „den Weg in die Smart Factory" ebnen und Industrieelektronik künftig Hochtechnologieprozesse ermöglichen, wie es auf der Website zum Profil heißt. Die sechsköpfige Geschäftsführung mit CEO Nicola Leibinger-Kammüller betont den Status als Familienunternehmen.

www.trumpf.com

Bringen die neuen Skill-Sets nur Digitalisierungsprofis mit, oder können Unternehmen eigene Mitarbeiter schulen für „die vierte industrielle Revolution"?

Beides ist richtig. Für vernetzte Maschinen benötige ich sowohl die Erstgenannten als auch exzellent ausgebildete Stammkräfte. In der Industrie 4.0 ist es so, dass hochgradig digitalisierte Maschinen neue Informationen verarbeiten, die für Hersteller wie Bediener neue Handlungen ermöglichen.

Trumpf hat mit 4.0-fähigen Mitarbeitern eine Maschine angeblich schon agil entwickelt. Was steckt hinter der Story Ihres „TruLaser Center 7030"?

Das war das erste Großprojekt, bei dem wir mit den klassischen Funktionen der Entwicklung, des Vertriebs und des Service unter der Leitung eines Produktverantwortlichen in Sprint-Etappen zu einer neuen Lösung gekommen sind. Funktionalitäten einer Maschine betrachten wir in der Regel unter Blickwinkeln der Mechanik, der Mechatronik und der Software. Sonst dominierte bei Trumpf eher das Mechatronische. Mit dem TruLaser Center haben wir vor vier Jahren erstmals Disziplin- und damit Abteilungsgrenzen geöffnet.

Langsam weicht die Panik, dass die Digitalisierung millionenfach Arbeitsplätze vernichtet. Denn es können auch viele qualifizierte Jobs entstehen. Versachlichen Sie bitte die emotional geführten Debatte anhand eines konkreten Beispiels.

Gerne: Wir haben bei Trumpf allein hier in Ditzingen mittlerweile rund 600 Entwickler. Vor dreieinhalb Jahren waren es noch 400. Damit mit dem Entwickler-Begriff nicht falsche Vorstellungen verbunden werden: Dazu gehören klassische Berufe des Maschinenbaus, Mechatroniker, aber auch Software-Experten und sogar Daten-Analysten, die zuvor für Banken gearbeitet haben.

Gleichwohl lösen in der Produktion die Maschinen als lernende Systeme künftig verstärkt die Menschen ab, oder?

Nicht wertschöpfende, sondern sich wiederholende Tätigkeiten werden weniger. Tätigkeiten mit IT-Bezug nehmen zu. Das ist auch absolut notwendig, um im globalen Wettbewerb bestehen zu können. Das gilt gegenüber China genauso wie gegenüber den USA. Die Übernahme solcher oft monotonen Arbeiten durch Maschinen sehe ich daher positiv. Technologien wie Machine Learning und künstliche Intelligenz entlasten die Menschen. Auch Augmented und Virtual Reality unterstützen Mitarbeiter in den Werken bei der Fertigung. Ich betone noch einmal, dass der Service in der Industrie 4.0 an Bedeutung gewinnt. Support steht künftig über 24 Stunden an sieben Tagen der Woche und 365 Tagen des Jahres zur Verfügung. Die Technologien helfen, solche Leistungsversprechen einzuhalten. Menschen werden

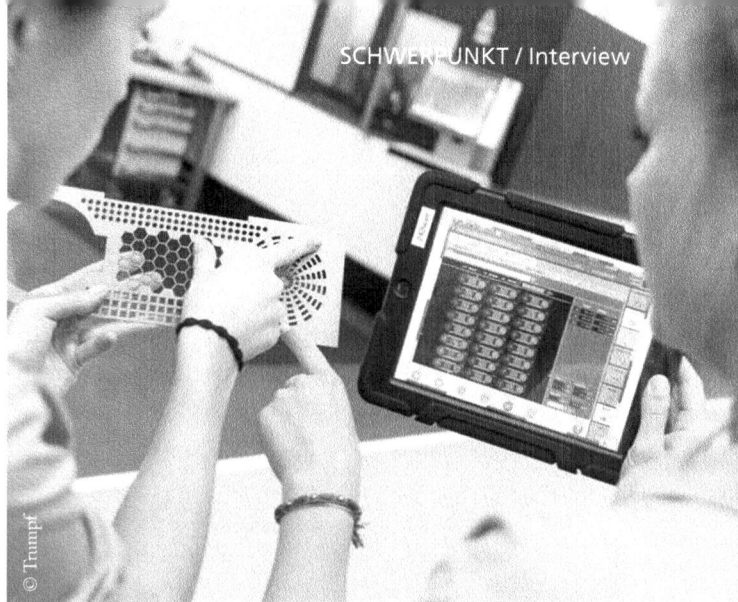

Trumpf zeigt in Chicago die komplett vernetzte Blechverarbeitung, deren Prozesskennzahlen in dieser Schaltzentrale zusammenlaufen.

Die Produktqualität in der vernetzten Fertigung begutachten hier Mitarbeiter über die von „True Connect" gesteuerte Smart Factory.

deshalb aber nie aus dem Service verschwinden, sondern leisten weiterhin Unterstützung mithilfe neuer Technologien.

An welchen Projekten arbeiten Sie derzeit für Trumpf?
In der Intralogistik arbeiten wir derzeit an verschiedenen Themen – seien es vernetzte Transportsysteme oder digitale Teile-Nachverfolgbarkeit. Kunden erhalten dadurch mehr Transparenz über ihre Fertigung, was zu Effizienzgewinnen führt. Aber ich bitte um Verständnis, dass ich allzu viel noch nicht verraten möchte. Da sind wir in der Entwicklung lieber zurückhaltend, weil das den Wettbewerb auch brennend interessiert.

Welche Geschäftsplattform ist für Kunden entstanden?
Über unser Tochterunternehmen Axoom haben wir eine hervorragende Geschäftsplattform für die Industrie, die schon bei rund 40 Kunden im Einsatz ist. Sie funktioniert in der Automobilindustrie genauso wie im Maschinen- und Anlagenbau. Mit der Plattform lassen sich Daten von Maschinen verschiedener Fabrikate jeglichen Alters vernetzen.

Welche Entwicklung war für Sie in Ihrer Zeit bei Trumpf die bisher herausragende mit Symbolcharakter für die Transformation in die Industrie 4.0?
Ach, wissen Sie, bei uns passiert so viel. Da ist es schwer, etwas als herausragend hervorzuheben. In Chicago haben wir im Herbst des vergangenen Jahres unsere Smart Factory eröffnet. In unserem Werk in Gerlingen bestellen Kunden ihre Teile allein – durch ein Foto mit dem Smartphone. Unsere hauseigene Blechfertigung in Ditzingen ist ein digital vernetztes Vorzeigeprojekt. Das sind drei Beispiele von vielen. Am besten vertraut bin ich selbst mit der Entwicklung unserer vollautomatischen Lasermaschine TruLaser Center 7030. Sie hat ein großes deutsches Magazin mal als „Übermaschine" bezeichnet und ein Kunde als „Gottes Segen".

Das Projekt habe ich eng begleitet, so dass es persönlich für mich das bislang wichtigste Industrie-4.0-Projekt war.

Was wird sich bis zum Jahr 2030 noch wesentlich ändern in Unternehmen, die der Industrie 4.0 entgegenstreben?
Diese Zeitspanne reicht zu weit in die Zukunft. Die Digitalisierung verändert die Industrie so rasant, dass sich keine derartige Vorhersage treffen lässt. Wir legen unsere Ziele, die wir mit der digitalen Transformation für Kunden, Unternehmen und Mitarbeiter erreichen wollen, auf fünf Jahre an. Dazu gehört, unsere Technologieführerschaft in den Trumpf-Kernmärkten durch digitale Lösungen auszubauen. Wir steigern unsere Produktivität weiter und reduzieren unsere Durchlaufzeiten. Wir steigern die Produktivität unserer Kunden selbst bei Losgröße eins. Für sie sind unser Vertrieb und unser Service über 24 Stunden täglich erreichbar, also erleben sie keine ungeplanten Stillstände an ihren Maschinen.

Was halten Sie für entscheidend, um den Transformationsprozess in der Digitalisierung durch vorbildliche Unternehmensführung voranzutreiben?
Wir setzen auf vorbildliche Unternehmensführung in allen Bereichen, nicht nur in der digitalen Transformation. Also gilt wie sonst auch bei Trumpf: Der Mensch steht im Mittelpunkt. Deshalb sorgen wir dafür, dass die Mannschaft mitkommt, indem wir informieren und qualifizieren. So stellen wir die Ausbildung sicher für eine digital vernetzte Zukunft. Erst kürzlich haben wir bei uns den ersten Ausbilder für Industrie 4.0 eingestellt.

⭳ Mehr unter www.return-online.de

Das Interview mit dem Entwicklungschef für Werkzeugmaschinen bei Trumpf führte „return"-Chefredakteur Thorsten Garber.

Comeback King

Druckmaschinen-Hersteller litten lange und heftig unter Internetkonkurrenz und Medienwandel.
Doch nicht trotz, sondern wegen der Digitalisierung steht Koenig & Bauer heute gut da.

Im Druckmaschinenbau brechen nach der existenziellen Krise neue Zeiten an. Nach einer verlustreichen Durststrecke stabilisiert haben sich auch die weltweit größten Unternehmen der Branche, Heidelberger Druck und Koenig & Bauer. Beim Letztgenannten fiel die Sanierung unter dem Management rund um den Vorstandsvorsitzenden Claus Bolza-Schünemann in Würzburg konsequent aus, so dass Früchte früher zu ernten waren. In Heidelberg steht die Wende noch am Anfang.

Abzulesen ist das am Aktienkurs: Seit Anfang 2015 sind die Titel von Koenig & Bauer von zehn auf 62 Euro gestiegen; das ist nicht weit entfernt vom historischen Höchstwert, der im April 2018 notiert wurde. Die Aktien von Heidelberger Druck sind im gleichen Zeitraum um 50 Prozent auf 2,40

Unternehmensgründung im Kloster

Druckmaschinen fertigt die Koenig & Bauer AG am Standort Würzburg seit mehr als 200 Jahren. Im August

Innovative Maschinen wie für den modernen Bogendruck.

1817 gründeten Friedrich Koenig und Andreas Bauer im Kloster Oberzell an der linken Mainseite die erste Druckmaschinenfabrik der Welt. Gegenüber, auf der anderen Flussseite, liegt das heutige Würzburger Stammwerk, das 1901 in Betrieb ging. Friedrich Koenig hat die mechanisch arbeitende Druckmaschine im Jahr 1814 erfunden – unterstützt von Mechaniker Bauer. Mit Dampfmaschinenkraft gedruckt wurde damals die Londoner Tageszeitung „The Times". Damit löste das mechanische Schnelldruckverfahren die Handpresse ab. Johannes Gutenberg hatte 1442 die erste Druckpresse im Spindelverfahren erfunden. Koenig & Bauer gilt als prägend in der Branche und steht für innovative Maschinen.

www.koenig-bauer.com

Euro geklettert. Von der Bestmarke, 40 Euro zu Jahresbeginn 2000, ist der Branchenprimus noch weit entfernt. Positiv gestimmt sind Analysten für beide Unternehmen. Alexander O'Donoghue von der Privatbank Berenberg bezeichnet die Nummer eins und zwei der Branche schlicht als „Comeback Kings". Auch bei Beobachtern anderer Geldhäuser wie Warburg, Kepler Cheuvreux und Equinet herrscht bezüglich der beiden Druckmaschinen-Hersteller reiner Optimismus. Wer indes die Weiche besser gestellt hat, um für die Zukunft gerüstet zu sein, wird wohl erst die nächste Krise zeigen.

In den vergangenen zehn Jahren hat der Siegeszug des Internets die Branche umgepflügt. Online-Werbung ersetzt Werbeprospekte und das E-Paper die gedruckte Tageszeitung. Als wäre das nicht Herausforderung genug für die Druckmaschinenbauer, kam 2008 der Ausbruch der Weltfinanzkrise hinzu. In ihrer Folge blieben viele Aufträge aus. Sogar Insolvenz anmelden musste Manroland vor sieben Jahren, bis dahin die Nummer zwei der Welt. Zweieinhalb Jahre zuvor hatte der Staat Heidelberger Druck mit 850 Millionen Euro vor dem Untergang gerettet.

Eigenkapitalquote beträgt 36 Prozent

Nur Koenig & Bauer steht derzeit besser da als je zuvor. Im Geschäftsjahr 2017 erwirtschafteten die rund 5.600 Beschäftigten aus einem Umsatz von 1,2 Milliarden Euro ein Ergebnis vor Zinsen und Steuern von 81 Millionen Euro. Ein nur leicht negatives Zinsergebnis wird durch eine Steuererstattung nahezu ausgeglichen – wegen Nutzung von Verlustvorträgen. Die Eigenkapitalquote beträgt satte 36 Prozent. Die Auftragsbücher sind gut gefüllt.

Ausgerechnet das World Wide Web erweist sich für den ältesten Druckmaschinenbauer der Welt als Treiber für künftiges Wachstum. „Verstärkt setzen wir auf das Internet der Dinge und proaktive Serviceangebote, die auf einer Analyse kundenspezifischer Maschinen- und Produktdaten basieren", erklärt Bolza-Schünemann: „Koenig & Bauer 4.0" sei das. Dienstleistungen rund um die Hightech-Druckanlagen seien ein wichtiger Erfolgsfaktor. Services wie Fernwartung,

Insgesamt mehr als 7.000 installierte Maschinen von Koenig & Bauer stehen weltweit bei Kunden. Mit vielen können Servicetechniker schon jetzt kommunizieren. Doch die Digitalisierung schreitet voran, denn mittlerweile sind Prozesse in vernetzten Fabriken durchgängig digital.

vernetzte Maschinen, internetbasiertes Monitoring, Datenbrillen und Webshops würden dazu beitragen, „dass getätigte Investitionen über Jahre und Jahrzehnte hinweg ihre Produktivität beibehalten", sagt der Vorstandschef.

Nach Angaben des Unternehmens können Servicetechniker und zertifizierte Zulieferer mit etlichen der mehr als 7.000 weltweit installierten Rollenoffsetmaschinen von Koenig & Bauer kommunizieren. Via Internet gehe das schon seit zehn Jahren.

Die Digitalisierung schreite rasch voran. Realisierbar seien mittlerweile durchgängig digitale Prozesse in einer vernetzten Druckfabrik. Dabei würden die Daten automatisch von den Maschinen mittels Software analysiert und via onlinebasierter Speicher- und Serverdienste allen Zugriffsberechtigten zur Verfügung gestellt – auch dezentral auf einem Smartphone. Je nach Produktgruppe seien bis zu 75 Prozent der Maschinen mit Fernwartungsverträgen über Cloud-Computing verbunden, heißt es in Würzburg: „Wir helfen unseren Kunden, profitabler zu sein – auch auf Basis der Leistungsdaten ihrer Maschinen."

Die Datenströme moderner Druckmaschinen könnten nicht nur proaktiv beispielsweise für die Ausführung von Wartungsarbeiten genutzt werden, sondern auch prädiktiv, um Ereignisse vorauszusagen. Koenig & Bauer entwickle Algorithmen der künstlichen Intelligenz und Optimierungsmethoden wie „Machine Deep Learning"-Instrumente. Damit

„Verstärkt setzen wir auf das Internet der Dinge."

Claus Bolza-Schünemann

lassen sich Muster erkennen, um ungeplante Ausfälle frühzeitig zu erkennen und zu vermeiden. Nichts ist schädlicher für den Druckbetrieb als Stillstand – ob nun wegen fehlender Waschmittel oder wegen verbrauchter Gummitücher. Das permanente Monitoring setze selbstverständlich das Einverständnis des Anwenders voraus.

Das autonome Drucken steht noch am Anfang. Eine Druckerei verfügt in der Regel über eine Maschine, auf der unterschiedliche Druckaufträge bearbeitet werden können. Hereinkommende Bestellungen werden zentral im Leitsystem erfasst. Nach Angaben von Koenig & Bauer startet der Auftragswechsel automatisch, nachdem die Produktion des vorangegangenen Jobs abgeschlossen ist. Das heißt: Die Maschine reinigt sich selbst und stellt die für den nächsten Auftrag benötigten Verbrauchsmaterialien wie Druckplatten und Farben zur Verfügung. Der Bediener selbst greift nicht mehr ein. Anschließend arbeitet die Maschine den nächsten Druckauftrag ab, wobei vom Bediener voreingestellte Werte und Abläufe zur Anwendung kommen. Das ist heute möglich.

„ErgoTronic AutoRun" nennt man das in Würzburg; und etwas griffiger „Push to Stop" in Heidelberg. Die Maschine benötigt – bildlich gesprochen – keinen Startknopf mehr, sondern nur noch einen Aus-Schalter. Sofern Aufträge vorliegen, läuft und läuft und läuft die Maschine. Und der

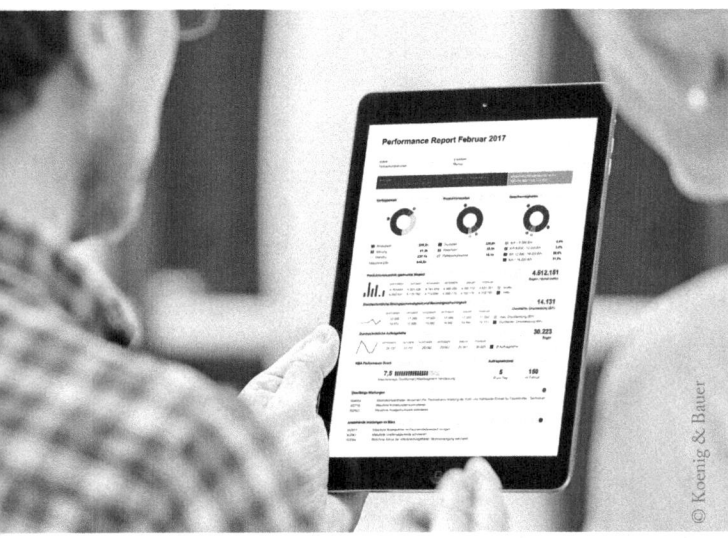

Die Vernetzung dient auch Servicetechnikern und Zulieferern dazu, mit den Druckmaschinen zu kommunizieren.

Durchweg digitalisiert geht's heute innerhalb der Druckmaschinnen von Koenig & Bauer zu, denn vernetzte Fabriken sind das Ziel.

Anlagenbauer verdient mit, indem er bei den Kunden einen Teil der Effizienzgewinne abschöpft. Im Idealfall organisieren die Druckmaschinen der vernetzten Fabrik ihre Arbeit komplett autonom und bestellen auch sämtliche Verbrauchsmaterialien direkt beim Hersteller. Die dafür notwendige Kommunikation könnte in Zukunft über winzige Chips mit Antenne drumherum funktionieren, sogenannte NFC-Tags. NFC steht für Near Field Communication; auf Deutsch: Nahfeldkommunikation.

Die Chips können als dünne Aufkleber fast überall angebracht werden. Kommt ein NFC-Empfänger in die Nähe eines NFC-Tags, gibt der Chip seine Daten preis. Als Empfänger eignen sich zum Beispiel Smartphones; neue Modelle sind in der Regel NFC-fähig. Eigenen Angaben zufolge hat Koenig & Bauer diese Technologie bei Pilotkunden schon zur Bestandserfassung im Lager und zur Chargen-Verfolgung bis zur Druckmaschine eingesetzt. Dafür sei die seit einem Jahr bestehende Info- und Wartungs-App jetzt um eine Produktions-App erweitert worden. Das Anwendungsprogramm sei für mobile Endgeräte mit dem Android-Betriebssystem von Google entwickelt worden.

Webshop-Anbindung für autonomen Materialeinkauf

Der Arbeitsablauf der App beginne im Lager. Dort seien die Lagerplätze der unterschiedlichen Verbrauchsmaterialien mit NFC-Tags ausgestattet. Der Lagerist habe so stets einen Überblick über die Bestände. Auch am Verbrauchsort, zum Beispiel im Druckwerk, gelinge die Zuordnung über NFC-Tags. Das Nachfüllen geschehe zwar noch per Hand, der Lagerbestand aber reduziere sich automatisch um die nachgefüllten Farben, Lacke, Gummibänder und Puder. Sobald dort eine Mindestmenge des jeweiligen Materials unterschritten sei, erhalte der Lagerist eine Information per E-Mail. Das sei heute technischer Stand. Als Nächstes plane Koenig & Bauer unter anderem die Anbindung an einen Webshop. Dann sei auch der autonome Einkauf der Verbrauchsmaterialien möglich.

Das sind nur Beispiele aus dem weiten Feld der Industrie 4.0, in der Digitalisierung allen Druckmaschinen-Herstellern neue Chancen eröffnet. Ihre Produktfertigung gilt übrigens als Königsdisziplin des Anlagen- und Maschinenbaus. Die riesigen Automaten stehen für höchste Präzision. Der Herstellungsprozess ist laufend zu überwachen, kleine Fehler verursachen mitunter immense Folgekosten. Druckerei und Maschinenbauer stehen in engem Kontakt, denn

Durststrecke überwunden
Finanzkennzahlen in Millionen Euro

	Umsatz	Nettoergebnis
2008	1.532	-87,1
2009	1.050	2,7
2010	1.179	15,3
2011	1.167	3,3
2012	1.293	6,1
2013	1.012	-138,1
2014	957	5,5
2015	1.183	29,7
2016	1.150	81,0
2017	1.266	78,5

Es geht auch finanziell wieder aufwärts bei Koenig & Bauer.

Präzision ist Trumpf, um eine hohe Druckqualität zu erreichen. Heute ist der Anspruch an die Güte der Brillianz äußerst ausgeprägt.

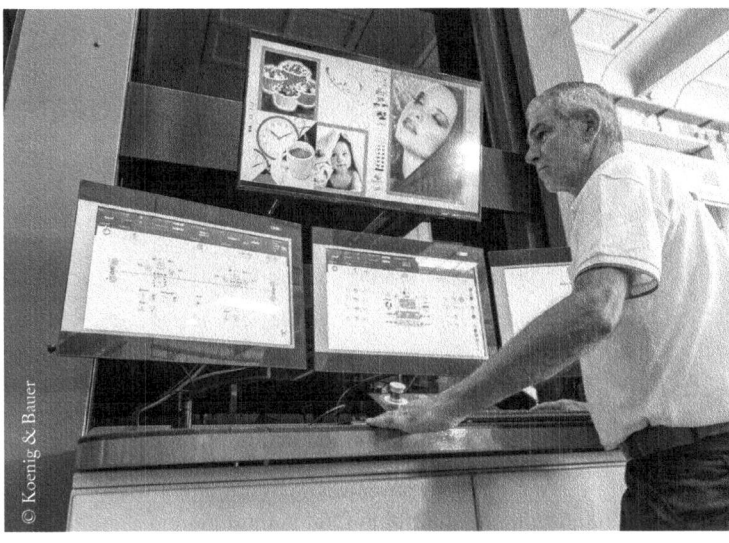

Trotz Digitalisierung und Vernetzung stehen Fachkräfte an den Druckmaschinen für die entscheidende Qualitätskontrolle.

Stillstandzeiten sind teuer. Vernetzung, die Abläufe effizienter gestaltet, verschafft Vorteile für alle Beteiligten.

„Wir haben annähernd einen 360-Grad-Blick auf unsere Kunden, verstehen ihre Anforderungen und Wünsche besser und tragen zu ihrem Erfolg bei", sagt Thomas Göcke, Leiter Marketing und CRM bei Koenig & Bauer. Die Würzburger erhalten schließlich Teile der Effizienz- und Produktivitätsgewinne, die die Vernetzung erzielt. Dabei steht die Branche steht erst am Anfang, dieses Potenzial zu nutzen.

Ein weiterer Grund, weshalb Koenig & Bauer heute glänzend dasteht, ist der E-Commerce. Immer mehr Menschen bestellen Waren im Internet, die anschließend in Kartons verpackt ausgeliefert werden. Gleichzeitig gehen die Online-Händler dazu über, die bisher braunen Verpackungen farbig zu gestalten. Zusätzlich wollen die Hersteller ihre versendeten Waren durch hübsche Verpackungen aufwerten. Beides treibt das Wachstum des Verpackungsdrucks. Hier liegt ein Schwerpunkt von Koenig & Bauer im Markt für Bogenoffsetmaschinen. Es ist das größte Segment der Würzburger, dicht gefolgt von Sondermaschinen sowie Rollen- und Digitaldruck.

Insgesamt verfügt das Unternehmen, das wie ein Mittelständler geführt wird, über eine breite Produktpalette. Im Gegensatz zu Heidelberger Druck haben die Würzburger auch Maschinen zum Bedrucken von Hohlkörpern aus Metall, Kunststoff oder Glas im Angebot. Auch für Maschinen im Banknotendruck steht das Traditionsunternehmen; ein Markt, der aufgrund der steigenden Nachfrage von Schwellenländern nach fälschungssicherem Geld ebenfalls stark wächst. In solchen Nischen agieren wenige Konkurrenten – entsprechend hoch können Margen ausfallen.

In Wachstumsmärkten warten hohe Erlöse

Die nächsten Ziele hat Vorstandschef Bolza-Schünemann klar formuliert: „Wir streben ein organisches Umsatzplus von vier Prozent und eine operative Rendite vor Zinsen und Steuern von rund sieben Prozent an." Der Fünf-Jahres-Plan schreibt bis 2021 eine Verbesserung der Marge auf neun Prozent und ein Erlöswachstum von vier Prozent pro Jahr vor. Branchenanalyst O'Donoghue erwartet beim Umsatz sogar ein Plus von 5,3 Prozent pro anno. „Koenig & Bauer erzielt 90 Prozent seiner Erlöse in den Wachstumsmärkten wie Verpackungs-, Wertpapier- und Digitaldruck", betont er. Im Verpackungsdruck liege der Weltmarktanteil bei 45 und im Banknotendruck bei 95 Prozent. Damit bestehen berechtigt gute Aussichten für den Pionier des Druckmaschinenbaus, die Krise scheint überwunden und neue Zeiten scheinen anzubrechen.

Kompakt
▶ Die großen Druckmaschinenhersteller haben eine existenzielle Krise überwunden.
▶ Alle Anbieter setzen auf durchgängig digitalen Prozessen in einer vernetzten Druckfabrik.
▶ Koenig & Bauer profitiert zudem von einem breiten Produktportfolio.

Diplom-Volkswirt Stefan Terliesner arbeitete als Redakteur für namhafte Wirtschaftsmedien, bevor er 2002 zum freiberuflichen Journalisten transformierte.

Digital global

Industrie 4.0 aus vier Ländern der Erde

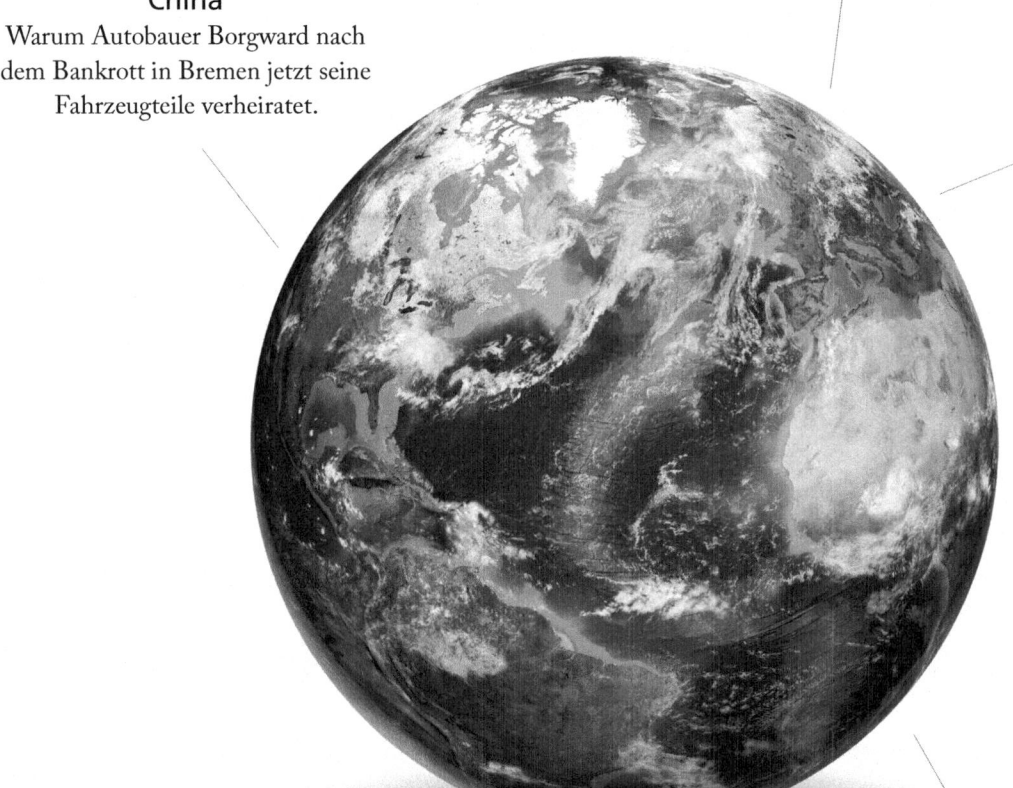

Litauen
Womit Unternehmen
bis zu 50 Prozent
ihrer Energiekosten sparen.

China
Warum Autobauer Borgward nach
dem Bankrott in Bremen jetzt seine
Fahrzeugteile verheiratet.

Russland
Wie Cognitive Pilots
fahrerlose Autos und
Landmaschinen steuern.

Südafrika
Wieso Pepperl + Fuchs
die Automatisierung in Afrika
als große Chance versteht.

© jimmyjamesbond / Getty Images

„Vernetzte Verheiratung"

China: Für die wiederbelebte Automarke Borgward produziert eine Fabrik nahe Peking nach Vorgaben von Industrie 4.0. Der Ausbau für den Weltmarkt läuft schon.

Borgward-Fertigung 4.0 in Peking: Autonom arbeitende Systeme verheiraten die passenden Teile von Chassis und Karosserie.

Roboter greifen heranschwebende Seitenteile, drehen sie flink um und setzen sie an die auf einem Fördersystem herangleitenden Karosserieteile. Bei der so genannten „Hochzeit" von Chassis und Karosserie eines Automobils bringen autonom rollende Plattformen das Chassis zum Förderband, an dem die Karosserien hängen. Die Verbindung gelingt automatisch mithilfe von Laser-Messsystemen. Alltag in der Fabrik der deutsch-chinesischen Marke Borgward in Pekings Vorort Miyun: Das Werk ist nach deutschen Vorgaben für Industrie 4.0 ausgelegt. Mit dieser Fabrik will Borgward erst China, dann die Weltmärkte aufrollen.

Erst Bestseller, dann bankrott

Die knapp 100 Jahre alte Marke aus Bremen hatte ihre Blütezeit in den 50er Jahren in Deutschland. Das Unternehmen erfand die Kompakt-Limousine: Die Borgward „Isabella" war ein Bestseller. Heute arbeitet der Enkel des einstigen Firmengründers Carl F.W. Borgward am Wiederaufstieg der Firma, die 1961 unter undurchsichtigen Umständen für bankrott erklärt worden war.

In Miyun laufen bisher zwei Modelle vom Band: die Sportgeländewagen BX5 und BX7. Peking ist zugleich Standort des aktuellen Eigners Foton, Lastwagen-Tochter des staatlichen Autobauers Beijing Automotive (BAIC). „Wir sind eine deutsche Marke, die von chinesischem Kapital gestützt wird", sagte Borgward-Präsident Jason Yang kürzlich.

Borgward sieht sich als Vorreiter der Automatisierung in China. Die Produktionslinie kann simultan acht Modelle bearbeiten. Laut Fabrik-Manager Li Bin ist es die weltweit erste ihrer Art. Im Presswerk hat Borgward nach eigenen Angaben als einer der ersten Autobauer eine komplett „automatisierte Transferpressenstraße" aufgebaut, die 15 verschiedene Karosserieteile pro Minute pressen kann.

Die Flexibilität verlange eine „vernetzte Automation, ein spezielles Layout und einen Maschinenpark mit reduzierten Transport- und Bearbeitungszeiten", so das Unternehmen. Hier arbeiten 443 Kuka-Roboter, die mit der Produktionssteuerung vernetzt sind, verteilt auf diversen Linien. An einer Linie zum Einbau von Komponenten werden Wägelchen mit Teilen für Steuergeräte oder Kabelsätze von autonom surrenden, gelben Trägervehikeln an die Station gebracht und dort in ein Förderband eingeklinkt.

Automatisierung wird angesichts des wachsenden Arbeitskräftemangels und steigender Löhne immer wichtiger in China. Inspiriert durch Industrie 4.0, legte die Regierung ein eigenes Programm auf: Made in China 2025. Dies fördert neben Hightech und Vernetzung eine generelle Lokalisierung fortschrittlicher Produktionen im Land. Während ältere Fabriken sich schrittweise digitalisieren, legte Borgward die neue Fertigung gleich nach State of the Art an.

Jetzt muss alles funktionieren. Nach dem fulminanten Marktstart in 2016 stockten die Verkäufe 2017; nur 43.000 Autos wurden abgesetzt. Als Neuheit erschien im Mai der BX7 als Elektromodell. Das Werk könnte 180.000 Autos pro Jahr produzieren. Trotzdem läuft die Ausbauphase. „Wir werden mittelfristig immer mehr Märkte mit Modellen bedienen. Dafür benötigen wir Kapazitäten", sagt Tom Anliker, Vertriebschef für alle Märkte außerhalb Chinas. Südamerika und der Mittlere Osten stehen dieses Jahr an. Ende Juni startete der Markteintritt in Deutschland von Stuttgart aus. Dafür werden die Autos aus China geliefert – ein Novum.

Christiane Kühl arbeitet von Peking aus als China-Korrespondentin und schreibt für „return" regelmäßig über die dortige Wirtschaft auch deutscher Unternehmen.

„Kein Katzensprung"

Südafrika: In der einzigen Industrienation des Kontinents rollt die Digitalisierung voran.
Über Hürden spricht Marc Van Pelt, Managing Direktor von Pepperl + Fuchs.

© Pepperl + Fuchs

Für Marc Van Pelt ist Afrika „der letzte große Wachstumsmarkt", der „von Industrie 4.0 profitieren kann".

Herr Van Pelt, Afrika ist bisher Nachzügler bei jeder industriellen Revolution gewesen. Wird das bei Industrie 4.0 auch so sein?

Marc Van Pelt: Die Gefahr besteht. Der Zug in Richtung vierte industrielle Revolution ist jedoch nicht mehr zu stoppen. Es bleibt afrikanischen Ländern nichts anderes übrig, als aufzuspringen, wenn sie sich nicht von der Weltwirtschaft abkoppeln wollen. Man darf keine Zeit mehr verlieren, aber es ist auch noch nicht zu spät.

Ist Südafrika als führende afrikanische Volkswirtschaft gerüstet?

Auf Regierungsebene befasst sich bisher ein kleiner Expertenkreis mit dem Thema. Aber es gibt zahlreiche gute Initiativen – von der Regierung, von Universitäten und der Wirtschaft. Das Bewusstsein ist geweckt.

Die Arbeitslosigkeit in Südafrika ist schon jetzt sehr hoch, gleichzeitig herrscht Fachkräftemangel.

Das ist die große Herausforderung. Industrie 4.0 beschreibt eine Produktionsform, in der künstliche Intelligenz, selbst gesteuerte Maschinen und moderne Kommunikationswege eine zentrale Rolle spielen. In Afrika indes überwiegen arbeitsintensive Produktionsprozesse. Schätzungen zufolge könnten 40 Prozent der Arbeitsplätze der Digitalisierung zum Opfer fallen – bei Lastwagenfahrern, Fabrikarbeitern und im mittleren Management. Es gibt nur eine Lösung: ausbilden, ausbilden, ausbilden.

„Leapfrogging" ist ein Schlagwort in Afrika, das Überspringen von Entwicklungsstufen dank moderner Technik. Bestes Beispiel ist die rasante Verbreitung des Mobilfunks. Wird so ein Sprung auch diesmal möglich sein?

Es kann gelingen, aber es wird kein Katzensprung sein. Industrie 4.0 benötigt ein extrem leistungsfähiges Internet. Die Übertragungskapazitäten sind selbst in Südafrika bisher zu gering. Auch die Stromversorgung ist nicht immer zuverlässig. Es werden hohe Investitionen in die Infrastruktur nötig sein.

Das klingt nach einem Herkules-Kraftakt. Steigen dafür die Chancen?

Es gibt schon jetzt viele positive Beispiele. In Tansania transportieren Drohnen etwa Medikamente in entlegene Gegenden. In Südafrikas Bergwerken können Augmented-Reality-Systeme bei der Bergung nach Unfällen helfen. Roboter werden künftig Rohstoffvorkommen ausfindig machen, die kein Mensch entdeckt hätte. Man darf aber nicht nur an die direkten Einsatzmöglichkeiten denken. Für die Batterien von Drohnen etwa benötigt man Mineralien, die in Afrika gefördert werden. Die vielen Folgen und Wechselwirkungen lassen sich heute gar nicht überblicken.

Pepperl + Fuchs ist ein Unternehmen aus Mannheim und gilt als Pionier bei der Entwicklung industrieller Sensoren für die Fabrik-Automation. Erhoffen Sie sich auch hier in Afrika gute Geschäfte?

Am Gesamtumsatz gemessen ist unser Beitrag gering. Aber unser Unternehmen arbeitet für Großkonzerne, die in Afrika eigene Produktionsstätten betreiben. Wenn unsere Kunden dort sind, folgen wir. Ich bin außerdem davon überzeugt, dass Afrika der letzte große Wachstumsmarkt ist und von Industrie 4.0 profitieren kann.

Claudia Bröll, die aus Kapstadt berichtet, führte das Gespräch mit Marc Van Pelt, der seit März zusätzlich das „Task Team Industrie 4.0" des südafrikanischen Branchenverbands SAICM verantwortet.

„Licht ins Dunkel"

Litauen: Die digitale Welt hält verstärkt Einzug in hiesigen Fabrikhallen.
Möglich machen dies unter anderem die Anwendungen von Aedilis.

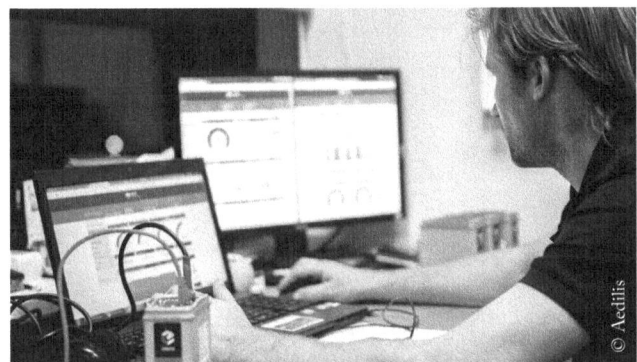

Der Auswertung und Steuerung von Energieströmen dient das Management-System von Aedilis, wodurch Unternehmen deutlich sparen.

Industrie 4.0 gilt als das Schlagwort unserer Zeit. Dahinter verbirgt sich, dass Maschinen, Geräte, Sensoren und Menschen durch moderne Informations- und Kommunikationstechnik miteinander vernetzt und verzahnt sind. Informationen sind so über die gesamte Wertschöpfungskette transparent verfügbar. Gesammelt und aggregiert bilden sie die Datengrundlage für dezentrale Entscheidungen, um Produktionsprozess und Ressourcen-Einsatz zu optimieren. Was simpel klingt, ist technisch eine Herausforderung – oft müssen riesige Datenvolumina erfasst und ausgewertet werden. Bisher lagen solche Datenströme nahezu brach. In vielen Industriefirmen tun sie das noch immer. Besonders kleinere und mittlere Betriebe nutzen nur unzureichend das Potenzial zur Optimierung, das in diesen Daten schlummert.

Energie-Management
aus der Cloud entwickelt

„Viele Unternehmen wissen nicht, wie sie die Digitalisierung ihrer Fabrik angehen sollen, um ihre Produktivität steigern zu können. Wir helfen ihnen dabei, Licht ins Dunkel zu bringen", sagt Raimundas Slavinskas. Mit seinem Unternehmen Aedilis entwickelt der Litauer digitale Lösungen, die mehr Transparenz versprechen und die nötigen Daten in der Fabrikhalle erfassen.

Auf Basis seiner Erfahrungen als Dienstleister für Elektroinstallationen hat das Unternehmen ein cloudbasiertes Energie-Management-System entwickelt. Es ermöglicht eine übergreifende Betrachtung von Energieströmen und zeigt auf, wie viel Strom und Wärme die Maschinen verbrauchen. Auch könne durch die Daten aufgeschlüsselt werden, welche Produktionszyklen und Anlagen wie viel Energie bei welcher Leistung benötigen, erklärt Slavinskas.

Andere Lösungen von Aedilis zielen darauf ab, die Effektivität der Gesamtanlagen zu verbessern. Betriebsspezifisch können damit etwa die Maschinenauslastung und andere Prozesse in der Produktion überwacht werden. Die nötige Soft- und Hardware wird dabei auf die Kundenbedürfnisse angepasst; sie kann gekauft oder gemietet werden.

Sämtliche erfasste Daten sind visuell verständlich aufbereitet in Echtzeit auf dem Computerbildschirm, Tablet oder Mobiltelefon verfügbar. Gespeichert und gesichert sind sie in der geschützten Cloud. So arbeiten alle Beteiligten mit den gleichen Daten. Für die Nutzung der Cloud fällt eine monatliche Gebühr an. Die Kunden behalten dabei die Hoheit über ihre Daten.

Mehr als 100 Unternehmen vorwiegend aus der Kunststoff- sowie Metallindustrie und aus anderen Industrien in den baltischen Staaten und in Polen, aber auch in Malaysia, Taiwan und China setzen schon auf die Anwendungen von Aedilis. Durch den Einsatz sind je nach Betrieb zwischen zehn und 50 Prozent Energie einzusparen und die Effizienz um 20 bis 50 Prozent zu steigern, verspricht Slavinskas und prognostiziert, dass sich die Investitionen im Normalfall schon innerhalb eines Jahres amortisierten.

Für Slavinskas ist die Vernetzung zentrales Zukunftsthema. Deshalb setzt er sich im Vorstand des Verbands der litauischen Ingenieursbranche für mehr Digitalisierung im produzierenden Gewerbe ein. Gemeinsam mit der Regierung und weiteren Akteuren hat der Verband eine nationale Plattform für Industrie 4.0 ins Leben gerufen, um die vierte industrielle Revolution erfolgreich zu gestalten. Wie dies funktioniert, hat Slavinskas mit Aedilis vorgemacht – und erhielt dafür 2017 den deutsch-litauischen Wirtschaftspreis.

Alexander Welscher arbeitet von Lettlands Hauptstadt Riga aus als Baltikum-Korrespondent insbesondere für die Deutsche Presse-Agentur (dpa) – und für „return".

„Vollautonomer Mähdrescher"

Russland: Viele Unternehmen wären hierzulande schon froh, den Sprung von der Industrie 2.0 zu 3.0 zu schaffen. Doch einige nutzen Nischen zur Weltmarktführerschaft.

Fahrerlose Fahrzeuge wie diesen Pkw-Prototyp, bald auch Landmaschinen, will die CT-Chefin mit kognitiven Piloten ausstatten.

© Cognitive Technologies

Wer beispielsweise jemals einen Flachbett-Scanner von HP, Canon oder Epson für sein Heim oder Büro gekauft hat, arbeitet schon seit Jahren – wahrscheinlich nur, ohne es zu wissen – mit der Software eines der Industrie-4.0-Champions Russlands. All diese Hersteller legen ihren Geräten die OCR-Software „CuneiForm" von Cognitive Technologies aus Moskau bei. Schon seit Mitte der 90er Jahre teilt sich das Unternehmen den Markt für Texterkennung mit einem anderen russischen Anbieter: ABBYY.

Nach dem Zusammenbruch der Sowjetunion standen viele Forschungsinstitute in Russland vor dem Aus. Der Staat hatte andere Sorgen, als sich um einen Haufen von Nerds zu kümmern. Aus dieser Not heraus gründete das „Labor für künstliche Intelligenz" im Institut für Systemanalyse der Russischen Akademie der Wissenschaften das Unternehmen Cognitive Technologies (CT), um seine Mitarbeiter finanziell über Wasser zu halten. Künstliche Intelligenz ist heute ein Buzzword, mit dem sich Milliarden-Investitionen einsammeln lassen. Damals, noch dazu in Russland, konnte man damit kein Geld verdienen.

Also bewiesen die Gründer, Vladimir Arlazarov und Olga Uskova, unternehmerisches Geschick und gaben dem jungen Markt für Büroautomatisierung eine einfache und billige Lösung zur Umwandlung von Scans in bearbeitbaren Text. Durch OEM-Verträge mit den wichtigsten Scanner-Herstellern war man bald einer der Weltmarktführer. Die heutige CT-Präsidentin, Olga Uskova, war die treibende

Kraft hinter dem wirtschaftlichen Aufstieg. Sie ist eine Ausnahmeunternehmerin – auch nach deutschen Maßstäben. Kaum eine Behörde oder ein großes Unternehmen kann sich heute noch ein Leben ohne CT-Texterkennung vorstellen. Neue Ideen sollen die Kompetenz in künstlicher Intelligenz besser nutzen. Zwei Mitarbeiter kamen vor vier Jahren zu Olga Uskova mit der Idee, eine KI-basierte Software für fahrerlose Fahrzeuge zu entwickeln. Der Vorschlag gefiel dem Top-Management so gut, dass Teams mit Energie an der Realisierung arbeiten. Immerhin will man mit Tech-Giganten wie Google oder Tesla in einer Liga spielen. Das Ergebnis: Cognitive Pilot. Eines der besten und aussichtsreichsten Systeme für fahrerlose Fahrzeuge stellt der C-Pilot nach Berichten der internationalen Fachpresse dar.

Menschliche Intuition im Verkehr simulieren

Wie Olga Uskova betont, zeichnet sich das System dadurch aus, dass es nicht nur auf glatten kalifornischen Landstraßen funktioniert, sondern auch unter den Herausforderungen russischer Straßen mit ihren klimatischen Extremen, mit teilweise schlimmen Zuständen und mit großem Verkehrschaos in Metropolen. Inzwischen bringen die Entwickler den Algorithmen sogar bei, menschliche Intuition im Straßenverkehr zu simulieren. Auch in der Landwirtschaft soll C-Pilot eingesetzt werden. Uskova geht davon aus, dass ihr Unternehmen in fünf bis sechs Jahren einen „vollautonomen Mähdrescher" entwickelt und produziert.

In diesem Jahr wagte sich Cognitive Technologies zum ersten Mal auf die CES, die internationale Messe für Consumer Electronics in Las Vegas. CT geriet sofort zu einem der meistbeachteten Aussteller. Es ist also nicht auszuschließen, dass mit einem russischen Autopiloten bald auch deutsche Autos fahren.

Holger Zscheyge schreibt schon seit Jahren immer wieder exklusiv für „return", denn vor allem ist er als Managing Director beim Informationsdienstleister Infotropic Media in Moskau tätig.

Implementierte Industrie

Für Industrie 4.0 benötigen Unternehmen einen ganzheitlichen Ansatz. Es gilt vor allem, die vielfältigen Risiken der Digitalisierung zu überwinden und das volle Potenzial auszuschöpfen.

Vernetzte Produktionsanlagen funktionieren in einer implementierten Industrie 4.0, wenn vor der schrittweisen Umsetzung die eigene Planung unter drei Gesichtspunkten im Unternehmen analysiert und geprüft wurde auf den drei Ebenen von Strategie, Prozess und Technologie.

Zusätzlichen Umsatz durch Industrie 4.0 von 31 Milliarden Euro pro Jahr bis 2020 erwarten deutsche Unternehmen aus Maschinen- und Anlagenbau, Automobilindustrie, Prozessindustrie, Elektroindustrie sowie Informations- und Kommunikationsindustrie. Laut Studie der Beratungen von Pricewaterhouse Coopers (PwC) und „Strategy&" entspricht das im Schnitt einer Umsatzsteigerung von 2,5 Prozent pro Jahr.

Auch eine Studie von KPMG zur digitalen Transformation der Fertigungsindustrie sieht 87 Prozent der Unternehmen in den nächsten zehn Jahren auf dem Vormarsch. Allerdings zeigt sich, dass Wunsch und Wirklichkeit auseinanderliegen. Erst 25 Prozent hatten mit der Transformation begonnen. Neben dem kaum quantifizierbaren Finanzvorteil bei hohen Investitionen, fehlenden Standards und ungeklärten Fragen in Datensicherheit zählt mangelndes Know-how zum größten Defizit. Unternehmen ist nicht klar, wo und wie sie starten sollen. Ein Projekt wird oft beendet, bevor es richtig angefangen hat. Die Vielfalt der Themen und die Auswirkungen auf den ganzen Betrieb können Unternehmen zum Verhängnis werden. So setzen Entscheider häufig auf falsche Themen, um ein Digitalisierungsprojekt zu beginnen.

Die Industrie treibt Trendthemen um wie Smart Glasses, künstliche Intelligenz oder digitale Zwillinge. Die technischen Voraussetzungen dafür sind meist noch nicht geschaffen – ob in Produktion, Organisation, Strategie oder Geschäftsmodell. So entstehen Insellösungen, die nicht zur Produktivitäts- und Effizienzsteigerung führen und folglich als Fehlinvestition eingeschätzt werden. Es fehlt vielfach auch an der richtigen Unternehmenskultur.

Auch wenn das Management die Industrie 4.0 vorantreibt: Mitarbeiter müssen in den Prozess eingebunden sein, weil sie nach der Implementierung direkt von den Änderungen betroffen sind, etwa Maschinenbediener. Speziell bei Aspekten wie präskriptiver Prozesskontrolle oder Smart Devices, die eine grundlegende Veränderung der Arbeit nach sich ziehen, setzt nach dem Schock eine ablehnende Haltung gegenüber Veränderungen ein. Dies gilt es präventiv zu verhindern, so wie der Betriebsrat von Anfang an eingebunden und der Schutz personenbezogener Daten gewährleistet gehört. Schließlich wird eine individuelle, datenbasierte und somit ergonomische Konfiguration des Arbeitsplatzes, die den Alltag des Werkers unterstützt, oft sogar vom Betriebsrat positiv gesehen. Dagegen findet das Erstellen von datenbasierten

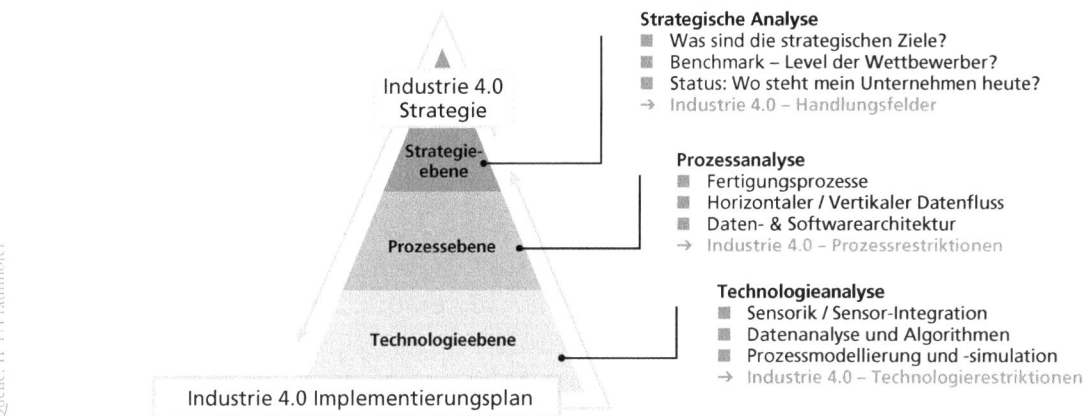

Quelle: IPT/Fraunhofer

Strategische Analyse
- Was sind die strategischen Ziele?
- Benchmark – Level der Wettbewerber?
- Status: Wo steht mein Unternehmen heute?
→ Industrie 4.0 – Handlungsfelder

Prozessanalyse
- Fertigungsprozesse
- Horizontaler / Vertikaler Datenfluss
- Daten- & Softwarearchitektur
→ Industrie 4.0 – Prozessrestriktionen

Technologieanalyse
- Sensorik / Sensor-Integration
- Datenanalyse und Algorithmen
- Prozessmodellierung und -simulation
→ Industrie 4.0 – Technologierestriktionen

In drei Analyseschritten kommen Unternehmen von der Strategie 4.0 zum Implementierungsplan 4.0, indem sie auf drei Ebenen unter anderem die Ziele, die Prozesse und die technischen Voraussetzungen prüfen.

Leistungsprofilen selten Zustimmung des Betriebsrates. Eine frühe Abstimmung mit dem Organ ist daher unabdingbar für eine nachhaltig erfolgreiche Transformation.

Ziel der Digitalisierung ist Effizienz- und Produktivitätssteigerung. Dafür hat das Fraunhofer-Institut für Produktionstechnologie (IPT) einen ganzheitlichen Ansatz entwickelt. Die Produktionsprozesse müssen nach Lean-Prinzipien ausgelegt sein – ohne Überproduktion, Wartezeiten, zu viele oder falsche Prozessschritte und Nacharbeit. Ist diese Basis geschaffen, gelingt der Schritt von der Strategie zur Implementierung in drei Schritten. Dafür betrachtet man drei Ebenen des Unternehmens in Strategie, Prozess und Technologie (siehe Grafik).

Zur Implementierung auf drei Ebenen

In der strategischen Analyse sind kurz-, mittel- und langfristige Ziele des Unternehmens zu ermitteln. Von den definierten Zielen ist abhängig, welcher Digitalisierungsgrad generell angestrebt wird. Ein höherer Digitalisierungsgrad ist nicht zwangsläufig mit Effizienzsteigerungen verbunden. Dies ist für jedes Unternehmen individuell festzulegen.

Ein Benchmarking mit branchennahen Wettbewerbern ist sinnvoll, um den richtigen Digitalisierungsgrad zu ermitteln. Zudem wird der Status quo von Digitalisierung im betrachteten Unternehmen bestimmt. Davon hängen die weiteren Ziele maßgeblich ab. Als Ergebnis der strategischen Analyse werden die Handlungsfelder für die Industrie-4.0-Transformation in der Produktion bestimmt.

Die Prozessanalyse geschieht darauf aufbauend. Sie umfasst die Analyse der strategisch relevanten Fertigungs- und Organisationsprozesse. Wichtigstes Element dieser Analyse ist die Betrachtung des Informations- und Datenflusses. Dies ist in der Produktion nicht nur horizontal zu verstehen, also auf der gleichen Produktionsstufe, sondern vertikal zwischen den Produktions- und Unternehmensstufen zu gewährleisten. Dafür ist eine entsprechend unternehmensweite Datenarchitektur zu schaffen, welche die Datendurchgängigkeit sicherstellt. Als Resultat der Prozessanalyse werden Restriktionen und Bedingungen für diese Architektur ermittelt.

In der Technologieanalyse werden dann für die jeweiligen Produktionsprozesse die technischen Voraussetzungen und Bedarfe für die Implementierung von Industrie 4.0 ermittelt. Dies umfasst die Sensorintegration in den Anlagen, die Prozessmodellierung und -simulation sowie Datenanalysen und Algorithmen. Letztgenannte sind für die Produktionsoptimierung notwendig.

Wurden die Handlungsfelder bestimmt und die Restriktionen auf Prozess- sowie Technologieebene ermittelt, wird eine Roadmap zur Industrie 4.0 erarbeitet. Diese zeigt auf, welche Maßnahmen auf Strategie-, Prozess- und Technologieebene einzuhalten sind, um dadurch die kurzfristigen, mittel- und langfristigen Ziele zu erreichen. Durch die Betrachtung aller drei Unternehmensebenen gelingt es, aus sämtlichen Bereichen die Mitarbeiter in diesen umfassenden Unternehmenswandel einzubinden. Damit steigt die Akzeptanz im Unternehmen. So ist die erfolgreiche Implementierung von Industrie 4.0 innerhalb der Strategie gesichert und das volle Potenzial der Digitalisierung ausgeschöpft.

Für diesen Fachbeitrag war ein Autorentrio tätig: Prof. Robert H. Schmitt (l.) führt den Lehrstuhl für „Fertigungsmesstechnik und Qualitätsmanagement" am Werkzeugmaschinenlabor der RWTH Aachen. Er ist Mitglied des Direktoriums am Fraunhofer-Institut für Produktionstechnologie (IPT), an dem Raphael Kiesel (2.v.l.) als Gruppenleiter für das Themenfeld „Vernetzte Produktions-IT" verantwortlich zeichnet und Thomas Vollmer (r.) die Abteilung „Produktionsqualität" leitet.

Erfolge in Erlösen

Innovationen durch Dienstleistungen und Produkte zielen in der Industrie 4.0 auf Kundennutzen, der kaum kopierbar ist. Unternehmen stellen ihren Kunden erreichte Ergebnisse in Rechnung.

© bluedesign / stock.adobe.com

Unaufhörlich gleich laufenden Gelddruckmaschinen gleichen zwar auch gute Geschäftsmodelle selten, aber clever erzeugter Kundennutzen durch unverzichtbare Technologien oder Services generiert grundsätzlich schon Erfolg, der auch mit Erlösen geerntet gehört.

Tragfähige Geschäftsmodelle und inspirierender Kundennutzen sind der Schlüssel für den langfristigen Erfolg eines Unternehmens. Die Chancen in ungewisser und komplexer Wirtschaftswelt umzusetzen, ist ein entscheidender Wettbewerbsvorteil. Innovationen, die rein auf Technik abheben, garantieren keinen Erfolg. Neue Produkte und Dienstleistungen sollten sinnvoll mit Geschäftsmodellen gekoppelt sein, die Markteintrittsstrategien ebenso wie Kundennutzen für wesentliche Zielgruppen definieren.

Transformation gegen Business-Bedrohung

Um aktuellen und künftigen Bedrohungen des Business zu begegnen und neue Erlösmodelle zu schaffen, müssen Unternehmen ihre Geschäftsmodelle nicht nur verstehen, sondern transformieren, kommunizieren und implementieren. Dann sind sie deutlich schwerer zu kopieren als reine Produkte und Dienstleistungen. Und Unternehmen stellen den Nutzen ihrer Produkte auf Basis der damit erzielten Ergebnisse in Rechnung. Dazu könnten reduzierte Total Costs of Ownership gehören oder weniger geleistete Betriebsstunden.

So stellt Rolls-Royce mit seinem „Power by the hour"-Angebot für Kunden wie Boeing und Airbus seit 1962 alternativ zum einzelnen Triebwerk auch geflogene Betriebsstunden in Rechnung. Die Flugzeugturbinen bleiben im Besitz von Rolls-Royce, wo Instandhaltung und Wartung ebenfalls erledigt werden. Konstante Erlöse werden durch die Verrechnung von Flugstunden erzielt. Unterschiedliche Interessen in Entwicklung, Produktion und Service sind in dem Ziel vereint, möglichst wartungsarme Triebwerke anzubieten.

Unternehmen nutzen das Wissen, die Ressourcen und die etablierten Ökosysteme ihrer Partner, um den Nutzen für ihre Kunden im Verbund zu steigern. Sie können sich zugleich auf ihre eigene Expertise fokussieren und ihre Kompetenzen erweitern. Das setzt allerdings gemeinsame Qualitätsstandards und transparente Erlösmodelle voraus.

Der Kofferhersteller Rimowa erspart beruflichen und privaten Vielfliegern künftig lange Wartezeiten beim Check-in und ein unschönes Verunstalten des Gepäcks mit Papieraufklebern. Mit Lufthansa, Airbus, T-Systems und Netronix entwickelte das Unternehmen ein „Electronic Tag". Damit können Fluggäste ihre Gepäckstücke schon Zuhause oder unterwegs per App einchecken. Neben der Bordkarte erhalten die Passagiere dann auch Gepäckdaten per App, die das Smartphone per Bluetooth an den Koffer sendet. Das Display am Koffer zeigt die Informationen an; eingecheckte Gepäckstücke können am Flughafen auf das Band gestellt und automatisch zum Flugzeug transportiert werden – aktuell mit Lufthansa, Eva Air, Swiss und Austrian Airlines.

Clevere Unternehmen digitalisieren analoge Produkte wie Bücher oder Tonträger, um Einsparungen in Produktion, Lagerhaltung und Logistik zu erzielen. Sie nutzen Technologien wie 3-D-Druck, um Produkte auf Anfrage herzustellen. So unterhält die Verlagsgruppe Handelsblatt eine Live-App, in der digitale Artikel die Wirtschaftszeitung ergänzen. Der Ausbau der Bezahlinhalte und weitere Digitalangebote sorgen für den Anstieg bei der Nutzung von Online-Produkten und für neue Erlöse. „Handelsblatt Premium" gewährt Vorzugskonditionen bei Veranstaltungen sowie Zugang zu Bezahlartikeln, E-Paper, Dossiers und Archiv.

Für die größte Transformation sorgt der digitale Wandel in der Industrie seit der dritten industriellen Revolution in den 70-er Jahren. Damit einher geht ein gigantischer Paradigmenwechsel, der schon jetzt Turbulenzen, aber auch Chancen aufwirbelt. In dieser Transformation fahren Unternehmer oft auf Sicht. Sie sollten die veränderten Spielregeln für sich zu nutzen. Dazu benötigen sich Werkzeuge, mit denen aktuelle und künftige Geschäftsmodelle sinnvoll und brauchbar zu bearbeiten sind.

Werkzeuge wie das Businessmodell Canvas, mit dem jede Organisation in der Vorbereitung für künftige Herausforderungen nützliche Unterstützung erhält. Canvas stellt den nachvollziehbaren Ausgangspunkt für Entwicklung, Diskussion, Validierung und Auswahl bereit für zukunftsfähige Businesspläne. Damit liefert das Management-Instrument die Basis, um in umwälzenden Veränderungen der Industrie 4.0 auch neue Erlösmodelle 4.0 hervorzubringen.

Dr. Reinhard Ematinger ist Experte für Geschäftsmodellinnovation und Kundennutzen, international als Berater und Referent tätig und Lehrbeauftragter an vier Hochschulen.

Lust am Lernen

Qualifizierung als Treiber von Innovation und Wandel

Die digitale Transformation ist auf zweifache Art und Weise wichtig: Einerseits ist sie eine große Marktchance, denn für die Digitalisierung von Produktion oder Logistik brauchen die Betriebe Kommunikationslösungen. Andererseits verändern sich Prozesse und Tätigkeiten auch und gerade in der Produktion tiefgreifend.

Alle moderne Technik ist aber nutzlos, wenn die Mitarbeiter nicht entsprechend geschult sind. Beides stellt für Mitarbeiter eine neue Herausforderung dar, für die neue Kompetenzen und spezialisiertes Wissen benötigt werden. So ist für uns die Qualifizierung und Entwicklung der Mitarbeiter eine ebenso tragende Säule der Unternehmensstrategie wie etwa die Produktentwicklung.

Web Based Training

In den vergangenen Jahren haben wir deshalb verschiedene globale Qualifizierungsprogramme aufgesetzt. Eines adressiert Mitarbeiter mit Kundenkontakt und bildet diese zu Lösungsanbietern im Bereich der industriellen Datenkommunikation aus. Fast die Hälfte unserer knapp 3.800 Mitarbeiter weltweit durchläuft derzeit ein Web Based Training (WBT) zur industriellen Datenkommunikation. Aber auch Qualifizierungsprogramme für Produktionsmitarbeiter bieten wir an. Nur wenn alle Bereiche einbezogen werden, gelingt der digitale Wandel nach innen und außen.

Der Bereich Technik und Innovation arbeitet eng mit der Personalentwicklung zusammen. Und das ist der größte Erfolgsfaktor: Die Erkenntnisse, die wir intern rund um das Thema Smart Factory gewinnen, fließen direkt ein. So aktuell und flächendeckend war der Wissenstransfer selten.

Arbeit in Sprints

Auch Tools und Methoden müssen zu Digitalisierung und zu Automatisierung passen. So kommen bei unserem Qualifizierungsprogramm, wie es Mitarbeiter in der Produktion durchlaufen, moderne Instrumente wie Arbeit in Sprints und Design Thinking zum Einsatz. Die Mitarbeiter sollen in den Trainings mit diesen Methoden vertraut gemacht werden und diese Methoden auch im Alltag verankern.

WBT kann über diverse Endgeräte wie PC, Handy oder Tablet aufgerufen und jederzeit bearbeitet, unterbrochen und weiterbearbeitet werden. Diese Flexibilität ist ein wichtiger Erfolgsfaktor, denn Mitarbeiter empfinden sie als realitätsnah. Das hilft, die Akzeptanz zu erhöhen. In neun Sprachen sollen Trainings angeboten werden.

Mit diesen Programmen gelingt eine nahezu flächendeckende Qualifizierung der Mitarbeiter. Aber auch ein Kulturwandel im Unternehmen, denn die neuen Methoden verändern die Einstellung zum Lernen. Mitarbeiter lernen nebenbei und dann, wenn es für sie sinnvoll ist.

Eigene Experten sind ein starkes Faustpfand. Wenn das Wissen, das im Unternehmen vorhanden ist, optimal genutzt wird. Digitale Technologien helfen dabei, Wissen besser zu teilen und im Unternehmen zu erhalten. In Zeiten, in denen Mitarbeiter immer schneller auf Veränderungen reagieren müssen und der demografische Wandel als Herausforderung für Unternehmen voll angekommen ist, geht es um die Befähigung der Mitarbeiter zu eigenverantwortlichem Lernen.

Mitarbeiter wollen sich Wissen aneignen

Die Mitarbeiter sollen Lust haben, sich Wissen anzueignen. Schneller Zugriff auf die Informationen und vor allem das Wissen, das Mitarbeiter benötigen, um auf Veränderungen adäquat reagieren zu können, unterstützen den angestrebten Kulturwandel. Das kann die Personalentwicklung nie alleine. Immer ist es ein Zusammenspiel von Technik, Expertentum, Innovation – und Didaktik. Nur wenn dieses Zusammenspiel im Lernprozess gut gelingt, glückt auch der Schritt in die Industrie 4.0 nachhaltig erfolgreich.

Dr. Hilmar Döring ist Vorstand Personal und Organisationsentwicklung der Lapp Holding AG. Die Unternehmensgruppe ist Weltmarktführer für integrierte Lösungen der Kabel- und Verbindungstechnologie.

Meister des digitalisierten Heizungshandwerks: Philipp A. Pausder (43) begann seine berufliche Laufbahn als global tätiger Marketing Manager beim Sportartikelhersteller Adidas. Nach einer Station bei der Strategieberatung Applied Value gründete er mit Clean Venture eine eigene Beratungsfirma, die Unternehmen in Deutschland und in Schwellenländern half, ihre Energieeffizienz zu erhöhen. Der Thermondo-Geschäftsführer wurde 2017 zum „Unternehmer des Jahres" in der Kategorie Start-up gewählt. Pausder hält einen MBA in Finanzierung; den MA in Kommunikationswissenschaft und BWL erhielt er von der Freien Universität Berlin. Er spielte 15 Jahre professionell Basketball. Mit seiner ebenfalls als Gründerin tätigen Ehefrau Verena und vier Kindern lebt er in Berlin.

© Thermondo

„Wir haben einen Nerv getroffen"

Philipp A. Pausder machte Thermondo zum größten Heizungsbauer Deutschlands. Der Gründer prognostiziert die digitale Transformation der Energiebranche und ein Handwerk 4.0.

Herr Pausder, wie kamen Sie und ihre Mitgründer 2012 auf die Idee, Thermondo aufzubauen?

Philipp A. Pausder: Ein Auslöser war die Reaktorkatastrophe von Fukushima und die darauffolgende Energiewende in Deutschland. Wir erkannten, dass die Wärmeerzeugung für private Haushalte exakt so viel Primärenergie verbraucht wie jeder der anderen großen Bereiche des Energiemarktes: Strom, Industrie-Prozesswärme und Mobilität. In all diesen Bereichen ist die Effizienz entweder schon hoch oder bessert sich, nur bei der Wärme für private

> „Der Algorithmus ,Manfred' findet die passende Heizung für jeden Kunden."
>
> **Philipp A. Pausder**

Haushalte hat sich fast nichts getan. Rund 75 Prozent der deutschen Heizungen entsprechen nicht dem Stand der Technik. Obwohl sich eine Modernisierung – auch dank staatlicher Förderung – für die Hauseigentümer rechnet, werden im Jahr nur zwei bis drei Prozent aller Heizungen in Deutschland ausgetauscht. Das ist nicht nur viel zu wenig, um unsere CO_2-Ziele zu erreichen. Wir erkannten auch, welches Potenzial im Markt steckt: etwa zwölf Milliarden Euro jährlich für den Verkauf privater Heizungen und die dazugehörenden Serviceleistungen.

Und dieses Potenzial wollten Sie heben?

Wir sahen ein Marktversagen und suchten die Gründe. Am privaten Heizungsmarkt gibt es auf der Herstellerseite ein Oligopol, den letzten Meter zum Kunden decken 53.000 Handwerksbetriebe ab, und dazwischen steht der Großhandel. Ein eingefahrenes durch Besitzstandswahrung dominiertes Ökosystem. Die Branche dachte nicht genug von der Kundenseite aus. Preise und Leistungen waren intransparent, es gab keine Markenneutralität, keine geordnete Absatzfinanzierung und keine Inklusion von Förderprogrammen. Wir wollten deshalb ein marktveränderndes Energieunternehmen gründen. Dabei hilft es übrigens, wenn man von der eigentlichen Materie gar nicht so viel Ahnung hat.

Was machen Sie denn anders?

Wir bieten alle Leistungen rund um die Heizung aus einer Hand an, sind strikt markenneutral, machen verbindliche Festpreisangebote und unterstützen Kunden bei der Beantragung von Fördergeldern. Und wir nutzen digitalisierte Prozesse: Der Algorithmus „Manfred" etwa findet die passende Heizung für jeden Kunden und erstellt in Echtzeit Angebote. Auch eigene Lager brauchen wir nicht. Material und Werkzeug wird an unsere Installateure geliefert und in Transportern verstaut, die Heizungen werden just in time zum Bauvorhaben geliefert. Auf diese Weise erzielen wir Kostenvorteile, die wir an unsere Kunden weitergeben. Außerdem verbauen wir ausschließlich effiziente Heiztechnologien. Dass wir mit diesem Angebot einen Nerv getroffen haben, zeigt der Umstand, dass wir als Start-up in wenigen Jahren zum nach Stückzahlen größten Heizungsbauer Deutschlands geworden sind.

Die etablierten Anbieter dürften davon nicht begeistert gewesen sein.

Wir kennen gut geführte Handwerksbetriebe, die sich darüber freuen, dass wir mehr Aufmerksamkeit auf die private Heizung lenken. Aber es gibt natürlich auch welche, die uns weniger schätzen. Die Fachjournale in unserem Gewerk Sanitär-Heizung-Klima waren anfangs alle kritisch, aber so macht man eben Auflage. Dass manche Marktteilnehmer für uns eine gewisse Aufwärmphase brauchen, ist verständlich.

Aber wenn Sie Marktanteile gewinnen, verlieren die kleinen und mittelständischen Betriebe?

Wir haben ein neues Segment kreiert: Den Handwerker, der auf der Seite der Kundenakquisition stark digitalisiert vorgeht, aber auch in der Prozesskontrolle und Abwicklung. Durch uns und „Copycats", die unser Geschäftsmodell kopieren, wächst dieses Segment. Doch unser Markt ist immer noch extrem fragmentiert, als größter Heizungsbauer Deutschlands haben wir einen Marktanteil von unter einem Prozent. Wahrscheinlich gibt es eine Konsolidierung, aber für die Kunden und die CO_2-Reduktion dürfte das vorteilhaft sein. Außerdem macht ein Handwerker bei uns im Schnitt einen Umsatz von 260.000 bis 280.000 Euro im Jahr, in mittelgroßen Handwerksbetrieben sind es nur 115.000 Euro. Wir machen also einen begrenzten Pool an Fachkräften effektiver.

Stichwort Fachkräftemangel: Wie finden Sie genügend Heizungsbauer?

Wir bilden selber aus. Und wir haben klare Karrierepfade, eine flache Kommunikation und viel Feedbackkultur. Wir bringen die Start-up-Welt ins Handwerk und es gibt auch dort eine digitale Generation, die darauf Lust hat. Eine leistungsabhängige Vergütungskomponente sorgt zudem dafür, dass derjenige mehr Geld bekommt, der qualitativ hochwertig arbeitet, besonders zufriedene Kunden produziert und einen hohen Durchsatz hat. Man kann bei uns nicht nur besser verdienen als in einem kleineren Betrieb, bei uns kann man auch als Handwerker Führungskraft werden, bis hin zum Gebietsleiter.

Die Thermondo-Gründer (v.l.) Philipp Pausder, Florian Tetzlaff und Kristofer Fichtner haben eine Marktlücke entdeckt.

Wärme und Energie – digital gestützt

Thermondo haben Philipp A. Pausder, Florian Tetzlaff und Kristofer Fichtner im Jahr 2012 gegründet. Das Start-up bietet – digital gestützt – Lösungen für Wärme und Energie bei Hauseigentümern an, die die Effizienz steigern und eine dezentrale Versorgung fördern wollen. Rund 300 Mitarbeiter arbeiten in der Berliner Zentrale und etwa 75 deutschen Städten. Beim Umsatz wird nach Jahren mit dreistelligen Zuwächsen inzwischen ein Wachstumskorridor von 30 bis 50 Prozent jährlich angepeilt. Profitabel ist Thermondo nach eigenen Angaben auf Projektebene, aber noch nicht als Unternehmen.

www.thermondo.de

Sie vermitteln keine Dienstleister, sondern nehmen ihre Handwerker in Festanstellung. Warum?

Auch wir haben als Makler angefangen. Doch mit unseren Handwerkspartnern hat es nicht so funktioniert, etwa bei Zuverlässigkeit und Pünktlichkeit. Wir konnten die Kundenerfahrung nicht so abbilden, wie wir es wünschten. Außerdem gibt es Unterkapazitäten, eine Heizung installieren können in Deutschland nur 350.000 Menschen. Das sind Argumente für eine tiefe vertikale Integration, deshalb sind wir Handwerksbetrieb geworden.

Welche Schwierigkeiten mussten Sie noch überwinden?

In der ersten Phase konnten wir noch auf Zuruf miteinander arbeiten. Da war die Herausforderung, Produkt und Markt in Einklang zu bringen. Wir sind jetzt in der zweiten, der Wachstumsphase. Die großen Fragen sind beantwortet: Geht digitales Handwerk? Ja! Trauen Menschen uns die Installation ihrer neuen Heizung zu, obwohl wir im Internet und am Telefon beraten? Ja! Aber wir sind jetzt ein mittelgroßes Unternehmen, mit einem anderen Anspruch an Führung, Kommunikation, Prozesse. Das führt zu einer teilweisen Häutung des Unternehmens, denn diese Phase ist nicht für alle Mitarbeiter noch attraktiv. Manche wollen lieber wieder in einem kleineren Umfeld arbeiten.

Was bedeutet Handwerk 4.0?

Es sollte in fast jedem Handwerk möglich sein, Arbeitsabläufe – zumindest anteilig – zu digitalisieren. Inzwischen gibt es digitalisierte Anbieter auch für Türen, Fenster, Dächer und Malerarbeiten. Bei uns ist die Digitalisierung besonders effektiv, denn der Heizungsbau ist ein hochgradig technologisches Gewerk. Ein Beispiel ist die Prozessdigitalisierung: Wenn alle Planungs- und Arbeitsschritte digital gestützt und dokumentiert werden, muss der Kunde nicht für Mehrfachbesuche zahlen – und dafür, dass bei manch analogen Handwerksfirmen die eine Hand nicht weiß, was die andere tut.

Machen Ihnen digitale Nachahmer Sorgen?

Es ist anstrengend voranzugehen. Man bekommt viel Gegenwind. Dann kommen andere, kopieren das Modell und lernen aus unseren Fehlern. Aber so ist Marktwirtschaft und es schärft unsere Sinne.

Wer sind Ihre Investoren und wie viel Geld haben Sie bisher eingesammelt?

Als Eigenkapital bekamen wir bisher 52 Millionen Euro. Die ersten anderthalb Jahre haben wir mit eigenem Geld gemacht, ab dem Sommer 2013 kamen erste Investoren dazu. Inzwischen besitzt der deutsche Energiekonzern Eon den größten Einzelanteil, gefolgt von Holtzbrinck Ventures

Heizungsbauer lockt Thermondo durch „klare Karrierepfade, flache Kommunikation und viel Feedbackkultur", sagt Philipp Pausder.

Vom kleinsten Verbindungsstück – wie diesen Fittings – bis zur ganzheitlich digitalen Heizungsplanung reicht das Thermondo-Portfolio.

und anderen Risikokapitalgebern. Auch der niederländische Energieversoger Eneco ist eingestiegen. Zusammen sind die Gründer allerdings noch die größten Anteilseigner.

Was machen Sie mit dem Geld – ins Ausland expandieren?
Internationalisierung steht nicht im Vordergrund, wir investieren stark in unsere Produktlandschaft. Als Energieversorger des 21. Jahrhunderts müssen wir möglichst viele Kundenbedürfnisse abdecken. Deshalb vermieten wir schon bewirtschaftete Heizungen, bald folgt ein Wärme-Contracting, bei dem Wärme in Kilowattstunden verkauft wird. Noch in diesem Jahr werden wir Gas und Strom anbieten. Und wir arbeiten aktiv an unserer Smart-Home-Strategie. Schon heute kaufen 70 bis 80 Prozent unserer Kunden ein zweites Produkt von uns.

Ihre Mitgründer sind 2017 operativ ausgestiegen. Wie lange wollen Sie Thermondo führen?
Man muss sich innerlich jedes Jahr neu dafür bewerben. Und sich fragen, ob man für diese Aufgabe noch der Beste ist. Ich habe genug in meiner Werkzeugkiste: Die Lebenserfahrung, aber auch die Demut vor der Sache, um das noch lange zu machen. Der Instinkt des Unternehmers ist relativ schwer zu ersetzen. Letztlich kommt es aber auf das Team an. Wenn Gründer aussteigen, ist es eine Kernaufgabe, das Managementteam zu professionalisieren und Leute mit Führungserfahrung hereinzuholen.

Sie sind also eher klassischer Unternehmer und kein Seriengründer?
Gründen ist ein Handwerk. Wer es einmal gemacht und aus den dabei auftretenden Fehlern seine Schlüsse gezogen hat, würde eigentlich rational handeln, wenn er es immer wieder tut. Besonders in einer sich digitalisierenden Gesellschaft. Ich bin aber eher ein klassischer Firmenlenker und das ist eine emotionale Entscheidung. Selbst wenn ich noch einmal etwas Neues machen wollte, würde ich wieder ein Energieunternehmen aufbauen. So gesehen kann ich doch auch

gleich all meine Fantasie in das Unternehmen Thermondo stecken, das ich schon habe.

Wird Thermondo eines Tages von einem Energiekonzern gekauft oder gehen Sie an die Börse?
Wenn ich mir einen Exit wünschen könnte, wäre es ein Börsengang. Natürlich kann es auch sein, dass sich ein Versorger für uns interessiert. Die Energiekonzerne wissen, dass sie digitalisieren müssen. Sie sind bisher eher als Risikokapitalgeber für Start-ups oder mit eigenen digitalen Ausgründungen aktiv, haben aber selten ganze Firmen gekauft. Die Bereitschaft dazu steigt jedoch in jüngster Zeit deutlich. Auch aus anderen Bereichen könnte Interesse kommen. In der Gas- und Ölbranche etwa gehen Firmen wie Shell und Total inzwischen zunehmend an den Endkunden heran.

Steht die Energiebranche insgesamt vor einer Transformation?
Die Energiewelt verändert sich, von wenigen großen Kraftwerken hin zu vielen kleinen Kraftwerken. Prägend sind die großen D aus Digitalisierung, Dezentralisierung und Dekarbonisierung. Die Anbieter brauchen ganz neue Kompetenzen, denn Entscheider sind jetzt nicht mehr Konzerne, die Kraftwerke mit 50 Jahren Laufzeit bauen. Entscheider sind jetzt zum Beispiel Hauseigentümer, die Photovoltaik auf ihr Dach bauen oder einen Stromspeicher installieren. Den Wandel sieht man auch daran, dass Siemens in der Kraftwerksparte Stellen abbauen musste. Der Markt ist einfach nicht mehr da.

⤓ Mehr unter www.return-online.de

Das Interview mit Thermondo-Chef Philipp A. Pausder führte unser Autor Gregor Hallmann in Berlin. Dort gedeihen Start-ups mit neuen Geschäftsmodellen offensichtlich gut, wie auch sein Beitrag über die Gründerszene ab Seite 50 zeigt.

Design oder Nicht-sein

Geschirr-Herstellern in Deutschland geht es schlecht. Kahla in Thüringen geht es gut. Vielleicht, weil der Eigentümer und Unternehmer vielen Menschen genug Zeit zum Nachdenken gibt.

Sprüche wie diese kennt Holger Raithel vermutlich zuhauf: „Porzellan? Das ist doch schon lange nicht mehr zeitgemäß! Das steht doch höchstens noch in Omas Wohnzimmervitrine!" Doch prompt könnte dann der geschäftsführende Gesellschafter der Kahla Thüringen Porzellan GmbH mit überraschenden Fähigkeiten rund um das weiße Gold aufwarten und bestehende Vorurteile entkräften.

Geschirr mit Bewusstsein

Zum Beispiel hat das Geschirr von Kahla so etwas wie ein Bewusstsein. Ein Cappuccino Cup weiß, dass er mit Espresso und Milchschaum befüllt werden sollte und nicht mit Filterkaffe. Das ist den Angaben des Unternehmens zufolge in mehrfacher Hinsicht sinnvoll. Steht der Cappuccino Cup beispielsweise im Kaffeeautomaten einer Büroküche, muss der Bediener seinen Getränkewunsch nicht mehr im Bedienfeld eingeben. Der Becher teilt dem Automaten mit, womit er befüllt werden sollte. Mehr noch: Das Trinkgefäß kann auch Auskunft über Vorlieben und Allergien seines Besitzers geben oder das Abspielen eines Videos über die Herkunft der Kaffeebohnen veranlassen. Der Cappuccino Cup kann auch Treuepunkte sammeln und ab einer bestimmten Summe dem Automaten den Rabatt mitteilen – sofern die Technik des Automaten all das zulässt.
Der Clou: Kahla kann sein Geschirr mit winzigen RFID- oder NFC-Transpondern ausstatten. Sie kleben unter dem Boden – versiegelt mit der spülmaschinenfesten patentierten

Kompakt
▶ Die deutsche Porzellanindustrie steht unter dem Druck der Billigwettbewerber aus dem Ausland.
▶ Kreativität und Innovationsfähigkeit sind gefragt, um gegen diese Art von Konkurrenz zu bestehen.
▶ Zur Brutstätte für neue Ideen gehören regelmäßige Design-Workshops mit jungen Künstlern.
▶ Mehrwert für Kunden entsteht, wenn die Produkte mit Elektronik verknüpft den Alltag erleichtern.

Silikon-Applikation „Magic Grip". NFC steht für Near Field Communication, also Nahfeldkommunikation, und RFID für Radio Frequency Identification, eine Sender-Empfänger-Technologie für das berührungslose Identifizieren von Objekten mit Radiowellen.
Der Kaffeeautomat muss die Freigabe der im Transponder gespeicherten Daten also aktivieren und dann empfangen können, erst dann funktioniert die Kommunikation zwischen beiden Gegenständen. Nach Kahla-Angaben erlauben die intelligenten Tassen und Teller in Kantinenbetrieben auch autonomes Wiegen und kassenloses Bezahlen. Eine Kassenkraft sei nicht nötig. Welche Daten der Transponder übermittelt, entscheide allein der Käufer des Geschirrs.

Intelligente Produkte für Profi-Gastgeber

Auch für Gastronomie und Catering eröffnen sich neue Möglichkeiten, ist die Unternehmensleitung von Kahla überzeugt. Denn die smarten Produkte würden dem Verleiher und Caterer automatisch mitteilen, wenn sie aus dem Lager entnommen und zurückgebracht werden. „Mit unserem Geschirr optimieren professionelle Gastgeber ihre logistischen Prozesse und automatisieren interne Abläufe", erklärt Raithel staunenden Zuhörern bei unterschiedlichen Anlässen immer wieder: „Wir unterstützen die Digitalisierung unserer Kunden mit intelligentem Geschirr."
Solche Innovationen machen den Erfolg von Kahla in einer umkämpften Branche aus. Klasse trotz Masse heißt die Devise seit Günther Raither, der Vater des heutigen Chefs, die Porzellan-Manufaktur im Jahr 1994 übernommen hatte. Die Treuhand hatte den ehemaligen VEB Feinkeramik mit rund 18.000 Beschäftigten und Lieferbeziehungen in alle sozialistischen Länder im Jahr 1991 privatisiert. Zwei Jahre später folgte der Konkurs.
Raithel, zuvor Manager beim westdeutschen Konkurrenten Rosenthal, war mutig und erfahren genug und griff zu. Mit 380 gut ausgebildeten Porzellanwerkern und schrottreifen Produktionsanlagen ging er an den Start. „Damals war Notstand", gestand Raithel zwanzig Jahre später einem Wirtschaftsmagazin. „Ich fand nur eine Hülle vor, mit

© Kahla

Fünffach ausgezeichnet: Die „to go"-Becherkollektion Cupit im Design von Lisa Keller erhielt im vergangenen Jahr die Belobigungen vom Design Center Stuttgart, dem Bundesverband Kunsthandwerk, von IF Hannover und der Messe Ambiente sowie den Green Product Award.

Grund und Boden. Ein kohlschwarzes Gebäude, das aussah wie ein Eisenwerk. Und auf dem Markt wartete niemand auf neues Geschirr." Seine ebenfalls schon mal öffentlich offenbarte Motivation, in einen bankrotten Betrieb einzusteigen, klingt nach echtem Unternehmertum: „Ich war früher ein Teil des Firmenrades. Hier bin ich derjenige, der entweder mit allen alles falsch macht oder alles richtig macht."

Wie es aussieht, hat er vieles richtig gemacht – und sein Sohn seit seinem Wechsel auf den Chefsessel im Jahr 2005 offensichtlich auch. Wettbewerber Rosenthal schlitterte 2009 in die Insolvenz und wurde kurz darauf vom italienischen Haushaltswaren-Hersteller Sambonet Paderno übernommen, der Rosenthal seitdem als eigenständiges Unternehmen fortführt. Damals geriet die gesamte Branche in Schwierigkeiten, als viele Konsumenten durch die globale Wirtschaftskrise die Lust auf neues Porzellan verging. Gekämpft wurde seinerzeit mit harten Bandagen – zuweilen auch den Kunden gegenüber: Das Bundeskartellamt verdonnerte 2013 unter anderem auch Kahla zur Zahlung eines Bußgeldes wegen illegaler Preisabsprachen.

Aber auch danach gelang es Kahla, trotz Umsatzrückgang fast die ganzen Jahre schwarze Zahlen zu schreiben; ob die

© Thüringer Tourismusverband/
Peter Eichler

„Wir unterstützen die Digialisierung unserer Kunden mit intelligentem Geschirr."

Holger Raithel

Bilanz tatsächlich makellos ist, wollte eine Unternehmenssprecherin auf Anfrage nicht sagen. Dennoch: Welche Leistung dahintersteckt, zeigt auch, dass die bekanntere Staatliche Porzellan-Manufaktur Meissen immer noch mit Verlusten kämpft. Unverändert spüren sämtliche Hersteller den Druck billiger Importe. Porzellan gibt es mittlerweile auch bei Ikea und das kommt meist aus China.

„Die Rahmenbedingungen für die deutschen Geschirrhersteller sind schwierig", so Christoph René Holler, Hauptgeschäftsführer des Verbandes der Keramischen Industrie (VKI). Im globalen Vergleich seien die Steuerlast und die Lohnkosten „sehr hoch". Hinzu kämen die horrenden Energiepreise. Der Rohling aus Tonerde, Quarz und Feldspat wird stundenlang bei 900 Grad Celsius gebrannt; der abschließende Glattbrand mit Glasur erfolgt sogar bei bis 1.400 Grad.

Wie schwierig der Markt für deutsche Hersteller bis heute blieb, belegt auch die aktuelle Meldung, dass der um seine Existenz ringende Hersteller Höchster Porzellan jetzt doch einen Investor gefunden hat. Einer Unternehmensmitteilung zufolge will der neue Hausherr die Marke „neu definieren" und das Angebot um Lifestyle-Produkte ergänzen.

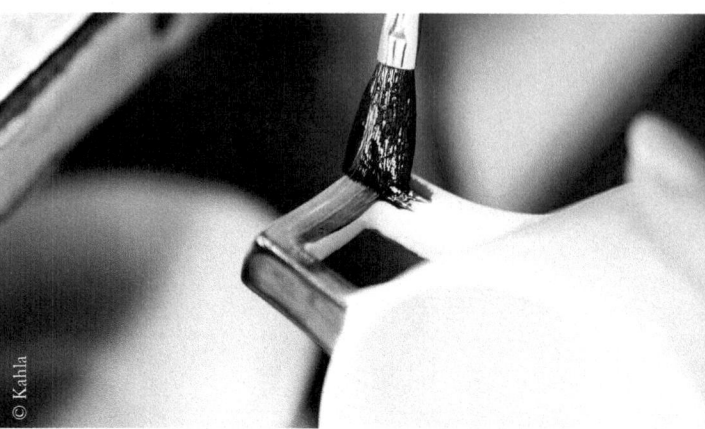

Moderne Technik in der Produktion verhilft neben außergewöhnlichem Design und cleveren Produkteigenschaften zur Wettbewerbsfähigkeit.

Handarbeit ist im Betrieb ebenfalls gefragt, etwa wenn Mitarbeiter mit Pinsel die Farbe zur Henkeldekoration auftragen.

Zudem soll die Kundenbasis national und international verbreitert werden. Das könnte eine tragfähige Strategie sein. VKI-Verbandschef Holler bestätigt: „Die Mitglieder unserer Fachgruppe Geschirr begegnen dem erheblichen Wettbewerbsdruck mit Qualität und Modernität." Mit dieser Aussage könnte er insbesondere Kahla meinen.

Jüngst heimste das Unternehmen aus Thüringen seinen einhundertsten Design-Preis ein. Großen Anteil daran dürfte Barbara Schmidt haben. Die Formgestalterin begann 1991 bei Kahla – noch bevor Günther Raithel die Mehrheit an dem Betrieb übernahm. Dank ihrer Kreativität entstaubte Raithel den Traditionswerkstoff Porzellan und machte ihn fit für das 21. Jahrhundert. Man kann es auch als Glücksfall bezeichnen, dass mit Raithel ein Mann an die Spitze kam, der Design zur Chefsache machte und mit Schmidt eine junge Frau vor Ort war, die mehr wollte, als nur runde Teller zu gestalten.

„Die Rahmenbedingungen für die deutschen Geschirrhersteller sind schwierig."

Christoph René Holler

Freiheit für Neues,
Kreation vor Produktion

Die Freiheit, Neues auszuprobieren, gibt ihr Kahla, sagt die Designerin: Sie entwerfe nur Dinge, die sie selber verwenden würde, gebe den Nutzern aber wenig vor, damit sie eigene Anwendungen für das Geschirr finden. Vermutlich mehr als bei anderen Porzellan-Herstellern denkt man bei Kahla zuerst an den Kunden: Was ist praktisch, was nützlich, was wird benötigt? Die Produktion muss sich dann den Kreationen anpassen, nicht umgekehrt. Das ist mutig.

Der Erfolg aber spricht für Raithel. Nach dem Neustart hatte er eine „Das geht nicht"-Kasse aufgestellt, in der nach jener

Aussage jeder erwischte Mitarbeiter fünf Mark einwerfen musste. Diese Kasse ist mittlerweile abgeschafft. Und das Management zeigt sich weiter offen für neue Ideen – auch von außen. Seit zwanzig Jahren veranstalten die Thüringer alle zwei Jahre einen internationalen Design-Workshop. Das vergangene Kreativ-Treffen stand im Zeichen des Bauhaus-Jubiläums im Jahr 2019.

Ein Jahr bevor die Bildungsstätte für Architektur und Formgebung ihr hundertstes Gründungsjubiläum feiert, „sollen Anknüpfungspunkte an die wegweisende Arbeit" dieser Institution gefunden werden, würdigt Kahla das Bauhaus und unterstreicht gleichzeitig die Bedeutung der eigenen Ideenschmiede für das Unternehmen. Der Workshop wendet sich an junge Designer, Keramiker und bildende Künstler. Wird aus einer Idee ein Produkt, steht der Urheber-Name auf der Kahla-Verpackung.

Design oder Nicht-Sein – auf diesen Claim ließe sich die Strategie des Familienunternehmens verdichten. Als Raithel den Betrieb rettete, war ihm klar, dass ein tragfähiges Geschäftsmodell nicht auf der Produktion eines 36-teiligen Kaffeeservices fußen kann. Frischer Einfluss war gefordert. Der Durchbruch gelang 1998 ausgerechnet mit der passend bezeichneten Kollektion „Update". Die Designerin Schmidt verbannte die zentrale Kaffeekanne aus dem Geschirr-Set und stattete alle Artikel mit mehr als einer Funktion aus. Teller, Tassen und Schüsseln – alles ist kombinierbar. Damit passt das Geschirr ebenso gut zu Sushi wie zu Kartoffelsalat. Oder beidem. Möglich ist alles.

Weitere Kreationen der Thüringer Porzellanfabrik sind Becher mit beschreibbarer Oberfläche. So wird die

Eines der modernsten Porzellan-Unternehmen Europas führt Familie Raithel (v.l.): Sohn Holger, Mutter Rositta, Vater Günther.

Mehr als 100 internationale Design-Preise erhielt das Unternehmen aus Thüringen für seine Produkte – trotz des Konkurses im Jahr 1994.

Kaffeetasse zum Medium, um der Liebsten am Morgen einen Gruß zu hinterlassen. Nach dem Spülen ist Platz für neuen Text. Ein weltweites Patent gibt es für das Konzept „Touch" – auch liebevoll „Kuschelporzellan" genannt.

Porzellan aus Kahla, hier das Werk in Thüringen, gab einst Arbeit für 18.000 Beschäftigte, dann der Konkurs, jetzt die Erfolgsstory.

Ex-Rosenthal-Manager bringt die Wende zur neuen Blüte

Christian Eckardt gründet im Jahr 1844 die Porzellanfabrik Kahla. Später übernimmt August Koch als Eigentümer. Kahla entwickelt sich zur größten Porzellanfabrik Thüringens. Die Gründung der Aktiengesellschaft durch das Bankhaus Strupp erfolgt schon im Jahr 1888, die Ausgliederung der Porzellanwerke Arzberg, Hutschenreuther und Schönwald geschieht 26 Jahre später. Dann wird Kahla erst Sowjetische Aktiengesellschaft (1946), später Volkseigener Betrieb (1952). Ende der 70er-Jahre zählen zum VEB Feinkeramik ingesamt 17 Porzellanwerke mit 18.000 Beschäftigten. Auf die Privatisierung durch die Treuhand im Jahr 1991 folgt zwei Jahre später der Konkurs. Dann übernimmt Günther Raithel als Mehrheitsgesellschafter. Zur Erfolgsgeschichte gehört der Eintritt ins Premiumsegment mit Opus und Kahla individual.

www.kahlaporzellan.com

Samtweich und thermisch gut isoliert schützt hier die textile Beschichtung jede Tasse. Sicheren Halt gibt die schon erwähnte Silikonbeschichtung „Magic Grip" allen Tassen. Beim Abräumen ist das praktisch und zudem klimpert das Geschirr nicht mehr laut gegeneinander. Formgestalterin Lisa Keller schuf schließlich im vergangenen Jahr mit „Cupit" ein Mehrweg-Konzept für den Genuss unterwegs. Kurzum: Kahla entwickelt Innovationen im Dauerlauf.

Der Reichtum an Ideen ist das Erfolgsrezept von Kahla; trotz oder vielleicht auch wegen der geringen Größe des Unternehmens. Für Kahla, das gleichnamige 7.000-Einwohnerstädtchen liegt in der Nähe von Jena, trägt dieser Einfallsreichtum entscheidend zum Jahresumsatz von 22,9 Millionen Euro bei, den das Unternehmen schon 2016 erzielt hat. Bei einem Jahresüberschuss von rund 166.000 Euro. Die Zahlen für 2017 wollte der Porzellanhersteller auf Anfrage nicht preisgeben. Immerhin: Es gab keinen Verlust.

Turnarounder feiert Tradition

Bei etlichen Wettbewerbern stehen unterm Strich nur rote Ziffern. Rund die Hälfte der Produktion von Kahla geht ins Ausland, heißt es nach eigenen Angaben. Die Gesellschaft exportiere in 60 Länder, produziere aber fast ausschließlich in Deutschland. Dies sichert rund 300 Arbeitsplätze und 20 Ausbildungsplätze in Thüringen – und verschafft Raithel Respekt. In der Region kennt man kaum Kritisches über angestaubtes Porzellan in Omas Vitrine. Kahla gilt sogar bundes- wie weltweit als guter Begriff für designte Tischkultur. Beste Perspektiven fürs kommende Jahr, in dem das Turnaround-Vorbild sein Jubiläum zum 175-jährigen Bestehen feiert.

Stefan Terliesner schreibt für „return" bevorzugt Unternehmensporträts, aber in dieser Ausgabe sogar gleich zwei Firmenprofile – auch ab Seite 26.

Geht ab wie eine Rakete

Der Countdown läuft für Geschäfte im Weltraum. Deutsche New-Space-Unternehmen begeben sich schon mit an den Start – auch ohne finanzielle Förderung des Staates.

Satelliten in den Orbit bringt das Berliner Unternehmen ECM Space Technologies. Als Startdienstleister für standardisierte Cube-Sat-Flugkörper hat sich das Unternehmen aus Berlin eine Spitzenstellung erarbeitet. Sie sind klein, leicht, kostengünstig – alles Argumente für die Raumfahrt-Wirtschaft.

Seit dem Start von Astronaut Alexander Gerst zur Raumstation ISS richten auch Deutsche ihre Blicke wieder in den Weltraum. Investoren werfen schon länger ein Auge auf die unendlichen Weiten, denn im All kann man Geld verdienen. Das glaubt zumindest die US-Investmentbank Goldman Sachs. In einem Bericht für Investoren sagte das Geldhaus im vergangenen Jahr voraus, dass die globale Weltraum-Wirtschaft in den nächsten zwei Jahrzehnten zu einem Multi-Billionen-Dollar-Markt wird. Angetrieben werde der Boom von sinkenden Transportkosten. „Die Preise für den Raketenstart fallen, weil kleinere, leichtere, stärkere und/oder weniger teure Raketen auf den Markt kommen", heißt es im Goldman-Sachs-Report.

Raumfahrtverliebte Milliardäre treiben das Spiel an. Tesla-Gründer Elon Musk schoss mit seiner Firma SpaceX schon eine wiederverwendbare Rakete ins All und bietet den „Launch" um bis zu 40 Prozent günstiger an als etablierte Konkurrenten. Amazon-Chef Jeff Bezos setzt ebenfalls auf Mehrfachnutzung und will die Schwerlast-Rakete „New Glenn" seiner Raumfahrtgesellschaft Blue Origin im Jahr 2020 starten. All dies dürfte dem europäischen Platzhirsch Arianespace zu schaffen machen. Das Unternehmen teilte

sich noch im Jahr 2016 den Markt für kommerzielle Raketenstarts fast hälftig mit den US-Firmen SpaceX und United Launch Alliance (ULA), einem Joint Venture der Konzerne Boeing und Lockheed Martin. Ob es so bleibt, ist angesichts der zunehmenden Konkurrenz fraglich.

Transport ins All entscheidend für die Raumfahrt-Wirtschaft

Klar ist: Der Transport ins All ist ein Knackpunkt für die Raumfahrt-Wirtschaft. Bislang ist ein Launch extrem teuer. „Unter 100 Millionen Dollar pro Raketenstart ist man in den letzten 50 Jahren nicht einmal in den Orbit gekommen", sagt Frank Kirchner, Professor am Deutschen Forschungszentrum für Künstliche Intelligenz (DFKI). An dessen Bremer Standort leitet er das Robotics Innovation Center (RIC). Für das mit der Universität Bremen durchgeführte Projekt „Entern – autonome Roboter für Planetenerkundungen" wurde das DFKI erst kürzlich als Preisträger im Wettbewerb „Ausgezeichnete Orte im Land der Ideen" geehrt.

„Wenn es privaten Organisationen gelingt, den Transport ins All deutlich billiger anzubieten, verändert sich das Spiel", sagt Kirchner, „es gibt dann ganz andere Zugangsmöglichkeiten zum Weltraum, wir werden enorme privatwirtschaftliche Aktivitäten sehen." Denkbar seien Tourismus, der Abbau von Rohstoffen auf Asteroiden, das Einsammeln von Weltraumschrott und der weitere Ausbau bestehender Satellitensysteme. Umgangssprachlich gesagt: Das Geschäft könnte abgehen wie eine Rakete.

Deutschland sei wissenschaftlich und technisch international sehr konkurrenzfähig, meint Kirchner, in manchen Bereichen sogar führend. Dass Technik aus Deutschland aber auch in europäischen Missionen zur Erkundung ferner Himmelskörper zum Einsatz kommt, hält er für unwahrscheinlich. Nachfrage sei eher aus den USA oder aus China zu vermuten – also aus Ländern, die in Sachen Weltraumexploration deutlich mehr Visionen hätten als die Europäer. Dort werde über Mars-Missionen diskutiert, während Europas Weltraum-Ambitionen an der Internationalen Raumstation endeten. Kirchner würde sich mehr wünschen.

Private Mittel fließen in Europa spärlich. Nach Angaben der Beratungsfirma Bryce Space and Technology wurden seit dem Jahr 2000 zwar mehr als 13 Milliarden Dollar in Raumfahrt-Start-ups investiert, der Großteil davon allerdings in den USA. „Die hiesige Wirtschaft hat noch zu viel Scheu vor dem Risiko", beobachtet Kirchner: „Immer wieder höre ich, dass der Markt doch nicht groß genug und der einzige Kunde der Staat sei." Mit dem DFKI ist er von privatem Gewinnstreben unabhängig, die nichtkommerzielle Einrichtung wird von Bund, Ländern und Industrieunternehmen wie BMW, VW sowie den deutschen Ablegern von Google und Microsoft finanziert. Das DFKI arbeitet bei Forschungsprojekten auch mit Branchengrößen wie Airbus oder der Bremer OHB zusammen, meist bewirbt man sich gemeinsam um öffentliche Forschungsgelder.

Gründer wie Walter Ballheimer und Dmitriy Bogdanov zeigen, dass es auch ohne Staatshilfe geht. Beide arbeiteten

Autonome Roboter für Planeten-Erkundungen hat das Bremer DFKI entwickelt, hier beim Test in einer Lavahöhle auf Teneriffa.

am Fachgebiet Raumfahrttechnik des Instituts für Luft- und Raumfahrt der Technischen Universität Berlin, wo sie im Jahr 2010 die Firma ECM Space Technologies gründeten. ECM bringt als Dienstleister Satelliten in den Orbit und ist nach eigenen Angaben ein weltweit führender Startdienstleister vor allem für standardisierte, besonders kleine und leichte Cube-Sat-Flugkörper.

Als Bogdanov und Ballheimer die Nachfrage für Cube-Sats erkannten, gründeten sie mit German Orbital Systems (GOS) eine zweite Firma, um die Mini-Technikwunder zu bauen. „Wir betrieben beide Firmen zunächst neben der Uni-Tätigkeit, aber seit einigen Jahren können wir uns, vor allem dank der rasanten und positiven Entwicklung im Startdienstleistungsgeschäft, voll auf das Geschäft in der ECM Group konzentrieren", erklären sie.

Gegenwind für kleine Unternehmen

ECM und GOS sind vollständig in Gründerhand und beschäftigen derzeit 25 Mitarbeiter vor allem in Berlin. „Wir kommen ohne Fremdkapital aus", sagen Ballheimer und Bogdanov, für die Deutschland als bedeutender Hochtechnologiestandort in Europa viele Möglichkeiten bietet: „Wir profitieren von der Nachbarschaft zu anderen deutschen Unternehmen und bauen die Zusammenarbeit intensiv auf." Die politischen Rahmenbedingungen seien weniger gut, kritisieren die Gründer: „Macht die Politik so weiter wie bisher, werden alle deutsche Raumfahrt-Start-ups nach Luxemburg, England oder in die USA abwandern." Auch neue EU-Mitgliedsländer seien wettbewerbsfähiger. Mit Wartezeiten von bis zu einem halben Jahr beim Bundesamt für Wirtschaft und Ausfuhrkontrolle (BAFA) mutet das Schließen von Verträgen an wie ein Himmelfahrtskommando. Außerdem gebe es in Deutschland wenig Zugang zu Risikokapital und kleine Unternehmen unterstütze der Staat nicht.

„Wir haben keinen einzigen Förder-Euro vom Deutschen Zentrum für Luft- und Raumfahrt (DLR) und der Europäische Weltraumorganisation ESA bekommen, obwohl GOS als einzige deutsche Firma Cube-Sat-Satelliten baut und ECM als einzige hier ansässige Firma Weltraumstarts anbietet." Die ECM Group ist von staatlichen Aufträgen weitgehend unabhängig. Kommerzielle Kunden für Startdienstleistungen seien meist US-Firmen. Satelliten und Satelliten-Komponenten fragen Kunden aus aufstrebenden Schwellenländern nach. Aber es gebe zunehmend Interesse aus Europa und den USA.

Einen Exportanteil von 100 Prozent haben auch Björn Danziger, Matthias Buhl und Tom Segert mit ihrem 2010 gegründeten Start-up Berlin Space Technologies (BST). Ihre Erkenntnis: Kleine Satelliten mit 50 bis 150 Kilo

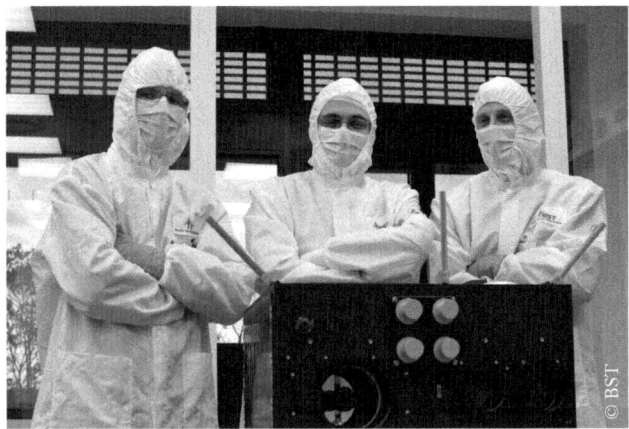

Die vermummten Gründer von Berlin Space Technologies (BST) tragen nur Schutzanzug (v.l.): Tom Segert, Björn Danziger, Matthias Buhl.

Gewicht sind dem Experimentalstadium entwachsen und können echte Missionen übernehmen. Tom Segert erinnert sich: „Die sich daraus ergebenen Geschäftsmodelle wollten wir nutzen." BST will bei Satelliten die Serienproduktion etablieren und sie für breitere Nutzerschichten verfügbar machen – statt eine Einzelstück-Produktion auf staatlichen Bedarf zu fokussieren. Die Technologien dafür hat BST entwickelt und baut nun mit einem Partner eine Satellitenfabrik, die die Stückzahlen um den Faktor 100 vergrößern und die Produktionskosten um 90 Prozent senken soll.

Dies ist aus Sicht der Gründer der Schlüssel für viele neue Anwendungsfelder. BST ist komplett in ihrem Besitz. Segert stellt klar: „Die meisten hiesigen Raumfahrtunternehmen sind über DLR, ESA oder EU-Missionen direkt oder indirekt vom Geld des Steuerzahlers abhängig. Wir dagegen bauen auf internationale und kommerzielle Kunden." 70 Prozent des Umsatzes bringen private Firmen, die mit BST-Satelliten in Telekommunikation oder Erdbeobachtung ihre Dienste erbringen. Die restlichen 30 Prozent kommen aus Forschungseinrichtungen in Schwellenländern.

BST sieht sich gut gerüstet für Wandel der Raumfahrt

„Der Fokus verschiebt sich aber immer deutlicher zu kommerziellen Firmen und Anwendern", betont Segert. Derzeit beschäftigt BST erst 24 Mitarbeiter, doch mit Einführung der Serienproduktion wächst der Berliner Standort kontinuierlich. „Den überwiegenden Anteil unserer Gewinne investieren wir in neue Produktionsanlagen, dadurch wird unsere Wettbewerbsfähigkeit steigen", erklärt der Gründer: Für sie sei BST damit gut gerüstet im Wandel von staatlich dominierter zu kommerziell geprägter Raumfahrt.

Bei allem Geschäftssinn wollen viele New-Space-Firmen auch das Weltall demokratisieren. „Der Weltraum gehört allen", lautet etwa das Motto der PTScientists aus Berlin.

„PT" steht für part-time, denn in Teilzeit werkelten Gründer Robert Böhme und seine ersten Mitstreiter zunächst an ihrer Vision, die Erkundung fremder Planeten erschwinglicher zu machen. Heute hat das privat finanzierte Start-up mehr als 35 Mitarbeiter.

Ihr erstes Projekt: Das Raumfahrzeug „Alina" soll zwei in Kooperation mit Audi erschaffene „Lunar Rover" auf den Mond bringen. Alina kann über eine eingebaute, von Vodafone mitentwickelte LTE-Basisstation mit beiden Rovern kommunizieren. Zwar sind ein Autobauer und ein Telekomkonzern keine typischen Raumfahrtfirmen, aber Böhme bemerkt: „Sie sehen, dass die Weltraum-Wirtschaft wachsen wird und wollen ein Teil davon sein." Potenzial sieht er indes auch für kleine und mittelständische Unternehmen: „Die New-Space-Branche wächst, die Hürden für den All-Zugang sinken. Deshalb werden sich immer mehr Firmen für den Weltraum interessieren und in diesem Sektor investieren."

New Space in Berlin, Bremen, Köln, München

Angetrieben wird diese Entwicklung durch den Trend, dass staatliche Agenturen wie ESA oder NASA bei ihren Missionen verstärkt auf private Partner setzen. Der Standort Deutschland hat hier Vor- und Nachteile. Bei der Kooperation mit US-Unternehmen sind dortige Vorschriften eine sorgfältig zu umschiffende Klippe – etwa zur Kontrolle des Rüstungshandels, wozu nach amerikanischer Lesart auch Raumfahrt-Technik gehört. Dafür kann für Böhme das Reich der Mitte den europäischen Firmen riesige Möglichkeiten bieten. Chinas Weltraumprogramm schreite mit großem Tempo voran und Peking habe deutlich kommuniziert, mit internationalen Partnern zusammenarbeiten zu wollen. Anders als europäische Unternehmen dürften US-Firmen zum Programm der Volksrepublik nur schwer Zugang finden. Deutschland verfügt über eine starke Tradition des Weltraum-Investments, etwa durch DLR und ESA. Besonders in Städten wie Bremen, Köln und München gibt es viele Ingenieure mit Weltraum-Expertise. Bei New-Space-Firmen sei auch Berlin gefragt. „Die Regierung dort fördert die Start-up-Kultur, das hat Berlin zu einem attraktiven Ort für New-Space-Firmen wie uns gemacht", sagt Böhme. Er hätte also den Standort für sein Unternehmen kaum besser wählen können. Zumal seine Zentrale im Berliner Stadtteil Biesdorf direkt neben der „Allee der Kosmonauten" liegt.

Gregor Hallmann bleibt der Mobilität treu: Schon in Ausgabe 02/18 von „return" berichtete der freie Wirtschaftsjournalist aus Berlin über die Gründerszene bei digitalen Autodiensten.

Trendsetter digitaler Transformation

Nach dem Niedergang bekannter Versandhändler zählte auch sein Unternehmen zur Liste der Abgeschriebenen. Doch Michael Otto entwickelte einen der weltweit größten Online-Händler.

Michael Otto baute mit Weitblick und Innovationsfreude seinen Versandhandel zum Vorreiter der Multichannel-Strategie aus. Seine Botschaft „Die Wirtschaft muss für den Menschen da sein, nicht umgekehrt", schlägt sich auch in seinen Stiftungsaktivitäten sowie zahlreichen Engagements für das Allgemeinwohl nieder.

© Otto GmbH & Co KG, Hamburg

Einst waren sie Kinder des deutschen Wirtschaftswunders, die großen Universal-Versandhändler Quelle, Otto und Neckermann. In mehr als 1.000-seitigen Hochglanz-Katalogen priesen sie ihr Angebot von Mode bis Waschmaschinen. Heute gehören einige durch das Internet zur Geschichte, etwa Neckermann oder Quelle, die der Digitalisierung zum Opfer fielen. Die Markenrechte der ehemaligen Mitbewerber sicherte sich Otto.

Die Otto Group bietet der neuen Konkurrenz von Mächtigen wie Amazon und Ebay bis heute Paroli. Mit Weitblick, Augenmaß und Innovationsfreude baute Michael Otto neben Kataloggeschäft und stationärem Handel den E-Commerce aus und gilt als Vorreiter der Multichannel-Strategie. Sein Unternehmen erzielt weltweit 7,8 Milliarden Euro online von 13,7 Milliarden Euro Gesamtumsatz (Stand: 2017/18). Mehr als 5,4 Milliarden Euro davon kommen aus Deutschland. Damit behauptet Otto seine Position als zweitgrößter E-Commerce-Player hierzulande und zählt weltweit zu den fünf größten Internethändlern.

Michael Otto, der 1971 als Einkaufsvorstand in das Unternehmen eintrat und zehn Jahre später den Vorstandsvorsitz übernahm, ist überzeugt, auch künftig Amazon erfolgreich entgegentreten zu können. Ohne Neid erkennt er an, dass die Amerikaner zwar ihre Prozesse perfekt beherrschen. „Aber dank unserer vielfältigen Modestrecken sind wir emotionaler, weiblicher, weniger technisch orientiert", hebt er hervor.

Erste Gehversuche im Internet startete Otto 1995, zwei Jahre später erscheint der komplette Katalog online. Die Bedeutung der Digitalisierung hatte der Familienunternehmer, der in diesem Jahr seinen 75. Geburtstag feierte, viel früher erkannt. Anfang der 80er-Jahre reiste er als Vorstandschef mit seinem IT-Vorstand alle zwei Jahre ins Silicon Valley und an die Ostküste, um sich Anregungen zu holen.

Eine dieser Anregungen war das interaktive Fernsehen, von dem der Familienunternehmer glaubte, dass es die Zukunft des Versandhandels sein könnte. Als 1995 der Siegeszug des Internets begann, schwenkte der Versender sofort auf den neuen Kanal um. „Nur weil wir so früh dabei waren, konnten wir unsere Mitarbeiter auch gut auf die neuen Herausforderungen vorbereiten. So ein Prozess dauert eben zehn, zwanzig

Jahre", blickte Otto einmal in einem Interview mit der „Berliner Morgenpost" auf die Anfänge der Digitalisierung zurück. Für Marketingforscher Manfred Kirchgeorg von der Handelshochschule Leipzig ist er Impulsgeber auf dem innovativen Weg in die Digitalisierung mit Augenmaß für involvierte Menschen und künftige Herausforderungen. Otto verfolge mit seinem Vorstand im sich schnell verändernden Marktumfeld das Ziel, das Unternehmen zur digitalisierten Handels- und Dienstleistungsgruppe zu formen.

Ein Ziel, das familiengeführte Organisationen oft eher erreichen – mit ihrer unternehmerischen Denkweise hoher Ausprägung, mit großer Geschwindigkeit, mit Digitalkompetenz, mit starker Öffnung und Vernetzung sowie mit unbedingter Kundenorientierung. Künftig soll jeder Kunde von einem optimalen Shop-Angebot, das

Den Transformationsprozess, den Dr. Michael Otto (r.) einst einleitete, führt sein Sohn Benjamin als gestaltender Gesellschafter fort.

seinen individuellen Interessen entspricht, gelockt werden. Digitale Transformation wird hier als kontinuierlicher Prozess verstanden.

Kreativität und Mut
schreiben Erfolgsgeschichte

Sein Unternehmen startet 2013 mit dem Fashion-Projekt und Start-up Collins, das den Online-Marktplatz namens About You eröffnete. Bei diesem Ansatz für Open Commerce bieten Entwickler dort eigene Apps. Modeblogger empfehlen Kleidung und sind an Erlösen beteiligt. Das Start-up erwirtschaftete 2017 einen Umsatz von 283 Millionen Euro. Mit weiteren Investoren soll es zum Milliardenunternehmen aufgebaut und an die Börse gebracht werden. Dabei hatten Experten der Plattform als Späteinsteiger nach dem Erfolg von Zalando nur geringe Erfolgsaussichten eingeräumt.

„Otto hat bewiesen, dass man mit Kreativität und Mut immer noch eine Erfolgsgeschichte schreiben kann", hebt Handelsexperte Gerrit Heinemann von der Hochschule Niederrhein hervor. Doch digitale Transformation funktioniert nicht ohne Kulturwandel. Den „Kulturwandel 4.0" rief die Führung vor drei Jahren aus. Otto soll schnell und flexibel auf Marktveränderungen reagieren und immer auf neuestem Stand agieren. Denn der bodenständige Norddeutsche Otto konstatiert: „Das bedeutet flachere Hierarchien, mehr Teamarbeit, stärkere Verantwortung für die Teams. Die Zeit von ‚command and control' ist vorbei."

Auf 1.700 Quadratmetern können Mitarbeiter in der Konzernzentrale wählen, wie sie arbeiten. Die Coworking-Fläche „Collabor8" – gesprochen: „collaborate" – ist Teil der Veränderung in der Arbeitsweise. Ziel: Mitarbeitern soll ein flexibles, vernetztes und kreatives Arbeiten möglich sein. Damit einher geht eine neue Art der Zusammenarbeit, was den digitalen Wandel im Unternehmen weiter vorantreiben soll. „Dieser Ort verkörpert für mich viel mehr als Coworking Space. Er ist Begegnungsstätte, ein Ort für Kreativität und Ideen, zugleich ein Zeichen des Wandels für die ganze Unternehmensgruppe", betonte Benjamin Otto als gestaltender Gesellschafter der Otto Group und Initiator des Coworking in seiner Eröffnungsrede.

Er verantwortet in dritter Generation die weitere Entwicklung des Familienunternehmens und fühlt sich „verpflichtet, meinen Teil beizutragen, die Otto Group vollständig ins digitale Zeitalter zu überführen".

Für Handelsforscher Heinemann gibt es nur wenige Unternehmen in der Branche, die wie Otto über einen langen Zeitraum so nachhaltig erfolgreich waren. Diverse Standbeine seien zukunftsträchtig ausgerichtet. Michael Otto sei einer der wenigen deutschen Händler, die verstanden hätten, wo die Reise hingeht. Auch für Kai Hudetz, Geschäftsführer des Instituts für Handelsforschung (IfH), war der Erfolg in digitaler Transformation nur mit aktiver Unterstützung der Unternehmensspitze möglich: „Es ist der Verdienst von Michael Otto, dass er die Unternehmensgruppe rechtzeitig auf die massiven und dynamischen Veränderungen des Konsumentenverhaltens eingestellt und so den Unternehmenserfolg im digitalen Zeitalter sichergestellt hat."

Hervorheben, dass Otto die Bedeutung einer an Werten orientierten Führung betont, möchte Manfred Kirchgeorg. Zudem investierte die Otto Group unter seiner Ägide in neue Digital Player. Für Kirchgeorg als Leipziger Wissenschaftler für Handelsmarketing bedeuten die weltweiten Beteiligungen von Otto bei 250 jungen Unternehmen einen beeindruckenden Erfahrungsschatz aus der Online-Welt. Sein Fazit fällt deshalb mastermind-like aus: „Wenn es ein Vorbild für einen ehrbaren Kaufmann in der digitalen Neuzeit gibt, dann ist es Dr. Michael Otto."

Autor Peter Hanser war drei Jahrzehnte als Wirtschaftsredakteur tätig und arbeitet seit 2014 als freiberuflicher Journalist.

Transparente Kennzahlen?

Umstrittene Thesen stellt dieses Magazin in „return kontrovers" zur Diskussion. Diesmal drehen sich Diskurs und Debatte um Transparenz bezüglich der Leistung von Insolvenzverwaltern.

Neues aus dem Wirtschaftsanwaltsmarkt, wie vom Juve Verlag für juristische Informationen für das Rechtsgebiet „Insolvenz und Restrukturierung" präsentiert, scheint es eigentlich nicht zu geben. An der Grundsituation der Insolvenzverwalter habe sich „nicht viel geändert", heißt es dort im Handbuch über das „historische Tief" bei Verfahren, was „die Chancen für alle Verwalter auf gute Geschäfte" minimiere. Strategisch schlau sei da doch grundsätzlich „ein Ausweichen auf die Sanierungsberatung".

Christoph Schulte-Kaubrügger

Entsprechend unruhig zu geht es in den Kanzlei-Nachrichten: Die Veränderungen auf dem deutschen Insolvenzverwaltermarkt „gehen munter weiter", berichtet Juve schon zu Jahresbeginn über ein munteres Stühlerücken.

Ist der Schwund an gerichtlichen Bestellungen, also quasi eine Auftragsarmut, schon schlimm Schuld daran, dass etwa Henryk Hielscher von der „Wirtschaftswoche" noch vor fünf Jahren seine Analyse der deutschen Insolvenzverwalter-Szene mit einem Ranking der „Top 50 Verwalter" schmückte, es zuletzt aber nur noch auf „Die Top 10 im Überblick" schaffte? Womöglich geht mit einem Rückgang an Beteiligten ein Zuwachs an verteilten Kuchenstücken einher.

Denn gemessen an der nackten Zahl vorläufiger Verfahren und damit rein quantitativ brachte es damals der Erstplatzierte Christoph Schulte-Kaubrügger (Foto) der White & Case Insolvenz GbR auf gerade mal 39 Fälle, während mit nahezu verachtfachtem Wert oder insgesamt 301 eröffneten Verfahren in 2017 diesmal die Schultze & Braun Rechtsanwaltsgesellschaft für Insolvenzverwaltung mbH den Spitzenreiter stellt. Für Hielscher spricht das Steigern der Verfahrenszahlen „gegen den Trend" sogar dafür, dass der Sieger „in einer Liga für sich" spielt, was in der Art der Bewertung fast in eine Abo-Meisterschaft mündet: „Platz 1 geht damit – fast schon routinemäßig – an Schubra."

„Nur Masse hat Klasse", grüßt öffentlich ein Graffito angeblich laut Aphorismen-Sammlung. Andererseits erkenne man Qualität vor allem daran, dass sie sich nicht abnutze, liest man aber eben dort auch, wo zudem Satiriker Karl Kraus mit den Worten zitiert wird: „Die Quantität lässt nur noch einen Gedanken zu: abzubröckeln." Übertragen auf unser Sujet gefragt: Dürften sich Insolvenzverwalter angesichts kaum aussagekräftiger Auflistungen der Anzahl an Arbeiten nicht besser bewerten lassen mit Referenzen nachhaltiger Unternehmenssanierungen, durch die beispielsweise dauerhaft Profitabilität und Arbeitsplätze erhalten geblieben sind? Und dies am besten aufgrund nachvollziehbarer Kriterien, die transparent offenzulegen sind?

Stattdessen schneite jüngst in die Redaktion eine „Medieninfo" des Deutschen Anwaltsvereins (DAV) herein mit dem geradezu Angst einflößenden Aufruf zur „Abschaffung der Kennzahlen bei Insolvenzverwalterauswahl", die „untauglich zur Bemessung der Qualität" der gerichtlich Bestellten seien. Die Rede ist dort von einer „aktuellen Diskussion um die Etablierung solcher Kennzahlensysteme", die aber wohl weniger in Wirtschafts- also vielmehr in Juristenkreisen geführt werden dürfte. Denn die Stichwort-Suche „Insolvenzverwalter Kennzahlen" beschert keinerlei tolle Treffer zum Thema.

Beunruhigendes „Streben nach Effizienzsteigerung"?

Gleichwohl beunruhigt die Arbeitsgemeinschaft Insolvenzrecht und Sanierung in der erwähnten Pressemitteilung offensichtlich das „Streben nach Effizienzsteigerung und einer objektiven Entscheidung". Nein, das wohl nicht! Aber dass sich „ein Teil der Insolvenzrichter bei der Verwalterauswahl an von ihnen entwickelten und gepflegten Kennzahlen" orientiere, ja, bezüglich einer solchen „Entscheidungsgrundlage" spreche sich die Arge im DAV „klar dagegen aus". Während die Argumentation innerhalb der hervorgehobenen Zwischenüberschriften noch einleuchtet bei „Wichtigste Voraussetzung: die Unabhängigkeit des Verwalters", kommen bei „Insolvenzverwalter: Präsenz vor Ort entscheidendes Kriterium", bitte mit Verlaub, leider schon erste Zweifel.

Diese Auswertung von Medien und anderen Quellen stammt von „return"-Chefredakteur Thorsten Garber.

PRO

Jörn Weitzmann:
„Kennzahlen nicht transparent nachzuvollziehen"

KONTRA

Hans Haarmeyer:
„Insolvenzverwalter scheuen Transparenz"

Traditionell setzen in Deutschland die zuständigen Gerichte den Insolvenzverwalter ein, nicht interessierte Gläubigergruppen. Der Erfolg der Wirtschaft und des Insolvenzrechts zeigt, dass wir gut damit gefahren sind, wenn der für den Einzelfall richtige, qualifizierte und unabhängige Insolvenzverwalter durch einen professionellen und unparteilich handelnden Insolvenzrichter bestellt wird.

Intransparente Kennzahlensysteme

Von einzelnen Richtern persönlich entwickelte, intransparente Kennzahlensysteme dagegen sind nicht geeignet, das in Deutschland bestehende hohe Niveau und die Wirkungsmechanismen des Insolvenzrechts zu erhalten.

Weder ist die Ermittlung der einzelnen Kennzahlen transparent nachzuvollziehen, noch das Verhältnis der einzelnen Kennzahlen zueinander. Darüber hinaus ist fraglich, ob der Ermittlung der Kennzahlen zuvor eine „Gleichverteilung" der Insolvenzverfahren zugrunde gelegen hat.

Ein solches System ist in hohem Maße anfällig für suggestive Fehlsteuerungen. Bei einer fehlerhaften Einklassifizierung oder Bewertung, die nicht rechtsmittelfähig sind, ergeben sich zwangsläufig falsche „objektive" Ergebnisse, die der Richter nun seiner weiteren Bestellungspraxis zugrunde legt.

Die Bestellung eines für den Einzelfall geeigneten und unabhängigen Insolvenzverwalters durch einen professionellen Insolvenzrichter ist in jedem Fall einer Auswahlentscheidung, die aus einer „Blackbox" kommt, überlegen.

Kaum etwas scheinen Insolvenzverwalter mehr zu scheuen als die Transparenz und die Vergleichbarkeit anhand objektiver Kriterien. Gerichte erheben seit mehr als zehn Jahren differenziert Daten, die auch unterschiedliche Verfahrensverteilungen berücksichtigen. Doch nach wie vor reagieren Insolvenzverwalter darauf wie der Teufel aufs Weihwasser.

Dabei sind Kennzahlen nur ein Faktor bei der Auswahl des richtigen Verwalters für das jeweilige Verfahren. Für ein Unternehmen, das sich noch am Markt befindet, ergibt sich durch die Auswahl ein gravierender Unterschied. Hat der gerichtlich bestellte Insolvenzverwalter mehr als 30 Prozent der von ihm betreuten Unternehmen saniert und dabei mehr als 70 Prozent der Arbeitsplätze erhalten? Oder hat der ausgewählte Verwalter nur fünf Prozent der Unternehmen und weniger als 50 Prozent der Arbeitsplätze retten können?

Begrüßenswerte Quotenwerte

Für ein Unternehmen, das liquidiert werden muss, werden Gläubiger begrüßen, wenn der Verwalter im Durchschnitt Quoten von über 20 Prozent erwirtschaftet. Sie können aber ebenso auf einen Verwalter treffen, der im Schnitt nur mit Quoten von 2,5 Prozent die Gläubiger wenig befriedigt.

Die Forderung, auf derlei Kriterien zu verzichten, entspricht leider nur dem Selbstverständnis der Verwalter: Sie wollen unvergleichbar sein. Aber sie sind es nicht. Zumal die Qualität ihrer Insolvenzarbeit seit vielen Jahren messbar ist. Wer nichts zu verbergen hat, stellt sich gerne einem Leistungsvergleich. Einige wenige Insolvenzverwalter veröffentlichen sogar selbst ihre Leistungsdaten. Sie sind Verwalter mit Zukunft!

Rechtsanwalt Jörn Weitzmann ist Vorsitzender der Arbeitsgemeinschaft für Insolvenzrecht und Sanierung im Deutschen Anwaltverein (DAV).

Prof. Hans Haarmeyer, diplomierter Betriebswirt, lehrte Wirtschaftsrecht, war lange Insolvenzrichter und ist „return"-Herausgeber.

Smartphone statt Zollstock

Wie die Digitalisierung beim Transport hilft

Wer an Digitalisierung in der boomenden Logistikbranche denkt, hat vermutlich vollautomatische Lager, variable Routenplaner oder gar Zustellroboter im Kopf. Doch auch jenseits des Hochvolumen-Versandhandels lösen Logistikunternehmen ihre Aufgaben mit innovativen Digitalisierungsprojekten.

Bei der Bremer PTS-Gruppe zum Beispiel liegt die Herausforderung in der Artikel-Größe und ihrer individuellen Gestalt. Denn das Unternehmen ist Partner großer Maschinen- und Anlagenbauer. Drehbänke zählen da fast noch zu den Kleinteilen. Schließlich schickt die Maschinenbau-Exportnation Deutschland unter anderem über PTS riesige Stahlkonverter mit hundert Tonnen Masse auf die Reise. „Manche Güter sind auch bis zu zehn, zwanzig Meter lang", sagt Patrick Rehberg, Prokurist bei der PTS Group: „Außerdem gleicht kaum ein Auftrag dem anderen." So sind schon die Kisten für Maschinenteile individuell angepasst.

Patrick Rehberg von PTS Logistik (l.) und Prof. Sven Herrmann von Prolog Innovation präsentierten die Augmented Reality App.

© Alexander Fanslau

Hololens-Brille mit vierfachem Nutzen

Derzeit messen PTS-Techniker noch mit dem Zollstock. Dieses Messen und den Einblick in die geschlossene Kiste will PTS mittels Mixed Reality digitalisieren. Mit dem Anlagenbauer SMS Group, dem Datenbrillen-Spezialist Ubimax und Studenten unter der Leitung des Digitalisierungsberaters Prof. Sven Hermann von Prolog Innovation entwickelte die Initiative erste Machbarkeitsstudien. Maschinenteile wie einen Elektromotor kann der Nutzer mit der Hololens-Brille anschauen, direkt vermessen, die Daten sofort speichern und gleich grob eine Verpackung designen.

Der Prototyp sorgte 2017 beim Fachforum Projektlogistik für Aufsehen. „Mit Open Innovation Projekten kann auch der Mittelstand trotz begrenzter Ressourcen die Logistik der Zukunft voranbringen und zum digitalen Treiber der Branche werden", sagt Sven Hermann. PTS-Prokurist Rehberg findet das Prinzip der Datenbrille reizvoll, aber um in der Praxis möglichst schnell voranzukommen, wird die erste in der Realität brauchbare Anwendung nun als Smartphone-App umgesetzt. Noch sei die Hololens zu unhandlich und auch recht teuer.

„Ein Smartphone mit größerem Bildschirm hat ja heute jeder", begründet Rehberg die Hinwendung zum Alltagsgerät. Auf dem Handy kann auch das schon existierende Webportal besser integriert werden. Hier können Kunden jetzt die bislang verfügbaren Daten zu ihrem Versandprojekt einsehen. Das sind nicht wenige, denn bei umfangreichen Anlagen aus vielen kleineren und größeren Teilen kommt es auf viele Parameter an: „In welcher Reihenfolge muss angeliefert werden? Gibt es große Hallen zur Zwischenlagerung? Gibt es Teile, die man draußen stehen lassen kann?", zählt Rehberg auf. Alle diese Infos zusammen leicht und überall via Smartphone verfügbar zu haben, sei „ein Riesenvorteil". Die Entwicklungsarbeit soll bis Jahresende abgeschlossen sein. „Wir sind aber zuversichtlich, dass wir auch die Aufmaß-Funktion für das Smartphone hinbekommen."

Dann braucht der Logistik-Techniker mittelfristig keinen Zollstock mehr. Für Rehberg sind das derart gute Perspektiven, dass er in den internen Aufwand gerne investiert hat, den das Partnerprojekt verlangte: „Uns bringt es viel, dass wir das Projekt zusammen mit einem Kunden realisieren – und gemeinsam mit innovativen jungen Leuten, die sich vorstellen können, was morgen möglich ist."

Armin Hingst arbeitet unter anderem als freier Journalist vor allem zu IT-Themen und zu vielfältigen Aspekten der digitalen Transformation.

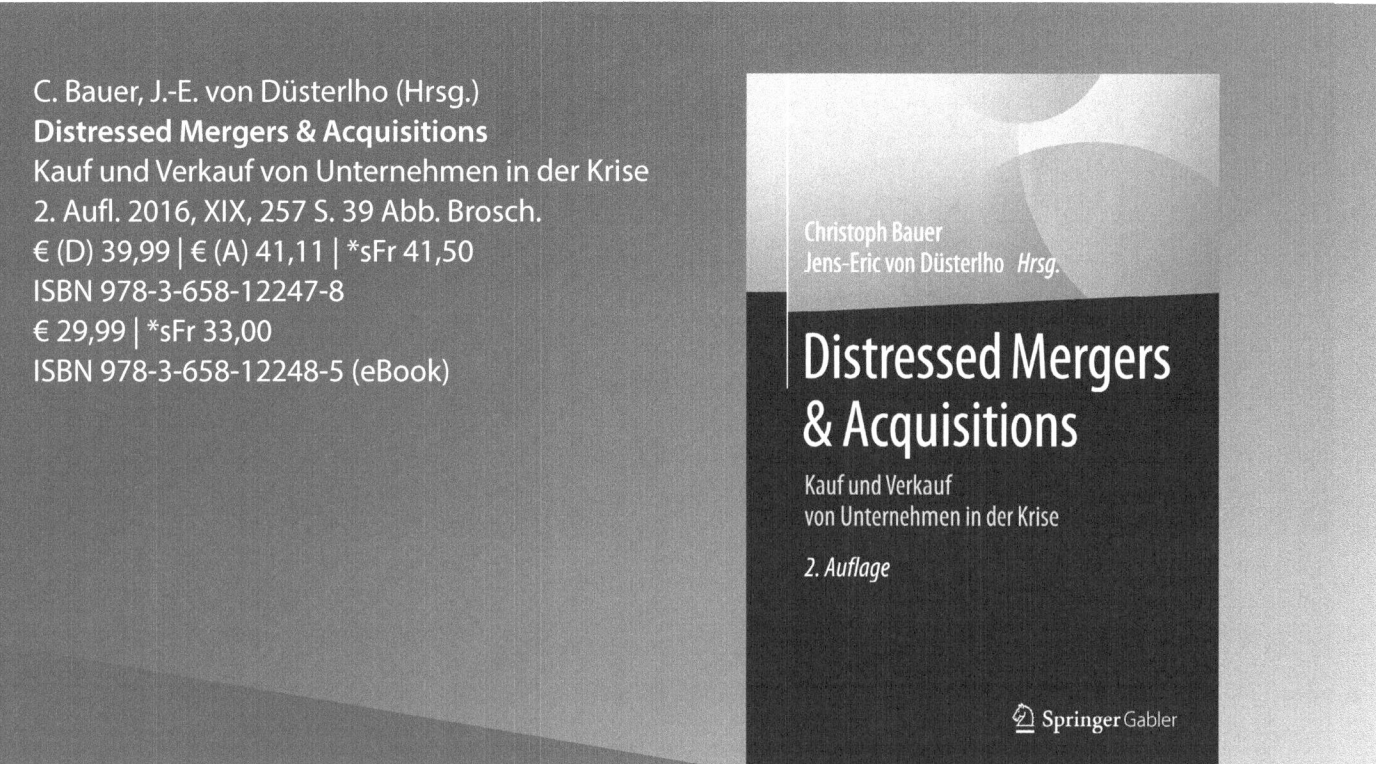

Zukunftsgerichtete Denkweise
Über künstliche Intelligenz in der Logistik

Sie gilt als innovativste Technologie der vergangenen Jahre: künstliche Intelligenz (KI). Nicht umsonst wird sie auch als „Deep Learning" bezeichnet, denn IT-Systeme nutzen immense Datenmengen, um ihr Wissen zu vervielfachen. So entwickeln sie Entscheidungsstrukturen, die denen von uns Menschen nicht nur ähneln, sondern uns längst in puncto Geschwindigkeit und Komplexitätsbewältigung übertreffen.

Das ist aber erst der Anfang: Dank immer mehr verfügbarer Daten für KI und der stetig steigenden Rechenleistung moderner Computer entstehen branchenweit ständig neue Einsatzgebiete für Lösungen, die auf dieser Technologie basieren. Doch gerade in der Logistikbranche ist das Potenzial noch nicht ausgeschöpft.

Transformation in der Tourenplanung

Nehmen wir die Lkw-Logistik: Dieser riesige Markt kränkelt an Intransparenz und steigenden Transaktionskosten sowie am hohen Leerfahrtanteil. Jeder dritte Lkw auf unseren Straßen fährt leer und ist somit eine sinnlose Belastung für Verkehr, Straßen und Umwelt. Häufig heißt es bei der Tourenplanung immer noch: Konvention statt Innovation. Umso mehr gilt es, hier neue Technologien sinnvoll zu nutzen. Vorab: Gleich auf Anhieb die revolutionäre Lösung zu finden, ist in den meisten Fällen leider zu schön, um wahr zu sein. Realistischer: Man fängt mit einem ganz kleinen Ausschnitt des Problems an und findet dafür eine Lösung, die wirklich gut funktioniert. So entsteht eine solide Basis, auf der man aufbauen kann. Außerdem ist es ratsam, mit Hilfe von Außenstehenden neue Perspektiven zu entdecken, auf die Leute vom Fach nicht auf Anhieb kommen würden.

Innovationen aus anderen Branchen

Die größten Innovationen kommen von Menschen, die eigentlich gar nicht zur Branche gehören. Wichtig ist zudem eine kühne, zukunftsgerichtete Denkweise: Wenn die Technologie möglich und sinnvoll ist, wird sie kommen.

Autonome Lkw etwa sind für viele derzeit kaum vorstellbar. In fünf bis zehn Jahren könnten selbstfahrende Lkw aber schon Alltag sein. Daher gilt es, bei technologiebasierten Ideen so früh wie möglich Geschäftsmodelle zu entwickeln. Generell rate ich bei jeder Geschäftsidee, sich nicht von skeptischen Investoren entmutigen lassen. Und last but not least sollte bedacht werden: Es wird immer doppelt so teuer wie geplant – und dauert doppelt so lang.

Erfahrungswissen digital abbilden

Viele der oben genannten Erfahrungen sammelte ich bei der Entwicklung unseres Start-ups. Die erste Idee kam mir jedoch buchstäblich auf der Straße: Im Stau wunderte ich mich über die zahllosen Lkw auf der rechten Spur. Ich fragte mich, wie künstliche Intelligenz dem Transportgewerbe nützen könnte. Daraufhin haben wir eine künstliche Intelligenz entwickelt, die das analoge Erfahrungswissen aller Mitteilnehmer digital abbilden kann.

Die Digitalisierung findet hierbei zwei Einsatzarten: Erstens wurde KI dafür eingesetzt, ein ganz neues Geschäftsmodell zu entwickeln. Zweitens wurden bestehende Prozesse durch die Digitalisierung stark vereinfacht.

Lkw-Transporte in Europa intelligent organisieren

In Sekundenschnelle berücksichtigt der Algorithmus Speditionsangebote, Preisvorstellungen der Transportunternehmen und zudem die Wahrscheinlichkeit, wann welcher registrierte Lkw auf einer bestimmten Route fährt inklusive freie Kapazitäten. So können Lkw-Transporte innerhalb Europas sicher und kostentransparent per Mausklick organisiert werden – eine kleine Revolution im Logistikmarkt.

Rolf-Dieter Lafrenz ist Geschäftsführer der Cargonexx GmbH, die mit selbstlernenden Algorithmen automatisch freie Frachtkapazitäten auf Lkw-Touren verteilt und Spotmarkt-Preise bestimmt.

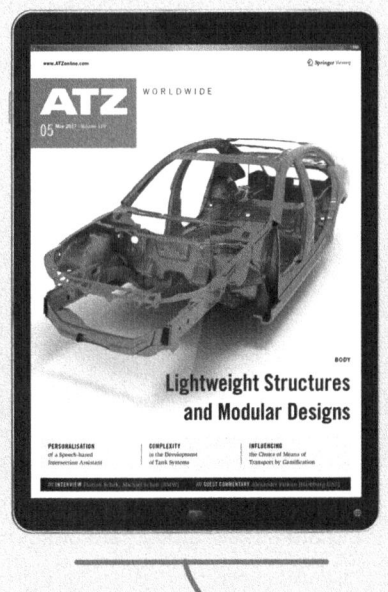

Eine einzige starke Hand reichte gestern. Heute setzen erfolgrei-
che Organisationen auf Beidhändigkeit, so dass gleichzeitig das
Kerngeschäft effizient optimiert und mit strategischer Innovation
neue Geschäfte aufgebaut werden. Beidhändigkeit kennt man als
Phänomen der Ambidextrie bei Menschen, die weder rechts- noch
linkshändig sind, sondern über eine gleich ausgebildete Geschick-
lichkeit in beiden Händen verfügen.

Beidhändig gestalten

Unternehmen müssen parallel zum Kerngeschäft strategische Innovationen hervorbringen – durch Experimentieren und Lernen. Dafür ist Veränderungsintelligenz in der Führung nötig.

Vor einigen Jahren sah sich die Legic Idensystems AG mit einer Herausforderung konfrontiert: Für das 100-prozentige Tochterunternehmen des Schweizer Sicherheitssystem-Spezialisten Kaba deutete sich ein fundamentaler Wandel im Kerngeschäft an. Die Veränderungen zeigten sich bereits in signifikanten Einbrüchen bei Auftragseingang und Umsatz.

Legic stellte zu diesem Zeitpunkt eine Technologieplattform für Zugangskontrollen bereit, die auf Radio Frequency Identification (RFID) basiert. Dazu gehört eine Schlüssel-Schloss-Kombination aus Zugangskarte und Lese-Chip, die beispielsweise bei Hotel-Zimmern zum Einsatz kommt. Diese RFID-Lösung ermöglicht eine berührungslose Zugangskontrolle mit ID-basierten Applikationen.

Der weitaus größte Teil des Umsatzes in diesem Geschäft wird mit der Zugangskarte gemacht. Hotels in den USA benötigen etwa 100 Zimmerkarten im Jahr pro Türschloss, während das Türschloss selbst eine Lebensdauer von mehr als zehn Jahren hat. Mit den Entwicklungsaufwendungen verhält es sich jedoch umgekehrt: Der Lese-Chip im Türschloss fußt auf einer komplexen Halbleiter-Technologie, dagegen handelt es sich bei der Zimmerkarte um ein eher simples Produkt. Der Verkauf der Karten finanziert also die Lesechips.

Das lange stabile Verhältnis zwischen der Anzahl installierter Lesechips und der Anzahl verkaufter Zugangskarten begann nun unerwartet und rapide zu sinken. Eine Zeitenwende: Der Markt spiegelte die Erwartung, dass die Zugangskarte vom Mobiltelefon ersetzt werde. Der Absatz an Zugangskarten würde massiv sinken. Wie aber soll ein mittelständisches Unternehmen mit weniger als 100 Mitarbeitern dieser Herausforderung begegnen? Und das in einem Markt mit wesentlich größeren, finanzstärkeren Spielern?

Die Unternehmensführung von Legic beschloss, das eigene Geschäftsmodell als „fabless semi-conductor manufacturer" infrage zu stellen und die bestehende Plattform um Software und um Service-Elemente zu erweitern. Klar war nur: Legic musste künftig Zimmertüren mit dem Mobiltelefon öffnen

können. Und dies musste Umsatzfelder erschließen, die den Einbruch bei Zugangskarten kompensieren.

Der etablierte Entwicklungsprozess, optimiert für „failure is not an option" im Halbleiterdesign, erwies sich dafür als nicht tauglich. Daher mussten nicht nur neue Technologien, sondern auch alternative Vorgehensweisen entwickelt werden. Kernpunkt dafür war ein „eingebettetes Unternehmerteam" mit eigenen Mitarbeitern, mit neu hinzugewonnenen Spezialisten und mit externen Dienstleistern. Dieses Team hat agil und iterierend nicht nur die technische Lösung, sondern auch ein Geschäftsmodell entwickelt. Fehlschläge gehörten dazu: Beispielsweise wurde Software über neun Monate entwickelt, um Mobilfunkbetreiber wie Swisscom oder T-Mobile anzubinden, um dann festzustellen, dass diese im Geschäftsmodell keine Schlüsselrolle einnehmen werden. Mehrfach iterierte das Team zudem zwischen den Technologie-Hypothesen NFC und Bluetooth.

Heute ist klar, dieser Weg war erfolgreich: Nach zwei Jahren konnte mit dem Cromwell in Las Vergas das erste Hotel mit der neuen Technologe live gehen. Mittlerweile sind viele hunderttausend Hotelschlösser damit ausgerüstet und Legic hat neue Marktsegmente hinzugewonnen. Ausführlich ist dieses Erfolgsbeispiel im Buch „Radical Business Model Transformation" beschrieben.

Das Beispiel veranschaulicht, was heute in Industrie und Gesellschaft passiert, getrieben von einem Phänomen, das wir als „Digitalisierung" oder „Digitale Transformation" beschreiben. Diese Entwicklung ist eine Veränderung neuer Art, eine Veränderung zweiter Ordnung, verbunden mit Komplexität und Unsicherheit. Die alten Antworten und tradierten Methoden passen dafür nicht (mehr). Denn der Wandel unserer Zeit ist weniger ein technologischer Wettbewerb als eine tiefgreifende Veränderung der Gesellschaft.

Aus der Technologiegeschichte kennen wir solche Muster, wenn sich der echte Nutzen und die breite gesellschaftliche Wirkung einer Technologie erst Jahrzehnte nach deren

> „Unternehmen müssen über lange Zeiträume aufgebaute Stärken mit den neuen technologischen Möglichkeiten hebeln."

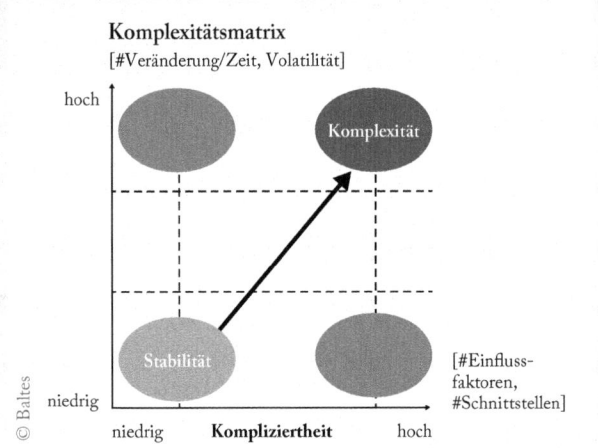

Komplexitätsmatrix
[#Veränderung/Zeit, Volatilität]

hoch

Komplexität

Stabilität

[#Einfluss-
faktoren,
#Schnittstellen]

niedrig

niedrig   **Kompliziertheit**   hoch

© Baltes

Alternative Führungsmethoden sind angesichts von Kompliziertheit und Dynamik gefragt; Projekt- und Krisenmanagement funktionieren nicht.

Parallelität wie hier beim doppelt kreativen Maler ist heute für Unternehmen überlebenswichtig, die altes und neues Geschäft parallel entwickeln.

Verfügbarkeit einstellt - erst dann, wenn wir gelernt haben, uns um diese Technologie herum neu zu organisieren.

Die Energiequelle für industrielle Verarbeitung war früher Wasserkraft, industrielle Zentren lagen daher an Wasserläufen. Die Dampfmaschine hat daran erst mal wenig geändert, erst viele Jahre später wurden ganze Regionen in Europa deindustrialisiert, weil Industrieansiedlung von Wasserläufen unabhängig wurde. Ähnlich hat zunächst ein zentraler Elektromotor die Dampfmaschine ersetzt. Erst viele Jahre später wurden Elektromotoren dezentralisiert, kleiner und direkt an Maschinen gebaut. Ohne Transmissionswellen wurden nun neue Betriebsorganisationen und -größen möglich.

Neue Komplexität und Unsicherheit managen

Genau das erleben wir heute, wenn wir den echten Nutzen seit langem verfügbarer und oft digitaler Technologien erschließen. Im Ergebnis kreieren wir damit eine neue Gesellschaft. Daher wird jeder, individuell und als Unternehmen, früher oder später davon erfasst. Während wir dies tun, entwickeln sich gleichzeitig – dem Mooreschen Gesetz folgend – die technologischen Möglichkeiten exponentiell weiter. Daraus entsteht Komplexität und Unsicherheit, für die wir in der Management-Lehre wenige Antworten kennen. Außer der, diese Unsicherheit tunlichst zu vermeiden. Komplexität ist das Produkt aus Kompliziertheit, die mit Projekt-Management zu bewältigen ist, und Dynamik, die mit Krisenmanagement zu bewältigen ist (Grafik „Komplexitätsmatrix").

Daher funktioniert hierfür weder Projektmanagement noch Krisenmanagement. Stattdessen braucht es alternative Management-Methoden. Ansonsten droht das, was der im Bau befindliche Berliner Flughafen BER eindrucksvoll zeigt: Komplexität mit tradierten Methoden anzugehen, macht die Sache nicht nur nicht besser, sondern eher noch schlechter. Zu diesem Ergebnis kam auch das Magazin „Spiegel" nach sieben Monaten Recherche inklusive Studium von tausenden Aktenseiten: „Berliner Airport BER – Wie Deutschland am Bau eines Flughafens scheiterte."

Es ist daher nicht mehr ausreichend, dem Fokus auf eher kontinuierliche und inkrementelle Weiterentwicklung zu folgen, wie so häufig vor allem im Mittelstand zu finden. Also dem „immer besser", wie das Motto von Miele lautet. Nicht umsonst wird der deutschen Wirtschaft im globalen Wettbewerb ein Rückstand in Zukunftsfeldern wie autonomen Fahren oder künstlicher Intelligenz attestiert. Stattdessen müssen wir unser Management-Repertoire weiterentwickeln, um alternative Pfade hin zu Innovation und Veränderungsintelligenz erweitern. **Drei Kernelemente** sind dafür wichtig:

Innovationsaktivitäten müssen systematisch differenziert werden, in solche im Kerngeschäft mit eher inkrementeller Natur und solche im eher unsicheren Raum neuer Technologien und Geschäftsmodelle. Denn für letztere funktionieren tradierte Methoden der Investitionsbeurteilung nicht mehr, denn Business Case, Return on Investment (RoI) oder Kapitalwert gehen von Risiko aus. Sie versuchen dies zu minimieren – und laufen angesichts von Unsicherheit systemisch fehl. Unternehmen müssen also lernen, in Unsicherheit zu investieren ohne Business Plan, Business Case und RoI-Abschätzung (Grafik „Innovation entdecken"). Stattdessen sollte man begrenzte Mitteln einsetzen und maximal viel lernen. Hier dient als Daumenregel für produzierende Unternehmen, entweder zehn Prozent der F&E-Aufwendungen oder ein Prozent vom Umsatz für diesen Bereich auszugeben, der von hoher Unsicherheit gekennzeichnet ist, um auszuprobieren und zu versuchen und iterierend zu lernen.

Die Softwareentwicklung zur Anbindung der Mobilfunkbetreiber im Legic-Fall zeigt diese Vorgehensweise: Ein – aus heutiger Sicht gänzlich überflüssiges – Stück Software war notwendig, um herauszufinden, welche Rolle die Mobilfunkbetreiber zukünftig im Geschäftsmodell spielen werden. Ohne diese Softwareentwicklung hätte man dies kaum so schnell und klar lernen können.

Innovation im Kerngeschäft – mit Fokus auf Spezialisierung oder Optimierung – und strategische Innovation in

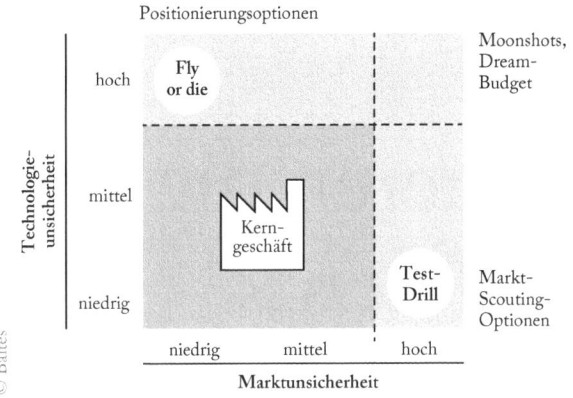

Innovation entdecken

Positionierungsoptionen

Technologie-unsicherheit: hoch / mittel / niedrig

Marktunsicherheit: niedrig / mittel / hoch

- Fly or die
- Moonshots, Dream-Budget
- Kerngeschäft
- Test-Drill
- Markt-Scouting-Optionen

© Baltes

© mel nik / GettyImages /iStock

Ausprobieren, versuchen, iterierend lernen: Unternehmen sollten investieren, um den hier blau gekennzeichneten, unsicheren Raum zu erforschen.

Der Mensch auf dem Fahrrad schlägt mit Abstand alle Spezies in effizienter Fortbewegung; genauso müssen Unternehmen ihren Beschleuniger finden.

unsicheren Feldern – mit Fokus auf Lernen, Experimentieren und mit Fehlertoleranz – müssen parallel und gleichzeitig stattfinden. Mitarbeiter sind dafür je nach Kontext – eher stabil oder eher komplex – mit unterschiedlichen Regeln und Herangehensweisen zu führen.

Diese Parallelität zielt auf die „beidhändige" Organisation, die gleichzeitig das Kerngeschäft effizient optimiert und mit strategischer Innovation neue Geschäfte aufbaut. Dies wird auch als Ambidextrie bezeichnet: Ein Phänomen, bei dem Menschen weder rechts- noch linkshändig, sondern beidhändig sind. Diese Gleichzeitigkeit kann zu Konflikten führen. Sie löst Erklärungsbedarf aus, weil der Sinn dieser Ungleichbehandlung sich nicht selbst erklärt – auch als Ungerechtigkeit interpretiert werden kann. Es braucht daher Veränderungsintelligenz in der Führung, um diese Verbindung von „immer besser" im Kerngeschäft mit „immer schneller" für strategische Innovation umzusetzen.

Eingebettete Unternehmerteams können von Unternehmen für diese Umsetzung so wie bei Legic genutzt werden. Diese sichern auf der einen Seite strategische Optionen in neuen Märkten, testen neue Technologien und validieren innovative Geschäftsmodelle. Auf der anderen Seite leisten sie einen Transformationsbeitrag zurück in die Kernorganisation, um so deren Weiterentwicklung zu unterstützen.

Denn Märkte mögen sich disruptiv verändern, Organisationen tun dies aber nicht. Daher ist es wichtig, strategische Optionen zu sichern. Der Versuch, den großen Sprung umzusetzen, ist auch bei uns zum Scheitern verurteilt, denn damit wird die bestehende Unternehmenskultur – im Mittelstand oft der Erfolgskern – zerstört.

Welche Spezies gewinnt in effizienter Mobilität?

Für den Lohn dieser Anstrengungen liefert der Forscher Vance Tucker eine schöne Metapher: Er untersuchte in den späten 1960er-Jahren, welche Spezies sich am effizientesten fortbewegt. Wenig überraschend schneiden Menschen

nicht so gut ab und Vögel am besten. Wobei als Gewinner der Condor hervorgeht. Alle aber schlägt mit Abstand der Mensch auf dem Fahrrad.

Genau das ist die Herausforderung heute: Unternehmen müssen über lange Zeiträume aufgebaute Stärken mit den neuen technologischen Möglichkeiten hebeln. Sie müssen sozusagen ihr eigenes Fahrrad finden, um damit völlig neue Geschäfte, Märkte und Kundengruppen zu erschließen. Unternehmen werden damit genauso wenig zu Start-ups, also gewissermaßen den Vögeln der Digitalisierung, wie Menschen zu Vögeln. Aber das ist auch nicht nötig. Denn mit dem Rad können Unternehmen nicht nur mit Start-ups konkurrieren, sondern diesen sogar überlegen sein.

Kompakt

Zur Umsetzung von Veränderungsintelligenz sind fünf wesentliche Voraussetzungen zu schaffen:

▶ das klare Verständnis der strategischen Bedrohung;
▶ die Entwicklung und Kommunikation eines attraktiven und leicht verständlichen Zielbildes;
▶ die breite Motivation zur Initialisierung von Innovationsinitiativen;
▶ Ambidextrie als Organisationsprinzip für die Parallelität unterschiedlicher Innovationsaktivitäten;
▶ Unternehmerteams für die Umsetzung unternehmerischer Innovationsinitiativen.

Prof. Guido H. Baltes ist Direktor des IST Instituts für strategische Innovation & Technologiemanagement an der Hochschule Konstanz.

„Wir demokratisieren die Innovation bei Merck"

Merck, Unternehmen der Chemie- und Pharmaindustrie, betreibt eine eigene Zukunftswerkstatt. Michael Gamber, Leiter dieses Innovation Centers, über die Arbeit zwischen Idee und Disruption.

Herr Gamber, haben Sie Sehnsucht nach Disruptivität?
Michael Gamber: Wir verfolgen ganz klar das Ziel, disruptive Ideen zu entwickeln, die weit über das hinausgehen, was Merck aktuell in den drei Unternehmensbereichen Healthcare, Life Science und Performance Materials macht. Deshalb definieren wir unser Fokusgebiet mit „Between and Beyond". Wir versuchen, zwischen den Unternehmensbereichen und darüber hinaus die „white spaces" aufzuspüren. Das erfordert ganz klar Disruption.

Wo liegt die Herausforderung im Management für Innovationen?
Merck ist seit jeher erfolgreich in F&E (Forschung und Entwicklung; Anm. d. Red.) – heute findet aber viel Innovation außerhalb der klassischen F&E statt. Der Fokus und die Prozesse sind andere. Was uns im Innovation Center herausfordert, sind die Prozesse. Innerhalb des Unternehmens erleben wir gewisse Brüche, wenn wir mit Corporate-Prozessen „aneinandergeraten", weil eine Start-up-getriebene Innovationskultur mehr Agilität erfordert. Da entsteht Reibung, aber das sind jetzt keine Probleme.

Welche Ziele werden mit dem Innovation Center verfolgt?
Wir fokussieren uns auf Innovationen, die nicht durch unsere F&E in den Unternehmensbereichen abgedeckt werden. Ein Beispiel für eine bereichsübergreifende Innovation ist „LicriEye". Das Team entwickelt eine künstliche Augenlinse, die nach einer Grauer-Star-Operation mit einem Laser an die Sehbedürfnisse des Patienten angepasst werden kann, um ihm ein optimales Sehvermögen zu ermöglichen. Das Knowhow für das Linsenmaterial kommt dabei aus dem Bereich Performance Materials, die Anwendung aus dem Healthcare-Bereich. Das Projekt gehört nicht zum Kerngeschäft der jeweiligen Bereiche, ist aber für uns ein spannendes Thema. Das sind Innovationen, die zum weiteren Erfolg von Merck beitragen. Das zweite Ziel ist weniger in Euro messbar:

> „Wichtig für den Erfolg ist eine offene Fehlerkultur."
>
> Michael Gamber

Langfristig möchten wir die Innovationskultur verändern. Dabei geht es darum, sich den Arbeitsgewohnheiten der Millennials anzupassen, indem wir mehr Flexibilität schaffen.

Nach welchen Kriterien wählen Sie Innovationsgebiete aus?
Wir stecken gerade mitten in diesem Prozess. Eigentlich ist es kein reines Set von Kriterien, sondern eine Sammlung. Wir fangen mit einer groben Analyse beispielsweise des Gartner Hype Cycles und von Trend-Reports an. Das gibt uns erste Eindrücke, wo es in den nächsten zehn, 15 oder 20 Jahren hingeht. Unser Accelerator-Programm hilft uns, zusätzliche Insights in externe Ideen zu bekommen und diese zu Merck zu bringen. Es basiert auf dem Prinzip der frühen Unterstützung für Entrepreneure, die Zugriff auf alles bekommen, was sie brauchen, um ihr Start-up aufs nächste Level zu bringen. Im vergangenen Jahr haben wir mehr als 900 Bewerbungen bekommen. Wir clustern die Themen und sehen so, mit welchen zukunftsträchtigen Themen sich die Start-ups beschäftigen. Ein Abgleich der Erkenntnisse mit den Megatrends-Reports und dem Gardner Hype Cycle hilft uns bei der Vorselektion der Innovationsfelder. Wenn wir eine Shortlist haben, gehen wir weiter ins Detail mit internen Kollegen und befragen externe Experten. So bekommen wir noch mehr Informationen, um valide Entscheidungen treffen zu können.

Woher kommen die besten Ideen für Innovationen?
Wir verfügen über verschiedene Kanäle. Auf einer Folie haben wir einmal formuliert: „Wir demokratisieren die Innovation bei Merck." Unsere Innospire-Initiative zum Beispiel ermutigt unsere Mitarbeiter dazu, ihre Ideen für neue Produkte und Geschäftsmöglichkeiten online einzureichen und weiterzuentwickeln. Wir wollen jedem die Chance geben, mitzumachen und versuchen, jeden hierfür zu ertüchtigen.

Wegbereiter Michael Gamber, Leiter im Innovation Center von Merck, schafft Strukturen und Prozesse für Forscher und Entwickler, damit sie ihre Projekte fürs Unternehmen bestmöglich umsetzen können.

© Merck

Unsere Innovator Academy organisiert Vorträge, Mentoring, Online- und Offline-Schulungen sowie Workshops, die Kreativität und Innovation fördern.

Innovation, die von außen kommt, wird immer wichtiger. Wir bauen starke Beziehungen zur Community der Start-ups und zu externen Partnern aus allen Branchen auf, um Ideen einzubringen und Möglichkeiten für unsere Innovationsprojekte zu bieten. In einer gemeinsamen Initiative mit der Weltraumagentur ESA überlegen wir beispielsweise, wie man Raumfahrt-Technologie für Mercks Innovationsprojekte auf der Erde nutzbar machen kann.

Mit dem Neubau des Innovation Centers hat Merck ein innovatives Gebäude für die Entwicklung neuer Ideen geschaffen. Welchen Einfluss hat dieses Umfeld?

Auf der einen Seite ist es schön, dass wir dieses Gebäude haben. Entscheidend sind die Menschen, die darin arbeiten, Prozesse vorantreiben und Kreativität entwickeln, denn sonst wird es nicht funktionieren. Das Gebäude wirkt als eine Art Beschleuniger, aber ohne Menschen als Treibstoff funktioniert es nicht. Architekturseitig unterstützt es die Art und Weise, wie Menschen zusammenarbeiten. Dazu gehören offene Räume. Wir haben keine Einzelbüros im Gebäude, egal, wo in der Hierarchie der Mitarbeiter steht. Die richtige Technologie ist wichtig, die das Arbeiten so leicht und angenehm wie möglich macht. In Summe ist also die richtige

Mischung aus funktionaler Architektur und kreativen, engagierten Mitarbeitern entscheidend.

Erhöht die moderne Technik auch die Produktivität im Hinblick auf die Gewinnung von Innovationen?

Ganz klar. Produktivität ist für mich auch eine Frage von Kosten und Material. Diese Technik ist ein Riesenbeschleuniger.

Wie ist das Innovation Center mit den globalen Forschungs- und Entwicklungseinrichtungen vernetzt?

Wir pflegen einen intensiven Austausch. Wenn wir der Meinung sind, dass ein Projekt besser vom Bereich für Performance Materials oder für Healthcare unterstützt werden kann, dann transferieren wir es dorthin. Wenn wir entscheiden, ob wir in Projekte weiter investieren, binden wir die Kollegen aus den Businesses oder auch teilweise aus dem F&E-Bereich ein. Das Feedback ermöglicht, Synergien zu nutzen. Deswegen haben wir eine ganz enge Kommunikation.

Wovon hängt die Leistungsfähigkeit des Netzwerks ab? Welche kulturellen Gegebenheiten müssen vorhanden sein, damit der Austausch funktioniert?

Da kann man viele Begriffe nennen: Offenheit, Transparenz, Vertrauen und so weiter. Was für uns sehr wichtig ist, und was wir intensiv mit den F&E-Kollegen besprochen haben: Wir treten nicht in Konkurrenz zu ihren Bereichen, sondern ergänzen diese. Deswegen behandeln wir alle gesammelten Ideen intern transparent. Die Projekt-Pitches, die hier stattfinden, sind für jeden einsehbar. Wir spielen mit offenen Karten. Das ist für diese Ebene der Zusammenarbeit ein entscheidender Faktor. Wichtig für den Erfolg ist zudem eine offene Fehlerkultur. Deswegen arbeiten wir ganz stark daran. Beispielsweise gibt es die „Merck F***Up Night", in der Manager auf der Bühne erzählen, was sie richtig verbockt haben und welche Learnings sie daraus gezogen haben. Fehler zu machen ist nicht schlimm, wenn man daraus die richtigen Lehren zieht und vernünftig damit umgeht. Das sind Aktionen, die die Innovationskultur deutlich beeinflussen.

Sie haben zwei Kulturen im Unternehmen: innovative und kreative sowie eher konservative und betriebswirtschaftlich orientierte. Bekommt man den Fit zwischen beiden hin?
Zwischen einer innovations- und einer managementorientierten Kultur gilt es, Brücken zu bauen. Wenn ich mir den Innovationsprozess anschaue, brauche ich in der Kreativphase vor allem Agilität, damit die Leute flexibel sein können. Später im Prozess, wenn es um das Up-Scaling und das Go-to-Market geht, ist es wirklich gut, wenn man klassische Betriebswirtschaftler hat. Deshalb ist es gut, wenn man beide Kulturen im Unternehmen hat.

Architektur und Atmosphäre wirken als Ideen-Beschleuniger.

Merck Innovation Center

Die Architektur des Innovationszentrums von Merck steht für Offenheit, Transparenz und Innovationsfreude. Dies wirkt flexibel, funktional und inspirierend. Das Gebäude besteht aus öffentlichem „Co-Creation Space" mit Bibliothek, Café, Tischkicker und flexiblen Arbeitsplätzen, zu dem Merck-Mitarbeiter und Gäste immer Zutritt haben. Zudem nutzen intern Projekt-Teams seine Räume. Der Ort dient dem Austausch zwischen Mitarbeitern, experimentellen Start-ups, Visionären und Unternehmen aus aller Welt.

www.merckgroup.com

Sie sind Naturwissenschaftler. Vorteil oder Nachteil?
Für die Rolle, wie ich sie lebe, ist es ein Vorteil. Ich orientiere meine Aufgabe gerne an dem Volksbanken-Slogan „Wir machen den Weg frei". Ich muss die Strukturen und Prozesse schaffen, damit die Kollegen ihre Projekte bestmöglich umsetzen können – vor allem aus den Science-Bereichen.

Merck unterstützt Start-ups, um sie aufs nächste Level zu bringen. Was passiert, wenn sie reüssieren?
Da haben wir verschiedene Optionen. Unser zentrales Ziel ist nicht, die Start-ups zu kaufen. Im ersten Schritt wollen wir identifizieren, woran sie arbeiten und welches die relevanten Trends sind. Zum anderen ist es sehr spannend für uns, was Agilität betrifft, von ihrer Arbeitsweise zu lernen. Und dann haben wir natürlich auch Geschäftsinteressen, die in verschiedene Richtungen gehen. Nach den drei Monaten, die sie bei uns im Haus sind, laden wir sie zu einem „Demo Day" ein, an dem die Teams ihre Ideen in einem klassischen Start-up-Pitch präsentieren. Daran nehmen sowohl unsere Merck-Kollegen aus den Unternehmensbereichen als auch aus unserer Venture-Einheit teil sowie externe Business Angels und Investoren. Eine Option ist, dass wir im Nachgang mit unserem Venture-Arm in die Teams investieren. Eine andere Option ist, dass wir eine Kooperation anstreben oder im Zuge einer M&A-Aktivität ein Team kaufen. Beim letzten Pitch waren zehn Teams vertreten; mit sechs befinden wir uns noch in intensiven Gesprächen bezüglich einer Kooperation. Das ist unsere Hauptmotivation dahinter.

In welchem Ihrer Unternehmensbereiche erwarten Sie die größten Fortschritte?
Wir fokussieren uns nicht auf die Unternehmensbereiche. Wir suchen Ideen, die über das bestehende Geschäft hinausgehen, um dann Projekte aufzusetzen, die in einem späteren Stadium in den Bereich „New Business Builder" übergehen. Deswegen kann ich nicht sagen, dass einer der Bereiche besonders von unseren Aktivitäten profitiert. Aktuell ist es aber so, dass wir auch Ideen generieren, die wir in die Bereiche Healthcare, Life Science oder Performance Materials schicken.

Wenn Merck zum Innovationstreiber wird, steigt damit auch das wirtschaftliche Risiko?
Natürlich muss man beim Thema Innovation auch mal Mut beweisen. Aber Innovation ist wichtig für Merck, um wirtschaftlich erfolgreich zu bleiben. Unsere Firmengeschichte startete vor 350 Jahren mit der Gründung einer Apotheke. Heute sind wir ein globaler Player. Das wäre ohne Innovation nicht möglich gewesen.

Dieses Interview mit dem Merck-Manager führte Peter Hanser.

Ausgang für Ausrichtung
Wann ein Start-up scheitert – und wann nicht

Zu den zentralen Fragen in der Entrepreneurship-Forschung zählt, wann Start-ups scheitern und wann nicht. Doch was bedeutet Scheitern? Scheitern wird häufig als Betriebsaufgabe verstanden. Dies ist aber nicht zwangsläufig mit Scheitern gleichzusetzen. Denn oftmals suchen Gründerinnen und Gründer nur nach neuen Herausforderungen oder gründen ein neues Unternehmen. Vielmehr bedeutet Scheitern, dass ein Unternehmen, aufgrund unerwarteter Umsatzrückgänge oder zu stark steigender Kosten, nicht länger unter seinem derzeitigen Geschäftsmodell und/oder Management fortgesetzt werden kann. Dies kann, muss aber nicht zur Betriebsaufgabe führen. Häufig ist Scheitern der Ausgangspunkt für eine Neuausrichtung von Start-ups und führt zu wichtigen Lernprozessen bei Gründerinnen und Gründern.

Die Bürde der Neuheit

Mehr als die Hälfte aller Start-ups scheitern in den ersten fünf Jahren. Start-ups tragen die Bürde der Neuheit. Während etablierte Unternehmen über vorhandenes Wissen und Erfahrung, einen Marktzugriff und funktionierende Strukturen verfügen, können diese Aspekte zum Stolperstein für junge Unternehmer werden.

In der Forschung gibt es im Wesentlichen drei Erklärungsansätze fürs Scheitern: die Unternehmerperson, die Ressourcen und die externen Faktoren. Jüngste Daten zeigen, dass Start-ups primär scheitern, weil sie kein relevantes Kundenproblem lösen. Dadurch können sie nicht ausreichend Nachfrage erzeugen. Um relevante Kundenprobleme zu lösen, müssen sie Kunden verstehen.

Scheitern des Geschäftsmodells führt nicht zur Geschäftsaufgabe

Start-ups berechnen zwar Marktgrößen anhand von Sekundärdaten, aber Annahmen über die Relevanz von Kundenbedürfnissen werden nur selten validiert. Zuweilen folgen sie Businessplänen mit festgelegten Meilensteinen, von denen sie kaum abweichen. Im immer komplexer werdenden Umfeld müssen Start-ups aber anpassungsfähig und flexibel sein. Anpassungsfähige Start-ups durchlaufen „Pivots" – strukturierte Neuausrichtungen des Geschäftsmodells. Pivots folgen auf neue Erkenntnisse, die durch Feedback am Markt gewonnen werden. Etwa durch das Scheitern mit dem bisherigen Geschäftsmodell. Dies muss nicht zwangsläufig zur Aufgabe des Unternehmens führen, sondern kann neue Möglichkeiten aufzeigen. So war Twitter nicht immer der erfolgreiche Kurznachrichtendienst, sondern hat sein Geschäftsmodell neu strukturiert, nachdem es vorher mit seiner Podcast-Plattform scheiterte.

Auch Instagram hat einen solchen Pivot durchlaufen, bevor es für eine Milliarde US-Dollar von Facebook aufgekauft wurde. Ursprünglich startete Instagram als Spiele-Plattform, die es Nutzern ermöglichte, Verabredungen mit Freunden zu teilen. Das Teilen von Fotos stellte nur eine zusätzliche Funktion dar. Die Gründer von Instagram hörten allerdings auf das Kunden-Feedback und konzentrierten sich anschließend auf die beliebteste Funktion ihrer Plattform: das Teilen von Fotos.

Schmerzhafte Erfahrungen erfolgreicher Entrepreneure

Scheitern ist meist negativ konnotiert und für Gründer eine schmerzhafte Erfahrung, die mit finanziellen und emotionalen Kosten verbunden ist. Die Forschung zeigt aber, dass gescheitete Entrepreneure später auch erfolgreich ein neues Unternehmen gründen. Dennoch wird Scheitern vielfach in unserer Gesellschaft stigmatisiert. Ich denke, dass wir eine offenere Gründungskultur benötigen, in der Scheitern akzeptiert und auch als Chance begriffen wird.

Christine Volkmann ist Professorin an der Fakultät für Wirtschaftswissenschaft der Schumpeter School of Business and Economics an der Bergischen Universität Wuppertal. Sie leitet das Jackstädtzentrum für Unternehmertums- und Innovationsforschung sowie den UNESCO-Lehrstuhl für Entrepreneurship und interkulturelles Management.

Kosten im Griff

Projekte zur digitalen Transformation hinein in die Industrie 4.0 folgen keinem Selbstzweck.
Sie dienen der Ertüchtigung des Geschäftsmodells – und gehören auch finanziell gesteuert.

Immer im Griff und im Blick behalten Unternehmen ihre Kosten, denn auch wenn Geschäftsmodelle einen Transformationsprozess durchlaufen haben, müssen sie sich vor allem rechnen. Profitablität heißt das Zauberwort, das sich nicht im Handumdrehen in Gewinn umsetzen lässt.

Der Hype hinsichtlich Digitalisierung und Industrie 4.0 ebbt allmählich ab. Der Umgang mit dem Thema ist zumindest konkreter geworden. Was bleibt sind Projekte, die ein Controlling erfordern. Strategien sind nur noch begrenzt zukunftsfähig. Geschäftsmodelle befinden sich im Transformationsprozess. Alles muss sich rechnen. Vor allem bleiben immer die Kosten im Blick. Auch wenn sich viele Geschäftsmodelle von Start-ups ähneln: Sie alle haben der Old Economy den anderen Umgang mit Daten voraus. Daten zu generieren, zu besitzen, zu verknüpfen und daraus Erkenntnisse zu ziehen, gehört zum A und O der neuen Player. Sie wissen: Daten sind das Gold der Zukunft.

Kostspielige Projektruinen

Für die Old Economy dagegen scheinen Daten lästig. Die Strukturen passen nicht mit der Folge: Aus ihnen können keine Informationen gesaugt werden. Selbst der beste Algorithmus kommt nur zu unbefriedigenden Ergebnissen. Passt also das zugrundeliegende Datenmodell nicht zu Markt und Geschäftsmodell, entstehen statt Skalierung und sinkender

Grenzkosten vielmehr Komplexität und Parallelprozesse. Die Konsequenz sind kostspielige Projektruinen, bekannt aus Diversifikations- und Innovationsprojekten der Vergangenheit, die vor allem eines nicht vorweisen können: Ertrag. Der größte Kostenfaktor, aber auch der lohnende, ist bei der Transformation von Geschäftsmodellen damit das Neu-Design eines zukunftsorientierten Datenmodells. Seine Befüllung mit qualitativ passenden Stammdaten und letztendlich die Realisierung der dafür notwendigen Systemarchitektur sind entscheidend. Nur so können vorhandene oder neuartige Algorithmen zusätzlich Erkenntnisse und Nutzen für Kunden erzielen. Leider ist die Migration der vorhandenen Daten in ein neues Datenmodell eine Herkulesaufgabe hinsichtlich notwendiger Ressourcen, aufzuwendender Zeit und eingesetzter Instrumente.

Ein weiterer Kostenfaktor wird gerne unterschätzt: Der Aufwand, alle Mitarbeiter von Beginn an über Change Management mit ins Boot zu holen. Denn von der Pieke auf muss die Kommunikation breit angelegt sein. Das Augenmerk muss neben dem Projekt immer auf die Mitarbeiter gerichtet sein. Sie sind als eigene Zielgruppen des Datenmodells zu verstehen. Nur dann ist garantiert, dass wesentliche Teile der

Belegschaft den Weg in die Zukunft mitgehen, dass sie die Veränderungen mittragen und leistungsbereit bleiben. Wer die Relation von Kosten und Nutzen eines Digitalisierungsprojektes erfassen will, sollte folgende drei zentrale Themenblöcke im Blick behalten.

Die Veränderung von Branchenmechaniken: Umwälzungen in der eigenen Branche sowohl aufgrund interner wie externer Veränderungen – auch disruptiver – durch Branchenfremde sind an der Tagesordnung. Zentrale Ansatzpunkte sind Dispositionsprozesse. Dadurch wird Dispositionshoheit gewonnen. Der Kunde erhält tragfähige Informationen. Die Wertschöpfung zieht an. Besondere Aufmerksamkeit verdient das Wegfallen ehemaliger Empfehler, Gatekeeper, Prozesse und Routinen der Branche sowie Kunden inklusive verändertem Entscheidungsverhalten (customer journey) entlang der Wertkette. Zeigt sich eine echte Veränderung der Rollen und damit der Branchenmechanik, müssen die Marktsegmente unbedingt neu definiert werden.

Künftige Kundenschnittstellen: Für die Kaufentscheidung notwendige Informationen, Erwartungen, Nutzenversprechen und ihre Erfüllungen lassen sich in Daten und Informationen sowie den dahinter stehenden Prozessen abbilden. Im Mittelpunkt: Der Nutzen des Kunden, egal ob nur „Basic"-Komfort, Effizienzsteigerung der Wertschöpfung oder „Rundum-Sorglos"-Paket.

Warum muss sich beispielsweise ein Handwerker um Material, Werkzeug und die Logistik der Baustelle kümmern? Viel mehr Sinn macht es doch, wenn er seine Kompetenzen und Fähigkeiten auf einem Portal hinterlegen und angeben kann, in welchem Zeitfenster er eine bestimmte Tätigkeit vornehmen möchte. Jeweils am Abend vor dem nächsten Arbeitstag könnte eine Liste seiner morgigen Tätigkeiten für die jeweiligen Baustelle für ihn vorliegen. Das Ganze selbstverständlich mit detaillierter 3D-Visualisierung des Objekts und den auszuführenden Arbeiten. Benötigtes Werkzeug und Material ist über Nacht in seinem Kombi oder am Objekt bereitgestellt. Den Arbeitsbeginn quittiert er mit einem Foto des Einsatzorts. Ebenso dokumentiert er den Arbeitsfortschritt via Smartphone. Das Arbeitsergebnis wird über eine App abgenommen. Die Bezahlung erfolgt dann auf den Tag genau auch per App und das Restmaterial wird mit der nächsten Kommission zurückgenommen.

Dieses Beispiel verdeutlicht Kostentreiber und Engpässe. Es zeigt wie entsprechend verknüpfte, vernetzte und individuell segmentierte Information entgegenwirken können. Essenziell ist dabei eine funktionierende Warenwirtschaft (Supply Chain), ein entsprechendes Produkt- und Sortimentsmanagement, Transparenz über Bestände und eine echte Verfügbarkeit in der Fläche.

Interne Effizienz: Die interne Effizienz kann ein Abfallprodukt der genannten Themenbereiche sein, wenn die Prozesse und Bedarfe sowie das Datenmodell die komplette eigene Wertschöpfung umfassen und alle Lieferanten einbinden (vertikale Vernetzung).

Bei hoher eigener Fertigungstiefe und komplexer Wertschöpfung sowie vergleichsweise geringen vor- oder nachgelagerten Prozessen sieht das jedoch anders aus – also Disposition, Kommissionierung und Supply Chain. Die Effizienzfalle liegt dann im eigenen Unternehmen. Primär muss dann an den internen Prozessen und nicht an der Vernetzung gearbeitet werden, das Datenmodell entsprechend ausgelegt und im eigenen Haus für Skalierungsfähigkeit gesorgt sein.

Wer diese drei Blöcke im Blick hat sowie bezogen auf Branche und Unternehmen spezifisch priorisiert, ist auf der richtigen Spur. Häufig ist es möglich von „Quick Wins" zu profitieren, da Kosten eindeutig kalkulierbar sind und abzuschätzen ist, welche Erträge das Geschäftsmodell profitabel machen. Schwieriger wird die Umstellung der Erlösseite auf Nutzen. Es ist zwar langfristig kontinuierlicher Cashflow realisierbar, dafür müssen jedoch auf der Zeitachse definierte Eigenschaften zu Nutzen und Funktion gewährleistet werden.

Durststrecke durchlaufen mit Kosten ohne Erträge

Insbesondere die Hersteller der Bauindustrie tun sich damit deutlich schwerer als ein Anlagenbauer. Etwa, wenn ein Kunde die Lifecycle-Nutzung einer Heizungsanlage, der Wärmeisolierung von Fassade und Außenhülle oder die Funktionsweise der Warmwasserversorgung gewährleistet haben möchte – und dafür auch bezahlt. Wer übernimmt dann die Ausführung? Neben der Durststrecke der Startphase, in der die Kosten, aber noch nicht die Erträge laufen, stehen die heutigen Kunden dem Ansatz im Weg. Der Hersteller muss im Markt weiter nach vorne; und das bedeutet: in unbekanntes Gelände.

Immer ist es entscheidend, dass laufende Projekte vom Controlling zu Ende gedacht werden. Es muss klar sein, welche Aufwendungen in den folgenden Projektphasen noch zu erwarten sind – und wie und wo sich Effizienzeffekte oder neue Erträge schließlich einstellen.

Dr. Volkhard Emmrich ist Managing Partner der Unternehmensberatung Dr. Wieselhuber & Partner in München.

Ertrag fressendes Monster

DSGVO: Vorsicht vor Kosten und Bußgeldern

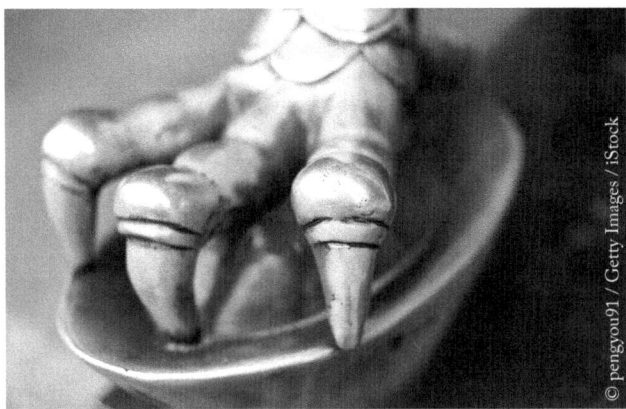

Wie mit gierigen Krallen können Kostenfresser auch beim Datenschutz viel Geld abgreifen, wenn die Unternehmensführung nicht Balance hält.

Die neue europäische Datenschutzgrundverordnung (DSGVO) vervielfacht die Dokumentationspflichten und führt zum erheblichen bürokratischen Aufwand für Unternehmen. Denn gemäß Artikel 5 Absatz 2 der DSGVO gibt es jetzt eine Rechenschaftspflicht, welche von Verantwortlichen fordert, dass sie „die Einhaltung des Gesetzes durch Dokumentation nachweisen können". Dazu zählt, die Zusammenarbeit mit Dienstleistern zu dokumentieren.

„Auftragsverarbeiter" sind natürliche oder juristische Personen, Behörden, Einrichtungen oder andere Stellen, die personenbezogene Daten im Auftrag des Verantwortlichen verarbeiten. Mit diesen Dienstleistern sind Verträge zur Auftragsverarbeitung abzuschließen, deren Inhalt weitestgehend gesetzlich vorgeschrieben ist. Die ausführliche Dokumentation in Schriftform gilt auch für Insolvenzverwalter bei der Fortführung eines insolventen Unternehmens.

Der Abschluss oder die Anpassung der Verträge zur Auftragsverarbeitung im Sinne der DSGVO sollten Auftraggeber wie Auftragsverarbeiter ernst nehmen. Denn bei einem Verstoß reicht der Bußgeldrahmen bis zu zehn Millionen Euro oder bis zu zwei Prozent des gesamten weltweit erzielten Jahresumsatzes im vorangegangenen Geschäftsjahr. Ein verhängtes Bußgeld kann den Auftraggeber als verantwortliche Stelle als auch den Auftragsverarbeiter treffen.

Der Verantwortliche hat eine Vorab-Prüfpflicht, ob der Auftragsverarbeiter geeignet ist, und eine regelmäßige Kontrollpflicht, ob beim Auftragsverarbeiter die eingesetzten technischen und organisatorischen Maßnahmen (TOM) zum Schutz der Betroffenen-Rechte ausreichen.

Zur Auftragsverarbeitung zählen Cloud-Computing, Newsletter-Versand, Auslagerung der Lohn- und Gehaltsabrechnung, Back-up und Archivierung, Verarbeitung von Kundendaten durch ein Call-Center ohne große Entscheidungsspielräume. Nicht zur Auftragsverarbeitung gehören Verarbeitungen personenbezogener Daten von Berufsgeheimnisträgern wie Rechtsanwälten, Steuerberatern, Wirtschaftsprüfern sowie die Übertragung des Forderungsmanagements an ein Inkassounternehmen oder Brieftransport.

Praktische Probleme in der DSGVO-Umsetzung haben viele Unternehmen und Dienstleister. Sie sind nicht ausreichend vorbereitet oder haben ihre Tätigkeit noch nicht angepasst. Ergo können oder wollen sie die Verträge zur Auftragsverarbeitung nicht unterschreiben. Denken Entscheider in Unternehmen deshalb daran, neue Dienstleister zu suchen, kann das einige Zeit in Anspruch nehmen.

Datenschutz kann viel Geld verschlingen

Unternehmen sollten sich also um DSGVO-konforme Verträge kümmern und ein effizientes Management-System für Datenschutz einführen. Die Balance zur erfolgreichen Unternehmensführung ist indes einzuhalten. Denn kleine und mittlere Betriebe können kaum die Kosten für Verträge, Ablaufdokumentation und Rechtsrat schultern sowie die eigentlich notwendigen Mitarbeiter einstellen. Insbesondere dann, wenn der Datenschutz nicht zu einem Ertrag fressenden Monster wachsen soll.

Caroline Pluta, Fachanwältin für Arbeitsrecht und Mediatorin, ist bei der Pluta Rechtsanwalts GmbH für die Schwerpunkte Datenschutz, Compliance und Arbeitsrecht zuständig.

Wissensquiz für Entscheider
Sachgebiet: Ansprüche wegen Verstoß gegen Zahlungsverbot

1 Der Geschäftsbetrieb der A GmbH, ein Unternehmen der Automobilzulieferindustrie, befindet sich in einer finanziell und operativ angespannten Lage. Die Gesellschafter haben innerhalb der zurückliegenden zwölf Monate den Geschäftsbetrieb der A GmbH durch die Vergabe von Darlehen in einer Gesamthöhe von 2,2 Millionen Euro immer wieder aufrechterhalten. Sie sind mit jeweils 51 Prozent und 49 Prozent auch an der B GmbH beteiligt, die eine hundertprozentige Gesellschafterin der A GmbH ist, welche wiederum als internationale Holding weitere Beteiligungen aus dem erweiterten Bereich Maschinenbau hält.

Die Geschäftsführung der A GmbH hat der Geschäftsführung der B GmbH unterdessen per E-Mail mitgeteilt, dass die A GmbH nach den vorliegenden Erkenntnissen spätestens zum Beginn der nächsten Woche in eine liquiditätsseitige Unterdeckung geraten werde. Die Gesellschafter der B GmbH haben deren Geschäftsführung auf Anfrage mitgeteilt, dass es keine weitere Finanzierungszusage für die A GmbH geben werde.

Vorstand oder Geschäftsführung haben die Pflicht, schon bei ersten Anzeichen einer Krise sowohl Liquidität wie Vermögen der Gesellschaft laufend zu überwachen und geeignete Sanierungsmaßnahmen einzuleiten. Die Geschäftsführung der A GmbH lässt sich, da sie selbst nicht über ausreichende persönliche Kenntnisse verfügt, von der Insolvenz- und Restrukturierungsberatung XY Consulting beraten. Mit ihnen ist auch der Liquiditätsstatus und -plan erstellt und laufend aktualisiert worden. Dieser Status hatte letztlich zur E-Mail an die Geschäftsführung der B GmbH geführt.

Sorge wegen Ansprüchen zu geleisteten Zahlungen

Die Geschäftsführung der A GmbH möchte nun konkret von den Beratern der XY Consulting wissen, ob sie vom Geschäftskonto oder aus der Barkasse an die Stadtwerke C AG, die D GmbH und die E GmbH insgesamt 6.500 Euro für den Bezug von Energie, Wasser sowie von Telekommunikationsdiensten zahlen dürfe. Zudem möchte sie gerne für die anstehenden Löhne und Gehälter einen Betrag in Höhe von 25.000 Euro an die Angestellten und Gewerblichen auszahlen, da sonst zu befürchten steht, dass diese sich unverzüglich andere Arbeitgeber suchen. Die Berater der A GmbH sorgen sich nach dieser Anfrage, dass der vorläufige Insolvenzverwalter im Eröffnungsverfahren und danach im eröffneten Insolvenzverfahren die Vorgänge aus der Zeit vor dem Insolvenzantrag prüfen und die Geschäftsführer persönlich auf Ersatz der zwischenzeitlich geleisteten Zahlungen in Anspruch nehmen könnte.

2 Die Geschäftsführung der A GmbH steht vor der Entscheidung, ob sie einige kleinere Materiallieferanten bezahlen kann mit einem Gesamtbestellvolumen von 15.000 Euro sowie den Hauptlieferanten, der für eine Warenlieferung über einen Gesamtbestellwert von 45.000 Euro steht.

Sind die Sorgen der Berater der A GmbH, der vorläufige Insolvenzverwalter könnte die Geschäftsführer ihrer Mandantin eventuell persönlich wegen Verstoßes gegen das Zahlungsverbot gemäß § 64 GmbH-Gesetz in Anspruch nehmen, in den vorliegenden Fällen berechtigt?

a) Nein, die Sorgen der Geschäftsführung der A GmbH sind unbegründet. Der Insolvenzverwalter kann sie nicht gemäß § 64 GmbH-Gesetz in Anspruch nehmen.

b) Ja, die Geschäftsführung der A GmbH macht sich zurecht Sorgen, denn der vorläufige Insolvenzverwalter kann die Geschäftsführung wegen des Verstoßes gegen das Zahlungsverbot persönlich in Anspruch nehmen.

Lösungen
Für **Fall 1** passt Antwort b), denn eine Anwendbarkeit des Zahlungsverbots wird in Betracht kommen.

Für **Fall 2** gilt Antwort a), denn hier könnte die Anwendbarkeit des Zahlungsverbots ausscheiden.

Dr. Alexander Verhoeven ist Rechtsanwalt und geprüfter ESUG-Berater der Buchalik Brömmekamp Rechtsanwaltsgesellschaft in Frankfurt am Main.

Riskante Pflichten

Das komplexe Insolvenzrecht zählt zum Wirtschaftsrecht. Basiswissen für Unternehmer vermittelt diese Rubrik. Diesmal zur Haftung des Insolvenzverwalters.

Einem heißen Eisen gleichen die vielen Pflichten, die der Insolvenzverwalter gesetzlich zu erfüllen hat. Das reicht bis zum Versichern gegen Feuergefahren.

© PJ6643147 0/Getty Images/iStock

Der Insolvenzverwalter erhält mit der Eröffnung des Insolvenzverfahrens ein umfassendes Verwaltungs- und Verfügungsrecht. Er übernimmt die vollständige Sachherrschaft über das bis dahin dem Schuldner zugeordnete Vermögen. Die Kehrseite dieser umfassenden Herrschaftsmacht ist die persönlich unbegrenzte Haftung des Insolvenzverwalters, die in den Regelungen der Paragrafen 60 und 61 der Insolvenzordnung (InsO) ihre Konkretisierung erfährt.

Mit seinen Aufgaben, die Ziele des Insolvenzverfahrens zu verwirklichen, korrespondieren gleichermaßen weitreichende Pflichten. Ihre Verletzung kann die Haftung des Verwalters gegenüber denen auslösen, die von seiner Amtsführung berührt werden und Schaden erleiden. Entspricht das Handeln des Insolvenzverwalters den zugewiesenen Pflichten und Aufgaben, so scheidet seine persönliche Haftung aus.

Die persönliche Haftung des Insolvenzverwalters, der „insolvenzspezifische Pflichten" verletzt, folgt aus dem Gesetz. Sie gleicht das Risiko aus, vor dem alle geschützt werden müssen, die beeinträchtigt und rechtswidrig geschädigt werden durch die Amtsführung des Insolvenzverwalters und die Ausübung der ihm übertragenen umfassenden Befugnisse. Haftungsgrundlage ist dabei das gesetzliche Schuldverhältnis, das mit der Übernahme des Amtes zwischen dem Insolvenzverwalter und allen Beteiligten entsteht.

Handeln mehrseitig fremdbestimmt

Da der Insolvenzverwalter mehrseitig fremdbestimmt handelt und dabei „insolvenzspezifische" Pflichten zu erfüllen hat, beruht seine Haftung auf einer Verletzung der „drittschützenden Pflichten", die sich aus der InsO ergeben.

Nach § 61 Satz 1 der InsO ist der Verwalter dem Massegläubiger persönlich zum Schadensersatz verpflichtet, wenn er dessen Forderung aus der Insolvenzmasse nicht voll erfüllen kann, die er durch eine Rechtshandlung selbst begründet hat. Auf den Zeitpunkt, zu dem der Insolvenzverwalter den Rechtsgrund für eine Masseverbindlichkeit legt, trifft ihn die insolvenzspezifische Pflicht. Und zwar mit der Folge seiner persönlichen Haftung, die Begründung der Masseschuld dann zu unterlassen oder zu verhindern, wenn er zu diesem Zeitpunkt hätte erkennen können, dass die Masse zur Erfüllung der Verbindlichkeit nicht ausreichen werde.

Die Haftung des Verwalters aus der Verletzung insolvenzspezifischer Pflichten schließt Ansprüche der Beteiligten gegen ihn aus sonstigen Haftungsgründen nicht aus. Auch die Verletzung allgemeiner Pflichten kann deshalb zu einer persönlichen Haftung des Insolvenzverwalters führen.

Für die Haftung des vorläufigen Insolvenzverwalters, der seine insolvenzspezifischen Pflichten verletzt, gelten entsprechend die Haftungsbestimmungen des endgültigen Verwalters. Auch der vorläufige Verwalter kann persönlich verantwortlich für die Erfüllung der Pflichten sein, die ihm nach der InsO obliegen. Bei ihm indes ist zu berücksichtigen, dass wegen der unübersichtlichen und unklaren Sach- und Rechtslage, die bei seinem Amtsantritt regelmäßig beim Schuldner vorhanden ist, der Sorgfaltsmaßstab seiner Haftung dem eines ordentlichen und gewissenhaften Insolvenzverwalters entspricht.

Aus eigenem, insolvenzspezifischem Pflichtenkreis folgen für den Insolvenzverwalter vor allem zentrale Pflichten zur Inbesitznahme, Verwaltung und Verwertung des Schuldnervermögens. Darüber hinaus die möglichst weitgehende, gleichmäßige Befriedigung der Gläubiger unter Beachtung bestehender Vorzugsrechte. Insolvenzspezifisch sind sämtliche Pflichten, die sich für Verwalter aus der InsO ergeben.

Vermögensgegenstände der Masse unter Obhut

Den Verwalter trifft eine Pflicht quasi zur Obhut hinsichtlich der zur Masse gehörenden Vermögensgegenstände. Diese Pflicht umfasst die Obliegenheit, Massegegenstände angemessen und ausreichend gegen die Gefahren etwa durch Diebstahl, Feuer- oder Wasserschäden zu versichern sowie versichert zu halten. Lagert der Verwalter zur Klärung der Eigentumsfrage beispielsweise Wertsachen wie Teppiche ein, kann der Abschluss einer zusätzlichen Versicherung in Betracht kommen – gegen das Risiko von Lagerschäden oder Diebstahl. Allerdings nur, wenn der Versicherungsaufwand in vertretbarem Verhältnis zum Wert der Gegenstände und dem Schadensrisiko steht.

Für Forderungen zur Masse, die der Insolvenzverwalter geltend macht, hat er vorab zu prüfen, ob der Anspruch besteht. Der Verwalter kann haften, wenn er erkennbar Ansprüche rechtsgrundlos geltend macht und so eingezogene Beträge wegen Masseunzulänglichkeit nicht mehr erstatten kann. Den Verwalter trifft dagegen keine insolvenzspezifische Pflicht, Kosten des Prozessgegners zu vermeiden, die diesem durch Verteidigung im Rechtsstreit entstehen. Der Insolvenzverwalter haftet nur, wenn er grundlos klagt und dabei billigend in Kauf nimmt, dass dem Gegner Schaden entsteht.

Der Verwalter darf die Schuldenmasse nicht unzulässig vergrößern. Er haftet, wenn er pflichtwidrig Forderungen anerkennt, persönlich auch dann, wenn er Forderungen schuldhaft entgegen den insolvenzrechtlichen Bestimmungen vorzeitig oder endgültig befriedigt. Er ist verpflichtet, den Status quo des Schuldnervermögens möglichst zu wahren, die Liquidität des Schuldnerunternehmens zu erhalten und die Befriedigung ungesicherter Insolvenzforderungen zu verhindern.

Belastungsbuchungen darf der Insolvenzverwalter deshalb nicht mehr genehmigen und muss erteilte Genehmigungen anfechten. Bei erteilten Einzugsermächtigungen hat der Verwalter unverzüglich nach seiner Bestellung zu prüfen, ob er das Widerspruchsrecht ausüben muss. Dies steht ihm pauschal und anders als beim Schuldner frei. Unabhängig davon, ob gegen den Forderungseinzug materiell-rechtliche Einwände bestehen.

Persönliche Haftung bei unterlassener Anzeige

Eine persönliche Haftung nach § 60 Absatz 1 der InsO kann in Betracht kommen, wenn der Verwalter oder Treuhänder es unterlässt, dem Insolvenzgericht einen Sachverhalt anzuzeigen. Und zwar, wenn sich aus diesem Sachverhalt ergibt, dass er an einer ordnungsgemäßen Amtsführung gehindert ist. Das gilt schon, wenn der Anschein einer möglichen Interessenkollision entsteht.

Ein von ihm zu ersetzender Schaden kann der Masse auch entstehen, wenn der Insolvenzverwalter seine Bestellung durch Vorspiegeln nicht vorhandener Qualifikation erschlichen hat. Eine Haftung kann auch aus unterlassener Unterrichtung des Gläubigerausschusses oder der Gläubigerversammlung folgen. Dies kann dann eintreten, wenn Entscheidungen der Gläubiger bei Kenntnis des wahren Sachverhalts anders ausgefallen wären.

So hat der Verwalter die Gläubiger zu unterrichten, wenn er ein Grundstück aus der Insolvenzmasse persönlich erwerben will. Es genügt nicht, für den Abschluss des Kaufvertrages einen eigenen Mitarbeiter als Sonderverwalter bestellen zu lassen. Der Verwalter verletzt auch seine Pflichten, wenn er zur Abwicklung des Verfahrens eigens Hilfskräfte einsetzt, die ihm eine Gesellschaft gegen Entgelt zur Verfügung stellt, deren alleiniger Gesellschafter er zugleich ist.

Prof. Hans Haarmeyer ist „return"-Herausgeber. Der Diplom-Betriebswirt war viele Jahre als Insolvenzrichter tätig und lehrte Wirtschaftsrecht am Rhein-Ahr Campus in Remagen. Zudem ist er Verfasser zahlreicher Handbücher und Kommentare zum Insolvenzrecht.

Bücher

Walter Huber
Treiber

Aus Sicht der Unternehmensführung beschreibt der Praktiker mit Erfahrungen in rund 30 Projekten, wie Industrie 4.0 entlang der Kernprozesse eines Unternehmens funktioniert. Auch Hinweise auf Potenziale und Handlungsempfehlungen fürs Management beinhaltet diese kompakte Einführung in die Welt der Digitalisierung. Hubers Botschaft: Entscheider seien die Treiber für die erforderlichen Veränderungen.

163 Seiten, 49,99 Euro, ab September 2018,
ISBN 978-3-658-20798-4, Springer Vieweg

Sevix (Hrsg.)
Werte

Branchenübergreifend und praxisorientiert sollen hier Best-Practice-Beispiele vermitteln, wie Entscheider den Unternehmenswert steigern. Der Untertitel „Business Transformation als Chance" deutet den Fokus dieser Success Stories an. Die Autoren sind Partner der Sevix Group, Bündnis von Senior Executive Managern und Beratern. Rainer E. Ulrich schrieb in return 01/16 über Transformation Management.

180 Seiten, 30 Euro, ab September 2018,
ISBN 978-3-96251-026-8, Frankfurter Allgemeine Buch

Ömer Atiker
Organisationen

In der Praxis hat der Autor schon viele Unternehmen bei Digitalisierungsprojekten unterstützt, gleichwohl beschreibt der diplomierte Wirtschaftsingenieur manche Auswüchse seiner Zunft mit gewolltem Witz. Sein Erstling hieß „In einem Jahr digital", jetzt schreibt er unter anderem übers Scheitern: „Wenn es mit der Digitalisierung nicht klappt, dann liegt das nicht an der Technik, sondern an der Organisation", heißt es in der Verlagsankündigung.

240 Seiten, 34,95 Euro, ab September 2018,
ISBN 978-3-593-50921-1, Campus

Suzana Muzic
Potenziale

Als „Fitness-Check für mittelständische Unternehmen" bezeichnet der Verlag diesen Titel, der dazu dienen soll, das Potenzial der eigenen Belegschaft zu heben. Wenn der Einkauf externer Fachkräfte nicht das Instrument der Unternehmensführung sei, müssten Mittelständler aus dem bestehenden Personal „eine Top-Mannschaft" für Erfolge in der Königsklasse bilden, so der Tenor des Ratgebers.

276 Seiten, 29,99 Euro, seit Juli 2018,
ISBN 978-3-527-50943-0, Wiley-VCH

Armin Trost
Strategien

Für Orientierung in Zeiten agiler Transformation soll dieser „Leitfaden für eine neue, digital ausgerichtete Personalstrategie" sorgen. Eigenverantwortung, Vernetzung und Vielfalt seien Voraussetzungen für Agilität, Anpassungsfähigkeit oder Innovationskraft, heißt es hier zu den veränderten Rahmenbedingungen. Das Werk sei Pflichtlektüre für alle, die zukunftsfähiges Personal-Management in der Digitalisierung betreiben.

447 Seiten, 59,99 Euro, seit August 2018,
ISBN 978-3-662-57406-5, Springer Gabler

Uwe Wirth (Hrsg.)
Basisarbeit

Von mangelnder Anpassungsfähigkeit, scheiternden Individuen und modulierender Transformation ist auch in diesem Buch die Rede. Es handelt sich um das erste Handbuch zur Komik überhaupt und gehört damit in jedes Archiv. Löblich, dass sich Uwe Wirth dem Werk widmete und fundiert über Grundbegriffe bis zu Spielarten in diversen Medien aufklärt. Denn Kommunikation klappt auch in Unternehmen deutlich besser mit Humor.

415 Seiten, 99,99 Euro, seit März 2017,
ISBN 978-3-476-02349-0, J.B. Metzler

SpringerProfessional.de

Neuerscheinung des Monats

Komplexität beherrschen in der Unternehmensführung

Mit seinem Modell in zehn Phasen für strategisches Management möchte Professor Marc Ant seinen Lesern aus der Unternehmensführung ermöglichen, Komplexität zu reduzieren und zu beherrschen. Der Wirtschaftspsychologe war an der Hochschule Bonn-Rhein-Sieg und arbeitet jetzt als geschäftsführender Direktor der Kompetenzzentren für Aus- und Fortbildung des luxemburgischen Handwerks. Praxisorientiert und erprobt sind seine Instrumente.
354 Seiten, 39,99 Euro, seit August 2018,
ISBN 978-3-658-21827-0, Springer Gabler
www.springerprofessional.de/link/15896234

Empfehlung des Monats

Stärken und Schwächen des deutschen Insolvenzrechts

Nach aktueller Studie der Unternehmensberatung McKinsey und der Wirtschaftskanzlei Noerr sehen die rund 350 befragten Experten in puncto Restrukturierung hierzulande noch Luft nach oben. Positiv bewertet wird der Mentalitätswandel, sodass Insolvenzen eher als zweite Chance verstanden werden. Negativ wird die „Überforderung mancher Amtsgerichte bei Unternehmensinsolvenzen" gesehen.
www.springerprofessional.de/link/15838850

Das Wissensportal Springer Professional

Unser Wissensportal bündelt die wichtigsten Fachgebiete Wirtschaft und Technik. Im Channel Transformation + Turnaround finden Sie aktuelle Informationen und weiterführende Literatur für Entscheider in Unternehmen. Dort ist auch das Archiv von „return" hinterlegt (auch als E-Magazin), das für Abonnenten der Zeitschrift frei zugänglich ist. Abonnenten von Springer Professional haben zudem kostenfrei Zugriff auf die im Magazin gekennzeichneten Links aus dem Portal.

 **Springer**Professional.de

---

W. Grillitsch; P. Brandl;
S. Schuller (Hrsg.)
Gegenwart und Zukunft des Sozialmanagements und der Sozialwirtschaft
Aktuelle Herausforderungen, strategische Ansätze und fachliche Perspektiven
2. Aufl. 2018. X, 544 S. 85 Abb. in Farbe. Brosch.
€ (D) 49,99 | € (A) 51,39 | CHF 51.50
ISBN 978-3-658-21606-1
€ (D) 39,99 | CHF 41.00
ISBN 978-3-658-21607-8 (eBook)

- Diskussion aktueller Herausforderungen und Retrospektive auf die Entwicklung von Sozialwirtschaft und Sozialmanagement
- Entwicklung von konzeptionellen, methodischen und praktischen Bewältigungsstrategien für künftige Herausforderungen und Aufgabe

€ (D) sind gebundene Ladenpreise in Deutschland und enthalten 7 % für Printprodukte bzw. 19 % MwSt. für elektronische Produkte. € (A) sind gebundene Ladenpreise in Österreich und enthalten 10 % für Printprodukte bzw. 20 % MwSt. für elektronische Produkte. Die mit * gekennzeichneten Preise sind unverbindliche Preisempfehlungen und enthalten die landesübliche MwSt. Preisänderungen und Irrtümer vorbehalten.

Part of **SPRINGER NATURE**

springer.com/empfehlung

A58855

Termine

Trendforum
Handelndes Marketing

Marketing-Entscheider des Handels treffen sich zum 14. Mal beim EHI Marketing Forum, um sich über ihre Business Transformation und Erfolgsstrategien auszutauschen. Das Programm rund um den Retail ist umfassend. Zu den Referenten zählen Claudia Willvonseder, Global Marketing Ikea, CMO Alexander Ewig von Mediamarkt-Saturn oder die Direktorin Business Intelligence der Otto Group, Dr. Sabrina Zeplin (Foto).

Termin: 25. und 26. September 2018
Ort: Berlin
www.ehi-marketingforum.de

Fintech-Konferenz
Finance Tools

Zur vierten Konferenz für Finanztechnologie treffen sich wieder Vertreter von Banken, Sparkassen, Versicherungen und Technologie-getriebenen Start-ups. Diesmal geht es um künstliche Intelligenz, maschinelles Lernen, neue Plattformen und standardisierte Schnittstellen. Als Veranstalter kooperieren das „Bankmagazin" und das „Versicherungsmagazin" der Springer Fachmedien Wiesbaden mit dem Center of Financial Studies der Goethe-Universität Frankfurt am Main.

Termin: 20. September 2018
Ort: Frankfurt am Main
www.ifk-cfs.de

Steuerberatertag
Gesteuerter Erfolg

Den 41. Deutschen Steuerberatertag eröffnet Verbandspräsident Harald Elster (Foto) im World Conference Center. Dann referiert Prof. Johann-Dietrich Wörner, Director General der ESA, über „Space 4.0 – Raumfahrt für die Zukunft". Zudem gibt es Vorträge über Unternehmensplanung, Restrukturierung, Steuerrecht, Digitalisierung.

Termin: 7. bis 9. Oktober 2018
Ort: Bonn
www.steuerberatertag.de

Business Forum
Digital Quality

Hochkarätige Referenten aus Industrie und Forschung berichten beim „Business Forum Qualität" (BFQ) über Trends und Best Practices rund um „Digital Quality". Sie repräsentieren namhafte Unternehmen wie Siemens, Microsoft, Hella, Ericsson oder Henkel. Ihre Vorträge beleuchten die gesamte industrielle Wertschöpfung und richten sich an Führungs- und Fachkräfte aus Strategie- und Produktentwicklung, aus Controlling und Einkauf sowie Qualitätsmanagement. Die 22. Auflage des BFQ steht unter dem Titel „Vom Smart Device bis zum Digital Twin" und widmet sich dem Qualitätsmanagement, das physische und virtuelle Welten verbindet.

Termin: 11. und 12. September 2018
Ort: Aachen
www.bfq-aachen.de

Festival
Bayerische Bits

Die Konferenz „Bits & Pretzels" will Investoren, Gründer und andere Entscheider parallel zum Oktoberfest während dieser dreitägigen Veranstaltung zusammenbringen. Zum Event rund um Start-ups sprechen unter anderem Rennfahrer Nico Rossberg, „Mee too"-Aktivistin Tarana Burke, Moderator Jan Böhmermann, Gründer-Guru Marc Samwer, Kodak-CEO Jeff Clarke und Hannes Ametsreiter (Foto), Chef von Vodafone Deutschland.

Termin: 30. September bis 2. Oktober 2018
Ort: München
www.bitsandpretzels.com

Seminar
Haftende Berater

Interimmanager und Unternehmensberater lernen hier das risikobewusste Führen von Unternehmen in Krisen, ohne sich persönlich mit Haftungen zu gefährden. Referent ist Rechtsanwalt Martin Lambrecht.

Termin: 10. September 2018
Ort: Bonn
www.bdu.de

Tools

Plattform
Industrie 4.0

Die beiden Bundesministerien für Wirtschaft und Energie sowie für Bildung und Forschung wollen hier „Allianzen und Netzwerke auf vorwettbewerblicher Stufe initiieren". Schließlich geht es bei Industrie 4.0 grundsätzlich um das intelligente Vernetzen – und zwar nicht nur bei Maschinen und Abläufen innerhalb von Wertschöpfungen. Die Plattform zeigt unter anderem Handlungsfelder und Praxisfelder sowie eine Landkarte mit Praxisbeispielen aus Deutschland.
www.plattform-i40.de

Lexikon
Wirtschaftsklassiker

Dieser Klassiker der Wirtschaftsliteratur zum nützlichen Nachschlagen taugt in der Online-Version zur Startseite für jeden interessierten User. Denn das Lexikon bietet „kostenlos + qualitätsgeprüft" immerhin rund 25.000 Definitionen von 200 renommierten Autorinnen und Autoren. Die Liste reicht von A wie Prof. Ann-Kristin Achleitner bis Z wie Fabio Ziemßen. Die Begriffe beginnen bei AAA für American Accouting Association und reichen bis zur Definition für Zwischenergebniseliminierung. Abkürzungen sind schnell zu finden und erklärt.
www.wirtschaftslexikon.gabler.de

Fundamentale Verunsicherung
Was Politik vom Krisen-Management lernen kann

Ich gehöre der Generation an, die vor fast 40 Jahren der Club of Rome mit seinen „Grenzen des Wachstums" wachgerüttelt und die zugleich eine ökologische Avantgarde hervorgebracht hat. Von der sind heute nur noch wenige grüne Politiker quasi auf „Rudis Resterampe" übrig geblieben. Angesichts von akutem Artensterben, Massentierhaltungsquälerei, Meeresverschmutzung und prekären Arbeitsverhältnissen scheinen sich trotzdem alle anderen in der Bevölkerung bequem eingerichtet zu haben. Ganz schön schaurig.

Auch in der Führung des Unternehmens Deutschland verweigert sich die Gesellschaft als Belegschaft beim Mitgestalten. Realitätsverdrängung statt Zukunftsorientierung, Hilflosigkeit statt Zuversicht. Mutlosigkeit zum Nutzen von Machterhalt. Null Aufbruchsstimmung. In Unternehmen führten solche Haltungen in die Insolvenz. Zu Recht, denn wer Zeichen des Wandels nicht erkennt und sich entsprechend neu entdeckt, verliert schnell seine Daseinsberechtigung.

Ich behaupte: Das Bewusstsein für Probleme und Veränderungen ist in der Belegschaft deutlich größer und tiefer verankert als im Management. Die Führung unseres Landes hofft auf Rettung und spricht Wahrheiten nicht aus, von denen schon längst jeder weiß. Solange die Führung aber Bürger als Teil des Problems und nicht als Treiber für Lösungen begreift, verpasst sie eine Chance. Eine große Kraft für Veränderung schlummert noch in ihren Händen und Köpfen. Sie wartet nur darauf, entfesselt zu werden.

Graduelle Veränderungen werden kaum helfen

Stattdessen redet das Management der Republik die Situation schön. Allenfalls graduelle Veränderungen sind angekündigt. Jeder weiß: Die werden kaum helfen. Also macht sich Ohnmacht breit angesichts der überwältigenden Kräfte der Märkte in der Globalisierung. Die Mitte der Gesellschaft erodiert in dieser Deutschland GmbH. Radikalität gewinnt Raum im Denken und Handeln. Unser Management klammert sich ängstlich an den Strohhalm, der bloß nicht aus Plastik sein darf. Denn unser Plastikmüll kommt plötzlich , aber gar nicht so überraschend zurück aus China. An den Folgen von zu viel Gülle in der Massentierhaltung sterben vertraute Arten. Überhaupt scheinen wir Böden und Gewässer zunehmend zu vergiften. Kaum noch der Rede wert ist das Verschwinden der Kornblumen, die einst meine Kindheit prägten.

Sehr gefährlich ist das Verweigern der politischen Klasse und ihrer braven Medienbegleiter, wirklich die Wahrheit auszusprechen und dadurch die Gesellschaft für große Lösungen zu gewinnen. So beginnen wir, uns fürs Elend einzurichten. Die Populisten der Politik vereinfachen, um mit Teilen der Gesellschaft ihr eigenes Süppchen zu kochen. Lösungen haben sie nicht zu bieten. Das Verdrängen und Aussitzen als Haltung der Mainstream-Politik hat sie ja erst groß werden lassen. Vielleicht bietet sich eine feindliche Übernahme da geradezu als probates Mittel an?

Transparenz ist genauso gefragt wie Aufklärung

Was lehrt uns unternehmerisches Krisen-Management für diese Fälle einer politischen Falle? Der offene Diskurs über große Fragen unserer Zeit, durchaus auch über die eigene Ratlosigkeit, ist der erste wichtige Schritt. Transparenz gegenüber der gesamten Gesellschaft ist so wie Krisenaufklärung gegenüber der Belegschaft in schwächelnden Unternehmen gefragt.

Aus meiner Sicht ist Aufklärung das Gebot der Stunde. Erst wenn wir auch über Schlechtes normal im Sinne von angstfrei sprechen, werden wir Lösungen finden. Rationalität kann im guten Geist beruhigen, ist allemal besser, als über Emotionalität nur Furcht zu verbreiten. In der Politik genauso wie in der Wirtschaft. Hoffen wir, dass unser politisches Management sich nicht weiterhin dieser einfachen Erkenntnis verweigert.

Prof. Hans Haarmeyer ist Herausgeber von „return".

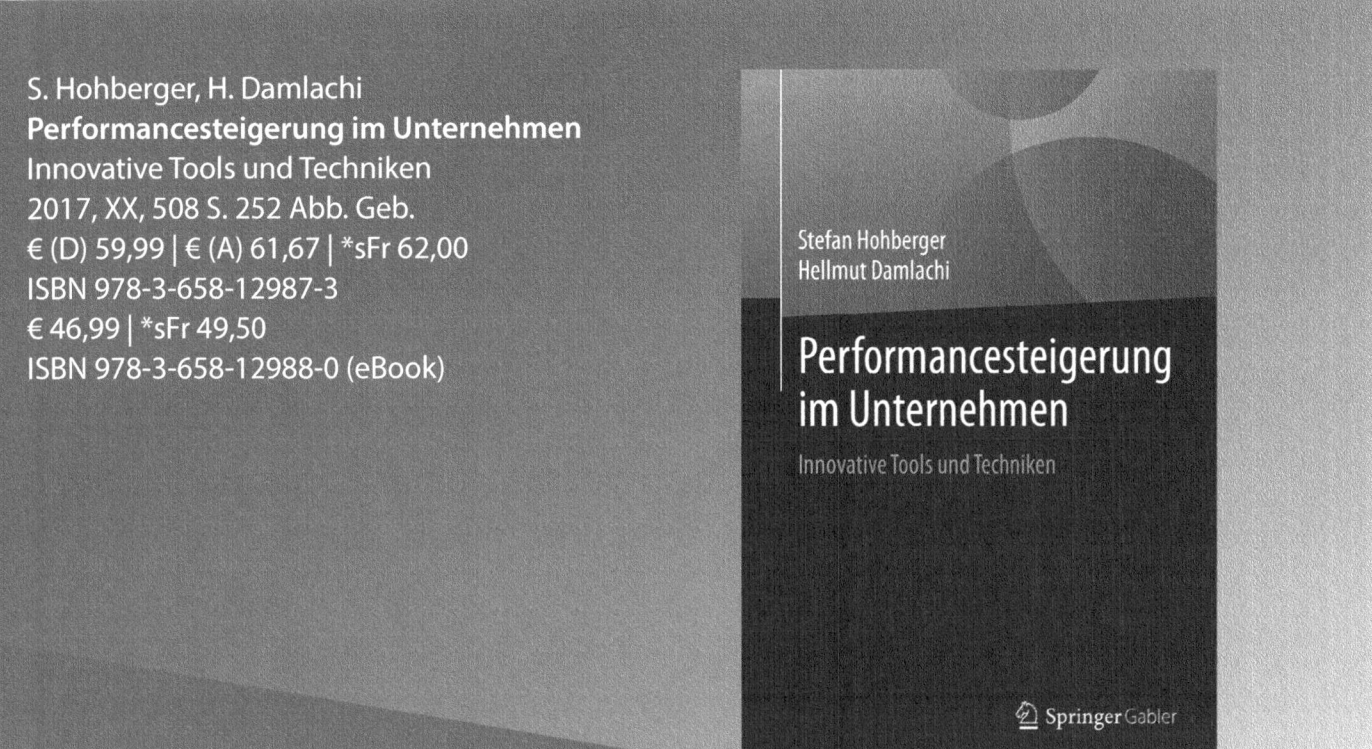

Vorschau 05/18

Die nächste Ausgabe von „return – Magazin für Transformation und Turnaround" erscheint am 16. Oktober 2018 unter anderem mit den Themen:

▶ Schwerpunkt Compliance: Titelreport – Interviews und Firmenprofile zu Vorbildern – Auslandsberichte – Regelkonformität in Krisen;

▶ Ressort Start & Szene: Sanierungsmonitor – Die Story: CEO, CIO, CDO? Über die Rollenverteilung zur digitalen Transformation;

▶ Ressort Menschen & Unternehmen: Digitales, Firmen-/Unternehmerporträt, Gründerszene;

▶ Ressort Hintergrund & Wissen: Nachfolge, Nachhaltigkeit, Recht und Betriebswirtschaft.

Schwerpunkt Compliance - Fessel oder Flügel?

© bruno135_406/ stock.adobe.com

Impressum

„return – Magazin für Transformation und Turnraound"
www.springerprofessional.de
www.return-online.de
Ausgabe 1 | 2018, 5. Jahrgang
ISSN 2199-8841

Verlag
Springer Gabler
Springer Fachmedien Wiesbaden GmbH
Abraham-Lincoln-Str. 46
65189 Wiesbaden
Die Springer Fachmedien Wiesbaden GmbH ist Teil der Fachverlagsgruppe Springer Nature.

Geschäftsführer
Stefanie Burgmaier |
Joachim Krieger | Juliane Ritt

Redaktion
Herausgeber:
Stefanie Burgmaier |
Prof. Dr. Hans Haarmeyer

Teamleitung Managementzeitschriften:
Anja Schüür-Langkau

Chefredakteur
(V.i.S.d.P.):
Thorsten Garber
Am Stiersken 18
59379 Selm-Cappenberg
Tel. +49 (0) 23 06 / 75 74 99
thorsten.garber@springernature.com

Redaktionelle Mitarbeiter
dieser Ausgabe:
Prof. Guido Baltes, Claudia Bröll, Dr. Hilmar Döring, Dr. Reinhard Ematinger, Dr. Volkhard Emmrich, Dr. Andreas Fröhlich, Gregor Hallmann, Peter Hanser, Armin Hingst, Raphael Kiesel, Christiane Kühl, Rolf-Dieter Lafrenz, Caroline Pluta, Prof. Robert H. Schmitt, Stefan Terliesner, Dr. Alexander Verhoeven, Thomas Vollmer, Prof. Christine Volkmann, Jörn Weitzmann, Alexander Welscher, Timo Wopp, Holger Zscheyge

Titelfoto
© Thomas Söllner / stock.adobe.com

Anzeigen, Marketing
und Produktion
Leiter Media Sales:
Volker Hesedenz

Leiter Vertrieb + Marketing:
Jens Fischer

Gesamtleitung Produktion:
Ulrike Drechsler

Verkaufsleitung (verantwortlich für den Anzeigenteil):
Eva Hanenberg
Tel: +49(0)611 7878-226
Fax: +49(0)611 7878-430
E-Mail: eva.hanenberg@springer.com

Anzeigendisposition:
Susanne Bretschneider
Tel: +49 (0)611 7878 153
E-Mail: susanne.bretschneider@springer.com

Anzeigenpreise:
Es gelten die Mediadaten von Mai 2017

Produktmanagement:
Britta Rossbach
Tel: +49(0)611 7878-271
E-Mail: britta.rossbach@springer.com

Produktion
Kerstin Brüderlin

Satz
K&M Satz und Repro
Otto-von-Guericke-Ring 3
65205 Wiesbaden
k&m-satz.de

Alle angegebenen Personen sind, soweit nicht ausdrücklich angegeben, postalisch unter der Adresse des Verlags erreichbar.

Sonderdrucke
Anja Trabusch
E-Mail:anja.trabusch@springernature.com
Tel: +49(0)611 7878 298

Leserservice
Springer Customer Service Center GmbH
Springer Gabler Service
Tiergartenstr 15, 69126 Heidelberg
Tel: +49(0)6221 345-4303
Fax: +49(0)6221 345-4229
Montag – Freitag 8.00 Uhr – 18.00 Uhr
E-Mail: springergabler-service@springer.com

Druck
Kliemo Printing AG,
Hütte 33,
B-4700 Eupen, Belgien

Fachbeirat
Dr. Utz Brömmekamp, Buchalik Brömmekamp Rechtsanwaltsgesellschaft; Udo Doetsch, Sparkasse Duisburg; Prof. Dr. Roland Eckert, FOM Hochschule für Oekonomie & Management im Hochschulzentrum Düsseldorf; Prof. Dr. Christian Gärtner, Quadriga Hochschule Berlin; Carl-Jan von der Goltz, Maturus Finance; Dr. Ulrich Hermann, Heidelberger Druckmaschinen AG; Prof. Dr. Michael Jünger, Technische Hochschule Ingolstadt; Michael Pluta, Pluta Rechtsanwalt; Uwe Rotermund, Noventum Consulting; Heinrich Fritz Stellmach, Stellmach & Bröckers Rechtsanwälte, Wirtschaftsprüfer, Steuerberater; Jan H. Wilhelm, hww Hermann Wienberg Wilhelm Insolvenzverwalter Partnerschaft

Bezugsmöglichkeiten
Das Heft erscheint viermal jährlich. Bezugsmöglichkeiten und Details zu den Abonnementbedingungen finden Sie unter www.mein-fachwissen.de/return Alle Rechte vorbehalten.

Schutzschirmverfahren,
Eigenverwaltung, Sanierung
und Restrukturierung,
M&A im Krisenumfeld,
Insolvenz- und Zwangsverwaltung,
Manager- und Gesellschafter-
haftung, Gläubigerschutz
und Non Performing Loans.
Oder kurz:

BBL | Bernsau Brockdorff & Partner
Rechtsanwälte und Insolvenzverwalter

www.bbl-law.de

Beflügelte Geschäfte

Anfangs war ich skeptisch gegenüber der Theorie, dass korrektes Verhalten im wirtschaftlichen Handeln als Thema noch genug Relevanz und Neuigkeitswert besitzt. Immerhin sollten zehn Beiträge über Compliance mit erhellenden Erkenntnissen unseren Heft-Schwerpunkt in dieser Ausgabe rechtfertigen. Wenig begeistert schilderten zudem im Vorfeld befragte Inhaber, wie sie in der Praxis das Einhalten von Gesetzen, Regeln und Normen sicherstellen. Begleitet von Augenrollen, stöhnten die Mittelständler: „Was sollen wir denn noch alles beachten, um ordnungsgemäß Geschäfte zu gestalten?" Klingt nach mühevoller Pflicht statt unternehmerischer Kür. Ethik und Konformität wirken wohl weit weniger sexy als Durchbruchsinnovation oder Werbekampagnenerfolg.

Ausreichend Argumente für Präsenz von Compliance haben Befürworter aber auf ihrer Seite: täglich neue Skandale zwischen Abgaswertbetrug und Preisabsprache, traditionell von Korruption bedrohter Einkauf und Vetrieb, tief greifende Schäden fürs Renommee, teures Bestechungsgeld für höhere Preise. Aufhorchen lassen Aussagen von Prof. Hermann Scholl von der Bosch Gruppe, der für den gemeinsamen Kampf gegen Geschäfte im Hinterzimmer jüngst zum 25-jährigen Bestehen von Transparency mit klaren Worten gratulierte: „Wir wollen im Markt durch unsere Produkte überzeugen. Deshalb werden wir weiterhin entschieden gegen Korruption eintreten." Ähnlich äußert sich Präsident Andreas Mundt in der Veröffentlichung „Wohlstand für alle" der Ludwig-Erhard-Stiftung mit Blick auf das 60-jährige Bestehen des Bundeskartellamtes: Seine Behörde müsse eingreifen, wenn marktbeherrschende Unternehmen unfaire Geschäftspraktiken entwickeln, die den Verbraucher schädigen oder den Wettbewerb der Märkte behindern.

Vorbei also die Duldung von Verstößen und passé die Zeit, als Schmiergeld für Unternehmen noch als „nützliche Aufwendung" steuerlich absetzbar war. Bekannt dürfte mittlerweile sein, was geltenden Gesetzen genügt – zumal die Gefahr der Haftung für Geschäftsführer und Vorstände mit jedem Vergehen einhergeht. Entscheidern der mittelständischen Wirtschaft eröffnet unser Schwerpunkt zwischen dem Titelreport ab Seite 16 und dem Kommentar von Telekom-CCO Manuela Mackert auf Seite 40 ein volles Spektrum zwischen Risiken und Chancen. Mit dem Wandel von Compliance zum bedeutsamen Erfolgsfaktor fürs Geschäft steigt der Aufwand, aber auch der Nutzen. Das Systematisieren und das Kultivieren als Teil des Risiko-Managements sind lohnenswert, liebe Leserin und lieber Leser, und angepasst auch auf kleine Unternehmen anwendbar.

Unsere einst als Ankündigung gestellte Frage „Compliance – Fessel oder Flügel?" beantwortet die Herkunft: Das lateinische „corrumpere" steht für verderben, verführen, verschlechtern. Ohne krumme Geschäfte gelingt Business beflügelt. Das beweisen hier auch Bierbrauer im Zweitjob mit Mut zum Fehler (S. 42), nachhaltig weibliche Start-ups (S. 50) und neue Geschäftsmodelle mit Fünffach-Dreh (S. 66).

Ihr

Thorsten Garber

Thorsten Garber
Chefredakteur return / thorsten.garber@springernature.com

Inhalt

return 05/18

Hintergrund & Wissen

Start & Szene

Keynote Speaker beim
1. Transformations-Kongress
www.returnlive.de

Interview

„Digital Mindset können Unternehmen ohne Leitlinien von außen fördern"

Die Regierungen der G20-Staaten haben jüngst in Argentinien vereinbart, die Digitalisierung voranzutreiben. Fünf Fragen dazu an Prof. Nicolas Burkhardt, Chef der Beratung Kopfspringer.

Die Digitalisierung als Treiber für Wirtschaftswachstum haben die G20-Minister betont. Ihre Einschätzung: Folgen Worten jetzt Taten?:
Nicolas Burkhardt: Das wäre zu begrüßen. Denn große Infrastrukturprojekte bleiben durch politische Agenden getrieben. Allerdings begreife ich Digitalisierung nicht rein technisch-infrastrukturell. Digital Mindset sollten und können Unternehmen auch ohne Leitlinien von außen selbstständig bei ihren Mitarbeitern fördern.

Was fehlt Europas Staaten zur industriellen Revolution?
Vielleicht fehlt gar nichts, sondern wird nur nicht ausreichend abgerufen. Wir haben großartige Ingenieure, Frei- und Vordenker. Unser Erzeugnisse sind weltweit anerkannt. Europa steht für Qualität und hat das Zeug, auch künftig eine herausragende Rolle zu spielen. Wir sind digital nicht abgehängt, wie oft behauptet wird. Wir müssen nur alle agiler werden beim Erkennen von Möglichkeiten und schneller sein in der Realisierung. Denn das Tempo nimmt merklich zu. Nichts ist mehr ewig gegeben, weder Erfolg noch Misserfolg. Darauf müssen wir uns besser einstellen.

Was benötigen namhafte Unternehmen, die Sie beraten?
Ich berate in Strategie und Innovation. Da geht es häufig um Hilfe zur Selbsthilfe. Ein Schuss weniger Formalismus würde allen gut tun, denn der hält beim Gründen und Entwickeln auf. Im Sinne eines Servant Leaderships sollten Länder dafür Sorge tragen, Barrieren und Hürden auf dem Weg zum Erfolg ihrer Unternehmen zu reduzieren. Straßen und Wege bauen diese dann schon selbst.

Womit tun sich Unternehmensführungen selbst schwer?
Mit der Vorgabe und dem Vorleben einer Vision. Die Herausforderung und Schwierigkeit liegt im Herunterbrechen komplexer Zukunftsszenarien auf eine bildhafte und damit allgemeinverständliche Vermittlung.

Was erwarten Sie vom Gipfel im Dezember in Nürnberg?
Ich erwarte selten Konkretes, sondern versuche lieber mit dem Ergebnis zu arbeiten. Falsche Erwartungen verlangen ineffizient nach unnötigen Anpassungen. Diese Strategie mag nicht zu jedem passen, aber sie schult auf jeden Fall Objektivität, Flexibilität und Agilität.

Die Fragen stellte Thorsten Garber dem Experten für Innovation, Change und Leadership, der als Keynote Speaker den Transformations-Kongress am 27. und 28. November eröffnet: www.springerfachmedienlive.de

---

Wohnungsbaugenossenschaft

Geno baut Millionen-Verluste

Das Amtsgericht Ludwigsburg hat das Insolvenzverfahren zur Geno Wohnungsbaugenossenschaft eG eröffnet und Dr. Dietmar Haffa von Schultzke & Braun zum Insolvenzverwalter bestellt. Das Unternehmen bietet aktuell rund 4.500 Genossen die Möglichkeit, per Optionskauf eigengenutzten Wohnraum zu erwerben – derzeit mehr als 100 Immobilien. Aufgelaufene Verluste: mehr als 25 Millionen Euro.
https://geno.ag; www.schultzke-braun.de

Bauprojektgesellschaft

Prora strandet mit Rügen-Koloss

Das Amtsgericht Charlottenburg hat das Insolvenzverfahren zur Prora Vermögensverwaltung GmbH & Co. KG (WiP) eröffnet und Dr. Philipp Hackländer von White & Case zum vorläufigen Insolvenzverwalter bestellt. Das Unternehmen baut auf der Insel Rügen rund 280 Wohn- und Gewerbeeinheiten – und hat sie bis auf wenige verkauft. Der „Koloss von Prora" erlangte internationale Bekanntheit.
www.neues-prora.de; www.whitecaseinso.de

Unternehmenskrisen: Jeder Dritte gefährdet

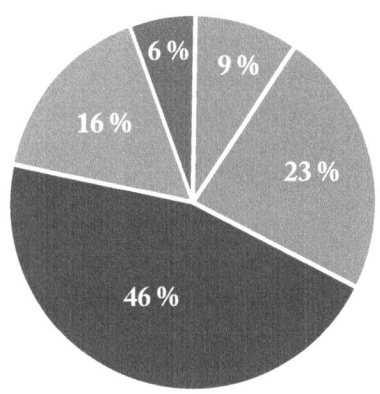

Für wie krisenanfällig halten Sie Ihr Unternehmen?

Krisenanfällig (Σ 32 %)
- Sehr Stark
- Stark

Nicht Krisenanfällig (Σ 22 %)
- Wenig
- Überhaupt nicht anfällig

- Mittel (46 %)

Quelle: Staufen AG

Insgesamt mehr als 30 Prozent der befragten Gesellschafter und Geschäftsführer sehen ihr Unternehmen in Gefahr.

Studie „Restrukturierung 2018"
Sechs von zehn Unternehmen bereiten sich auf Krisen vor

Schieflagen früh zu erkennen und Gegenmaßnahmen zu entwickeln, das gehört mit 43 Prozent „trifft zu"-Nennungen am meisten zum Rollenverständnis von Gesellschaftern und Geschäftsführern. Für die Studie, die „return" exklusiv vorliegt, befragte die Beratung Staufen jüngst Entscheider mittelständischer Industrieunternehmen. Sechs von zehn Unternehmen bereiten sich danach auf Krisen vor, denn jeder Dritte hält sein Unternehmen auch für krisenanfällig (Grafik). Die Elektroindustrie zeigt sich dabei deutlich krisenanfälliger als der Maschinen- und Anlagenbau.

Die hohe Abhängigkeit von einzelnen Märkten und Regionen (46 %), von einzelnen Abnehmern (39 %), von einzelnen Lieferanten (33 %) und fehlendes Wissen zu Zukunftsthemen (26 %) nennen Befragte als vier häufigste Gründe für die Krisenanfälligkeit. Die größten Risiken von außen fürchten 43 Prozent durch Fachkräftemangel, gefolgt vom konjunkturellen Abschwung (42 %), politischer Instabilität (32 %) und dem Ende der Niedrigzinsphase (27 %). Mit erfolgreicher Restrukturierung verbinden je 70 Prozent vor allem Liquidität und Umsatzrendite.

Antikorruptionsorganisation Transparency
Vorsitzende Edda Müller: „Deutschland muss Unternehmensstrafrecht einführen"

Viele große Exportnationen bestrafen Unternehmen nicht, die im Ausland bestechen. Nur sieben von 44 untersuchten Ländern sind in der Strafverfolgung aktiv, darunter Deutschland. Das zeigt der Bericht „Exporting Corruption 2018" der Antikorruptionsorganisation Transparency International. „Wir begrüßen die aktive Rolle Deutschlands im Kampf gegen Auslandsbestechung. Allerdings muss Deutschland endlich ein Unternehmensstrafrecht einführen, das Staatsanwaltschaften die Verfolgung von Unternehmen zwingend vorschreibt und dies nicht wie bisher ihrem Ermessen überlässt", forderte Edda Müller (Foto), Vorsitzende von Transparency Deutschland.

www.transparency.de

Automobil- und Aerospace-Industrie
BOA findet als flexibler Edelstahlproduzent mit RIH den passenden Käufer und Investor

„Die RIH ist für die BOA Group genau der richtige Partner", sagte Joachim Exner (Foto) von der Kanzlei Dr. Beck & Partner nach Unterzeichnung des Kaufvertrages. RIH stehe wie BOA für ein „in der Kultur des Mittelstands verwurzeltes Unternehmen". Der Experte für die Restrukturierung von Industrieunternehmen hatte als Insolvenzverwalter der BOA-BKT GmbH den Geschäftsbetrieb sowie die übrigen Gesellschaften der BOA Group mit Sitz in Karlsruhe an den Investor aus Österreich veräußert. Die Industriegruppe „Ring International Holding AG" (RIH) erzielt mit rund 3.000 Mitarbeitern bis zu 500 Millionen Euro Umsatz und will alle 1.200 BOA-Mitarbeiter übernehmen.

www.boagroup.com; www.ringholding.com; www.ra-dr-beck.de

Kaufhof + Karstadt
Warenhaus-Händler müssen noch an „zentralen Baustellen" arbeiten

Der Zusammenschluss der Warenhauskonzerne Galeria Kaufhof und Karstadt sei „ein Paukenschlag", schreibt Eva-Susanne Krah, stellvertretende Chefredakteurin der Zeitschrift „Sales Excellence", die online auch als Channelmanagerin unter anderem Themen rund um Vertrieb verantwortet. Auch wenn sich das Joint Venture „schleichend angekündigt" habe, löse dies die Probleme nicht sofort. Das Zusammengehen biete „eine Chance, den stationären Handel auf Großflächen neu zu definieren". Neben Transformation und Betriebskosten hält die Expertin für Vertriebsstrategien und -management vor allem Sortimentsauswahl und Präsentation für „zentrale Baustellen", wie Branchenkenner betonen. Den digitalen Handel im Karstadt-Konzern treibe ein neuer Chief Digital Officer voran; auch dadurch wolle sich das Unternehmen mit Erfolg zu einem der stärksten über alle Vertriebskanäle aktiven Händler entwickeln.

www.springerprofessional.de/link/16113184

Management + Führung
„return"-Leser finden online mehr Angebot auf vielen Kanälen

Ein Hinweis in eigener Sache: Zahlreiche Online-Angebote zu „return"-Themen wie Transformation und Turnaround finden Leserinnen und Leser unter springerprofessional.de im Channel Management + Führung (Link unten) quasi täglich frisch. Dort stehen auch Online-Newsletter zum Bezug der wichtigsten Nachrichen der Woche kostenlos bereit. Alle Interessenten sind zudem eingeladen, unseren Redaktions-Teams über folgende Kanäle der sozialen Medien zu folgen:
Auf Xing:
www.xing.com/news/pages/management-wissen-97
Unter **Linkedin**:
www.linkedin.com/company/springer-professional-management/
Über **Twitter**: *twitter.com/@SP__Management*
Via **Google+**:
plus.google.com/+SpringerProfessionalManagement
Bitte nutzen Sie das Angebot, wir freuen uns auf den Dialog!

www.springerprofessional.de/link/6635398

Aufsichtsrat beruft
zwei neue ZF-Vorstände

Sabine Jaskula und auch Dr. Holger Klein hat der Aufsichtsrat der ZF Friedrichshafen AG in den Vorstand des Unternehmens berufen. Die Juristin und Personal-Managerin – vorher unter anderem bei Preussag, Jägermeister und Continental – übernimmt spätestens zum 1. Januar 2019 das Ressort Personal und Recht. Der Wirtschaftsingenieur mit Schwerpunkt Maschinenbau sowie mit Promotion in Technologie-Management und mit vorheriger Bankausbildung – zuvor 15 Jahre bei der Unternehmensbreratung McKinsey – verantwortet seit 1. Oktrober die Pkw-Fahrtechnik sowie das Service- und Teilegeschäft (Aftermarket). Zudem übernimmt er die Leitung der Regionen Asien-Pazifik und Indien sowie das Key Account Management der dortigen Pkw-Kunden.

www.zf.com

Martina Maier übernimmt ab 1. Dezember als neue Leiterin die globale Compliance-Abteilung der Siemens AG und damit die Funktion des Chief Compliance Officers. Die Position bekleidete seit 2014 Klaus Moosmayer, der das Unternehmen auf eigenen Wunsch zum 30. November verlässt. Maier leitet aktuell die Abteilung Kartellrecht des Konzerns.

www.siemens.com

BDO, Wirtschaftsprüfungsgesellschaft mit mehr als 1.900 Mitarbeitern, stärkt den Standort Bielefeld mit vier Wirtschaftsprüfern und Steuerberatern von Rödl & Partner: Gisbert Hansjürgens und Maik Pörschke starteten als Partner bei BDO, Claudia Upgang begann als Senior Managerin. Kim Krone ist als Steuerberaterin an Bord.

www.bdo.de

Alle Retter abgegrast

Die Liquidation von Scheufelen schien besiegelt. Nach Insolvenz waren die meisten Mitarbeiter schon freigestellt. Die Investorensuche verlief ohne Erfolg. Doch dann kam Jochen Wermuth.

In der Papierfabrik Scheufelen arbeiteten einst 2.000 Beschäftigte. Doch auf den Traditionsbetrieb im Lenninger Tal fielen Schatten.

Die Papierfabrik Scheufelen blickt auf eine Tradition bis 1855 zurück und beschäftigte einst 2.000 Mitarbeiter im Lenninger Tal. Doch die Glanzzeiten sind vorbei. Der Niedergang des Herstellers von Premium-Papieren vollzog sich über Jahre. Mehrfach gab es wirtschaftliche Schwierigkeiten und Besitzerwechsel.

Die Nachfrage nach grafischem Papier sinkt wegen der Digitalisierung; es wird etwa im Zeitungsdruck verwendet. Vor dem erneuten Insolvenzantrag waren noch 340 Mitarbeiter beschäftigt, mit denen Scheufelen im Jahr 2017 noch 83 Millionen Euro mit 104.000 Tonnen Papier umsetzte.

Doch das Unternehmen hat ein innovatives Produkt entwickelt, welches das Potenzial hat, die Papierherstellung zu revolutionieren. Dem Papierhersteller ist es gelungen, ein neues Verpackungspapier aus Gras herzustellen. Diese Sorte wird zur Hälfte aus Heupellets und zur Hälfte aus Zellstoff von Bäumen erzeugt. Der Vorteil: Eine Tonne Grasfaser kostet zwischen 150 und 220 Euro, während der Preis für eine Tonne Zellstoff zwischen 580 und 680 Euro liegt. Zudem benötigt der Hersteller weniger Wasser, weniger Energie und kann bei der Grasfaserstoff-Produktion sogar ganz auf Chemikalien verzichten.

Nach hohen Anfangsverlusten erzielte man mit dem Graspapier erste Erfolge am Markt. Letztlich konnten die Verluste, verursacht durch die weiterhin produzierten klassischen Papiersorten, aber nicht weiter ausgeglichen werden. Denn der wirtschaftliche Erfolg des Graspapiers stellte sich langsamer als erhofft ein. Die gesamtwirtschaftliche Entwicklung

führte dann zum Insolvenzantrag im Januar 2018. Trotz des interessanten Graspapier-Potenzials fand man keinen Investor. Andere Papierfabriken konnten sich allerdings nicht durchringen, dem Verfahren zum Durchbruch zu verhelfen. Der Insolvenzverwalter musste Anfang April 2018 nahezu 280 Mitarbeiter freistellen. In der Regel gilt dies als letzter Schritt vor der Einstellung des Geschäftsbetriebes. Doch der sanierungserfahrene Rechtsanwalt Dr. Tibor Braun hat um eine Fortführungslösung gekämpft. Durch seine Hartnäckigkeit und politische Unterstützung insbesondere durch Baden-Württembergs Umweltminister Franz Untersteller gab es im Juli 2018 den Turnaround: Die neue Gesellschaft, die Scheufelen GmbH, kann mit rund 100 Arbeitsplätzen das umweltfreundliche Graspapier weiter produzieren.

Breite Unterstützung verhindert Scheitern

Minister Untersteller leistete Unterstützung dabei, „Öko"-Investor Jochen Wermuth zu gewinnen. Er half auch bei „der am Ende sehr komplexen Umsetzung der Lösung", wie Verwalter Braun betont. Kurz vor dem Ziel drohte ein Scheitern, weil die zuständige Bundesbehörde die Ermäßigung der EEG-Abgabe für energieintensive Betriebe streichen wollte. Doch mit Unterstützung des Umweltministers, der Wirtschaftsministerin Dr. Nicole Hoffmeister-Kraut sowie des Bundestagsabgeordneten Joachim Pfeiffer gelang es doch.

Tibor Braun präsentierte die neuen Unternehmenseigner – neben der Wermuth Asset Management Gesellschaft, einem Family Office mit Fokus auf ressourceneffiziente Unternehmen, zusätzlich die Nordia Invest, eine Investmentgesellschaft aus Hamburg, sowie die Scheufelen Equity Partners, eine Holding der ursprünglichen Unternehmerfamilien.

Dr. Andreas Fröhlich, Partner und Head of Corporate Finance der Beratungsgesellschaft Baker Tilly, ist spezialisiert auf Mergers & Acquisitions und insolvenznahe Sanierungsberatung.

Im Kurzprofil: Sanierungserfolge nach Insolvenz

	Scheufelen	SCHLETTER GmbH	calyx	HOFFMEISTER
Name	Papierfabrik Scheufelen GmbH + Co. KG	Schletter Gruppe	Calyxo GmbH	Hoffmeister Leuchten Gruppe
Branche	Papier-Industrie	Fotovoltaik-Industrie	Fotovoltaik-Industrie	Bauzuliefer-Industrie
Geschäftsfelder/ Produktgruppen	Herstellung von Premium-Druckpapieren	Herstellung von Fotovoltaik-Montagesystemen	Herstellung von Solar-Modulen und -Systemen	Innenraumleuchten für den Objektbereich sowie Außenbeleuchtung
Umsatz in Millionen Euro	83	270	30	25
Mitarbeiter	340	1.400	155	180

Angaben zum Sanierungsverfahren

	Scheufelen	Schletter	calyx	Hoffmeister
Antragsdatum	30.01.2018	19.03.2018	10.04.2018	27.04.2018
Verfahrensart	Fremdverwaltung	Eigenverwaltung	Fremdverwaltung	Fremdverwaltung
Sanierer	Dr. Tibor Braun (IV)	Dr. Christian Gerloff (SW), Andreas Elsäßer	Prof. Dr. Lucas Flöther (IV)	Dr. Jörg Bornheimer (IV), Sascha Feies (IV)

Lösungsangaben der Sanierung

	Scheufelen	Schletter	calyx	Hoffmeister
Art der Sanierung	Übertrag. Sanierung	Übertrag. Sanierung	Übertrag. Sanierung	Übertrag. Sanierung
Sanierungsdauer	5 Monate	3 Monate	3 Monate	3 Monate
Investoren	Wermuth Asset Management, Nordia Invest, Scheufelen Equity Partners	Golden Square Capital, Avenue Capital Group	TS Group	Sammode S.A.
Klassifikation	Finanzinvestoren	Finanzinvestoren	Stratege	Stratege
Lösungsbeschreibung	Fortführung mit 30% der Mitarbeiter	Fortführung der gesamten Gruppe mit Mehrzahl der Mitarbeiter	Fortführung mit kompletter Belegschaft	Fortführung der Gruppe mit allen Mitarbeitern
Aus Sicht der Investoren/ Strategische Eckpunkte	• Fokussierung auf ökologische Produkte („Graspapier")	• Fokus auf den asiatischen und nordamerikanischen Markt	• Ausbau und Weiterentwicklung der Dünnschicht-Technologie	• Komplementäre Produktlinien • Nutzung der Synergieeffekte zum Ausbau der neuen Gruppe

Thronstreit um den Digitalchef?

Konzerne leisten sich zwar schon einen Chief Digital Officer, doch der gerät oft mit dem Chief Information Officer aneinander. Personell warten Mittelständler ab – wie bei der Digitalisierung.

Ob Allianz, BASF, Daimler oder Merck: Sie haben ihren Chief Digital Officer (CDO). Nach einer Studie der Quadriga Hochschule Berlin verfügen im deutschsprachigen Raum rund 320 Unternehmen über Digitalvorstände oder vergleichbare Posten. Diese Manager-Spezies gebe es aber vor allem in Konzernen. „Weniger als fünf Prozent der deutschen Unternehmen haben einen Digitalchef", sagt auch Eberhard Seitz, Geschäftsführer der Unternehmensberatung Brainings.

Seltsam, denn von Digitalisierung reden viele Entscheider. Doch das Thema scheint personell im mittelständischen Management schwach verankert zu sein. Das liegt womöglich daran, dass viele Mittelständler noch mit ihrer Digitalisierung warten. Hinzu kommt, dass es in zahlreichen Unternehmen schon den Posten des Chief Information Officers (CIO) oder des IT-Chefs gibt. Vielfach kümmern auch sie sich um das Thema Digitalisierung. Ob das auf Dauer reicht, wird jedes Unternehmen noch für sich herausfinden.

„Der CDO kann Verlustängste und Abwehrreaktionen im Management erzeugen."

Eberhard Seitz

Digitalisierung gilt als komplexe Transformation

Seitz mahnt zur Wachsamkeit: „Digitalisierung ist nicht nur ein Projekt zur Effizienzsteigerung, sondern eine komplexe Transformation, die zunächst mehr Personal erfordert und die bestehende Organisationsstruktur zusätzlich belastet." Der Vorstandsvorsitzende oder Chief Executive Officer (CEO) einer Aktiengesellschaft sowie der Geschäftsführer einer GmbH hätten dafür selbst meist keine Zeit und verfügten oft nicht über das notwendige Wissen. Und der IT-Leiter gehe vorwiegend technisch an Herausforderungen heran und wenig an Geschäftsmodelle aus Kundensicht.

Ob für Planung und Steuerung der digitalen Transformation gleich der CDO-Posten geschaffen werden muss, hängt für Seitz von mehreren Faktoren ab – vor allem von Branche, Produktangebot und Unternehmensgröße. Sofern einzelne Prozesse oder Maschinen nur weiterentwickelt werden sollen, die Digitalisierung also eher ein evolutionärer Vorgang ist, genüge die Delegation dieser Aufgabe an einen Linien-Manager. Wenn aber das Geschäftsmodell transformiert werden soll, sei die CDO-Funktion unabdingbar.

Die Meinung teilen McKinsey-Unternehmensberater: Die schnelle Transformation sei in einigen Branchen überlebenswichtig. Sie sei komplex und erfordere spezifische Fähigkeiten. Um zügig und effektiv in Bewegung zu kommen, bedürfe es der Injektion spezifischer Talente – auch eines CDO. Er müsse über Know-how wie in Cloud Computing und Cyber Security verfügen, um den Wandel voranzutreiben. Bei McKinsey setzt und hält „der digitale Muskel" die Transformation kraftvoll in Bewegung. Treffender indes als CDO sei die Bezeichnung „Transformator in Chief".

Damit dieser Chef das Unternehmen zur Digitalisierung lenken kann, benötigt er strategische Ziele. Diese zu formulieren bleibe Aufgabe des obersten Unternehmenslenkers, wie Julian Kawohl betont. Der Professor für Strategisches Management an der Berliner Hochschule für Technik und Wirtschaft erachtet es als elementar, dass der CDO die Rückendeckung des CEO hat, damit er etwas bewegen kann und erfolgreich ist. Ebenso wichtig seien personelle und finanzielle Ressourcen. „Macht, Mitarbeiter, Moneten", ohne diese drei Faktoren stünde ein CDO auf aussichtslosem Posten. Im Vorstand müsse er dagegen nicht unbedingt sitzen. Die schwierigste Aufgabe des Digitalchefs sei per se, die anderen Führungskräfte zu überzeugen.

Das bestätigt Brainings-Geschäftsführer Seitz: „Der CDO prüft alle Prozesse auf ihre Digitalisierbarkeit und kann damit Abwehrreaktionen oder Verlustängste im Management erzeugen. Er muss Digitalisierung optimal kommunizierten."

Welcher verantwortliche Entscheider im Unternehmen nimmt Platz auf dem Thron, wenn es um die digitale Transformation geht? Da sich zum CEO und zum CIO nun auch noch ein CDO als Treiber dieses Themas dazugesellt, kann es zum schädlichen Streit um den Spitzenplatz kommen.

Der Informationsaustausch in Echtzeit zwischen CEO, CDO und CIO sei entscheidend. Die interne Kommunikation habe eine neue Funktion, wirke strategisch und rücke näher an den CEO heran. Transformation sei stets mit Kulturwandel verbunden. Damit dies rasch gelingt, schlägt McKinsey vor, das Unternehmen in einen Krisenmodus zu versetzen, selbst wenn es keine Krise gibt. „Um effektiv zu digitalisieren, verhalten Sie sich wie im Turnaround", heißt es in der Publikation „Turnaround artists: How companies can catch up to the digital revolution". Wie in der Restrukturierung brauche Transformation auch Entscheidungen darüber, welche Art von Veränderungen man verfolgen soll.

Checkliste zum Bedarf in puncto Digitalchef

Fünf Fragen helfen Entscheidern, mehr Klarheit zu finden. Entspricht die Antwort auf die jeweilige Frage der Vorgabe in Klammern, deutet dies auf CDO-Bedarf hin.

▶ Ist mein Markt anfällig für digitale Veränderungen? (Ja)

▶ Ist mein Unternehmen bereit, eine grundlegende Transformation des Geschäfts einzuleiten? (Nein)

▶ Ist mein Unternehmen fähig, seine Transformation nach innen und außen zu kommunizieren? (Nein)

▶ Braucht mein Unternehmen jemanden, der den Status quo objektiv infrage stellen kann? (Ja)

▶ Ist das derzeitige Team in der Führung fähig, die Transformation zu steuern und umzusetzen? (Nein)

Zur schwierigen Abgrenzung der Aufgaben zwischen CEO, CDO und CIO sagt Jörg Thamm, Leiter des Beratungssegments IT-Strategie bei Horváth & Partners: „Der CEO gibt die strategische Stoßrichtung vor, der CIO setzt diese in Technologie um." An ihrer Schnittstelle befinde sich der CDO; er müsse als Treiber des digitalen Wandels „sowohl über strategische Kompetenzen zur Gestaltung von Geschäftsmodellen verfügen, als auch über das technologische Verständnis, das nötig ist, um die Potenziale digitaler Technologien nutzen zu können". Eine griffige Definition für das Führungstrio hat Oliver Jansen von DST Consulting gefunden: Der CEO ist der Visionär, der CDO der Zukunftsforscher und der CIO der Technologe.

Was aber, wenn der gewünschte Grad der Digitalisierung erreicht ist? Thamm beobachtet in der Praxis, dass dann die CDO-Funktion aufgelöst wird. Seine Aufgaben gehen wieder zurück an den CEO und CIO. Andererseits gibt er zu bedenken: „Digitalisierung ist ein Prozess, der kein formales Ende hat." Bei anhaltendem Veränderungsdruck bleibe die Rolle des CDO auf Dauer angelegt. Auch Hochschulprofessor Kawohl ist der Überzeugung, dass den Unternehmen das Thema erhalten bleibt: „Digitalisierung hört nie mehr auf."

Stefan Terliesner, Diplom-Volkswirt, arbeitet seit 17 Jahren als freiberuflicher Journalist und war zuvor Redakteur bei namhaften Wirtschaftsmedien.

The new normal
Wie aus Irrationalem pure Vernunft erwächst

Letztlich sind Erziehungsmethoden auch nur Compliance-Richtlinien, an denen man sich orientiert, um in der Familie ein gewisses Wertesystem zu etablieren, auf dass die Nachkömmlinge dadurch zu vernünftigen Menschen reifen.

Wie für viele Unternehmen gilt auch für meine Familie, Regeln auf der Beschluss-Ebene möglichst schnell zu etablieren, um sie anschließend auf der informellen Ebene sofort wieder infrage zu stellen. Das betraf im Sommer unter anderem die tägliche iPad-Nutzung, das abendliche Zimmeraufräumen und den zu reduzierenden Süßigkeitenkonsum. „Ok, noch eine halbe Stunde." „Ja, kannst Du auch morgen machen." „Ausnahmsweise gibt's heute noch ein zweites Eis." Butterharte Umsetzung unserer elterlichen Richtlinienkompetenz.

Compliance-Richtlinien und gesunder Menschenverstand

Von geduldigen, fast schon merkelhaft anmutenden Kompromissfindungsprozessen am Morgen bis zu Schröder'scher Basta-Politik am Abend bespielten wir die gesamte Klaviatur unterschiedlichster Erziehungsstile der letzten 100 Jahre. Lediglich auf die sogenannte manuelle Erziehung wurde verzichtet. Diese verbieten uns nicht nur unsere Compliance-Richtlinien, sondern allein schon der gesunde Menschenverstand. Allerdings schob ich Letztgenannten in Auseinandersetzungen mit der Familie gerne mal beiseite, indem ich mich verstärkt der Argumentationslinie von Horst Seehofer bediente. „Dafür müsste ich mich verbiegen – und das kann ich nicht", lautete zeitweise das Killer-Argument gegen jeglichen Kompromiss mit meinen Kindern. „Ich lasse mich nicht von einer Mutter scheiden, die nur wegen mir Mutter ist", klang schon nach Tiefpunkt einer Auseinandersetzung mit der zweiten Führungskraft im Unternehmen.
Politiker geben uns für das familiäre Miteinander aber nicht nur neue, vorher für niemals möglich gehaltene Argumente an die Hand, sie nehmen uns leider auch immer altbewährte Erziehungssätze. In meinem Elternhaus wurde viel mit dem Satz gearbeitet: „Es ist mir egal, was die anderen machen. Du machst das nicht." Dieser Satz hat doch mächtig an Schlagkraft verloren, seit Trump Präsident ist. „Du darfst nicht Pussy sagen; und schon gar nicht schreien. – Du sollst keine Behinderten behindern. – Nein, mir ist egal, was der amerikanische Präsident macht: Du machst das nicht." Die Gegenwehr wurde immer schwächer.

Erziehungsmethoden und Führungsstile unterliegen sehr ähnlichen Modeschwankungen. In den vergangenen Jahren hat man es in privaten Haushalten der Wirtschaft gleichgetan: Und zwar vice versa, indem man verstärkt zum doch eher transformationellen Führungsstil übergegangen ist. Der setzt auf Kooperation, Einbindung, flache Hierarchien.
Neulich merkte ein Personaler an, der Nachteil an flachen Hierarchien sei, dass man sich dann nicht mehr in gleichem Maße für die Karriere hochschlafen könne. Auf den Einwand, das dürfe man doch so nicht sagen, entgegnete er: „Ich nicht, Trump schon." Der Typ nimmt allen die Argumente. Vor allem denen, die ernsthaft behaupten, das Patriachat sei längst überwunden und pure Vernunft würde langfristig immer siegen. Das Irrationale ist an der Macht. In den USA wird dieser Zustand blumiger mit „the new normal" umschrieben. Mutet aber eher traurig an.

Viele Anweisungen, wenig Hilfestellung

Bei mir selbst bin ich allerdings guter Hoffnung, dass meine Kinder durch meinen irrationalen Erziehungsstil zu besseren Menschen werden. Aus Protest gegen den autoritären Erziehungsstil ihrer Eltern, gaben mir meine unendlich viele Freiheiten. Aus Protest gegen den liberalen, fast schon antiautoritären Erziehungsstil meiner Eltern zog ich mit 16 schon Anzüge an und studierte BWL. Deswegen erziehe ich meine Kinder ab jetzt autoritär-neoliberal. Das bedeutet: viele Anweisungen, wenig Hilfestellung. Auf dass sie aus Protest gegen mich vernünftig werden.

Timo Wopp, Diplom-Kaufmann und Ex-Unternehmensberater, tourt als Kabarettist, Vortragsredner und Jongleur: www.timowopp.de

Nach dem Rettungsring möchten Inhaber und Manager von Unternehmen mitunter auch in der Regelflut greifen, um sich wie in stürmischer See über Wasser zu halten. Denn es ist nicht einfach, allen Compliance-Pflichten richtig nachzukommen. Neben festgeschriebenen Minimalstandards, die einzuhalten sind, gehören mittlerweile auch das Befolgen ungeschriebener Verhaltensrichtlinien und das Wahren von Sitte und Anstand zu den Anforderungen. Zudem kommen immer neue Richtlinien wie zuletzt die DSGVO mit nachzuweisenden Maßnahmen speziell zum Datenschutz hinzu. Wie eine Auftrieb gebende Schwimmhilfe im Wassersport gilt Compliance heute gleichwohl als wichtiger Erfolgsfaktor für gut gehende Geschäfte.

Rettung in der Flut von Regeln

Verstöße gegen die vielen Compliance-Pflichten in Unternehmen gehören zum Alltag – vom Datenmissbrauch über Belästigung bis zur Bestechung. Doch die Toleranz sinkt.

Wer denkt, Compliance sei inzwischen in Unternehmen umgesetzt, der irrt. Denn bei der „systematischen Einhaltung von Gesetzen und Vorschriften", wie es in der Definition heißt, geht es nicht nur um Themen wie Bestechung, Umweltverschmutzung und Bilanzfälschung. Neben dem Einhalten gesetzlicher Standards zählen auch das Befolgen ungeschriebener Verhaltensrichtlinien sowie die Wahrung von Sitte und Anstand zu den Pflichten in Unternehmen. Zudem ist es mit der einmaligen Umsetzung nicht getan: Compliance muss täglich neu mit Leben gefüllt werden.

Agiert ein Unternehmen heute im Einklang mit den Vorschriften, dann braucht es zwingend Compliance-Strukturen. Das hat höchstrichterlich der Bundesgerichtshof (BGH) bestätigt: Gezielte „Unorganisation" sei kein gangbarer Weg, um sich den Compliance-Pflichten der Geschäftsleitung zu entziehen. Andererseits räumt auch Rechtsanwalt Malte Passarge ein: „Angesichts der unendlich erscheinenden Gesetzes- und Regelungsflut fällt es selbst Gutwilligen nicht immer leicht, alle gesetzlichen Vorgaben zu kennen und auch umfassend einzuhalten."

> „Als wir vom Hamburger Compliance Zertifikat hörten, haben wir uns als Pilotunternehmen angeboten."
>
> Christian Peter Ahrens

Vom Saubermann zum Buhmann

Denn Compliance berührt nicht nur das Strafrecht; kaum ein Rechtsgebiet ist ohne Haftungsrisiken für die Geschäftsleitung – ob Umweltschutzrecht, Arbeitsrecht, Steuerrecht, Vergaberecht, Kartellrecht, Produkthaftung, Vertragsrecht oder Datenschutzvorschriften. Gestern noch Saubermann, kann schon heute so manche Weste eines Unternehmensführers befleckt sein. So musste Vorstandschef Martin Winterkorn den Volkswagen-Konzern verlassen, weil er vermeintlich von der betrügerischen Diesel-Software wusste und nichts dagegen unternahm. Mit Audi-Chef Rupert Stadler wurde sogar der erste amtierende Vorstand eines Dax-Konzerns in Untersuchungshaft genommen. Das harte Durchgreifen der Staatsanwaltschaft gilt als Quittung für mangelnden Aufklärungswillen beim Fahrzeugbauer, der sich laut Staatsanwaltschaft in „Verdunklungsgefahr" manifestierte.

Die „Fuchsbriefe" des gleichnamigen Wirtschaftsverlages haben „für Unternehmer und Anleger" im vergangenen Jahr die Dax-30-Unternehmen durchleuchtet. Sie urteilten nach Prüfung der Konzerne: „Die Compliance-Systeme der Dax 30 sind überwiegend intransparent und wirken in der Eigendarstellung – soweit veröffentlicht – vielfach lückenhaft." Für höchste Transparenz standen Siemens und Deutsche Telekom, die geringste attestierten die Prüfer der Deutschen Bank und Vonovia. Aus Sicht von Investoren lassen sich Compliance-Risiken bei den meisten Konzernen kaum einschätzen. Vor allem inhabergeführte Unternehmen leben Werte schon lange vor – noch bevor der Begriff Compliance präsent war.

„Obwohl Compliance seit vielen Jahren in aller Munde ist, ist sie vielfach sowohl in großen Konzernen als auch bei kleineren Unternehmen immer noch nicht hundertprozentig

Kompakt

► Compliance ist in allen Bereichen des Unternehmens zu berücksichtigen.

► Ein Unternehmen, das die Fortschreibung von Compliance schleifen lässt, riskiert hohe Strafen.

► Software kann die Dokumentation von regelkonformem Verhalten unterstützen und helfen, einen Überblick zu gewinnen oder zu behalten.

► Es geht insbesondere darum, fehlende Informationen im Unternehmen zu ermitteln und zur Verfügung zu stellen.

► Zertifikate zu Compliance können eine gute Orientierung geben über den Stand der Umsetzung.

► Allerdings unterscheiden sich die Zertifikate deutlich in ihrer Aussagekraft.

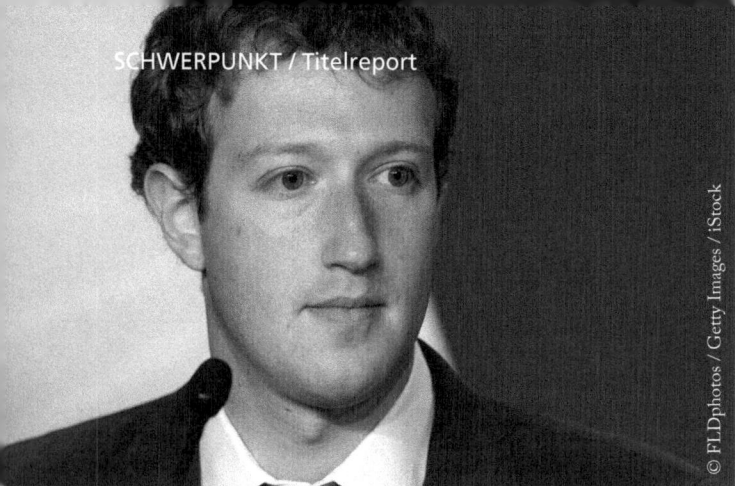

Der Datenskandal setzte Facebook-Gründer Marc Zuckerberg unter Druck; sein Konzern verlor mehr als 100 Millionen Euro an Börsenwert.

Die Dieselabgasaffäre brachte VW-Vorstand und Audi-Vorstandschef Rupert Stadler hinter Gitter, verdächtig wegen des Verkaufs manipulierter Motoren.

implementiert", konstatiert Anja Zimmermann, Rechtsanwältin der Kanzlei Rotthege Wassermann. Sie betont, mit ständig neuen Regelwerken funktioniere Compliance nur als „eine fortlaufende Aufgabe".

Datenschutz-Grundverordnung und meldepflichtiges Tranparenzregister

So trat die Datenschutz-Grundverordnung (DSGVO) erst im Mai in Kraft. Datenskandal bei Facebook, enthüllt durch Ex-Mitarbeiter von Cambridge Analytica, Datenlecks oder Abmahnwelle für Online-Shops – DSGVO-Verstöße landen künftig vor Gericht. „Über die Frage, ob ein Manager genug für ein funktionierendes Compliance-System im Unternehmen getan hat, wird künftig in Datenschutzfragen genauso heftig gestritten wie beim Thema Korruption", glaubt Michael Hendricks, Rechtsanwalt von der Kanzlei Hendricks + Partner, die Unternehmen und Manager in Haftungsfällen berät.

Auch die Meldepflicht des 2017 eingeführten Transparenzregisters zählt zu aktuellen Compliance-Herausforderungen. Darin müssen selbst kleine GmbHs und Familienbetriebe ihre „wirtschaftlich Berechtigten" offenlegen. Ziel ist, Geldwäsche ans Licht zu bringen, indem unbekannte Kontrollverhältnisse offenliegen. Einflussstrukturen und Profiteure werden so öffentlich. Die Anzeigepflicht geht über Handelsregister-Angaben hinaus. Zu melden sind nicht nur maßgebliche Beteiligungen. Auch Kontrollen aufgrund von Absprachen im Kreis der Anteilseigner werden erfasst – inklusive Vereinbarungen etwa zu Treuhand und Stimmpool, Kooperationen oder Konsortien. Wer den Meldepflichten nicht nachkommt, riskiert empfindliche Bußgelder.

Dieses Anti-Korruptionsregister hält Christian Peter Ahrens für einen „echten Gewinn". Der geschäftsführende Gesellschafter des Bauunternehmens Peter Ahrens überrascht mit seiner Aussage. Denn warum freut sich ein Unternehmen über Meldepflichten in einer Branche, die aufgrund von Schwarzarbeit und Lohndumping immer wieder im

medialen Fokus steht? Ahrens Antwort: „Wir beschäftigen uns seit Jahren intensiv mit dem Arbeitsschutz, und als wir vom Hamburger Compliance Zertifikat der Handelskammer hörten, haben wir uns als Pilotunternehmen angeboten."

Rund ein Jahr lang dauerte der Zertifizierungsprozess. Für die Re-Zertifizierung war der Auditor dann nur einen Tag im Unternehmen, und kontrolliert der Zoll heute eine Ahrens-Baustelle, ist das meist eine kurze Stippvisite. „Wir haben alle Unterlagen sofort parat, wissen praktisch täglich, wer wo arbeitet – auch für Gewerke und Subunternehmen", sagt der Unternehmenschef. Er sieht die intensive Dokumentation als Vorteil: „Probleme fallen schnell auf, und dann können wir Druck ausüben, dass alles korrekt abläuft." Die Einhaltung des Mindestlohns sei in der Baubranche das größte Risiko, räumt Ahrens ein und urteilt: „Das Compliance-Zertifikat ist die wirksamste Maßnahme zur Risikominimierung."

Standards, Management und Zertifikate wirksam

Auch Rechtsanwalt Malte Passarge lobt Compliance-Zertifikate: „Um eine sichere Enthaftung der Geschäftsleitung zu erreichen, muss ein gutes Compliance-Management-System dokumentieren, welche Maßnahmen getroffen worden sind, warum diese ausgewählt wurden und dass diese auch angemessen waren. Dies ist am einfachsten und sichersten durch eine Zertifizierung möglich." Ein Zertifikat müsse aber auf einem eindeutigen Standard aufbauen, der die Vorgaben für das Audit des Compliance-Management-Systems (CMS) erfüllt, welches ein unabhängiger Dritter durchführt.

Setzt das Zertifikat hohe Anforderungen, werden sich nur solide Unternehmen dem Prozess unterziehen. „Der Charme eines Compliance-Zertifikats liegt also einerseits in dem doppelten Vorteil der Haftungsreduzierung und andererseits dem Wettbewerbsvorteil durch hohe Qualitätsstandards, aber vor allem der positiven Außenwirkung", sagt Passarge. Denn ein CMS sollten Unternehmen nicht nur einrichten und pflegen, wie er betont, „sondern nach dem Grundsatz

Für Beata Drenker, Legal Counsel beim D&O-Versicherungsmakler Howden, „unterschätzen Manager ihr persönliches Haftungsrisiko".

Den Charme des Compliance-Zertifikats sieht Rechtsanwalt Malte Passarge im Haftungsschutz, im Wettbewerbsvorteil und in der Außenwirkung.

‚Tue Gutes und rede darüber' auch als Wettbewerbsvorteil nach außen werbewirksam kommunizieren".

Die Verletzung von Schutz- und Fürsorgepflichten gegenüber Arbeitnehmern zu verhindern gehört zur weiteren Compliance-Herausforderung. Seit der „MeToo"-Debatte wird auch in Deutschland verstärkt über das Ausnutzen von Machtstrukturen in Unternehmen diskutiert. Bislang schien man davon auszugehen, dass sexuelle Belästigung am Arbeitsplatz nach dem „Aufschrei" kaum noch möglich sei. Doch dann bekannte sich selbst der altehrwürdige Westdeutschen Rundfunk (WDR) gleich zu mehreren Fällen: Mitarbeiter hatten ihre gehobene Stellung ausgenutzt. Auch den WDR durchzuckte zunächst ein Vertuschungsreflex: Der Mitarbeiter, der seine Vorgesetzten schon vor Jahren über sexuelle Belästigungen informiert hatte, wurde systematisch gemobbt. Seine Karriere stagnierte. Nach seiner Abmahnung folgte ein jahrelanger Rechtsstreit.

Gerade Menschen, die Kritisches im Unternehmen ansprechen, sollten große Wertschätzung erhalten. Doch das Gegenteil ist oft der Fall: Whistleblower wie Edward Snowden oder Chelsea Manning, die aus ethisch-moralischen

Was Software kann – und was nicht

Eine gute Compliance-Management-Software (CMS) ermöglicht die lückenlose und themenbezogene Klassifizierung und Historisierung aller relevanten Informationen zu Governance, Risk und Compliance inklusive Dokumenten. Laut Otris Software AG werden Daten mit Berechtigungen versehen und fortlaufend automatisch auf Aktualität und Vollständigkeit überwacht. Berichte, Listen und Diagramme unterstützen das Management und operative Einheiten. Arbeitssicherheit, Datenschutz oder Krisen-Management lässt sich mit relevanten Dokumenten darstellen. Was Software jedoch nicht kann: das Bewusstsein für Fehlverhalten bei den Mitarbeitern eines Unternehmens schaffen.

Gründen gegensteuern, leben auf der Flucht. Wer keinen Staub aufwirbeln, sondern nur den Chef in Kenntnis setzen möchte, braucht aber auch ausreichend Mut. Denn die persönlichen Folgen sind oft gravierend: Hinweisgeber werden nicht als Helden, sondern als Nestbeschmutzer gesehen.

Bottroper Apothekerskandal: Informant riskierte Kündigung

Deshalb brauchen Skandalaufdecker auch Durchhaltevermögen – insbesondere unter finanziellem Druck. Der Informant im Apothekerskandal von Bottrop bekam gleich seine Kündigung, die später in zweiter Instanz das Landesarbeitsgericht aufhob. Der Mitarbeiter hatte seinen Chef angezeigt und damit erst das Verfahren für den Strafprozess ins Rollen gebracht. Der Apotheker hatte Krebsmedikamente gestreckt sowie falsch deklariert und wurde wegen Körperverletzung, Betrug sowie Verstoß gegen das Arzneimittelgesetz verurteilt. Geschädigte Patienten erhielten so zumindest rechtlich Genugtuung.

In Arbeitgeber-Bewertungsportalen wie Kununu rächt sich der unsensible Umgang mit Hinweisgebern und Beschwerden allerdings, etwa beim Recruiting. Potenzielle Bewerber erfahren heute häufiger von Unzufriedenheit und lassen lieber die Finger vom Unternehmen im Kreuzfeuer der Kritik. Auch deshalb erachtet Anwalt Passarge die positiven Auswirkungen von Compliance und Transparenz zu Recht als tiefgreifend: „Das Thema muss gelebt werden, und dabei geht es um den ‚tone from the top'. Wenn Compliance-Verstöße nicht geduldet werden, dann besteht auch keine Angst davor, den Chef bei seltsamen Vorgängen direkt zu fragen – dann kann auch CEO-Fraud nicht passieren."

Als spezialisierter Anwalt kennt Passarge die aktuelle Rechtsprechung und weiß: „Haben Unternehmen ein effizientes Compliance-System eingerichtet, dann können sie im Falle von Verstößen eher auf strafmildernde Umstände hoffen, als jene, bei denen offensichtlich ist, dass sie das Thema Compliance auf die leichte Schulter genommen haben." Absichtliche

Standards und Werte
für CMS-Zertifizierung

Auf Anfrage hat Rechtsanwalt Malte Passarge für „return" die wichtigen Standards und Beurteilungen für Zertifikate zu Compliance-Management-Systemen zusammengestellt (Standard – Wert):

▶ IDW PS 980 – bekanntes Zertifikat, aber nur Prüfungsempfehlung für Wirtschaftsprüfer, eingeschränkte Außenwirkung;
▶ ISO Guideline 19600 – Guideline für CMS, eher unverbindliche Soll-Vorschriften, keine Zertifizierung vorgesehen;
▶ ISO Standard 37001 – Standard nur für Bestechung und Korruption, Zertifizierung für diese Bereiche möglich;
▶ Compliance Zertifikat des TÜV-Rheinland (TR CMS 101:2011) – orientiert sich an ISO 9001 und ISO Guideline 19600, erfüllt die Anforderungen an eine Zertifizierung;
▶ Hamburger Compliance Zertifikat – umfangreicher Standard der Handelskammer Hamburg, erfüllt die Anforderungen an eine Zertifizierung.

Desorganisation sei daher keinesfalls eine Lösung, warnt er: „Feigenblatt-Compliance wirkt eher strafschärfend."

Bei Compliance-Verstößen drohen für Unternehmen drastische Strafen – von Geldbußen über den Ausschluss von Ausschreibungen bis zu Schadenersatzpflichten. Geschäftsführer und Vorstände stehen dann oft auch privat im Regen. Mit Blick auf das verschärfte Datenschutzrecht unterstreicht Beata Drenker, Legal Counsel beim D&O-Versicherungsmakler Howden: „Noch unterschätzen Manager ihr persönliches Haftungsrisiko." Denn die Top-Manager zeichnen dafür verantwortlich, dass im Unternehmen technisch wie organisatorisch ein System entsteht, welches Verstöße wirksam verhindert. Deshalb lassen sich Geldbußen fürs Unternehmen auf Manager umwälzen.

Für die Praxis fragen sich Unternehmensführer, ob dies nicht bedeutet, dass der Einsatz von Compliance-Software zur Pflicht wird. Ulrich Palmer von Otris Software und spezialisiert auf solche Software, wirbt: „Auch wenn ein Unternehmen für die Einrichtung eines Compliance-Management-Systems zunächst Geld in die Hand nehmen muss: Strafen und Aufarbeitungen von Compliance-Verstößen kommen fast immer deutlich teurer zu stehen." Mittelfristig rechne sich die anfängliche Investition „fast immer".

Es gebe jedoch keine Regel, ab wann ein Unternehmen von Compliance-Software profitiere. Pauschal sei dies nicht zu berechnen – etwa anhand von Kennzahlen zu Mitarbeitern, zum Umsatz oder zur Anzahl von Verstößen

in einem bestimmten Zeitraum. „Unabhängig vom Betätigungsumfeld des Unternehmens besteht Handlungsbedarf, wenn Compliance-Kosten schon unnötig hoch sind, stetig steigen oder die Sorgen um die Einhaltung von Gesetzen und selbst auferlegten Regeln vom Kerngeschäft abhalten", empfiehlt Palmer: „Die Software schafft Transparenz über alle Compliance-Strukturen im Unternehmen und bringt mehr Übersicht in die erforderlichen Dokumentationen."

Also lohnen sich Investitionen in Compliance? Jörg Ziercke klagte einst als Präsident des Bundeskriminalamtes in seinem Gastkommentar für das Buch „Aktenzeichen Einkauf": „Nach wie vor scheuen viele Unternehmen den als besonders hoch eingeschätzten Aufwand, der mit der Einführung eines Compliance-Management-Systems verbunden scheint." Anwältin Zimmermann fasst zusammen: Unterm Strich verdiene an Compliance niemand Geld. Aufwand und Belastungsfaktor im Unternehmen seien groß. Doch Schlimmeres droht aus ihrer Sicht bei Nichtstun: „Wer sich nicht kümmert, dem droht Ungemach."

Zertifizierung wirkt
wie eine Versicherung

Bauunternehmer Ahrens beziffert konkret: „Die Zertifizierung hat uns rund 60.000 Euro an Beraterhonoraren gekostet, um die Systematik umzusetzen, dazu Schulungen und interne Aufwendungen für Mitarbeiter. Zusammen lagen die Einmalkosten für die Einführung des Compliance-Management-Systems und dessen Zertifizierung bei etwa 120.000 Euro." Die laufenden Kosten schätzt er auf ungefähr 30.000 Euro pro Jahr. Aber der Aufwand hat sich nach seinen Berechnungen gelohnt: „Seither hatten wir null Euro an Regressforderungen und mussten mangels Risiko auch keinerlei Rückstellungen in die Bilanz buchen, die ansonsten nötig gewesen wären."

Auch bei der Akquise zahle sich die Zertifizierung aus, ist sich Ahrens sicher: „Bei ähnlichen Angebotskonditionen ist das Zertifikat ein entscheidendes Gewicht in der Waagschale." Bauskandale werfen ein schlechtes Licht auf Auftraggeber. „Für sie ist das Zertifikat wie eine Versicherung", spricht der Bauunternehmer die hohe Schutzfunktion an. Compliance-Fitness verspricht Unternehmen und Unternehmern also, sicher durch die Flut von Regeln und Gesetzen zu schwimmen wie mit einer Rettungsweste.

Anja Kühner arbeitet als freie Wirtschaftsjournalistin von Düsseldorf aus und schreibt für „return" regelmäßig über Unternehmen auch aus der Gründerszene oder – wie hier – über Compliance als eines ihrer Management-Schwerpunktthemen.

Ihr Spezialist für die Möglichkeiten der Sanierung unter Insolvenzschutz

Jan H. Wilhelm
Sanierungsberater – Insolvenzverwalter

hww hermann wienberg wilhelm. Unabhängig. Kompetent. Engagiert.

Nehmen Sie uns gerne beim Wort.

Gründungspartner Jan H. Wilhelm
Albert- Einstein-Ring 11
22761 Hamburg
Tel.: 040-8539978-0
E-Mail: wilhelm@hww.eu

„Korruption bleibt ein Dauerbrenner"

Markt, Macht, Moral – ein Interview über dieses Beziehungsdreieck und konsequente Konzepte gegen Korruption mit Otto Geiß, Vorstandsmitglied von Transparency Deutschland.

Herr Geiß, liegen hiesige Hürden zu hoch für Unternehmen, die Compliance-konform unterwegs sein wollen?
Die Höhe der Hürden ergibt sich daraus, was gängige Praxis ist. Die Angaben in Gesetzen zur GmbH und zur Aktiengesellschaft sind mit geringem Aufwand umzusetzen. Dort sind nur ordnungsgemäße Geschäfte gefordert. Die Vorgaben in anderen Ländern sind strenger, etwa in Spanien, Portugal oder Großbritannien. In Österreich gibt es sogar ein Unternehmensstrafrecht, das in Deutschland noch fehlt.

> „Bestechungsskandale passieren immer nach dem gleichen Muster."
>
> Otto Geiß

Transparency International veröffentlicht regelmäßig ein Ranking zum „Korruptionswahrnehmungsindex", zuletzt für 180 Länder. Wo rangiert Deutschland?
Deutschland stagniert seit Jahren und fiel zuletzt im internationalen Vergleich um zwei Plätze zurück auf Rang zwölf. Der Curruption Perceptions Index (CPI) misst die in Politik und Verwaltung wahrgenommene Korruption über Expertenbefragungen. Die Ergebnisse des diesjährigen CPI beunruhigen: Die Mehrheit der Staaten erzielte keine oder wenige Fortschritte im Kampf gegen Korruption. Die Spitzenplätze teilen sich vor allem skandinavische Länder, in denen die Transparenz etwa bei Ausschreibungen hoch ist.

Transparency definiert: „Korruption ist der Missbrauch anvertrauter Macht zum privaten Nutzen oder Vorteil." Wo genau beginnt für Sie Korruption in der Theorie im Kleinen – und zeigt sich in der Praxis im Großen?
Das hängt vom kulturellen und rechtlichen Hintergrund ab, denn in einigen Ländern wie Ägypten ist Korruption gar nicht strafbewährt. Letztlich fragen sich Menschen als sozial Handelnde bei vermeintlichen Verstößen doch meist, ob sie davon ihrem Partner, ihren Kollegen oder ihrem Chef erzählen würden. Oder wie es wäre, wenn der Vorfall in der Presse stehen würde. Vieles wird schon mit gesundem Menschenverstand richtig bewertet: Jemanden zum Schnitzel mit Pommes einzuladen ist eben etwas anderes, als jemanden während einer rauschenden Nacht im teuren Etablissement mit Champagner auszuhalten.

Der Übergang vom Kleinen zum Großen ist also fließend?
Ja, Korruption kann im Kleinen beginnen, was wir das Anfüttern nennen, und im Großen enden. Der Klassiker in der Beschaffung könnte mit zwei Bier anfangen, die am ersten Abend des Kennenlernens ausgegeben werden. Kritisch wird es, wenn die Unterkunft im Feriendomizil spendiert wird. Vielleicht erwähnt der Korrumpierte im Einkauf später noch das teure Hobby seiner Tochter, etwa das Reiten, was ein Hinweis auf weitere Unterstützungen sein kann. Diese Spirale ist beliebig aufwärts zu drehen. Wenn Lieferanten nie Rechnungen schreiben, müssten im Umfeld die Alarmglocken läuten.

Geschäfte im Hinterzimmer vereinbaren aber doch nicht nur Angestellte in zweiter Reihe, oder?
Selbstverständlich verabreden auch Firmenchefs krumme Geschäfte, die für Schäden sorgen. Denken wir nur an Preisabsprachen. In Deutschland hatten wir in jüngster Vergangenheit fast jede Woche spektakuläre Fälle von Kartellen, die aufgeflogen sind. Bei großen Geschäften im Hinterzimmer mischen Unternehmensführer mit.

Welche Bestechungsskandale weltweit stehen stellvertretend für die Art und Weise, wo und wie heute agiert wird?
Mir fällt zwar spontan kein konkreter Skandal ein, aber global gehören wichtige Projekte immer zu den Geschäftsfeldern, in denen die Gefahr für Korruption besteht. Das gilt für große Bauvorhaben, für Investitionen im Anlagenbau oder stets für Ausstattung beim Militär. Bestechungsskandale

passieren immer nach dem gleichen Muster. An der Art und Weise ändert sich wenig. Auch die Quelle allen Übels ist oft ähnlich: Derjenige profitiert davon, dass er Leistungen mit Schmiergeld durchdrückt, die allein nicht marktfähig sind.

Welche Fallzahlen und Dimensionen registrieren Sie, aus denen sich Trends in der Korruption ableiten lassen?
Korruption bleibt ein Dauerbrenner. Neue Überraschungen werden wir sicher im Finanzsektor erleben, denn durch die Digitalisierung steigen dort die Chancen, aber auch die Risiken für Korruption. Blockchain zum Beispiel hat den Vorteil der Nachvollziehbarkeit, wer Geld bekommen hat. Die negative Seite: Transparenz und Kommunikation beim Bezahlvorgang könnten zum Missbrauch führen.

Mit der Dieselgate-Affäre sorgte der VW-Konzern für eine andere Art von Betrug. Nicht nur Fachleute vermuten, dass andere Autobauer genauso ihre Kunden täuschen. Wie bewerten Sie hier die Verbreitung und die Verfehlungen?
Mit Korruption hat das zwar in der Tat nichts zu tun, aber dabei handelt es sich schon um sehr bedenklichen Betrug. Für die Integrität der beteiligten Unternehmen ist das wie ein Schlag ins Gesicht. Ich finde es beschämend und sehr enttäuschend, dass Konzerne beteiligt sind, die sonst vollmundig Compliance in den Mund nehmen. Sie haben zurecht massiv an Vertrauen eingebüßt.

Der Datenskandal bei Facebook, durch Ex-Mitarbeiter von Cambridge Analytica an die Öffentlichkeit geraten, erzeugte Schlagzeilen. Für Sie die Spitze eines Eisberges?
Ja, der Fall zeigt nur die Spitze des Eisbergs. Meines Erachtens müssen wir uns als Gesellschaft grundlegende Gedanken machen, wie wir mit Eigentumsrechten umgehen wollen. Viele Bürger stellen ihre Daten bereitwillig zur Verfügung, aber das kann kein Argument für Missbrauch sein. Die Intransparenz beim Umgang mit Daten müssen Unternehmen ablegen. Die Datenschutz-Grundverordnung hilft uns dabei überhaupt nicht, denn sie regelt nur Minimalstandards.

Angesichts der digitalen Transformation geht es derzeit besonders um profitable Geschäftsmodelle. Sie schrieben kürzlich: „Die Zeiten der ausschließlichen Gewinnorientierung sind vorbei." Wie lösen Sie diesen Widerspruch auf?
Diesem Zielkonflikt müssen wir uns stellen. Die reine Gewinnorientierung wäre meines Erachtens fatal. Grundsätzlich gehört Compliance mit klaren Absagen an Korruption gleich zu Beginn neuer Geschäftsbeziehungen deutlich kommuniziert. Die von Stakeholder-Interessen getriebene Wirtschaft hat doch die katastrophale Finanzkrise ab 2009 verursacht, die wir hautnah erlebt haben und die bis heute noch nachhallt. Ich erinnere daran, dass wir uns

© Bernd Hegert

Otto Geiß arbeitet ehrenamtlich als Mitglied im Vorstand der Anti-Korruptionsorganisation Transparency Deutschland und gehört auch zum Vorstand im Deutschen Netzwerk Wirtschaftsethik. Im Beruf schied er vor zwei Jahren freiwillig aus als Leiter des Zentralbereichs Compliance, Werte- und Risiko-Management der Fraport AG in Frankfurt am Main. Der diplomierte Betriebswirt war zuvor vor allem in der Revision tätig – bei Peek & Cloppenburg, der Friatec AG und der MVV-Gruppe.

in Deutschland auf eine soziale Marktwirtschaft verständigt haben. Ich erinnere als zentrale Regeln an unser Grundgesetz. Unternehmen sind bei uns dem Gemeinwohl verpflichtet. Damit tragen sie gesellschaftliche Verantwortung auch für Bedingungen, unter denen sie produzieren. Gewinne, die unter Missachtung aller ethischen Vorstellungen zustande kommen, sind inakzeptabel.

Vorausgesetzt, Wirtschaft folgt ethischen Vorstellungen.
Ich bin kein Philosoph, aber Wirtschaft ist keine Physik. Sie wird von Menschen gemacht. Also bestimmen wir die Regeln. Sonst droht der Untergang. Das Buch „Die Menschheit schafft sich ab" des Astrophysikers und Philosophen Harald Lesch habe ich gelesen. Denn als Opa mit Empathie sorge ich mich um die Zukunft meiner Enkel. Über den Ressourcen-Verbrauch von Europäern und Amerikanern kann ich nur den Kopf schütteln. Zumal, wenn ich im Buch von Lesch die Aussage des ehemaligen US-Präsidenten Busch senior lese, dass unser Lebensstil „nicht verhandelbar" sei. Nach 200 Jahren Verbrauch im Überschwang: Wie können wir Indern oder Chinesen jetzt vorschreiben wollen, dass sie ihre Mobilität gefälligst CO_2-reduziert entwickeln müssen? Gerade hier in Mannheim, wo der Automotor und das Rad erfunden wurden, komme ich da schon ins Grübeln.

„Markt, Macht und Moral" müssten in einer globalisierten Wirtschaft „ein schlüssiges Konzept ergeben", fordern Sie,

Kampf gegen Korruption
währt jetzt seit 25 Jahren

Der Transparency Deutschland e.V. hat seit seiner Gründung im Jahr 1993 bis heute mehr als 1.200 Mitglieder aufgenommen, die sich ehrenamtlich „an einer effektiven und nachhaltigen Bekämpfung und Eindämmung der Korruption" hierzulande beteiligen, wie es in der Eigendarstellung heißt – und zwar „gemeinnützig und politisch unabhängig". Das zentrale Ziel lautet: „Das öffentliche Bewusstsein über die schädlichen Folgen der Korruption zu schärfen und Integritätssysteme zu stärken." Organisiert ist das Engagement über Arbeits- und Regionalgruppen, darunter zum Thema Wirtschaft, welches Otto Geiß im Vorstand verantwortet.

www.transparency.de

„welches von allen akzeptiert werden kann und zu einem Miteinander führt". Ist das realistisch?
Es ist für uns die einzige Chance, die Apokalypse zu verhindern. Ich habe damit eher meine Hoffnung zum Ausdruck gebracht, wie wir Korruption dauerhaft beseitigen. Eine unserer Grundgesetz-Regeln besagt, dass alle Menschen gleich an Rechten sind. Dies bezieht sich für mich auf den gesamten Planeten. Ich wollte kein Wirtschaftskonzept liefern, sondern unser Dilemma aufzeigen und damit Diskussionen auslösen. Nehmen wir aktuell die Wohlstandsmigration – die haben wir Deutschen in der Vergangenheit doch selbst erlebt. Hier aus Mannheim sind im vorletzten Jahrhundert zahlreiche Menschen ins blühende Amerika ausgewandert. Und zur Marktmacht: Sie bedeutet immer, dass jemand eine Möglichkeit besitzt, diese Macht zu missbrauchen, etwa um Gewinn auf Kosten anderer zu maximieren.

Transparency fordert Compliance-Management-Systeme (CMS) in Unternehmen und die stärkere Verankerung im Mittelstand. Wie groß ist der Nachholbedarf, und welche Lösungen gibt es für Betriebe mit wenigen Ressourcen?
CMS führen in der Regel erst große Unternehmen ein, die sie dann auch von ihren Lieferanten verlangen, so dass CMS irgendwann auf den Mittelstand heruntergebrochen wird. Es geht schließlich auch um juristische Risiken und entsprechende Haftung. Jedes Unternehmen kann angemessene Wege zur Umsetzung finden. Das muss kein großes CMS sein. Was sollte den Inhaber eines mittelständischen Bauunternehmens davon abhalten, seine zehn Gebote für Compliance aufzuschreiben? Insgesamt nehme ich mehr Anstrengungen wahr, sehe aber noch sehr viel Nachholbedarf.

Wie weit ist unsere Wirtschaft mit dem umfassenden Hinweisgeberschutz, den Ihre Organisation anmahnt?
Ein CMS, das funktioniert, beinhaltet auch einen wirksamen Hinweisgeberschutz. Leider ist dieser in Deutschland bisher nur rudimentär entwickelt. Transparency fordert in einem aktuellen Positionspapier, den Schutz von Mitarbeitern arbeitsrechtlich zu stärken. Die Initiative der EU-Kommission in diesem Punkt ist uns deutlich zu wenig.

Präventive Wirkung sei nur mit einem glaubhaften und etablierten Sanktionssystem zu erreichen, argumentiert Transparency, und setzt sich für ein Unternehmensstrafrecht ein. Was reicht Ihnen an den bestehenden Gesetzen nicht?
Am Ende des Tages können sich Verantwortliche aus Unternehmen doch immer noch reinwaschen, weil sie die Verantwortung in die Organisation delegieren können. Es gibt also keine abschreckende Wirkung für Verstöße von Unternehmen, deshalb müssen sie stärker in der Verantwortung stehen. Wenn Aufsichtsräte für Stakeholder beispielsweise

Äußerst ausgeglichen und verbunden mit seiner Heimat präsentierte sich Otto Geiß beim Interview in Mannheim, hier am Wasserturm.

Doch sehr engagiert und hoch motiviert geht Geiß im Gespräch auf den Kampf gegen Korruption als Teil der Demokratie-Verteidigung ein.

Geld zurückholen müssten, das durch Strafen für die durch Korruption verursachten Schäden verloren gegangen ist, würde sich ganz schnell etwas ändern.

Transparency will im kommenden Jahr eine neue Strategie entwickeln. Ihre Vorsitzende Edda Müller begründete dies beim Treffen des Führungskreises damit, dass sich „das Handlungsfeld verändert" habe, und identifizierte als „aktuelle Triebkräfte für Korruption" unter anderem den internationalen Handel und Finanzmarkt sowie neue Informationstechnologien. Sind das auch für Sie die Treiber?
Ja, denn so lautete in Erfurt das Diskussionsergebnis, auf das wir uns verständigt haben. Wir müssen den internationalen Handel und Finanzmarkt in Antikorruptionsregeln einbinden. Meine Vorstandskollegin und ehemalige Bundesjustizministerin, Sabine Leutheusser-Schnarrenberger, wird sich bei uns eigens den neuen Informationstechnologien widmen.

Auf Sie als Verantwortlicher der Transparency-Arbeitsgruppe Wirtschaft kommt mit der neuen Strategie dann vermutlich viel neue Arbeit zu. Was genau sehen Sie mit Blick auf Unternehmen als vordringliche Aufgaben?
Die Stimme überall dort zu erheben, wenn Vertrags- und Regelwerke auf höherer Ebene politisch verhandelt werden. Unsere Forderungen sind bekannt, so wollen wir, dass in vergebenen Kreditverträgen die Verhinderung von Korruption in die Strukturen mit einfließt. Auf Regelungsebene sind noch so viele Dinge zu verändern, was der Globalisierung geschuldet ist, dass mir um Arbeitsmangel nicht bange ist.

Sie und Ihre Mitstreiter engagieren sich ehrenamtlich. Sind noch genug Mitglieder zu gewinnen, auch namhafte aus der Wirtschaft?
Transparency hat immerhin schon 1.200 Mitglieder gewonnen. Aber klar können es immer noch mehr Mitstreiter sein.

Der große Vorteil am Ehrenamt ist, dass die intrinsische Motivation enorm hoch ist. Was wir brauchen ist vor allem Wissen, das nicht einfach zu bekommen ist. So wie ich mich bei Transparency engagiere, wäre das mit Job nicht zu bewerkstelligen. Aber seit meinem Ausstieg bei Fraport vor zwei Jahren habe ich Kapazitäten für meine Arbeit hier und im Netzwerk Wirtschaftsethik. Sicher sind bei Transparency deshalb auch viele Ältere aktiv. Als kooperierende Mitglieder unterstützen uns Unternehmen wie BASF, Daimler oder SAP. Der Chef von Bosch hat sich in diesem Jahr zum 25-jährigen Bestehen von Transparency eindeutig erklärt. Das freut uns, aber zu groß soll der Einfluss der Wirtschaft bei uns wegen der Unabhängigkeit auch nicht werden. Wir prüfen auch jedes Unternehmen auf Integrität, bevor wir es als kooperierendes Mitglied aufnehmen. Internationalität ist uns bei der Aufnahme wichtig, weil diese Unternehmen dann die Botschaften auch in andere Länder tragen.

Warum prognostizieren Sie perspektivisch, dass sich die Wirtschaft auch in Krisen auf saubere Geschäfte besinnt?
Weil der Mensch ein vernünftiges Wesen ist, weil er mit Verstand und Empathie an Entwicklungen herangeht. Meistens jedenfalls. Menschen wissen, dass ein friedliches Zusammenleben ihr Überleben in Zukunft sichert. Jüngeren erkläre ich manchmal, dass lange dafür gekämpft werden musste, wie wir heute in der Demokratie leben. Ich bin nicht bereit, die Vorteile der Demokratie aufgeben, für die Generationen von 1848 bis heute in Deutschland gekämpft haben. Es lohnt sich, den Erhalt nicht kampflos aufzugeben. Ein Teil unseres Wohlstandes rührt übrigens auch daher.

⬇ Mehr unter www.return-online.de

Das Interview mit Transparency-Vorstand Otto Geiß führte „return"-Chefredakteur Thorsten Garber in Mannheim.

Compliance als Vorwärtsrolle

Wenn Unternehmen gegen Gesetze verstoßen, kann es teuer werden. Für die SMS Group entwickelte Meinhard Remberg deshalb ein wirksames Management-System für Compliance.

Manipulierte Dieselmotoren, missbrauchte Kundendaten, gefälschte Befragungsergebnisse, teure Lustreisen. Die Liste der Skandale in Wirtschaftsorganisationen ist lang. Ebenso lang ist die Liste von Verstößen gegen Kartellrecht: Diverse Unternehmen erhielten zum Teil drastische Strafen für Preisabsprachen rund um Bier, Wurst, Zucker, Zement, Schienen, Kaffee oder Brillengläser. Bußgelder bis in den dreistelligen Millionenbereich verhängte das Bundeskartellamt. Zudem entstehen hohe Folgekosten, die aus Fehlverhalten resultieren. Deshalb ergreifen Verantwortliche für Compliance geeignete Maßnahmen zur Einhaltung gesetzlicher Vorgaben und anderer Regeln. Angesichts der vielen Negativfälle könnte man meinen, dass Unternehmen ihre Compliance nicht wichtig genug nehmen. Ein Muss ist Compliance für Meinhard Remberg, Generalbevollmächtigter der SMS GmbH – nicht nur für Großunternehmen. Der für Compliance und Internal Audit zuständige Manager sieht auch im Mittelstand das Reifen der Erkenntnis: Verstöße sind zu vermeiden. Ihm fehlt dort aber oft noch der richtige Weg in der Umsetzung.

Es gebe zwei Motive, warum Unternehmen ihre Compliance-Maßnahmen ergreifen: „Erkenntnis oder Schmerz", so der auch als Vorstandssprecher des Deutschen Instituts für Compliance (Dico) verantwortliche Remberg. Für SMS ebnet er den Weg der Erkenntnis. Im Jahr 2000 startete der Anlagen- und Maschinenbauer erste Compliance-Maßnahmen, weil das Unternehmen im Anlagenbau vieler Länder tätig war, die im Korruptionswahrnehmungsindex von Transparency International sehr schlecht abschnitten.

Die ersten Maßnahmen zur Korruptionsprävention betrafen operative Einheiten vom Vertrieb über die Abwicklung bis zu administrativen Abteilungen wie dem Rechnungswesen. Im letztgenannten Bereich ist Geldwäsche ein heißes Thema, denn die Gesetzgebung hat sich ständig verschärft. Deshalb

© SMS Group

„Compliance muss unterstützen, zur Not auch hart eingreifen."

Meinhard Remberg

prüft SMS bei großen Projekten intensiv den Vertriebsmittler und den Geschäftspartner sowie ihre Geldquellen.

Acht Jahre später folgten die ersten organisatorischen Maßnahmen mit der aufbau- und ablauforganisatorischen Verankerung einer Compliance-Abteilung. Als Leiter der Compliance-Abteilung, die mit der Abteilung „Interne Revision" verbunden ist, arbeitet Remberg in der Unternehmensholding. Hier sind neben Remberg zwei Mitarbeiter in Vollzeit für Compliance tätig. Ebenso gibt es in der größten Tochtergesellschaft zwei Vollzeitkräfte und in anderen Tochtergesellschaften weitere Compliance-Beauftragte. Insgesamt beschäftigen sich rund 45 Mitarbeiter im Konzern mit dem Thema. Hauptschwerpunkte liegen in der Korruptionsprävention und im Kartellrecht. Zusätzlich erhalten die Compliance-Experten weitere Unterstützung von den jeweiligen Fachabteilungen, die etwa federführend Datenschutz oder Exportkontrolle bearbeiten. Kurzum: SMS betreibt Compliance in einer vorwärts gewandten Rolle zur Vorbeugung und Verhütung von Regelverstößen.

Fehlende Unabhängigkeit gleich als Fehler im System

Meinhard Remberg ist quasi unabhängig als Compliance-Chef; er ist nicht weisungsgebunden. Das sei für ihn eine Voraussetzung, denn sonst starte sein Unternehmen gleich mit Fehler im System. Für erfolgreiche Compliance erachtet er das Zusammenspiel zwischen Unternehmensführung und Compliance-Verantwortlichen als entscheidend. Das Management soll relevante Themen definieren, während das Compliance-Team das Programm zur Umsetzung erstellt. Remberg warnt vor einer Überhöhung der Compliance-Manager, die einige Medien schon zu neuen Königen im Unternehmen krönten. „Könige sind immer noch die

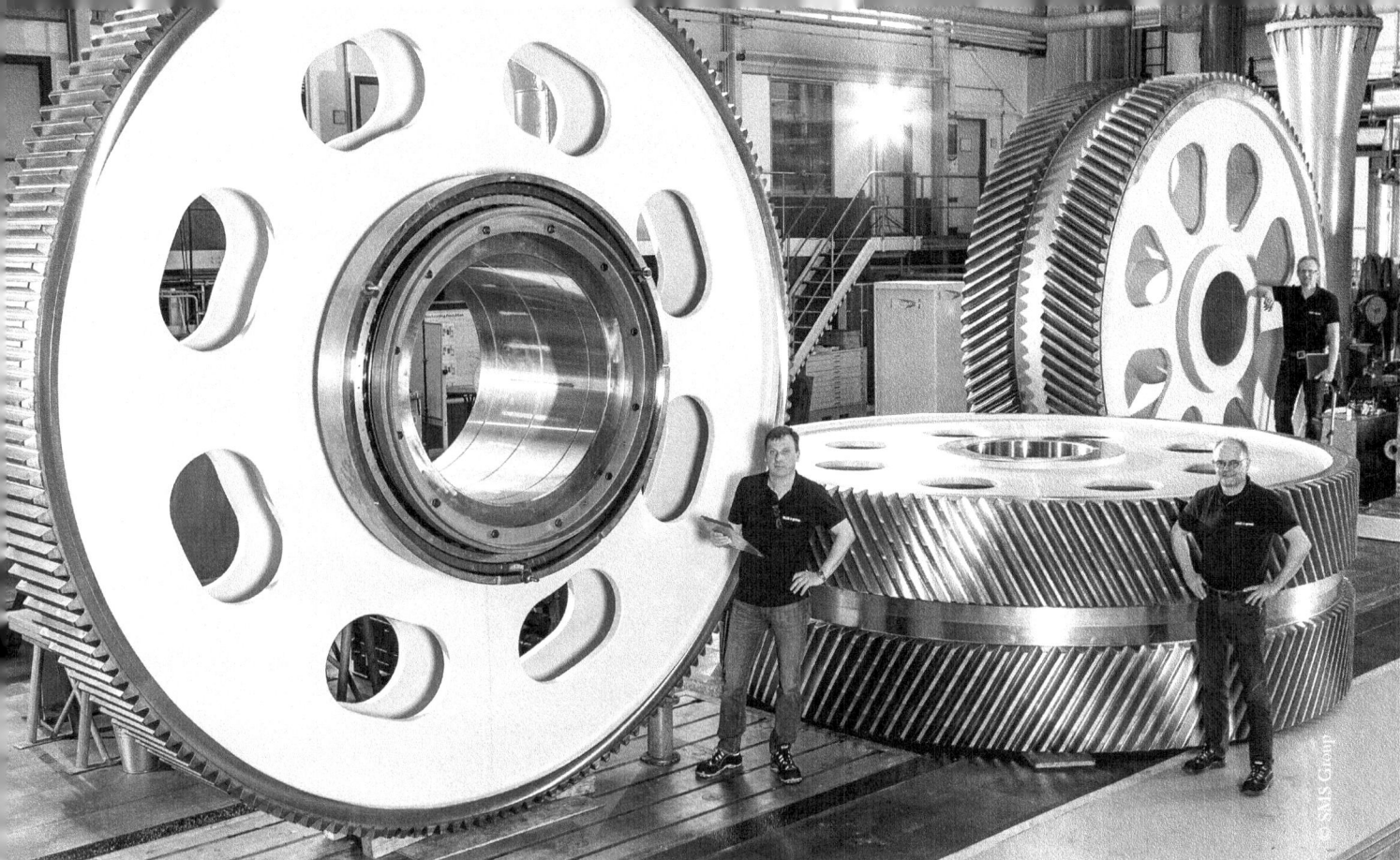

Wie im Räderwerk läuft Compliance in der SMS Group zusammen. Als einer der wenigen weltweiten Hersteller fertigt das Unternehmen auch speziell gehärtete Zahnräder vom gigantischen Durchmesser bis zu 4,5 Metern bis zum kleinsten im Querschnitt von 40 Millimetern.

produktiven Bereiche", betont er: „Compliance muss unterstützen, zur Not auch hart eingreifen. Aber mit dieser Unabhängigkeit sollte man nicht kokettieren."

Seine Macht falsch auszuspielen hält Remberg auch hier für unmoralisch. Andererseits bedürfe es für wirksame Compliance-Arbeit der Unterstützung durch die Unternehmensspitze und durchs mittlere Management. „Wenn die Führungskräfte nicht mitmachen, dann hilft es nicht, formelle Maßnahmen zu etablieren", unterstreicht der Compliance-Manager. Zudem seien wirksame Möglichkeiten zum Durchgriff innerhalb der Organisation wichtig; sonst bleiben sich kümmernde Kräfte nur zahnlose Tiger.

SMS stattet seine Verantwortlichen dergestalt aus, dass ein Geschäft untersagt werden kann, wenn es durch einen Regelverstoß zustande kommen soll. Dafür ist es notwendig, über genaue Kenntnisse zum Geschäft, zur Organisation und zu Mitarbeitern zu verfügen. „Es reicht nicht aus, einen guten Juristen an der Spitze der Compliance-Abteilung zu haben, der alle Gesetze und potenziellen Strafen kennt", rät Diplom-Kaufmann Remberg aus über 30-jähriger Erfahrung.

Seine Compliance-Aufgaben unterteilt er in drei ungewöhnliche Dimensionen: Vergangenheit, Gegenwart und Zukunft. Vergangenheit bedeutet, dass sich der Bereich mit Verstößen der Mitarbeiter oder verschiedenen behördlichen Aufgriffen wie aus der Steuerprüfung beschäftigt – und zwar international. Zur Gegenwart stehen aktuelle Projekte im Fokus,

die finanziell bis an dreistellige Millionensummen reichen können. Hier erhalten die Compliance-Mitarbeiter eine Liste mit „Hot Projects". Diese prüfen sie mit den Verantwortlichen anhand einer Checkliste, etwa ob Großprojekte auch Compliance-Themen berühren. Hierzu beantworten sie im Zweifel auch Fragen im Tagesgeschäft beispielsweise zu Einladungen oder Geschenken. Unsicherheiten lassen sich oft telefonisch lösen. Bei kniffligen Fragen bedarf es der tiefgehenden Betrachtung bis hin zum Einschalten externer Experten. Technische Expertise der Compliance-Mitarbeiter ist bei Großprojekten gefordert. „Die Gegenwart ist intensiv", formuliert Remberg zur Arbeitsbelastung.

Kompakt

▶ Zu den zentralen Aufgaben eines Compliance-Bereichs gehört es, relevante regulatorische Vorgänge zu erkennen, diese für das Unternehmen zu übersetzen und die Information zu den Mitarbeitern sicherzustellen.

▶ Für eine wirksame Compliance-Arbeit bedarf es der hierarchischen Unterstützung von der Unternehmensspitze bis ins mittlere Management.

▶ Vor der Einführung neuer Regeln ist zu prüfen, ob nicht eine Optimierung der Prozesse ausreicht.

Heißes Eisen: Premium Quality Surface Coating (PQSC) zeichnet sich durch seine thermischen und mechanischen Eigenschaften aus.

Echt innovativ: Mit Compact Strip Production (CSP) entwickelte SMS die weltweit führende Dünnbrammen-Technologie.

In der dritten Dimension zur Zukunft steht Prävention im Mittelpunkt: Welche Maßnahmen sind vorbeugend zu ergreifen, damit es nicht zu Regelverstößen kommt? Das können neue Richtlinien, allgemeine Schulungen, Führungskräfte-Coaching oder „Dilemma"-Trainings sein. Das Erkennen und Aufspüren dessen, was in Zukunft relevant werden kann, hat für Compliance-Manager den Vorteil, dass dadurch fürs Unternehmen frühzeitig Vorsorge getroffen werden kann.

Insofern bildet Compliance immer auch einen dynamischen Prozess ab. Jeder neue Skandal bietet Anlass, um zu prüfen, ob dies im eigenen Unternehmen hätte passieren können. Remberg hält nichts davon, mit immer neuen Regulierungen zu reagieren; denn es gebe schon so viele. Häufig sei es ausreichend, Prozesse zu verbessern und sicherzustellen, dass aus der Theorie aufgestellte Regeln in der Praxis mit Leben gefüllt werden. Deshalb will er Führungskräften die richtigen Impulse vermitteln, stets relevante Themen zu besetzen und Maßnahmen dazu in ihren Einheiten umzusetzen.

Anlass zu Diskussionen liefern immer wieder Anreizsysteme, um Unternehmensziele zu erreichen. Führungskräfte

Wachstum durch Innovation und Kundenorientierung

Die SMS Group ist einer der weltweit führenden Hersteller im Maschinen- und Anlagenbau mit einem Schwerpunkt auf Hütten- und Walzwerktechnik. Den Grundstein des Unternehmens legte Carl Eberhard Weiss im Jahr 1871 in Siegen. Seit vier Generationen fußt die Unternehmenskultur auf Zielen und auf Strukturen des Familienunternehmens. Akquisitionen, Innovationen und die Orientierung an Erwartungen von Kunden haben SMS offensichtlich erfolgreich wachsen lassen. Alleiniger Eigentümer der Holding SMS GmbH ist die Familie Weiss Stiftung. Rund 13.500 Mitarbeiterinnen und Mitarbeiter erwirtschaften weltweit einen Umsatz von über drei Milliarden Euro.

www.sms-group.com

motivieren durch hohe Boni bewusst oder unbewusst manche Mitarbeiter, gegen Regeln, gegen Regeln oder Gesetze zu verstoßen. Dieser Fehlentwicklung begegnet SMS mit Schulungen: In Kleingruppen wird Top-Führungskräften vor allem die Relevanz von Compliance vorgestellt und die Risiken vor Augen geführt. Sie wiederum sollen ihre Mitarbeiter zu Schulungen bewegen und darüber hinaus motivieren, aktiv Themen an die Compliance-Experten heranzutragen. Dies bedeutet, Compliance aus Überzeugung umzusetzten.

Von der Unterschlagung bis zum Mobbing

Allerdings geht es hier nicht nur um Verstöße gegen Gesetze. Ebenso zählen dazu Verstöße von Mitarbeitern innerhalb der Organisation, um eigene Interessen durchzusetzen. Dazu gehören Unterschlagungen oder der Umgang mit Firmeneigentum ebenso wie sexuelle Belästigung oder Mobbing.

SMS hat einen „Code of Conduct" entwickelt, in dem unter anderem der Umgang zwischen Mitarbeitern und mit Firmeneigentum geregelt ist. In dem Verhaltenskodex verzichtete das Unternehmen auf die Formulierung hoher ethischer Standards, weil sich dies in konkreter Umsetzung als problematisch erwies. Letztlich lässt sich das Einhalten solch' weicher Faktoren in Audits nur schwer überprüfen.

Als international agierendes Unternehmen bewegt sich der Anlagenbauer in je nach Land national sehr verschiedenen rechtlichen Umfeldern. Damit liegt die Versuchung nahe, sich etwa in korruptionsanfälligem Ländern weniger strikt an Compliance-Regeln zu halten. Für Remberg bedeutet das Arbeit in Grauzonen. Doch für ihn gilt bei SMS auch in diesen Grauzonen die strikte Einhaltung von Compliance-Regeln. Denn immerhin unterliegt das Unternehmen europäischem und deutschem Recht.

Sind trotz aller Stringenz auch Ausnahmen erlaubt? Remberg antwortet mit Hinweis auf geltende Gesetze mit einem klaren Nein: „Ich kenne keine Situation, in der wir einen Gesetzesvorstoß zulassen." Differenzierte Betrachtungen ergeben sich allerdings gelegentlich bei den unternehmensinternen

International effizient: Im Werk von Tata Steel in Jamshedpur, Indien, läuft diese SMS-Warmbandstraße für hochwertige Stahlqualitäten.

Maximale Leistung: SMS Concast baut Stranggießanlagen für Werke, die für sehr große Kapazitäten ausgelegt sind.

Richtlinien. Auch im operativen Geschäft können spezielle Situationen auftreten, zum Beispiel bei Einladungen oder Bewirtungen. Feste Regeln sind mitunter zu hinterfragen, etwa ob sie doch zu rigide sind.

Ausnahmen bedürfen dann der Zustimmung eines Gremiums oder eines Vorgesetzten. In diesem Fall ist für Remberg insbesondere Transparenz ein hohes Gut.

„Wenn man den Mitarbeitern nicht erklären kann, warum man in dieser Ausnahmesituation richtig gehandelt hat, dann hätte das negative Auswirkungen auf die Unternehmenskultur", fürchtet der Compliance-Chef, der Vorsitzender im Arbeitskreis Compliance Management im Verband Deutscher Maschinen- und Anlagenbauer (VDMA) ist.

In vielen Ländern gehört Bestechung zum Tagesgeschäft. SMS hat auch in korruptionsgefährdeten Ländern eigene Niederlassungen. Für den Brieftransport bedarf es dort mitunter der gezielten „Beförderungsunterstützung". Mit durchgängig eigenen Mitarbeitern lassen sich Risiken vermeiden.

Anreizsysteme sorgen für Diskussionsstoff

„SMS legt einen Schwerpunkt bei den Führungskräften, weil sie in jedem Compliance-Management-System der systemkritische Faktor sind", hebt Georg Gößwein als Executive Coach des Maschinen- und Anlagenbauers hervor. Für den ehemaligen Chief Compliance Officer vermittelt das Unternehmen implizit und explizit die Kurzformel „PLLOB?!". Diese entsteht aus Buchstaben in einzelnen Fragen: Könnte das, was ich tue, morgen in der **P**resse stehen? **L**egal ist alles? Oder ist ein Expertencheck erforderlich? Handle ich als guter **L**eader wie ein Vorbild? Könnte ich es meiner **O**ma erzählen, also meinem nahen sozialen Umfeld, ohne rot zu werden?

© Kees Tilleema

> „SMS setzt einen Schwerpunkt
> bei den Führungskräften."
>
> Georg Gößwein

Was sagt mein **B**auchgefühl? Diese Fragen als Formel aus fünf Initialen begleiten SMS-Kräfte wie ein Kompass.

Neben den Maßnahmen, die SMS auf das eigene Unternehmen bezogen hat, wurde auch eine Initiative zu unternehmensübergreifenden Maßnahmen ins Leben gerufen. So schloss SMS mit den drei wichtigsten Wettbewerbern einen Compliance-Pakt, um eine Kartellbildung zu vermeiden. Den beschlossenen Pakt moderierte und beaufsichtigte das renommierte Basel Institute on Governance. In einem Memorandum verpflichten sich die Firmen ausdrücklich, nicht zu korrumpieren, sich an kartellrechtliche Vorschriften zu halten, Exportkontrollvorschriften zu beachten sowie ein Compliance-Management-System zu etablieren.

Compliance-Management-Systeme (CMS) gibt es allerdings nicht umsonst. Die Kosten für den Aufbau, die regelmäßigen Anpassungen, Ausbildung und Schulung sowie externe Experten hängen von der Größe des Unternehmens ab. Je größer das Unternehmen, umso komplexer das CMS. Die Frage nach Summen beantwortet Remberg augenzwinkernd mit einem Bonmot: „Compliance oder nicht Compliance, du wirst beides bereuen." Vielleicht mag man sich im VW-Konzern über die hohen Kosten effektiver Sicherheitsmaßnahmen geärgert haben. Doch diese stehen in keinem Verhältnis zu den 25 Milliarden Euro, die der Dieselskandal die Wolfsburger allein in den USA gekostet hat.

Peter Hanser war drei Jahrzehnte als Wirtschaftsredakteur tätig und arbeitet seit 2014 als freier Journalist.

Global Compliance
Andere Länder, andere Sitten? – Regeln gelten überall

Südkorea
Wieso selbst Samsung
als geachteter Gigant
auf Kulturwandel setzt.

Serbien
Wie Verlage mit Druck
den Schulbuchmarkt
grenzwertig beeinflussen.

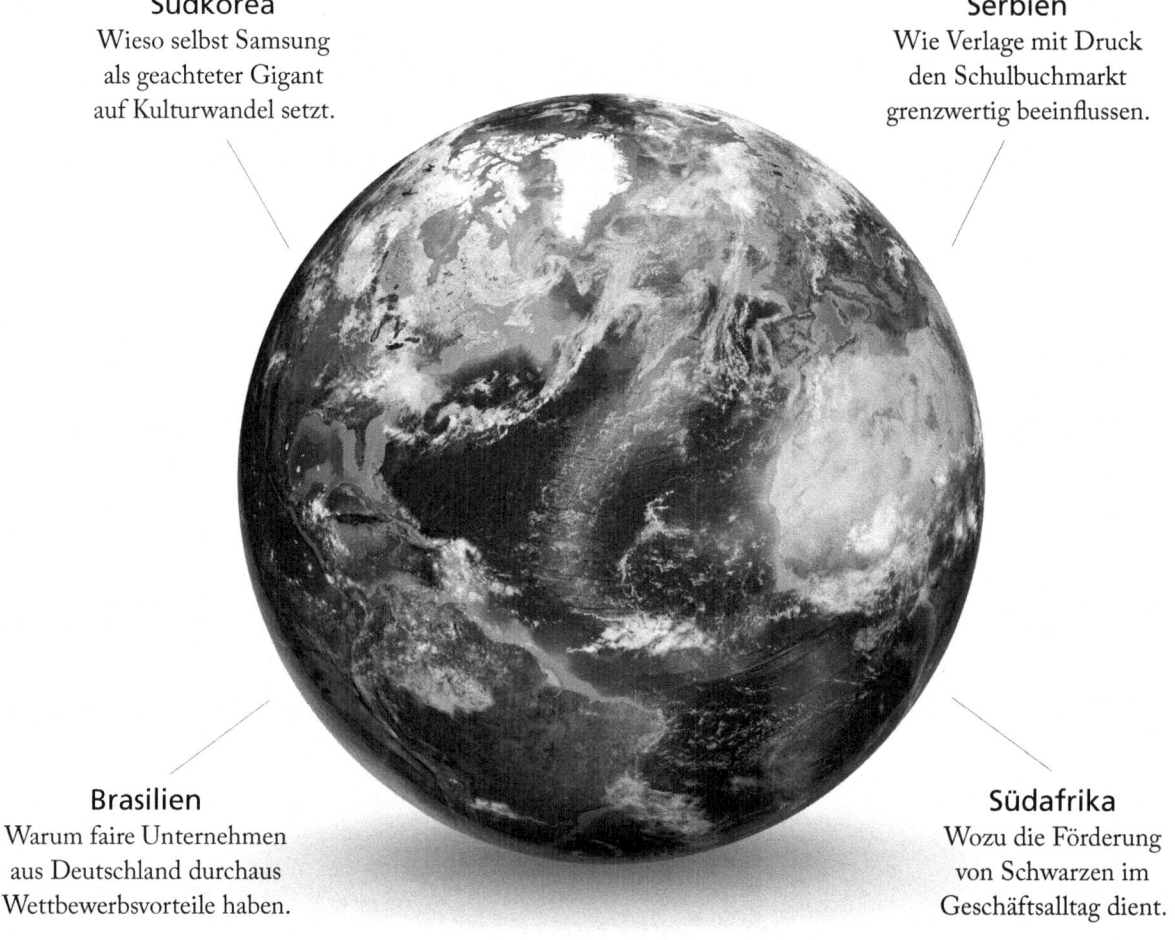

Brasilien
Warum faire Unternehmen
aus Deutschland durchaus
Wettbewerbsvorteile haben.

Südafrika
Wozu die Förderung
von Schwarzen im
Geschäftsalltag dient.

© jimmyjamesbond / Getty Images

„Kostenvorteile für deutsche Firmen"

Brasilien: Hiesige Unternehmen beginnen erst, Compliance umzusetzen. Deutsche Mittelständler mit Vorsprung haben gute Marktchancen, prognostiziert VDMA-Geschäftsführer Thomas Ulbrich.

Herr Ulbrich, Brasiliens Wirtschaft steckt in einem Korruptionssumpf. Sind Ihre Mitgliedsunternehmen auch verwickelt?
Thomas Ulbrich: Nein, keine unserer Mitgliedsfirmen ist in dem „Lava Jato"-Skandal aufgetaucht. Auch die nicht, die Petrobras zugeliefert haben.

Ändern die Ermittlungen etwas in der Unternehmenskultur Brasiliens?
Ich denke ja. Etwa wenn jetzt Petrobras nur noch Zulieferer akzeptieren will, die sich an Compliance-Regeln halten. Brasilien steckt in Sachen Compliance aber noch mitten in der Lernkurve. Es ist nicht einfach, ein System zu ändern, das über Jahrhunderte funktioniert hat und für alle völlig normal war.

Welches System?
Ich nenne es das Buddy-System. Ich lade meinen Geschäftspartner in mein Strandhaus oder ein exklusives Restaurant ein. Das ist völlig normal. Da können Sie schlecht mit Compliance-Auflagen von maximal 20 Euro für eine Einladung ankommen. Dann denkt der Kunde schnell: „Mach´ du dein Compliance, mein Geschäft mache ich mit anderen."

Bei Petrobras oder Odebrecht ging es um Milliarden an Schmiergeldern und nicht nur um eine Einladung.
Sicher es gibt die kriminelle Korruption. Aber im Prinzip geht es immer um Intransparenz. So werden Ausschreibungen absichtlich schlampig oder falsch spezifiziert. Die können gar nicht funktionieren. Das heißt, man muss nachverhandeln. Und dann hängt es von einem Mitarbeiter und dessen Bereitschaft ab, ob und wie der Änderungen zulässt, damit man den Auftrag bekommt.

Wie reagieren Ihre Unternehmen auf Korruptionsaffären?
Die Muttergesellschaften unserer Mitgliedsfirmen beginnen, sich intensiver mit dem Thema in ihrer Filiale in Brasilien zu beschäftigen. Da werden Anwaltsbüros hier in Brasilien von der deutschen Mutter eingeschaltet, um

Thomas Ulbrich vom VDMA: Keine Mitgliedsfirma am Skandal beteiligt.

Compliance-Richtlinien oder -Schulungen bei der Filiale vor Ort einzuführen.

Reicht das?
Ein Power-Point-Vortrag zu Compliance beim gemeinsamen Grillen wird keinen Kulturwandel bei der brasilianischen Tochter bewirken. Dieser muss bei der Geschäftsführung anfangen und für jeden Mitarbeiter vorgelebt werden. Doch man kann deutsche Compliance-Regeln nicht eins zu eins auf Brasilien übertragen.

Warum nicht?
Es gibt in Brasilien eine absurde Bürokratie, in der man mit einem Despachante, also Mittelsmann, schneller vorankommen kann. Der kann gegen eine Gebühr ganz legal Wartezeiten bei den Behörden abkürzen. Aber auch illegal Beamte bestechen, um ein Gut aus dem Zoll zu bekommen.

Wie soll ein Mutterkonzern das einschätzen können?
Ich empfehle, einen vertrauenswürdigen Partner vor Ort zu suchen, mit dem man gemeinsam erarbeitet, welche Compliance-Anforderungen es in Brasilien gibt.

Haben deutsche Unternehmen mit höheren Compliance-Anforderungen jetzt in Brasilien einen Wettbewerbsvorteil?
Ja, möglicherweise. Erstens, weil deutsche Unternehmen den Ruf haben, sich korrekt zu verhalten, und Compliance für sie kein Fremdwort ist. Das ist derzeit noch ein Vorteil, aber bald Pflicht für alle. Zweitens sinken die Kosten für die Ausarbeitung der Angebote, wenn die Ausschreibungen transparenter werden. Das bedeutet Kostenvorteile für die meist im oberen Preissegment arbeitenden deutschen Firmen.

Alexander Busch, der für „return" über Lateinamerika berichtet, sprach mit dem Geschäftsführer des Verbands Deutscher Maschinen- und Anlagenbau e. V. (VDMA) in São Paulo. Thomas Ulbrich hat zuvor in Deutschland als Justiziar und Verantwortlicher für Compliance in Unternehmen gearbeitet.

Investorendruck versus Bürgerinteresse

Serbien: Mit kompromissloser Lobby-Arbeit hat die deutsche Klett Gruppe die Änderung des Schulbuchgesetzes erzwungen. Das geschah nicht unbedingt im Interesse der Bürger.

Philipp Haußmann, Vorstandssprecher der Ernst Klett AG, schrieb Premier Aleksandar Vucic von einem möglichen Rückzug aus Serbien.

Zum Sommerende droht Eltern immer die Plünderung ihrer knappen Familienkassen: Pro Schuljahr und Schützling haben sie jedes Jahr bis zu 150 Euro für die Anschaffung von Schulbüchern zu berappen. Viel Geld in einem Land, in dem der Durchschnittslohn rund 400 Euro pro Monat beträgt. Der ständige Wechsel der Schulbücher ermöglicht zudem kaum Weitergaben. Serbiens Schulbuchmarkt sei nach dem Jahr 2000 so liberalisiert worden, dass „praktisch alles erlaubt" sei, erklärt der ehemalige Staatssekretär Milovan Suvakov willkürliche Preiserhöhungen und die an Bestechung grenzende Praxis von „Geschenken" der Verlage für Lehrer, die für die Auswahl der Schulbücher verantwortlich sind.

Ähnliche Methoden wie die Pharma-Industrie

Mit Fortbildungsseminaren in Hotels oder Gratis-Tablets bedienten sich die Verlage ähnlicher Methoden wie die Pharma-Industrie, so der 39-jährige Physiker Suvakov – von einem freien Markt könne kaum die Rede sein: „Der Käufer entscheidet weder über das Produkt, noch hat er Einfluss auf den Preis. Die Eltern zahlen nur." Belgrad kündigte 2014 ein neues Schulbuchgesetz an, das Wildwüchse beschneiden und Familien entlasten sollte. Der parteilose Erziehungsminister Srdjan Verbic wollte Lehrer nur noch alle vier Jahre über Schulbücher entscheiden lassen, eine Preisobergrenze einführen und Verlagsgeschenke weitgehend verbieten. Doch die Verlage beließen es nicht nur bei empörten Reaktionen.

Vor allem die deutsche Klett Gruppe, die mit Tochterunternehmen fast 50 Prozent von Serbiens Schulbuchmarkt kontrolliert, setzte den EU-Anwärter massiv unter Druck. „Das neue Gesetz würde uns veranlassen, die Einstellung all unserer Aktivitäten in Serbien in Betracht zu ziehen", warnte Vorstandssprecher Philipp Haußmann im März 2015 in einem erst kürzlich veröffentlichten Brief an Premier Aleksandar Vucic.

Dies sei „keine Drohung" gewesen, sondern nur ein Hinweis auf die „unvermeidlichen Folgen des Gesetzes", so jetzt Haußmann auf Anfrage von „return" in einer ausführlichen Stellungnahme: „Die lebhafte serbische Schulbuchlandschaft wäre auf einem Schlag zerstört, 15 Jahre harter Arbeit umsonst gewesen." Auch den Vorwurf der Lehrer-Bestechung weist er zurück: Produktpräsentationen und kostenlose Exemplare von Tablets seien „weltweit Standardmaßnahmen", so der Vorstandschef der Klett Gruppe: „Wir haben stets im Einklang mit den Gesetzen gehandelt."

Großverlage mühten sich immer, an der Grenze des legal Zulässigen zu operieren, sagt Suvakov im Rückblick nüchtern: „Sie handeln legal, weil es in Serbien kein Gesetz über die Grenzen von Lobby-Arbeit gibt, also ist alles möglich." Bei der Offensive gegen die missliebige Gesetzesvorlage setzte Klett auch diplomatische Hilfstruppen in Marsch. Der deutsche Botschafter in Belgrad wurde damals aus erklärter Sorge um den freien Wettbewerb ebenso bei der Regierung vorstellig wie der CDU-Europaabgeordnete David McAllister.

„Ohne Rücksicht auf die Interessen der Eltern und der Steuerzahler" sei nun im April ein Gesetz verabschiedet worden, „so wie sich das die Verlage wünschten", sagt Suvakov. Ihn treibe als Bürger heute vor allem eine Frage um: „Wenn schon bei einem relativ unwichtigen Bereich wie den Schulbüchern ein solcher Druck auf den Gesetzgeber ausgeübt wird, wie geht es dann erst in Sektoren zu, wo wesentlich höhere Summen bewegt werden?"

Thomas Roser arbeitet seit seinem Journalistik-Studium als Korrespondent: erst in den Beneluxstaaten, dann in Polen und seit 2007 von Belgrad aus in Balkanstaaten; von dort schrieb er schon mehrfach für „return".

Risiko des Hintertreffens

Südafrika: Für Unternehmen gelten die Regeln des Black Economic Empowerments, die aus der Politik für die Förderung von Schwarzen hervorgegangen sind und zum Geschäftsalltag gehören.

Der Niederländer Jan van der Sluys, der seinen Baubetrieb 1960 in Kapstadt gründete, würde den heutigen Firmennamen wohl nicht verstehen: „Isipani" steht als Slang-Ausdruck aus der afrikanischen Xhosa-Sprache übersetzt für „Team". Die Umbenennung des Unternehmens ist kein Marketing-Kniff, sondern soll den Wandel seit Ende der Rassentrennung in Südafrika signalisieren. Heute spielt die Politik der Förderung von Schwarzen, das Broad-Based Black Economic Empowerment (B-BBEE), eine zentrale Rolle im Wirtschaftsleben. Unternehmen müssen sich nicht an das Affirmative-Action-Programm halten, aber wer es ignoriert, riskiert, ins Hintertreffen zu geraten.

Afrika-Chefin Sabine Dall'Omo liegt mit Siemens in Rankings vorne.

Entscheidender Dreh- und Angelpunkt von B-BBEE sind so genannte Scorecards, die jedes Unternehmen regelmäßig vorlegen muss; ausgenommen sind nur Kleinbetriebe und Start-ups. In den Scorecards werden alle Bemühungen aufgelistet und bewertet, von denen die einst unterdrückten Ethnien profitieren. Punkte können in fünf Kategorien gesammelt werden: für die Übertragung von Unternehmensanteilen, für die Besetzung von Führungspositionen, für Ausbildung, für die Förderung von Lieferanten und für soziales Engagement.

Punkte sammeln als Anzreiz

Zertifizierungsgesellschaften berechnen aus allen Punkten einen Score, der von der Bestnote „Eins" bis „Acht" reicht. Wer eine „Acht" nicht erreicht, gilt als „Non-Compliant". Unternehmen, die mit dem Staat gerne Geschäfte machen oder Lizenzen benötigen, brauchen sehr gute Noten. Die erreichen sie aber nur, wenn sie mit Geschäftspartnern zusammenarbeiten, die ebenfalls B-BBEE-Compliant sind. Auf diese Weise entsteht auch für andere Unternehmen ein Anreiz, Punkte zu sammeln. Fachleute sprechen vom „Trickle Down Effect", der sich ausgehend von den Auftragnehmern des Staates durch die gesamte Wirtschaft zieht.

Vertreter großer Unternehmen bezeichnen B-BBEE mittlerweile als Teil des Geschäftsalltags. Siemens Südafrika etwa hat eine Schule gebaut, bildet vornehmlich schwarze Mitarbeiter aus und hat einen schwarzen Großaktionär an Bord genommen. Damit liegt der Münchner Konzern hier regelmäßig ganz vorne in Ranglisten zu B-BBEE. Die meisten Aktivitäten seien vergleichbar mit denen an anderen Standorten, sagt die hiesige Afrika-Chefin Sabine Dall'Omo: „Mit dem Unterschied, dass sie in Südafrika auf Menschen mit einer bestimmten Hautfarbe abzielen."

Hinter den Kulissen wird mit B-BBEE auch viel gerungen. Kritiker sprechen von einer Monsterbürokratie und beträchtlichen Kosten. Vor allem ausländische Investoren finden die Regeln oft befremdlich, ist in den Handelskammern hören. Auch für Mittelständler stellen sie ein Hindernis dar. In der Auswahl von Mitarbeitern eingeengt zu sein, missfällt jedem Unternehmer, zumal bei Fachkräftemangel. Noch mehr widerstrebt es, Unternehmensanteile abgeben zu müssen.

„Unsere Historie nicht ignorieren"

Das Bauunternehmen Isipani hat trotzdem schon vor einigen Jahren ein Mitarbeiterbeteiligungsprogramm aufgesetzt, den Isipani Worker's Trust, der mit zehn Prozent am Unternehmen beteiligt ist. Darüber hinaus gehört eine gemeinnützige Stiftung zu den Anteilseignern, die sich um Infrastrukturprojekte in armen Regionen kümmert. Isipani-Chef Jandré Arangies, ein weißer Südafrikaner, bezeichnet B-BBEE als richtigen Weg: „Wir können unsere Historie nun einmal nicht ignorieren." Für sein Auftragsbuch haben sich die Bemühungen offenkundig schon gelohnt.

Claudia Bröll berichtet seit mehr als einem Jahrzehnt aus Johannesburg und Kapstadt über die Wirtschaft im südlichen Afrika, davon seit vier Jahren für „return".

Wandel mit Samsung

Südkorea: Einst verkörperte der Elektronik-Gigant das hiesige Wirtschaftswunder. Heute steht der Riese für unzählige Korruptionsfälle. Präsident Moon Jae-in will jetzt aufräumen.

Samsung ist in Seoul als Gigant präsent, hier nur ein F&E-Standort. Im Mischkonzern arbeitet fast eine halbe Million Menschen.

Für die erzürnte Volksseele wirkten die Fernsehbilder wie Balsam, als Südkoreas mächtigster Manager in Handschellen abgeführt wurde. Umgerechnet rund 31 Millionen Euro hatte Samsungs Thronfolger, der 50-jährige Lee Jae-yong, einer Vertrauten der ehemaligen Präsidentin gezahlt. Im Gegenzug erhielt er die Zustimmung zur Fusion zweier Subfirmen. Seine Festnahme schien als Paradigmenwechsel, denn bis dato galten die Gründerfamilien der großen koreanischen Mischkonzerne als unantastbar.

Lees Jea-yongs Vater und Großvater wurden ebenfalls wegen Wirtschaftsverbrechen verurteilt – allerdings stets vor ihrer Haftstrafe begnadigt. Die Begründung der Staatsanwaltschaft: Das Wachstum der Volkswirtschaft Südkoreas sei gefährdet, wenn die Führung von Samsung in Haft sitzt.

„Chaebols" werden die familienbetriebenen Konglomerate in Südkorea genannt. Sie sind de factor der koreanische Gegenentwurf zum deutschen Mittelstand: riesige Mischkonzerne, von denen die größten zehn Unternehmen über 80 Prozent des Bruttoinlandsprodukts generieren. Mittlerweile werden sie in dritter Generation von Familienclans geführt – hierarchisch wie Militärkorps, patriarchal dominiert und intransparent. Doch es waren die Chaebols, die auch das hiesige Wirtschaftswunder möglich machten.

Kein Unternehmen verkörpert den Nationalstolz stärker als Samsung. Die Gruppe erwirtschaftet allein ein Fünftel aller Exporte des Landes. Das Imperium ist auch fernab der Unterhaltungselektronik allgegenwärtig: Samsung schließt Lebensversicherungen ab, baut Apartmentsiedlungen, betreibt einen Freizeitpark und finanziert Universitäten. Der Volksmund fürchtet oft in Bezug auf Samsung: Wenn das nächste Smartphone floppt, dann kriselt das ganze Land.

Für den Korruptionsskandal musste Samsung-Manager Lee Jae-yong für über ein halbes Jahr hinter Gitter. Die verantwortliche Präsidentin enthob das Verfassungsgericht ihres Amtes. Ihr Nachfolger Moon Jae-in, ehemals Menschenrechtsanwalt, wurde vor allem für sein Versprechen ins Präsidentenhaus gewählt, gegen die Korruption der großen Konglomerate vozugehen. Im ersten Schritt hat er prominente Chaebol-Kritiker in sein Kabinett berufen. Bislang haben sich seine Bemühungen nicht in Zahlen niedergeschlagen: Beim Transparency-Korruptionsindex liegt Südkorea auf Platz 51 – hinter Ruanda, Georgien oder Costa Rica.

Transparenz zählt zum Turnaround

Samsung selbst hat Schritte eingeleitet, um transparenter zu werden und internationale Standards einzuhalten. So dämmte der Riese die Feierabend-Besäufnisse auf Firmenkosten ein, die in der koreanischen Firmenkultur tief verankert sind. Zudem sind Arbeitszeiten verkürzt, ist der Dresscode für Angestellte gelockert und das Mutterschutz-Programm ausgebaut. Der Konzern führte ein Kontrollsystem ein, bei dem umgerechnet Spenden ab 880.000 Euro vom Verwaltungsrat genehmigt und veröffentlicht werden müssen.

„Eine Veränderung der Geschäftskultur braucht Zeit", sagt Christoph Heider, Geschäftsführer der europäischen Handelskammer in Seoul: „Viele ältere koreanische Führungskräfte und Mitarbeiter sind in einem beruflichen Umfeld aufgewachsen, in dem es ganz selbstverständlich war, dass eine Hand die andere wäscht." Die jüngere Generation hingegen habe schon ein wesentlich tiefer gehendes Verständnis für Compliance-Regeln.

Fabian Kretschmer berichtet seit vier Jahren aus Seoul über Süd- und Nordkorea und war vorher in Wien für die Tageszeitung „Der Standard" tätig. Im Kreis der „return"-Auslandskorrespondenten feiert er mit diesem Beitrag seine Premiere und recherchiert auch schon für unsere nächste Ausgabe.

Nuance®
Dragon®
Professional

Schneller zum
Punkt kommen.

Spracherkennung für Geschäftsanwender

Digitale Sprachassistenten sind in aller Munde. Im wahrsten Sinne des Wortes: Konsumenten können mit der Hilfe von Alexa, Siri & Co. Waren bestellen, Services beziehen oder einfach das Licht anschalten, ohne einen Finger zu rühren. Nur mit ihrer Stimme. All diese Systeme basieren auf Spracherkennung. Ihr gehört die Zukunft. Nicht nur im Endkonsumentenbereich!

Sprechen, statt tippen – Spracherkennung für Unternehmen
Geschäftsanwender können mit Spracherkennung wie **Nuance® Dragon® Professional** produktiver arbeiten. Die Software dokumentiert und digitalisiert Sprache präzise. Mithilfe von KI versteht sie Fachbegriffe und kann selbstständig lernen.

Vorteile, die für Dragon sprechen:

Mehr erledigen in kürzerer Zeit – auch im Außendienst

Einfache Handhabung ohne Training

Zeitgemäß arbeiten mit Technik, die automatisch lernt

Sie möchten schneller zum Punkt kommen? Informieren Sie sich hier:
http://engage.nuance.de/Dragon-whitepaper

 **NUANCE**

www.nuance.de

Sorgfältiges Augenmaß

Compliance gewinnt auch im Mittelstand an Relevanz. Denn immer mehr Auftraggeber
verlangen von Lieferanten, dass dafür entsprechende Arbeit investiert und dokumentiert wird.

Compliance bedeutet schlicht „Einhaltung" oder „Befolgung", konkret von Gesetzen. Nun werden die meisten Mittelständler zu Recht davon ausgehen, dass sie die Gesetze einhalten wie die überwiegende Zahl der Bürger. Sicherlich wurden einige von uns bei Tempo 50 schon mit 62 Stundenkilometern geblitzt und wegen ihres Fehlverhaltens des Zu-schnell-Fahrens vom Gesetzgeber mit einem Bußgeld sanktioniert. Nur: Solche Vergehen ziehen in der Regel kein Strafverfahren oder gar eine Haftstrafe nach sich.

Wer sich anständig verhält, dem Grundsatz des ehrbaren Kaufmanns folgt, der sollte keinerlei Probleme haben, für sich in Anspruch zu nehmen, dass er im Hinblick auf Gesetze auch Compliance-konform handelt. Diese Einstellung ist nachvollziehbar, allerdings etwas naiv. Im Umfeld von Compliance geht es um Tatbestände wie Untreue, Vorteilsgewährung oder -annahme, Bestechung oder Bestechlichkeit und unerlaubte Absprachen zum Schaden von Kunden oder Lieferanten. Selbstverständlich gibt es Gesetze, die solches Handeln verbieten und Fehlverhalten sanktionieren. Allein: Konkrete Angaben, wo übliches Geschäftsverhalten endet und Fehlverhalten beginnt, macht der Gesetzgeber nicht.

Kommen wir auf das anfangs gewählte Beispiel der Geschwindigkeitsübertretung zurück: Hier wird schnell klar, welche Folgen drohen, wenn die erlaubten Grenzen um zehn, 20 oder 50 Stundenkilometer überschritten werden. Indes ist in keinem Gesetzestext erwähnt, ob ein Geschenk an den Geschäftsführer eines großen Kunden einen Wert von 20, 100 oder 1.000 Euro betragen darf. Erst in einem möglichen Gerichtsprozess erfährt der Schenkende beziehungsweise der Beschenkte, ob sein Handeln zulässig war oder nicht.

Ähnliches gilt übrigens auch für Gespräche unter Wettbewerbern. Dürfen sich Konkurrenten also nur über das Wetter unterhalten oder auch über die allgemeine Geschäftsentwicklung oder die Konditionen eines speziellen Kunden? Vieles hat zu einer Verschärfung der Lage beigetragen. Das gesellschaftliche Klima ist heute vorsichtig formuliert ein anderes, offen gesagt rauer als zu den Zeiten, als es noch wie selbstverständlich war, dass beispielsweise kleine Geschenke die Freundschaft erhalten oder augenzwinkernd festgehalten wurde, dass derjenige gut fährt, der gut schmiert.

Kronzeugen-Regelung als scharfes Schwert

Die Kronzeugen-Regelung hat den Strafverfolgungsbehörden außerdem ein scharfes Schwert in die Hand gegeben. Unternehmen, die sich in der Vergangenheit etwa über ihre Preise absprachen, mussten schon erwischt werden. Heute kann jeder der Beteiligten eine Selbstanzeige vornehmen: Selbst wenn es sich um den Initiator der Preisabsprache handelt, geht er straffrei aus. Die anderen Beteiligten dagegen müssen bluten und bis zu zehn Prozent ihres Jahresumsatzes als Geldstrafe hinnehmen.

Mittelständler haben mittlerweile auf die Veränderungen reagiert. Vieles jedoch bleibt Stückwerk, wenn zum Beispiel die Höhe von Geschenken an Dritte festgelegt wird, jedoch die Annahme solcher Geschenke nicht geregelt ist. Ein Compliance-Management-System (CMS) systematisiert das Vorgehen und vermeidet Lücken. Der Gesetzgeber vermittelt dazu zwar keine Vorgaben, aber immerhin gibt es Gerichtsurteile, die das Strafmaß im Einzelfall reduzieren, wenn ein entsprechendes CMS vorhanden ist.

Kompakt

▶ Beim Entwickeln eines eigenen Compliance-Management-Systems (CMS) ist durchaus Abschreiben erlaubt.

▶ Einschlägige Richtlinien veröffentlichen praktisch alle großen Unternehmen auf ihrer Website.

▶ Tritt ein Geschäftspartner an Sie mit der Aufforderung heran, ein CMS einzuführen, bitten Sie ihn um Kontakt zu seiner Compliance-Abteilung.

▶ Dort liegen oft Unterlagen und Richtlinien darüber vor, was Sie berücksichtigen sollen.

▶ Die meistens Vorlagen ergeben Sinn auch im Mittelstand – wenn sie überspitzt formuliert auf die Hälfte gekürzt sind.

Wo ein Markt entsteht, zeigen sich auch Anbieter: Berater und Wirtschaftsprüfer stehen schon bereit, die entsprechenden Systeme bei Auftraggebern einzuführen, weiterzuentwickeln und zu prüfen. Im Mittelstand ist es möglich, mit Augenmaß entsprechende Lösungen zu entwickeln, die weder die Beteiligten noch den Geldbeutel überfordern.

Hinweise finden sich in der IDW Prüfungsnorm 980, nach der Wirtschaftsprüfer das CMS eines Mandanten prüfen. In einem knappen, schriftlichen Dokument sollen sich die folgenden Bestandteile finden. Die Compliance-Kultur des Unternehmens kann dabei mit den Compliance-Zielen verbunden werden. Die Unternehmensführung oder der Inhaber hält fest, dass die Einhaltung von Gesetzen oberstes Primat des geschäftlichen Handelns ist und kein Vorgehen toleriert wird, welches nicht gesetzeskonform ist.

Pragmatische Lösungen für jeden Mittelständler

Eine komplette Compliance-Organisation kann ein Mittelständler kaum aufbauen. Doch im Unternehmen sollte festgehalten sein, wer die formale Verantwortung trägt. Dies kann der Geschäftsführer sein, der sich die Rechnungen vor der Freigabe vorlegen lässt oder Berichte von Kontakten mit Wettbewerbern anfordert. Auch ein externer Buchhalter oder der Steuerberater kann die Aufgaben übernehmen.

Insbesondere für Geschenke und Einladungen sind Höchstgrenzen festzulegen und deren Einhaltung zu überwachen. Compliance-Risiken sind vom Geschäftsmodell abhängig, generell ausschließen lassen sich diese jedoch nicht. Bei einem Maschinenbauer, der weltweit operiert und nur einen Konkurrenten hat, gehören Absprachen ganz sicher zum größten Risiko. Bei einem Tiefbauer, der primär Aufträge der lokalen Stadtwerke erhält, stellen sich andere Fragen.

Ein Compliance-Programm setzt sich aus einzelnen Bausteinen zusammen. Die Compliance-Kommunikation ist primär Aufgabe des Unternehmensführers. Zumindest sind jährliche Veranstaltungen dazu abzuhalten, wobei die Teilnahme der Mitarbeiter zu dokumentieren ist. Die Überwachung und Verbesserung von Compliance werden spätestens dann erforderlich, wenn sich das Geschäftsmodell, die Größe oder die Struktur von Kunden oder Lieferanten verändert.

Thomas Schneider verantwortet Corporate Compliance und Interne Revision bei Knauf Interfer, einem mittelständischen Stahlhändler. Zuvor war der Diplom-Kaufmann langjährig Revisor eines Dax-30-Konzerns. Er veröffentlicht regelmäßig Beiträge und Bücher zu Compliance.

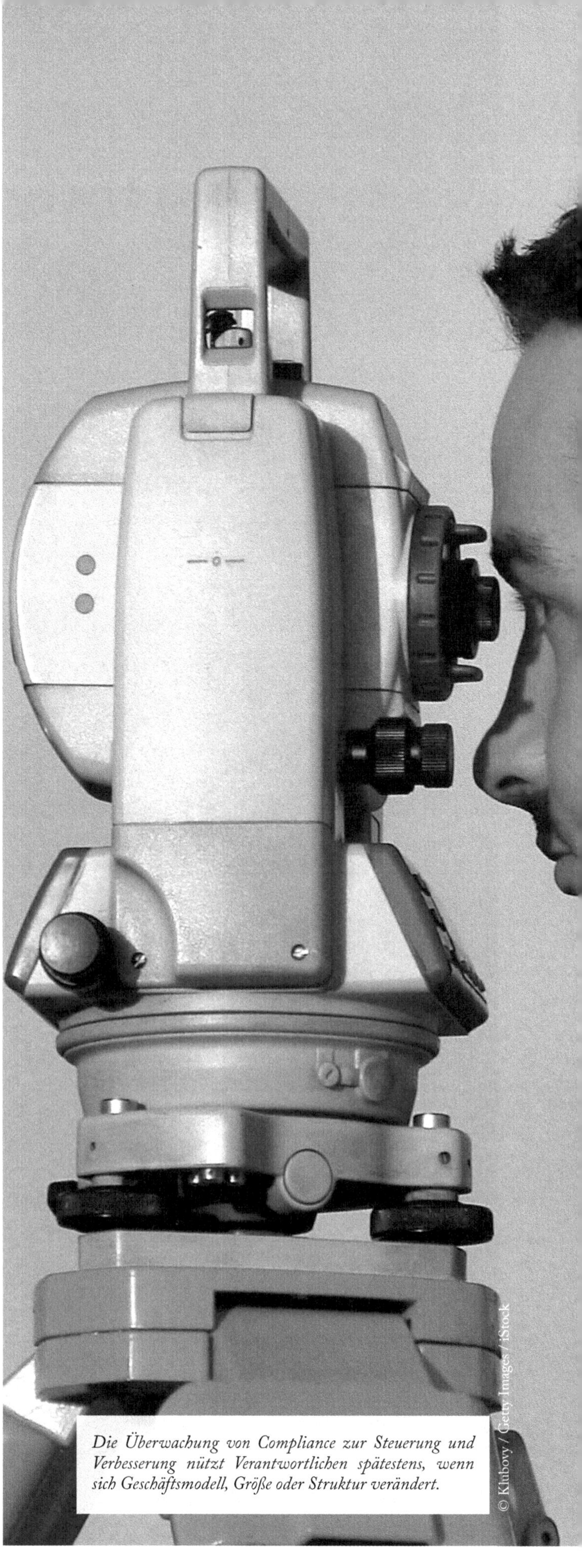

Die Überwachung von Compliance zur Steuerung und Verbesserung nützt Verantwortlichen spätestens, wenn sich Geschäftsmodell, Größe oder Struktur verändert.

© Klubovy / Getty Images / iStock

In schwerem Wetter

Kein Aufschwung hält ewig. Die nächste Krise kommt bestimmt. Was an Regeln zu beachten ist, wenn die Konjunktur dreht und Geld knapper wird, damit man nicht persönlich haftet.

Wie ein Blitz schlägt mitunter der Abschwung plötzlich und unvermittelt in Unternehmen ein. Umsichtige Inhaber und Manager erinnern sich sicher noch an die dramatischen Entwicklungen der Krise vor neun Jahren. Sie laufen Gefahr zu haften, wenn sie sich in schlechten Zeiten falsch verhalten.

Seit der Finanzkrise vor zehn Jahren und der dramatischen Rezession des Jahres 2009 erlebt Deutschland nun schon im neunten Jahr einen Aufschwung. Dieser Aufschwung wird aber nicht ewig anhalten. Geschäftsführer und Gesellschafter von Unternehmen laufen Gefahr, mit ihrem Vermögen oder strafrechtlich zu haften, wenn sie sich bei einem Abschwung falsch verhalten. Was ist zu beachten?

Eine Missachtung von Pflichten kann ernste Folgen haben. Denn seit einiger Zeit hat der Gesetzgeber das deutsche Wirtschaftsrecht so reformiert, dass es Sanierungen unterstützt. Dies ist besonders stark im Insolvenzrecht sichtbar, das Unternehmen jetzt Werkzeuge zur Krisenbehebung bietet. Insbesondere sind dies die Eigenverwaltung und der Insolvenzplan, aber auch Entlastung von Personalkosten, Erleichterung von Kündigungen und die Beendigung nachteiliger Verträge. Nutzt die Geschäftsführung eines Unternehmens diese Werkzeuge nicht, dann drohen Haftungsrisiken.

Auslöser ist die Zahlungsunfähigkeit. Diese liegt schon vor, wenn man zwar 90 Prozent der Rechnungen noch bezahlt, die übrigen zehn Prozent aber nicht. Dann besteht bei der GmbH (& Co.) und Aktiengesellschaft eine Insolvenzantragspflicht. Vielen Menschen ist bekannt, dass das

Versäumen dieser Pflicht strafbar ist – gegebenenfalls unter Ausschöpfung einer Dreiwochenfrist.

Wenige wissen aber, dass zusätzliche Vorschriften viel gefährlicher sind. Als Erstes gilt das für unpünktliche Überweisungen der Arbeitnehmeranteile an Krankenkassen. Schon eine Verspätung um einen Tag ist ein strafrechtliches Vergehen. Dies wird verfolgt und führt oft zur Geldstrafe gegen Geschäftsleitungen. Sie haften alle gleich, selbst wenn eine Arbeitsteilung besteht. Für Steuerzahlungen gibt es ähnliche Haftungen.

Kritische Nachweispflicht der ordentlichen Geschäftsführung

Ferner haften Geschäftsführer und Vorstände nach Eintritt der Zahlungsunfähigkeit oder Überschuldung für alle Zahlungen, wenn sie nicht der Sorgfalt eines ordentlichen Geschäftsmannes entsprechen. Kritisch, denn der Betroffene muss beweisen, dass die Zahlung einer ordentlichen Geschäftsführung entspricht. Er haftet für alle Abgänge vom Geschäftskonto, für die dieser Beweis misslingt. Hier können schnell Beträge in Millionenhöhe zusammenkommen.

Oft kollidieren in Krisen die Wünsche von Gesellschaftern und Geschäftsführern. Geschäftsführer tragen die beschriebenen Risiken, was Gesellschafter häufig veranlasst, diese zum Abwarten zu drängen und auf die Wende zu hoffen. Tritt diese nicht ein, wird die Geschäftsleitung zur Verantwortung gezogen. Allerdings haftet auch der Aufsichtsrat.

Zum Vermeiden persönlicher Haftung und zur Krisenbewältigung bietet das Eigenverwaltungsverfahren erhebliche Sanierungshebel: etwa das Insolvenzgeld, mit dem bis zu drei Monate Löhne und Gehälter aus Mitteln der Arbeitsagentur abgedeckt werden. Dazu kommen Eingriffsmöglichkeiten in Arbeitsverträge, die über das kostenträchtige Arbeitsrecht hinausgehen. Mietkontrakte und andere Verträge, die Verluste bringen, können beendet werden. Diese Lösungen verschaffen kurzfristig Liquidität und langfristig mehr Ertrag. Solche Maßnahmen zum Turnaround kann die Unternehmensführung den Gläubigern als Alternative zur Zerschlagung im Eigenverwaltungsverfahren oder auch im Regelinsolvenzverfahren mittels Insolvenzplan vorstellen. In Abstimmungen ist ihre Zustimmung zum Verzicht auf nicht mehr realisierbare Altforderungen einzuholen. Dabei werden die Gläubiger in Gruppen aufgeteilt: etwa gesicherte Gläubiger, Arbeitnehmer, Kleingläubiger und sonstige. Die Gruppenbildung ist sehr flexibel, solange es einen sachlichen Grund für eine Unterscheidung gibt.

Für die Annahme des Sanierungsplans sind in jeder Gruppe einfache Mehrheiten nach Köpfen und Forderungsbeträgen erforderlich. Stimmen Gruppen gegen den Plan, können sie von der Mehrheit zustimmender Gruppen überstimmt werden, solange die widersprechenden Gruppen dadurch nicht schlechter gestellt sind als bei einer Zerschlagung.

All dies kann in Eigenverwaltung durch die bisherige Geschäftsführung geschehen, wenn der Antrag rechtzeitig gestellt wird und Gläubigerinteressen nicht gefährdet werden. Auch im internationalen Vergleich bietet das deutsche Recht damit wirkungsvolle Hilfen zur Sanierung. Deren Nutzung in schwieriger Zeit ist dringend anzuraten, insbesondere wenn alle handelnden Personen eine persönliche Haftung vermeiden wollen.

Dr. Gordon Geiser (Bild oben) und Jesko Stark sind Partner bei GT Restructuring in Berlin, dem auf Sanierungsberatung und Insolvenzverwaltung spezialisierten Bereich der internationalen Wirtschaftskanzlei Greenberg Traurig mit mehr als 2.000 Anwälten an 38 Standorten.

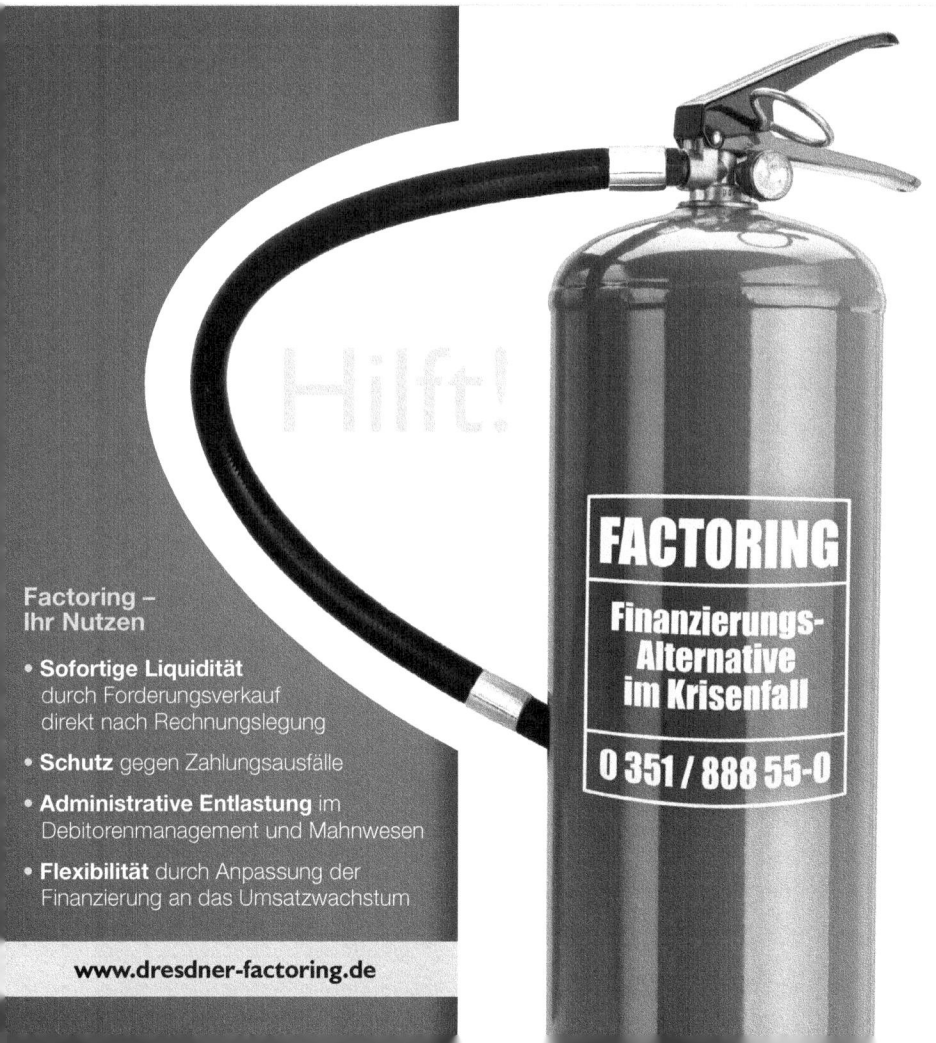

Compliance – quo vadis?
Über den Wandel zum relevanten Erfolgsfaktor

Sagen, was man tut – und tun, was man sagt. Sich ethisch verhalten und die Regeln ernst nehmen. Das ist locker-flockig ausgesprochen. Aber wie sieht es mit dem Anspruch aus, das auch durchzuhalten? Wenn das für eine einzelne Person schon schwierig ist: Wie erzeugt man eine Compliance-konforme Haltung in einem Team, in einem Bereich oder gar im gesamten Unternehmen? Dafür braucht es vor allem dreierlei: Transparenz, einen ethischen Kompass und die Gewissheit, dass Compliance sich im Unternehmen auch bezahlt macht.

Die Inhalte der Compliance-Arbeit haben sich in den vergangenen Jahren aus einer rein juristischen Betrachtungsweise hin zu einer wertebasierten entwickelt: Die Integrität der Beschäftigten wird durch ein umfassendes Compliance-Management-System (CMS) gefördert. Die Compliance-Manager haben sich zu internen Beratern entwickelt, die die Geschäftsmodelle kennen und die mit ihren operativen Ansprechpartnern die besten Entscheidungen für das Unternehmen treffen. Heutzutage wird niemand mehr die Existenz von Compliance infrage stellen.

Aber das „Wie" ist zum entscheidenden Faktor geworden. Es reicht nicht, nur Compliance-Prozesse aufzusetzen, sondern es bedarf dazu passend einer Compliance-Kultur auf allen Ebenen. Die Führungsebenen müssen es mit Compliance ernst meinen, auch wenn das Geld kostet und die Erfolge von Maßnahmen meist erst mittelfristig sichtbar werden. In einem solchen Umfeld können Vorbilder aufgebaut und integres Verhalten nachhaltig gelebt werden.

ESG-Kriterien als harte Währung

Geht es um den „Return on Investment" der Compliance-Arbeit, wäre es zu kurz gesprungen, allein nur auf die verheerenden Auswirkungen der Dieselaffäre für die betroffenen Unternehmen zu verweisen. Auch im normalen Tagesgeschäft achten Analysten und Investoren heute auf die sogenannten ESG-Kriterien: Das E steht für Umwelt, das S für Soziales und das G für Governance oder Steuerung. Der Dreiklang berücksichtigt auch die ethische oder die nachhaltige Unternehmensführung. Das Kredit-Rating und die Aktien-Performance solcher Unternehmen sprechen für sich und zahlen sich immer häufiger monetär auch aus.

Über die Grenzen des Unternehmens hinaus hat sich eine gute und gelebte Compliance-Kultur zum echten „Business Enabler" entwickelt: für Großkunden, die im Rahmen der Aufrechterhaltung ihrer Geschäftspartner-Compliance unter ihren Lieferanten keine schwarzen Schafe mehr dulden. Für Privatkunden, denen ethische Standards bei ihrer Kaufentscheidung so wichtig sind, dass sie in der Konsequenz bereit sind, für Qualität auch mehr zu bezahlen. Und auf der Beschaffungsseite hat Compliance-Arbeit über die Sicherstellung von Geldwäsche- und Antikorruptionsvorschriften hinaus an Bedeutung gewonnen, zum Beispiel bei der Sondierung und Entwicklung einwandfreier Zulieferer oder auch, um Produktionsausfälle oder Imageschäden nachhaltig zu vermeiden.

Für Unternehmen mit Zukunftsorientierung

Hier schließt sich der Kreis. Im Hinblick auf Kataloge mit immer höheren Bußgeldern und regulatorischer Rahmenbedingungen, die immer strenger vollzogen werden müssen, macht sich eine funktionierende Compliance mit einer gelebten Unternehmenskultur bezahlt. Den Mitarbeitern ein Wertegerüst für sicheres Handeln auch in Graubereichen zu geben, eine Widerspruchskultur zu entwickeln, um rechtzeitig auf Fehler und Missstände hinzuweisen, sowie Führungskräfte ihren ethischen Kompass reflektieren zu lassen – das alles sind Eigenschaften, die man von einem ehrbaren Kaufmann erwartet und die es zu fördern gilt. Gute Compliance ist heute ein Erfolgsfaktor und relevant für zukunftsorientierte Unternehmen. Übrigens egal welcher Größe.

Gastkommentatorin Manuela Mackert ist Gründerin des Deutschen Instituts für Compliance e. V. (DICO), dessen langjährige Sprecherin sie von 2012 bis Juni 2018 war. Sie arbeitet als Chief Compliance Officer der Deutschen Telekom AG.

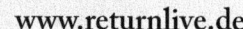

Dr. Thomas Raphael gründete die Bergmann Brauerei vor elf Jahren aus einer „bierverrückten Idee" heraus in Dortmund zusammen mit dem Unternehmensberater Herbert Prigge. Heute ist die Marke nahezu Kult in der Stadt – ebenso wie der Bergmann Kiosk mitten in der City (im Bildhintergrund). Die „FAZ" taufte ihn „Dortmunder Bier Rebell", aber er studierte Biologie in Würzburg und Bochum, arbeitete am Institut für Biotechnologie des Forschungszentrums Jülich und promovierte an der RWTH Aachen als Mikrobiologe. Er schrieb ein Grundlagenbuch zur Umweltbiotechnologie und wurde kurz danach selbstständig als Experte für Abwasser- und Abfall-Management in der Lebensmittelindustrie.

„Unser Spaß überträgt sich auf die Kunden"

Mikrobiologe Dr. Thomas Raphael erweckte eine alte Biermarke zu neuem Leben. Dabei schien der Zeitpunkt sehr schlecht mitten im Bierkonsum-Rückgang und noch vor der Craft-Beer-Welle.

Herr Dr. Raphael, Brauereien rechnen ihre Erfolge in Hektolitern. Wie hoch ist Ihrer?

Thomas Raphael: Wir wissen, dass die Branche immer in Hektolitern plant, aber bei uns ging es nie um die Menge. Wenn wir das, was wir pro Flasche als Einnahme kalkulieren müssen, auch herausbekommen, dann ist alles gut. Hier im Neubau, den wir im März bezogen haben, ist der Betrieb sogar glatter angelaufen als gedacht. Wir gehen von 6.000 Hektolitern Produktion im Jahr aus, das wäre wieder eine Bestmarke für uns. Aber wir bleiben dabei, dass wir keine Hektoliter-Ziele ausrufen. Was nicht heißt, dass wir uns nichts vornehmen, da sind wir offen: vielleicht einen neuartigen Getränkeladen, vielleicht eine Kneipe, mobile Bierwagen. Hauptsache ist, dass uns das weiter Spaß bereitet. Denn wir glauben, dass sich der Spaß, den wir selbst haben, auch auf uns alle und die Kunden überträgt.

Was waren außer Spaß die Erfolgsfaktoren?

Wir haben aus Lust am Bierbrauen angefangen und geschaut, was funktioniert. Dann sind wir einen Schritt weiter gegangen, immer mit eigenem Geld und ohne große Schulden. Ich bin in den 70ern groß geworden, als Dortmund noch Bierstadt Nummer 1 war. Damals gab es noch die alte Familie Bergmann, die ihr Bier hier braute, das dann von der Union Brauerei übernommen wurde. Union wurde Teil eines Konzerns und der wiederum aufgekauft. Heute werden alle übrig gebliebenen Marken nur noch vom Oetker-Konzern produziert. Und auch der drohte ja 2007, die Bierproduktion aus der Stadt zu verlagern.

Also keine guten Vorzeichen für Ihren Einstieg.

In dieser Zeit habe ich die Marke Bergmann gekauft, für einen Schnäppchenpreis von 300 Euro, eigentlich mehr zum Spaß oder aus Nostalgie. Bis mir jemand sagte: „Da musst

> „Ich glaubte von Anfang an daran, dass lokale Brauereien eine Chance haben."
>
> Thomas Raphael

Du auch was mit anfangen, sonst erlöschen die Markenrechte." Das Anfangen war aber nicht leicht. Ich fand zwar mit der Vormann-Brauerei in Hagen-Dahl jemanden, der unser Bier herstellen wollte. Dort sagte man mir aber, dass ich mindestens 6.000 Liter abnehmen müsse. Ich habe dann 20 Freunde unter Biereinfluss dazu gebracht mitzumachen; sonst wäre ich ja womöglich auf den 12.000 Flaschen sitzen geblieben. So war ich von Anfang an auch nicht allein. Allein hätte ich das vermutlich auch nicht durchgezogen.

Der Bierabsatz war zuvor seit Jahrzehnten rückläufig, 2012 sank er auf den niedrigsten Stand seit der Wiedervereinigung. Mitten in dieser Bier-Rezesssion haben Sie Ihr Projekt gestartet. War das nicht verrückt?

Ich glaubte von Anfang daran, dass lokale Brauereien eine Chance haben. In Düsseldorf und Köln gab es immer schon Dutzende von kleinen Hausbrauereien und ich dachte, dass in einer Bierstadt wie Dortmund dann vielleicht nicht für so viele, aber doch für eine auf jeden Fall Platz sein sollte. Und wie sich gezeigt hat, stimmt das. Natürlich arbeiten die großen Brauereien mit großen Zahlen und sind auch von den Mengen abhängig. Aber vielleicht ist das zu eindimensional. Wir haben immer darauf geachtet, einen auskömmlichen Preis zu bekommen, sonst hätten wir nicht weitergemacht. Aktuell sind wir hier in Dortmund Preisführer, darum beneiden uns viele.

Seit wann ist Ihr Kollege Herbert Prigge dabei, der von Haus aus Unternehmensberater ist? Und was bewegt einen nüchternen Berater, so ein Wagnis mitzumachen?

Es ist sehr hilfreich, wenn sich jemand Kundiges von Anfang an um die Finanzen kümmert. Mein Freund Herbert Prigge ist Betriebswirt und war gleich am Start mit dabei. Er hat zum Beispiel schon früh eine GmbH aus unserem Unternehmen gemacht. Uns beiden half, dass das Bergmann Bier für uns nur ein Zweitjob war – was im Übrigen bis heute so ist. Das Risiko hielt sich also bei uns beiden in Grenzen.

Sie finanzierten die Anfänge mit Freunden. Inzwischen sind auch Banken dabei?
Die erste eigene Brauerei 2010 am Dortmunder Hafen finanzierten wir über Genussscheine. Wir fanden 30 Leute, die uns 300.000 Euro gegeben haben. Die Genussscheine sind mit vier Prozent fest verzinst und mit einer Gewinnbeteiligung versehen. Von daher bekommen die Inhaber jetzt auch höhere Zinsen. Das funktionierte und machte Spaß, auch wenn ich erst spät merkte, dass die Verantwortung

Erst im März frisch bezogen: Die neue Braustätte entstand auf dem Gelände des ehemaligen Stahlwerks Phönix-West.

Harte Arbeit, ehrlicher Lohn

Als Dr. Thomas Raphael vor elf Jahren die Biermarke „Bergmann" wiederbelebte, schien Dortmund darauf gewartet zu haben. „Im industriellen Dreiklang von Kohle, Stahl und Bier war Dortmund einmal die zweitgrößte Bierstadt der Welt. Ich freue mich, dass die Kultmarke Bergmann Bier auf Phoenix-West eine neue Heimat gefunden hat," schwärmte der Oberbürgermeister zur Verleihung des Marketingpreises an die Bierbrauer.
Für die Traditionsmarke, im Jahr 1796 gegründet, war Familie Bergmann der Namensgeber. In besten Zeiten produzierte die Brauerei über 90.000 Hektoliter pro Jahr. 1972 schloss die Produktionsstätte. Die Marke geriet in Vergessenheit, bis sie 43 Jahre später auferstand. „Harte Arbeit, ehrlicher Lohn" lautet der Slogan der Neugründer Thomas Raphael und Herbert Prigge, deren produzierte Menge stetig stieg: Nach ihrem Start mit 6.000 Litern stößt die Bergmann Brauerei mittlerweile pro Jahr insgesamt 6.000 Hektoliter aus. Aber auf Menge kommt es den Gründern nach eigenem Bekunden nicht an: „Wir machen das, solange es sich rechnet", sagt Raphael.

www.harte-arbeit-ehrlicher-lohn.de

ja bei mir liegt, dass die Leute auch ihr Geld zurückbekommen. Als wir damit fertig waren, kam dann auch die Sparkasse und hat gefragt, ob wir nicht Geld gebrauchen könnten. Das war uns natürlich sehr recht.

Seit etwa 2014 schwappt auch die Craft-Beer-Welle aus den USA nach Deutschland. Waren Sie damit ein Crafter der ersten Stunde?
Gegen den Begriff würde ich mich nicht wehren, aber mit der klassischen Hipster-Bewegung und den zum Teil extremen Geschmacksrichtungen haben wir wenig zu tun. Wir sind anders fundiert. Wir sehen uns in der Tradition kleiner Familienbetriebe, von denen es in Deutschland schon immer viele gab und die auch wieder zahlreicher geworden sind.

Verwenden Sie alte Rezepturen?
Da habe ich leider nicht viel gefunden – obwohl ich wirklich lange in allen möglichen öffentlich zugänglichen Quellen recherchiert habe. Dabei traf ich in der Stadt- und Landesbibliothek auf einen Artikel, der Theo Sobkowiak erwähnte, der noch bei der alten Bergmann Brauerei gearbeitet hatte. Den habe ich dann besucht, er konnte uns zwar auch keine konkreten Rezepturen liefern, aber uns mit vielen alten Flaschen, Schildern und Plakaten versorgen. So bildet er unser historisches Markenfundament.

Was können Sie auf diesem Fundament aufbauen?
Rezepte gab es keine, also hat uns zu Anfang Vormann Senior ein Export zusammengestellt, so wie man es damals in den 70ern gebraut hat. Bei meinen Recherchen habe ich aber viele Dortmunder gefunden, die das alte Bergmann Bier noch kannten und mir unabhängig voneinander erzählten, dass das nicht unangenehm ganz leicht nach Gemüse, Sellerie und Zwiebeln geschmeckt habe. Ich habe zunächst bei Vormann gelernt, dann aber auch bei der Doemens Akademie in München einen Braukurs gemacht, der eigentlich für Manager aus der Brauwirtschaft gedacht ist. Die sollen auch lernen, wie die Produktion läuft.

Was haben Sie vor allem daraus gelernt?
Bei der letzten Verkostung in der Akademie haben wir erfahren, wie Bierfehler schmecken. Das dritte Glas, das ich trank, schmeckte seltsam – nach Gemüse und Sellerie. Danach haben wir das mit dem alten Geschmack natürlich nicht mehr weiterverfolgt, wir können ja kein Bier anbieten, das nach einem Braufehler schmeckt. Zudem ist eine alte Marke zwar eine tolle Sache, aber so etwas müssen wir auch in die Zukunft entwickeln und haben daher bald moderne Sorten aufgelegt. Unsere ersten Sude waren zu 100 Prozent Export, jetzt sind das nur noch sechs oder sieben Prozent.

Thomas Raphael in seinem Element – der Mikrobiologe hat bei einer Brauerei in Hagen und in Seminaren das Brauen gelernt.

Neben vier Basissorten in kleinen Kästen gibt es etwa mit „Adam" weitere spezielle Geschmacksrichtungen in Kleinstauflagen.

Klassisches Marketing kam bei Ihnen erst spät zum Einsatz. Warum kamen Sie ohne aus?

Weil wir dafür kein Geld hatten. In der Tat arbeiten wir erst seit 2012 mit professionellen Marketing-Experten zusammen, und erst seitdem gibt es auch unsere Corporate Identity. Die wurde dann rund um das alte Logo der Marke Bergmann mit den Farben Schwarz und Rot entwickelt. Doch selbst wenn wir anfangs sogar mit unterschiedlichen Flaschen und eigens gebastelten Etiketten unterwegs waren, so sind unsere Farben schon von Anfang an dabei. Wir haben uns zum Beispiel auch beim Neubau ganz bewusst für ein Gebäude entschieden, das mit schwarzem Metall verkleidet ist.

Gleichwohl wertschätzen Sie professionelles Marketing?

Dass wir kein Marketing machen konnten, war am Anfang sogar von Vorteil. So sind wir authentisch geblieben, auch in den Augen unserer Kunden. Außerdem war die Resonanz in der Presse von Anfang an sehr groß, unter anderem, weil Radeberger gerade überlegte, den Dortmunder Standort zu verlagern, so dass unsere PR uns schnell bekannt gemacht hat. Etwas Besseres konnte uns nicht passieren.

Hinzu kamen wohl auch unsere ungewöhnlichen Initiativen, sodass wir immer auch eine gute Geschichte zu erzählen hatten. Der Bergmann Kiosk am vielbefahrenen Wallring etwa stand sechs oder sieben Jahre leer; den wollte keiner haben. Wir haben den ausgebaut, schenken hier unser Bier aus und inzwischen ist das unser Aushängeschild geworden.

Inzwischen sind Industriemarken auf den Erfolgszug regionaler Spezialitäten aufgesprungen, auch in Dortmund mit eigenen Sorten. Wie gehen Sie damit um?

Uns kommt es fast so vor, als hätten wir zumindest hier dafür die Vorlage geliefert. Denn 2007, als wir starteten, wollte Radeberger sämtliche Marken national ausbauen. Für regionale Spezialitäten war da gar kein Platz. Wir sehen daher die Entwicklung positiv, sie fördert die Vielfalt. So werden wir vielleicht wieder eine echte Bierstadt. Bei uns hat das bisher nicht zu Einbußen geführt, im Gegenteil, nach wie vor läuft unsere Brauerei gut. So gut, dass es uns hier schon wieder zu eng wird in der Produktion. Wenn wir weiter so wachsen, wie wir gerade wachsen, dann müssen wir uns schon überlegen, wo denn der nächste Standort sein wird.

Sie sind immer noch selbstständiger Mikrobiologe, trauen Sie Ihrem neuen Geschäftsmodell nach wie vor nicht?

Ohne meinen Hauptberuf hätte ich das Bergmann-Experiment ja nicht angefangen. Doch so sehr ich meinen Job als Umweltexperte mag: Letztlich sind die Kunden dort eher froh, wenn man sein Projekt gemacht hat und geht. Verständlich: Kostet ja alles nur Geld. Beim Bierbrauen ist das schon anders. Da sind die Kunden mit Freude dabei. Es ist eine ganz andere Wertschätzung, die man als Produzent erfährt, der etwas herstellt, was andere gern mögen.

⤓ Mehr unter www.return-online.de

Das Interview mit dem Brauerei-Gründer führte Armin Hingst in Dortmund, der einstigen „Bierstadt Nummer 1". Meist kümmert sich unser Autor um IT-Themen, aber ab und an verlässt er Hardware- und Software-Pfade, um sich handfestem Handwerk zu widmen.

Auftrieb nach Tiefflug

Als Martin Gauss das Steuer bei Air Baltic übernahm, war die lettische
Fluglinie fast pleite. Jetzt fliegt sie neue Rekorde ein und expandiert.

Sein Ziel hat Martin Gauss immer vor Augen: Aufgereiht stehen die 80 Miniaturmodelle der Bombardier CS300 in seinem Büro des Air Baltic Hauptquartiers am Flughafen Riga. So soll sie im Idealfall im Jahr 2024 aussehen, die neue einheitliche Flotte der lettischen Fluggesellschaft. Insgesamt 60 neue Flugzeuge hat der deutsche Airline-Chef dazu Ende Mai vom Bombardier-Konzern in Kanada geordert: 30 fest, 30 optional – ein Milliarden-Auftrag. „Wir werden bald eine der jüngsten und effektivsten Flotten in Europa

Hauptquartier am Flughafen in Riga: Air Baltic durchlief unter neuem Management erfolgreich ein Turnaround-Programm.

Größte Fluglinie
im Baltikum

Air Baltic ist die größte Fluglinie in den baltischen Staaten. Die lettische Fluggesellschaft fliegt von ihrem Drehkreuz Riga und den Hubs Tallinn (Estland) und Vilnius (Litauen) zu mehr als 70 Zielen in Europa, den Staaten der ehemaligen Sowjetunion und dem Nahen Osten. In Deutschland bedient Air Baltic die Flughäfen Berlin, Hamburg, München, Düsseldorf und Frankfurt am Main – und verzeichnete auf diesen Strecken einen neuen Passagierrekord. Mehr als 430.000 Fluggäste flog das Staatsunternehmen 2017 von und nach Deutschland – das waren zwölf Prozent mehr als im Vorjahr. *www.airbaltic.com*

haben", sagt der Airline-Chef über die größte Flugzeugbestellung in der Unternehmensgeschichte. Der Gesamtwert beträgt nach Listenpreis 5,9 Milliarden US-Dollar.

Mit der Umstellung auf neue Flugzeugtypen will der 49-jährige die wirtschaftliche Sanierung der einst maroden Fluggesellschaft sichtbar machen, die er seit Ende 2011 aus der Krise geführt hat. Damals stand das Unternehmen nach Riesenverlusten vor der Pleite, die nur mithilfe des Staates abgewendet werden konnte. Harte Sanierungsschritte starteten mit dem umfassenden Restrukturierungsprogramm „airBaltic ReShape". Gauss lenkte die angeschlagene Fluglinie wieder auf Kurs, die heute schwarze Zahlen schreibt – und regelmäßig Spitzenpositionen in internationalen Pünktlichkeitsrankings belegt.

„Wir haben 2017 ein Rekordergebnis erzielt", sagt Gauss nicht ohne Stolz. Um 22 Prozent sind Umsatz und Zahl der Passagiere gestiegen. Insgesamt 3,5 Millionen Fluggäste beförderte die Airline. Unterm Strich stand ein operatives Ergebnis vor Zinsen und Steuern von 20,2 Millionen Euro. Auch 2018 läuft bislang ähnlich erfolgreich. Noch vor ein paar Jahren sah das ganz anders aus: Nach einem beispiellosen Höhenflug mit stetig steigenden Passagier- und Umsatzzahlen war Air Baltic 2008 in finanzielle Schieflage geraten. Parallel wurde Lettland von der Finanzkrise getroffen – so heftig wie kein anderes Land in der EU.

Statt gegenzusteuern hielt die Airline an ihrer aggressiven Expansionsstrategie fest, mit der sich Riga über Billigpreise und erweiterte Flugangebote als regionales Drehkreuz für Umsteige-Fluggäste etablieren sollte. Doch das Konzept war nicht tragfähig: Der drastische Kerosinpreisanstieg, zu viele Strecken sowie hohe Betriebs- und Wartungskosten für das Sammelsurium an betagten Flugzeugen erzeugten schwere Turbulenzen und Liquiditätsprobleme. Die Verluste stiegen bis 2011 auf fast 200 Millionen Euro.

Für die Finanzmisere verantwortlich gilt der deutsche Airline-Chef und Minderheitsaktionär Bertolt Flick, der sich öffentlich mit der Regierung überwarf und nach erbittertem Streit gehen musste. Sein Rücktritt war die Vorbedingung für die Finanzspritze des Staats, der wenig später die volle Kontrolle über die Fluglinie übernahm. Flicks Geldgeber

Aufstieg nach dem Sinkflug: Sieben Jahre dauert die Sanierung von Air Baltic an, aber mit Martin Gauss als damals für den Turnaround eigens engagierten Chief Executive Officer und zwei weiteren neuen Managern gelang die Wende. Mit modernisierter Flotte fliegt die Linie auf Kurs.

waren einer vereinbarten Verpflichtung zur Kapitalerhöhung nicht nachgekommen. Damit war der Weg frei für den Neuanfang mit dem altgedienten Manager Gauss, der als neuer Vorstandschef das Steuer übernahm. Sein Vertrag wurde mehrmals verlängert – und läuft noch bis 2020.

Gauss verfügt über Erfahrung mit Sanierungsaufgaben in der Luftfahrt. Angefangen hat er vor mehr als 20 Jahren als Berufspilot bei der Deutschen BA, aus dem Cockpit rückte er später ins Management der defizitären Airline auf, die er gemeinsam mit dem Unternehmer Hans Rudolf Wöhrl umkrempelte. Unter dem Namen DBA wieder profitabel, wurde die Fluglinie von Air Berlin übernommen – und Mitsanierer Gauss zum Millionär. Vor seinem Einstieg bei Air Baltic war der überzeugte Vielflieger auch als „Feuerwehrmann" bei Cirrus Airlines und Ungarns Malev tätig.

Hohe Erwartungen an den deutschen Airline-Chef

Bei Air Baltic waren die Erwartungen an ihn hoch. Die Fluglinie, erst 1995 gegründet, gilt als wichtiger Wirtschaftsmotor und Arbeitgeber in Lettland. Und Letten sind stolz auf dieses Unternehmen. Der deutsche Manager griff durch, um das Aushängeschild vor dem Absturz zu bewahren. Mit Rückendeckung der Politik kürzte er massiv Personal, straffte die Organisationsstruktur und verkleinerte die Flotte. Leasing-Verträge wurden neu- oder nachverhandelt, um Verluste zu stoppen und Ausgaben zurückzuschrauben. „Die Kostenbasis für so eine kleine Airline war damals

einfach zu hoch und passte nicht zum Modell", sagt Gauss. Neben Kostensenkungen sah der Restrukturierungsplan deshalb einen Schwenk in der Ausrichtung und der Preisstruktur von Air Baltic vor.

Aus dem Billigflieger entwickelte sich ein Anbieter mit hybridem Geschäftsmodell. In jeder Maschine wartet vorne eine echte Business Class für anspruchsvolle Kunden, hinterm Vorhang aber Niedrigpreis ohne Annehmlichkeiten. Wer Gepäck aufgeben oder etwas essen möchte, zahlt extra. „Dieses Modell braucht und will die breite Masse", glaubt Gauss und verweist auf die Konkurrenz. In Riga zählen Ryanair, Wizz Air und Norwegian Air dazu, denen er vom Büro aus beim Durchstarten und Landen zusehen kann.

Air Baltic musste sich von Flugstrecken verabschieden, um die EU-Beihilfebestimmungen zu erfüllen für Finanzspritzen aus der Staatskasse. Gauss bereinigte das Streckennetz und strich defizitäre Routen. Andere Ziele ließ er häufiger anfliegen und ging Codesharing-Abkommen ein, um den Service zu erhöhen und das Netzwerk zu stärken. Zudem erweiterte die Lettlands Airline ihr Angebot ab den Nachbarländern Estland und Litauen. Dort profitierte Air Baltic von Pleiten nationaler Fluglinien – und wird heute mehr denn je dem Firmennamen gerecht. „Wir sind klarer Marktführer im Baltikum", sagt Gauss, der diese Stellung mit der neuen Flotte weiter ausbauen will.

Die Marke in der Wahrnehmung stärkten kreative Einfälle: Die Fluggesellschaft war früh auf Twitter und Facebook aktiv, verkaufte an Bord auch Autos in den eigenen Farben und akzeptierte weltweit als erste Airline die digitale

Währung Bitcoin als Zahlungsmittel für Tickets. Durch geschicktes Marketing, sagen Branchenexperten, seien international Negativschlagzeilen vergessen gemacht. In Lettland begleiten die Medien die Lage weiter kritisch.

Die „klassischen Schritte", wie andere Luftfahrt-Manager die Maßnahmen beschreiben, trugen Früchte und stabilisierten die trudelnde Airline, die entgegen den Erwartungen schon für das dritte Quartal 2012 und das Gesamtjahr 2013 Nettogewinne auswies. Mit der Erneuerung der Flotte folgt jetzt der längst überfällige Austausch der Alt-Flugzeuge. Damit soll Air Baltic bis 2025 nachhaltig Profitabilität einfahren. Hierfür setzt Gauss auf neue Technik: Er entschied sich als einer der Ersten für Bombardiers C-Serie. Mit dem neuen Flugzeugtyp will der kanadische Konzern das Duopol von Airbus und Boeing bei mittelgroßen Passagierfliegern sprengen.

Doch die Entwicklung geriet in Zeitverzug und kam bei mangelnder Nachfrage teurer als erwartet. Deshalb waren die Kanadier knapp bei Kasse – die Regierung der Provinz Québec musste mit einer Milliarde US-Dollar einspringen.

Dies machte aus Air Baltic und Bombardier eine Art von Schicksalsgemeinschaft. Eine Karikatur in der lettischen Presse zeigte nach dem ersten Vertragsabschluss im Dezember 2012 zwei Geschäftsmänner mit leeren Hosentaschen, die sich freudestrahlend die Hände schütteln. Gauss hat das Bild gerahmt in seinem schlichten Büro stehen. Aufgereiht daneben stehen alle bisherigen Absichtserklärungen und Verträge, die zwischen Air Baltic und Bombardier abgeschlossen wurden. Mit der neuen Order ist das lettische Staatsunternehmen einer der wichtigsten Kunden der C-Series und wird zum größten Betreiber des Flugzeugmodells in Europa.

Risiko oder Kalkulation

Das Management hatte lange auch mit Airbus und Boeing verhandelt, sich aber in letzter Minute umentschieden. Nach Ansicht von Luftfahrtexperten ein riskanter Schritt – der erste Mittelstrecken-Jet des kanadischen Flugzeugbauers existierte damals nur auf dem Papier. Als riskant will Gauss die Entscheidung für die Bombardier-Maschinen nicht bezeichnet wissen: „Das war eine rein kalkulatorische Entscheidung." Hohes Risiko sei man nicht eingegangen.

Alle Fakten habe man einer Abwägung unterzogen. Dass bei der C-Serie von Bombardier sich mittlerweile Airbus eingekauft hat, und die CS300 als Airbus A220-300 vermarktet, betrachtet Gauss als zusätzliche Bestätigung.

Als Erstbetreiber der CS300 dürfte Air Baltic damals satte Rabatte auf die Bestellung erhalten haben – dies ist in der Branche üblich. Wie hoch diese Nachlässe waren, will Gauss nicht preisgeben. Entscheidend sei nicht der Preis gewesen, betont er. Vielmehr seien die gewährten Garantien zum Spritverbrauch und Emissionsausstoß ausschlaggebend für die Erstbestellung gewesen, deren Auslieferung sich durch Bombardiers Probleme um fast ein Jahr verzögerte.

Die mit viel Trara in Betrieb genommene C-Serie ist nun seit fast zwei Jahren im Liniendienst. Nach Berechnungen von Air Baltic hat sie schon im ersten Jahr gut 20 Prozent weniger Treibstoff verbraucht als die Boeing 737-300, mit der die Fluggesellschaft noch mit gleicher Sitzzahl auf vergleichbaren Strecken fliegt. „Wir haben ein Flugzeug, das ein Spritwunder ist", sagt Gauss und hat keine großen Sorgen vor steigenden Kerosinpreisen. Dann komme der Kostenvorteil schließlich umso stärker zum Tragen.

> „Wir werden bald eine der jüngsten und effektivsten Flotten in Europa haben."
>
> **Martin Gauss**

Wenn die Flotte nur noch aus Maschinen von Bombardier besteht, profitiere Air Baltic von einem weiteren Effekt. „Wir brauchen dann Personal, Wartung und Ersatzteile nur noch für einen einzigen Flugzeugtyp. Das spart enorme Kosten und wird uns noch mal einen Schub geben", ist Gauss sicher. Er sieht noch einen weiteren Vorteil: Eine Einheitsflotte aus modernen Flugzeugen mache Air Baltic nochmals attraktiver für einen bislang vergeblich gesuchten strategischen Investor. Einen solchen zu finden, ist erklärtes Ziel der lettischen Regierung, die ihren Mehrheitsanteil von 80,05 Prozent der Aktien abstoßen will. Angesichts guter Geschäfte mit inzwischen fünf Gewinnjahren in Folge sei der Druck bei der Investorensuche gering. Immerhin hält inzwischen der dänische Privat-Investor Lars Thuesen knapp 20 Prozent der Anteile. Dennoch sei es langfristig wichtig, weitere private Geldgeber zu finden, betont der Airline-CEO. Wer genau das sein könnte, steht noch in den Sternen. Wie die neuen Flugzeuge bezahlt werden, ist deshalb noch nicht endgültig entschieden. „Wir werden von Fall zu Fall entscheiden. Entweder wir finanzieren die Maschine mit eigenem Kapital selbst oder wir wenden Sale-and-Lease-Back-Verfahren an", erklärt Gauss; vertraglich seien beide Optionen möglich.

Gepäck aufgeben und Essen an Bord kosten extra für Niedrigpreis-Fluggäste von Air Baltic, die aber auch Business Class bietet.

Insgesamt 60 neue Flugzeuge des Typs CS300 von Bombardier hat Air Baltic bestellt und will sich mit modernisierter Flotte besser abheben.

Für ihn verfügt das Unternehmen heute über alle Voraussetzungen für eine stabile Zukunft. Auch Branchenkenner und ehemalige Führungskräfte sehen die Fluggesellschaft besser aufgestellt als je zuvor. „Air Baltic ist eine der erfolgreichsten Sanierungen, die wir in der Luftfahrtbranche in Europa erlebt haben" sagt etwa Gerd Pontius von der Beratungsfirma Prologis.

Die Restrukturierung sei „schulbuchmäßig" umgesetzt und ein „idealtypisches Beispiel" für das nachhaltige Umkrempeln einer taumelnden Fluggesellschaft. Gauss habe „viel Kompetenz, unternehmerischen Mut und politisches Geschick im Umgang mit den wechselnden Regierungen" bewiesen, lobt Pontius. Das internationale und erfahrene Team, mit dem sich der deutsche Manager bei Air Baltic umgeben hat, sei ein weiterer Erfolgsfaktor.

Doch Pontius und andere Experten warnen vor Selbstzufriedenheit, denn die Branche befindet sich nicht auf Höhenflug. Air Baltic habe vieles richtig gemacht, aber beim Flugzeugkauf und bei der Tourismus-Entwicklung von günstigen Umständen von außen sowie einer gehörigen

Portion Glück profitiert. Trotz guter Wirtschaftslage und steigender Passagierzahlen stehe die Airline vor großen Herausforderungen.

Wettbewerb und Konzentration gewinnen weiter an Fahrt

Negativen Einfluss hat der relativ kleine Heimatmarkt, in dem die langfristig weiter abnehmende Bevölkerung eine geringe Kaufkraft und hohe Preissensibilität besitzt. Mit seinem Preismodell müsse sich hier Air Baltic gegen Billig-Konkurrenz behaupten. International nehmen Wettbewerb und Konzentration weiter Fahrt auf, sagen Firmenchefs und Branchenexperten unisono. Für Nischenanbieter wie die baltische Airline dürfte es daher schwerer werden, sich allein zu halten. Mancher Luftfahrtexperte erachtet den eingeschlagenen Wachstumskurs und die starke Aufrüstung der Flotte für übertrieben ehrgeizig.

Die lettische Wirtschaftszeitung „Dienas bizness" hegt sogar Zweifel, ob Air Baltic für die neuen Flugzeuge mit der Ausbildung von Piloten nachkommt. Gauss kontert mit der neuen Pilotenakademie, an der im April die ersten Studenten ihre praktische Flugausbildung begonnen haben. Er selbst will sich als ehemaliger Boeing-Pilot nicht mehr auf die Bombardier CS300 umschulen lassen. Den Kurs lenkt er als Kapitän nur noch am Schreibtisch. Und hat in seinem Büro dabei stets die 80 Flugzeugmodelle im Blick.

Kompakt

▶ Die Personal- und Organisationsstruktur von Air Baltic hat das Management zunächst gestrafft.

▶ Die Flotte und das Streckennetz wurden verkleinert.

▶ Zum Geschäftsmodell gehören jetzt eine komfortable Business Class und schlichte Niedrigpreisplätze.

▶ Nach dem Turnaround investiert die Unternehmensführung nun in die Flotten-Modernisierung.

▶ Die Fluggesellschaft aus Riga gilt als Marktführer im Baltikum.

▶ Die Branche bleibt schwierig für Nischenanbieter.

Alexander Welscher ist relativ neu im weltweiten „return"-Netzwerk von Auslandskorrespondenten, die unseren Lesern exklusiv Einblicke in Wirtschaftsthemen ihrer Länder geben. Er arbeitet als Baltikum-Experte von Lettlands Hauptstadt Riga aus auch für die Deutsche Presse-Agentur (dpa).

Nachhaltig weiblich

Klassiker wie Mode und Soziales prägen Geschäftsmodelle von Gründerinnen heute längst nicht mehr. Derzeit treiben Unternehmerinnen eher innovative Technologien voran.

*Zum Erfolg führte diese beiden Gründerinnen kein Fahrstuhl, sie nutzten Treppen: Tanja Nickel und Katharina Obladen (v. l.) meldeten „Escalite"
als Patent an, das mit UV-Licht fast alle Keime von Handläufen etwa bei Rolltreppen unschädlich macht. Ihre Firma: UV-Innovative Solutions.*

Eine Frau gehört nur in 13 Prozent aller Start-ups zum Gründungs-Team. Noch weniger – nämlich sechs bis sieben Prozent – sind es im Technologiebereich. Über die Gründe hört man meist: „Frauen gründen anders als Männer", „Frauen agieren risikoarm", „Frauen fehlt es an Selbstvertrauen", „Frauen behaupten sich gegen männliche Business-Angels nur schwer". Alles Allgemeinplätze oder echte Hürden, die Frauen am Erfolg hindern? Sicher ist: Wer gründet, kann scheitern. Klar ist: Gründerinnen haben kaum gleichgeschlechtliche Vorbilder. Fest steht aber auch: Es gibt sie, die weiblichen Leitfiguren in Entrepreneurship.

Keime auf Handläufen
von Rolltreppen unschädlich

Tanja Nickel und Katharina Obladen gehören dazu. Im Jahr 2010 grassierte die Schweinegrippe, und die beiden Freundinnen überlegten in einem Schülerwettbewerb, wie sich Hygiene im öffentlichen Raum verbessern lassen könnte. Noch während der Schulzeit sicherten sich die beiden das Patent für „Escalite", das mit UV-Licht ganze 99,99 Prozent aller Keime auf Handläufen von Rolltreppen unschädlich

macht. „Man findet nicht nur das allgegenwärtige Escherichia coli-Bakterium, sondern auch HIV-Viren und antibiotikaresistente Staphylokokken", erläutert Obladen.

Sie gründen vor zwei Jahren die Uvis, was für „UV-Innovative Solutions" steht und in die ein Seed Fonds einsteigt. Sie gewinnen Gründerpreise, finden einen Business Angel und haben mehrere Pilotprojekte auf Bahnhöfen abgeschlossen. „Die Stockholmer Verkehrsbetriebe haben im Hauptbahnhof erste Fahrtreppen mit unserem Modul ausgestattet. Im Sommer wurde es im Uniklinikum München installiert", freut sich Obladen. Weitere potenzielle Kunden seien Kaufhäuser und Flughäfen: „Doch unser Vertriebsziel ist, dass die Fahrtreppen-Hersteller unser Escalite-Modul in ihre Kataloge aufnehmen und ihren Kunden mit anbieten."

Als junge Frauen in einer männerdominierten Tech-Branche fühlen sich Nickel und Obladen wohl: „Einige Bemerkungen muss man weglächeln, manchmal werden wir deutlich intensiver zu technischen Details befragt, als dies vermutlich bei Männern geschieht. Aber wenn man die Antworten parat hat, wird man auch akzeptiert", berichtet Obladen von ihren Erfahrungen. Das Wissen als Betriebswirtin und als Juristin kommt den beiden an anderer Stelle sehr gelegen.

Das Tech-Start-up Terraloupe wurde von einer Frau mit-
gegründet: Manuela Rasthofer erkannte das Potenzial von
intelligenten Google-Maps. „Künstliche Intelligenz erkennt
Muster auf Bildern: Da ist ein Straßenschild, das ist ein Dach
oder eine Bahnschiene", erklärt die studierte Elektrotech-
nikerin. Für eine Versicherungsgesellschaft hat Terraloupe
nach Hurrikan Harvey „in nur 48 Stunden halb Texas analysiert", wie viele Hausdächer beschädigt waren. „Versicherer
müssen die Schadenshöhe schnell abschätzen, denn sie müssen eventuell Gewinnwarnungen herausgeben", beschreibt
Rasthofer den Nutzen. Auch ein Vorher-Nachher-Vergleich
mit älteren Bildern sei möglich, weil neu beschädigte Dächer
zu erkennen sind.

Die Automobilbranche interessiert sich für die Leistungen:
„Wir können die Straße aus der Luft genau digitalisieren –
das ist für die Sicherheit bei autonomem Fahren wichtig."
Die Deutsche Bahn führt ihre Schienennetz-Inventare digital in einer Datenbank zusammen. „Wir könnten für mehr
als 140 verschiedene Branchen aktiv werden", sagt Rasthofer,
die rund 20 Mitarbeiter in München, 30 weitere im Ausland
beschäftigt. Über ein Gründerinnen-Mentoring der Hypovereinsbank bekam sie Kontakt zu Unternehmerinnen wie
Christine von Münchhausen und Susanne Porsche. „Ihre
Ratschläge sind wertvoll, denn sie hatten ähnliche Erfahrungen. Vielleicht traut man sich als Frau eher, persönliche Fragen mit anderen Frauen zu besprechen", vermutet Rasthofer.

Hightech: Stroh als Stoff
für Lebensmittel-Verpackung

Ebenfalls an diesem Gründerinnen-Mentoring nahm Patricia Eschenlohr von Landpack teil. Durch das Netzwerk fand
sie ihren ersten Kunden: das Start-up „Kale and Me", das
seine Saftkuren durch die TV-Show „Die Höhle der Löwen"
bekannt machte, und mit dem ihr junges Unternehmen kontinuierlich wächst.

Im vorherigen Job als Unternehmensberaterin hatte Eschenlohr den Wandel von Supermärkten hin zu Onlineshops
mit Lieferdiensten analysiert. „Der Flaschenhals bei frischen Produkten ist immer die Verpackung", erkannte sie.
Gleichzeitig stabil und für Lebensmittel geeignet muss sie
sein, aber auch isolierend. Der Betriebswirtin fiel auf: Alles
wird in Styropor-Boxen verpackt; es gibt keine nachhaltige Alternative dazu. Mit ihrem Mann, einem Ingenieur,
experimentierte sie mit verschiedenen Materialien und
fand den „Hightech-Rohstoff Stroh", wie sie es nennt. Sie
entwickelten Maschinen, die Verpackungen aus Stroh mit
zwei Prozent des Energieeinsatzes gegenüber der Styropor-
Produktion formen – ohne chemische Zusätze wie Kleber.
„Die Landwirte freut es, dass wir ihnen das überflüssige Gers-
tenstroh abkaufen, so konnten wir regionale Rohstoffketten

*Verpackungen aus Stroh entwickelte Patricia Eschenlohr für Lebensmittel
und gewann damit Kunden wie Alnatura und Käfer.*

aufbauen", erzählt die 35-jährige Gründerin. Zu den Kunden zählen so bekannte Namen wie Alnatura und Käfer.
Insgesamt 15 Mitarbeiter in Vollzeit arbeiten für Landpack.
In naher Zukunft stehen wegweisende Entscheidungen
an: Wird weiteres Wachstum vom Unternehmen selbst
gestemmt? Oder ist es besser, Produktionslizenzen für andere
Regionen vergeben? „Zufrieden bin ich erst, wenn unsere
Verpackung im Mainstream ankommt und bei Rewe, Edeka
oder Aldi verwendet und vom Verbraucher eingefordert wird
– anstelle von Plastik", betont Eschenlohr.

Mit ihrem Ansatz zu mehr Nachhaltigkeit ist sie eine
typische Gründerin. Das „bga-Faktenblatt 2015" der bun-
desweiten Gründerinnenagentur formuliert es so: „Untersuchungen zu Gründungsmotiven stellen fest, dass Frauen
ein Unternehmen mit dem Ziel gründen, ‚einen Unterschied
zu machen' und ‚eine Veränderung zu bewirken'. Der Beitrag für die Gesellschaft wird als gleichwertiges Ziel neben
wirtschaftlichem Erfolg gesehen." Eine Auswertung, die zur
Studie „Corporate Social Responsibility im deutschen Mittelstand" beitrug, ermittelte schon vor sieben Jahren: Unternehmerinnen engagieren sich häufiger über die gesetzlichen
Anforderungen hinaus in kulturellen, sozialen und anderen
gesellschaftlichen Projekten und zeigen sich gegenüber Corporate Social Responsibility aufgeschlossener.

Aber auch das Warten auf Meilensteine, die gesetzt sein müssen, bevor der nächste Wachstumsschritt folgt, ist „typisch
weiblich". Frauen gründen kleiner, vorsichtiger und nehmen
seltener Fremdkapital in Anspruch. Das muss kein Nachteil sein, denn ihre Gründungen funktionieren auch häufig
nachhaltiger. Anders ausgedrückt: Ihre Unternehmen bestehen länger, wie das „KfW-Mittelstandspanel" bestätigt. Die
Wachstumsraten der von Frauen geführten Unternehmen
lagen dabei stets um ein bis zwei Prozentpunkte unter denen
der von Männern geführten Unternehmen. Im Krisenjahr
2009 verzeichneten die Unternehmen der Frauen allerdings

den deutlich geringeren Umsatzeinbruch. Dies lässt den Rückschluss zu, dass von Frauen geführte Unternehmen langsameres, dafür jedoch stabileres Wachstum generieren.

Ein Start-up für Technikthemen, das zwar jedermann angehen, aber immer bei Frauen aufschlagen, hat Katrin Reuter in Bonn gegründet. Die ehemalige IT-Projekt-Managerin war Unit Director einer Webagentur und wollte ihre Familienplanung auf verlässliche Daten basieren und dabei hormonfrei verhüten. Ihr Produkt „Trackle" besteht aus einem Sensor, der über Nacht die Körpertemperatur misst, die Daten drahtlos auf eine App überträgt, so den Zyklus dokumentiert und die fruchtbaren Tage einer Frau ermittelt. Seit Sommer wird der Sensor an die Kundinnen ausgeliefert.

Dr. Kamila Danilowicz-Gösele und Karolina Decker (v. l.) gründeten mit Finmarie „die erste persönliche Online-Vermögensverwalterin".

Social Bee bringt Flüchtlinge in Jobs

Den Fokus aufs Soziale richtet Zarah Bruhn. Sie gründete die gemeinnützige Zeitarbeitsfirma Social Bee, die Flüchtlinge in Lohn und Brot bringt. Mehr als 100-mal hat das schon geklappt. Auch Bruhn hat vom Gründerinnen-Mentoring der HBV profitiert: „Meine Mentorin war Susanne Porsche – ein perfektes Match", erinnert sich die Betriebswirtin: „Durch ihr Netzwerk hat sie zu unserem Eröffnungs-Event für die bundesweite provokative Plakat-Kampagne etliche Promis geholt – Uschi Glas und Uli Hoeneß zum Beispiel. Das hat uns viel Aufmerksamkeit beschert."

Die Idee zu Social Bee entstand aus Gesprächen mit Geflüchteten. „Wie kann es sein, dass die Durchhaltefähigkeit und Zielstrebigkeit dieser Menschen ignoriert wird?", fragte Bruhn. Sie setzte auf Non-Profit-Arbeitnehmerüberlassung. Social Bee stellt die Flüchtlinge an, sodass Unternehmen keine bürokratischen Hürden nehmen müssen. Das Start-up sucht Kandidaten und bietet im einjährigen Förderprogramm mithilfe der Zeitarbeit-Einnahmen einen Mix aus sozialpädagogischer Betreuung, Sprachkursen und Qualifikationen. „Derzeit sind etwa 60 Menschen bei Social Bee angestellt. 90 Prozent, die das Programm durchlaufen haben, werden vom Unternehmen übernommen und finden feste Jobs", bilanziert Bruhn. Auch der FC Bayern bietet bald Geflüchteten eine Berufschance. Solche bekannten Auftraggeber steigern die Wahrnehmung und sorgen für Erfolg.

Die Gründerinnen von Finmarie zielen auch auf Impact: Das Fintech ist „die erste persönliche Online-Vermögensverwalterin" in Deutschland – nur für Kundinnen. „In der Vermögensberatung werden Frauen immer noch nicht ernst genommen", sagt Kamila Danilowicz-Gösele: „Das wollen wir ändern." Obwohl Geld immer gleich ist, egal ob in Frauen-oder Männerhand, gibt es Unterschiede beim Anlegen. Angefangen beim Anlageziel, betont Mitgründerin Karolina

Decker: „Kaum eine Frau hat nur ein Ziel." Lebensläufe von Frauen seien weniger geradlinig als die von Männern, weil berufliche Auszeiten für Kindererziehung oder für die Pflege von Angehörigen anfallen. „Trotzdem müssen Frauen fürs Alter vorsorgen und daher investieren", rät Decker.

Finmarie hat eine Bafin-Zulassung als Vermögensverwalter und will 2019 starten. Bis dahin steht für das gewachsene Unternehmen noch das Feintuning für individuelle Portfolio-Lösungen an. Auch hier gilt, wie Danilowicz-Gösele es formuliert: „Frauen sind mehr interessiert an nachhaltigen Investments. Ihnen kommt es nicht auf das letzte Zehntelprozent an Gewinnmarge an, sondern sie wollen bewusst anlegen." Denn nicht nur beim Gründen, sondern auch in der Geldanlage sind Frauen nachhaltiger unterwegs.

Weniger Frauen in Führung „bedenklich"

Gleichwohl sinkt die Zahl der von Frauen geführten Unternehmen, konstatierte jüngst die staatliche Förderbank KfW in ihrer Analyse: Der Anteil von Chefinnen im Mittelstand habe sich mit der zurückgegangenen Zahl von Gründerinnen verringert. Mit dem Start von 270.000 weiblichen Selbstständigen in 2016 ging der Wert um 17 Prozent gegenüber Vorjahr zurück. Ihr Anteil unter Gründern fiel in drei Jahren auf 43 Prozent, in 2017 sogar auf 37 Prozent. Der positive Grund seien Stellenangebote auf dem florierenden Arbeitsmarkt. Dennoch wertet KfW-Chefvolkswirt Dr. Jörg Zeuner die Entwicklung als „bedenklich", denn „Frauen in Führungsetagen von Unternehmen" benötige die deutsche Wirtschaft „immer dringender".

Anja Kühner ist freie Wirtschaftsjournalistin in Düsseldorf. Sie schreibt regelmäßig über Start-ups und Existenzgründer, hier aber speziell über die Vielfalt weiblichen Entrepreneurships.

Kämpfer für den Mittelstand

Vorbildern der Unternehmensführung in Veränderungsprozessen, ob Transformation
oder Turnaround, ist unsere Porträt-Serie „masterminds" gewidmet – diesmal: Perry Soldan.

Perry Soldan, geschäftsführender Gesellschafter des Familienunternehmens Dr. C. Soldan, übernahm das Unternehmen in einer schwierigen Zeit. Er schaffte die Basis für kräftige Wachstumsimpulse, indem er Ballast abwarf und sich ganz auf die Marke Em-eukal fokussierte.

© Soldan

Einmal pro Woche geht Perry Soldan ins Fitness-Studio, um den Business-Anzug mit einem hautengen Mikrofaseranzug zu tauschen. Der ist mit 20 Elektroden versehen, die die Muskeln mit Stromstößen traktieren. Das 20-minütige Training ist mehrfach effektiv. Zudem geht der 49-Jährige gerne ans Limit, um etwas zu erreichen. Wer sich weiterentwickeln will, müsse an seine Grenzen gehen – im Sport wie im Beruf, erklärte er der „Welt" im Interview.

Der geschäftsführende Gesellschafter hat viel erreicht, seit er 2005 nach dem frühen Tod seines Vaters Felix die Führung des Unternehmens übernahm. Bekannt wurde der Herstseller von 1899 durch sein Hustenbonbon mit dem weiß-roten Fähnchen der Marke Em-eukal. Zur Zeit seines Einstiegs als Nachfolger sank der Marktanteil auf Tiefstand. Doch für den Bonbonspezialisten, der seine Produkte damals exklusiv über Apotheken und Drogeriemärkte vertrieb, war die Krise nicht existenziell. Die Entscheidung, wie man künftig agiert, hätte aber nicht viel später getroffen werden dürfen. Deshalb waren die ersten Jahre harte Arbeit mit schwierigen Aufgaben.

Harte Entscheidungen für richtige Ausrichtung

Der Manager schreckte vor tiefen Zäsuren nicht zurück. Sieben Parfümerien aus den Anfängen des Unternehmens wurden abgegeben. Die zugehörige Druckerei wurde mit der Muttergesellschaft verschmolzen, der Geschäftsbetrieb eingestellt. Soldan sagt rückblickend: „Das waren Entscheidungen, die viel Unruhe im Unternehmen ausgelöst haben, aber richtig waren, weil wir uns dadurch auf die Marke konzentrieren konnten." Alte Marken fasste Perry Soldan unter der Marke Em-eukal zusammen. Die Produkte erlebten einen Wachstumsschub von 20 bis 25 Prozent.

Außerdem wurde die Vertriebsbasis um den Lebensmitteleinzelhandel erweitert: „Wir wollen in Deutschland die Nummer 1 sein", so sein Ziel. Übergibt er das Unternehmen der fünften Generation, soll es gesund und in Marktsegmenten präsent sein. Mit seinem Einstieg ins Unternehmen wandelte sich der Führungsstil. Der studierte Betriebswirt, der zuvor fünf Jahre in einem Textilunternehmen arbeitete, versteht sich nicht als Patriarch. Er will viel Verantwortung und Entscheidungsfreiheit auf allen operativen Ebenen. Deshalb investiert Soldan in seine Mitarbeiter, hat Human Resources von reiner Personalverwaltung zur Personalentwicklung umgebaut und ließ eine Führungswerkstatt einrichten mit Fokus auf Feedback-Kultur.

Der Weg an die Marktspitze führt für ihn über Markenführung: „In unserer Warengruppe sichert die Marke die Zukunft. Überleben gelingt aus ihrer eigenen Kraft." Der Unternehmenschef setzt aufs Vorleben, um sie mit Authentizität, Liebe und Leidenschaft durch Mitarbeiter zu hegen und zu pflegen. Dadurch ist die Marke auch ohne große Budgets im Markt verankert.

Man muss die Seele des Produkts verstanden haben, so Perry Soldan, um die Waren erfolgreich verkaufen zu können. Was die Seele von Em-eukal ausmacht, haben die Adelsdorfer im Claim „Geschmack zeigt Wirkung" übersetzt. Das Bonbon muss schmecken und eine Wirkung haben, sonst würde das Leistungsversprechen nicht funktionieren.

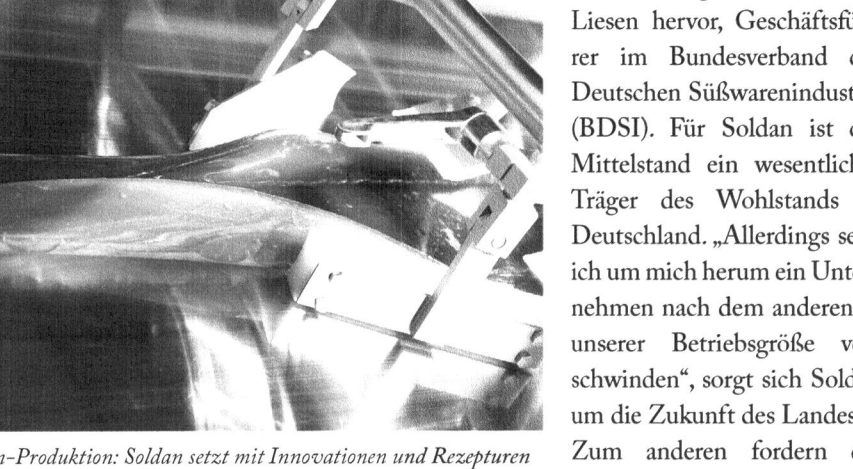

Bonbon-Produktion: Soldan setzt mit Innovationen und Rezepturen immer wieder Impulse im Markt und erobert neue Zielgruppen.

Zur Marktführerschaft gehört der Anspruch des Franken, Kategorien im Markt zu definieren und neue Impulse durch Innovationen, Verpackungen und Rezepturen zu setzen. Allerdings gesteht Soldan, es gebe noch eine Lücke zum Konsumenten. Sein Markenbild ist traditionell vom Hustenbonbon geprägt, das man bei Erkältungen lutscht. Mit Em-eukal Gummidrops fand das Unternehmen 2014 eine neue Darreichungsform, die neue Zielgruppen für die Marke erschloss. „Die Marke ist dadurch jünger, frischer und moderner geworden", freut sich Soldan.

Das Marketing der Franken belohnte eine Fachzeitschrift mit dem Award für den besten Marken-Relaunch durch das neu positionierte „Rundumwohlfühlbonbon". Den Preis für die beste Markendehnung gab es später für die Gummidrops. Begründung der „absatzwirtschaft"-Jury: Das Unternehmen habe die Marken-DNA „sauber herausgearbeitet" und es geschafft, für sich „Innovationen mit perfektem Markenfit zu entwickeln". Als „Marke des Jahrhunderts" gilt der Marktführer im Hustenbonbonsegment deutscher Apotheken seit 2009. Als Nummer 2 ist das Unternehmen in Drogeriemärkten präsent, als Nummer 3 im Lebensmittelhandel.

Der Bonbonhersteller wächst seit 13 Jahren pro anno um durchschnittlich 4,5 Prozent und erzielt einen Umsatz von 70,6 Millionen Euro. Weiteres Wachstum soll aus dem Ausbau des internationalen Geschäfts kommen. Die Zukunft hält weitere Herausforderungen für den Spezialisten bereit. Da sei zum einen die Politik, die mit immer neuen Gesetzen dem Mittelstand das Überleben schwer macht, kritisiert Soldan. Deshalb engagiert sich der Unternehmer für den industriellen Standort Deutschland und die Anliegen der kleinen und mittelständischen Unternehmen.

„Er ist ein Integrator, der dafür steht, die industrielle Produktion in die Mitte der Gesellschaft zu holen und ihre Akzeptanz zu steigern", hebt Peter Liesen hervor, Geschäftsführer im Bundesverband der Deutschen Süßwarenindustrie (BDSI). Für Soldan ist der Mittelstand ein wesentlicher Träger des Wohlstands in Deutschland. „Allerdings sehe ich um mich herum ein Unternehmen nach dem anderen in unserer Betriebsgröße verschwinden", sorgt sich Soldan um die Zukunft des Landes.

Zum anderen fordern die Konsumenten den fränkischen Unternehmer heraus. Vor allem bei den jüngeren Zielgruppen lässt die Markentreue nach. Bei ihnen steigt die Bereitschaft, auch Neues auszuprobieren. Das macht es jedem mittelständischen Unternehmen mit begrenztem Budget schwer, Kunden dauerhaft zu binden und neue zu gewinnen. Deshalb hofft Soldan, dass der Handel auch künftig den Mittelständlern die Zeit gewährt, die sie brauchen, um neue Produkte im Markt zu etablieren.

Marshallplan für digitale Zeiten

Nicht unberührt bleibt der Bonbonhersteller auch von der Digitalisierung. „Wenn es dabei bleibt, dass die Konsumenten weiter zu 90 Prozent im klassischen Handel einkaufen, habe ich keine Sorgen", sagt Soldan. Doch wenn sich die Relevanz weiter hin zum Online-Handel verschiebt, muss die Marke auch dort wahrgenommen werden. Am Marshallplan für diese digitalen Zeiten arbeitet Soldan mit seinem Team und externer Unterstützung. Zumindest sein Ziel ist schon eindeutig definiert: „Ich will den Marken-Award für die beste digitale Marke gewinnen." In etwa fünf Jahren will er sich wieder diesem Wettbewerb stellen.

Peter Hanser war drei Jahrzehnte als Wirtschaftsredakteur tätig und arbeitet seit 2014 als freier Journalist.

Erfolgreich kooperieren?

Umstrittene Thesen stellt dieses Magazin in „return kontrovers" zur Diskussion. Diesmal drehen sich Diskurs und Debatte um die Zusammenarbeit von Start-ups und Etablierten.

Kooperationen zwischen Start-ups und etablierten Unternehmen seien „vielversprechend für beide Seiten", unterstreicht gleich der erste Satz dieser Studie über die Zusammenarbeit von Mittelstand und Gründern. Sie trägt den auffordernden Untertitel „Learn. Match. Partner.". Die Autoren am Alexander von Humboldt Institut für Internet und Gesellschaft (HIIG) kooperieren für ihre Forschung selbst mit „Spielfeld Digital Hub". Diesen „Ort" in Berlin-Kreuzberg hatten wiederum die zusammenarbeitenden Partner der Kreditkartenfirma Visa Inc. und der Unternehmensberatung Roland Berger gegründet, um „ein Umfeld für Co-Innovationen" zu schaffen und „traditionelle Industrien auf ihrem Weg zur digitalen Transformation voranzubringen".

Klein starten, aber starten

Die Wissenschaftler berichten in ihrer Untersuchung aber von „zwei Welten" und „verschiedenen Hürden" zwischen traditionellen Mittelständlern hier und innovativen Start-ups dort. Das Studienergebnis zeige, dass es gerade in Deutschland noch zahlreicher „Brückenbauer bedarf", die beide Seiten dabei unterstützen besser zusammenzufinden. Gleichwohl gebe es gegenüber Großkonzernen vergleichsweise mehr Gemeinsamkeiten zwischen KMU und Gründern. Ihre Ergebnisse lassen die Autoren um Prof. Thomas Schildhauer in den Aufruf münden: „Start small, but start". Dafür erfordere jede Partnerschaft „eine klare Win-Win-Strategie", in der „Transparenz, klare Erwartungen und realisierbare Versprechungen zum Erfolg" beitragen.

Prof. Thomas Schildhauer

© HIIG / Mike Henning

Die „konkreten Kooperationsformen" leiten sich jeweils aus den Zielen der beiden Partner ab, ermittelte das Institut für Mittelstandsforschung (IfM) als Ergebnis von Experteninterviews über Motive, Formen, Herausforderungen und Erfolgsfaktoren von „Kooperationen zwischen etablierten Mittelständlern und Start-ups". Erstgenannte motiviere vor allem der „Zugang zu neuen Technologien und hoch qualifizierten Fachkräften", die Gründer gucken danach eher auf den „Zugang zu einem großen Netzwerk sowie branchenspezifisches Know-how". Doch trotz unterschiedlicher Interessen konstatieren die Autoren auch hier unterm Strich „ein großes Potenzial für beide Seiten".

Insgesamt acht Kooperationsformen vom ersten Kennlern-Event über Inkubator-Programme bis zur Akquisition einer Neugründung empfiehlt die IfM-Studie. Zu den Herausforderungen zählen wie in jeder Beziehung die richtige Partnerwahl und die Art der Anbahnung, Vertrauensaufbau, Flexibilität und Risikotoleranz sowie ähnliche Arbeitsweisen. Erfolgsfaktoren: ein „klares Erwartungs-Management", größtmögliche Offenheit und Nähe sowie eindeutige Definitionen zu Mehrwerten, Zielen und Zeithorizonten.

Mittelständler kritisch und zurückhaltend

Unausgereifte Geschäftskonzepte, geringe Budgets, Unerfahrenheit, schlechte Qualifizierung und kulturelle Unterschiede – diese Defizite ermittelte jüngst Prof. Isabell Welpe von der TU München in einer Befragung von Mittelständlern zu Erfahrungen bei der Zusammenarbeit mit Start-ups für eine Studie der Hypovereinsbank.

„Kaum Kontakt zu Start-ups" attestierte dem Mittelstand fast zeitgleich der Verband der Digitalbranche, Bitkom, sodass Präsident Achim Berg warnt: „Gerade der Mittelstand tut sich noch häufig schwer damit, die Digitalisierung aktiv zu gestalten und für das eigene Unternehmen zu nutzen. Start-ups können hierbei eine wichtige Unterstützung sein – und sie können zugleich von den Erfahrungen und Kontakten der etablierten Unternehmen profitieren." Von den befragten Mittelständlern hatten zwei Drittel angegeben, überhaupt nicht mit Start-ups zusammenzuarbeiten.

Diese Auswertung vier verschiedener Studien, die alle innerhalb der vergangenen zwölf Monate erschienen, stammt von Thorsten Garber.

<table>
<tr><td>

PRO

Lars O. Lüke: „Kooperationen setzen Potenziale und Kräfte frei"

Die Digitalisierung ist ein tiefgreifender und dynamischer Prozess. Unternehmen müssen deshalb offen sein für den Bewusstseinswandel und die radikale Änderung der Denkrichtung. Was oft fehlt: Schnelligkeit. Was es oft in Überfülle gibt: gewohnte, eingefahrene Strukturen, Bremser, Bewahrer und Bedenkenträger.

Für den deutschen Mittelstand, der es immer verstanden hat, vorhandene Stärken zu nutzen, um seine Technologieführerschaft auszubauen, sind Kooperationen mit Start-ups von großem Vorteil: Start-ups beginnen bei null, sind risikofreudiger, probieren aus, sind schneller und insgesamt agiler. Neben der Möglichkeit, komplett eigenständige Innovation voranzutreiben, sind daher im Mittelstand vermehrt Kooperationen mit Start-ups eine interessante Alternative – seien es lose Projektkooperationen oder Investments in oder zu einer Übernahme von diesen Start-ups.

Für Start-ups öffnen sich Türen

Jedoch müssen beide Parteien von diesen Kooperationen profitieren: Für Start-ups öffnen sich Türen zu großen Erfahrungs- und Wissensschätzen, weltweiten Netzwerken und natürlich zu Kapital. Es kann nicht nur, es muss eine Win-Win-Situation entstehen. Wenn beide Seiten grundsätzlich offen für Kooperationen sind, ihre Erwartungshaltung von Beginn an klären und physische Gestaltungsräume wie geistige Freiräume schaffen, können durch solche Kooperationen ungeahnte Potenziale und Kräfte freigesetzt werden.

</td><td>

KONTRA

Fritz Oidtmann: „Zusammenarbeit geht leider oft schief"

Jeder wünscht sich mehr Zusammenarbeit von Start-ups und etablierten Unternehmen. Leider geht sie oft schief. Woran liegt das?

Mangelnder Mut: Will ein großes Unternehmen einen wichtigen Service vom Start-up einkaufen, entscheidet man sich oft für das deutlich schlechtere Angebot eines anderen Großunternehmens, weil der Verantwortliche beim Einkauf des Marktstandards kein Risiko eingeht. Chance verpasst!

Mangelnde Experimentierfreude: Start-ups operieren schneller, weil sie nicht mehrere Hierarchieebenen bei Entscheidungen berücksichtigen müssen. Sie gehen auch mit unfertigen Lösungen an den Markt, um schnell Feedback zu erhalten und das Produkt danach zu perfektionieren. Etablierte Unternehmen sind vorsichtiger, um ihre Marke zu schützen, und wollen mit sicherer Lösung an den Markt.

Mangelnde Freiheiten: Kommt es nicht nur zur Kooperation, sondern zu einem Direkt-Investment, müssen sich Türen öffnen und ein Coachen ohne Gängeln folgen. Start-ups sollten wie reine Finanzbeteiligungen geführt werden. Sie sollen unabhängig entscheiden und ihren Weg gehen. Räumliche Distanz kann helfen. Der zu hohe Anteil strategischer Investoren verhindert Finanzierungsrunden, da andere Investoren zu wenige künftige Exit-Optionen sehen.

Beide Seiten ticken anders

Man sollte vorher Erwartungen austauschen, die eigene Organisation einstimmen und durch Entscheidungsfreude und kurze Wege befähigen. Denn beide Seiten ticken anders.

</td></tr>
<tr><td>

Lars O. Lüke arbeitet an der Digitalisierung des Mittelstands und am Aufbau digitaler Geschäftsmodelle bei Deloitte Digital, die vor allem Unternehmen zur digitalen Transformation beratend begleitet.

</td><td>

Fritz Oidtmann ist geschäftsführender Partner bei Acton Capital, einem Investor für Internet-Unternehmen. Er war selbst Mitgründer von Onvista und begleitet Gründerteams als Mentor.

</td></tr>
</table>

Intelligenter Lebensretter

Continental optimiert Lkw-Assistenzsysteme

Weiß gestrichene Fahrräder, sogenannte „Ghost-Bikes", die an tödlich verletzte Radfahrer erinnern, stehen an vielen bundesdeutschen Straßenkreuzungen. Häufig sind es Lkw-Fahrer, die beim Rechtsabbiegen die neben ihnen fahrenden Radler übersehen. „Allein in Deutschland sterben pro Jahr 30 bis 40 Menschen durch abbiegende Laster, über 600 Radunfälle mit abbiegenden Lkw gibt es pro Jahr", sagt Burkhard Stork, Bundesgeschäftsführer des Allge-

Beim neuen Assistenten für Lkw-Fahrer unterscheidet das intelligente System zwischen Radlern und Fußgängern.

meinden Deutschen Fahrradclubs. Digitale Assistenzsysteme helfen, solche Unfälle zu vermeiden. Kürzlich brachte die EU-Kommission erste Schritte zur neuen Verordnung auf den Weg, die elektronische Abbiegeassistenten vorschreiben soll. Autozulieferer wie Continental arbeiten intensiv daran, solche Systeme weiterzuentwickeln. Denn klassische Mittel scheinen kaum etwas zu bringen; so werden Lkw schon seit Jahrzehnten mit immer mehr Spiegeln ausgerüstet.

Dass „Abbiegeunfälle trotz der Vielzahl an Spiegeln auch heute noch geschehen", stellte die Bundesanstalt für Straßenwesen schon vor drei Jahren fest im Bericht über Testverfahren für Abbiegeunfall-Assistenzsysteme. Ein solches System müsse durch „Umfeld-Erkennung den Fahrradfahrer detektieren" können, hieß es damals.

Wie wichtig das ist, zeigt die Tatsache, dass passive Schutzmaßnahmen wie Seitenbleche nicht ausreichen. Sie sollen verhindern, dass Radler unter Lkw geraten, so das Forschungsinstitut „Unfallanalyse Berlin". Entwickler von Radarlösungen stehen vor der Herausforderung, dass Radler nicht besonders groß sind und Störungen wie Schilder, Lampen oder Bäume zahlreich. Trotzdem leisten solche Systeme schon einiges und sind immer besser geworden.

So liefern Radarsysteme „verlässliche Informationen zu Ort und Geschwindigkeit von Fußgängern und Radfahrern", wie Christian Neumann zusammenfasst. Er ist für die Lkw-Assistenzsysteme zuständiger Programmleiter bei der Continental AG. Die Objekt-Erkennung sei mit höherer Doppler-Auflösung sehr gut. Allerdings unterscheide die Technologie kaum zwischen Fußgängern und Radfahrern und könne „nichtlineares Verhalten" nicht gut abschätzen. Denn beide Verkehrsteilnehmer bewegten sich oft abrupt. Das führe häufig zu Fehlalarmen, sagt Neumann: „Entsprechend groß ist das Risiko, dass ein System abgeschaltet wird, wenn der Fahrer die Möglichkeit dazu hat." Kamerabasierte Systeme könnten zwar besser unterscheiden, würden aber oft Alarm schlagen, obwohl die Situation unkritisch ist. Neumann und sein Team arbeiten daher daran, das System auch mit einer Gesten-Erkennung auszustatten. Zur Messe „IAA Nutzfahrzeuge" stellte Continental jüngst ein System vor, das mit künstlicher Intelligenz arbeitet. „Ein Fußgänger, der rechts auf dem Gehweg dem Lkw entgegenkommt, und dabei eindeutig Richtung Fahrer schaut, löst im System keine Warnung aus. Ein Radfahrer rechts daneben schon", erklärt Neumann. Nur wenn die Zahl potenzieller Fehlalarme gering ist und die Erkennung trotzdem zuverlässig bleibt, werden Notbrems-Automatismen sinnvoll.

Systeme erkennen schon bald Gesten

Continental entwickelt aktuell die erste Stufe verbesserter Radarsysteme in Serie. Neue „Nur-Radarsysteme" sind, so Neumann, in etwa zwei Jahren verfügbar. Danach könnten Kombinationen mit Kameras in Serie gehen. Voraussichtlich ab 2023 verfügen die Systeme über Gesten-Erkennung, was Wasser auf die Mühlen der Berliner Unfallanalyse-Forscher wäre, die feststellten: „Es sind aktive Systeme gefordert, die möglichst weitgehend die Funktion eines Beifahrers übernehmen können." Der Sozius gilt ohnehin als der einfachste Ansatz, der vielen dennoch zu teuer sein dürfte, zumal Spediteure schon über akuten Fahrermangel klagen.

Armin Hingst arbeitet unter anderem als freier Journalist vor allem zu IT-Themen und zu vielfältigen Aspekten der digitalen Transformation.

Nachweisliche Verbesserung

Unternehmerische Verantwortung – wirtschaftlicher Erfolg

Druckereien definieren sich oft über die Marke und Größe ihrer Druckmaschinen. Das ist, als würde ein Bäcker nicht mit seinen Zutaten und der Frische seiner Brötchen werben, sondern mit dem Namen des Backofenherstellers. Da es weltweit nur drei bis vier Druckmaschinenhersteller gibt, taugt der Hinweis auf die Druckmaschine nicht als Unterscheidungs-, geschweige denn als Alleinstellungsmerkmal.

Im Druckhaus Berlin-Mitte ist schon vor vielen Jahren entschieden worden, sich durch die Umweltverträglichkeit der Produktion zu unterscheiden. Nun darf man sich das nicht als bewusste Marketing-Entscheidung vorstellen. Auslöser waren die Druckerei umgebende Anrainer, denen der Nachweis der Unbedenklichkeit von Emissionen aller Art geliefert werden sollte.

Dieses Ziel führte im Jahr 2002 zur Einführung des europäischen Eco-Management and Audit Scheme (EMAS). EMAS ist das wohl anspruchsvollste Umwelt-Management-System Europas, da es zum einen durch die ständige Überarbeitung von Umweltzielen eine kontinuierliche Weiterentwicklung auf diesem Gebiet garantiert und zum anderen durch die Verpflichtung zur Berichterstattung gegenüber der Öffentlichkeit zum integralen Bestandteil der internen und externen Kommunikation werden lässt.

Die in diesem Zusammenhang notwendigen Audits und Zielfestlegungen führen zur kontinuierlichen Beschäftigung mit Fragen der Energieeffizienz, Makulatur-Einsparung und vielem mehr. Vor allem begann ein Prozess, der aus einer Idee der Unternehmensführung die Einbeziehung aller Mitarbeiter provozierte.

Blauer Engel steht für klare Vorgaben

Auf Basis der EMAS-Validierungen folgte vor drei Jahren die Zertifizierung als erste Druckerei überhaupt, mit dem Blauen Engel für Druckerzeugnisse. Der Blaue Engel ist das bekannteste und anerkannteste Umweltzeichen. Es trägt nachweislich zu dreierlei bei: zur Verbesserung der Arbeitsbedingungen, zur Verringerung der Umweltbelastungen durch ein Produkt und zur Kaufentscheidung beim Endkunden.

Aber welche wirtschaftlichen Erfolge kann ein Unternehmen nun aus diesem Engagement ziehen? Schon länger haben wir die Erfahrung gemacht, dass es für uns leichter ist, Nachwuchs für das Unternehmen zu gewinnen, weil sich junge Menschen für diese Fragen interessieren und engagieren wollen. Studenten möchten im Praxissemester zum Umwelt-Management mehr über das erfahren, was an der Uni nicht auf dem Lehrplan steht. Unsere Ausbildungsquote liegt mit zehn Prozent weit über dem Branchenschnitt. Aber auch bei den vorhandenen Mitarbeitern steigt die Identifikation mit dem Unternehmen. Insgesamt sorgt das in unserer Druckerei für eine geringe Fluktuation.

Lieferanten sind stolz, uns mit ihren Produkten beliefern zu können. Dies wirkt sich sowohl in der öffentlichen Darstellung als auch in den Konditionen aus. Spätestens, seitdem wir mit dem Blauen Engel auftreten, sind auch Erfolge im Vertrieb nachweislich mit dem Umwelt-Engagement verbunden. So sind 75 Prozent aller Druckerzeugnisse mit dem Blauen Engel von Neukunden beauftragt worden.

Unternehmenserfolg durch Umwelt-Engagement

Kein Journalist schreibt gerne über die 134. Maschineneinweihung, also erhalten wir mit unseren Umweltthemen immer wieder Möglichkeiten, uns in Fachmedien unserer Branche, aber auch unserer Kunden zu präsentieren. Die Einladungen zu Vorträgen oder Podiumsdiskussionen gehören ebenso zu den positiven Nebeneffekten, die helfen, die Botschaft in die Welt zu tragen, und gleichzeitig einen Werbeeffekt für das Unternehmen haben. Allen, die jetzt noch zögern, kann ich die Umsetzung einer umweltschonenden Aufstellung des eigenen Unternehmens nur empfehlen. Mein Appell: Ihre Kunden, Ihre Mitarbeiter, Ihr Unternehmenserfolg und nicht zuletzt unsere Umwelt werden es Ihnen danken!

Martin Lind ist Geschäftsführer der DBM Druckhaus Berlin-Mitte GmbH, die den EMAS-Wettbewerb für ihr Umwelt-Management-System gewann und als bundesweit erste Druckerei auch die Kriterien für den Blauen Engel in Druckerzeugnissen erfüllte.

Beim Generationenwechsel im Unternehmen muss mehr sitzen als die Krawatte. Der reibungslose Übergang ist in Familienunternehmen nicht so leicht zu bewerkstelligen. Die drei Dimensionen aus Eigentum, Unternehmen und Familie wecken jeweils spezielle Erwartungen an Verantwortliche in der Unternehmensführung. Gilt die Person im engsten Verwandtenkreis etwa nur als geeignet, weil sie Sympathien auf sich vereint, oder greift als Maßstab tatsächlich das Leistungsprinzip?

Family Business

Die richtige Übergabe zählt in Familienunternehmen zu den schwierigen Aufgaben. Denn als besondere Herausforderung der Nachfolge kann sich ein Feld voller Spannungen eröffnen.

Dieses Familienunternehmen, nennen wir es die Müller GmbH, besteht seit 1863 und beschäftigt unter der Führung in fünfter Generation mehr als 200 Mitarbeiter. In seiner bewegten Geschichte gelang der Wandel vom Metallhändler zum Maschinenhersteller. Wandel und Innovation sind bis heute zentrale Treiber und werden vom geschäftsführenden Inhaber forciert. Nach ersten Berufserfahrungen stieg er 2007 in das Unternehmen ein und förderte die Digitalisierung. Zudem gelang es, die Nachfolge erfolgreich zu bewältigen sowie neue Produkte und Ideen einzubringen. Ein Idealfall.

Generell stellen Familienfirmen die Mehrheit aller Unternehmen in Deutschland und anderen Staaten der Welt dar. Sie bilden das oft genannte „Rückgrat der deutschen Wirtschaft" und stehen meist für echten Mittelstand. Flache Hierarchien, kurze Entscheidungswege, hohe Kernkompetenzen zeichnet diese besondere Spezies von Betrieben aus. Damit sind sie häufig innovativer und flexibler als große börsennotierte Publikumsgesellschaften. Darüber hinaus agieren sie in der Regel langfristig orientiert und legen großen Wert darauf, dass das Unternehmen in Familienhand bleibt.

Andererseits ist die digitale Transformation nicht selten ein Streitpunkt zwischen den Generationen, wie eine Studie der Unternehmensberatung PwC ermittelte. Doch auf der Suche nach vernünftiger Nachfolgeregelung lastet ein gewisser Zeitdruck: Nach aktuellen Schätzungen des Instituts für Mittelstandsforschung (IfM) in Bonn steht allein zwischen 2018 und 2022 in rund 150.000 Familienunternehmen die Übergabe an. Dies entspricht 30.000 Übergaben pro Jahr. Viele Familienunternehmen bevorzugen eine familieninterne Nachfolgeregelung. Das bringt eine Reihe von Herausforderungen mit sich, da die Unternehmen häufig auf spezielle Kompetenzen, Kontakte und Bedürfnisse der aktuellen Geschäftsführung oder der Gründergeneration zugeschnitten sind. Gerade junge und verhältnismäßig kleine inhabergeführte Unternehmen prägen daher viele Spannungsfelder in der Nachfolgefrage. Das liegt beispielsweise daran, dass

„Aus Eigentum, Familie und Unternehmen entstehen spezifische Erwartungen an beteiligte Personen."

sich in diesen Unternehmen noch keine Muster der Übergabe etabliert haben, wie das in Unternehmen der Fall ist, die schon älter sind und daher mehrere erfolgreiche Nachfolgeprozesse realisieren konnten. Unternehmensnachfolgen sind in Familienunternehmen in einen Kontext eingebettet.

Dieser wird von drei Dimensionen oder Systemen tangiert: vom Unternehmen, von der Familie und vom Eigentum. Aus jedem dieser Systeme entstehen spezifische Erwartungen an die beteiligten Personen, die berücksichtigt werden müssen. In Familien dominiert meist die Idee von Gleichheit und ganzheitlichem Interesse an der Person. Diese kann aber nicht direkt auf das Unternehmen übertragen werden, da dort in der Regel das Leistungsprinzip zählt und die Wahrnehmung von der Person sowie ihrer Position und ihrer Funktion abhängt. In Unternehmen ist nicht entscheidend, welches Individuum die Rolle etwa des Geschäftsführers innehat. Maßgeblich ist vielmehr, dass diese Person diese Position in passender Weise ausfüllt und den unternehmerischen Erwartungen entspricht sowie die maßgeblichen Kompetenzen dafür zeigt.

Richtiges Handeln ohne Ansehen der Person

Dieses Handeln ohne Ansehen der Person ist aber in der Familie nicht gegeben, da dort entscheidend ist, wer handelt. Ist es der Vater, die Tante oder der Cousin? Aus der Antwort könnten sich Probleme ergeben, weil etwa nicht klar wird, in welcher Rolle der oder die andere kommuniziert, etwa als Vetter oder als Vorgesetzter. Solche Missverständnisse machen das Thema der Nachfolge noch schwieriger. Arist von Schlippe, Professor und Inhaber des Lehrstuhls für Führung & Dynamik von Familienunternehmen an der Universität Witten/Herdecke, spricht von „schrägen Anschlüssen". Eine weitere Herausforderung der Nachfolge besteht darin, dass sie sich auf alle drei Bereiche von Unternehmen, Familie und Eigentum beziehen kann, wie es im Buch „Life Cycles

Der Schutz von Familie, Eigentum und Unternehmen verlangt auch nach dem sicheren Übergang von Führung innerhalb der Generationen.

Drei Kreise rund um Familienunternehmen

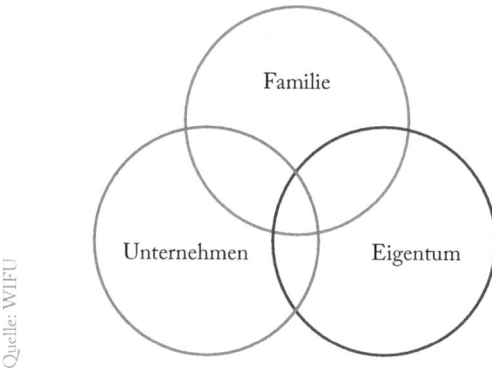

Quelle: WIFU

Das klassische Drei-Kreis-Modell, um die beeinflussenden Systeme von Familienunternehmen besser zu verstehen.

of the Family Business" heißt. In der Regel führt die Übertragung von Gesellschaftsanteilen die jüngere Generation in die Nachfolge – ob wegen Todes oder wegen vorweggenommener Erbfolge zu Lebzeiten. Damit treten Abkömmlinge als Nachfolger auch juristisch betrachtet in die Fußstapfen der vorausgehenden Generation. Möglich ist auch, dass die Nachfolger als Gesellschafter in das Familienunternehmen aufgenommen werden. Daraus können Konflikte entstehen, weil durch die Erweiterung des Gesellschafterkreises die Entscheidungsfindung komplexer wird.

Die Nachfolge kann aber auch unabhängig vom Gesellschafterbestand allein innerhalb der Familie vollzogen werden. Das ist etwa dann der Fall, wenn Positionen im Familienrat neu besetzt oder bestimmte Rollen neu verteilt werden, wie die Organisation des Familientags. Als schwierigste Form können Nachfolger in operativer Tätigkeit für das Unternehmen eintreten. Hierfür ist eine lange Vorbereitung notwendig – und der Wille zur gemeinsamen Lösung. Das ist nicht

selbstverständlich, da die Seniorengeneration noch aktiv sein möchte. Dennoch wollen Nachfolgende eigene Entscheidungen treffen und eigene Erfahrungen sammeln.

Die Nachfolge in Familienunternehmen ist also ein Prozess im komplexen Spannungsfeld von Familie, Unternehmen und Eigentum. Dabei ist es nicht sinnvoll, sich ausschließlich auf den Nachfolgenden und/oder den Übergebenden zu fokussieren. Vielmehr müssen alle drei Einfluss-Kreise ganzheitlich in Betracht gezogen werden. Allerdings wird trotz aller Abwägungen und Überlegungen keine einfache Lösung möglich sein, die für alle Beteiligten ideal ist.

Nachhaltige Konflikte, individuelle Lösungen

Wird der Gleichheitslogik der Familie gefolgt, kann es sein, dass nicht die qualifizierteste Person die Nachfolge übernimmt. Dies wäre problematisch, wenn es um operative Tätigkeiten im Unternehmen geht, vor allem in der Geschäftsführung. Wird dem Leistungsprinzip des Unternehmens entsprochen, kann es zu nachhaltigen Konflikten in der Familie kommen, die sich negativ auf Entscheidungen der Gesellschafter und das Unternehmen auswirken. Jeder verlangt nach individuellen Lösungen und unkonventionellen Wege.

Besonders wichtig ist, frühzeitig mit dem Nachfolge-Prozess zu beginnen. Die Beteiligten innerhalb der Unternehmerfamilie müssen über die Übergabe rechtzeitig miteinander sprechen. Allerdings meiden noch immer zu viele Unternehmerfamilien das Thema, ergaben Untersuchungen. Sie setzen sich erst mit Fragen der Nachfolge auseinander, wenn negative Erwartungen oder problematische Verhaltensmuster sich verfestigt haben, wie etwa Torsten Groth, Tom A. Rüsen und Arist von Schlippe in ihrer Arbeit konstatieren. In ihrem Leitfaden zur Gestaltung der Nachfolge weisen sie auch auf neun Stufen zur erfolgreichen Übergabe hin (siehe Kasten).

In vielen Unternehmerfamilien wird das Thema umgangen, weil es für die Beteiligten heikel ist. Aus dieser Scheu entspringt aber keine Lösung, sondern dadurch verschärft sich

Neun Schritte zur erfolgreichen Nachfolge im Unternehmen

▶ Thematisieren Sie die Nachfolge!

▶ Unterscheiden Sie zwischen der Nachfolge auf Gesellschafter- und Unternehmensseite!

▶ Beachten Sie juristische Implikationen!

▶ Denken Sie an das Unternehmen – ohne die Familie! Und denken Sie an die Familie – ohne das Unternehmen!

▶ Priorisieren Sie die Kompetenz als Auswahlkriterium für die Nachfolgekandidaten!

▶ Nachfolger sollten ihre eigenen unternehmerischen Wege gehen dürfen!

▶ Vorgänger sollten aber Nachfolger nicht alleine lassen!

▶ Ziehen Sie Alternativen zur familiären Nachfolge in Betracht!

▶ Externer Rat ist nützlich!

Die gute Ernte ist ein grundsätzliches Unternehmensziel – vom kleinen Winzerbetrieb bis zum großen Industrieanlagenbauer im Mittelstand. Dafür muss die Unternehmensführung stets die Vorgaben für profitable Erträge schaffen, aber ebenso rechtzeitig die Nachfolge regeln zum Gewinn für die Unternehmerfamilie.

das Problem mit der Zeit. Ob auf Gesellschafter- oder Unternehmensseite: Beide Nachfolgen benötigen jeweils eigene Kompetenzen für eine erfolgreiche Durchführung. Deshalb sollte das genau durchdacht werden und auf die jeweilige Zielgruppe zugeschnitten werden. Die Übertragung von Gesellschaftsanteilen und die Aufnahme neuer Gesellschafter bergen eine Reihe von gesellschaftsrechtlichen und steuerrechtlichen Herausforderungen in sich. In Einzelfällen können zahlreiche Fallstricke zu überwinden sein. Insoweit ist in jedem Fall professioneller Rechtsrat einzuholen, um böse Überraschungen zu vermeiden.

Denn in Familienunternehmen kommen zwei sehr unterschiedliche Logiken zusammen. Es ergibt Sinn, in der Bewertung zwischen Familie und Unternehmen zu trennen. Auf Basis dieser getrennten Betrachtung lässt sich dann im Detail analysieren, welche Optionen denkbar sind. Damit können anschließend die Vor- und Nachteile der verschiedenen Möglichkeiten abgewogen und eine Entscheidung getroffen werden, damit es für Familie und Unternehmen passt.

Erweiterter Kreis von Nachfolgern

Häufig wurde in der Vergangenheit der erstgeborene Sohn als Nachfolger favorisiert. Hier ist es ratsam, den Kreis der möglichen Nachfolger zu erweitern und Töchter systematisch in die Überlegungen mit einzubeziehen. Das erleichtert es deutlich, den oder die passende Person für die Nachfolge zu finden. Ist eine Nachfolgerin oder ein Nachfolger gefunden, muss die Seniorengeneration – selbst wenn sie schon deutlich mehr Erfahrung gesammelt hat – den Junioren die Freiheit

geben, eigene unternehmerische Entscheidungen zu treffen. Denn Unternehmen sind immer wieder neuen und anderen Herausforderungen ausgesetzt, sodass Lösungen aus der Vergangenheit nicht unbedingt auch für die Zukunft passen müssen.

Vorgänger geben Freiheiten und gut gemeinte Ratschläge

Andererseits: So wohlverdient der Ruhestand auch sein mag, sollten die Vorgänger die Nachfolgenden bei schwierigen Entscheidungen unterstützen. Ein gut gemeinter Rat, das Einführen ins Netzwerk oder andere Hilfen sind in der Regel willkommen. Denn Erfahrungen sind wichtig und relevant. Aber auch ein „Plan B" sollte beim Fehlen einer geeigneten Nachfolge innerhalb der Unternehmerfamilie nicht außer Acht gelassen bleiben.

Kurzum: Man sollte stets offen für andere Lösungen sein, auch wenn die Verbundenheit im eigenen Kreis enorm ist und die eigene Identität prägt. An alten Mustern festzuhalten nützt nichts, wenn die Nachfolgenden die Übernahme von Verantwortung im Familienunternehmen als Bürde empfinden oder eine externe Lösung aus anderen Gründen für alle Beteiligten besser ist.

Auch externen Rat einzuholen ist hilfreich. Mit anderen Unbeteiligten über Problemlagen zu sprechen, eröffnet mitunter neue Horizonte. Das können Personen aus anderen Familienunternehmen sein, die häufig vor den gleichen Herausforderungen stehen. Oder auch Experten wie Unternehmensberater, die eine hohe Sachkenntnis haben und kompetent Unterstützung leisten können.

Das Autorentrio stammt vom Wittener Institut für Familienunternehmen (WIFU) der Universität Witten/Herdecke (v. l.): Prof. Heiko Kleve und Dr. Tobias Köllner gehören zum WIFU-Stiftungslehrstuhl für Organisation und Entwicklung von Unternehmerfamilien, PD Dr. Christoph Schreiber vertritt den Lehrstuhl für Recht der Familienunternehmen.

„Jedes neue Geschäftsmodell muss sich noch fünfmal drehen"

Daniel Schallmo forscht federführend an der digitalen Transformation von Geschäftsmodellen. Über Erkenntnisse und Gesetzmäßigkeiten für Unternehmen spricht er hier exklusiv im Interview.

Keynote Speaker beim
1. Transformations-Kongress
www.returnlive.de

Herr Professor Schallmo, wieso sind Leistungspakete, aus denen Unternehmen ihre Geschäftsmodelle schnüren, derzeit stärker unter Veränderungsdruck?
Die Dynamik hat durch neue Anforderungen von Kunden zugenommen. Sie stellen hohe individuelle Ansprüche. Unternehmen reagieren auf diese Veränderungen, weil der Druck auf ihre Leistungen und damit Produkte sowie Services permanent höher wird. Das betrifft die Gestaltung genauso wie die Methodik, wenn etwa Sensorik in Echtzeit neue Informationen liefert. Konkret erklärt: Über Maschinen sind heute neue Services generierbar. Intelligente Maschinen liefern sogar Informationen, die für die Produktentwicklung oder die Ersatzteilieferung neue Möglichkeiten eröffnen. Das ist erst der Anfang, wenn für Maschinen nur noch bestimmte Nutzungszeiten berechnet werden. Daraus entstehen neuen Abrechnungsmodelle. Bei Schindler haben Kunden die Möglichkeit, nicht mehr für einen Aufzug zu zahlen, sondern für die Nutzung, anhand der Strecke und des Gewichts.

Diese neuen technischen Möglichkeiten sind der Treiber?
Die Digitalisierung ist auf jeden Fall ein wichtiger Beschleuniger, der zudem für eine größere Transparenz im Markt sorgt. Im Wettbewerb entsteht dadurch auch eine geringere Differenzierung, zumindest nimmt der Kunde dies als beliebige Austauschbarkeit wahr. Heute ist eine USP (Unique Selling Proposition; Anm. d. Red.) von Unternehmen schwieriger hervorzuheben. Zudem entstehen neue Wettbewerber, während die Produktlebenszyklen immer kürzer werden. Beim Golf 1 dauerte der Produktlebenszyklus noch zehn Jahre, für das heutige Modell nur noch drei oder weniger Jahre.

Digitalisierung zielt auf Veränderung. Wieso muss sich auch ein Hersteller von zeitlosem Besteck wandeln?

> „Transformation sollte mit entfachtem Enthusiasmus und viel Leidenschaft betrieben werden."
> Daniel Schallmo

Die entscheidende Frage lautet doch, wohin der Unternehmer zielt. Möchte er neue Kunden? Möchte er intelligente Produkte? Gehören zu seinen Abnehmern auch Profis wie Caterer, werden die sich über neue technische Möglichkeiten freuen, wenn etwa über das Besteck auch Daten über die Nutzungshäufigkeit zu ermitteln sind oder bei Bruch automatisch Nachbestellungen funktionieren. Oder denken wir nur an Diebstahlschutz.

Ist Ihnen ein Klassiker unter Herstellern in Erinnerung, der solch eine Transformation schon hinter sich hat?
Vergleichbar erinnere ich mich an den österreichischen Spezialisten für Waschraum-Hygiene, Hagleitner. Er hat seine Papiertuch- und Seifen-Spender mit anderen Produkten so vernetzt, dass Anwender den Reinigungs- und Nachfüllprozess intelligent managen konnten. Unfassbar, wie viel anhand von Frequenzzählung an Ressourcen einzusparen ist – etwa in Hotels oder Fußballstadien. An solche Systeme sind zudem weitere Informationsflüsse anzuknüpfen wie Wetterdaten oder Besucherzahlen, wodurch Infos für Verbesserungen entstehen, die internen Prozesse besser zu organisieren. Selbst die Produktion und die Logistik sind auf dieser Basis neu steuerbar.

Also hat sich jeder Unternehmer damit zu befassen?
Die Chancen der digitalen Transformation sollte er jedenfalls nicht außer Acht lassen. Im Prinzip kann er durch die neuen Möglichkeiten nur gewinnen. Er kann sogar Preise auf neue Art gestalten, wenn er Nutzungsdaten clever auswertet. Big Data bietet dafür viel. Aktuell denke ich an die Bierbrauer, die händeringend nach Leergut suchen. Eine Erfassung, wo viele Pfandkisten stehen, wäre technisch machbar. Aus solchen Lösungen entstehen ganz neue Modelle für vorausschauendes unternehmerisches Handeln.

Daniel Schallmo ist Professor an der Hochschule Ulm, wo er unter anderem zum Management von Strategien, Geschäftsmodellen, Prozessen und Innovationen forscht und lehrt. Zudem ist der Ökonom als Unternehmensberater tätig und arbeitete in Industrie, Handel, Baubranche und Medien.

Aus welchem Holz müssen Innovationen heute geschnitzt sein für ein nachhaltig zukunftsfähiges Geschäftsmodell?
Auf den Punkt gebracht: erstens modular, denn Kunden wollen variieren. Zweitens: vernetzt, am besten untereinander mit dem System des Kunden. Drittens: eingebettet. Am besten in Gesamtsysteme, denn dann lassen sich Daten wie Rohöl aus einer Quelle gewinnen. Einen Aufzug oder einen Traktor allein zu verkaufen ist nicht mehr zeitgemäß. Mit umfassender Lösung schaffen Unternehmen eine höhere Kundenbindung, bessere Differenzierung, mehr Nachhaltigkeit.

Was empfehlen Sie Unternehmern für die Organisation, um bessere Ideen für Kunden zu entwickeln?
Formal in der Ablauforganisation schlanke Prozesse. In der Aufbauorganisation wenige Schnittstellen. Methodisch sicher mit fundierter Marktforschung. Aber die herausragenden Voraussetzungen, mit denen Ideen für Kunden auch Erfolg versprechend umzusetzen sind, kommen über das Mindset und über die Kultur. Der Nachwuchs, der heute in Unternehmen eintritt, will keinen „Nine to five"-Job mehr unter strafenden Vorgesetzten, sondern sucht eine neue Denkweise für eine offene Fehlerkultur mit verteilter Verantwortung. Ein Wandel in Mindset und Kultur zielt daher auf die DNA des Unternehmens; da geht es nicht mehr nur um Kosmetisches.

Haben Sie so eine genetische Veränderung schon erlebt?
Ja, bei einer Bank, die bewusst echten Rock 'n' Roll in einem unserer Projekte spielen wollte. Unser Kandidat wollte die Digitalisierung mit aller Macht ins Unternehmen holen. Normalerweise bestimmt im Arbeitsalltag der Chef eine Abordnung, die sich mit solchen Projekten beschäftigt. Wir haben stattdessen einen Workshop auf freiwilliger Basis ins Leben gerufen, wobei der Arbeitgeber den Freitag dafür freigab und die Teilnehmer den Samstag freiwillig investierten. Die Bank der Zukunft haben wir mit jeder Menge Freude in einer Hütte in den Bergen entwickelt. Vier Teams haben völlig verschiedene Konzepte erschaffen. Diese Multiplikatoren sprechen danach untereinander und brechen in den Köpfen unbeteiligter Kollegen festgefahrene Strukturen auf. Wir versuchen, bestehenden Veränderungswillen zu mobilisieren und Veränderungen anzustiften. Dieses interne Anzünden neuer Kultur halte ich für entscheidend, denn dieser Prozess dauert zwar etwas länger, hält aber nachhaltig vor und bewegt mehr.

Ist aber eine starke Fehlerkultur angesichts schon hoher Flop-Raten bei Produkten tatsächlich praktikabel?
Ich weiß, wir wollen keine Risiken eingehen. Warum also die Flop-Raten verbessern? Oft höre ich: Uns geht's doch gut! Wir kennen keine Not zur Veränderung. Und wenn die Not kommt, gehe ich noch weniger Risiko ein. Viele Entscheider haben oft extrem Angst zu versagen. Als angestellter Manager verlangt kein Arbeitsvertrag, unnötig Risiken einzugehen, sondern den Laden am Laufen zu halten. In der Zielvereinbarung steht nicht: Gründe jedes Jahr mindestens zwei

Start-ups oder kooperiere mit drei Hochschulen. Findige Unternehmer, meist Inhaber, sind eher bereit für Risiken.

Ihre Schlussfolgerung?

Wir müssen in Unternehmen endlich anfangen, auch die Fehlerkultur fest zu verankern. Es geht darum, Risiken nicht fahrlässig, sondern mit Bedacht einzugehen. Wir sind zu große Sicherheitsfanatiker. Unternehmer müssen Gruppen bilden und sie bewusst ins Risiko schicken. Fritz Riemann hat in seiner tiefenpsychologischen Studie treffend die „Grundformen der Angst" beschrieben. Wir Deutschen gehören eher zum zwanghaften Typ, der von Treibern wie Stabilität, Strebsamkeit, Zurückhaltung und Ernsthaftigkeit geprägt ist. Uns fehlt etwas vom hysterischen Typ, der in den USA stärker vertreten ist und Risikofreude, Wagemut und Neugierde mitbringt. Andererseits gehören zu unserer Art auch einige Stärken wie Ausdauer, Zielstrebigkeit oder Konsequenz.

Was können Sie selbst diesen angeblichen „Verlierern" im Unternehmertum abgewinnen?

Ich habe Respekt vor jedem, der es gewagt hat, etwas Neues

© Hochschule Ulm

Die Hochschule Ulm arbeitet eng mit der Wirtschaft zusammen, unterhält Forschungsinstitute und Steinbeis-Transfer-Zentren.

Angewandte Wissenschaft

Die Hochschule Ulm bezeichnet sich als Einrichtung für Forschung und Lehre „für Angewandte Wissenschaften mit überwiegend technisch ausgerichtetem Studienangebot", kurz: „Technik, Informatik, Medien". Der Erfolg gründe „auf der Zusammenarbeit mit der Wirtschaft".
Hier forscht und lehrt Prof. Daniel Schallmo. Seine Schwerpunkte liegen in der digitalen Transformation von Geschäftsmodellen sowie der Entwicklung und Anwendung von Methoden zur Innovation von Geschäftsmodellen, vor allem in B2B-Märkten. Schallmo ist Autor zahlreicher Publikationen zu diesen Themen.
www.hs-ulm.de

auszuprobieren. Übrigens insbesondere dann, wenn er sein Scheitern eingesteht. Ich bin beruflich häufiger in Israel, wo die feste Überzeugung verbreitet ist, dass jedes neue Geschäftsmodell in den ersten zwei Jahren sich noch fünfmal drehen muss. Gerade bei Start-ups. Bei uns wird zu schnell aufgegeben. Denn das Drehen ist ein Erfolgsfaktor für ein beständiges Geschäftsmodell. Fehler in der Planung sind normal, also muss man anpassen. Der Business-Plan ist wichtig für die Struktur, aber doch kein Dogma. Wie schnell sich Bedingungen auch oder gerade für die Wirtschaft ändern, sehen wir doch soeben an der amerikanischen Politik.

Beschreiben Sie bitte einen gelungenen Fall von Geschäftsmodell-Transformation im Mittelstand.

Der Familienbetrieb Starringer hat Technik sinnvoll in Stoffe integriert und damit sein Geschäftsmodell erfolgreich transformiert. Seine Innovation, vereint mit Tradition und in Zusammenarbeit mit Fraunhofer, liefert zum Beispiel in schlauer Arbeitskleidung für Pflegekräfte mit Sensoren wichtige Daten, um ein gesünderes Arbeiten zu ermöglichen und Fehlhaltung frühzeitig aufzuzeigen.

Sie sprechen zur Premiere von „return live" beim ersten Transformations-Kongress über Erfolgsfaktoren für digitale Transformation von Geschäftsmodellen. Welche konkret?

Entscheidender Erfolgsfaktor ist aus meiner Erfahrung, dass Unternehmen ihren Mitarbeitern mehr Freiraum geben, etwas auszuprobieren. Räumlich, zeitlich, finanziell. Dafür muss Klarheit über das aktuelle Geschäftsmodell bestehen, indem ich analysiere: Kunden, Leistungen, Ressourcen, Prozesse, Partner – alles muss bekannt sein. Dann muss sich der Unternehmer selbst Klarheit verschaffen, auf welche Technologien er für die Transformation seines Geschäftsmodells setzen möchte. Sie müssen helfen, das Modell erfolgreich anzutreiben. Welche Rolle es in der Wertschöpfung des Kunden spielt, muss ebenfalls klar sein. Das Modell ist auf jeden Fall mit Daten anzureichern. Ich muss Ziele definieren, auch was ich nicht mehr machen möchte, und mich dann fokussieren.

Klingt ziemlich simpel.

In der ganzheitlichen und nachhaltigen Umsetzung ist es das sicher nicht. Aber am Ende muss man einfach machen. Und Freude an der Veränderung haben. Transformation sollte mit entfachtem Enthusiasmus und mit viel Leidenschaft betrieben werden. Ernst nehmen sollte sie die Unternehmensführung, denn Transformation ist unbedingt Chefsache.

⬇ Mehr unter www.return-online.de

Das Interview mit dem Experten für die digitale Transformation von Geschäftsmodellen führte „return"-Chefredakteur Thorsten Garber.

Ressourcen zum Überleben
Warum der Aufwand für Nachhaltigkeit lohnt

Wenn Sie Wirtschaftsorganisationen, Unternehmensberatungen oder die Wissenschaft fragen, warum ein Unternehmen überhaupt Nachhaltigkeit und Umweltschutz zum festen Bestandteil der Unternehmensführung machen sollte, dann hören Sie seit rund 30 Jahren immer dieselbe Antwort: Weil es sich betriebswirtschaftlich lohnt! Übersetzt heißt diese Losung: Wenn Sie Material und Energie einsparen, sparen Sie auch Geld! Oder wenn das nicht ganz so offensichtlich ist, dann honorieren die Kunden Ihre Bemühungen, Produktion und Produkte umweltfreundlicher und nachhaltiger zu gestalten, und kaufen fleißig bei Ihnen und nicht bei der Konkurrenz.

In der Realität ist dieses prognostizierte Kundenverhalten selten zu beobachten. Die Win-Win-Hypothese der Öko-Effizienz – Kosten senken durch Material- und Energieeinsparung – führt kaum zu absoluten Umweltentlastungen, weil relative Einsparungen pro Produkt durch das Wachstum überkompensiert werden. Lassen wir diese Win-Win-Rhetorik einmal beiseite und fragen nach anderen Gründen.

Dialog und Debatte mit betrieblicher Umwelt

Klar kann man jetzt mit Ethik und Werten kommen. Setzen Sie mehr Umweltschutz und Nachhaltigkeit um, weil diese Rücksicht auf Mensch und Natur moralisch geboten ist! Ein ehrbarer Kaufmann hält Wort und wirtschaftet rücksichtsvoll gegenüber Mitarbeitern, Nachbarn, Konkurrenten und Natur. Manchmal fordern dies auch andere Stakeholder ein, so dass durch Dialog und Debatte mit der betrieblichen Umwelt das Engagement als sinnvolle Lösung erscheint.

Eine der schwierigsten Fragen für Unternehmer: Kann es sein, dass ich gegen kein einziges Gesetz verstoße und doch moralisch-ethisch nicht einwandfrei handle? Von Unternehmen, die hart im Gegenwind von Konkurrenz und Pleite segeln, ist kaum zu erwarten, dass sie Zeit und Geld in mehr Umweltschutz und Nachhaltigkeit investieren. Wenn aber Reserven und finanzielle Spielräume bei Rendite-Erwartungen da sind, stellt sich die Frage, was ein kluges unternehmerisches Verhalten in Bezug auf Nachhaltigkeit sein könnte.

Die Debatte zeigt Unternehmen, dass materielle und immaterielle Ressourcen nicht mehr ausreichen für immer mehr Produktion und Wachstum – und für gerechte Verteilung von Wohlstand weltweit schon gar nicht. Der kluge Unternehmer oder womöglich erst recht die kluge Unternehmerin stellt die Gretchenfrage: Von welchen Ressourcen lebt mein Unternehmen, die auf absehbare Zeit noch zur Verfügung stehen? Anders formuliert: Funktionieren alle Quellen, von denen ich abhängig bin?

Ein Ergebnis dieser Betrachtung zeigt der Blick auf den Fachkräftemangel, der letztlich nur beschreibt, dass eine wichtige Ressource knapp wird: Wissen und Erfahrung in Spezialbereichen. Was also machen Unternehmer, die nicht auf Nachhaltigkeit achten? Sie versuchen, mit Macht oder Geld die Fachkräfte zu locken, und treten in den Verteilungskampf um Ressourcen ein. Das kostet im Übrigen genauso Geld wie das, was kluge Unternehmer tun: Sie setzen sich zusammen und fragen sich: „Was können wir tun, um den Arbeitsmarkt mit mehr qualifizierten Menschen zu bereichern?" Oder allgemeiner: „Was können wir tun, um unsere Abhängigkeit von fossilen Rohstoffen und Energien zu reduzieren?" Oder umfassender: „Was können wir tun für mehr Rechtssicherheit, Bildung, Vertrauen sowie für mehr Legitimation unseres Handelns?"

Dilemma bewältigen: Erfolg und Erhalt

Kluge Unternehmer wissen um die heute komplexen Bedingungen, um ein Dilemma zu bewältigen: Sie müssen auf den Märkten erfolgreich sein und zugleich in die Erhaltung ihrer umfassenden Ressourcen-Basis investieren. Nachhaltigkeit kostet heute Geld, sichert aber morgen die Ressourcen. Deswegen sollten, ja müssen sie den Aufwand treiben. Bei Ihrer eigenen Gesundheit treiben Sie den Aufwand schließlich auch. Hoffentlich!

Prof. Georg Müller-Christ lehrt Betriebswirtschaftslehre (BWL), insbesondere nachhaltiges Management, an der Universität Bremen. Er war auch Vorsitzender der Kommission Nachhaltigkeitsmanagement im Verband der Hochschullehrer für Betriebswirtschaft.

Liquidität als Schmierstoff

Ihre Gestaltungsfreiheit sichern Unternehmer mit Unabhängigkeit. Finanzierung und Liquidität müssen laufen wie geölte Maschinen – ob im Wachstum, in Krisen oder im Generationenwechsel.

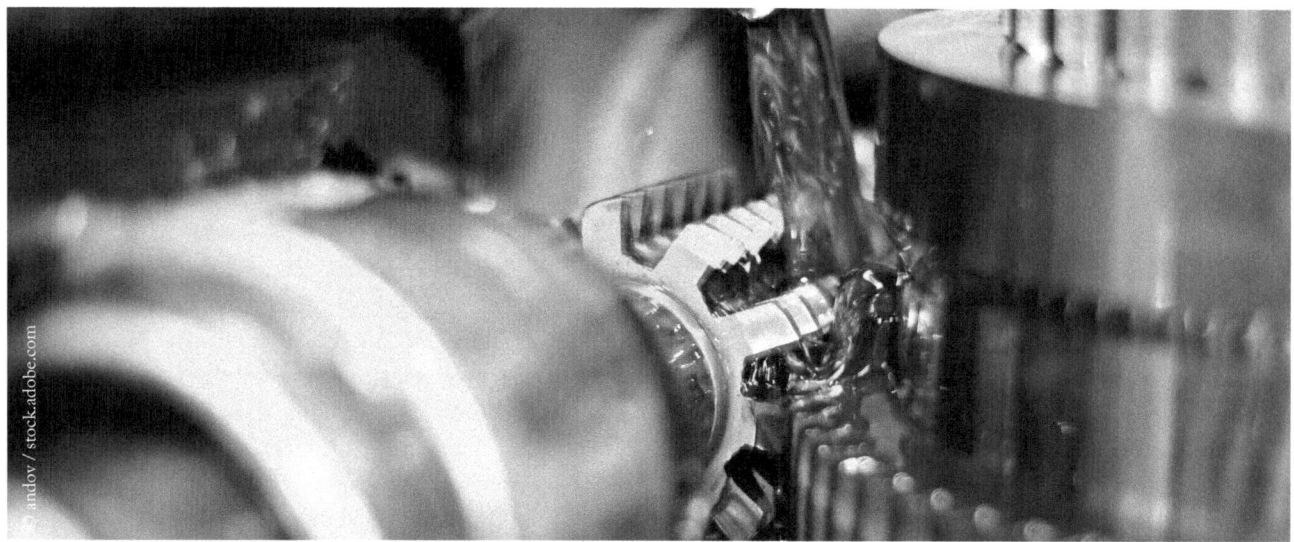

Wie ein gut geschmiertes Getriebe muss die Maschinerie für Finanzierung und Liquidität in Unternehmen laufen, damit das Management seinen freien Gestaltungsspielraum erhält. Das goldgelbe Öl verhilft im Idealfall zur besten Lebensversicherung für Gesellschafter: zu Eigenkapital.

Ohne solide Finanzierung, ohne ausreichend Liquidität, ohne finanziellen Spielraum sieht es in Unternehmen und insbesondere für Unternehmer düster aus: kaum Gestaltungsmöglichkeiten, keine Freiheitsgrade. Wer die Unternehmensentwicklung also über Generationen sichern will, braucht grundlegende Finanzierungsstrategien und Leitplanken für eine geordnete Entnahmepolitik. Die größten Herausforderungen dabei: Wachstum, Krise und – vor allem – die Unternehmensnachfolge.

Ist Liquidität vorhanden, schenkt man ihr wenig Beachtung. Doch wehe, wenn sie nicht im erforderlichen oder gewünschten Maß verfügbar ist! Dann wird schmerzhaft klar, dass es beim Geld schnell ans Eingemachte geht. Denn Liquidität ist der Schmierstoff, der im Unternehmensalltag Konflikte verhindert, unterschiedliche Auffassungen in Gesellschafterkreis und Management überdeckt sowie die Anforderungen der Stakeholder zufrieden stellt. Sie sichert alle Freiheitsgrade, um unternehmerische Entscheidungen zu treffen.

Vor allem an drei möglichen Stationen im Lebenszyklus eines Unternehmens wird offensichtlich, welchen Stellenwert der Faktor Liquidität und damit die richtige Finanzierung des Unternehmens einnimmt:

Wachstum: Während der ersten Station, wenn das Unternehmen wächst, benötigt es Geld, um sich fit für die Zukunft zu machen, sich strategisch richtig aufzustellen und Chancen nicht dem Wettbewerb zu überlassen. Die benötigten Mittel können dabei über Kredite, Eigenkapital oder aus dem Cashflow des laufenden Geschäfts kommen.

Wer über die Deckung des Finanzbedarfs mitentscheidet? Zum einen das Management, das immer die Performance, Ebitda und somit Cashflow des Unternehmens im Blick hat. Zum anderen die Gesellschafter, die den erwirtschafteten Cashflow eher horten und in der Entnahme zurückhaltend agieren. Hinzu kommen Fremdkapitalgeber, die die Ertragskraft des Unternehmens insgesamt im Blick haben – ausgedrückt im Verschuldungsgrad. Fremdkapital zu Ebitda sowie in Relation zum Eigenkapital, also Gewinne, die im Unternehmen stehen gelassen werden. Diese „Entscheider-Melange" erfordert eine ausgewogene Kapitalstrategie der Gesellschafter und ein kapitalseitiges Risiko-Management, das künftige Entwicklungen auch unter Einwirkung negativer Faktoren stresst.

Krise: Ein schmerzlicher Anlass, über die Finanzierung nachzudenken, ist – mögliche Station zwei eines Unternehmens – eine Krise. Wobei der Schmerz mit steigender Bedrohung entsprechend zunimmt.

Handelt es sich zum Beispiel „nur" um eine Strategiekrise, wird es schwer, Fremdkapitalgeber von der Zukunftsfähigkeit des Unternehmens zu überzeugen. Befindet sich das Unternehmen jedoch schon in der Ertragskrise, und stimmt die Innenfinanzierung nicht mehr, dann nimmt die Bonität ab. In gleichem Maße steigen allerdings der Verschuldungsgrad und die Nervosität der Fremdkapitalgeber. Fehlt jetzt seitens der Gesellschafter die notwendige Umsicht und werden weiter Mittel wie bisher entnommen, dann wird aus der Ertragskrise schnell eine Liquiditätskrise.

Konsequenz für Gesellschafter und Management: Die Freiheitsgrade schwinden komplett. Das Fremdkapital gibt die Schlagzahl vor. Ein Sanierungskonzept eines neutralen Dritten zeigt auf, wie halbwegs tragfähige Verschuldungsrelationen herbeigeführt werden können. Doch dieses Ziel wird ohne Rücksicht auf Verluste und ohne strategische Optionen sowie Notwendigkeiten verfolgt. Auch wenn es sich um das Tafelsilber handelt, werden Vermögensgegenstände veräußert, Investitionen hinten angestellt, Geschäfte quasi ausgecasht.

Nur wer Kapitalreserven in liquider Form außerhalb des Unternehmens vorhält, wird auch in Krisen grundsätzliche unternehmerische Freiräume erhalten können. Es kommt also nicht nur darauf an, per se über Liquidität zu verfügen; wichtig ist auch die Liquidität am richtigen Ort – was nicht immer innerhalb des betroffenen Unternehmens selbst sein muss.

Zukunftsorientierte Kapitalkonzepte

Generationenwechsel: Die größte Herausforderung zukunftsorientierter Kapitalkonzepte jedoch stellt in möglicher dritter Station der Generationenwechsel auf Gesellschafterebene dar. Fällt es der alten Generation in aller Regel leicht, das Geld im Unternehmen stehen zu lassen, ist das bei den Jungen nicht immer der Fall.

Abhängig von Lebensstandard und Anspruchsdenken werden Anforderungen an persönliche Freiheitsgrade und persönliche Finanzmittel gestellt, die letztendlich aus dem Unternehmen kommen müssen. Deshalb ist schon lange vor einer Nachfolgesituation entscheidend, frühzeitig Leitplanken aufzustellen. Es geht darum, sauber zu definieren, auf welche Liquidität wer, wann und wo Zugriff hat und

wie Entscheidungen über die Verteilung finanzieller Mittel getroffen werden.

Unterschiedliche Auffassungen über die Verwendung finanzieller Mittel können zum Beispiel durch die Trennung der Vermögenssphären unterschiedlicher Gesellschafterstämme verhindert werden. Liegen Immobilien, Aktien oder andere Asset-Klassen vor, ist dies in aller Regel einfach. Ist das Unternehmen jedoch der wesentliche Vermögensgegenstand der gesamten Familie, muss zum einen der Wert des Unternehmens beziffert werden. Zum anderen ist zu klären, woher die liquiden Mittel kommen, um etwa nicht tätige Gesellschafter rauszukaufen.

Grundsätzlich kann ein Konzept zur Befriedigung unterschiedlicher Familienstämme bei gleichzeitiger Zukunftssicherung des Unternehmens mit Bordmitteln erarbeitet werden. Emotionalität in Familie und Management darf man als Bremskraft nicht unterschätzen. Häufig kann ein neutraler Dritter allein die Diskussion zurück auf den Boden der Tatsachen holen. In aller Regel wird eine vollständig neu aufgestellte Passivseite unverzichtbar sein. Mittels Eigenkapital und neuer Kredite kommt frisches Geld ins Unternehmen. Intelligente Lösungen zeichnen sich dadurch aus, dass das Eigenkapital nur temporär ist. Die fortführenden Gesellschafter haben von Beginn an Optionen, Anteile zurückzukaufen und wieder alleiniger Gesellschafter zu werden.

Ausgewogenheit zwischen Privat- und Produktivvermögen

Die beste Lebensversicherung für Gesellschafter ist Eigenkapital – ohne Bürgschaft und Patronatserklärung. Es geht um eine mehrdimensionale Ausgewogenheit zwischen Privat- und Produktivvermögen, auf der Ebene des Eigenkapitals innerhalb oder außerhalb des Unternehmens sowie um die Finanzierung im Unternehmen insgesamt. Der Verschuldungsgrad zeigt, mit wie vielen eigenen Finanzmitteln die Zukunft gestaltbar ist und inwieweit auf echtes Fremdkapital zurückzugreifen ist. Es geht um intelligente Konzepte, die die Zukunft tragen. Es geht nicht um den schnellen Kontokorrentkredit, der heute an jeder Straßenecke zu haben ist. Ob sich das Unternehmen im Wachstum, in einer Krise oder in der Generationenübergabe wiederfindet: Der Blick nach vorn mit der konkreten Abbildung in Cashflow und Bilanzstruktur ermöglicht erst zukunftsfähige Unternehmen.

Dr. Volkhard Emmrich ist Managing Partner der Unternehmensberatung Dr. Wieselhuber & Partner in München.

Reibungsloser Übergang
Konflikte zur Nachfolge durch Mediation vermeiden

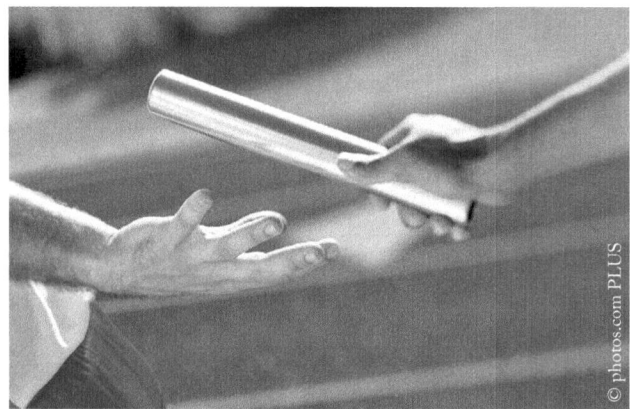

Auf die richtige Stabübergabe kommt es wie beim Sport im Staffellauf auch bei der Nachfolge in Unternehmen an.

Möglichst reibungslose Unternehmensübergaben an Nachfolger sind immer eine heikle Angelegenheit, die viel Fingerspitzengefühl erfordern. Umso mehr, wenn diese innerhalb der Familie erfolgen. Neben wirtschaftlichen spielen emotionale Faktoren eine große Rolle. Werden diese nicht erkannt oder beachtet, kann es zu Konflikten kommen, welche eine erfolgreiche Übergabe an die nächste Generation blockieren, im schlimmsten Fall sogar scheitern lassen.

Kollisionen zwischen Generationen können durch verschiedene Interessen auftreten. Erst wenn Beteiligte sich eingehend damit beschäftigen, zentrale Motive erkennen und strukturiert vorgehen, können Konflikte gelöst werden. Familienunternehmen vereinen verschiedene Systeme, die sich gegenseitig beeinflussen: Unternehmen, Eigentum, Familie. Veränderung in einem System beeinflusst die anderen. Dies ist oft nicht bekannt oder wird nicht bewusst wahrgenommen.

Klarheit über Ursachen und Wirkungen schaffen

Eine Wirtschaftsmediation kann Beteiligten helfen, sich über die Ursachen und die Wirkungen im jeweiligen System klar zu werden. Außerdem kann ein Außenstehender den Parteien helfen, über ihre Interessen und Motivationen zu reflektieren, diese zu strukturieren und für die anderen Beteiligten verständlich zu machen. Erst wenn ein gegenseitiges Verständnis

erzeugt ist, lässt sich der Fokus auf das gemeinsame Ziel lenken: ein nachhaltiges Konzept für den erfolgreichen Übergang im Unternehmen. Bleiben die emotionalen Aspekte außer Acht, werden familieninterne Konflikte riskiert, die sich später im Unternehmen ausbreiten. Die erfolgreiche Übergabe – beispielsweise durch vorheriges Ausscheiden des Nachfolgers – könnte dann später noch scheitern.

Eine Mediation ist immer dann sinnvoll, wenn die Parteien freiwillig und eigenverantwortlich eine einvernehmliche Beilegung ihres Konflikts anstreben oder einen konkreten Konflikt vermeiden wollen. Der Mediator ist dabei eine unabhängige und neutrale Person ohne Entscheidungsbefugnis, welche letztlich nur den Rahmen und die Struktur für die Konfliktlösung schafft. Die Beteiligten entscheiden selbst über den Schlichtungsgegenstand und müssen auch die Lösung selbst finden.

Wille zur einvernehmlichen Lösung für die Unternehmensnachfolge

Insbesondere bei der Unternehmensnachfolge im Familienunternehmen ist eine einvernehmliche Lösung in der Regel gewollt, denn die Beteiligten streben ein Ergebnis an, das exakt auf ihre persönliche Situation und die ihres Unternehmens zugeschnitten ist. Es ist immer möglich, weitere Außenstehende einzubeziehen wie Anwälte, Steuerberater, Wirtschaftsprüfer, Finanzexperten oder Führungskräfte aus diversen Geschäftsbereichen des eigenen Unternehmens. Mediationen können so gestaltet werden, dass sie für unterschiedliche Unternehmenssituationen und Beteiligte die jeweils optimale Unterstützung für die Entscheidungsfindung leisten.

Caroline Pluta, Fachanwältin für Arbeitsrecht und Mediation, ist bei der Pluta Rechtsanwalts GmbH für die Schwerpunkte Datenschutz, Compliance und Arbeitsrecht zuständig.

Wissensquiz für Entscheider

Sachgebiet: Ansprüche wegen Verstoß gegen Zahlungsverbot

1 Der Geschäftsbetrieb der A GmbH befindet sich in einer finanziell und operativ angespannten Lage. Das Unternehmen aus dem kommunalen Dienstleistungsbereich hatte erst vor einem halben Jahr einige Mitarbeiter von der Kommune B übernommen. Im Gegenzug, so die Vereinbarung zwischen den Parteien, sollte die Kommune öffentliche Aufträge und Arbeiten vergeben, die von der A GmbH übernommen werden sollten.

Die Kommune B hielt sich jedoch nicht an diese Vereinbarung und vergab entweder Aufträge nicht an die A GmbH oder bezahlte für verrichtete Arbeiten lediglich schleppend oder gar nicht. Die finanzielle Schieflage dauerte über mehrere Jahre an und wurde in verschiedenen Sitzungen des freiwillig eingerichteten Aufsichtsrates erörtert, dem so genannten fakultativen Aufsichtsrat nach § 52 Abs. 1 GmbH-Gesetz.

Nachdem sich die Krise immer weiter zugespitzt und der Geschäftsführer der A GmbH trotz vorliegender Überschuldung und/oder Zahlungsunfähigkeit diverse Zahlungen vorgenommen hatte, beschloss der Aufsichtsrat die Liquidation der Gesellschaft. Der Liquidator stellte daraufhin den Antrag auf Eröffnung eines Insolvenzverfahrens über das Vermögen der A GmbH.

Der inzwischen durch das zuständige Amtsgericht – hier: Insolvenzgericht – eingesetzte Insolvenzverwalter erhebt schließlich eine Klage gegen die ehemaligen Geschäftsführer der A GmbH persönlich mit der Begründung: Sie hätten den Antrag auf Eröffnung eines Insolvenzverfahrens zu spät gestellt. Er verlangt von den Geschäftsführern persönlich unter anderem die Beträge zurück, die sie entgegen dem Zahlungsverbot nach § 64 Satz 1 GmbH-Gesetz als Zahlungen während bestehender Insolvenzreife geleistet hatten.

Die Mitglieder des fakultativen Aufsichtsrats der A GmbH werden daraufhin unsicher und möchten nun konkret von ihren Ansprechpartnern der Beratung XY Consulting wissen, ob sie eventuell etwas zu befürchten hätten. Etwa, ob der vorläufige Insolvenzverwalter im Rahmen des Eröffnungs- und anschließend des eröffneten Insolvenzverfahrens die Vorgänge aus der Zeit vor dem Antrag auf Insolvenz prüfen und die Aufsichtsratsmitglieder persönlich auf Schadensersatz gegenüber den Insolvenzgläubigern in Anspruch nehmen könnte. Beispielsweise angesichts der zwischenzeitlich durch die Geschäftsführung geleisteten Zahlungen entgegen Zahlungsverbot nach § 64 Abs. 1 des GmbH-Gesetzes.

2 Hier ist die Frage, ob der Fall anders zu entscheiden wäre, wenn es sich bei dem für die A GmbH eingerichteten Aufsichtsrat um einen obligatorischen Aufsichtsrat gemäß § 52 Abs. 2 GmbH-Gesetz handeln würde.

Sind die Sorgen der Mitglieder des Aufsichtsrats der A GmbH im vorliegenden Fall berechtigt, dass der vorläufige Insolvenzverwalter diese eventuell persönlich auf Zahlung von Schadensersatz in Anspruch nehmen könnte, da sie es trotz Vorliegens von Insolvenzgründen unterlassen hätten, auf die rechtzeitige Stellung des Insolvenzantrags hinzuwirken?

a) Nein, die Sorgen der Mitglieder des Aufsichtsrats der A GmbH sind unbegründet. Der vorläufige Insolvenzverwalter könnte sie wohl nicht auf Ersatz des Schadens der Insolvenzgläubiger wegen Verletzung der Überwachungspflicht gegenüber den Handlungen der Geschäftsführung in Anspruch nehmen.

b) Ja, die Mitglieder des Aufsichtsrats der A GmbH machen sich zu Recht Sorgen. Der vorläufige Insolvenzverwalter könnte wohl die Aufsichtsratsmitglieder auf Ersatz des Schadens der Insolvenzgläubiger wegen Verletzung der Überwachungspflicht gegenüber den Handlungen der Geschäftsführung persönlich in Anspruch nehmen.

Zu Fall 2 lautet die richtige Antwort b).
Zu Fall 1 lautet die richtige Antwort a).
Lösungen

Dr. Alexander Verhoeven ist Rechtsanwalt und geprüfter ESUG-Berater der Buchalik Brömmekamp Rechtsanwaltsgesellschaft in Frankfurt am Main.

Zeitpunkt der Anmeldung

Das komplexe Insolvenzrecht zählt zum Wirtschaftsrecht. Basiswissen für Unternehmer vermittelt diese Rubrik regelmäßig. Diesmal zur Anmeldung von Forderungen im Insolvenzverfahren.

Die Zeit läuft für Gläubiger, wenn ein Schuldner eine Insolvenz angemeldet hat, um Forderungen fristgerecht anzumelden.

© YinYang / Getty Images / iStock

Ein Unglück kommt selten allein. Diese Lebensweisheit trifft auch auf Schuldner in der Insolvenz zu. Gläubiger verlieren nicht nur Vertrauen in ihre Zahlungsfähigkeit und -bereitschaft, sondern in der Regel auch ihre eigene Forderung. Denn Gläubiger erhalten im Durchschnitt eine Quote von zwei bis drei Prozent. Meist erst nach mehreren Jahren und nur dann, wenn sie aktiv am Verfahren beteiligt sind und ihre Forderungen ordnungsgemäß im Verfahren zur Insolvenztabelle angemeldet haben.

Der Gesetzgeber erwartet, dass jeder Gläubiger seine Rechte selbst verfolgt, und stellt den Rahmen zur Verfügung, in dem sich Gläubiger zu bewegen haben. Die wichtigste Form der Beteiligung ist die Anmeldung einer gegen den insolventen Schuldner bestehenden Forderung. Denn nur für diesen Fall nimmt man als Insolvenzgläubiger am Verfahren teil und kann über den Aus- und Fortgang als Teil der Gläubigergemeinschaft mitentscheiden. Zugleich wird mit der Anmeldung der Forderung der Eintritt der Verjährung gehemmt. Einzige Voraussetzung nach § 38 Insolvenzordnung (InsO): Der Insolvenzgläubiger hat zum Zeitpunkt der Eröffnung des Insolvenzverfahrens einen begründeten Vermögensanspruch gegen den Schuldner.

Bestimmungen zu Sitz und Sprache

Jeder Gläubiger in EU-Mitgliedstaaten, auch Steuerbehörde und Sozialversicherungsträger, kann seine Forderungen im Insolvenzverfahren schriftlich anmelden. Das gilt auch für Gläubiger, die ihren gewöhnlichen Aufenthalt, Wohnsitz oder Sitz in einem anderen Mitgliedstaat haben als dem Staat, in dem das Verfahren eröffnet wird. Dies steht in Artikel 39 der Verordnung des Rates über Insolvenzverfahren. Gläubiger können ihre Forderung auch in einer der Amtssprachen des anderen Staates anmelden. Dann muss aber die Anmeldung zumindest „Anmeldung einer Forderung" als Überschrift in deutscher Sprache tragen. Vom ausländischen Gläubiger kann eine Übersetzung der Anmeldung in die deutsche Sprache verlangt werden, legt Artikel 42 Abs. 2 der Verordnung des Rates über Insolvenzverfahren fest.

Die Anmeldung der Forderung hat innerhalb der Frist zu erfolgen, die im beigefügten Insolvenzeröffnungsbeschluss bezeichnet ist, wie § 28 Abs. 1 InsO regelt. Diese Beschlüsse sind in Deutschland nur im Internet zu finden unter www. insolvenzbekanntmachungen.de – und gelten spätestens am zweiten Tag nach der Veröffentlichung –, womit dieser als jedem Gläubiger zugestellt gilt. Insoweit ist es Aufgabe jedes Gläubigers, diese Veröffentlichungen entweder selbst zu lesen oder durch einen Anbieter auswerten zu lassen. Wirksame Anmeldungen von Forderungen können erst nach dem Erlass eines Eröffnungsbeschlusses vorgenommen werden. Anmeldungen von Forderungen vor diesem Zeitpunkt sind wirkungslos und müssen nach der Eröffnung wiederholt werden.

Vorgaben zu
Adressat und Angaben

Insolvenzforderungen müssen beim Insolvenzverwalter angemeldet werden. Sein Name und seine Adresse stehen im Eröffnungsbeschluss. Anmeldungen beim Insolvenzgericht sind wirkungslos. Nach § 174 InsO muss die Anmeldung die folgenden zwei Angaben enthalten:

▶ Rechtsgrund der Forderung: Was wird gefordert, etwa der Ausgleich für Warenlieferungen, Mieten, Darlehen, Werklohn für Arbeiten oder Dienstleistungen.

▶ Die Angabe des Betrages einer Forderung in Euro; falls der Betrag nicht feststeht, ist er zu schätzen. Forderungen in anderen Währungen sind vom Gläubiger zum Tageskurs am Tag der Insolvenzeröffnung als geltender Kurswert umzurechnen und dann entsprechend anzumelden.

Es sind Unterlagen beizufügen, die die Forderung belegen. Das können Lieferscheine, Rechnungen, Verträge, Urkunden, Gerichtsurteile, Vollstreckungsbescheide, Wechsel oder Schecks sein. Sie sollten der Anmeldung im Original beigefügt sein. Spätestens im Prüfungstermin müssen die Originale vorgelegt werden. Originalurkunden erhalten Gläubiger nach der Feststellung vom Gericht zurück.

Zinsforderungen sind beziffert nachzuweisen unter Angabe des Zinssatzes und des Zeitraumes der Zinsbeanspruchung. Ansprüche, die Gläubiger als Insolvenzforderung geltend machen, sind nur bis zum Tag der Insolvenzeröffnung zu berechnen. Zinsansprüche über den Insolvenzeröffnungstag hinaus können nur angemeldet werden, wenn dazu gesondert aufgefordert wird, da es sich um nachrangige Forderungen handelt. Es ist üblich, dass eine solche Aufforderung – wenn überhaupt – erst zu einem späteren Zeitpunkt ergeht.

Kosten, die vor Insolvenzeröffnung entstanden sind, können zur Insolvenztabelle angemeldet werden. Die Kosten sind gesondert nachzuweisen. Kosten, die Gläubigern durch ihre Teilnahme am Verfahren entstehen, können nur zur Insolvenztabelle angemeldet werden, wenn dazu gesondert aufgefordert wird, da diese auch als nachrangige Forderungen betrachtet werden. Solche Kosten können sein: Gebühren für die Beauftragung eines Rechtsanwaltes, die Forderung zur Insolvenztabelle anzumelden; Reisekosten für die Fahrt zum Gerichtstermin; Portokosten für den Versand der Forderungsanmeldung an den Insolvenzverwalter. Sofern die Forderungsanmeldung durch einen Rechtsanwalt erfolgt, ist dieser eine entsprechende Insolvenzvollmacht beizufügen.

Die angemeldeten Forderungen werden vom Insolvenzverwalter vorgeprüft; gegebenenfalls werden weitere Unterlagen oder Erläuterungen angefordert. Offiziell geprüft werden alle Forderung in einem Prüfungstermin bei Gericht. Dieser Termin wird schon im Eröffnungsbeschluss bekannt. Im Verfahren für Verbraucher oder Selbstständige mit geringfügiger wirtschaftlicher Tätigkeit kann die Prüfung auf Anordnung des Gerichts im schriftlichen Verfahren stattfinden.

Im Prüfungstermin können der Insolvenzverwalter, die Schuldner und die Gläubiger eine angemeldete Forderung bestreiten. Forderungen können ganz oder teilweise nach ihrem Betrag oder ihrem Rang bestritten werden. Wird die Forderung nur von Schuldnerseite bestritten, so gilt sie für das Insolvenzverfahren entsprechend der Anmeldung als festgestellt, wie es in § 178 InsO heißt. Dies gilt insbesondere dann, wenn auch sonst kein Widerspruch erhoben wird.

Feststellungen zu
Tabelle und Titel

Eine zur Insolvenztabelle festgestellte Forderung gilt später wie ein gerichtliches Urteil. Ein zur Forderung anmeldender Gläubiger erhält, ohne dass er zuvor ein gerichtliches Klageverfahren durchführen muss, einen „Titel". Aus diesem Titel kann er später gegen den Schuldner auch vollstrecken. Bei einer angeordneten Eigenverwaltung verhindert auch der Widerspruch von Schuldnern die Feststellung der Forderung, wie § 283 Abs.1 Satz 2 der InsO festlegt. Der wirksam erhobene Widerspruch gegen eine angemeldete Forderung hat spezielle Wirkungen, die in den §§ 178-185 der InsO niedergelegt sind. Diese Wirksamkeit endet vielfach in einem gerichtlichen Verfahren vor einem Zivilgericht, in dem dann darüber entschieden wird.

Prof. Hans Haarmeyer ist „return"-Herausgeber. Der Diplom-Betriebswirt war viele Jahre als Insolvenzrichter tätig und lehrte Wirtschaftsrecht am Rhein-Ahr Campus in Remagen. Zudem ist er Verfasser zahlreicher Handbücher und Kommentare zum Insolvenzrecht.

Bücher

Florian Gottschalk
Betriebliche Systeme

Der Autor möchte „ein ganzheitliches Konzept zum sinnvollen Umgang mit Korruption und Kriminalität bereitstellen". Denn solche Vorfälle könnten in jedem Unternehmen vorkommen – ob im kleinen Betrieb, im mittelständischen Unternehmen oder im Weltkonzern. Anspruch hier sei, eindeutige Inhalte und Strukturen vorzulegen.
334 Seiten, 99,80 Euro, seit September 2018,
ISBN 978-3-339-10378-9, Verlag Dr. Kovač

Sonja Stirnimann
Menschliches Risiko

Verschiedene Ausprägungen menschlicher Risiken für Compliance und Mechanismen von Wirtschaftskriminalität stehen hier im Fokus der Betrachtungen. Ursachen, Symptome, Präventionsmaßnahmen, Checklisten und Vorlagen bietet das Buch der diplomierten Wirtschaftsprüferin außerdem an.
347 Seiten, 37,99 Euro, seit August 2018,
ISBN 978-3-658-20812-7, Springer Gabler

Marcel Schütz/Richard Beckmann/
Heinke Röbken
Ausgewertete Konzepte

Als „erste systematische und interdisziplinäre Auswertung wissenschaftlicher und praktischer Compliance-Konzepte" geht dieser neue Titel an den Start, der zudem „die Motive von Compliance-Regelungen aus verschiedenen Perpektiven ergründet". Das Buch ist vor allem an Entscheider in Organisationen gerichtet.
202 Seiten, 37,99 Euro, seit August 2018,
ISBN 978-3-658-17470-5, Springer Gabler

Gordon Müller-Seitz/Werner Weiss
Strategisches Management

Die richtigen Strategien zur Umsetzung der digitalen Transformation aus Sicht der Managementforschung und -praxis möchte das Autorenduo präsentieren. Müller-Seitz leitet als Professor das Fachgebiet Strategie, Innovation, Kooperation an der TU Kaiserslautern, Werner Weiss ist Geschäftsführer von Insiders Technologies. Sie kooperierten bei vielen Projekten.
180 Seiten, 24,90 Euro, ab Dezember 2018,
ISBN 978-3-8006-5923-4, Vahlen

Gero von Pelchrzim
Strafrechtliche Zukunft

Der finanzielle Schaden, der durch Wirtschaftsspionage in Deutschland entsteht, wird hier auf 50 Milliarden Euro pro Jahr geschätzt. Der Autor vergleicht und bewertet deshalb die deutsche und österreichische Gesetzeslage zu diesem Sujet. In der Praxis berät der Fachanwalt für Strafrecht namhafte Unternehmen und Entscheider in Compliance. Er war an spektakulären Fällen beteiligt rund um Porsche, Libor und Volkswagens Diesel-Affäre. Schon im Untertitel warnt er, „warum unser Strafrecht nicht zukunftsfähig ist". Gastbeiträge beleuchten Geheimnis und Verrat.
220 Seiten, 59,90 Euro, seit September 2018,
ISBN 978-3-956-01231-0, Frankfurter Allgemeine Buch

Sebastian Rick
Modellhafter Index

Der Wertbeitrag von Compliance soll mit dem hier dargestellten Compliance-Index-Modell messbar, quantifizierbar und damit vergleichbar sein. Das Buch zeigt Art und Zweck, erklärt Grundlagentheorie und Umfragemethode und stellt den Index vor, der „eine allgemeine und kosteneffiziente Einschätzung über die Wirksamkeit formaler Compliance-Programme im Zeitablauf erlaubt". Dr. Rick ist Experte für quantitative Methoden der Wirtschaftsprüfung und Unternehmensberatung KPMG sowie Mitglied in der Gesellschaft für Risikomanagment und Regulierung.
163 Seiten, 54,99 Euro, seit Juli 2018,
ISBN 978-3-658-23077-7, Springer Gabler

 **Springer**Professional.de

Neuerscheinung des Monats

Konkrete Einsatzgebiete von KI im Marketing

Die Expertin gibt Einblicke in den Einsatz von künstlicher Intelligenz (KI) und zeigt, wie sich KI im Marketing weiterentwickeln wird. Anhand aktueller Studienergebnisse entsteht ein umfassender Eindruck über Anwendungfelder. Dazu wurden Managerinnen und Manager im Marketing befragt. Der Leitfaden hat hohen Praxisbezug durch konkrete Fälle. Claudia Bünte ist Professorin für Internationale Betriebswirtschaftslehre mit Schwerpunkt Marketing an der Managementhochschule SRH Berlin. Sie berät Top-Unternehmen.

*53 Seiten, 14,99 Euro, seit Oktober 2018,
ISBN 978-3-658-23318-1, Springer Gabler
www.springerprofessional.de/link/16107098*

Empfehlung des Monats

Lernen von Lernerfolgen der Gamification-Branche

Manuel Nitzsche, der für das Bildungstechnologie-Unternehmen Instructure aus Salt Lake City/USA als Director die D-A-CH-Region verantwortet, empfiehlt Personalentscheidern und Bildungsanbietern einen Blick über den Tellerrand – in die Spielebranche. Da lebenslanges Lernen heute insbesondere von Berufstätigen verlangt sei, müssten Mitarbeiter optimal motiviert und unterstützt werden.

www.springerprofessional.de/link/16087836

Das Wissensportal Springer Professional

Unser Wissensportal bündelt die wichtigsten Fachgebiete Wirtschaft und Technik. Im Channel Transformation + Turnaround finden Sie aktuelle Informationen und weiterführende Literatur für Entscheider in Unternehmen. Dort ist auch das Archiv von „return" hinterlegt (auch als E-Magazin), das für Abonnenten der Zeitschrift frei zugänglich ist. Abonnenten von Springer Professional haben zudem kostenfrei Zugriff auf die im Magazin gekennzeichneten Links aus dem Portal.

Termine

DDIM-Kongress
Werte und Regeln

„Führung. Werte. Regeln." – diesen Titel trägt der Kongress rund um Interim Management des Verbandes DDIM. Viele Themen vom Change Management über Restrukturierung bis zu Marketing und Vertrieb bietet die Veranstaltung mit Keynotes des ehemaligen Fifa-Schiedsrichters Urs Meier (Foto) über „Entscheidungen unter Druck" und Yi Sun, Leiterin des China Competence Centers von Ernst & Young, über „Risk or Challange".

Termin: 9. und 10. November 2018
Ort: Düsseldorf

www.ddim-kongress.de

BDU-Veranstaltung
Digitales und Führung

Digitale Trends im Beratungsmarkt, aber auch die Disruption des Geschäftsmodells von Unternehmensberatern sowie Vergütungsfragen oder auch Best Practices in der Führung stehen auf dem Programm beim Deutschen Beratertag des Bundesverbandes Deutscher Unternehmensberater (BDU).

Termin: 9. November 2018
Ort: Düsseldorf

www.bdu.de

Handelskongress
Retail und Kunden

„RetailMe! – kunde.macht.handel": Derart gestaltete Titel für Veranstaltungen scheinen derzeit in Mode. Doch der Deutsche Handelskongress bietet aus Tradition ein pralles Programm zu neuesten Trends. Frauen-Power bringen gleich die ersten Referentinnen auf die Bühne: Béatrice Guillaume-Grabisch (Foto), Vorstandsvorsitzende von Nestlé Deutschland, Tina Müller, CEO von Douglas, oder Sabine Bendiek, Geschäftsführerin von Microsoft Deutschland.

Termin: 14. und 15. November 2018
Ort: Berlin

www.handelskongress.de

TMA-Jahrestagung
Restrukturierung und Mitglieder

Die Jahrestagung der Gesellschaft für Restrukturierung – TMA Deutschland e. V. widmet sich in der Villa Kennedy voraussichtlich wieder den Themen rund um Sanierungen und Insolvenzen von Unternehmen. Am zweiten Tag am selben Ort gibt es dann die Mitgliederversammlung, welche wie der Name schon sagt „nur für Mitglieder" bestimmt ist.

Termin: 15. und 16. November 2018
Ort: Frankfurt am Main

www.tma-deutschland.org

Transformations-Kongress
Wandel und Geschäfte

Der erste Transformations-Kongress unter dem Titel „return live" als Event-Premiere dieser Zeitschrift bringt namhafte Experten auf das Podium, wie Johann Jungwirth (Foto), Chief Digital Officer des Volkswagen-Konzerns. Weitere Referenten stellen Philips, Fujitsu, IBM, Schaeffler, EnBW und N24 Bank. Entscheider der Wirtschaft erhalten einen aktuellen Stand zu Veränderungen und Trends für Unternehmen. Die digitale Transformation von Geschäftsmodellen und Treiber von Wandel stehen im Mittelpunkt. Der erste Tag steht für Transformation und Turnaround, der zweite widmet sich den Branchen Mobiliät, Energie und Finance.

Termin: 27. und 28. November 2018
Ort: Frankfurt am Main

www.returnlive.de

Risiko- und Management-Tage
Kredite und Forderungen

Als Veranstaltung an drei Terminen nacheinander in drei bundesdeutschen Städten lockt der Dreifach-Kongress unter dem Titel „9. Kreditrisiko- und Forderungsmanagement Tage" als Treffpunkt für Verantwortliche aus dem Finanzrisiko-Management und aus dem Vertrieb im Firmenkundengeschäft.

Termin: 14., 20. und 29. November 2018
Ort: Dortmund, Frankfurt am Main, Berlin

www.deutsche-kongress.de

Tools

Anlaufstellen

Compliance

Zwei Empfehlungen in einer Tool-Notiz zu Online-Portalen: Verantwortliche, die in ihrem Unternehmen mit dem Aufbau von Compliance-Konformität betraut sind, sollten neben Quellen in ihren Branchen auch zwei übergeordnete Anlaufstellen kontaktieren. Zum einen ist das Deutsche Institut für Compliance e. V. (Dico) eine gute Adresse, denn dort sind unter anderem Leitlinien und vieles mehr auch ohne Mitgliedschaft zu finden. Zum Zweiten stellt der Bundesverband der Compliance Manager (BCM) ebenfalls zahlreiche Hilfen bereit von Broschüren bis Veranstaltungen.

www.dico-ev.de; www.bvdcm.de

Informationsquellen

Unternehmensnachfolge

Mehrere Informationsquellen finden Unternehmensführer, die sich rechtzeitig mit ihrer Nachfolge beschäftigen, im Internet. Doch Vorsicht: Hinter vermeintlich wie staatlich unabhängige Stellen wirkenden Anbietern stehen dann doch privatwirtschaftliche Beratungen. Wer zunächst unverbindlich Rat sucht, der findet auf der Website beim Deutschen Industrie- und Handelskammertag (DIHK) unter dem Menüpunkt „Themenfelder", dann „Unternehmensförderung" schon einigen Service. Auch das Bundes- und die Landeswirtschaftsministerien halten Infos vor.

www.dihk.de; www.bmwi.de

A42259

Ethische Standards

Über veränderte Regeln für wirtschaftliches Handeln

Compliance-Regeln sind nicht statisch, sondern sie unterliegen einem stetigen Wandel. So waren Schmiergeldzahlungen im Ausland zur Anwerbung von Aufträgen lange in Deutschland steuerlich absetzbar, inzwischen sind sie verpönt. So war die Einladung von Geschäftspartnern samt Gattinnen zum Wochenendtrip ans Meer oder in die Berge jahrzehntelang üblich, mittlerweile können sie ein Kündigungsgrund sein. Kein Zweifel: Die Regeln, was im Wirtschaftsleben als zulässig angesehen wird und was nicht, sind immer strenger geworden. Dabei bilden die gesetzlichen Bestimmungen nur den Rahmen. Ihre Einhaltung ist Compliance im engeren Sinne. Der Compliance-Begriff im weiteren Sinne umfasst auch die vom Unternehmen definierten Regeln und ihre organisatorische Überwachung. Gesetze sind der ethische Mindeststandard einer Gesellschaft, Compliance-Regeln sind die moralischen Leitlinien wirtschaftlichen Handels.

Gegen Grundsätze des ehrbaren Kaufmanns

Ausgerechnet in der Finanzbranche, die durch eklatante Verstöße gegen die Grundsätze eines ehrbaren Kaufmanns die Wirtschaftskrise 2009 auslöste, wurden die ersten Compliance-Bestimmungen entwickelt. Es ging um die Verhinderung von Geldwäsche oder von Manipulationen. Mit der stärkeren Bedeutung der Wertpapiermärkte wurden Leitlinien für fairen Wertpapierhandel aufgestellt, die in Deutschland im Wertpapierhandelsgesetz mündeten. Damit galt ein Verbot von Insiderhandel nicht mehr nur für die Finanzindustrie, sondern für alle börsengehandelten Gesellschaften, egal welcher Branche. Inzwischen sind alle Unternehmen, die an der Börse notiert sind, dem Deutschen Corporate Governance Kodex verpflichtet. Hingegen gibt es für deutsche Gesellschaften, die sich außerhalb der Kapitalmärkte finanzieren, kein verbindliches Compliance-Regelwerk.

Das ist auch in vielen anderen Ländern so. Während sich die Gesetze international annähern, gibt es für die unternehmensinternen Regeln noch keinen Standard, sondern nur eine Art nationale Moral. Nach einer Studie der Wirtschaftsprüfungsgesellschaft Ernst & Young (EY) sind beispielsweise in der Ukraine und Russland mehr als 30 Prozent aller Manager zu unethischem Verhalten für ihren eigenen Vorteil bereit, in Deutschland sind es immerhin 23 Prozent, in Dänemark nur vier Prozent.

Je enger die Vernetzung der Volkswirtschaften wird, desto mehr werden sich unternehmensinterne Bestimmungen annähern. Schließlich reicht das Einhalten von Gesetzen nicht. Das hat die Finanzkrise gezeigt. Compliance im weiteren Sinne sieht es denn auch als unmoralisch an, Vorteile auf Kosten anderer zu erzielen. Es geht darum, dass auch andere Vorteile erlangen. Wer wie viele Vorteile erreichen muss, ist umstritten. Ist es nur der Geschäftspartner, sind es alle Mitarbeiter, oder ist es sogar die Weltgemeinschaft?

Zu viele Unternehmen verpassen Veränderungen

Nach einer aktuellen Studie der Wirtschaftsprüfung und Beratung KPMG verfügen die meisten Unternehmen inzwischen über einen „Code of Conduct" und Verfahren zu dessen Einhaltung. Ein funktionierendes Compliance-System verlangt zudem die Sicherstellung, dass neue gesetzliche Vorschriften und neue Risiken an den Compliance-Beauftragten und die Geschäftsleitung gemeldet werden. Das gelingt den Unternehmen noch nicht umfassend. Neuerungen lassen sich bislang nur schwer erfassen.

Nach der KPMG-Umfrage verfügen erst 69 Prozent der befragten Unternehmen über Prozesse, um gesetzliche und regulatorische Änderungen zeitnah festzustellen. Ein Drittel der Befragten überprüft also noch nicht regelmäßig, ob die aufgestellten Richtlinien und Verfahren auch aktuell und zeitgemäß sind. Dieses Versäumnis kann sich rächen. Denn wer Veränderungen verpasst, läuft damit auch Gefahr, mit veralteten Regeln und damit falsch zu agieren.

Stefanie Burgmaier, Geschäftsführerin der Springer Fachmedien Wiesbaden GmbH, ist unter anderem Herausgeberin von „return".

Vorschau 06/18

Die nächste Ausgabe von „return – Magazin für Transformation und Turnaround" erscheint am 13. Dezember 2018.

▶ Schwerpunkt Internationalisierung: Titelreport – Vorbilder in Interview und Firmenprofil – Auslandsberichte – Strategien, Formen der Umsetzung, Personalmanagement;

▶ Ressort Start & Szene: Sanierungsmonitor – Die Story: Geschäftsreisen in der Luftfahrtkrise;

▶ Ressort Menschen & Unternehmen: Digitales, Interview und Firmenprofil, Gründerszene;

▶ Ressort Hintergrund & Wissen: Data Analytics, Marktforschung, Marketing & Sales.

Schwerpunkt Internationalisierung – Hürdenlauf oder Exporterfolg?

© alphaspirit / stock.adobe.com

Impressum

„return – Magazin für Transformation und Turnraound"
www.springerprofessional.de
www.return-online.de
Ausgabe 5 | 2018, 5. Jahrgang
ISSN 2199-8841

Verlag
Springer Gabler
Springer Fachmedien Wiesbaden GmbH
Abraham-Lincoln-Str. 46
65189 Wiesbaden
Die Springer Fachmedien Wiesbaden
GmbH ist Teil der Fachverlagsgruppe
Springer Nature.

Geschäftsführer
Stefanie Burgmaier |
Joachim Krieger | Juliane Ritt

Redaktion
Herausgeber:
Stefanie Burgmaier |
Prof. Dr. Hans Haarmeyer

Teamleitung Management-
zeitschriften:
Anja Schüür-Langkau

Chefredakteur
(V.i.S.d.P.):
Thorsten Garber
Am Stiersken 18
59379 Selm-Cappenberg
Tel. +49 (0) 23 06 / 75 74 99
thorsten.garber@springernature.com

Redaktionelle Mitarbeiter
dieser Ausgabe:
Claudia Bröll, Alexander Busch, Dr.
Volkhard Emmrich, Dr. Andreas Fröhlich, Dr. Gordon Geiser, Peter Hanser, Armin Hingst, Prof. Heiko Kleve, Dr. Tobias Köllner, Fabian Kretschmer, Anja Kühner, Martin Lind, Lars O.

Lüke, Manuela Mackert, Prof. Georg Müller-Christ, Fritz Oidtmann, Caroline Pluta, Thomas Roser, Thomas Schneider, PD Dr. Christoph Schreiber, Jesko Stark, Stefan Terliesner, Dr. Alexander Verhoeven, Alexander Welscher, Timo Wopp

Titelfoto
© fergregory / stock.adobe.com

Anzeigen, Marketing
und Produktion
Leiter Media Sales:
Volker Hesedenz

Leiter Vertrieb + Marketing:
Jens Fischer

Gesamtleitung Produktion:
Ulrike Drechsler

Verkaufsleitung (verantwortlich
für den Anzeigenteil):
Eva Hanenberg
Tel: +49 (0) 611 78 78-226
Fax: +49 (0) 611 78 78-430
E-Mail: eva.hanenberg@springer.com

Anzeigendisposition:
Susanne Bretschneider
Tel: +49 (0) 611 78 78-153
E-Mail: susanne.bretschneider@springer.com

Anzeigenpreise:
Es gelten die Mediadaten von Mai 2017

Produktmanagement:
Britta Rossbach
Tel: +49 (0) 611 78 78-271
E-Mail: britta.rossbach@springer.com

Produktion
Kerstin Brüderlin

Satz
K&M Satz und Repro
Otto-von-Guericke-Ring 3
65205 Wiesbaden
k&m-satz.de

Alle angegebenen Personen sind, soweit nicht ausdrücklich angegeben, postalisch unter der Adresse des Verlags erreichbar.

Sonderdrucke
Anja Trabusch
E-Mail:anja.trabusch@springernature.com
Tel: +49 (0) 611 78 78-298

Leserservice
Springer Customer Service Center
GmbH
Springer Gabler Service
Tiergartenstr. 15, 69126 Heidelberg
Tel: +49 (0) 62 21 345-4303
Fax: +49 (0) 62 21 345-4229
Montag – Freitag 8.00 Uhr – 18.00 Uhr
E-Mail: springergabler-service@
springer.com

Druck
Kliemo Printing AG,
Hütte 33,
B-4700 Eupen, Belgien

Fachbeirat
Dr. Utz Brömmekamp, Buchalik Brömmekamp Rechtsanwaltsgesellschaft; Udo Doetsch, Sparkasse Duisburg; Prof. Dr. Roland Eckert, FOM Hochschule für Oekonomie & Management im Hochschulzentrum Düsseldorf; Prof. Dr. Christian Gärtner, Quadriga Hochschule Berlin; Carl-Jan von der Goltz, Maturus Finance; Dr. Ulrich Hermann, Heidelberger Druckmaschinen AG; Prof. Dr. Michael Jünger, Technische Hochschule Ingolstadt; Michael Pluta, Pluta Rechtsanwalt; Uwe Rotermund, Noventum Consulting; Heinrich Fritz Stellmach, Stellmach & Bröckers Rechtsanwälte, Wirtschaftsprüfer, Steuerberater; Jan H. Wilhelm, hww Hermann Wienberg Wilhelm Insolvenzverwalter Partnerschaft

Bezugsmöglichkeiten
Das Heft erscheint sechsmal jährlich. Bezugsmöglichkeiten und Details zu den Abonnementbedingungen finden Sie unter www.mein-fachwissen.de/return. Alle Rechte vorbehalten.

Weitsichtiger Weltblick

Größe ist keine Voraussetzung für erfolgreiche Internationalisierung. Dies ergaben unsere Recherchen, als wir das Thema in return 03/2015 als Heftschwerpunkt aufgriffen, und bestätigen diesmal andere Beispiele in feiner Weise: Schon die vier Storys unserer Auslandskorrespondenten ab Seite 30 erzählen von Mut und Kraft vermeintlich Kleiner. Wenn es etwa ein Start-up aus Finnland in den boomenden Markt für E-Sport nach Südkorea zieht, eine Gründerin aus Estland für ihre App-Tests ein Netzwerk aus Prüfern weltweit aufbaut, zwei Modeschöpfer aus der Schweiz ausgerechnet im Fashion-Hotspot London gegen namhafte Konkurrenz antreten oder ein Deutsch-Taiwanese mit seinen 3-D-Grafiken an Hollywood-Blockbustern wie „Star Wars" mitwirkt. Wieso wagen sie das?

Diese Unternehmer verfügen über Potenzial, für das sie Chancen auch anderswo erkannt haben. Sie erobern gezielt neue Ländermärkte, statt ihre Internationalisierung im Gießkannenprinzip zu verwässern. Sie suchen nicht allein Wachstum durch mehr Absatz, sondern verfolgen strategische Ziele wie Diversifizierung oder Innovationsimpuls. Vorbilder beweisen: Wer es im harten Wettbewerb hiesiger Märkte schafft, stellt mit Systematik auch woanders Geschäft auf die Beine, wenn er sein Angebot auf dortige Bedürfnisse anpasst. Das Porträt über Weltmarktführer Kärcher (S. 26) steht dafür ebenso wie das Interview mit Kroatiens Unternehmer des Jahres und Erfinder des schnellsten Elektroautos, Mate Rimac (S. 22), in dessen rasant wachsende Ideenschmiede jüngst Porsche eingestiegen ist.

Insbesondere der Mittelstand aus Deutschland beherrscht das internationale Geschäft gut, denn von den hierzulande 1,3 Millionen im Ausland aktiven Firmen zählen 99 Prozent zu den kleinen und mittleren Unternehmen. Junge Technologie- und Handelsunternehmer starten heute parallel in mehreren Ländern und gelten als „Born Globals". Der Gang in neue Märkte ist weitsichtig, denn wer die Welt ins Auge fasst, wird kaum auf gesättigte Absatzgebiete oder Wachstumsgrenzen stoßen. So besehen schützt professionelle Internationalisierung auch vor Krisen, selbst wenn Rückschläge drohen. Welche Ziele zu erobern sich lohnt, muss jeder Unternehmer für seine Organisation, Produkte und Leistungen exakt erkunden.

Mit auf den Weg nehmen sollten Entscheider dabei die überlieferte Empfehlung von Entdecker Christoph Kolumbus: „Zuverlässige Informationen sind unbedingt nötig für das Gelingen eines Unternehmens." Dafür vermitteln verlässliche Unternehmer, Berater, Forscher und Journalisten in dieser Ausgabe sorgsam zusammengetragenes Wissen, liebe Leserin und lieber Leser. Für Ihren Aufbruch in neue Gebiete wünsche ich Ihnen im Namen des gesamten „return"-Teams alles Gute – verbunden mit dem Wunsch, Sie mögen in den Weihnachtstagen viel Zeit zum Besinnen auf Ihre Stärken finden und schnellstmöglich Erfolg ernten im Jahr 2019, auf das wir uns mit Ihnen als Leserschaft freuen.

Ihr

Thorsten Garber
Chefredakteur return / thorsten.garber@springernature.com

Internationalisierung
16 Wie Unternehmen heute
die Welt schwer schultern

Interview
42 Friedrich-Wilhelm Göbel
zur Krise des Textilhandels

Inhalt

return 06/18

Hintergrund & Wissen

Start & Szene

Interview

„Wie Instrumente der Unternehmenssanierung verzahnt werden können"

Über das jüngste Untersuchungsergebnis zum sechs Jahre geltenden „Gesetz zur Erleichterung der Sanierung von Unternehmen" (ESUG) spricht Ministerialdirektorin Marie Luise Graf-Schlicker.

Frau Graf-Schlicker, die Evaluierung zeigt für Ministerin Barley, „dass das ESUG gut funktioniert". Wo aber zeigt sie noch Verbesserungsbedarf?
Marie Luise Graf-Schlicker: Die Evaluation hat gezeigt, dass die durch das ESUG eingeführten Änderungen von der Praxis im Grundsatz positiv angenommen worden sind. Möglichkeiten zur Verbesserung bestehen immer, Korrekturbedarf vor allem bei den Zugangsvoraussetzungen zur Eigenverwaltung. Überlappungen bestehen mit der vorgeschlagenen EU-Richtlinie über präventive Restrukturierungsrahmen, die zweite Chance und Maßnahmen zur Steigerung der Effizienz von Restrukturierungs-, Insolvenz- und Entschuldungsverfahren. Es wird zu prüfen sein, wie die Instrumente der Unternehmenssanierung zum schlüssigen und praxistauglichen Gesamtrahmen verzahnt werden können.

Belegen die Berichtbefunde denn, dass ein Mentalitätswechsel greift – weg von der Strafe hin zur zweiten Chance?
Die Evaluation hat ergeben, dass das ESUG von den Befragten als wichtiger Meilenstein für eine positive Veränderung der Insolvenzkultur gesehen wird. Das Stigma der Insolvenz hat sich nach Auffassung der Befragten allerdings nur leicht abgeschwächt. Vermutlich braucht diese Entwicklung einfach noch etwas Zeit. Durch die zu erwartenden europarechtlichen Vorgaben zur Entschuldung wird es einen neuerlichen Impuls hin zu einem Mentalitätswechsel geben.

Gibt es Bedarf für außergerichtliche präventive Restrukturierungsverfahren, wie sie die EU-Kommission vorschlägt?
Sowohl das ESUG als auch der erwähnte Richtlinienvorschlag räumen die Möglichkeit zur frühzeitigen Sanierung ein. Unterschiede gibt es bei der Ausgestaltung. Nach dem ESUG ist das Sanierungsverfahren ein Teil des Insolvenzverfahrens. Dieser Ansatz wird nach der Evaluation für sachgerecht erachtet. Im Zuge der Umsetzung wird es darauf ankommen, das vorinsolvenzliche Restrukturierungsverfahren mit dem Schutzschirmverfahren zu verzahnen.

Was fehlt für Sie noch rund um Unternehmenssanierungen?
Es erscheint notwendig, weiter an der Verbesserung der Insolvenzkultur zu arbeiten und das Stigma der Insolvenz zu verringern. Der Richtlinienvorschlag mit seinem vorinsolvenzlichen Sanierungsverfahren kann einen Beitrag dazu leisten. Daneben ist bei Zuspitzung der Krisensituation auch eine Sanierung in Insolvenzverfahren weiterhin sinnvoll.

Die Fragen an das Bundesjustizministerium stellte Thorsten Garber.

Restrukturierungsprogramm
Europas Mastenhersteller Nummer eins saniert sich in Eigenverwaltung

Europoles, Europas führender Mastenhersteller mit 1.200 Mitarbeitern, hat beim Amtsgericht Nürnberg einen Antrag auf ein Insolvenzverfahren in Eigenverantwortung gestellt. Der Betrieb laufe uneingeschränkt weiter, die Löhne und Gehälter seien bis Ende 2018 gesichert. Das Gericht bestellte Dr. Harald Schwartz zum vorläufigen Sachwalter.
www.europoles.com; www.anchor.eu; www.gleisslutz.com

Restrukturierungsprozess
Etablierter Automobilzulieferer steht vor der Übernahme

Für die insolvente SAM Automotive Group, mit 1.800 Mitarbeitern großer Dachreling-Zulieferer von Automarken wie Volkswagen, gibt es mehrere Interessenten für eine Übernahme. Der vom Amtsgericht Aalen bestellte Insolvenzverwalter Dr. Holger Leichtle will die Verhandlungen mit Investoren „vielleicht schon bis zum Jahresende abschließen".
www.sam-automotive.com; www.schultze-braun.de

Produktivität mit und ohne Auslandsbetrieb
Bruttowertschöpfung pro Beschäftigter in 1.000 Euro

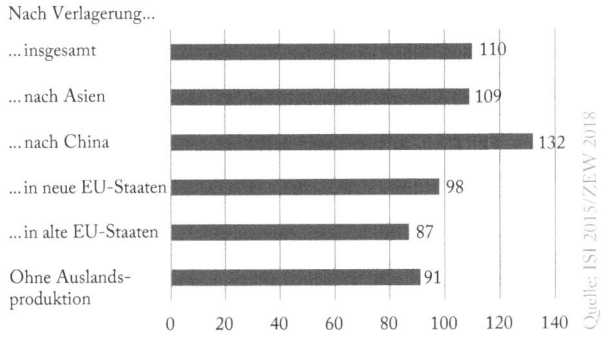

Nach Verlagerung...

...insgesamt	110
...nach Asien	109
...nach China	132
...in neue EU-Staaten	98
...in alte EU-Staaten	87
Ohne Auslandsproduktion	91

Quelle: ISI 2015/ZEW 2018

Erhebung zur Produktion in 2015 nach Verlagerung zwischen 2013 und 2015

Betriebe, die Teile ihrer Produktion nach China verlagerten, erzielten die höchste Arbeitsproduktivität, die mit Anlagen in alten EU-Staaten die geringste.

Maschinenbau-Untersuchung
Produktivitätsparadoxon endlich aufgeklärt: Positiver Impuls durch Internationalisierung

Die fortschreitende Internationalisierung der deutschen Maschinenbau-Unternehmen trägt nur insofern zu Produktivitätsrückgängen bei, als dass die Wirtschaftsstatistik die Produktion einzig für den Standort Deutschland misst und Produktivitätsgewinne an Auslandsstandorten nicht einfließen. Mit diesem Untersuchungsergebnis, welches jüngst das Zentrum für Europäische Wirtschaftsforschung (ZEW) und das Fraunhofer-Institut für System- und Innovationsforschung (ISI) in einer gemeinsamen Studie veröffentlicht haben, scheint jetzt dieses Paradoxon aufgeklärt.

Es war entstanden, weil trotz des weltmeisterlich exportierenden Maschinenbaus in Deutschland der Sachverständigenrat zur Begutachtung der gesamtwirtschaftlichen Entwicklung im Jahresgutachten 2015/16 berechnet hatte, dass sich das jährliche Wachstum der gesamtwirtschaftlichen Produktivität in Deutschland verlangsamt habe und es im Maschinenbau gar zu einem deutlichen Rückgang der Produktivität gekommen sei. Das Studien-Fazit konstatiert dagegen klar: Hohe Produktivität und positive Entwicklungen erreichen eher deutsche Unternehmen mit intensiver Internationalisierung. Allerdings räumen die Forscher ein: „Durch die Internationalisierung kann es mitunter zu einer Verringerung der Fertigungstiefe an deutschen Standorten kommen." Dadurch verringere sich die Wertschöpfung hierzulande, was die Produktivität dämpfen könne.
www.zew.de; www.isi.fraunhofer.de

Großbritanniengeschäft

Brexit-Folgen für deutschen Export schlimmer als für die britische Automobilindustrie?

Ein ungeordneter Brexit inklusive fehlenden Folgeabkommens mit der EU würde der deutschen Industrie zum Teil große Probleme bereiten. Mitunter seien Verluste von mehreren Milliarden prognostiziert, heißt es in einem Beitrag über den „Kampf um die Poleposition". So komme eine aktuelle Studie der Ifo-Wirtschaftsforschung zu dem Ergebnis, dass dies im deutschen Export mehr als vier Milliarden Euro kosten könnte.

Welche Bemühungen die britische Autmobilbranche anstellt, um Folgen des EU-Austritts abzufedern, beschrieb schon „return"-Korrespondent Peter Stäuber in unserer Ausgabe 03/17. Autor Andreas Burkert hat dazu Gespräche etwa bei Aston Martin geführt und ermittelt: Sie fürchte den Brexit nicht so sehr wie die Mobilitätswende. Die Repräsentanten zeigten sich „furchtlos, selbstbewusst und in dem festen Glauben an die britische Ingenieurskunst". Die Hoffnung „auf eine zweite Renaissance" sei groß, weil die Branche „den Fokus auf die Elektromobilität" lege inklusive „Masterplan und einer Milliarde Britischer Pfund". Ziel: eine emissionsfreie Mobilität mit geteilten Risiken.

www.springerprofessional.de/link/16159122

Expansionsstrategie

Steigende Marktanteile durch weltweites Wachstum kaum maßgebend für Erfolg

Wie für die Wirtschaft stetiges Wachstum sei für viele Firmen die Marktführerschaft das erklärte Ziel, leitet Autorin Annette Speck ihren Beitrag ein, um dann auf eine Studie zu verweisen, nach der steigende Marktanteile „kaum maßgebend für den Unternehmenserfolg" sind. „Dieses weit verbreitete Manager-Mantra von zu steigernden Umsätzen ist überholt", heißt es über die gemeinsame Untersuchung von Alexander Himme (Foto), für „Management Accounting" an der Kühne Logistics University zuständig, und Marketingexperte Dr. Alexander Edeling von der Universität Köln. Der Marktanteil falle „je nach Branche, Marktsegment und Weltreligion (...) unterschiedlich stark ins Gewicht". Die Forscher betonen: „Wichtiger für den Gewinn sind bislang unterschätzte Kennzahlen zu Image, Markenstärke und Kundenbindung." Sie werteten dazu 89 Studien aus 45 Jahren aus und ermittelten: Steigt der Marktanteil um einen Prozentpunkt, erhöht sich der Gewinn nur um 0,13 Prozentpunkte. Die bessere Profilierung der Marke wirkte fast dreimal so stark auf den Gewinn, die Kundenbindung sogar sechsmal.

www.springerprofessional.de/link/16198266

Sanierungskonzept

Rollen- und Räderhersteller Steinco will Produktion optimieren und anpassen

Steinco, Hersteller von Rollen und Rädern aus Wermelskirchen mit 280 Mitarbeitern in vier Werken, will im Insolvenzverfahren unter Eigenverwaltung vor allem Produktionsbereiche anpassen und optimieren, in denen „Umsätze seit mehreren Jahren rückläufig sind", wie es in einer Mitteilung heißt. Die Geschäftsführung um Michael Pesch entwickelt das Sanierungskonzept mit Robert Buchalik (Foto) von der Wirtschaftsberatung Buchalik Brömmekamp. Das Amtsgericht Köln hat als Sachwalter Dr. Andreas Ringstmeier bestellt. Steinco produziert für die Automobil- und Gesundheitsbranche. Die Dieselkrise schlage negativ auf Auftragszahlen von Autobauern durch, so die Erklärung, weshalb hier für defizitäre Produktionsbereiche ein M&A-Prozess geprüft werde.

www.steinco.de; www.buchalik-broemmekamp.de

Restrukturierungskurs

Wärmetauscher-Weltmarktführer Klingenburg strebt Sanierung für nachhaltige Rendite an

Klingenburg, der Weltmarktführer für Wärmetauscher zur Energierückgewinnung aus Gladbeck mit rund 300 Mitarbeitern, hat beim Amtsgericht Essen einen Antrag auf ein Insolvenzverfahren in Eigenverwaltung gestellt. Gestiegene Rohstoffpreise und höhere Instandhaltungsaufwände hätten „das Geschäft seit zwei Jahren durch Verluste belastet". Rolf F. Oberhaus (Foto) übernahm die Geschäftsführung von Thomas Hartkämper. Als externer Berater steht der Sanierungsexperte Dr. Dirk Andres zur Seite. Zum vorläufigen Sachwalter hat das Gericht den Rechtsanwalt Horst Piepenburg bestellt. Der Geschäftsbetrieb soll ohne Einschränkung fortgeführt werden, und die Auslandsgesellschaften seien von der Insolvenz nicht berührt, da „finanziell unabhängig aufgestellt".

www.klingenburg.de; www.andrespartner.de

Nestlé-Vorstand in Deutschland und in der Konzernspitze erneuert

Marc-Aurel Boersch folgt Béatrice Guillaume-Grabisch zum 1. Januar als Vorstandschef der Nestlé Deutschland AG. Sie wechselt nach dreieinhalb Jahren nun als Personalchefin in die globale Führung der Nestlé S.A. zur Konzernzentrale nach Vevey/Schweiz und wird dem Executive Board der Nestlé-Gruppe angehören. Dort löst sie Chris Johnson ab, der künftig für die scheidende Wang Ling Martello das Geschäft in Asien, Ozeanien und Subsahara Afrika leitet. Guillaume-Grabisch (54) kam zum weltgrößten Nahrungsmittel-Konzern nach Führungspositionen bei Colgate, Johnson & Johnson, L'Oréal und Coca-Cola. Der 50-jährige Boersch, seit fünf Jahren Chef des niederländischen Nestlé-Marktes, war Geschäftsführer Vertrieb für Kaffee & Süßwaren, Geschäftsführer der Kaffee & Schokoladen GmbH und Sales Director der Nestlé Deutschland AG. Seine Laufbahn startete bei Kraft Foods und Kodak.

www.nestle.de

Christian Gieselmann übernimmt als neuer Sprecher der Geschäftsführung bei Warsteiner das Ressort Marketing & Vertrieb von Alessandra Cama, die im Januar ausscheidet.

www.warsteiner.de

Sabine Neuß beginnt zum 1. Januar als neues Vorstandsmitglied für das Ressort Technik in Hamburg bei Jungheinrich, eines der weltweit führenden Intralogistik-Unternehmen.

www.jungheinrich.de

Gisbert Hansjürgens, Maik Pörschke, Claudia Upgang, Kim Krone sind von Rödl & Partner zur Wirtschaftsprüfung BDO gewechselt und stärken den Standort Bielefeld.

www.bdo.de

Dr. Giannina Kreutz verstärkt in Berlin die globale Wirtschaftskanzlei Dentons in der Insolvenz- und Restrukturierungspraxis.

www.dentons.com

Bavaria Yachtbau geborgen

Trotz Top-Technik und Geschäftsmodell mit Alleinstellungsmerkmal gestaltete sich die Rettung des insolventen Schiffsbauers schwierig. Schulden noch aus Zeiten vor der Finanzkrise drückten.

Diese Segelyacht der neuen „Vision Line" gehört zur Superior Class von Bavaria, einst Marktführer in Europa für Sport- und Freizeitboote.

Eine bewegte Geschichte prägt Bavaria Yachtbau. Die Historie ist mit Schuldenexzessen vor der Finanzkrise verwoben. Damals hatte sich der Mittelständler prächtig entwickelt: einerseits, weil der Markt sich insgesamt positiv entwickelte, andererseits aber auch, weil Bavaria ein Pionier der industriellen Fertigung von Yachten war. Zu Spitzenzeiten fertigte das Unternehmen 3.500 Boote pro Jahr und war Marktführer für Sport- und Freizeitboote in Europa.

Mit einem Einstieg begann der Abstieg, als Bain Capital als Private-Equity-Haus für den Yachtbauer mit 250 Millionen Euro Umsatz kolportierte 1,1 Milliarden Euro zahlte. Der Kaufpreis wurde zum Großteil über Darlehen von Goldmann Sachs, kurze Zeit später von der Dresdner Bank, dann Commerzbank finanziert. Mit dem Zusammenbruch der Nachfrage als Folge der Finanzmarktkrise geriet die Finanzierungsstruktur von Bavaria Yachtbau in schwere Schieflage. Der Umsatz betrug Bruchteile des 800 Millionen Euro Schuldenberges, der zu schultern war. Die Transaktion wurde zum Sinnbild einer geplatzten Private-Equity-Blase.

Die Banken verkauften 2009 ihre Kredite an Hedgefonds, darunter Anchorage und Oaktree. Das Unternehmen hat sich trotz bereinigter Finanzierungsstruktur nicht erholt und hohe Verluste geschrieben. Bevor der Insolvenzantrag gestellt wurde, betrug der Schuldenberg 200 Millionen Euro. Allerdings waren auch operative Probleme und strategische Fehlentscheidungen, etwa die Abkehr von der einst erfolgreichen Serienfertigung, weitere Gründe für den andauernden Niedergang des ehemaligen Vorzeigeunternehmens.

Die Hedgefonds Anchorage und Oaktree hatten offensichtlich kein Zutrauen in die Genesung des Unternehmens und versagten im April 2018 bei fortwährenden Verlusten die weitere Unterstützung. Der gestellte Insolvenzantrag bot dem Unternehmen die Möglichkeit, sich vollends von den Altlasten der Finanzierung zu befreien. Trotz der negativen Entwicklungen in der Vergangenheit nutzte der Finanzinvestor CMP im September 2018 die Chance, das Unternehmen zu erwerben. „Wir sind von den weltweiten Marktpotenzialen der Bavaria überzeugt und werden das Unternehmen nachhaltig weiterentwickeln.", so CMP-Geschäftsführer Kai Brandes. Hierzu wurden alle 800 Mitarbeiter auch in den Tochtergesellschaften übernommen. Kurzfristig sollen sogar 50 weitere Mitarbeiter eingestellt werden.

Mit Käufer CMP wieder in eine sichere Zukunft segeln

Um die Serienfertigung am Hauptstandort im unterfränkischen Giebelstadt wieder rentabel zu machen, wurde eine Verkleinerung der Produktpalette angekündigt. Außerdem holt der ehemalige europäische Marktführer teilweise ausgelagerte Fertigung – beispielsweise aus Kroatien – wieder zurück an den Hauptstandort. Der passionierte Segler und Restrukturierungsexperte, Dr. Tobias Brinkmann, der seit April 2018 als Geschäftsführer das Eigenverwaltungsverfahren unterstützt, äußert sich über die erst in einem fulminanten Schlussspurt geglückte Transaktion begeistert: „Bavaria ist ein herausragendes Unternehmen mit einer starken Marke, überzeugenden Produkten und engagierten Mitarbeitern. Wir freuen uns, mit CMP einen renommierten und erfahrenen Käufer gefunden zu haben, der das Unternehmen in die Zukunft führen wird."

Dr. Andreas Fröhlich, Partner und Head of Corporate Finance der Beratungsgesellschaft Baker Tilly, ist spezialisiert auf Mergers & Acquisitions und insolvenznahe Sanierungsberatung.

Kurzprofil des Schuldner-Unternehmens / der Gruppe

	BOA Group	Ferrostaal Air Technology	SHW Werkzeugmaschinen	BAVARIA YACHTS
Name	BOA Group	Ferrostaal Air Technology GmbH	SHW Werkzeugmaschinen GmbH	Bavaria Yachtbau GmbH
Branche	Automobilzuliefer-Industrie	Anlagenbau	Maschinenbau	Werft
Geschäftsfelder/ Produktgruppen	Herstellung von flexiblen Kompensatoren	Herstellung von lufttechnischen Komponenten	Herstellung von Fahrständermaschinen	Bau von Segelyachten, Katamaranen und Motorbooten
Umsatz (Mio. €)	190	44,5	47	112
Mitarbeiter	1.200	109	300	700

Angaben zum Sanierungsverfahren

Antragsdatum	07.02.2018	21.02.2018	15.05.2018	20.04.2018
Verfahrensart	Fremdverwaltung	Eigenverwaltung	Fremdverwaltung	Eigenverwaltung
Sanierer	Joachim Exner (IV)	Bettina Schmudde (SW), Dr. Maxim Kleine	Martin Mucha (IV)	Dr. Hubert Ampferl (IV), Tobias Brinkmann

Lösungsangaben der Sanierung

Art der Sanierung	Übertrag. Sanierung	Planverfahren	Übertrag. Sanierung	Übertrag. Sanierung
Sanierungsdauer	6 Monate	8 Monate	4 Monate	5 Monate
Investoren	Ring International Holding AG	–	SFO Gruppe	CMP Capital Management-Partners GmbH
Klassifikation	Stratege	–	Finanzinvestor	Finanzinvestor
Lösungsbeschreibung	Fortführung mit kompletter Belegschaft	Erhalt des gesamten Unternehmens	Fortführung mit 80 % der Belegschaft	Fortführung mit kompletter Belegschaft
Aus Sicht der Investoren/ Strategische Eckpunkte	• Restrukturierung durch den Erwerber • Erhalt aller Standorte • Stärkung des Bereichs Metallverarbeitung	• Wegfall hoher Pensionsverpflichtungen	• Intensive Restrukturierung • Akquisition von Neuaufträgen • Neues Management	• Verbesserung der Fertigungseffizienz • Reduktion der Produktpalette

Quelle: Baker Tilly

Riskantes Reisen

Pleiten, Pech und Pannen – Vielflieger brauchten in den vergangenen Monaten viel Geduld.
Schuld sind die Konzentration im Luftverkehrsmarkt und überlastete Infrastrukturen.

Genervte Geschäftsreisende an den Flughafen-Schaltern der Airlines häufen sich hierzulande. Die Konzentration im Luftverkehrsmarkt führt teilweise zu höheren Preisen und zur Streichung bestimmter Strecken. Mit der mangelhaften Infrastruktur gehen zudem Ausfälle und Verspätungen einher.

Die Insolvenz von Air Berlin sandte im vergangenen Jahr spürbare Schockwellen in den deutschen Flugverkehrsmarkt. Besonders bekommen das bis heute Geschäftsreisende zu spüren. Nach der Bruchlandung der zweitgrößten deutschen Fluggesellschaft bat der Verband Deutsches Reisemanagement (VDR) seine Mitglieder darum, die Folgen der Insolvenz zu bewerten: Fast alle Unternehmen hatten auf ihren Top-Strecken mit Kapazitätsengpässen, schlechterer Frequenz und höheren Preisen zu kämpfen. In der Spitze registriert der VDR auf innerdeutschen Strecken deutliche Preissteigerungen um bis zu 50 Prozent. Das ist für Mittelständler besonders ärgerlich, die überwiegend Inlandsflüge buchen.

Zwar zeigt sich die Situation nach Angaben von VDR-Hauptgeschäftsführer Hans-Ingo Biehl durch neue Easyjet-Verbindungen von Berlin-Tegel nach Düsseldorf, Frankfurt am Main, Stuttgart und München etwas entspannt. Doch damit würden nur „sehr wichtige und hoch frequentierte innerdeutsche Geschäftsreise-Verbindungen bedient". In den Regionen und auf Nebenstrecken gebe es indes vermehrt Monopolstrukturen. Geschäftsreisende müssen dort froh sein, überhaupt noch Direktverbindungen zu finden. „Durch die Marktausstiege regionaler Airlines und den Strategiewechsel klassischer Billigfluggesellschaften, die ihr Angebot von sekundären Flughäfen wegverlagern, konzentriert sich

das Flugangebot auf die großen Airports", sagt Gerd Pontius vom Airline-Beratungsunternehmen Prologis Strategy.

Außerhalb Deutschlands ist es ähnlich. „Seit einigen Jahren beobachten wir auch auf dem europäischen Markt einen Trend zur Konsolidierung", sagt Biehl. Anbieter verschwinden, andere schließen sich zusammen. Vor allem kleinere oder strukturell schwache Carrier werden vom Markt gefegt. Im vergangenen Jahr rutschten neben Air Berlin und Niki auch die fünftgrößte britische Fluglinie Monarch und die halbstaatliche Alitalia in die Insolvenz. In diesem Jahr erwischte es zuletzt den deutschen Anbieter Small Planet.

Dafür wachsen die Großen: Lufthansa und Easyjet übernahmen Teile von Air Berlin, Ryanair sicherte sich die Niki-Nachfolge-Airline Laudamotion. Auf dem deutschen Markt ist Lufthansa nun mit Abstand der herrschende Platzhirsch. „Im innerdeutschen Luftverkehr liegt der Anteil der Lufthansa-Gruppe bei mehr als 85 Prozent", weiß Pontius.

Die negativen Folgen der Konzentration erklärt Biehl: „Je weniger Konkurrenz es gibt, desto weniger Anreize existieren für Marktteilnehmer, guten Service zu günstigen Preisen anzubieten." Laut VDR-Geschäftsreiseanalyse kritisieren 76 Prozent der Unternehmen die Preiserhöhungen infolge von weniger Anbietern und mehr Allianzen. 42 Prozent beklagen geringere Kapazitäten, 34 Prozent staunen über neue Kostenarten und 33 Prozent erleben weniger Kundenorientierung.

Hans-Ingo Biehl vom Verband Deutsches Reisemanagement sieht einige negative Folgen der Konzentration im europäischen Flugverkehrsmarkt.

Gerd Pontius von der Airline-Beratung Prologis Strategy kritisiert eine Zunahme von Verspätungen und Ausfällen wegen Engpässen.

Bei den Preisen gibt es zumindest Hoffnung: Auf sehr nachfragestarken Strecken in Deutschland, Europa und auf der Langstrecke erwartet Pontius durch den Einstieg von Billigfluggesellschaften einen massiven Kampf um Marktanteile, der „Druck auf die Preise ausüben wird". Denn nicht nur Easyjet und Ryanair expandieren, auch Linienflieger setzen auf konzerninterne Günstig-Plattformen – wie Lufthansa es mit Eurowings tut. „Das führt zu einem starken Wachstum des Günstig-Segments und zu Stagnation, teilweise sogar Schrumpfen der klassischen Angebote", erklärt Pontius.

Der Billigflieger-Boom ist messbar: Im ersten Halbjahr 2018 waren fast 30 Prozent aller Flüge von deutschen Flughäfen schon Low-Cost-Flüge, zeigt die Halbjahresbilanz des Bundesverbandes der Deutschen Luftverkehrswirtschaft (BDL). Tendenz steigend. Auch Geschäftsleute nutzen günstige Anbieter, so Biehl: „Der Komfort ist bei innerdeutschen und kurzen innereuropäischen Flügen nicht das wichtigste Kriterium. Auf solchen Strecken können Low-Cost-Carrier eine Alternative sein, wenn auch nicht unbedingt für das Top-Management."

Billigflieger fokussieren nun stärker auf Geschäftskunden

Die Low-Cost-Carrier profitieren von der Insolvenz der zuletzt im Geschäftsreisemarkt durchaus erfolgreichen Air Berlin. „Die Vertriebsstrategie einiger Billiganbieter fokussiert stärker als noch vor einigen Jahren auf Geschäftskunden", beobachtet Biehl. Lufthansa-Sprecher Jörg Waber will keine überproportional gestiegene Neukunden-Akquise seit der Insolvenz von Air Berlin bestätigen. Auch Direktübernahmen von Firmenverträgen habe es nicht gegeben.

Ob Billig- oder Linienflieger: Beide leiden laut Pontius unter Kapazitätsengpässen im Luftraum und an den Airports. Speziell in Deutschland beklagt auch der BDL unflexible Betriebszeiten, lange Wartezeiten an Sicherheitskontrollen und eine mangelnde Flughafeninfrastruktur. Allein in diesem Sommer sorgten Sicherheitspannen an den Flughäfen in Frankfurt am Main und in München für Chaos. Ein Stromausfall legte den Hamburger Airport lahm. Verspätungen und Flugausfälle häuften sich. Die mangelhafte Infrastruktur am Boden kritisierte schon Lufthansa-Chef Carsten Spohr: Frankfurts Airport als größtes Konzern-Drehkreuz sei der teuerste Flughafen im Lufthansa-System und erfülle aktuell nicht die Erwartungen an Premium-Qualität.

Ihre Wachstumsfelder verlagert Lufthansa deshalb verstärkt nach Zürich, München und Wien. Für einige Passagiere aus der Main-Metropole kann das heißen, dass sie künftig umsteigen müssen. Auch für die deutsche Hauptstadt gibt es bei Lufhansa derzeit keine direkten Interkontinental-Verbindungen. „Aktuell lassen sich Langstrecken aus Berlin für uns nicht wirtschaftlich betreiben", sagt Sprecher Waber. Berlins IHK zweifelt daran, wie Hauptgeschäftsführer Jan Eder sagt: „An Berliner Flughäfen steigen schon mehr Passagiere ein und aus als in München oder Frankfurt." Zudem sei Berlin ein international gefragter Tagungs- und Kongressstandort sowie Sitz diplomatischer Vertretungen und Organisationen. Trotz aller Widrigkeiten kann oder will nur jedes fünfte betroffene Unternehmen seine Geschäftsreiseströme umsteuern, ermittelte die VDR-Geschäftsreiseanalyse. Von diesen Unternehmen setzen 83 Prozent auf die Bahn als Flugalternative. Etwas über die Hälfte wollen Reisen durch Meetings mittels Telefon-, Web- und Videotechnologie ersetzen. „Weitere Alternativen können – abhängig von der Größe des Unternehmens – Fahrzeuge aus der firmeneigenen Flotte oder Mietwagen sein", sagt Biehl. Der Haken an der Sache: Einen eigenen Fuhrpark für Geschäftsreisen können sich nur größere Firmen leisten. Die Bahn wiederum kämpft um Pünktlichkeit, und Video-Konferenzen können keinen persönlichen Kontakt ersetzen. Zum Flugzeug für die schnelle Geschäftsreise gibt es also fast keine Alternative.

Gregor Hallmann, freier Wirtschaftsjournalist in Berlin, schrieb schon mehrfach für „return" über Themen rund um Mobilität. Die Instabilität des Luftfahrmarktes beleuchtete schon „return 03/17" mit einem Beitrag über kritische Finanzierungsmodelle für Flugzeuge.

Die soziale Uhr
Ticktack, Ticktack, Ticktack

Bei Frauen reden ja immer alle von der biologischen Uhr, die mit steigendem Alter immer lauter tickt. Was mir da in Zeiten der Gleichstellung etwas zu kurz kommt, ist meine Uhr. Bei mir tickt nämlich die soziale Uhr. Ab 40 ist man als Mann schnell mal sozial angezählt. Da fangen just zum Höhepunkt der Midlife-Crisis die mitleidigen Blicke an. Klar, viele behaupten, 40 sei das neue 20, aber wenn man dann immer noch keinen Firmenwagen vor der Tür stehen hat und auch noch immer nicht über Personalverantwortung verfügt?! Ticktack, Ticktack, Ticktack.

Und das ist bei mir nicht anders. Wenn ich als Comedian nicht bald das Olympiastadion voll mache, gelte ich als gescheitert. Dabei habe ich mich immer redlich bemüht, sozial pünktlich zu sein. Ich habe früh mein erstes Geld verdient, das BWL-Studium brav absolviert. Ich sehe mich also als gesellschaftliches Opfer. Ein Opfer überhöhter Erwartungen. Schwangere Frauen über 35 nennt man Spätgebärende. Deswegen nenne ich mich ab sofort Late Succeeder. Auf Englisch tut alles ein bisschen weniger weh.

Ich möchte jetzt hier auch nicht nur rumjammern. Ich bin schießlich kein Ü40-Emo. Aber gesellschaftliche Unterstützung, um meinen sozialen Rückstand wieder aufzuholen? Pustekuchen! Auch hier haben es Frauen zumindest in einem Punkt leichter, denn wenn sie nicht schwanger werden, setzen sie auf künstliche Befruchtung. Und zack! Schon sind sie wie ... – Brigitte Nielsen. Legt die gute Frau einfach mit 55 Jahren noch mal ein Baby nach!

In aller Ruhe zwölf Monate übers Kerngeschäft nachdenken

Also ganz ehrlich: Mir hat noch nie irgendwer eine In-Vitro-Karriere angeboten. Und wenn ich mal danach frage, rümpfen alle die Nase. Dabei gibt es doch auch Inkubatoren für Start-ups. Kreative Brutstätten! Warum will mich karrieretechnisch eigentlich keiner befruchten? Zum Glück kann man jetzt ja „Business Hartz IV" beantragen. Krass, oder?! Das gibt es wirklich! Business Hartz IV für Selbstständige. Da deckt die Arbeitsagentur ein Jahr lang alle Basics ab: Mieten, Gehälter, Equipment, Firmenwagen. Damit man nach längerer Durststrecke einfach mal zwölf Monate in aller Ruhe übers Kerngeschäft nachdenken kann, um anschließend wieder richtig durchzustarten.

Bei Selbstständigen, die beim Lesen jetzt gerade ganz zappelig werden, weil sie am liebsten sofort auf ihrem Smartphone nachschauen möchten, ob das wirklich stimmt, läuft es im Moment vermutlich nicht so gut. Angestellte hingegen sollten ihrem Chef beim nächsten Lunch auf jeden Fall ganz spontan von „Business Hartz IV" erzählen. Wenn er dann nervös auf sein Display schauend den Raum verlässt – einfach schnell das eigene Xing-Profil sicherheitshalber updaten und völlig unverbindlich bei Linkedin vorbeischauen. Kann ja nie schaden.

Von Brigitte Nielsen lernen, heißt siegen lernen

Ansonsten gilt: Von Brigitte Nielsen lernen, heißt siegen lernen. Feministisch gesehen ist sie ja eh eine absolute Ikone. Fünfmal im „Playboy", fünf Ehen, fünf Kinder, sechs Sprachen, 15 Jahre jüngerer Mann und dann hat sie mit Anfang 20 auch noch Rocky geheiratet. Als Tochter einer Bibliothekarin und eines Ingenieurs ausgerechnet Rocky zu heiraten. Mehr geht nicht!

Und wenn sie es geschafft hat, ihre biologische Uhr auszutricksen, dann sollte das mit der sozialen Uhr doch für uns ein Kinderspiel sein. In meinem Alter hat man ja die schönsten „Firsts" einfach schon hinter sich. Da hilft nur eins: Noch mal machen! Einfach von zu Hause ausziehen, eine 20-jährige Freundin und das erste Kind anschaffen. Alles halt nur zum zweiten Mal.

Midlife-Crisis klingt auch viel zu negativ. Ich nenne das feiner: die soziale Uhr zurückdrehen. Im mittleren Alter muss man sich entscheiden: entweder Konsolidierung und Stabilität oder Spaß. Es heißt doch immer so schön: Man ist so alt, wie man sich fühlt. Ich bin übrigens acht.

Timo Wopp, Diplom-Kaufmann und Ex-Unternehmensberater, tourt als Kabarettist, Vortragsredner und Jongleur: www.timowopp.de

Atlas trägt den Globus auf seinen Schultern – zumindest in späteren Darstellungen. Der Titan erhielt die beschwerliche Aufgabe nach einem verlorenen Kampf als Strafe von Zeus, verbreitet die griechische Mythologie in ihren Geschichten über Götter und Helden der Antike. In der Geschichte der Wirtschaft gilt bis heute im Geschäftsleben: Den Weltmarkt zu stemmen oder einzelne Ländermärkte zu erobern, das fällt auch mittelständischen Unternehmern selten leicht. Für eine erfolgreiche Internationalisierung muss die Unternehmensführung planvoll und ausdauernd den richtigen Kurs für wichtige Ziele vorgeben.

Atlas der Weltmärkte

Schwer wiegen Erfolge, die Mittelständler durch ihre Internationalisierung erzielen.
Doch dafür gehören globale Märkte beharrlich und systematisch auf- wie ausgebaut.

Der Wohlstand hierzulande basiert insbesondere auf der Durchsetzungskraft kleiner und mittlerer Unternehmen (KMU); das ist in Deutschland allgemein bekannt. „Doch zunehmend sehen das auch Menschen im Ausland so", konstatieren die Wissenschaftler Michael Holz und Peter Kranzusch vom Institut für Mittelstandsforschung (IfM). Das liege auch daran, dass rund 18 Prozent aller KMU im Exportgeschäft aktiv seien. Viele davon mit Vertriebsgesellschaften und etliche mit Produktionsstätten in anderen Ländern. Daher verwundert nicht, dass „German Mittelstand" als Schlagwort rund um den Globus verstanden wird.

Dominierende Zielmärkte für Exporte liegen in Europa. Die Diversifizierung verstärkt sich aber, haben Holz und Kranzusch erforscht: Jeder zweite exportorientierte Mittelständler beliefere mindestens sechs Länder, auch außerhalb Europas. Sogar Tausende Kleinst- und Kleinunternehmen unterhalten Außenhandel mit Ländern wie China, Indien oder den USA. Neben dem Export, die besonders weit verbreitete und auf Absatz bezogene Internationalisierungsform, seien ergänzende Service- und Vertriebsleistungen im Ausland sowie Kooperationen stark verbreitet (Grafik Seite 19).

Deutsche Exporte sollen noch um vier bis fünf Prozent zulegen

Wenn es derzeit in den internationalen Handelsbeziehungen auch ruppig zugeht – ob mit Strafzöllen von Donald Trump oder mit dem Brexit durch Theresa May –, gehen fast alle Ökonomen mittel- bis langfristig von einem starken Wachstum des Welthandelsvolumens aus. So dürften auch deutsche Exporte um vier bis fünf Prozent pro Jahr zulegen, erwartet etwa der Deutsche Industrie- und Handelskammertag. Einzelne Regionen ragen dabei heraus.

„Für den exportorientierten Mittelstand ist China einer der wichtigsten Wachstumsmärkte", sagt Roland Boehm, Bereichsvorstand „Corporates International" der Commerz-

> „Technologien stützen den Trend, die Produktion an Absatzort und Endverbraucher heranzuführen."
>
> Michael Holz und Peter Kranzusch

bank. Auch in Zentralasien gebe es Potenzial – wie in Usbekistan. Die USA bleiben für ihn trotz Handelskonflikt „unvermindert wichtig". Auf Anfrage beim Bundeswirtschaftsministerium sagte ein Sprecher, dass Afrika in Zukunft stärker in den Fokus mittelständischer Unternehmen kommen könne. Den Unternehmen böte sich dafür ein vielfältiges Informations- und Flankierungsangebot – beispielsweise über Germany Trade and Invest, der Außenwirtschafsagentur der Bundesrepublik Deutschland.

Zu den Triebfedern des florierenden Welthandels zählen für die Mittelstandsforscher Holz und Kranzusch vor allem der Anstieg der Erdbevölkerung, der steigende Lebensstandard in Schwellen- und Entwicklungsländern, die zunehmende Arbeitsteilung und die steigende Bedeutung von internationalen Wertschöpfungsketten. Bei beiden letztgenannten Faktoren sei die Digitalisierung besonders bedeutsam.

„Die Informations- und Kommunikationstechnologien stützen den Trend, die Produktion näher an den Absatzort beziehungsweise den Endverbraucher heranzuführen", betonen die IfM-Experten. Schwung erhalte der Handel zudem durch die Spezialisierung von Unternehmen, die eine globale Präsenz für klar definierte Produkte und Dienstleistungen anstreben. Genau hier seien deutsche KMU stark. Insgesamt hält die Globalisierung viele Möglichkeiten bereit. Allerdings ist der Weg ins Ausland nie frei von Gefahren, bringen Holz und Kranzusch die Chancen und Risiken auf den Punkt. In Schwellenländern drohen Rechtsunsicherheit, Korruption, politische Umbrüche – für KMU schwer beherrschbar. Entsprechend haben viele Unternehmen bei ihrer Internationalisierung noch großen Bedarf an externer Hilfe.

Bemerkenswert ist, dass KMU mehrheitlich organisches Wachstum anstreben. „Gestützt auf eine gute Finanzlage benötigen sie nur punktuell eine (Vor-)Finanzierung in Form von Fremdkapital", ermittelten die IfM-Wissenschaftler. Bedarf an Krediten äußerten eher auslandsunerfahrene Unternehmen. Von Vorteil zeigt sich bei der

Renommierte Architekten arbeiten rund um den Globus mit Leicht Küchen aus Waldstetten zusammen – hier ein Projekt aus São Paulo in Brasilien.

Im Inneren der stilvollen Villa links erachtet Architekt João Armentano diese zeitlose Design-Küche als „das Herz des Hauses" – international inspiriert.

Internationalisierung übrigens, wenn erfahrenes Personal verfügbar und im Einsatz ist – darunter auch Migranten.

Auch Jan-Philipp Büchler und Axel Faix, Wissenschaftler an der Fachhochschule Dortmund, liefern im soeben erschienenen „Fallstudienkompendium Hidden Champions" nachvollziehbare Erklärungsansätze für die erfolgreiche Internationalisierung. Den englischen Begriff für heimliche Weltmarktführer hatte der bekannte Management-Experte Hermann Simon schon im Jahr 1996 als Chef der Strategieberatung Simon-Kucher & Partners nach Untersuchung bisher quasi unentdeckter globaler Gewinner geprägt. Es handelt sich dabei um Mittelständler, die in eng abgegrenzten Nischen als Weltmarktführer operieren und weltweit zu

Kompakt

Wichtige Bausteine erfolgreicher Unternehmensführung mit Blick auf den Weltmarkt sind laut Jan-Philipp Büchler und Axel Faix:

► Innovationsorientierung: Technologische Führerschaft, die sich in einer intensiven Forschungs- und Entwicklungsarbeit sowie im Setzen von Standards ausdrückt.

► Kundenorientierung: Langfristige Kundenbeziehung, die sich durch regelmäßigen Austausch und sogar kundenspezifische Entwicklungen auszeichnet.

► Internalisierung: Nahezu alle wertschaffenden Aktivitäten wie Forschung und Entwicklung, Produktion und Vertrieb werden selbst durchgeführt.

► Weltmarktorientierung: Die globale Marktführerschaft ermöglicht den Unternehmen die Realisierung von Skaleneffekten bei gleichzeitiger Nischenstrategie.

► Leistungsorientierung: Führungswille und Leistungsanspruch bilden das kulturelle Fundament von Weltmarktführern.

► Diversifikation: Bestehendes Kerngeschäft wird sukzessive in angrenzenden Geschäftsfeldern ausgeweitet.

den Top 3 gehören. Davon gibt es in Deutschland so viele wie sonst nirgendwo auf der Welt.

Bezeichnend für diesen Unternehmenstypus sind laut Büchler und Faix „ein sehr hoher Leistungsethos und Arbeitsethos". Dies versetze die mittelständischen Organisationen in die Lage, „kundenorientierte Innovationen auf Basis führender Technologie hervorzubringen". Anders formuliert: Die Produkte dieser Mittelständler sind so gut, dass deren Management dafür Absatzchancen auch im Ausland sieht. Folglich, so die Forscher, „werden die Geschäfte auf Basis eines globalen Führungsanspruchs kontinuierlich internationalisiert". Dabei würden „sämtliche wertschaffenden Aktivitäten vor allem in Forschung und Entwicklung, Produktion und Vertrieb selbst durchgeführt".

Ohnehin behalten diese Unternehmen gerne die Kontrolle. Den Schritt ins Ausland wagen sie in der Regel durch Direktinvestitionen in ausländische Tochtergesellschaften, wie die beiden Wissenschaftler auswerteten (Grafik Seite 20). Für Nischenanbieter beziehungsweise Produktspezialisten sei die globale Marktbearbeitung strategisch von höchster Bedeutung, denn so ließen sich Skaleneffekte realisieren. Das mache die Produkte auch preislich wettbewerbsfähig.

Beispiele für international erfolgreiche Mittelständler finden sich hierzulande reichlich. Ein Großteil agiert im Maschinen- und Anlagenbau, aus dem Produkte „Made in Germany" weltweit wertgeschätzt werden. Siegertypen finden sich aber auch in seit Jahren stagnierenden Branchen wie der deutschen Möbelindustrie. Die Leicht Küchen AG mit Sitz in Waldstetten ragt dabei heraus. Das Management hat früh auf Internationalisierung gesetzt und erntet jetzt die Früchte. Mit 137 Millionen Euro erwirtschaftete das Unternehmen 2017 einen Rekord-Jahresumsatz. Der Export legte dabei um 13 Prozent zu. Rund 60 Prozent der Küchen gehen mittlerweile ins Ausland.

Für Vorstand Stefan Waldenmaier erlebt Leicht Küchen als Möbelhersteller „vor allem auch in Asien eine zunehmende Dynamik". In Shanghai und Guangzhou, zwei Mega-Cities

Weltweit erfolgreich baute das Vaillant-Management in Remscheid jüngst ein neues Forschungs- und Entwicklungszentrum sowie ein 3-D-Druck-Center.

Im Werk Remscheid fertigt Vaillant erst seit einem Jahr seine Wärmepumpen, verdoppelte die Produktion aber auch durch die starke Auslandsnachfrage.

in China, seien jüngst neue Lead-Stores zu den schon bestehenden Standorten eröffnet worden. Um das Wachstum bewältigen zu können, wurde das Personal um sieben Prozent auf 610 Mitarbeiter aufgestockt.

Während es bei Leicht Küchen durch die Internationalisierung steil aufwärts geht, befindet sich die hiesige Möbelbranche wegen des schwächelnden Binnenmarktes eher im Abwärtsstrudel. Die Anzahl der Betriebe sank um zehn Prozent allein in den vergangenen zehn Jahren. Die Belegschaften nahmen entsprechend in den Branchenbetrieben um elf Prozent ab. Diese Werte nennt eine aktuelle Analyse der Hans-Böckler-Stiftung.

Vaillant Group fertigt nah an Hauptabsatzmärkten

Wer dem Erfolgsgeheimnis der Hidden Champions näherkommen möchte, sollte sich insbesondere mit der Vaillant Deutschland GmbH & Co. KG aus Remscheid beschäftigen. Auch Wissenschaftler Jan-Philipp Büchler hat den Heiztechnik-Spezialisten für die neue Fallstudie untersucht. Noch neuer als seine Analyse sind die Angaben des Unternehmens im eigenen „Jahresmagazin 2017" sowie weitere Informationen von Vaillant, die in Recherchen für diesen Beitrag zusammengetragen wurden.

Danach umfasst das Netzwerk der Vaillant Group zehn Produktions- und Entwicklungsstandorte in sechs europäischen Ländern: Deutschland, Großbritannien, Frankreich, Tschechien, Spanien und die Türkei. Hinzu kommt die Volksrepublik China. Gefertigt werde stets nah an den Hauptabsatzmärkten. Zum Kerngeschäft zählen das Heizen und die Warmwasserbereitung in Wohngebäuden mit entsprechenden Geräten. Seit Jahrzehnten sieht sich Vaillant stark in der Gas-Technologie.

Jetzt wollen die Remscheider bis 2030 bei strombetriebenen Geräten eine ähnlich mächtige Marktstellung erreichen wie bei Gas-Boilern. In China, dem wichtigsten Absatzmarkt,

ist Vaillant seit 1995 präsent. Lange Zeit blieb es bei einer Vertriebsniederlassung, weil sich die Unternehmensführung vermutlich erst einmal die Entwicklung anschauen wollte. Die Erschließung des Heiztechnik-Marktes unterscheide sich in der Volksrepublik China gravierend von der in Europa, betont Vaillant. So sei der dreistufige Vertriebsweg aus Hersteller, Fachgroßhandel und Fachhandwerk in China unbekannt, heißt es im Magazin des Unternehmens.

Das vor fast 150 Jahren gegründete Familienunternehmen mit mittlerweile insgesamt 13.000 Mitarbeitern weltweit hat vor elf Jahren in Wuxi ein eigenes Werk zur Produktion von Wandheizgeräten in Betrieb genommen. Die Stadt mit sechs Millionen Einwohnern liegt rund 140 Kilometer nordwestlich von Shanghai. Zu jenem Zeitpunkt hatte die Unternehmensgruppe gerade mal ein Prozent des Gesamtumsatzes außerhalb Europas erzielt.

Wie Mittelständler die Welt erobern
Internationalisierungsformen von KMU nach Angaben in Prozent

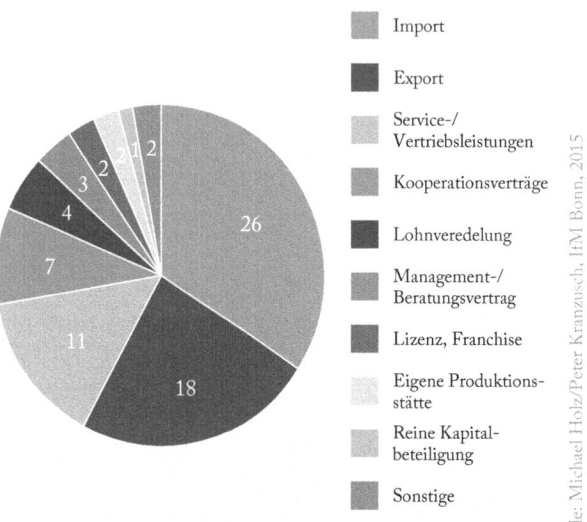

- Import
- Export
- Service-/ Vertriebsleistungen
- Kooperationsverträge
- Lohnveredelung
- Management-/ Beratungsvertrag
- Lizenz, Franchise
- Eigene Produktionsstätte
- Reine Kapitalbeteiligung
- Sonstige

Quelle: Michael Holz/Peter Kranzusch, IfM Bonn, 2015

Import und Export dominieren beim Gang in fremde Länder, ermittelte die IfM-Studie bei Mittelständlern.

Was Mittelständler beim Markteintritt beachten sollten

Leistungserstellung im Heimatmarkt		Leistungserstellung im Auslandsmarkt	
Indirekter Export		**Internationale Verträge**	
inl. Exportgeschäfte	an Handelsplattform	Lizentzvertrag	Auftragsfertigung
ausl. Importgesellschaft		Franchising	Geschäftsführungvertrag
Direkter Export		**Auslandsgesellschaft**	
Handelsvertreter	via Handelsplattform	Kooperation	Töchtergesellschaft
Distributor	Eigener Webshop	Strategische Allianz	Neugründung
		Joint Venture	Akquisition

Kontrolle

Investition

Die Unterscheidung nach dem Ort der Leistungserstellung zeigt auch, wo Unternehmen die Investitionskosten oder die Kontrollmöglichkeiten wenig oder mehr gestalten können.

Quelle: Jan-Philipp Büchler (Hrsg.), Springer Gabler, 2018

Heute seien es schon mehr als zehn Prozent der insgesamt 2,4 Milliarden Euro Jahresumsatz. In Wuxi produzieren rund 300 Mitarbeiter fast 300.000 Einheiten pro Jahr. Bei Gas-Boilern habe Vaillant in China mittlerweile einen Marktanteil von rund zehn Prozent und habe damit die Marktführerschaft erobert. Der nächste Schritt sei der Ausbau des Geschäfts mit Warmwassergeräten und perspektivisch mit der Trinkwasseraufbereitung.

„Der Produktabsatz ist die eine Seite der Medaille, ein hochwertiger Service die andere", erklärt Li Lintao, der diesen Geschäftsbereich in China verantwortet und seit Jahren ausbaut. Der hauseigene Service sei ein Differenzierungsmerkmal. Gute Servicemitarbeiter seien allerdings rar. In China fehlt es an Fachhandwerkern, die die Heiztechnik installieren und warten können, berichtet Vaillant.

Installateure ausbilden im chinesischen Nanjing

Daher habe man gemeinsam mit dem Nanjing Technical Vocational College ein duales Ausbildungsprogramm für Heizungsinstallateure geschaffen. Die Theorie wird an der Schule in Nanjing vermittelt, der Praxiseinsatz erfolge in fünf Installationsbetrieben. Seit 2012 seien landesweit ungefähr 19.000 Personen ausgebildet worden – als Techniker, Installateur oder Markenhändler, heißt es im Jahresbericht. China sei für Vaillant aber nicht nur wegen seiner Marktgröße bedeutsam, betont Vaillant in der Publikation und zitiert Matthias Jung, der Produktportfolio und Vertriebsstrukturen für den Markt in China weiterentwickelt: „Es sind die Marktdynamik und die Technologieoffenheit, die

nirgendwo sonst in der Welt so ausgeprägt sind. Davon profitiert letztlich die gesamte Vaillant Gruppe."

Beispielhaft für den hohen Digitalisierungsgrad, der in China sowohl Geschäftsprozesse als auch die Anlagen selbst betrifft, berichtet Jung: „Die Digitalisierung ist im Alltag in Asien wesentlich weiter fortgeschritten als bei uns. Darauf müssen wir uns einstellen." So laufe in China die gesamte Kommunikation – mit den Endkunden, den Marktteilnehmern, den eigenen Servicetechnikern – nur noch über Smartphone und Tablet. Diese Erfahrungen aus Fernost könnten eines Tages in Europa und in anderen Märkten für Vaillant wertvoll sein.

Zweifellos ist der Heizungsspezialist auch deshalb ein Beispiel für vorbildliche Unternehmensstrategien, weil er trotz Status als Hidden Champion vom Ausland weiter lernt. Diese Lernbereitschaft und Offenheit zeichnen Führung und Belegschaft in Remscheid aus. Und sind ein Baustein für Fortschritt in der Internationalisierung. Schließlich bewahrt den Wohlstand hierzulande auch das Wissen um Kultur und Mentalitäten in anderen Ländern. Eine Voraussetzung dafür, dass international aktive KMU umgekehrt auch nach Deutschland diffundieren.

Stefan Terliesner, Diplom-Volkswirt, arbeitet seit fast zwei Jahrzehnten als freiberuflicher Journalist, war zuvor Redakteur bei namhaften Wirtschaftsmedien und schreibt regelmäßig für „return" – bevorzugt Analysen über sich stark wandelnde Unternehmen.

„Porsche kann uns helfen, schneller zu reifen"

Erfolgreicher Erfinder im Exklusiv-Interview: Mate Rimac baut die schnellsten Elektroautos der Welt und entwickelt sein einstiges Garagen-Unternehmen seit knapp zehn Jahren rasant.

Herr Rimac, Sie haben mit 19 Jahren begonnen, schnelle E-Autos zu entwickeln. Wie kamen Sie auf diese Idee?

Mate Rimac: Ich hatte mich schon als Schüler mit Elektronik beschäftigt und war von dem in Kroatien geborenen Nikola Tesla fasziniert. Gleichzeitig war ich immer ein Autonarr. Als ich 18 Jahre alt war, kaufte ich mir einen 1984er BMW, um Rennen zu fahren. Doch der Motor ging bald kaputt. Ich entschied mich, meine zwei Leidenschaften, Elektronik und Autos, zu kombinieren. Ich wollte die Vorteile des Elektromotors nutzen, um nicht nur ein ökologisches und sparsames Auto zu bauen, sondern ein schnelles Auto, das auch Spaß macht – und besser ist als benzingetriebene Sportwagen.

Die Automobilindustrie ist sehr kapitalintensiv mit hohen Zugangsbarrieren. Was waren die größten Schwierigkeiten, mit denen Sie sich als Newcomer konfrontiert sahen?

In dieser Industrie ist es eigentlich unmöglich Fuß zu fassen. Das größte Problem war von Anfang an, das Kapital für die Firma zu finden. Zudem wird in der Automobilindustrie selbst meist nur sehr wenig produziert, das tun die Zulieferer. Aber die sind es gewohnt, für die großen Konzerne und nur in hohen Stückzahlen zu fertigen. Sie wollten darum oft gar nicht mit mir reden – oder forderten Millionenbeträge für die Entwicklung von jedem kleinen Teil. Weil wir dafür das Geld nicht hatten und es die von uns benötigten Komponenten auf dem Markt oft auch gar nicht gab, mussten wir von Anfang an alles selbst entwickeln.

Hatten Sie diese Schwierigkeiten unterschätzt?

Wenn ich vorher in einem Autokonzern gearbeitet und gesehen hätte, dass dort allein an der Entwicklung eines Rückspiegels rund 200 Leute arbeiten, hätte ich mit der Sache vermutlich nicht begonnen. Ich habe erwartet, dass es schwer werden würde, aber wusste nicht, dass es praktisch unmöglich ist, ein Auto zu entwickeln. Vielleicht waren unsere Naivität und der Glaube, dass wir es schaffen können, ein Vorteil.

> „Unser Markt ist global, aber wir sind klar eine kroatische Firma."
>
> Mate Rimac

Was waren und sind die Vorteile, dass Sie ihre Autos komplett selbst entwickeln mussten?

Viele kommen nun zu uns, weil wir alles selbst entwickeln. Unser Motor wäre nicht viel anders als andere, wenn wir nicht das ganze System entwickeln würden, also den Inverter und die Batterie zusammen mit dem Motor. Nur weil das Ganze als System entstanden ist, macht es Sinn – und hat bessere Charakteristiken als andere Systeme. Wenn wir nicht alles selbst entwickeln würden, hätten wir diesen Vorteil nicht.

Sie brauchten von Anfang an einen langen Atem. Mit welcher Strategie halten Sie Ihr Unternehmen am Markt?

Es ging lange nur ums Überleben. Die Firma balancierte fast ständig am Abgrund. Die ersten sechs Jahre hatte ich nie das Geld auf dem Konto, um die nächsten Gehälter zu zahlen. Wir kamen von Monat zu Monat gerade so über die Runden. Ganz am Anfang wollte ich nur ein Auto bauen. Da die Finanzierung nicht möglich war, kämpften wir uns mit der Entwicklung und der Prototypen-Produktion für andere Hersteller durch. Das hielt uns über Wasser, bis wir eine gewisse Größe erlangten, um endlich strategisch nachdenken und unser eigenes Auto weiter entwickeln zu können.

Welchen Einfluss hatte das auf Ihr Geschäftsmodell?

In den ersten zwei Jahren nahmen wir Projekte und Aufträge an, die uns angeboten wurden. Danach bauten wir eine klare Strategie auf, was wir machen und welche Projekte wir dafür annehmen. Heute will jeder elektronische Autos fertigen. Aber wir lehnen inzwischen 90 Prozent der uns angebotenen Projekte ab. Wir wollen uns auf das konzentrieren, worin wir am besten sind: Batteriesysteme und elektronische Antriebsstränge für High-Performance-Autos in limitierten Serien.

Gab es im Rückblick gravierende Fehler, die Sie zum Turnaround zwangen, weil Sie in der falschen Spur waren?

Wir entwickelten uns Schritt für Schritt. Jede neue Erfahrung

Mate Rimac, Unternehmer des Jahres in Kroatien, gründete sein Start-up Rimac Automobili als echte Garagen-Firma mit dem Ziel, den Supersportwagen des 21. Jahrhunderts zu bauen. Sein erstes Modell, das „Concept_One", gilt weltweit als das schnellste in Serie hergestellte E-Fahrzeug.

half uns, die Produktion zu optimieren und die Strategie anzupassen. Einen völligen Turnaround gab es nicht. Außer vielleicht am Anfang, als uns klar wurde, dass niemand in einen Kleinserien-Autohersteller investiert – und wir eine Technologiefirma sein müssen, um zu überleben und uns schmackhafter für Investoren zu machen. Denn die Entwicklung eines Autos erfordert viele Jahre – und wir waren davon am Anfang noch weit entfernt.

Gab es Momente, dass Sie ein Scheitern fürchteten?
Hunderte Male, Tausende Male.

Kroatien hat keine Automobilindustrie. Warum haben Sie trotz lukrativer Angebote zur Verlagerung Ihrer Firma immer an Ihrem Heimatland als Standort festgehalten?
Es gab keine strategischen Analysen nach dem besten Standort, um diese Firma aufzubauen. Ich fing allein in meiner Garage an. Dann waren wir erst zehn, dann 20 und mehr Leute. Später erhielten wir Angebote aus Deutschland und anderen Ländern, uns dort anzusiedeln. Doch ich wollte auch aus Patriotismus zeigen, dass es möglich ist, in Kroatien ein Technologie-Unternehmen aufzubauen. Warum ist Ferrari in Modena? Weil Enzo Ferrari dort gelebt und die Firma aufgebaut hatte. Kroatien geht derzeit durch eine sehr depressive Phase. Viele hoch qualifizierte Leute wandern aus – nach Deutschland, Irland, Österreich oder in die USA. Ich wollte meinen Beitrag dazu leisten, dass wir diesen Exodus stoppen – und hier gute Arbeitsplätze schaffen.

Was bedeutet der Erfolg von Rimac für Ihr Land?
Wir haben noch einen langen Weg vor uns, um wirklich erfolgreich zu sein. Für kroatische Verhältnisse sind wir mit 450 Mitarbeitern schon jetzt eine große Firma. Aber in der Autoindustrie sind wir gar nichts, ein Mikrounternehmen. Der Umsatz eines Konzerns wie Hyundai ist dreieinhalbmal so hoch wie das kroatische Bruttosozialprodukt. Wir stecken noch in einer sehr frühen Phase. Aber wenn wir langfristig Erfolg haben, beweisen wir, dass der Aufbau einer Firma wie Rimac hier möglich ist. Falls nicht, wäre das sicher ein Rückschritt auch für unser Land.

Verstehen sie sich eher als kroatisches oder eher als internationales Unternehmen? Was ist die Strategie bei der weiteren Internationalisierung Ihres Unternehmens?
Wir haben mittlerweile drei Standorte in Kroatien und ein Joint Venture in China. China ist ein Riesenmarkt und auch sehr interessant für uns. Unser Markt ist global, aber wir sind klar eine kroatische Firma: 99 Prozent des Unternehmens sind hier. Doch ich bin sehr stolz, dass wir auch so viele Mitarbeiter aus anderen Staaten beschäftigen: Es ist sehr ungewöhnlich, dass Leute aus anderen Ländern wegen der Arbeit nach Kroatien übersiedeln.

Rimac-Autos sind handgefertigte Einzelstücke – sehr schnell, sehr teuer und nicht für die Massenproduktion. Was ist deren Bedeutung und Funktion für Ihre Firma?
Das Auto ist das Aushängeschild der Firma und das beste Testfeld für unsere Entwicklungen. Wegen des Autos kennt uns jeder in der Industrie. Wir wollen einerseits als Kleinserienhersteller von Sportwagen die beste der Möglichkeiten von Elektroautos zeigen. Andererseits wollen wir mit unserem Komponenten-Business auch Umsatz machen – und so unserer Technologie den Zugang zur Massenproduktion verschaffen. Wir können aber keine Autos für die Massen

fertigen. Das ist unrealistisch. Und wir wollen das auch überhaupt nicht. Von unserem neuen Modell „Concept_Two" werden wir immerhin schon 150 Exemplare fertigen. Das bedeutet 200 Millionen Euro an Umsatz. Das ist zwar ein kleinerer Teil unseres Geschäfts, aber trotzdem ein wichtiger.

Was macht Ihr Unternehmen für andere große Autokonzerne als Kunden oder Investoren interessant? Wo liegen Ihre Vorteile gegenüber der Großindustrie?

Wir sind einzigartig, weil wir unter einem Dach ein ganzes Auto und alle wichtigen Systeme des Elektroantriebs entwickeln können. Wir sind spezialisiert auf High-Performance-Antriebe und Batterien, die die höchste Energie- und Leistungsdichte auf dem Markt haben. Die sind zwar teurer als andere. Aber wenn es um Gewicht und Leistung geht, kommen die Leute zu uns. Denn wir haben dafür ein sehr

Nicht nur Ideenschmiede für schnelle Sportwagen

*„Design and Innovation in the making of Hypercars Technology"
wirbt Rimac hier für das neue Modell „C_Two".*

Mate Rimac begann seine innovative Arbeit an Autos tatsächlich in seiner Garage und gründete 2009 sein Unternehmen, das sich auf die Entwicklung von elektrischen Sportwagen, Antrieben und Batteriesystemen spezialisiert hat. Standort ist Sveta Nedelja bei Zagreb. Die Herstellung und das Marketing der Hochleistungsfahrzeuge geschehen unter eigenem Namen. Die Entwicklung der genannten Komponenten übernimmt Rimac für Kunden wie Aston Martin, Pininfarina oder Porsche. Die chinesische Camel Group stieg 2017 bei Rimac ein, im vergangenen Juni hat Porsche zehn Prozent der Anteile übernommen. Das weltweit schnellste Elektrofahrzeug wurde 2011 unter dem Namen „Concept_One" vorgestellt, das mit 1.088 PS (800 kW) von null auf 100 in 2,8 Sekunden beschleunigt und erst achtmal gefertigt worden ist. Vom Nachfolgermodell „C_Two" mit 1.224 PS sollen 150 Fahrzeuge ab dem Jahr 2020 produziert werden.

www.rimac-automobili.com

spezielles Team aufgebaut, das es so in der Industrie nicht gibt. Zudem sind wir ein kleines Unternehmen, das schnell und flexibel ist.

Warum sind Beteiligungen wie die von Porsche wichtig?

Erst einmal brauchen wir Kapital, um zu wachsen und in relativ kurzer Zeit ein Player in der Automobilindustrie zu werden. Aber wir wollen natürlich auch strategische Investoren. In diesem Sinne ist Porsche der bestmögliche Partner. Denn Porsche kann uns helfen, schneller zu reifen. Gleichzeitig haben wir viele gemeinsame Projekte zur Elektrifizierung: Alle Modelle von Porsche sollen künftig entweder Hybrid- oder elektrische Varianten haben. Und da ist Porsche für uns der ideale Kunde.

Wie lange bleiben Sie noch Mehrheitseigner Ihrer Firma?

Wahrscheinlich nicht mehr lange. Ich will die bestmögliche Firma aufbauen – und das benötigt eben Kapital. Ob ich nun zu 50, 30 oder 60 Prozent beteiligt bin, ist mir eigentlich egal. Ich bin wirklich kein materialistischer Typ. Ich will, dass die Firma wächst und ihr Potenzial ausschöpft. Wenn ich eines Tages für die Mehrheitseigentümer nicht mehr der beste bin, um die Firma weiterzuführen, ist das auch okay. Dann übergebe ich den Posten.

Sie gelten als unorthodoxes Unternehmen mit motivierten Mitarbeitern. Haben Sie keine Angst, dass Rimac zum normalen Unternehmen werden und seinen Charakter verlieren könnte, wenn mehr und mehr Großinvestoren einsteigen?

Ich habe meine Mitarbeiter immer so behandelt, wie ich das auch von anderen im Umgang mit mir wünsche. Für mich waren die erste Priorität immer die Mitarbeiter, die zweite die Kunden und die dritte die Investoren und Teilhaber. Porsche hat vor seinem Einstieg unsere Abläufe und Strukturen sorgfältig gescannt und diese mit denen anderer Firmen verglichen. Ich habe ihnen gesagt, ihr investiert in uns, nicht weil wir gleich sind, sondern weil wir anders sind. Und deswegen ergibt die Zusammenarbeit auch Sinn. Wenn alle dasselbe machen, kommt auch immer dasselbe raus. Ich will, dass die Leute hier die Firma weiter so fühlen und erfahren, als ob es ihre ist, dass sie ein Teil davon und nicht nur für den Job hier sind.

Haben Sie bei Ihrem schnellen Wachstum nicht Probleme, geeignetes Personal zu finden?

Es ist natürlich schwer, qualifizierte Mitarbeiter zu finden. Aber hier kennt uns jeder und wir bieten attraktive Arbeitsplätze. So bekommen wir wirklich gute Leute aus Kroatien und aus den Nachbarstaaten. Das sind meist Hochschulabsolventen und Berufsanfänger mit viel Enthusiasmus, aber ohne große Erfahrung in der Branche, weil es die Industrie

„Wir müssen eine Technologiefirma sein", sagt Inhaber Mate Rimac über seine Ideenschmiede für Batteriesysteme und Antriebsstränge.

Als Automanufaktur für Kleinserien erregte Rimac mit dem weltweit schnellsten E-Sportwagen international Aufmerksamkeit.

hier einfach nicht gibt. Dafür müssen wir Leute von draußen reinkriegen, das ist manchmal schwer. Denn so gut, wie unsere Firma ist, sie ist keine Insel. Wenn ein Ingenieur aus den USA zu uns kommen will, benötigt auch seine Frau einen Job. Und das ist in Kroatien ein Problem: Oft gibt es hier keine passende Arbeit für den Ehepartner oder die richtige Schule für die Kinder.

In welchem Ihrer Unternehmensbereiche baut die digitale Transformation den meisten Druck zur Veränderung auf?
Wir bemühen uns, alle Prozesse und Abläufe zu digitalisieren, um deren Effizienz realtime verfolgen zu können. Von kleinen Dingen wie Urlaubsanträgen bis zur Abwicklung ganzer Projekte. Aber das sind natürlich viele Baustellen. Wir hängen damit auch ein wenig hinterher, weil die Firma einfach sehr schnell gewachsen ist.

Sie haben als Schüler für Ihre Erfindungen schon Preise gewonnen und Patente angemeldet. Bleibt Ihnen als Firmenchef noch die Zeit, sich selbst in der Entwicklung zu engagieren?
Als Vorstandschef ist mein Leben vor allem von Powerpoint-Präsentationen und Excel-Sheets, Investoren und Kunden bestimmt. Ich bin nur noch sehr wenig in die Entwicklung eingebunden, was ich bedaure. Aber wenn ich ein wenig Zeit habe, gehe ich zu den Entwicklern, setze mich mit den Ingenieuren zusammen. Ich bin immer noch der technische Leiter und entscheide über die Produkte. Aber im Alltag bin ich an deren Entwicklung leider nicht mehr so stark beteiligt.

Die Interessenten drücken sich mittlerweile bei Ihnen die Klinke in die Hand. Müssen Sie für Ihre Firma eigentlich noch Werbung machen?
Nein, darum geht es bei uns nicht. Wir haben in der Industrie

alle nötigen Kontakte und jeder in der Branche kennt uns. Wir müssen es nun schaffen, unser Potenzial auszuschöpfen und den nächsten Schritt zu machen, das Ganze in die Großproduktion zu transferieren. Wir haben den Markt, die Erfahrung und die richtigen Leute. Wir haben die Technologien und Industriekontakte. Die Herausforderungen jetzt sind für uns die Struktur und die Prozesse: Wir müssen einfach liefern. Das ist das A und O.

Ihre Firma hat nun 450 Mitarbeiter, bis 2020 sollen es 1.000 werden. Sehen Sie Rimac noch als Start-up?
Bedingt. Vielleicht ist es noch ein Start-up in dem Sinne, dass wir noch immer viel Entwicklungspotenzial haben und wesentlich größer sein wollen, als die Firma jetzt ist. Aber von der Größe her und was unsere Erfahrung angeht, sind wir vielleicht kein Start-up mehr.

Was ist Ihr Rat an junge Firmengründer?
Als Erstes ein gründlicher Realitäts-Check. Die Idee ist gar nichts, die Idee ist null. Umsetzung ist wichtig, nichts anderes. Es zählt nur die harte Arbeit, um diese erste Idee umzusetzen. Und das bedeutet, dass man bereit sein muss, sich zehn Jahre seines Lebens mit nichts anderem zu beschäftigen. Für diejenigen, die um vier Uhr nach Hause gehen, Freunde und ein Familienleben haben wollen, ist das nichts. Die sollten sich darauf erst gar nicht einlassen. Das hört sich sehr hart an, ist aber so. Alles andere ist eine Lüge.

⤓ Mehr unter www.springerprofessional.de

Das Interview mit Mate Rimac, Erfinder des E-Supersportwagens und Unternehmer des Jahres in Kroatien, führte Thomas Roser, unser „return"-Korrespondent für Südosteuropa.

Früh in die Ferne

Reinigungstechnik-Weltmarktführer Kärcher unterhält mehr als 50.000 Servicestellen in rund 190 Ländern. Die Saubermänner und -frauen starteten vor 56 Jahren ihre Internationalisierung.

Ekströms weißer Audi S1quattro strahlt wieder blitzblank – nun kann man sicher sehen, ob wichtige Teile wie die Radaufhängung nicht beschädigt sind. Jetzt kann der Sportwagen die nächsten Runden drehen beim Rallycross Weltcup im beschaulichen 150-Seelen-Dorf Höljes in Schweden. Sicher ist auch: Der typische Strecken-Mischbelag aus Asphalt und loser Piste wird nicht nur Fahrer Mattias Ekström fordern, sondern die Kärcher-Geräte in der Reinigungsstation. Kärcher ist Sponsor der FIA World RX Championship seit 2017. Dabei hängt der Hersteller nicht nur seine Werbebanner auf, sondern sorgt auch für saubere Fahrzeuge. Weltweit, denn die zwölf Rennen der Rallycross-Weltmeisterschaft werden zwischen Norwegen und Südafrika sowie zwischen Lettland und Kanada ausgetragen.

Das passt zu Kärcher, ist das Unternehmen aus dem schwäbischen Winnenden doch Weltmarktführer für Reinigungslösungen – und im Weltmarktführer-Index vertreten, den Prof. Dr. Christoph Müller von der HBM Unternehmerschule der Universität St. Gallen seit 2014 herausgibt. Dabei verlässt er sich nicht nur auf Unternehmensangaben, sondern schaut genau hin, denn sein Forschungsschwerpunkt liegt unter anderem auf Führung von Wachstumsunternehmen.

Kompakt

▶ Kärcher ist mit eigenen Vertriebsgesellschaften und noch mehr Servicepartnern weltweit präsent.

▶ Die Schwaben schauen genau auf jeden ihrer Märkte – intensive, regelmäßige Marktforschung in den Zielländern ist ein wichtiger Baustein.

▶ Neuheiten werden in Abstimmung mit den internationalen Präsenzen entwickelt: Dabei helfen Entwickler-Teams vor Ort und digitale Transformation.

„Weltweite Kunden haben unterschiedliche Bedürfnisse."

Hartmut Jenner

„Kärcher ist von Anfang an jedes Jahr dabei – und war lange vorher weltweit Spitze", betont Müller (Interview Seite 29). Global Präsenz zeigt Kärcher nicht nur beim Rallycross-Weltcup, sondern auch mit Putz-Aktionen. Noch heute wirkt aus 2005 die spektakuläre Reinigung der US-Gründerköpfe am Mount Rushmore nach, die Kärcher-Kolonnen vom Schmutz befreiten. Aktuell arbeitet Kärcher über Kultur-Sponsoring daran, als internationaler Saubermann wahrgenommen zu werden. So am Denkmal des philippinischen Nationalhelden Rizal in Manila, beim Kunstbrunnen Paraguas in Mexiko-Stadt sowie den Fassaden an der Kunsthalle in Hamburg, an der Erlöserkirche in Jerusalem und am Rigaer Bahnhof in Moskau.

Solche weltweiten Aufträge fallen den Schwaben nicht schwer – verfügt Kärcher doch inzwischen über mehr als 50.000 Service-Stellen in rund 190 Ländern. Die internationale Präsenz kommt natürlich nicht über Nacht: Schon 1962 eröffnete Kärcher die erste Auslandsgesellschaft in Frankreich. 13 Jahre später entsteht in Brasilien eine eigene Produktionsstätte, 1985 gibt es dann schon 16 ausländische Vertriebsgesellschaften.

Gründer Alfred Kärcher hat zwar den ersten Heißwasser-Hochdruckreiniger entwickelt, dessen Heizkonstruktion noch heute die Basis vieler Geräte bildet. International wurde das Unternehmen erst nach seinem Tod: Seine Frau Irene übernahm 1959, führte die Firma drei Jahrzehnte und legte den Grundstein für weltweite Expansion. Jetzt erwirtschaftet Kärcher 85 Prozent seines Jahresumsatzes – 2017 waren das 2,5 Milliarden Euro – außerhalb Deutschlands. Kontinuierlichen Erfolg im Auslandsgeschäft schafft man allerdings nicht allein mit spektakulären Reinigungen von Kulturtempeln, gesponserten Sport-Events wie der Rallycross-Championship oder der asiatischen Champions League, dessen offizieller Partner Kärcher seit Jahresanfang ist. Dafür ist das Ohr eng am Markt zu halten. „Unsere

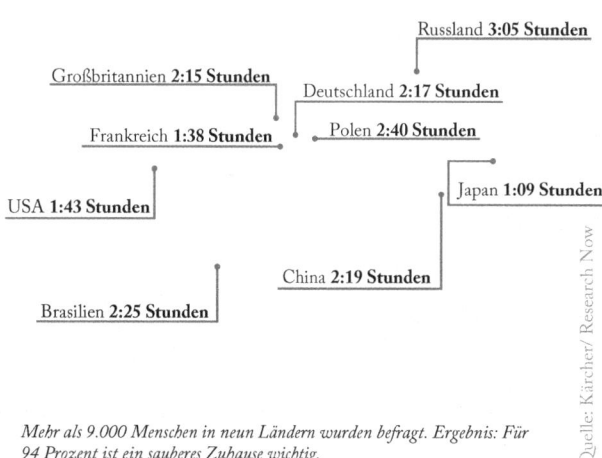

Der Dreck muss weltweit weg: Bei den Rennen der FIA World Rallycross Championship rund um den Globus zeigt Kärcher seit dem vergangenen Jahr ebenfalls internationale Präsenz – und dabei vor allem wettkampffreie Reinigungskompetenz.

weltweiten Kunden haben unterschiedliche Reinigungsbedürfnisse. Aufgrund verschiedener Kulturen, Gewohnheiten und Lebensbedingungen passen wir daher unsere Problemlösungen an", sagte Kärcher-Chef Hartmut Jenner einmal in einem Interview über Kundenorientierung.

Weltweite Marktforschung für angepasste Produkte

Der Vorsitzende der Geschäftsführung betont am Beispiel: „Über Marktforschung haben wir herausgefunden, dass in Asien die meisten Autowerkstätten – anders als in Europa – ihre Reinigungstechnik selbst reparieren. Als Folge sind unsere Geräte für diese Märkte nun weniger komplex und können einfach instand gesetzt werden." Solche Erkenntnisse gewinnt nicht nur Kärcher aus Umfragen, denn 2014 arbeitete das Unternehmen mit den weltweit aktiven Marktforschungsexperten von Ipsos zusammen.

Seinerzeit wurden intensiv Interviews geführt in jeweils 24 Musterhaushalten aus den vier Zielländern Brasilien, Frankreich, Russland und Japan. Die Gepräche waren nur Teil der qualitativen Markt-Untersuchung in insgesamt 100 Musterhaushalten, ergänzt von einer quantitativen Befragung mit je 3.000 Probanden aus den vier Ländern. Ein Ergebnis: Potenzielle Kunden könnten aus Südamerika stammen.

Dort sind viele Küchen auf Erdgeschosshöhe nach einer Seite offen, so dass oft mit dem Schlauch gesäubert wird – und das geht mit Hochdruckreinigern gut. Internationale und intensive Marktforschung ist nach wie vor wichtig für Kärcher.

Mit einigen Einblicken aus Untersuchungsergebnissen geht das Unternehmen an die Öffentlichkeit – aktuell mit der

Sauberkeit als weltweites Bedürfnis
Dauer des Putzens pro Woche in Stunden

Russland **3:05 Stunden**

Großbritannien **2:15 Stunden**

Deutschland **2:17 Stunden**

Frankreich **1:38 Stunden**

Polen **2:40 Stunden**

USA **1:43 Stunden**

Japan **1:09 Stunden**

China **2:19 Stunden**

Brasilien **2:25 Stunden**

Mehr als 9.000 Menschen in neun Ländern wurden befragt. Ergebnis: Für 94 Prozent ist ein sauberes Zuhause wichtig.

Quelle: Kärcher/ Research Now

Spektakuläre Reinigung: Der Einsatz für das US-Denkmal aus Präsidentenköpfen am Mount Rushmore erzielte weltweit Aufmerksamkeit.

Strahlender Fassadenputz: Der weißen Außenhülle des Rigaer Bahnhofs in Moskau nahmen sich die Reinigungstrupps ebenfalls schon an.

Reinigender Roboter: Der Selbstfahrer der Modellreihe „KIRA" kurvt durch Supermärkte oder durch Flughäfen, um autonom zu putzen.

Erkenntnis, dass Franzosen besonders gern Musik beim Putzen hören. Oder russische Frauen und Männer am ausdauerndsten säubern. Details dazu werden indes nicht vermittelt. „Das sind schließlich Wettbewerbsvorteile, die wir für uns erforschen, um nicht alles preiszugeben", sagt Pressereferent Sebastian Wein.

Neuere Marktforschungsergebnisse zeigen, wo die Welt noch Platz für innovative Unternehmen offenhält: „Wir haben zum Beispiel ermittelt, dass asiatische Kunden ganz spezielle Anforderungen an die Reinigung ihrer Klimageräte haben." Von diesen Geräten gibt es im heißen Südostasien ziemlich viele. Sie wollen ausreichend gereinigt sein im schmalen Spalt zwischen Klimagerät und Wand. Dafür braucht es eine speziell abgewinkelte Lanze mit passendem Sprühkopf. Trotz vieler innovativer Köpfe in der deutschen Forschung und Entwicklung wird so etwas international vorangetrieben. „Wir haben gemischte Entwickler-Teams – natürlich auch in Asien", unterstreicht Wein.

Innovation wird im Reinigungsgewerbe wichtig genommen – das belegen Entwicklungen wie selbstfahrende Scheuersaugmaschinen, also Wischroboter für den Supermarktboden oder den Flughafenflur. Innovationen bleiben nicht auf Produkte beschränkt, sondern umfassen auch Anwendungen. Die Lösung fürs Flotten-Management, „Kärcher Fleet", verwaltet zum Beispiel für Reinigungsfirmen die Einsatzdaten aller Reinigungsgeräte. Damit sind Einsatzzeiten ebenso zu überwachen wie der Status der Maschinen, um etwa rechtzeitig vor Ausfällen zu warnen.

Dienste aus digitaler Beratung „Zoi TechCon"

Die Entwicklung von Dienstleistungen wie diesen bündelt Kärcher in seiner Digital-Beratungsgesellschaft Zoi Tech-Con GmbH. 2017 gegründet, übernahm Kärcher damit seinen langjährigen IT-Dienstleister ITM. Kärcher-Chef Hartmut Jenner dazu: „Wir sind an vielen Punkten der Digitalisierung bereits Vorreiter, zum Beispiel beim Thema Cloud. Dieses Wissen möchten wir auch anderen Kunden, besonders der Industrie und dem Mittelstand, anbieten." Logisch, dass diese digitalen Dienste international angelegt sind. Jenner zufolge sollen bei Zoi TechCon demnächst 150 Mitarbeiter Ideen entwickeln – nicht nur in Stuttgart und Berlin, sondern auch in Lissabon.

International zu agieren, das kann bei Kärcher auch bedeuten, passende Unternehmen im Ausland zu kaufen. So übernahmen die Schwaben den schwedischen Kommunaltechnik-Anbieter Belos. Der Spezialist für Stadtreinigung, Winterdienst und Grünflächenpflege-Fahrzeuge hat schon zuvor eng mit Kärcher zusammengearbeitet. Die Übernahme sorgt nicht nur für mehr Präsenz in Skandinavien, sondern erweitert das Leistungsspektrum insgesamt. Jenner: „Mit der Übernahme haben wir jetzt die Voraussetzung geschaffen, unsere Produktpalette zu erweitern und langfristig erfolgreich im Markt für Kommunaltechnik zu agieren." Wer so lange und intensiv wie Kärcher global im Geschäft ist, dem bereiten Entwicklungen wie der Brexit oder die drohenden US-Strafzölle aber auch Sorgen. Solche Hürden könnten das weltweite Wachstum ins Stocken bringen. Oder so manches Engagement gar stoppen. Wie Unternehmenschef Jenner kürzlich den „Stuttgarter Nachrichten" verriet: „Wir liefern in der Tat nicht mehr in den Iran. Das war schon vorher schwierig, weil der Geldtransfer kompliziert war, nun haben wir diese eingestellt."

Zu konkreten Folgen des Brexits äußert sich Kärcher nicht offensiv. Unternehmenssprecher Wein: „Die Situation ist noch nicht klar genug. Wir müssen abwarten." Unterdessen kehrt Kärcher jedes störende Steinchen weg auf dem Weg fortschreitender Internationalisierung. Das Rennen um globale Präsenz geht weiter wie die Fahrten der Rallycross Weltmeisterschaft. Der vergangene Wettbewerb im November in Südafrika lässt den Fahrern nun eine kleine Pause bis April in Abu Dhabi. Sollte dort mal ein Reiniger ausfallen, wird es schnell gehen wie beim Boxenstopp, denn im knapp 140 Kilometer entfernten Dubai liegt immerhin das „Middle East Headquarter" von Kärcher.

Armin Hingst übernahm dieses Unternehmensporträt quasi als Feuerwehrmann, denn das vorgesehene Firmenprofil war kurzfristig nicht zu realisieren, nachdem dort der Chef plötzlich und unerwartet das Unternehmen verlassen hatte.

Interview

„Kärcher ist fast ein Paradebeispiel"

Über den Erfolg in der Internationalisierung von Kärcher spricht Prof. Dr. Christoph Müller von der Executive School of Management, Technology & Law an der Universität St. Gallen.

Was macht Kärcher aus Ihrer Sicht besonders gut?

Christoph Müller: Kärcher ist dank seiner hohen Innovationsrate und seiner Systemlösungen technologisch führend. Dazu kommt das weltweite Vertriebs- und Service-Netz. Besonders bei Kärcher ist, dass das Unternehmen kontinuierlich wächst. Das spricht für eine langfristige Strategie, ausbaufähige Prozesse und Strukturen. Die Kultur als Stiftungs- und Familienunternehmen stellt einen weiteren Erfolgsfaktor dar. Ebenfalls hilfreich ist, dass das Unternehmen langjährig von einer Crew geführt wird.

Weltweit bedeutende Unternehmen sind meist große Konsumgüter-Marken. Mit Reinigung zum Weltmarktführer zu werden, ist doch eher ungewöhnlich, oder?

Deutsche Weltmarktführer kommen zum geringen Teil aus dem Konsumgütergeschäft. Die meisten Unternehmen sind im B2B-Sektor tätig und bieten technologisch anspruchsvolle Lösungen an. Sie sind im Maschinen- und Anlagenbau, in Elektrotechnik und Elektronik sowie in weiteren verarbeitenden Branchen zu finden.

Kärchern ist zum Synonym fürs Hochdruckreinigen geworden. Ist die Marktführerschaft also ein Selbstläufer?

Weltmarktführer zu werden, ist eine ebenso große Herausforderung wie Weltmarktführer zu bleiben. Denn oben bleiben bedeutet, wie im Sport, trotz der großen Erfolge nicht in Selbstgefälligkeit zu verfallen, sondern kontinuierlich seinen Weg der Innovationen, der Kundennähe und der motivierenden Führung zu gehen. Mitbewerber schlafen nicht, sondern strengen sich umso mehr an, wie eine Reihe chinesischer Mitbewerber zeigt, die jetzt auch Patente anmelden, die Unternehmen übernehmen und über weltweite Wachstumsstrategien verfügen.

Das weltweite Vertriebs- und Service-Netz lobt Müller.

Welche Erfolgsfaktoren fördern Internationalisierung?

Ein Rezept für Weltmarktführerschaft gibt es nicht. Vergleiche und Studien lassen Muster erkennen. In seinen Büchern über Hidden Champions hat Hermann Simon Muster entdeckt: Dazu zählen Spitzenleistung und Innovation, Marktführerschaft, enger Fokus und Globalisierung, Kundennähe, Führung, solide Finanzen, kontinuierliches Wachstum – hier ist Kärcher fast ein Paradebeispiel.

Grenzenlose Geschäfte

Weltweit aktive Unternehmen mit attraktiven Standorten

USA
Warum Pinscreen mit
deutsch-taiwanesischen Wurzeln
in Hollywood gefragt ist

Großbritannien
Wie Selfnation aus der Schweiz
im Mode-Hotspot London
trotz Risiken doch Fuß fasst

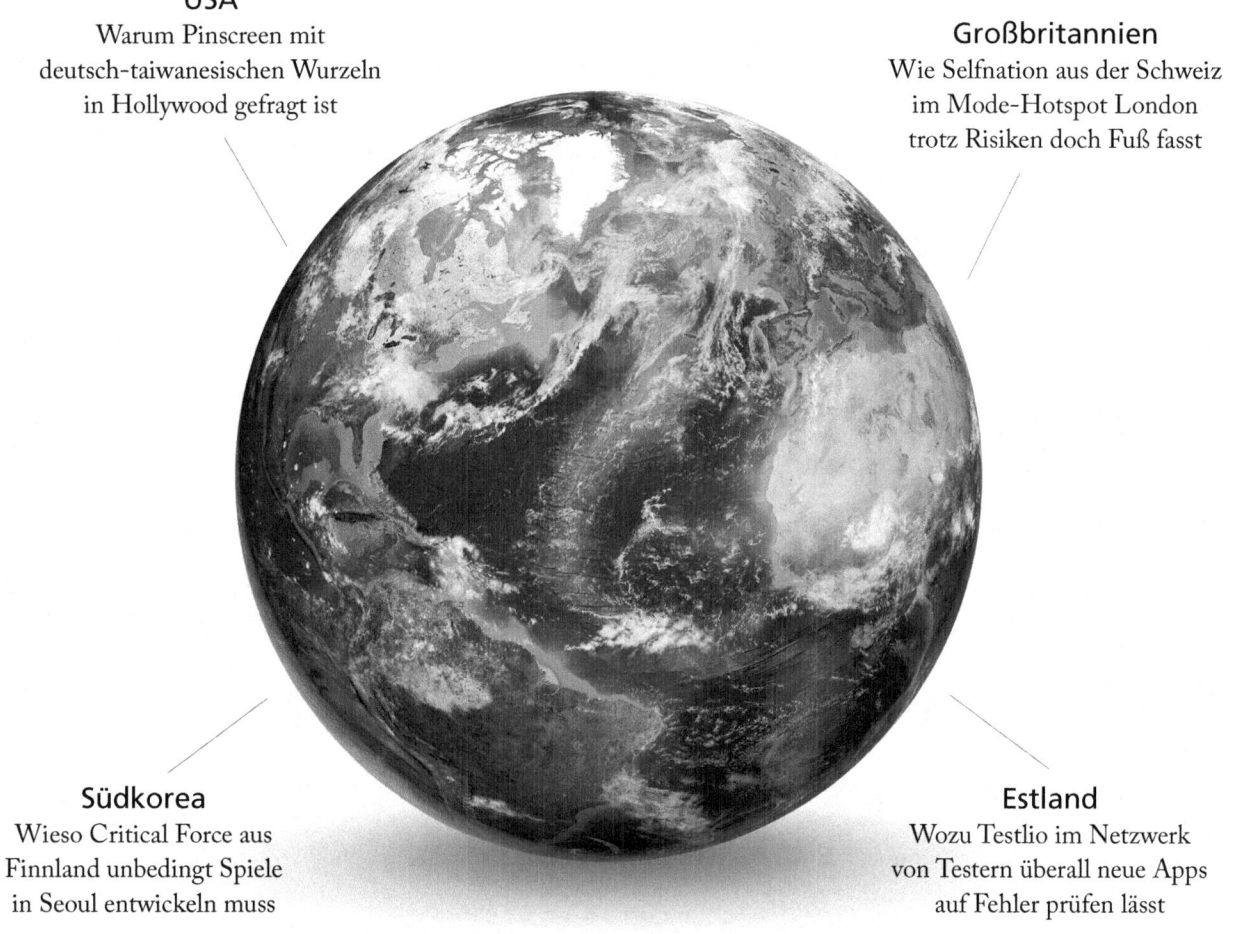

Südkorea
Wieso Critical Force aus
Finnland unbedingt Spiele
in Seoul entwickeln muss

Estland
Wozu Testlio im Netzwerk
von Testern überall neue Apps
auf Fehler prüfen lässt

© jimmyjamesbond / Getty Images

Gewinnbringende Spiele

Südkorea: Hier lockt das weltweite Mekka für E-Sport mit lukrativen Chancen. Deshalb haben sich die Spiele-Entwickler von Critical Force aus Finnland im Techno Valley von Seoul angesiedelt.

„League of Legends": Die World Championship 2018 füllte auch am vierten Tag den „LoL Park" in Seoul mit versierten Spielern und neugierigen Zuschauern.

Die Geschichte des Spiele-Herstellers Critical Force beginnt als Hobby in einer Garage im finnischen Kajaani. „Unsere Vision war es, einen Ego-Shooter fürs Smartphone zu entwickeln, der auf die E-Sports-Szene abzielt – also dem Hochleistungszocken um Preisgeld", sagt Tim Spaninks. Der Game Designer sammelt mit Gleichgesinnten rund 200.000 Euro Startkapital auch von Freunden und Verwandten.

Vier Jahre später im Pangyo Techno Valley, dem großen Hub für Start-ups, das würfelförmige Büroblocks prägen: Die futuristische Planstadt hat Südkoreas Regierung in wenigen Jahren hochgezogen und mithilfe von Steuer-Erleichterungen fast alle namhaften Tech-Firmen angezogen. Critical Force aus Finnland vertritt hier als eines der wenigen Unternehmen die Spiele-Entwickler-Szene aus Europa. Das Unternehmen hat von NHM Entertainmant rund 4,5 Millionen Euro als Investition erhalten.

Mittlerweile sind 65 Mitarbeiter bei Critical Force beschäftigt. Ihr Spiel „Critical Ops" hat kürzlich die Download-Marke von 40 Millionen geknackt. „Für uns war klar, dass wir uns in Südkorea ansiedeln müssen, um einen Fuß in den asiatischen Markt zu bekommen. Wenn unser Spiel hier funktioniert, dann kann es weltweit erfolgreich werden", sagt Spaninks. Das Land ist immerhin der Geburtsort von E-Sport, was längst mehr als ein Hobby für Teenager ist. Heute steht dahinter eine hoch profitable Branche, die laut Studie des hiesigen Kulturministeriums einen Mehrwert

von 76,2 Millionen US-Dollar generiert. Alleine in Seoul gibt es vier imposante E-Sport-Stadien und mehrere Fernsehsender, die rund um die Uhr live Computer-Matches übertragen.

Das Land hat die schnellsten Internet-Leitungen der Welt, flächendeckendes Wi-Fi in urbanen Räumen und technikaffine Einwohner. Die gute Infrastruktur ist ein Standortvorteil für Mobile E-Sport, weil bei Spielen oft Millisekunden entscheiden. „Südkorea ist weltweit federführend dabei, landesweit ein 5-G-Netz einzuführen. Sobald es für jeden verfügbar ist, macht es die Spiele-Erfahrung um einiges geschmeidiger. Wir hoffen, dass dies mehr Leute für Mobile E-Sport begeistert und die Branche auf das nächste Level hievt", sagt Spaninks.

Zum Jahreswechsel bringt sein Team die offizielle koreanische Version des Spiels heraus. „Bis dahin wollen wir auch erste Turniere für E-Sport organisieren", sagt er. Critical Force setzt auf Influencer, die über Streaming-Plattformen wie Youtube das Spiel bewerben. Die wachsende Fan-Gemeinschaft muss betreut werden, denn letztlich sollen die großen Clans des E-Sports dem Spiel beitreten – und damit Sponsoren mit ihrem Geld anlocken.

Massen-Event mit Mega-Prämie für Fantasy-League-Weltfinale

Bei den von Amazon ausgerichteten „Mobile Masters" in Seattle nahm Critical Force im vergangenen Juli teil, wo es um satte 40.000 US-Dollar Preisgeld ging. Dies indes sind streng genommen nur „Peanuts" im Vergleich zu den Siegersummen bei großen Events der Branche: Beim Weltfinale des Fantasy-Spiels „League of Legends" jüngst im November ging es um ein Preisgeld von 2,13 Millionen US-Dollar. Zur Veranstaltung kamen über 26.000 Zuschauer, per Stream sahen weitere 205 Millionen Menschen online zu.

Fabian Kretschmer, neuer „return-"-Korrespondent für Süd- und Nordkorea, fand in Seoul das interessante Beispiel für Internationalisierung aus Finnland im boomenden Markt für E-Sport. Sein Compliance-Beitrag über den Wandel bei Samsung in der vorherigen Ausgabe war hier seine Premiere.

Globales Gutachternetz

Estland: Der nördlichste der drei baltischen Staaten gilt als Wiege zahlreicher Start-ups.
Dazu zählt das IT-Unternehmen Testlio, welches weltweit Apps auf Fehler prüft.

Professionelles Prüfen und Testen von Software ist eine zentrale Aufgabe. Der Kampf gegen Programmfehler, schlecht funktionierende Applikationen und langsame mobile Anwendungen ist allerdings mühsam und hart. Die Arbeit als Software-Tester gilt als einer der anspruchsvollsten und zugleich undankbarsten Jobs in der IT-Branche. Das estnische Start-up Testlio möchte das ändern. „Wir wollen die Welt des Testens verbessern", sagt die 29-jährige Unternehmenschefin Kristel Kruustük.

Ihr Unternehmen testet Apps für Mobiltelefone und andere Endgeräte vor deren Markteinführung. Dazu unterhält Testlio ein weltweites Netzwerk von erfahrenen Testern und lässt die digitalen Produkte seiner Kunden mithilfe von Schwarmintelligenz innerhalb dieser Internetgemeinde auf Fehler untersuchen.

Gründerin Kristel Kruustük erhält und vergibt weltweit Aufträge.

Crowd Testing integriert in Kunden-Entwicklungssysteme

Geprüft wird von den über die Welt verteilten Testern, ob die Software problemfrei arbeitet und keinen Bug hat. Sie sollen zudem sicherstellen, dass die App benutzerfreundlich ist und auf allen Endgeräten funktioniert. Koordiniert, dokumentiert und synchronisiert wird der Testprozess über eine Crowd-Testing-Plattform von Testlio, die in die Entwicklungssysteme des Kunden integriert werden kann. Gründerin Kruustük hat im Jahr 2010 mit Software-Tests begonnen. Damals arbeitete die junge Estin im Studiums nebenbei bei IT-Firmen und verdiente sich über Online-Plattformen fürs Crowd Testing etwas dazu. Faszination und Freude waren geweckt. Doch neben Begeisterung machte sich Frustration breit, weil Tester pro gefundenen Fehler bezahlt werden. Die Folge: Konkurrenzdenken und mangelnde Kooperation. Damit war die Geschäftsidee geboren: Mit ihrem heutigen Ehemann und Mitgründer Marko bewarb sich Kruustük vor sechs Jahren bei beim „Hackathon" in San Francisco. Das Duo sicherte sich das Preisgeld von 25.000 US-Dollar und beteiligte sich an einem dreimonatigen Förderprogramm der Start-up-Schmiede „Techstars" in den USA. Kristel Kruustük landete mittlerweile als eine der zehn vielversprechendsten Gründer des Baltikums im Ranking des Wirtschaftsmagazins „Forbes". Sie stellte ihre ersten Mitarbeiter erst Ende 2013 ein, gewann wenig später erste Kunden. Heute sind es mehrere Dutzend Auftraggeber, deren Produkte monatlich mit 650 Millionen Nutzern in Kontakt kommen. Darunter befinden sich Microsoft, Hotels.com oder Vimeo.

Schnell wie die Zahl der Kunden wuchs Testlio. In der ersten Finanzierungsrunde sammelte das Start-up eine Million US-Dollar ein und nutzte die finanziellen Mittel zur Expansion. Heute umfasst das Team fast 60 Mitarbeiter, knapp die Hälfte davon Frauen. Auch eine Niederlassung im Silicon Valley eröffnete. Testlio fand weitere Investoren, die im April 2016 in der zweiten Finanzierungsrunde 6,25 Millionen US-Dollar bereitstellten. Die notwendige Software lässt Testlio weiter in Estland entwickeln und programmieren. Großen Wert legt das Start-up mit Büros in Tallinn und Tartu auf Auswahl und Betreuung der global gestreut arbeitenden Tester.

Kein Programm ohne Bugs

Die sogenannten Testlions müssen einen Eignungstest absolvieren. Im Gegenzug bietet Testlio seinen gut 10.000 verifizierten App-Probanden ein flexibles Arbeitsumfeld, Schulungen und Entlohnung auf Stundenbasis. Inhaberin Kruustük testet selbst immer noch fleißig. „Testen ist meine Leidenschaft", sagt sie und kann über zu wenig Arbeit kaum klagen: „In der Welt der Software gibt es kein Programm ohne Bugs. Das ist unmöglich."

Alexander Welscher arbeitet als Baltikum-Experte von Lettlands Hauptstadt Riga aus für die Deutsche Presse-Agentur (dpa) – und für „return".

Gewagter Wechsel

Großbritannien: Die Modeschöpfer von Selfnation zog es aus der beschaulichen Schweiz in den Mode-Hotspot London. Ein riskanter, aber letztlich lohnenswerter Schritt mit Schubkraft.

Den Gang nach Großbritannien bereuten die Gründer Sandra und Andreas Guggenbühl sowie Michael Berli bislang nicht (v. l.).

Die Schweizer Andreas Guggenbühl und Michael Berli sind ungewöhnliche Modeschöpfer. Die beiden Techniker – der eine studierte Maschinenbau, der andere Informatik – gründeten ein Kleider-Label, weil sie frustriert waren, dass ihre Freundinnen auf einem langen Shopping-Trip in Zürich keine passenden Hosen fanden. Sie dachten sich, dass es eine einfachere Methode geben müsse als das wahllose Abklappern unzähliger Läden. Ihre Lösung lautet „Selfnation". Es ist ein Start-up, das jede Hose gemäß genauen Angaben der Kunden maßschneidert.

Das Unternehmen begann 2013 in Berlin mit Jeans für Frauen, später kamen Männer-Jeans, Chinos und Shorts hinzu. Eine Hose zu kaufen ist einfach: Der Kunde wählt Design und Stoff aus, misst seine Beine genau aus – etwa Umfang von Bund, Hüfte, Schenkel und Wade – und übermittelt die Angaben online. Dann setzen sich Handwerker in der Schweizer Manufaktur an die Arbeit und schneidern die Hose. Dabei legt Selfnation vor allem Wert auf Qualität und Nachhaltigkeit der Materialien.

Schnell wuchs das Interesse, sodass das Duo Guggenbühl/Berli bald über die Schweiz hinaus nach Deutschland und Österreich lieferte. „Wir sind ein Start-up mit großen Ambitionen bezüglich unseres Wachstums", sagt Matteo Delbrück, Marketing-Chef von Selfnation: „Nachdem wir begonnen hatten, ins Ausland zu liefern, merkten wir, dass es eine recht große Nachfrage in Großbritannien gab – und wir entschlossen uns, den dortigen Markt aktiv zu bearbeiten." Anfang 2017 eröffnete die Vertretung in London.

Der Sprung über den Kanal war ambitioniert – London ist eines der wichtigsten Modezentren überhaupt. Die Metropole ist Heimat vieler führender Designer wie Burberry oder Stella McCartney. Einige der wichtigsten Mode-Akademien befinden sich hier. Die Messe London Fashion Week lockt pro Jahr Zehntausende Besucher und zählt zu den großen Branchen-Events weltweit. Der Wert der britischen Mode-Industrie wird auf fast 30 Milliarden Pfund beziffert.

Selfnation unterschätzte die schwierigen Bedingungen in Großbritannien, gibt Delbrück zu: „Die Konkurrenz im Fashion-Bereich ist größer als in der Schweiz, und die Leute haben nicht einen besonders starken Bezug zu einer Schweizer Marke. Sie bevorzugen eher lokale Produkte." Anders als in der Schweiz konnte das Unternehmen weniger von der Berichterstattung in den hiesigen Medien profitieren und musste entsprechend mehr ins Marketing investieren, was in Großbritannien relativ teuer ist. Bislang hat es sich ausgezahlt: Die Nachfrage ist groß. Das Selfnation-Management überlegt derzeit, auch in die USA zu expandieren.

Brexit mit Einfluss auf Tempo in der Logistik

In Bezug auf den Brexit, der das Land derzeit in Atem hält, ist Delbrück etwas ratlos. Der Austrittsentscheid von 2016 hatte zwar keinen Einfluss auf die Expansion nach Großbritannien, aber wie alle Unternehmen in Abhängigkeit vom reibungslosen Grenzübergang sorgt sich auch Selfnation, wie er einräumt: „Er wird Einfluss auf unsere Logistik haben – besonders Zölle würden die Prozesse verlangsamen. Rücksendungen von Hosen würden komplizierter werden." Ob die Aktivitäten im britischen Markt zurückgefahren werden müssen, wenn es zum harten Brexit kommt, darüber will er nicht spekulieren: „Wir haben die Hoffnung, dass das irgendwann geregelt wird."

Peter Stäuber zog es selbst vor acht Jahren von der Schweiz in die auch für Mode pulsierende Metropole London. Dort schreibt er seitdem unter anderem für „return" über Wirtschaftsthemen.

Überwundene Welten

USA: Der innovative Computergrafiker Hao Li hat Wurzeln in Taiwan, ist in Deutschland aufgewachsen und arbeitet jetzt in Los Angeles. Vielfalt schafft für ihn bessere Produkte.

Wenn es um innovative 3-D-Technologie und Avatare geht, wenden sich große Hollywoodstudios an den Deutsch-Taiwanesen Hao Li. Der Computergrafiker ist in Saarbrücken aufgewachsen. Seine Eltern waren von Taiwan nach Deutschland ausgewandert. Das Massachusetts Institute of Technology zählte ihn 2015 zu den 35 Top-Innovatoren. Studiert hat Hao Li in Zürich. Jetzt lebt und arbeitet er in Los Angeles. Dort ist er Dozent und Forscher an der University of Southern California, USC.

Vor drei Jahren gründete er seine eigene Firma Pinscreen, die keinen eigenen Campus im Silicon Valley hat wie die Social-Media-Giganten. Das Unternehmen residiert im nüchternen Hochhaus-Büro. Programmierer sitzen rund um einen Tisch im Eingangsbereich an Laptops. In Büros dahinter arbeiten Grafiker, Forscher und Designer. Niemand scheint die grandiose Aussicht aus dem 14. Stock wahrzunehmen.

Mitarbeit am neuesten „Star Wars"-Kinofilm

„Die bauen eine virtuelle Welt", sagt Geschäftsführer Hao Li, als versuche er, den fehlenden Sinn für Ausblicke zu erklären. In eine bunte Landschaft mit mittelalterlichen Burgen verwandeln sich gerade auf seinem Bildschirm geometrische Formen. Mittendrin spaziert eine animierte Version von Hao Li durch die Szenerie. Die aktuellsten Produkte, die Pinscreen auf den Markt gebracht hat, sind 3-D-Apps für virtuelle Realität am Smartphone. Keine klobige Brille ist nötig. Die dafür entwickelte Technologie ist zum Spielen geeignet, aber auch gefragt bei Forschung, Militär und Medizin. Hao Lis Firma hat am neuesten „Star Wars"-Kinofilm mitgearbeitet und schon für die Lichteffekte im Blockbuster „Blade Runner 2049" gesorgt. Der Grafiker arbeitet regelmäßig mit Hollywood-Megastars.

Ein Grund, warum er Los Angeles als Lebensmittelpunkt bevorzugt. Zumal Hao Li davon überzeugt ist, hier kreative Freiheit und wissenschaftliche Kollaborateure zu finden wie sonst nirgendwo. „Ich kann mir auch schwer vorstellen, dass ich in Deutschland Professor werden könnte mit meiner Frisur", bläst Hao Li lachend eine blonde Strähne aus dem Auge. „Hier bekomme ich Support von der Uni für meine Firma. Die helfen sogar mit Werbung für meine privaten

Projekte", schwärmt er. Schon als Kind saß Hao Li stundenlang am Computer. Sein Vater schenkte ihm einen Computer, bevor es das Internet gab: „Ich habe meistens Spiele gespielt, aber Computergrafik hat mich fasziniert." Schon in der Schule programmierte er Spiele und dreidimensionale Modelle.

Grafiker Hao Li ist von Hollywoodstudios gefragt.

Filme mit Spezialeffekten wie „Jurassic Park" und „Terminator" weckten sein Interesse. An der Eidgenössischen Technischen Hochschule Zürich (ETH) studierte er und schrieb seine Doktorarbeit. Über mehrere Stationen, überwundene Hindernisse, Erfolge und Rückschläge kam er dann nach Los Angeles. Viele seiner Mitarbeiter haben Einwanderungshintergründe: Asien, Mittelamerika, Europa. „Das hat sich ergeben", sagt er: „Aber durch unsere Vielfalt schaffen wir bessere Produkte."

Inspiriert von Spezialeffekten wie in „Jurrassic Park"

Hao Li arbeitet international mit Forschern, Politikern und Filmemachern und bereist die Welt, um Projekte vorzustellen. „Es wird höchstens noch ein Jahr dauern, bis wir echte Videos von gefälschten nicht mehr unterscheiden können", warnt er. Vorstellbar sei etwa ein Avatar von US-Präsident Trump, der China den Krieg erklärt. Hao Li setzt darauf, dass Nutzer über Film-Manipulation so viel wissen wie über Photoshop. Bis dahin will Hao Li die Kontrolle über seine Algorithmen bewahren. Großzügige Angebote aus dem Silicon Valley und anderen Teilen der Welt hat er schon.

Kerstin Zilm berichtet seit 15 Jahren als Korrespondentin aus Los Angeles für TV, Hörfunk und Print – seit „return"-Start auch für dieses Magazin.

Ihr Spezialist für die Möglichkeiten der Sanierung unter Insolvenzschutz

Jan H. Wilhelm
Sanierungsberater – Insolvenzverwalter

hww hermann wienberg wilhelm. Unabhängig. Kompetent. Engagiert.

Nehmen Sie uns gerne beim Wort.

Gründungspartner Jan H. Wilhelm
Albert- Einstein-Ring 11
22761 Hamburg
Tel.: 040-8539978-0
E-Mail: wilhelm@hww.eu

Wer wagt, gewinnt weltweit

Stolpersteine warten reichlich auf dem Weg zur Internationalisierung. Doch mit der richtigen Vorbereitung, Vorsicht und Vertriebsorganisation gelingt der Gang ins globale Geschäft.

Im Anflug auf neue Gebiete für Geschäfte gibt es gelegentlich gewaltigen Gegenwind für Unternehmen, die neue Ländermärkte erschließen möchten. Doch neben einer Reihe von Risiken und Herausforderungen bietet eine erfolgreiche Internationalisierung vor allem neue Chancen für Wachstum.

Für große Unternehmen gehören Internationalisierungsstrategien zum Tagesgeschäft. Eigene Abteilungen und spezialisierte Fachkräfte kümmern sich um die weltweite Ausrichtung der Organisation. Auch für Start-ups zwischen Hightech und „high growth" gehört die globale Geschäftsentwicklung oft zur DNA ihrer betrieblichen Identität und ist direkt bei der Gründung im Geschäftsmodell angelegt: „Born Globals" lautet hier die Losung. Internationalisierung ist meist keine Option, sondern ein Muss.

Auch für kleine und mittelständische Unternehmen (KMU) bieten Internationalisierungsstrategien viele Wachstumschancen. So stellt sich für die meisten Schweizer Unternehmen in der Industrie durch den vergleichsweise kleinen Heimmarkt früher oder später die Frage, ob die eigenen Produkte zusätzlich im Ausland angeboten werden sollen, um weiteres Wachstum zu generieren.

Doch der Gang in andere Ländermärkte offenbart neben Chancen auch große Herausforderungen für expandierende Unternehmen. Neben unterschiedlichen Sprachen und Kulturen ist ein Unternehmen im Ausland mit anderen rechtlichen Voraussetzungen, Normen, Strukturen, Gepflogenheiten und mehr konfrontiert. Bei jeder Internationalisierung

stellt sich die Frage, wie die Zielmärkte bearbeitet werden sollen. Die unterschiedlichen Markteintrittsformen, die Unternehmen als Basis für ihren Einstieg wählen, haben verschiedene Auswirkungen auf die gesamte Organisation. Das Gründen der eigenen Niederlassung erfordert hohe Investitionen und eine angepasste Organisation.

Durch die zunehmende Geschäftstätigkeit im Ausland stellt sich zudem ab einem bestimmten Zeitpunkt die Frage, welche Aufgaben (de-)zentralisiert werden sollen. Daraus entwickelt sich als nächste Frage, wie Koordination und Kontrolle gewährleistet werden können. Durch das Bearbeiten internationaler Märkte ist von besonderer Bedeutung, wie absatzorientierte Funktionen und deren organisatorische Ausgestaltung in Marketing und Vertrieb bei Internationalisierungsvorhaben zum Tragen kommen. Damit entsteht im Unternehmen ein Spannungsfeld zwischen Standardisierung und Differenzierung im Marketing-Mix.

Erster Schritt im Prozess zur Internationalisierung ist die Auswahl der Zielmärkte. Dabei empfiehlt sich insbesondere bei begrenzten Ressourcen und Erfahrungen, auf geografisch-kulturell nahe Märkte zu setzen. Dort fallen Marktunterschiede wie unterschiedliche Kundenbedürfnisse weniger stark aus, so dass keine teuren Anpassungen im Marketing-Mix zu beachten sind.

Eine der größten Hürden beim Markteintritt kann das fehlende lokale Netzwerk im neuen Land sein. Dazu bietet sich beim Erschließen ein lokaler Kooperationspartner an, um auf sein lokales Netzwerk zugreifen und darüber im Zielmarkt schnell Fuß fassen zu können. Von Vorteil ist zudem, wenn das Unternehmen bestehenden Kunden in neue Märkte folgen kann. Somit verfügt man schon von Beginn an über eine Kundenbasis. Langfristig betrachtet haben erfolgreiche Unternehmen auf eigene und direkt steuerbare Niederlassungen im Ausland gesetzt, sobald sie sich im neuen Ländermarkt etabliert hatten.

Der Bedarf an Ressourcen und Management-Kapazitäten ist nicht zu unterschätzen. Deshalb empfiehlt sich grundsätzlich eine Wasserfallstrategie, nach der Unternehmen sukzessive in einem Land nach dem anderen aktiv werden. Durch den schrittweisen Eintritt in neue Märkte wächst die geografische Streuung eigener Unternehmenseinheiten. Dies führt zur Dezentralisierung und bedarf der Anpassung der eigenen Organisation. Dabei bevorzugen vorbildliche Unternehmen einfache und marktorientierte Strukturen statt komplizierter Matrix-Organisationen.

Bezüglich der (De-)Zentralisierung sollten übergeordnete Funktionen wie Finanzen, strategisches Marketing und IT besser zentral erhalten bleiben. Die Marktbearbeitung und Interaktion mit Kunden sollten dagegen dezentral beziehungsweise lokal ausgelegt sein. Die entsprechende Kombination aus übergeordneten Funktionen, die zentral betrieben werden, und aus absatzorientierten Funktionen, die dezentral angelegt sind, helfen der Organisation dabei, Flexibilität und Marktnähe zu gewährleisten. Jedoch sind klare Kompetenzen sowie Eskalationsstufen zwischen den Unternehmenseinheiten und Abteilungen festzulegen.

Koordination und Kontrolle

Mit fortschreitender Entwicklung dezentraler Stellen wächst im Unternehmen der Bedarf an innerbetrieblicher Koordination und Kontrolle. Es müssen Mechanismen greifen, um die Unternehmensführung über alle Verantwortlichkeiten auch im Ausland sicherzustellen. Internationale Unternehmen berufen daher regelmäßig diverse Treffen ein, um das interne Netzwerk auf- und auszubauen sowie dezentralen Einheiten zu koordinieren. Dazu eignen sich Zusammenkünfte verschiedener Art, weniger aufwendig auch Videokonferenzen oder aber auch übergreifende Schulungen.

Der „informalen Organisation" ist in der Internationalisierung fast eine noch wichtigere Bedeutung beizumessen als der „formalen Aufbauorganisation". Diese Aufgabe entspricht weitgehend dem Aufbau einer Netzwerkorganisation als Ergänzung der formalen Struktur. Dabei stehen informale Steuerungsmechanismen mit persönlichen Kontakten und informalem Networking im Zentrum aller Bemühungen.

Der gegenseitige Austausch – mit Informationsflüssen in beide Richtungen – verbessert die Abstimmung, stärkt den Zusammenhalt und profiliert das Unternehmen vor den lokalen Wissensträgern in jedem neuen Ländermarkt. Entsprechend erachten erfolgreiche Unternehmen insbesondere an Personen orientierte Koordinationsstrategien als vielversprechend – inklusive Aufbau interner Netzwerke. Das Vertrauen in örtliche Partner, aber auch das Vertrauen auf die eigenen Fähigkeiten – beides ist von hoher Bedeutung.

Starker Fokus auf neue Märkte und Kunden

Als wichtiger Faktor der Internationalisierung sticht bei erfolgreichen Unternehmensbeispielen der starke Fokus auf die neuen Märkte und Kunden heraus. Speziell bei absatzorientierten Funktionen in Marketing und Vertrieb geht es um die gute Balance zwischen Standardisierung und Differenzierung. Wie durch die Zentralisierung steigt auch mit der Standardisierung die Effizienz. Sie senkt dagegen den Grad an Flexibilität und Kundenorientierung. Unternehmen präferieren daher insbesondere im Vertrieb lokale Mitarbeiter. Mit ihnen überwinden Unternehmen kulturelle Barrieren und sprachliche Hürden und schaffen den Aufbau eines lokalen Netzwerkes.

Die Vertriebsorganisation wird dezentral und regional gegliedert, um größtmögliche Kundennähe zu gewährleisten. Die Präsenz vor Ort schafft Vertrauen und ermöglicht den Aufbau langfristiger Kundenbeziehungen. Im Marketing-Mix greift zwar weltweit ein einheitlicher Rahmen, lokal werden Maßnahmen im Einzelnen aber gezielt angepasst, um die größtmögliche Relevanz im Markt zu gewährleisten. Kurzum: Viele Stolpersteine lauern auf dem Weg in die Internationalisierung, viele Aspekte sind zu beachten. Allerdings gilt im Unternehmertum per se die Regel: Wer nicht wagt, der nicht gewinnt.

Prof. Kim Oliver Tokarski (Bild oben) lehrt Entrepreneurship und Unternehmensführung an der Berner Fachhochschule, wo er zudem unter anderem Mitglied der Departementsleitung für Wirtschaft ist. David Bucher (u.) verantwortet als Global Category Merchandiser die vier Bereiche Running, Teamsport, Football und Racket für die Intersport International Corporation GmbH (IIC), weltweit größte Gemeinschaft selbstständiger Sporthändler.

Gefahr erkannt – Gefahr gebannt

Weltweites Wachstum erreichen mittelständische Unternehmen nur dann, wenn sie frühzeitig Risiken erkennen und als Erfolgstreiber die richtigen Instrumente beherrschen.

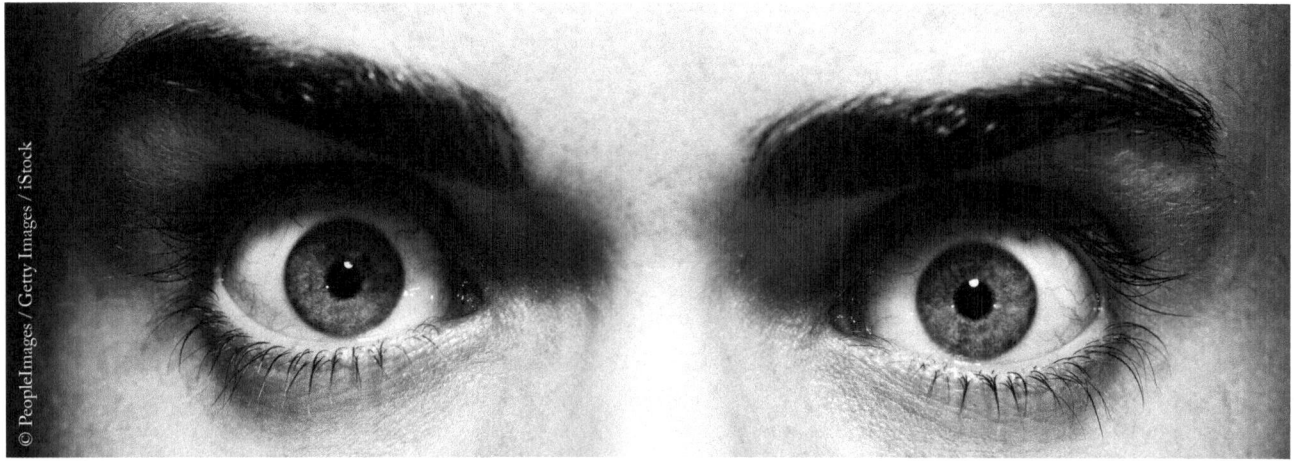

© PeopleImages / Getty Images / iStock

Augen auf und durch? Stattdessen sind für die erfolgreiche Internationalisierung stets Strukturen, Prozesse, Preisniveaus und kritische Entwicklungen genau zu beobachten. Die Profitabilität von Produkten und Kunden gehört permanent auf den Prüfstand, bevor neue Produktionsstandorte eröffnen.

Die Ergebnismarge und die Gewinne der „Auto-Komponenten GmbH" reichen nicht mehr aus, um für weiteres Wachstum die nötigen Investitionen in Maschinen und Anlagen aufzubringen. Obwohl die Kunden, darunter führende Automobilhersteller, begeistert sind von den Produkten. Die Verschuldung des Unternehmens ist bedrohlich, der Transformationsdruck enorm, denn viele Kunden fordern die weltweite Belieferung und die internationale Produktion in Standortnähe.

Kein seltenes Szenario: Ihre Fertigungsstätten-Struktur sollen viele mittelständische Zulieferer erweitern, auch in

Ländern mit anderer Kultur und anderem Ausbildungsniveau als im Heimatland. Oft werden aber bei der Internationalisierung weder die Organisationsstruktur noch die Unternehmensprozesse angepasst. Die Folge: Es findet kein Wissenstransfer zwischen den Niederlassungen statt. Jeder Standort optimiert sich selbst. Die Transparenz zur Profitabilität einzelner Produkte oder Kunden geht verloren.

Darüber hinaus sind neue Standorte oft ungenügend ausgelastet, da sich positive Prognosen von Kunden nicht bewahrheiten. Es kommt zu Qualitätsproblemen und sinkenden Ergebnismargen. Fallen in solchen Fällen noch zusätzliche

Fünf Frühwarn-Indikatoren in der Internationalisierung

▶ Der Umsatz pro Produkt sinkt bei steigender Diversifizierung; zu betrachten ist jede Artikelposition, also Stock Keeping Unit (SKU).

▶ Der Rohertrag in Prozent vom Umsatz sinkt infolge von Qualitätsproblemen und infolge von aggressivem Pricing zum Füllen leerer Kapazitäten.

▶ Die Auslastung der Produktionsanlagen, oder besser bezeichnet als Overall Equipment Effectiveness (OEE),

sinkt bei sub-optimaler Allokation von Fertigungsvolumina im globalen Produktionsnetzwerk.

▶ Die Zahl indirekter Produktionsmitarbeiter steigt im Verhältnis zu direkten Mitarbeitern bei unterkritischer Größe der Standorte und bei Problemen in der Produktion.

▶ Die Nettofinanzschulden steigen im Verhältnis zum Ebitda, wenn der operative Cashflow nicht ausreicht, um die Investitionen zu finanzieren, und signalisieren gleichzeitig eine zu hohe Verschuldung.

Ausgaben für Investitionen an, gerät die Liquidität schnell in Schieflage. Bei allen Chancen, die sich mit der Internationalisierung für Mittelständler ergeben, können einige Risiken im Auslandsgeschäft lauern. Eine Reihe von Anzeichen signalisiert eine kritische Internationalisierung. Im Wesentlichen geht es um zu starke Diversifikation, um verwässerte Margen und um mangelnde Qualität und Effizienz von Prozessen an Auslandsstandorten. Zudem sollten Unternehmen fest die wichtigsten Kennzahlen zum Verschuldungsgrad im Auge behalten, um rechtzeitig gegenzusteuern oder proaktiv auf finanzierende Banken zuzugehen.

Zur richtigen Strategie zählt, dass Unternehmen sich auf Produkte und Leistungen fokussieren, die sie perfekt beherrschen. Von Akquisitionen im Ausland, die Produkte außerhalb des Kerngeschäfts mit sich bringen und Verluste schreiben, ist daher abzuraten. Kritisch zu prüfen ist, ob das Auslandsgeschäft einen eigenen Produktionsstandort erfordert oder ob die Belieferung aus bestehenden Niederlassungen möglich ist. Darüber hinaus ist genau zu betrachten, ob eine lokale Entwicklung und Produktion erforderlich sind, weil Anforderungen und Preisniveaus spezifisch sind.

Das Wichtigste ist eine global denkende Organisation. Die Interessen einzelner Standorte oder Landesgesellschaften müssen sich dem Interesse des Unternehmens unterordnen. Geschäftsbereiche entwickeln ihre Strategien und Portfolios global und gemeinsam mit dem regionalen Vertrieb. Querschnittsfunktionen wie in der Produktion oder der Entwicklung sollten Synergien heben und die Qualität sicherstellen. Dafür optimieren sie ihren „Footprint" und wenden weltweite Standards an. Das muss vom Controlling begleitet werden und deutlich über die Steuerung von Tochtergesellschaften hinausgehen: Die Profitabilität von Kunden und Produkten ist global vergleichend zu messen.

Dies ist für Konzerne selbstverständlich. Für viele Mittelständler ist das noch Neuland. Mit der Einführung geht ein radikaler Kulturwandel einher. Gelingt dem mittelständischen Unternehmen wie der eingangs erwähnten Auto-Komponenten GmbH aber diese Transformation, erreicht es einen höheren Reifegrad und ist bereit für weltweite Erfolge.

Dr. Lutz Jäde ist Partner bei der Strategieberatung Oliver Wyman in München und leitet die Corporate Finance & Restructuring Practice.

Weltweit zu verkaufen

Wieso Maschinen heute global bessere Preise erzielen

Ein mittelständischer Zulieferer der Autoindustrie stellt Präzisionsdrehteile wie Hülsen, Kappen, Achsen und Zahnräder für Motoren sowie Getriebe und Sitzhalterungen her. Plötzlich kommt das Unternehmen in finanzielle Schwierigkeiten und entscheidet, einen Teil seines Anlagevermögens zu veräußern, um schnell wieder Liquidität zu schaffen. Damit beauftragt es einen Händler, den es kennt. Drei Dreh- und Fräsmaschinen des Maschinenparks sollen veräußert werden, worüber man sich schnell auf einen Preis einigt.

Doch wie kann der Automobilzulieferer sichergehen, den besten Preis zu bekommen? Hat der Händler alle Register gezogen? Es bedarf in diesem B2B-Handel nicht nur des entsprechenden Fachwissens und der richtigen Einschätzung des Warenwerts. Unternehmen benötigen vor allem Know-how, um Gebrauchtmaschinen international zu vermarkten, denn dadurch erzielen sie oft einen besseren Preis.

Passende Lösungen für ihren Maschinenpark suchen Unternehmen nicht nur in Krisen. Ebenso häufig entsteht Druck auf Verkäuferseite durch fehlende Nachfolger. Eine kleine Schreinerei aus Bayern etwa wollen die Kinder nicht übernehmen. Ein Käufer bleibt aus. Schweren Herzens verkauft der alte Schreinermeister sein gesamtes Inventar. Das ist womöglich nur zu verschrotten, denkt er und ist umso überraschter, als seine Tischfräsmaschinen doch dankbare Käufer in Indien finden. Solche Lösungen sind der Digitalisierung im Gebrauchtmaschinenmarkt zu verdanken.

Digitale Transformation prägt Marktplatz-Handel

Sägemaschinen aus Deutschland finden nicht selten Käufer in der Ukraine, in Indien oder in Bahrain. Denn auch den Gebrauchtmaschinenhandel hat die digitale Transformation des Marktes geprägt. Bevor die Möglichkeiten des Internets das Geschäft veränderten, geschah der Handel mit Maschinen vor allem persönlich und national. Verkäufer und Käufer kamen meist aus demselben Land wie der Händler – allenfalls noch aus Anrainerstaaten. Durch das Word Wide Web hat sich der Markt extrem stark internationalisiert.

Afrikanische Länder zum Beispiel fragen speziell klassische Maschinen an, da es dort häufig zu Stromausfällen und Stromschwankungen kommt. Das überlebt keine computergestützte Maschine aktueller Machart. Gebrauchtmaschinenhändler stellen deshalb ihr Portfolio international zwangsläufig breit auf. Dafür sind neben Niederlassungen im jeweiligen Land vor allem gezielte Maßnahmen im Online-Marketing nötig. Mehrsprachige Websites mit dezidiert abgestimmten SEO- und SEA-Einstellungen sind mit der Kultur des Landes in Einklang zu bringen. Zusätzlich ist ein Check darüber unerlässlich, wie der Service des Händlers vor Ort aussieht. Etwa wie gut er sich um die Demontage kümmert oder ob er die notwendigen Zollpapiere in Drittländer besorgt.

Mit den technischen Lösungen der Digitalisierung sind viele Fragen beantwortet. Doch in Gänze erschlossen oder erfasst ist der weltweite Gebrauchtmaschinenmarkt dadurch noch nicht. Das liegt an den unterschiedlichen Abgebern von Maschinen. „Gebrauchte" werden unter anderem von Herstellern, von der Industrie, von Insolvenzverwaltern und von Händlern angeboten. Die Genannten sind tatsächlich nur wenige der Akteure, die in diesem Markt aktiv sind.

Daher kann man derzeit das weltweite Handelsvolumen nur auf geschätzte rund 380 Milliarden Euro beziffern. Diese Schätzung basiert auf Marktanalysen von börsennotierten Marktteilnehmern wie Ritchie Bros. und Liquidity Services sowie auf der sichtbaren Verfügbarkeit von Gebrauchtmaschinen bei Suchmaschinen wie www.trademachines.de.

Der Markt wächst sogar noch: Durch die gestiegene Transparenz im Online-Handel entwickeln sich die Investitionsplanungen in immer kürzeren Intervallen. Inventar im Lager wird verkauft. Maschinen wechseln häufiger den Besitzer. Die Verschrottungen nehmen ab. Viele Besitzer von Maschinen werden sich erst jetzt bewusst, welche Werte sie buchstäblich in ihren Werkshallen brachliegen lassen, statt sie dem besten Bieter weltweit zu verkaufen.

Michael Werker ist Inhaber und Geschäftsführer des europaweit führenden Online-Auktionshauses Surplex, spezialisiert auf Gebrauchtmaschinen der Holz- und Metallverarbeitung.

Make it happen!

Sales Excellence
Zeitschrift für Handelsvermittlung und Vertriebsmanagement

www.springerprofessional.de

Pricing
Mit digitalen Tools den Vertrieb unterstützen Seite 26

Exponentielle Organisationen
Inspirationen für den Vertrieb der Zukunft Seite 42

Technischer
Vertriebsinge... gesucht!

Die Zukunft des B2B-Vertriebs
Märkte, Kunden und Technologien in Bewegung

Springer Gabler

2 Ausgaben kostenlos testen!

© istockphoto.com / Alkonov

Starten Sie durch und sichern Sie sich die Basis für Ihren Erfolg. Das neue Magazin Sales Excellence ist die führende Plattform für Vertriebsexperten und bietet ausgeklügelte Techniken für eine erfolgreiche Saison mit Siegchancen. Nutzen Sie die gesamten Potenziale von Print, E-Magazin, Social Media und der digitalen Wissensdatenbank von Springer Professional.

www.meinfachwissen.de/SLX

Sales Excellence
Weil Leistung im Vertrieb entscheidet.

Friedrich-Wilhelm Göbel ist Generalbevollmächtigter der SinnLeffers Gruppe und hat die SinnLeffers GmbH während der Insolvenz 2016/17 als Verantwortlicher für das operative Geschäft und für die Sanierungsmaßnahmen begleitet. Heute ist der gebürtige Remscheider für die Weiterentwicklung des Geschäftsmodells sowie die Expansion verantwortlich. Der ehemalige Banker und Finanzexperte übernahm die Geschäftsführung von SinnLeffers im August 2014, rund ein Jahr nach der Übernahme des Unternehmens durch die Nürnberger Familie Wöhrl, in deren Eigentümerunternehmen er langjähriges Aufsichtsratsmitglied war.

„Jedes neue Haus muss uns bessere Profitabilität bringen"

Wie er den Turnaround des traditionsreichen Textilkaufhaus-Händlers erlebt und begleitet hat, erklärt Friedrich-Wilhelm Göbel als Generalbevollmächtigter der SinnLeffers Gruppe.

Herr Göbel, Sie haben angekündigt, ab 2018 jedes Jahr um bis zu zwei Filialen zu wachsen. Dient Ihre Expansion dazu, auch neue Aufbruchsstimmung bei Sinn zu erzeugen?

Friedrich-Wilhelm Göbel: Ein Wachstum der Verkaufsfläche über neue Filialen ist in unserem Segment das einzige Investment, mit dem Kostenstrukturen weiter zu optimieren sind. Die Chancen auf Verbesserungen auf der Kostenseite sind ansonsten sehr beschränkt. Wir haben im Insolvenzverfahren in Eigenverwaltung vieles angepackt, um den Sprung zurück in die Profitabilität zu schaffen. Dazu zählte die Sanierung der Strukturen, um weitere Filialen an ein gesundes System anschließen zu können. Denn Wachstum bedeutet für uns, durch weitere Filialen in der Fläche und damit im Umsatz zu wachsen – und zwar in den Kosten zu vertretbaren Mietverhältnissen. Nur so kann Sinn profitabel arbeiten in einem sich weiter verändernden Markt mit fallenden Stückpreisen im allgemeinen Preisverfall. Sicher ist Wachstum aber auch ein sichtbares Zeichen für Aufbruch und dafür, dass es nach vorne geht – für Mitarbeiter wie für Lieferanten.

Wie weit reichen Ihre weiteren Standort-Planungen?

Wir haben im vergangenen Geschäftsjahr, das bei Sinn jeweils von August bis Juli dauert, auch 100 Prozent der Anteile an der Hohmann & Heil Textilhandelsgesellschaft in Fulda übernommen. Sinn-Land ist Nordrhein-Westfalen, wo wir einen hohen Bekanntheitsgrad genießen. In Recklinghausen waren wir bis 2008 über 30 Jahre präsent und haben jetzt nach zehn Jahren quasi wiedereröffnet. Das neue Haus in Neuwied wurde bis 2017 von einem Wettbewerber betrieben, sodass wir bald in Rheinland-Pfalz neben Mainz, Koblenz und Trier noch dort präsent sind. Wir führen intensive Gespräche über weitere Standorte, denn bis zu zwei neue Filialen pro Jahr können wir stemmen. Wir unterhalten schon Häuser zwischen Osnabrück und Trier sowie zwischen Dresden und Aachen. In Bayern und in Baden-Württemberg findet man uns nicht. Wie legen harte Kriterien an die Mietkonditionen an und schauen uns vor allem

die Wettbewerbssituation genau an. Jedes neue Haus muss uns mehr Umsatz für bessere Profitabilität bringen, sonst können wir auch locker „Nein" sagen.

Wie weit reichen nun Ihre konkreten Expansionspläne?

Zeitlich bis zum Jahr 2022. Aber wir werden auch an vier Standorten die Immobilie wechseln. Die Liste mit den neuen Standorten ist noch nicht bekannt und wird auch in „return" nicht stehen können. Diese nenne ich jeweils erst, wenn der Mietvertrag von beiden Seiten unterzeichnet ist, um unsere Position in Verhandlungen nicht zu schwächen.

Gehen Sie in schwacher Position auf Vermieter zu?

Nein, der Markt hat sich gedreht. Bis vor zwei, drei Jahren war es noch ein Vermietermarkt. Aber die Verkaufsflächen haben sich in 20 Jahren verdreifacht. Heute bekommen wir wöchentlich bis zu drei Angebote für Immobilien. 80 Prozent lehnen wir sofort ab, von den verbleibenden 20 Prozent führen wir in nur 15 bis 20 Prozent ernsthafte Gespräche. Von 100 Möglichkeiten sind also nur sechs, sieben Immobilien interessant. Wir sind opportunistisch bezüglich der Orte, aber sehr anspruchsvoll gegenüber den Rahmenbedingungen.

Worauf fußt Ihre Zuversicht, dass Textilkaufhäuser in Städten nicht zu den Auslaufmodellen gehören?

Ich gehe fest davon aus, dass Häuser mit mehr Textilmarken noch lange existieren werden. Menschen wollen weiter in Innenstädten einkaufen, daher können sich solche Häuser trotz des Wettbewerbs mit anderen Vertriebsformen behaupten. Ein Drittel aller Textilien wird derzeit nicht stationär verkauft, was ein ähnlicher Prozentsatz ist wie in den USA. Das Online-Wachstum verliert aber langsam an Tempo. Shoppen gehört als Teil zum Sozial- und Freizeitverhalten. Die Haptik, Ware anzufassen, ist wichtig.

Die Pro-Argumente sind bekannt, es spricht aber auch einiges gegen den stationären Handel.

Das stimmt. Ein großes Problem für den Einzelhandel ist die sinkende Attraktivität vieler Innenstädte. In Berlin zum Beispiel würden wir wegen der geringen Kaufkraft und des hohen Wettbewerbes kein Haus eröffnen. Vieles haben Städteplanung und Politik verschuldet, die heute ohnmächtig auf Entwicklungen schauen. Es begann in den 90er Jahren mit dem übertriebenen Ausbau von Fußgängerzonen. Heute äußert sich das in Leerständen, die dem Überangebot von Fläche geschuldet sind. Andererseits: Je mehr Händler die City bietet, desto attraktiver das Shoppen für Kunden.

Mit der Eröffnung von bis zu zwei neuen Häusern pro Jahr soll das Filialnetz jetzt sinnvoll wachsen.

Vom Wanderhandel zum Händlerwandel

Als Kiepenkerle mit Körben („Kiepen") auf dem Rücken zogen Johannes und Friedrich Sinn durch Sauerland, Ruhrgebiet und Rheinland, um ihre Kurzwaren bis Mitte des 19. Jahrhunderts im Wanderhandel an Haushalte zu verkaufen. Die erste „Kurzwarenhandlung en detail Gebr. Sinn" für Strumpf- und Holzwaren eröffnet 1850 in Köln. Fast parallel gründeten die Brüder Heinrich und Carl Leffers ihr Textilhaus in Delmenhorst bei Bremen. Im Jahr 1990 fusionieren beide Unternehmen unter Regie der Schickedanz-Gruppe als Eigentümer. SinnLeffers vereint 46 Häuser mit 1,7 Milliarden D-Mark Jahresumsatz. Der KarstadtQuelle-Konzern verkauft dann an die Deutsche Industrie Holding (DIH). Vor zehn Jahren meldete SinnLeffers erst ein Insolvenzplanverfahren in Eigenverwaltung an, dann den Turnaround mit 300 Millionen Euro Umsatz und mehr als sechs Millionen Euro Ebit. Familie Wöhrl erwirbt 2013 alle Anteile von DIH. Zwischen 2016 und 2017 nutzt SinnLeffers eine Insolvenz in Eigenverwaltung dazu, sich „grundlegend zukunftsfähig" aufzustellen mit Unternehmenszentrale in Hagen, 20 Bekleidungshäusern und aktuell 1.300 Mitarbeitern. Mitte 2018 übernahm das Unternehmen die Hohmann & Heil Textilhandelsgesellschaft in Fulda und setzt auf Umfirmierung in Sinn GmbH.

www.sinnleffers.de

Marktplätze wie Shopping-Center auf der grünen Wiese werden bundesweit zurückgehen.

Was veranlasst Sie zu dieser Prognose?
Übertrieben große Zentren werden obsolet, was in den USA schon als Trend zu sehen ist, wo es mal 15.000 Shopping-Center gab, von denen schon 1.000 geschlossen haben. In Deutschland haben wir 480 Shopping-Center. Ich würde darauf wetten, dass in zehn Jahren zwischen zehn und 15 Prozent nicht mehr existieren. Was heutige Politiker-Generationen durch verwaiste Innenstädte an Defiziten geerbt haben, ist in einer freien Marktwirtschaft nur schwierig aufzulösen, wenn man Immobilienbesitzer nicht überzeugt. Erste Lösungen sehen wir für große Leerstände ehemaliger Warenhäuser wie Hertie mitten in Stadtzentren. In Recklinghausen ist das Karstadt-Haus nach fünf Jahren endlich veräußert worden; darin entstehen ein Hotel, Wohnungen und eine Kita. Wo es für Rückbau und Neunutzung keinen Interessenten gibt, droht der Abriss. Die Revitalisierung der Innenstädte durch Umwandlung von Verkaufsfläche in Wohnraum ist meines Erachtens allerdings begrenzt. Denn bezahlbarer Wohnraum entsteht dabei in der Regel nicht.

Den Zustand Ihres Unternehmens vergleichen Sie wie nach einem lebensbedrohlichen Unfall mit dem Aufenthalt auf der Intensivstation: „Man kommt entweder im Sarg oder zur Reha raus." Ist Sinn jetzt schon aus der Reha entlassen?
Nein, wir sind immer noch ein Sanierungsfall, an dem wir permanent arbeiten, um ihn zur Reha zu führen. Einige Prozesse sind nicht zu Ende optimiert. Wir können schon selber gehen, aber nicht mit der Leichtigkeit eines Genesenen. Wir haben während des Insolvenzverfahrens den Großteil der lebensbedrohlichen Mängel aus der Welt geschafft, aber die Zeit war begrenzt. Wir mussten die Intensivstation nach Abstellen der Herz-Lungen-Maschine verlassen. Entsprechend agieren wir noch geschwächt. Lieferanten und Mitarbeiter freuen sich über die Genesung, Kunden haben vom Schwächeanfall nichts mitbekommen.

Stellen Sie Ihr Licht nicht etwas unter den Scheffel?
Nein, unternehmerisch ist vieles erst nach dem Insolvenzverfahren wieder zu entscheiden. Zum Beispiel wohin Geld für Zukunftsmaßnahmen fließen soll. Da mache ich unserem Insolvenzrecht auch keinen Vorwurf, denn letztlich geht es um Gläubigerbefriedigung. Aber viel Operatives bleibt dadurch außen vor. Das Management eines Unternehmens tritt in dieser Phase nicht gerade in einer Form für die Champions League an – Zeit, Geld und Personal für echte Optimierung fehlen. Und wenn Sie aus der Insolvenz entlassen sind, melden Sie sich auch nicht gleich zum Marathonlauf an. Es gleicht eher dem Gehenlernen am Rollator in

Begleitung. Ich traue mich auch heute noch nicht zu sagen, wann der Prozess der Gesundung abgeschlossen sein wird.

Was hat die Insolvenz in Eigenverwaltung ermöglicht, um wieder „grundlegend zukunftsfähig" zu sein?
Die Optimierung der Mietverträge war die absolut wichtigste Stellschraube. Die Immobilien-Kostenquote war vorher todbringend. Wir reden bei 21 Filialen von 45 Mietvereinbarungen. Allein an einem Standort ging es um sieben Verhandlungspartner. Nur die Verträge für die Innenstadt von Bochum haben wir ohne Nachfolge gekündigt und das Haus geschlossen. Die Möglichkeiten zur Neuverhandlung sind in der Insolvenz selbstverständlich wesentlich besser, weil mehr Druck dahintersteht. Letztlich zahlen wir seit Abschluss aller Neuverhandlungen rund 20 Prozent weniger Miete, in Spitzenfällen sind die Kosten sogar 50 Prozent niedriger als vorher. Darüber hinaus haben wir anhand von Gewinn-und-Verlust-Rechnungen fünf weitere Unternehmensbereiche ausfindig gemacht, die schlecht liefen und die wir zum Teil immer noch verbessern müssen.

Wie bewerten Sie die Mittel eines juristischen Verfahrens, das hierzulande häufig immer noch als letzter Ausweg für gescheiterte Unternehmer stigmatisiert wird?
Für andere Unternehmer und Manager mag es ein traumatisches Erlebnis sein, für mich gehörte die Insolvenz durch eine gewisse Erfahrung zum Tagesgeschäft. Da unterscheidet sich mein Urteil also sicher von dem anderer Betroffener. Ich habe sechs Jahre in den USA gelebt, so dass mir das Stigma fremd ist, denn dort gilt das nicht gegenüber Gescheiterten. Wer das deutsche Insolvenzverfahren gut vorbereitet, kann viele Mittel gut anwenden. Lieber sollte man diese Instrumente nutzen, als halbschwache Berater ins Unternehmen zu holen, die angeblich Tassen schweben lassen können. Kritisch sehe ich die steigende Zahl der Verfahren in Eigenverwaltung, in denen die Ideen zur Sanierung offensichtlich nicht ausreichend geprüft werden, sodass Unternehmen zwei-, dreimal innerhalb von drei Jahren Insolvenzen durchlaufen.

Würden Sie sich ein außergerichtliches Restrukturierungsverfahren wünschen, wie es die EU-Kommission zur frühzeitigen Krisenprävention vorschlägt?
In England gibt es ja schon ein ähnliches Verfahren. Ich glaube aber nicht, dass die Einführung flächendeckend Vorteile bringt. Außergerichtlich klingt für mich wie halb freiwillige Basis. Ich glaube, dass dann die Aufmerksamkeit von Kreditgebern schwächer wäre. Wir hätten ohne Insolvenz die Mietverträge neu verhandeln können, aber warum hätten die Vermieter uns dann entgegenkommen sollen? Ohne Spielregeln bietet ein präventives Restrukturierungsverfahren meines Erachtens zu wenig Klarheit und eröffnet womöglich

Mehr als 500 Modemarken bieten die insgesamt 20 Textilkaufhäuser, in denen Kunden auch freies WLAN und eine Service-App nutzen.

nur noch mehr Raum für Berater. Für eine Sanierung bedarf es klarer Vorgaben auf dem Spielfeld, eines Schiedsrichters wie bei der Insolvenz der Sachwalter und letztlich auch einer Idee, wie die Insolvenz finanziert werden kann.

Wie wichtig ist fachlicher Beistand im Insolvenzverfahren?
Wir hatten ein Riesenglück mit dem Team. Die Erfahrung von Sachwalter Rolf Weidmann aus der Karstadt-Insolvenz war ungemein wichtig als Basis. Mit ihm und dem kompetenten Team von Dr. Kluth als Chief Restructuring Officer habe ich in meinem Büro monatelang fruchtbar zusammengearbeitet. Ihr Know-how war wie ein Jackpot. Mit ihren Einblicken in die schwächelnde Textilbranche haben sie schnell unsere Probleme erfasst und angepackt.

Welche Risiken und Chancen sehen Sie für Hersteller und Händler der kriselnden Textilbranche?
Die Branche befindet sich in Chaos und Dauerkrise. Da sind Chancen nur schwer hervorzuheben. Das Angebot ist größer als die Nachfrage. Der Markt ist nicht von Bedarfen, sondern von Emotionen getrieben. Die Veränderungen unserer Gesellschaft sind dramatisch: Früher ging am Anzug kein Weg vorbei, heute dominiert die Jogginghose. Insbesondere der Nachwuchs gibt mehr Geld für Mobilfunk als für Kleidung aus. Die Zunahme vertikal agierender Händler wie Zara macht das Geschäft für Hersteller auch nicht gerade einfach. Discounter wie Aldi, Lidl, Kik oder Primark erobern immer mehr Marktanteile. Gleichwohl gibt es schlaue und professionelle Player in diesem schwierigen Umfeld.

⤓ Mehr unter www.return-online.de

Das Interview mit dem Generalbevollmächtigten der Sinn Gruppe führte „return"-Chefredakteur Thorsten Garber in der Unternehmenszentrale im südwestfälischen Hagen.

Transformation aus Tradition

TV-Hersteller sind rar geworden in Deutschland. Die Konkurrenz aus Asien scheint zu stark. Loewe stand auch am Abgrund, treibt nun aber mit Premium-Produkten den Turnaround voran.

Die Hersteller von TV-Geräten unterliegen mitunter Einflüssen, die niemand vorhersehen kann. Die zumindest aus Sicht der Fans von der DFB-Fußballelf vergeigte Weltmeisterschaft in Russland und das extrem heiße Sommerwetter gehören dazu.

„Beides hat das Konsumverhalten verändert, 2018 war bis zum Herbst ein sehr schwieriges Jahr für Fernsehhersteller", sagt Mark Hüsges, Chef des fränkischen Traditionsunternehmens Loewe. GfK-Marktforscher bestätigen dies mit ihrer Analyse: Im deutschen TV-Markt gingen die verkauften Stückzahlen im ersten Halbjahr um elf Prozent zurück, der Umsatz sank um vier Prozent. CEO Hüsges erklärt: „Weil der deutsche Markt für uns wesentlich ist, haben wir das besonders gemerkt." Zum Ertrag äußert er sich nicht, doch die zuvor angepeilte Profitabilität dürfte in diesem Jahr noch nicht erreicht sein.

© Loewe

„Wir haben daran festgehalten, Design und Entwicklung in Deutschland zu machen."

Mark Hüsges

Kernstücke von Loewe aus der Insolvenz gekauft

Dennoch sieht der geschäftsführende Teilhaber von Loewe sein Unternehmen auf gutem Weg: In den vergangenen vier Jahren wurden beständig zweistellige Umsatzzuwächse und Marktanteilsgewinne erzielt. Das erscheint viel, wenn man bedenkt, wo Loewe vor wenigen Jahren stand. Hüsges und sein Partner Boris Levin kauften 2014 über ihre Beteiligungsgesellschaft Stargate Capital die Kernstücke des TV-Herstellers aus der Insolvenz und überführten das operative Geschäft in die Loewe Technologies GmbH. In den Jahren zuvor war bei Loewe der Umsatz eingebrochen, gefolgt von roten Zahlen. Das alte Management hatte die Transformation nicht rechtzeitig geschafft. Zwar sahen die Produkte aus Franken edel aus, aber technisch konnte man mit Produzenten wie Sony, LG oder Samsung nicht

mehr mithalten. Die Konkurrenz aus Asien lockte zudem mit deutlich niedrigeren Preisen.

Ähnlich erging es vielen anderen deutschen Traditionsmarken aus der Unterhaltungselektronik. Heute gehört Grundig zur türkischen Koç-Holding, die den Traditionsnamen aus Franken unter anderem auch auf Haarschneidemaschinen und Kühlschränke, Küchenmixer und Staubsauger kleben lässt. Fernsehgeräte mit dem einst klangvollen Namen Telefunken stammen inzwischen vom türkischen Vestel-Konzern. Auch Blaupunkt ist nur noch ein Markenname, der in Lizenz von ausländischen Herstellern verwendet wird. Die Auflistung ließe sich fortsetzen. Viele Traditionsnamen sind sogar komplett vom Markt verschwunden.

Wer Fernsehgeräte aus einheimischer Produktion sucht, hat wenig Auswahl. Neben Loewe gibt es noch das Zirndorfer Unternehmen Metz, dessen TV-Sparte nach einer Insolvenz im Jahr 2015 vom Investor Skyworth aus China übernommen wurde. Dritter inländischer Produzent ist die 1987 gegründete Firma Technisat. Das Unternehmen lässt Fernsehgeräte in Dresden entwickeln, gefertigt werden sie im ehemaligen VEB-Fernsehwerk „Friedrich Engels" – zu DDR-Zeiten im Herstellerverbund Rundfunk- und Fernmelde-Technik (RFT).

Auf die Frage, wie „deutsch" Loewe-Fernseher noch sind, betont Hüsges: „Wir haben immer daran festgehalten, Produkt-Design und Entwicklung selbst in Deutschland zu machen." Loewe sei kein Unternehmen, das weltweit billige Produkte einkauft, um dann seinen bekannten Markennamen draufzupappen und auf dem Massenmarkt zu verkaufen. Allerdings sei man Teil eines globalen Wertschöpfungverbundes: Der als „Panel" bezeichnete Bildschirm etwa, das Herzstück jedes Fernsehers, sei ein Zukaufsteil.

Nach Angaben des CEO war das aber immer schon so: „Auch früher hat Loewe keine Fernseher-Röhren selber

TV-Geschichte wird auch lebendig anhand von Produktentwicklung: Hier aus drei Epochen von links der neueste Loewe-Fernseher aus der OLED-Range, mittig das Modell „Iris" aus dem Jahr 1951 und rechts der S920 Color aus dem Jahr 1967.

hergestellt." Hierfür sei die Zulieferkette längst nach Asien abgewandert. Auch wenn nicht jedes Teil aus Deutschland kommt, stehe Loewe jedoch immer noch für deutsche Wertarbeit: „Wir gehen bei der Auswahl der Komponenten und bei der Qualitätskontrolle die Extrameile." Die Kunden würden es nicht verzeihen, wenn ein Premium-Fernseher nicht höchste Bild- und Tonqualität, beste Vernetzbarkeit und eine komfortable Bedienerführung biete.

Qualitätsversprechen wieder einlösen

Trotz des schwierigen Umfeldes war Hüsges immer überzeugt, Loewe zum Erfolg führen zu können. Als junger Investmentbanker war er 1999 am Börsengang des Unternehmens beteiligt und kannte sich aus. „Ich halte die Marke für unglaublich stark, nur wenige Premium-Marken sind so konsistent im Markenkern und bei den Konsumenten so positiv belegt." Auch das Know-how in Kronach überzeugte ihn. „Zum Zeitpunkt der Übernahme war die Qualität der Fernseher allerdings nicht auf dem allerbesten Niveau", räumt der 48-Jährige ein. Deshalb war er in den ersten zwei Jahren damit beschäftigt, das Qualitätsversprechen der Marke wieder einzulösen. „Das ist uns gelungen", konstatiert der Loewe-Chef: „Es hat aber viel Kraft, Energie und Veränderungsprozesse im Unternehmen erfordert."
Hiesige TV-Hersteller haben durchaus Chancen im Markt, unterstreicht Klaus Böhm, der in der Unternehmensberatung

Deloitte für Media und Entertainment zuständig ist. „Kunden sind bereit, für hohe Qualität, gute Dienstleistungen und eine renommierte Marke mehr Geld auszugeben", weiß der Experte. Deutsche Hersteller müssten ihre Marken aber mit sehr hohen Qualitätsversprechen verbinden – und diese einhalten.
Auch die Konzentration auf Nischen und die Stärkung exklusiver oder eigener Vertriebswege könnten für ein Auskommen sorgen. „Wichtig ist, direkte Kundenkontakte aufzubauen und zu pflegen", sagt Böhm. Zudem sollten für den Kundenkreis passende Services aufgebaut werden. Beim

Kompakt

▶ Wo Premium draufsteht, muss Premium drinstecken. Qualitätsversprechen gilt es also einzuhalten, auch wenn dabei durchaus einzelne Komponenten zugekauft werden können – wenn die Güte stimmt.

▶ Produkte müssen auf veränderte Kundenbedürfnisse eingehen, ohne den Markenkern zu beschädigen. Frühzeitig Trends zu erkennen, gehört dazu. Eine Ausweitung der Marke auf passende Produkte eröffnet neue Chancen.

▶ Bei der Internationalisierung oder der Integration digitaler Dienste ist die Zusammenarbeit mit Partnerunternehmen sinnvoll. Deshalb sind Kooperationen anzustreben.

derzeit wichtigsten, den Plattformen für Video-on-Demand (VoD), hätten es kleine Hersteller allerdings schwer, eigene Dienste kostendeckend aufzubauen. Daher seien Kooperationen mit Drittanbietern wichtig, auch für Smart Home, Sprachassistenz, Konnektivität oder Bedienbarkeit.

Digitale Vernetzung ein Schlüsselthema

Für Loewe-Chef Hüsges ist digitale Vernetzung ein Schlüsselthema. Loewe-Fernseher lassen sich über die Amazon-Sprachassistentin Alexa mit Stimme steuern. Eine Schnittstelle kann das Gerät zur Bedieneinheit für Haustechnik machen. Dank der Loewe-App werden Smartphone und Tablet zu portablen Fernsehern oder zur TV-Fernbedienung. Die personalisierbare Bedienoberfläche bietet intuitive Steuerung von Apps, Anschlüssen, Sendern, Websites. Technisch setzt Loewe bei Fernsehern neben LCD-Panels verstärkt auf OLED-Bildschirme mit Leuchtdioden, die ihr eigenes Licht produzieren. Die Technologie verspricht klareres Weiß, bessere Schwarzwerte und schärfere Kontraste. Für die natürliche Bildwiedergabe werden die OLED-Panels in Loewe-Geräten mit eigener Software angesteuert. „Dahinter stecken sehr viel Know-how und Entwicklungsarbeit", sagt Hüsges: „Das ist für uns ein Alleinstellungsmerkmal." Mit der Ausrichtung könnte Loewe richtig liegen: Laut GfK-Marktforschung ist das Umsatzwachstum des globalen TV-Marktes vor allem dem Trend zu hochwertigen Geräten mit großen OLED-Displays, 4-K-Auflösung und smarten Funktionen zu verdanken.

Fertigung von Fernsehern im oberfränkischen Kronach, das bis heute als Hauptsitz und Produktionsstätte dient.

Doch Loewe wendet sich auch dem Audio-Bereich zu. „Das Sound-Konzept hat bei Fernsehern fast die gleiche Bedeutung wie das Bild", sagt Hüsges. Deshalb setzt er neben meist sichtbaren, integrierten Soundbars auch auf externe Lautsprecherboxen. Sie sollen Kunden im Zusammenspiel mit Loewe-Fernsehern überzeugen und auch als eigenständige Produkte eine gute Figur machen. Diesen Bereich hätte Hüsges gerne schneller ausgebaut: „Dass wir mit den Audio-Lösungen noch nicht am Markt sind, die wir uns vorgenommen haben, hat uns 2018 belastet." Viele Entwicklungsthemen seien aber angeschoben, die ab kommendem Jahr für ein gutes Wachstum sorgen sollen.

Im September präsentierte Loewe auf der Internationalen Funkausstellung (IFA) in Berlin die nach eigenen Angaben weltweit ersten Fernseher mit integrierter

TV-Pionier mit Design-Ikonen

Pionier in tragbaren Fernsehern, hier der Optaport (1963).

Deutschlands ältesten TV-Hersteller gründeten die Brüder David Ludwig und Siegmund Loewe im Jahr 1923, in dem hierzulande auch der Hörfunk eingeführt wurde. Loewe gilt als Erfinder des Fernsehens, denn mithilfe ihres Chefingenieurs Manfred von Ardenne entwickelte die Firma die erste kabellose Übertragung bewegter Bilder. Weltpremiere feierte die Technik auf der achten Funkausstellung in Berlin 1931.

Nach dem Zweiten Weltkrieg verlagerte sich das Unternehmen ins oberfränkische Kronach, das bis heute Hauptsitz und Produktionsstätte ist. Technische Innovation und zeitloses Design sind über die Jahre hinweg Kennzeichen

der Marke geblieben. Loewe entwickelte den ersten tragbaren Fernseher. Das Modell „Loewe Art 1" schaffte es als Design-Ikone ins New Yorker Museum of Modern Art.

Seit 1999 war die Muttergesellschaft Loewe AG börsennotiert. Nach der Jahrtausendwende rutschte das Unternehmen in die Krise. Trotz der Beteiligung des japanischen Elektronikkonzerns Sharp konnte Loewe dem Preiskampf gegen asiatische Anbieter nicht dauerhaft standhalten. Ab 2010 verschärfte sich die Umsatz- und Ertragskrise, die 2013 in der Insolvenz mündete.

Die Münchner Beteiligungsgesellschaft Stargate Capital mit den Gesellschaftern Mark Hüsges und Boris Levin übernahm im Jahr 2014 das Unternehmen Loewe. Vor der Insolvenz waren noch knapp 1.000 Menschen beschäftigt, bis Ende Dezember 2014 sank die Zahl auf rund 400 Mitarbeiter. Bis heute stieg der Personalbestand wieder über 500 Menschen.

www.loewe.tv.

Individualität und Vielfalt: Fernseher der neuesten Generation aus der OLED-Range von Loewe.

„Die Internationalisierung wird unterschätzt", mit Blick auf Kosten und Komplexität, warnt Klaus Böhm von Deloitte als Media-Experte.

Sound-Personalisierung. „Wir konnten auf der IFA mit dem Thema überzeugen", glaubt der Loewe-Chef. Künftig wird sich in Berlin ein Team von Audio-Spezialisten der Konzeption und Entwicklung neuer Klangprodukte widmen. Markus Kick, GfK-Experte für Consumer Electronics, bestätigt die Chancen im Audio-Markt: „Soundbars entwickeln sich mit zweistelligen Wachstumsraten sehr positiv, zunehmend mit integrierten Sprachassistenten." Auch Multi-Room-Systeme, die die Wiedergabe unterschiedlicher Musik in verschiedenen Räumen ermöglichen, zeigten weiter wachsende Verkaufszahlen. Nach GfK-Analysen wuchs der Markt für Audiogeräte im ersten Halbjahr 2018 um fünf Prozent gegenüber dem Vorjahreszeitraum auf einen Gesamtumsatz von 4,5 Milliarden Euro.

Ausbau der Vertriebskanäle und der Internationalität

Peter Nortmann ist seit März neuer Vertriebsleiter bei Loewe. Seine Aufgabe: den Omnichannel-Vertrieb auszubauen, ohne die etablierten Fachhandelspartner zu verärgern. „Wir wollen weiter selektiven Vertrieb betreiben", sagt Hüsges, betont aber: „Die wichtigste Säule ist und bleibt der Fachhandel." Hochwertige Flächenmärkte und Online-Vertrieb gewinnen dennoch an Bedeutung. Deshalb ist Loewe bei Amazon mit einem eigenen Shop präsent. Hoffnung ruht zudem auf Loewes Onlineshop.
GfK-Zahlen legen nahe, dass die Strategie aufgehen könnte: Im ersten Halbjahr 2018 wurden 17 Prozent des globalen Umsatzes mit Fernsehgeräten über Online-Verkäufe erzielt, nach 15 Prozent im Vorjahreszeitraum. In Deutschland stieg der Online-Umsatzanteil von 20 auf 22 Prozent. Über alle Absatzkanäle legt Hüsges großen Wert auf Preisstabilität: „Das ist ein wesentlicher Erfolgsfaktor für einen Premium-Hersteller." Auch die Internationalisierung treibt die Unternehmensführung voran. Dabei hilft, dass Fernsehen dank

Streaming-Diensten internationaler wird und lokale Spezifika an Bedeutung verlieren. Im deutschsprachigen Raum und in den Benelux-Ländern ist Hüsges mit der Loewe-Präsenz zufrieden. Deutliches Wachstumspotenzial sieht er in Großbritannien und Südeuropa. „Interessant" seien auch Märkte wie Russland oder der arabische Raum.

China als „Heiligen Gral" aller Märkte besser öffnen

„Der Heilige Gral ist natürlich China", gibt der Loewe-Chef zu: „Wir arbeiten daran, diesen Markt besser für uns zu öffnen." Bislang kooperiert Loewe in China nur mit dem Elektronikkonzern Hisense. Ein reiner Distributionspartner oder eine technische Kooperation sind mögliche Optionen. Deloitte-Experte Böhm unterstreicht: „Die Internationalisierung wird häufig unterschätzt." Deutsche Hersteller müssten analysieren, ob sie sich in Asien mit Qualitätsversprechen so vom Wettbewerb abheben können, dass Konsumenten dafür höhere Preise zahlen. „Die Bereitschaft ist prinzipiell da", sagt Böhm. Ohne den richtigen Partner ginge bei der Internationalisierung aber nichts.
Wenn es für sein Unternehmen sinnvoll sei, zeige sich Loewe grundsätzlich offen für Partnerschaften, stellt Hüsges klar. Insbesondere mit Blick auf China, dem weltgrößten TV-Markt. Seine eigene Zukunft, so viel ist für den CEO klar, ist eng mit Loewe verknüpft: „Ich sehe mich nicht als Portfolio-Investor, sondern in der Tradition des Familienunternehmers."

Gregor Hallmann arbeitet als freier Finanz- und Wirtschaftsjournalist in Berlin, davon als „return"-Autor seit mehr als zwei Jahren. Er war zuvor für eine Nachrichtenagentur tätig, studierte Rechtswissenschaften und Politologie.

Bissfestes Business

Newcomer erobern mit Neuheiten den Nahrungsmittelmarkt in Nischen: Sie kreieren gesunde Lebensmittel – innovativ, vegan, kalorienarm. Die Vielfalt in den Regalen wächst.

Ihre Kohlenhydrate-reduzierten Kreationen als Kostproben begeisterten Freunde, als ihnen zwei Programmierer ihre Produktentwicklung à la Tinder präsentierten. Die Dating-App fiel zwar durch, aber das fantastische Feedback zum Food war Fundament für die Geschäftsidee zu „Lizza".

Die beiden jungen Männer hatten nur Frauen im Kopf. Doch dann kam ihnen Pizza in die Quere. Matthias Kramer und Marc Schlegel hatten 2015 à la Tinder eine Dating-App programmiert. Sie präsentierten diese im Freundeskreis, aber die App fiel durch. Die dabei servierte Pizza aus Lein- und Chiasamen-Teig begeisterte und lieferte die Geschäftsidee zu „Lizza", der Low Carb Pizza. Das Produkt hat nur ein Zehntel der Kohlenhydrate, die klassische Weizen-Pizza enthält, aber dafür doppelt so viel Eiweiß, deutlich mehr Ballaststoffe und weniger Kalorien. Zu 100 Prozent werden Zutaten nach Bio-Standards verwendet. Lizza lockte die Venture-Capital-Investoren Frank Thelen und Carsten Maschmeyer im TV-Format „Die Höhle der Löwen", wo die Neuheit vor Millionenpublikum bekannt wurde. Innerhalb von drei Jahren verkaufte das Start-up mehr als drei Millionen Lizzas. Die Marke ist in 6.000 Supermärkten von Edeka bis Rewe gelistet. Der Onlineshop erreicht mehr als 100.000 Kunden. Mittlerweile hat sich um das Produkt ein Team von 40 Mitarbeitern gebildet. Die GLS Bank aus Bochum, die nachhaltige Unternehmen unterstützt, legte hierfür ihr größtes Crowdfunding-Projekt auf. Die Pizza-Produzenten sammelten rund 1,7 Millionen Euro ein, um eine Verpackungsmaschine anzuschaffen, Waren vorzufinanzieren und Tiefkühl-Lizza zu entwickeln. Zu den Zielgruppen zählen Sportler, Gesundheitsbewusste und Menschen mit Gluten-Unverträglichkeit.

„Food-Start-ups kommen oft aus einer Ernährungs-Trend-Ecke", sagt Julian Voss, Professor für Allgemeine Betriebswirtschaftslehre an der Privaten Hochschule Göttingen (PFH), der zum Management im Food- und Agribusiness forscht und lehrt. Generell sieht er drei Bereiche für die neue Gründerszene im Food-Markt: „Sie widmen sich den Nischen im Lebensmittelmarkt, definieren die Wertschöpfungskette neu durch direkten Verkauf an Endkunden oder setzen partizipative Ansätze um durch eine direkte Verknüpfung von Landwirtschaft und Verbrauchern." Unternehmer schaffen hier oft gesunde, allergenfreie und ökologisch produzierte Lebensmittel für spezielle Ernährungsanforderungen.

Als Urgestein dieser Food-Start-ups gilt „MyMuesli". Die Gründer begannen 2007 als Online-Versand für individuelle Müsli-Mischungen und haben mit ihren runden Müsli-Säulen längst ihren festen Platz in Supermarkt-Regalen gefunden. Das Trio aus Passau – Philipp Kraiss, Hubertus Bessau und Max Wittrock – erhielt 2013 den Deutschen

Gründerpreis. Sie verkauften 2017 ein Drittel des Unternehmens an einen Investor. Sie wollen Wachstum vorantreiben, bauen bis 2021 mit einer Investition in zweistelliger Millionenhöhe auf 50.000 Quadratmetern eine moderne Produktionsstätte mit Logistik, Lager und Verwaltung in Passau.

Die inzwischen etablierte Müslimarke unterhält 50 Brand Stores in Einkaufszentren und in Fußgängerzonen innerhalb von Deutschland, Österreich und der Schweiz. Mittlerweile gibt das Unternehmen rund 750 Mitarbeitern quasi Lohn und Müsli. Nach dem Start als Online-Versender erzielt MyMuesli seinen Hauptumsatz inzwischen durch Ladengeschäfte. „Das ist ein typischer Wachstumspfad: Über Internet-Versand wird ausprobiert, ob die Idee ankommt, und wenn es ans Mengenwachstum geht, führt kein Weg am Lebensmitteleinzelhandel vorbei", sagt Food-Experte Voss.

Ihren Spaß als Start-up hatten Lizza-Gründer Matthias Kramer (l.) und Marc Schlegel von Anfang an auch unterwegs im Foodtruck.

Gründer lernten für Riegel vom britischen Porridge

Auch „Hafervoll" ist stolz darauf, inzwischen in rund 8.400 Super- und Drogeriemärkten sowie 600 anderen Verkaufsstellen in Deutschland und Österreich präsent zu sein. Kennengelernt haben sich die beiden Gründer Philip Kahnis als Vertriebsleiter und Robert Kronekker als Produkt-Manager bei einem Markenunternehmen für Sportlernahrung in Köln. Ihnen fiel auf, dass Sportlernahrung viele Zusatzstoffe enthält. Sie suchten nach einer gesunden Alternative. Fündig wurden sie in Großbritannien, so Kahnis: „Schon seit Jahrhunderten machen Briten ihr Porridge durch Backen haltbar.". In der heimischen Küche rührten sie Teigmischungen für die ersten „Flapjacks", wie ihre Müsliriegel heißen. Das war im Jahr 2013. Ihre Zutaten: Haferflocken, Rosinen, Mandeln, Honig. Der gebackene Riegel musste mindestens ein halbes Jahr haltbar sein und durfte nicht auseinanderfallen. Als dies gemeistert war, fanden sie keine Bäckerei in Deutschland. Deshalb backen sie in Mittelengland, 2018 eine mittlere Millionenzahl an Hafervoll-Riegeln.

Ihre erste Produktion finanzierten die beiden Gründer durch eine Kampagne auf der Crowdfunding-Plattform „Startnext": Gut 300 Investoren gaben 10.000 Euro und erhielten dafür die ersten Hafervoll-Flapjacks. Dadurch wurden Business Angels auf die Riegel aufmerksam und stiegen ein. „Inzwischen performen wir so gut, dass wir auch Kredit von einer Bank erhalten", sagt Kahnis. Denn die Produktion muss vorfinanziert werden, schließlich verlangen Händler recht lange Zahlungsziele. Laut Marktforschung Nielsen war Hafervoll schon im Jahr 2016 die Nummer 3 im Markt für Müsliriegel sowohl im Lebensmitteleinzelhandel als auch in Drogerien – ohne Discount.

„Die Nummer 1 hat ihren Müsliriegel in unserem Geburtsjahr auf den Markt gebracht und ihn seither nicht

verändert. Damit hat der Marktführer den Trend zu gesünderen Produkten verschlafen", sagt Kahnis. Für die zwölf Standardsorten und für die in diesem Winter erstmals vier Saison-Varianten arbeiten mittlerweile 15 fest angestellte Hafervoll-Beschäftigte.

Einem anderen Trend, den zur veganen Ernährung, folgt „Happy Cheeze" aus Cuxhaven. Gründer Mudar Mannah stellt veganen Käse her. Die Idee dazu kam ihm auf einer Reise durch Asien und Australien. Noch während seiner Arbeit als Facharzt für Orthopädische Chirurgie entwickelte er Rezepturen für vegane Käse-Alternativen. Dabei stieß er auf fermentierte Cashew-Kerne. Europas ersten Produzenten roh-veganer Käse-Alternativen gründete er vor sechs Jahren. Heute kümmern sich 14 Mitarbeiter um die Produktion im Stil von Frisch- oder Hartkäse, Camembert oder Parmesan und orientieren sich dabei an traditionellen Manufaktur-Techniken. Sie weichen die Cashews ein, stellen Cashew-Milch her, befüllen Formen und pflegen vegane Käselaiber in Reiferäumen. Im Februar 2017 eröffnete Happy Cheeze eine neue Produktionsstätte, in der monatlich mehr als 100.000 Käse-Alternativen entstehen.

Sportliche Entrepreneure wollten nicht auf Chips verzichten

Die Freunde Aryan Moghaddam und Maurice Fischer aus Hamburg gründeten ihr Start-up „Heimatgut" mit einem Sortiment aus Wirsing-Chips. Die beiden sportlichen Typen hatten keine Lust, auf Snacks zu verzichten. Allerdings sollte das Knabberzeug nicht ansetzen. Mit dem von ihnen entwickelten Trocknungsverfahren werden Wirsingblätter innerhalb von 24 Stunden schonend getrocknet. Das Gemüse wird knusprig, enthält kein Fett, aber alle Nährstoffe. Schon ein Jahr später listete Edeka die Wirsing-Chips; seither erweiterte Heimatgut seine Produktpalette stetig um Popcorn, Erdnuss-Quinoa-Flips sowie Chips aus Kokos und Linsen. Übrigens scheint Hamburg ein gutes Pflaster für Gründer im Food-Sektor: Laut lokalem „Start-up-Monitor 2017" kamen mehr als 14 Prozent der Gründungen aus dem Bereich, bundesweit weniger als fünf Prozent.

Auch die Saftkuren von „Kale & Me" kommen aus Hamburg. Knapp westlich der Hafenmetropole hat der Jackfrucht-Drink von „JackyF" seinen Ursprung. Aus Österreich macht sich derzeit der Kaktusfeige-Drink „Kaahée" daran, den deutschen Markt zu erobern. Der Volkswirt Julian Juen hat schon mehrere Unternehmen mit aufgebaut, unter anderem eine Lodge in der Nähe der peruanischen Inka-Stadt Machu Picchu. Dort lernte er die Kaktusfeige kennen.

„Ihre regenerative Wirkung hat mich begeistert", schwärmt er von seiner Entdeckung. An der Uni Graz fand er Entwicklungspartner, die ab 2013 die Wirkstoffe aus der Frucht extrahierten. „Das Extraktionsverfahren haben wir patentieren lassen. Dann erst folgten konkrete Produktentwicklung und Vertrieb", erklärt der 40-Jährige. Bis zum Marktstart des Anti-Kater-Drinks im Frühjahr 2015 in Österreich dauerte es zwei Jahre. Während der Startphase brachten zwei Crowdinvesting-Kampagnen notwendiges Kapital zusammen und sorgten zusätzlich für Bekanntheit. Inzwischen übernehmen zehn feste Mitarbeiter in Wien die Abfüllung und den Vertrieb.

Food-Management-Professor Voss unterstreicht, dass sich solche Start-ups eher im Premium-Segment bewegen: „Da gibt es viele nette Ideen, die auf eine schmale Zielgruppe

Gesunde Saftkuren von Kale & Me mit den Unternehmensgründern David Vinnitski, Annemarie Heyl und Konstantin Timm (v. l.).

zugeschnitten und nicht zuletzt aufgrund ihres Preises nur zahlungskräftige Konsumenten ansprechen und daher für den Massenmarkt ungeeignet sind." Für die großen Lebensmittelkonzerne seien daher die Innovationen durch Start-ups oft „nicht mehr als Nadelstiche, die nur selten wirklich wehtun".

Frische Fleisch-Pakete von Kaufnekuh.de

Das gilt auch für den Ansatz zur Partizipation, wie ihn „Crowdbutching" bietet. Das Konzept des Unternehmens wurde in den Niederlanden ausprobiert und dann nach Deutschland übertragen. Über die Webseite Kaufnekuh.de kann der beteiligte Verbraucher Fleisch-Pakete in unterschiedlichen Größen bestellen. Dabei weiß er nicht nur genau, von welchem Hof sein Fleisch kommt. Die Kuh wird auch erst dann geschlachtet, wenn sie zu 100 Prozent verkauft ist.

Geschäftsführer Berend Willem te Voortwis stellt so sicher, dass kein gutes Fleisch weggeworfen werden muss – nahezu haargenau. So war zum Stand 1. Oktober 2018 die Kuh mit der Nummer 6.287 zu 31 Prozent verkauft. Ähnliche Angebote gibt es für Schweinefleisch, Huhn, die Martins- und die Weihnachtsgans. Der fehlende Zwischenhandel garantiert hier, dass Endkunden nicht draufzahlen.

Professor Julian Voss wertschätzt insbesondere die Innovationskraft der Start-ups: „Die Supermarktregale sind lebendiger und bunter geworden und beweisen allen etablierten Lebensmittelkonzernen, die ihre Markenvielfalt sukzessive ausgedünnt haben, dass Innovation keine Frage von Größe und Budget ist. Ganz im Gegenteil."

Anja Kühner ist freie Wirtschaftsjournalistin in Düsseldorf. Sie schreibt regelmäßig für „return" insbesondere über die Gründerszene.

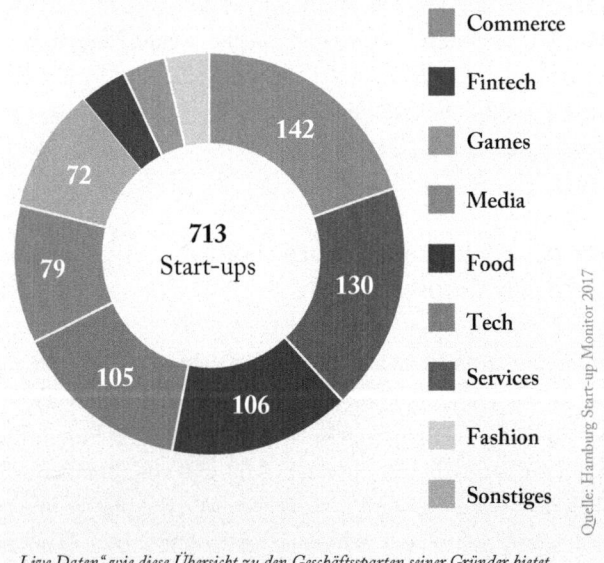

Fetter Food-Anteil bei Start-ups
Branchen-Verteilung unter Hamburgs Gründern in absoluten Zahlen (2017)

- Commerce
- Fintech
- Games
- Media
- Food
- Tech
- Services
- Fashion
- Sonstiges

142
72
79
105
106
130

713 Start-ups

Quelle: Hamburg Start-up Monitor 2017

„Live Daten" wie diese Übersicht zu den Geschäftssparten seiner Gründer bietet Deutschlands größte Hansestadt für ihr „Ökosystem".

Systematischer Transformer

Der Elektrotechnikhersteller Mennekes entwickelt sich vom Produkt- zum Lösungsanbieter.
Mit Strategie, Besonnenheit und Mut treibt Christopher Mennekes den Wandel voran.

Christopher Mennekes verwandelt den Hardware-Produzenten mit Software und elektronischem Know-how zum Anbieter individueller Kundenlösungen.

Die Begrüßung im südwestfälischen Kirchhundem ist ungewöhnlich, weil Unternehmenschef Christopher Mennekes selbst zum Empfang kommt. Das Ritual aus Willkommensgruß, Unternehmensvorstellung und einem Glas Sekt gehört hier dazu. Es sei Ausdruck der Wertschätzung für Besucher, begründet Mennekes. Beim Rundgang durch die Werkshallen, spürt man den Stolz des 39-Jährigen über das, was drei Familiengenerationen aufgebaut haben. Aloys Mennekes gründete 1935 eine Elektrikerwerkstatt mit zwei Lehrlingen. Daraus entwickelte sich ein Global Player mit über 1.000 Mitarbeitern und einem Umsatz von rund 140 Millionen Euro im Jahr 2017.

Dabei gingen der heutige Unternehmenschef und seine zwei jüngeren Brüder in ihrer Jugend auf Distanz. Sie wollten nicht als „Steckermacher" gelten. Christopher Mennekes Annäherung begann mit dem BWL-Studium. Seine Entscheidung reifte, in die Fußstapfen seines Vaters zu treten – zur Freude seiner Brüder. Er absolvierte bei ABB ein Trainee-Programm. Doch der Einstieg ins eigene Unternehmen geschah schneller als geplant. Die englische Vertriebstochter kriselte 2007, sodass die Eltern für ihren Junior die Zeit gekommen sahen, Verantwortung bei der Vertriebstochter für 15 Mitarbeiter zu übernehmen.

Im Rückblick sieht Mennekes den Sprung ins kalte Wasser als richtigen Schritt. Schwierigkeiten musste der damals 28-Jährige sofort meistern: die Belegschaft überaltert, die IT-Strukturen mangelhaft, die Weltwirtschaftskrise verheerend, der Umsatzrückgang und der Wechselkursverfall mit erheblichen Verlusten als Folge. Mennekes gab die Eigenmarke auf, was zu weiterem Umsatzrückgang führte, und sprach Kündigungen aus. „Das sind unangenehme, aber notwendige Entscheidungen, aus denen man viel lernt", resümiert Mennekes: „Das Schlimmste ist, nicht zu entscheiden."

Seine Teams zeigen Innovationsfreude, Geduld und Neugier gepaart mit Mut. In die vollständige Automatisierung der Steckerfertigung investierte man schon vor 20 Jahren. Vor zehn Jahren stieg man in die Entwicklung eines Steckers für E-Autos ein. 2014 empfahl die EU-Kommission das Mennekes Ladesteckvorrichtungssystem als einheitlichen Standard für Europa. „Man muss bereit sein, ins Risiko zu gehen und zu investieren, aber immer so, dass man sich nicht verhebt und es am Ende kein Vabanque-Spiel wird", setzt Mennekes auf Nachhaltigkeit bei den Investitionen.

Mit dem Wechsel vom hippen London ins heimelige Kirchhundem stieg Christopher Mennekes in die Geschäftsführung ein. Übergangsweise teilte er sich die Verantwortung mit seinem Vater, der das Unternehmen über 35 Jahre geführt hatte. Trotz zweier Generationen in der Geschäftsführung blieben Reibungsverluste aus. Das funktionierte auch gut, weil Vater und Sohn in getrennten Ressorts agierten und sich der Senior schrittweise aus dem Geschäft zurückzog.

Vor fünf Jahren ging die Mehrheit am Unternehmen an den Sohn über. „Mit Christopher hat Walter Mennekes nicht nur einen würdigen und fähigen Nach-

Für das Forschungsprojekt „Fleets at Greed" nahmen Energieversorger BS Engergy und TU Braunschweig jüngst Mennekes-Ladeboxen in Betrieb.

folger gefunden, sondern auch einen ruhigen und besonnenen, aber sehr sympathischen Familienunternehmer mit Ausstrahlung und Empathie, der seine Generation bestens vertritt", lobt Otto Kirchner, geschäftsführender Gesellschafter der Fränkischen Rohrwerke und langjähriger Kenner des Unternehmens.

Komplexität erfordert langfristige Strategie

Mit Musikliebhaber Christopher Mennekes zog auch ein neuer Führungsstil ins Familienunternehmen ein. Sein Vorgänger war Vertriebs- und Marketing-Mann. Sohn Christopher ist dagegen Management-Stratege mit „Fünf-Punkte-Plan". Deshalb wundert es nicht, dass er in die neue Aufgabe mit einem Strategieprozess startete. Nicht zuletzt, weil die Unternehmensentwicklung mit den neuen Geschäftsbereichen für E-Mobilität und für Automotive eine systematischere Herangehensweise erforderte. „Mit der heutigen Komplexität wird es zunehmend schwer, Bauchentscheidungen zu treffen, also man muss abwägen, auf welche Felder man setzt", resümiert Mennekes. Am Ende dieses Prozesses stand die „Strategie 2020" mit einem Umsatzziel von 200 Millionen Euro. Auch die ersten Ansätze der „Vision 2025" sind schon entwickelt.

Während in anderen mittelständischen Unternehmen die digitale Transformation noch nicht weit fortgeschritten ist, hat Mennekes die Relevanz für die Wettbewerbsfähigkeit frühzeitig erkannt. Die Digitalisierung der Prozesse in

Fertigung und Administration ist Dauerthema. Zunehmend durchdringt die Digitalisierung das Produkt- und Leistungsangebot. Im Kerngeschäft mit Industriesteckern ermöglicht der Einzug der Sensorik das Angebot neuer Backend-Services. Für E-Mobilität entwickelt Mennekes zum Beispiel im Auftrag von Energieversorgern oder Investoren kundenspezifisch konfigurierte und vernetzte Ladesysteme sowie Abrechnungslösungen.

Damit wandelt sich der Mittelständler gewaltig vom Produkt- zum Lösungsanbieter. Christopher Mennekes fand deshalb den Slogan „Plugs for the World" nicht mehr zeitgemäß. Heute heißt der Claim „My Power Connection" – Ausdruck fürs aktuelle Schaffen.

Das sind leistungsstarke Verbindungen sowohl elektrischer, digitaler als auch persönlicher Art, mit deren Hilfe für jeden Kunden geeignete Lösungen locken. Mit einem neuen Werk für rund 40 Millionen Euro in der Nähe des Stammsitzes sowie Projekten in Osteuropa und China schafft Mennekes die Kapazitäten für weiteres Wachstum durch die vorangetriebene Internationalisierung. Seinen fachlichen Wachstumsmotor sieht Christopher Mennekes für die Zukunft in den Geschäftsbereichen Elektromobilität und Automotive. Klares Ziel: Marktführerschaft. Doch um das ähnlich zu schaffen wie im Bereich Industriesteckverbindungen, erwartet Mennekes harte Kämpfe, weil viele Branchenfremde in diesen Wachstumsmarkt einsteigen.

„Der Hof ist wichtiger als der Bauer"

Mit den Investitionen ist die Basis für zukunftssichere Geschäftsmodelle gelegt. Damit folgt die Unternehmensführung dem geflügelten Wort der Familie Mennekes: „Der Hof ist wichtiger als der Bauer." Der Leitsatz gilt ebenso für die Nachfolge. Denn auch Christopher möchte keinen Zwang auf seine Kinder ausüben, das Unternehmen zu übernehmen. „Das wäre ein Glücksfall", hofft er mit Blick auf seine zwei Kinder von erst drei und fünf Jahren: „Das Unternehmen Mennekes muss auch ohne Familienmitglieder in verantwortlichen Positionen bestehen können."

Peter Hanser, drei Jahrzehnte als Wirtschaftsredakteur und seit vier Jahren als freiberuflicher Journalist in Erkelenz tätig, besuchte den Steckerhersteller in Kirchhundem.

International wertschöpfen?

Umstrittene Thesen stellt dieses Magazin in „return kontrovers" zur Diskussion. Diesmal drehen sich Diskurs und Debatte um Mittelständler in internationalen Wertschöpfungsketten.

Die erfolgreiche Internationalisierung in Eigeninitiative kleiner und mittlerer Unternehmen (KMU) angemessen zu würdigen, ist üblich. Ungewöhnlich erscheint die Auslobung eines „Export Awards" durch unsere benachbarten Eidgenossen für Unternehmen aus der Schweiz und Liechtenstein dafür, dass sie „durch eine überzeugende Anbindung an die internationale Wertschöpfungskette nachhaltig Wert schaffen", wie Jury-Präsident Ralph Siegel betont. Deshalb beurteilt das Gremium „nicht nur die Realisierung der klassischen Ausfuhr, sondern auch die generelle Kompetenz (...), sich in globale Wertschöpfungsketten zu integrieren".

Statt eingebettet fühlen sich einige Mittelständler aber wohl eher ausgepresst wie eine Zitrone in internationalen Wertschöpfungsketten, wie „Das Wachstumsmagazin Markt und Mittelstand" über die schwierige Zusammenarbeit insbesondere in der Autobranche zwischen OEM und Zulieferern berichtet. Kernkritik: Der Großteil der zuliefernden KMU leisten viel Innovation für möglichst viel Rabatt, bleiben bei komplexen Wertschöpfungen wie einem Auto allerdings so unsichtbar wie unentbehrlich. Der sich verschärfende Streit um Wertschätzung sei zuletzt eskaliert, als die Prevent-Gruppe die Lieferung von Teilen an Volkswagen stoppte. Das „unternehmerische Grunddilemma vieler mittelständischer Zulieferer" bewege sich zwischen dem auf ihnen lastenden enormen Kosten-, Preis- und Innovationsdruck einerseits und andererseits Großkunden als Garanten für die Auslastung und das Wachstum des eigenen Geschäfts.

Mittelstand profitiert vom Wandel zu komplexer Wertschöpfung

Einen Wandel zu neuen und komplexeren Wertschöpfungsstrukturen prognostiziert dagegen das VDI-Zentrum „Ressourceneffizienz", das nach Analyse von Wertschöpfungsketten „große Einsparpotenziale" erwartet, die insbesondere kleine und mittlere Unternehmen auf der strategischen wie auf der technischen Ebene ausschöpfen werden können. So habe sich für KMU gezeigt, die aufeinander abgestimmt produzieren und Kooperationen bilden, dass sie Material- und Energieverbrauch senken können. Mit der übergreifenden Verknüpfung einzelner Wertschöpfungsstufen könnten sie Kosten reduzieren, die eigene Position stärken und den Weg für neue Geschäftsmodelle freimachen, so die VDI-Forscher.

Wolfgang Lemb

„Solidarität und Zusammenarbeit über Grenzen hinweg", will Wolfgang Lemb (Foto) als Vorstand der IG Metall gestärkt wissen – zumindest innerhalb internationaler Konzerne „entlang der Wertschöpfungskette". Und das trotz erschwerter Gewerkschaftsarbeit auf globaler Ebene in Zeiten von Abschottungen à la US-Präsident Trumps „America first". Angesichts des scharfen Wettbewerbs versprach Lemb jüngst der „Frankfurter Rundschau" im Interview aber auch weise Weit- beziehungsweise Weltsicht: „Die Beschäftigten wollen gute Arbeits- und Lebensbedingungen – unabhängig davon, ob sie in Wolfsburg, Detroit, Paris oder sonst wo arbeiten."

Allerdings verschwimme die Abgrenzung von Wertschöpfungsprozessen in der Digitalisierung, warnen Christian Leyh und Katja Bley als Ergebnis ihrer Befragung über „Chance oder Risiko für den deutschen Mittelstand". Dadurch vollziehe sich eine Transformation weg von ursprünglich nachgelagerten Prozessen hin zum ganzheitlichen Wertschöpfungsnetzwerk. Zwar erkannten viele KMU in der Digitalisierung großes Wertschöpfungspotenzial, aber nicht den Zusammenhang zwischen notwendiger Umstrukturierung in ihrem Unternehmen und entstehenden Potenzialen. Nach der jüngsten Studie der KfW-Förderbank lassen KMU in der Internationalierung viele Chancen ungenutzt liegen. Der Anteil der exportierenden Mittelständler liege in den fünf größten Volkswirtschaften der EU „unter 30 Prozent". Dabei zeigt die Untersuchung, „dass auslandsaktive KMU innovativer, wachstumsstärker und profitabler sind".

Diese kleine Medien- und Studienauswertung stammt von „return"-Chefredakteur Thorsten Garber.

PRO

Kai-Ingo Voigt:
„Mittelständler unverzichtbar in Wertschöpfungsketten"

Gegenwärtig ist in fast allen Branchen zu beobachten, dass die Wertschöpfungstiefe von Großunternehmen signifikant abnimmt. Infolgedessen tragen kleine und mittelständische Unternehmen der vor- und nachgelagerten Wertschöpfungsstufen zu einem immer größer werdenden Teil zur globalen Wertschöpfung bei. Ein fairer Vorteilsausgleich innerhalb der Wertschöpfungskette ist dabei unumgänglich.

Einfache Lieferanten entwickeln sich zu Lieferanten von komplexen Systemen innerhalb der internationalen Wertschöpfungsketten. Mittelständler punkten dabei insbesondere mit ihrem geringeren Formalisierungsgrad, mit ihrer Flexibilität und Agilität sowie mit ihren flachen hierarchischen Strukturen. Viele von ihnen sind Familienunternehmen, die nachhaltig wirtschaften. Auf diese Weise besetzen Mittelständler profitable Nischenmärkte und nehmen mitunter eine globale Position als „Hidden Champions" ein.

Ganze Wertschöpfungsketten im Wettbewerb zueinander

Diese Entwicklung kulminiert in dem aktuellen industriellen Paradigmenwechsel zur Industrie 4.0 mit dem Ziel, eine vollständige Digitalisierung und Vernetzung über Unternehmensgrenzen hinweg zu erreichen. Dabei stehen nicht mehr einzelne Unternehmen, sondern ganze Wertschöpfungsketten im Wettbewerb zueinander. Mittelständler werden auch in Zukunft ein unverzichtbarer Bestandteil in den globalen Wertschöpfungsnetzwerken sein. Gerade deutsche KMU sind mit ihrer Innovationsstärke auf Produkt- und Prozessebene bestens für den globalen Wettbewerb gerüstet.

Prof. Kai-Ingo Voigt ist Inhaber des Lehrstuhls für Betriebswirtschaftslehre, insbesondere für Industrielles Management, im Fachbereich Wirtschaftswissenschaften an der Friedrich-Alexander-Universität Erlangen-Nürnberg.

KONTRA

Friederike Welter:
„Zulieferer häufig einem hohen Druck ausgesetzt"

Die Liberalisierung des Welthandels und die zunehmende Digitalisierung führten in den vergangenen Jahrzehnten dazu, dass internationale Wertschöpfungsketten an Bedeutung gewonnen haben. Auch mittelständische Unternehmen finden sich in den Zuliefererreihen – oder stehen selbst als Endhersteller an der Spitze der (globalen) Produktionsketten.

In Wertschöpfungsketten, denen ein börsennotierter Endhersteller vorsteht und in denen der Wettbewerbsdruck erkennbar hoch ist, sehen sich die mittelständischen Zulieferer häufig einem hohen Kostensenkungs- und Innovationsdruck ausgesetzt. Auch besteht die Gefahr, dass sie nachträglich zu Vertragsänderungen gedrängt werden. Angesichts der Handelshemmnisse, die aktuell in den USA, in China oder in Großbritannien aufgebaut werden, müssen sie zudem damit rechnen, dass sie zum Aufbau von eigenen Produktionskapazitäten im Ausland gezwungen werden.

Eigene Position stärken durch Qualität und Innovation

Gleichwohl können sich viele mittelständische Unternehmen aufgrund der Spezialisierungs- und Kostenvorteile kaum der Teilnahme an solchen Produktionsnetzwerken entziehen. Sie stärken jedoch ihre eigene Position, wenn sie zum einen innovative und hochwertige Produkte entwickeln. Zum anderen empfiehlt es sich, möglichst in unterschiedlichen Branchen und in verschiedenen Wertschöpfungsketten mitzuwirken. Häufig fehlen jedoch noch branchenspezifische Kooperations- und Lieferantenplattformen, die den mittelständischen Unternehmen die Suche erleichtern könnten.

Prof. Friederike Welter ist Präsidentin des Instituts für Mittelstandsforschung (IfM) Bonn. Die Ökonomin hat zugleich den Lehrstuhl für Management von kleinen und mittleren Unternehmen und Entrepreneurship an der Universität Siegen inne.

Tanzende Maschinen
LTI Metalltechnik vereint Vielfalt und Vielzahl

Die drei Schweißroboter oben, hinter den orangenen Wänden werden von intelligenten Shuttles mit den zu schweißenden Lüfterrädern gefüttert.

Nur wer von oben hineinschauen kann, dem zeigt sich vollends, wie reibungslos die Prozesse beim automatisierten Lüfterradschweißen der LTI Metalltechnik ablaufen: Ein zweiarmiger Bauteilträger, das Shuttle, nimmt das vormontierte Lüfterrad aus einem der vier Be- und Entladestationen, eilt zu einer der drei Schweißzellen und legt das Rad in die Werkstückaufnahme. Dann dreht sich die Wand mit Werkstück zum Schweißroboter im Innern der Zelle um, die Rückseite mit leerer Aufnahme kommt zum Vorschein.

Das Shuttle ist längst weg, holt aus einer anderen Station ein neues Rad, fährt zu einer anderen Schweißzelle. Der Roboter in der ersten Zelle ist dann schon dabei, die vormontierten Teile des Lüfterrads automatisch zu verschweißen. Ist es fertig, holt das Shuttle das Rad ab und legt es in eine Entladestation. Alles wirkt dabei gar nicht mal hektisch, sondern nur fließend. Gut orchestriert, konzentriert, ein Tanz der Maschinen.

Der geschmeidige Tanz hat handfeste Vorteile. „Ohne die neue Roboteranlage könnten wir nicht so hohe Stückzahlen verarbeiten", sagt Kai Kallsen, Leiter der Schweißaufsicht der drei baden-württembergischen LTI-Standorte in Schöntal-Berlichingen, Bobstadt und Boxberg-Windischbuch. Hier beschäftigt das Familienunternehmen rund 600 Mitarbeiter, weitere 150 arbeiten bei Schwesterfirmen in Thüringen und Großbritannien.

Hohe Stückzahlen sind gerade bei der Lüfterradfertigung nicht so einfach zu realisieren, hat die Produktion doch dabei sehr unterschiedliche Raddurchmesser zu bewältigen. Zudem schwankt auch die Dicke der Bleche, die verarbeitet werden. Vor der neuen Anlage, die Ende 2015 in Betrieb ging, schaffte ein Handschweißer etwa 40 bis 60 Zentimeter pro Minute. Jeder der drei Roboter der Anlage zieht in derselben Zeit zwei- bis dreimal so lange Schweißnähte.

Mindestens genauso wichtig ist aber die Intelligenz der Gesamtanlage. Denn die erkennt über einen Magnetcode, um welche Lüfterräder es sich handelt, ordnet so jedes Rad der passenden Schweißzelle zu, in der dann auch der Roboter das richtige Schweißprogramm auswählt. Kallsen: „So bietet uns der Roboter bei den vielen Bauteilvarianten höchste Flexibilität ohne große Umrüstzeiten."

Intelligente und vernetzte Anlage

Nicht nur das: Die Anlage des weltweit tätigen Schweißtechnik-Spezialisten Carl Cloos ist auch mit der Unternehmens-IT bei LTI verzahnt. So lässt sich nachverfolgen, wann welcher Roboter welche Schweißnaht gefertigt hat. Außerdem könne man zu Wartungszwecken eingreifen – entweder vom LTI-Backoffice aus oder durch das Cloos Service Team via sicherer VPN-Verbindung, erläutert Cloos-Projektleiter Rene Kling.

Damit die Verzahnung unternehmensintern und mit Fremdanlagen klappt, setzt der Schweißtechnikhersteller auf die gängigen IT-Industriestandards. Dennoch ist der Tanz der Maschinen bei der LTI ein Unikat, wie Kallsen betont: „Gemeinsam haben wir eine Anlage geschaffen, die es so sicherlich nur einmal auf der Welt gibt." Das bleibt nicht so, denn LTI und Partner Cloos arbeiten an einer weiteren, ähnlichen und etwas größeren automatischen Schweißanlage. Arbeitslos wird dadurch aber wie bei der ersten niemand. Denn ein Grund für die forcierte Automation ist auch, dass der baden-württembergische Hersteller einfach nicht genug Fachkräfte findet.

Armin Hingst arbeitet unter anderem als freier Journalist vor allem zu IT-Themen und zu vielfältigen Aspekten der digitalen Transformation.

Der perfekte Ort
Wo aus Visionen erfolgreiche Innovationen entstehen

Wohl kaum ein künstlich gefertigter Werkstoff ist gleichzeitig so alt und so zukunftsorientiert wie Glas. Dieses auch als gefrorene, unterkühlte Flüssigkeit bezeichnete Material übernimmt oft eine Schlüsselfunktion in Technik und Wissenschaft, in Kunst und Alltag.

Aber Glas ist nicht gleich Glas, sondern äußerst wandelbar. Seine Anwendungsmöglichkeiten sind nahezu unbegrenzt, sein Potenzial noch lange nicht ausgeschöpft.

Kunden erwarten Neuheiten und Weiterentwicklungen

Gleichzeitig gehört Glas zu den typischen internationalen Gütern mit einem entsprechend globalen Wettbewerb unter den Herstellern. Selbst oder gerade in etablierten Unternehmen wie Schott sind Management und Mitarbeiterschaft immer wieder gefordert, bestehende Produkte weiterzuentwickeln oder gänzlich neue Produkte auf den Markt zu bringen. Das galt schon immer für Schott, denn in unserem Unternehmen blicken wir auf eine mehr als 130-jährige Firmengeschichte zurück. Und es gilt auch gegenwärtig und künftig, denn als weltweit führender Anbieter von Spezialgläsern, Glaskeramiken und Verbundmaterialien erwarten Kunden von uns Innovationen.

Innovationen brauchen Vorausdenker

Dabei ist es nicht immer ganz einfach, signifikante Wachstumsfelder außerhalb der bestehenden Geschäfte zu identifizieren. Denn Innovationen brauchen Vorausdenker. Entscheidend für den Erfolg ist, wie deren Ideen weiterverfolgt werden. Aus diesem Grund haben wir bei Schott das „Opportunity Lab" ins Leben gerufen. Es ist der perfekte Ort für alle, die ihre Visionen zu neuen Produkten, Geschäftsfeldern und Technologien in direktem Kontakt mit führenden Glasexperten weiterentwickeln und vorantreiben wollen. Das Opportunity Lab richtet sich dabei gleichermaßen an alle Mitarbeiterinnen und Mitarbeiter von Schott sowie extern an Kunden und Nicht-Kunden.

Lebendiger Austausch rund um die Initiative

Entsprechend lebendig gestaltete sich der Austausch in den sozialen Netzwerken rund um die Initiative von Schott. Mehr als eine halbe Million-mal wurde das erste Video zum Thema „Challenge glass!" auf Youtube angeklickt. Über zehn Millionen Zugriffe gab es auf unseren Post zum Thema „Opportunity Lab" allein auf dem chinesischen Messenger-Dienst Wechat. Und auf Facebook wurde unser Beitrag insgesamt 750.000-mal gelesen.

Die hohe Aufmerksamkeit sowohl innerhalb als auch außerhalb des Unternehmens hat bis zum heutigen Zeitpunkt zu mehr als 300 Einreichungen geführt. Aber sicher trägt auch die relativ einfache Art der Einreichung zum Erfolg bezüglich der Resonanz bei. Es genügen für eine Einreichung ein aussagekräftiger Titel sowie eine kurze Beschreibung der Idee.

Mehr Bewegung für erfolgreiche Produkte

Unser Opportunity Team sichtet jede Idee und meldet sich beim Einreicher zwecks Rücksprache und Diskussion. Die Idee wird zeitnah durch das Team bewertet, und der Einreicher bekommt eine Rückmeldung, wie mit seiner Idee weiter verfahren wird. Wird sie zum Beispiel direkt an eine Business Unit innerhalb des Schott-Konzerns weitergeleitet, wird sie im Rahmen einer Studie vertieft oder sogar in ein New Venture überführt.

Mit dem Opportunity Lab haben wir meines Erachtens mehr Bewegung in Richtung innovativer Produkte ausgelöst, die Aussicht auf wirtschaftlichen Erfolg haben. Das Opportunity Lab ist damit auch ein Wachstumstreiber im Rahmen der konzernweiten „Growth Culture Initiative".

Dr. Frank Heinricht ist Vorstandsvorsitzender der Schott AG, einem der weltweit führenden Hersteller von Spezialgläsern und Glaskeramiken. Das Unternehmen hat seinen Sitz in Mainz und erzielt mit mehr als 15.000 Mitarbeitern weltweit einem Jahresumsatz von mehr als zwei Milliarden Euro.

Von Angesicht zu Angesicht sind Wettbewerber lokal leicht zu erkennen. Allein durch klassische Analysen sind große, globale Märkte aber kaum noch zu erforschen. Data Science bietet dafür neue Lösungen. Diese sollten Hersteller nutzen, um ihr Wettbewerbsumfeld zu verstehen und strategische Entscheidungen fundiert vorzubereiten. Händler können wertvolle Hinweise aus Onlineshops gewinnen, um ihr Sortiment zu optimieren. Kurzum: Märkte gestalten sich heute so komplex, dass verlässliche Fakten zur besseren Bewertung unabdingbar sind.

Konkurrenten identifizieren

Traditionelle Instrumente der Marktanalyse reichen für die großen Märkte des 21. Jahrhunderts nicht mehr aus. Mit Data Science entstehen neue Chancen, auch Wettbewerber zu verstehen.

Vor einigen Jahren sprach ich mit einem führenden Hersteller von Unterhaltungselektronik über Marktentwicklung und Globalisierung. Schnell wechselte das Thema auch auf den Wettbewerb. Denn wer Wettbewerbsvorteile erlangen oder ausbauen möchte, muss sein Wettbewerbsumfeld verstehen. Solch ein Verständnis ist die Grundlage für informierte Entscheidungen rund um Produktentwicklung, Kommunikation, Preise und Produktpositionierung.

Schlägt man Wissenswerke der Ökonomie auf, so findet man eine Reihe von Instrumenten und Methoden zur Marktanalyse. Auffällig ist aber, dass es stets nur um sieben Orangensäfte, sechs Waschmittel oder zehn Pkw geht. Im Gespräch mit dem Manager des Herstellers von Unterhaltungselektronik offenbarte sich jedoch schnell, dass die Märkte des 21. Jahrhunderts deutlich größer sind. So enthielt das „GfK Retailer Panel 2012" rund 1.000 Waschmaschinen von mehr als 40 Marken oder 1.500 Staubsauger von nahezu 100 Marken. Zudem bringen Hersteller immer mehr Produkte auf den Markt wie in 2016, als allein die Top 10 Smartphone-Marken insgesamt 180 neue Geräte herausbrachten.

Keine Kehrtwende in globalen Massenmärkten zu erwarten

Im Zeitalter der Globalisierung ist eine Kehrtwende dieses Trends kaum zu erwarten. Ein stetiger Strom von immer mehr Unternehmen mit immer mehr Produkten drängt auf unsere Märkte. Das Internet eröffnet jedem Verbraucher den Zugang zu mehr Händlern und Produkten als je zuvor. So sieht sich auch der Handel mit der stetig wachsenden Herausforderung konfrontiert, informierte Entscheidungen in einem immer komplexer werdenden Umfeld zu treffen. Dabei gilt es, das Sortiment immer schneller zu aktualisieren und zu pflegen, um jene Produkte zeitnah zu listen und einzukaufen, die Verbraucher aktuell nachfragen.

Unternehmen, die ihr Wettbewerbsumfeld in den großen Märkten des 21. Jahrhunderts verstehen wollen, sehen sich mit zwei großen Herausforderungen konfrontiert: Die erste Herausforderung liegt in der Datenerhebung Tausender Wettbewerbsbeziehungen zwischen Dutzenden von Marken und Hunderten von Produkten. Traditionelle Ansätze der Datenerhebung wie die Befragungen von Verbrauchern wären bei Märkten mit Hunderten von Produkten enorm teuer, sehr zeitaufwendig und würden die kognitive Kapazität der Befragten überschreiten. Ein Marktforscher erklärte mir dazu: „Finden Sie mal 500 Leute, die letzte Woche einen Toaster gekauft haben, und fragen Sie diese, welche exakten Modelle sie in Betracht gezogen haben."

Die zweite große Herausforderung besteht darin, Tausende von Wettbewerbsbeziehungen zu verarbeiten, auszuwerten und so darzustellen, dass Manager daraus wertvolle Erkenntnisse für ihre strategische Entscheidungsfindung gewinnen können. Doch auch hier scheitern traditionelle Ansätze, denn bestehende Methoden zur Markt- und Wettbewerbsanalyse können die erheblichen Datenmengen, die zur Analyse von großen Märkten benötigt werden, nicht bewältigen.

Um diese Herausforderungen zu überwinden, haben sich Prof. Dr. Bernd Skiera von der Goethe-Universität in Frankfurt am Main und der Autor dieses Gastbeitrages entschlossen, neue Wege in der Marktanalyse zu gehen. Dazu bedienten sie sich sowohl Big Data aus dem Internet als auch

Kompakt

Heutige Märkte sind groß und komplex. Deshalb benötigen Unternehmen verlässliche Marktanalysen.

▶ Clickstream-Daten ermöglichen es, die Perspektive von Verbrauchern einzunehmen, um Märkte zu analysieren.

▶ Hersteller müssen ihr Wettbewerbsumfeld für strategische Marketingentscheidungen verstehen.

▶ Händler müssen ihr Sortiment gestalten, pflegen und optimieren, wozu sie im Zeitalter von Onlineshops wertvolle Daten für Marktanalysen besitzen.

▶ Marktforscher müssen im Zeitalter von großen Märkten neue Datenquellen erschließen, aber auch neue Verfahren zur Bewältigung von Problemen mit Big Data; dafür bietet Data Science neue Lösungen.

Umworbene Teilmärkte

Marktanteile im LED-TV Markt von Marken auf Basis von 1.124 Produkten

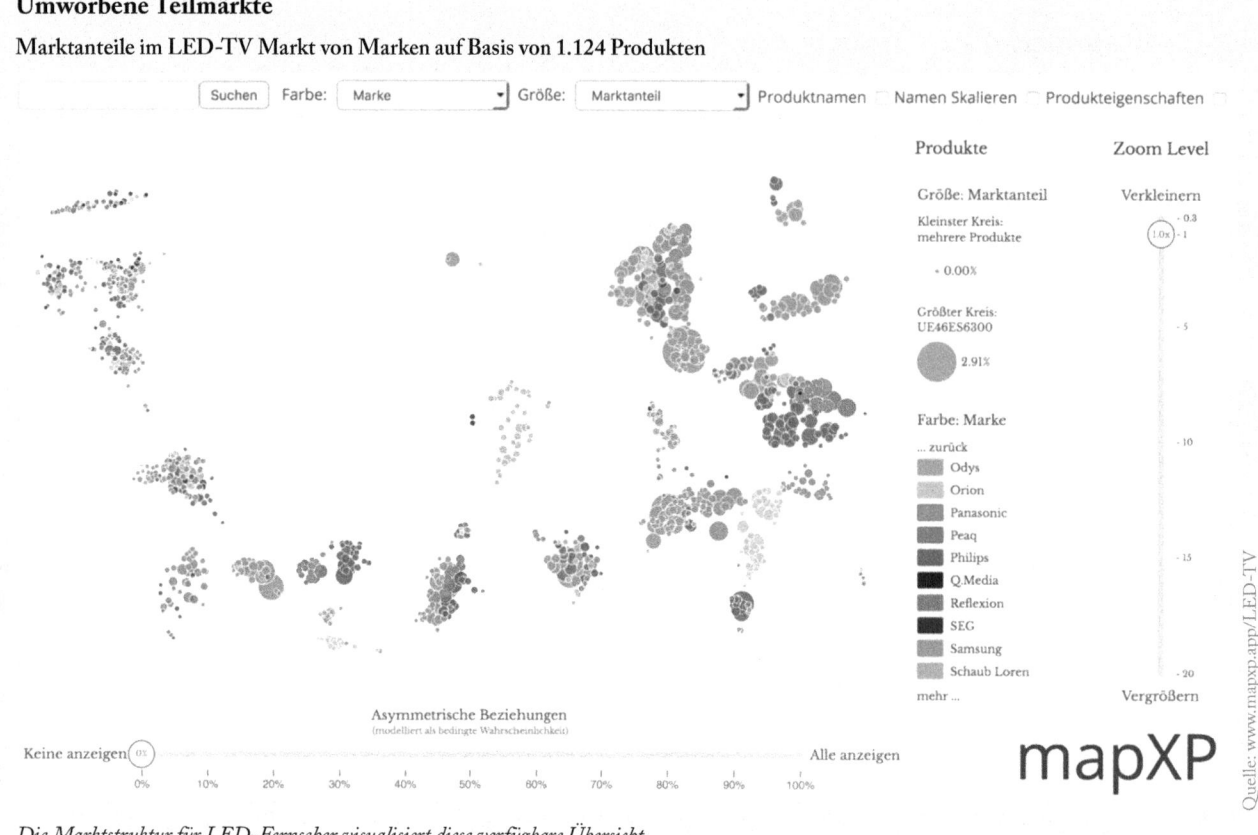

Die Marktstruktur für LED-Fernseher visualisiert diese verfügbare Übersicht.

Data-Science-Methoden aus unterschiedlichen Forschungsdisziplinen wie der Physik und der Bioinformatik.

Online-Suchdaten Hunderttausender, individueller Verbraucher werden herangezogen, um Wettbewerbsbeziehungen zwischen Hunderten von Produkten und Dutzenden von Marken zu identifizieren und zu quantifizieren. Diese Daten zu nutzen, um Wettbewerb zu untersuchen, stützt sich auf bestehende Marketingtheorie rund um das Sucher-Verhalten von Verbrauchern und deren „Consideration Sets"; also die Auswahl jener Marken oder Produkte, die ein Verbraucher zu kaufen in Betracht zieht.

Konkurrierende Produkte sind zu identifizieren

Wie Forschungsarbeiten zeigen, können anhand von Consideration Sets Substitutionsbeziehungen und somit konkurrierende Produkte identifiziert werden. Ferner können Consideration Sets aus sogenannten Clickstreams – also der Folge von Seitenaufrufen bei der Online-Suche – individueller Verbraucher konstruiert werden.

Der erhebliche Vorteil von Clickstream-Daten gegenüber traditionellen Datenquellen wie Befragungsergebnissen ist, dass Online-Suchdaten die Präferenzen von Verbrauchern anhand derer Verhalten offenbaren. Online-Clickstreams können in kurzer Zeit zu geringen Kosten erhoben werden. Meist können Webserver-Log-Dateien genutzt werden, um Clickstreams von Verbrauchern zu erheben. Elegant ist dabei, dass solch eine Datenerhebung letztlich ein Nebenprodukt ist, welches mit geringen Kosten verbunden ist.

Zur Verarbeitung der Daten und zur einfachen Darstellung der Ergebnisse wurde beim Forschungsprojekt ein neues Modell namens DRMABS entwickelt. Das Kürzel steht für **D**ecomposition and **R**e-assembly of **Ma**rkets **B**y **S**egmentation. Es vereint State-of-the-Art-Clustering und Visualisierungsmethoden mehrerer Forschungsdisziplinen, um eine visuelle Repräsentation von Marktstruktur in großen Märkten zu erzeugen.

Mit DRMABS gelang es, die Marktstruktur des Marktes für LED-TV mit 1.124 Produkten anhand der Clickstreams auf der Preisvergleichsseite Idealo.de von über 100.000 Besuchern zu visualisieren. Im Vergleich scheitern traditionelle Methoden wie die Multidimensionale Skalierung (MDS) an dem erhobenen Datensatz. Sie liefern inkohärente und inkorrekte Visualisierungen der Marktstruktur. DRMABS identifiziert 30 Teilmärkte im Markt für LED-TV und zeigt auf, dass einzelne Marken unterschiedliche Wettbewerber in Teilmärkten haben (Grafik „Umworbene Teilmärkte").

Technologische Teilmärkte

Marktanteile 3-D-Fernseher im Marken-Markt von LED-TV auf Basis von 1.124 Produkten

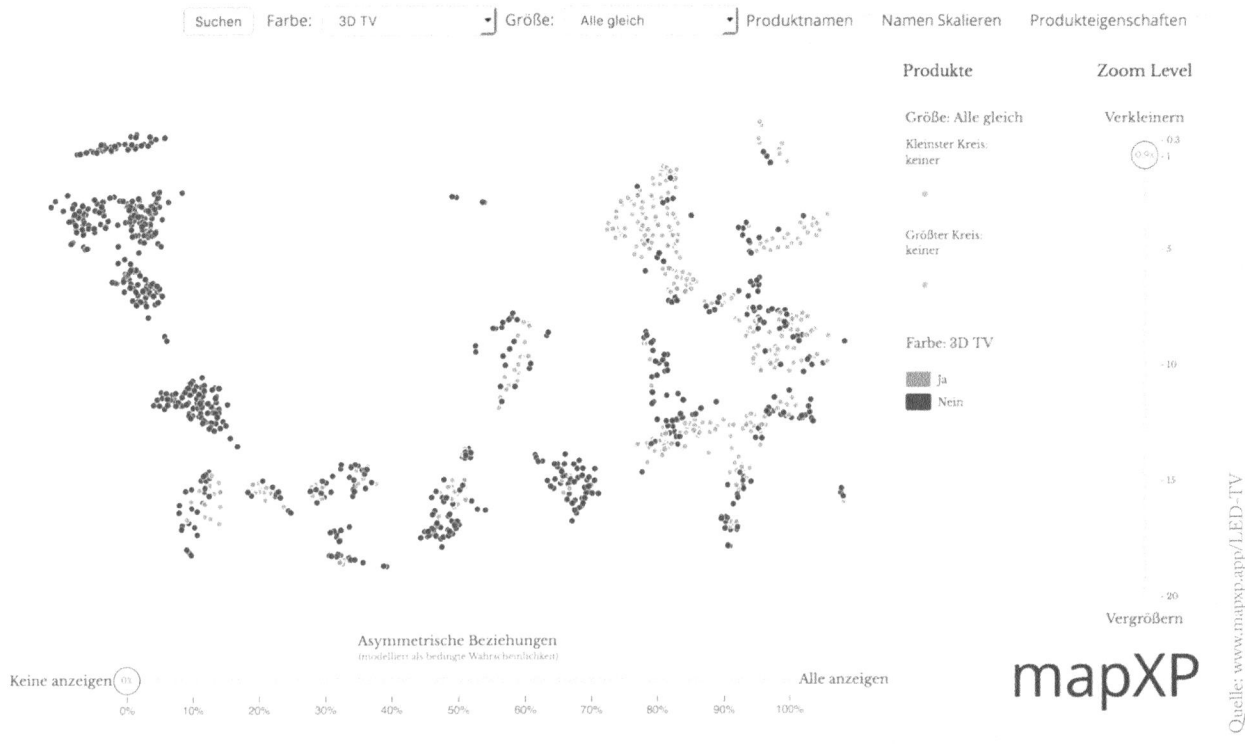

Technologische Neuerungen wie 3-D-Fernseher bilden nicht unbedingt eigene Teilmärkte im Bereich der LED-TV, wie diese Visualisierung zeigt.

Eine Analyse auf Marken-Ebene würde die unterschiedliche Rolle einer Marke in einzelnen Teilmärkten verschleiern und falsche Folgerungen zum Wettbewerb hervorrufen. Etwas isoliert sieht man mittig in der Marktstruktur-Karte einen Teilmarkt, der alle Loewe-Geräte beinhaltet. Dies bedeutet zwar, dass Loewe es schafft, seinen eigenen Markt zu kreieren. Doch deutet sich hier die gefährliche Entkopplung von Loewe-Produkten in Suchen und Kaufberücksichtigungen von Verbrauchern an. Es überrascht auch, dass Neuerungen wie 3-D-Fernseher keine eigenen Teilmärkte aus Verbrauchersicht bilden (Grafik „Technologische Teilmärkte").

„Data is the oil of the economy"

Die heutige Bedeutung von Daten unterstreicht der Satz „Data is the oil of the economy". Dies gilt insbesondere für deren zeitgemäße Erhebung und Auswertung. Die Analyse wird mittlerweile immer mehr von Entwicklungen geprägt, die eher in der Informatik und der Physik entstehen. Diese Disziplinen wenden andere Verfahren an als die aus der ökonomischen Wissenschaft und Praxis bekannten. So setzt man heute auf Klassifikationsbäume statt auf logistische Regression, weil diese Auswertungsarten etwa zu qualitativ

gleich guten Lösungen kommen. Immer häufiger entstehen neue Ansätze zur Lösung schon lange bekannter Probleme, die qualitativ bessere Lösungen ermitteln.

Gleichzeitig ist die Visualisierung von Daten heute omnipräsent für jeden, der Nachrichten liest, durch das Internet surft, Präsentationen erstellt oder explorative Datenanalysen betreibt. So stellt die Gartner Group in ihrem jährlichen Bericht in 2018 fest, dass Firmen wie SAS, IBM, Power BI und SAP weiterfirn, um die Bedürfnisse ihrer Kunden mit immer besseren Funktionen zur Datenvisulisierung zu bedienen. Letztlich ermöglicht uns die Visualisierung von Daten, komplexe Zusammenhänge schnell zu erkennen und große Mengen an Informationen kompakt darzustellen.

Die vorgestellte Marktstruktur-Karte für LED-TV können „return"-Leser online selbst interaktiv und exklusiv erforschen – unter dem Link www.mapxp.app/LETV.

Prof. Daniel M. Ringel (MBA) forscht und lehrt als Assistant Professor of Marketing an der US-amerikanischen Kenan-Flagler Business School der University of North Carolina in Chapel Hill.

„Intuitiv und emotional sind nicht dasselbe"

Der Neuropsychologe und Marktforscher Dr. Christian Scheier sorgt seit Jahren für Transparenz in unbewussten Entscheidungen von Menschen. Nun können Maschinen unsere Intuition imitieren.

Herr Dr. Scheier, Sie beschäftigen sich seit zwei Jahrzehnten mit impliziter Marktforschung. Wie würden Sie einem Nichtmarketer erklären, worum es dabei geht?

Christian Scheier: 2002 bekam Daniel Kahneman für seine Entscheidungstheorien den Wirtschaftsnobelpreis – ungewöhnlich für einen Psychologen. Er hat seine Erkenntnisse 2011 in populärer Form als Buch veröffentlicht, es wurde weltweit bekannt: Langsames Denken und schnelles Denken. Die Neuropsychologie, aus der ich ja komme, hatte das Prinzip natürlich schon auf dem Schirm: Menschliche Entscheidungen, vor allem, wenn es schnell gehen muss und eine unübersichtliche Informationslage vorliegt, werden sozusagen automatisch getroffen, ohne Überlegung, vom sogenannten impliziten System. Dieses System reagiert viel schneller als das „langsame Denken", das explizite System.

Was konkret bedeutet das dann für unseren Entscheidungsprozess?

Hier macht man sich die Entscheidung bewusst, wägt gezielt ab, denkt nach. Spannend dabei ist, dass das schnelle Denken nicht zwangsläufig schlechtere Ergebnisse erzielt. Diese Grundlagenforschung transferieren wir seit Jahren in die Marketingpraxis. Wir haben Instrumente entwickelt, mit denen man feststellen kann, wie das implizite System zum Beispiel mit Markenbewertungen umgeht. Oder was bestimmte Reize tatsächlich und unbewusst beim Menschen auslösen. Dass die blaue, helle Produktwelt von Nivea automatisch zum Beispiel mit „sich pflegen" und „sich etwas Gutes tun" verbunden wird. Was ja in diesem Fall auch passt. Das Schwierige ist, dass Sie solche unbewussten Prozesse nicht einfach abfragen können, weil sie eben automatisch ablaufen. Das muss man beobachten, aber dafür gibt es ebenfalls seit Langem Testtechniken, die immer weiter verfeinert wurden.

> „Es geht darum, Belohnungen zu erreichen und Schmerz zu vermeiden."
>
> **Christian Scheier**

Ist das Thema nicht inzwischen fast so etwas wie Management-Allgemeingut geworden? Die Menschen entscheiden nicht rational als Homo oeconomicus, sondern emotional.

Da liegen Sie falsch. Auf rational versus emotional sind die Erkenntnisse leider immer wieder reduziert worden. Aber die Power, die hinter den Erkenntnissen steckt, geht dadurch völlig ins Leere. Das implizite Entscheidungssystem hat im Gegenteil ursprünglich gar nichts mit Emotion zu tun. Es geht um die blitzschnelle Aktivierung von Assoziationsketten, mit denen Eindrücke gefiltert werden, so dass die Entscheidung leichter fällt. Diese Ketten bestehen aus rationalen und emotionalen Elementen. Umgekehrt gibt es natürlich auch Entscheidungen, bei denen Sie bewusst abwägen und die trotzdem emotional verfasst sind. Unser Entscheidungssystem müsste also mindestens mit einer 2-mal-2-Matrix abgebildet werden.

Beschäftigt sich die implizite Marktforschung vor allem mit Kommunikation? Was ist mit Produkt, Preis oder Vertrieb?

Mit dem Preis beschäftigen wir uns sehr intensiv – da kommt es aber nicht nur auf die Höhe an, sondern auch darauf, ob er durchgestrichen ist, farbig dargestellt, ob ein Rabatt erwähnt wird. Dabei spielt eine Rolle, dass unser Gehirn nicht nur schnell entscheiden will …

… weil wir bequem sind?

Ja. Mit dem Denken des Menschen ist es wie mit dem Schwimmen bei der Katze. Sie kann es, vermeidet es aber, wenn es irgendwie geht. Aber unser Gehirn ist nicht nur bequem und will Entscheidung beschleunigen, sondern ist auch sehr zielgerichtet. Es geht ihm darum, Belohnungen zu erreichen und Schmerz zu vermeiden. Etwa das Gefühl, zu viel bezahlt zu haben. Da kommt es natürlich nicht auf den objektiv niedrigsten Preis an, sondern darauf,

Dr. Christian Scheier ist bekannt geworden mit seinen Erkenntnissen über den „Autopiloten" im Gehirn, der uns Menschen hilft, Informationen zu filtern. Sein Bestseller: „Wie Werbung wirkt". Aktuell beschäftigt er sich mit künstlicher Intelligenz.

ob Produkt und Funktion und Kommunikation bei der Zielgruppe Assoziationen auslösen, die für sie den Preis angemessen erscheinen lassen. Sonst wäre ein Anbieter wie Starbucks auch nicht so erfolgreich.

Was geht jenseits der Markenwelt, etwa im B2B-Geschäft?
Kleine Fallzahlen und oft sehr transparente Märkte mit übersichtlich vielen Playern scheinen auf den ersten Blick auszuschließen, dass man mit impliziter Marktforschung weiterkommt. Aber auch im B2B-Bereich werden ja viele Entscheidungen implizit gefällt – kein Wunder, das gilt ja für bis zu 96 Prozent, also fast alle unserer Entscheidungen. Aktuell laufen rund 20 Prozent unserer Projekte im B2B-Sektor, wenn man unsere beiden Unternehmen, „Implicit" und „Decode", zusammennimmt.

Was ergaben hier bislang Ihre Forschungen?
Emotionale Elemente können auch das B2B-Marketing bereichern. Das führt in der Praxis dazu, dass grob gesprochen die einen nach wie vor auf nüchternste Faktendarstellung setzen, während die anderen eher Brachial-Emotionen verbreiten. Da ist sie wieder, die vorhin angesprochene Reduktion auf Emotion versus Ratio. Dabei kann eine ernsthafte Sicht auf implizites Marktverhalten wichtige Fakten offenlegen. Vor Kurzem waren wir für einen Werkstoffhersteller unterwegs und haben untersucht, was dessen Kunden mit seinen Leistungen verbinden. Dabei kamen Sachen heraus, an die vorher niemand gedacht hatte.

Müsste man nicht die Kunden der Kunden fragen? Die Produkte des Werkstoffherstellers werden ja weiterverwendet.
Genau da liegt der Hase im Pfeffer. Viel zu oft verlässt man sich auf Geschmack und individuelle Vorstellungen. Natürlich haben erfahrene Vertriebler eine Menge Erfahrungswissen gesammelt und daher auch eine sehr gesicherte intuitive Vorstellung. Aber zum einen werden die nicht immer gefragt und zum andern bleibt es eine subjektive Einschätzung. Mit impliziten Messmethoden könnten Sie feststellen, welche Motivlage, welche Assoziationen beim Kunden und vor allem dessen Kunden ausgelöst werden.

Ein Beispiel bitte.
Kürzlich ermittelten wir für einen Solarpanel-Hersteller, was Installateure unterbewusst am meisten umtreibt. Heraus kam eine App, mit der der Anwender schnell und bequem ausrechnen kann, wie viele Panels er braucht. Der Hersteller ging so weit, nicht nur seine Elemente, sondern auch die der Konkurrenz miteinzubeziehen. Die App kam gut an.

Warum kam implizite Marktforschung zum Einsatz? Sie hätten auch explizit fragen können, was die Installateure vermissen.
Natürlich. Aber oft wissen wir Menschen gar nicht genau, was wir wollen oder brauchen. Da ist das Unbewusste manchmal weiter. Was stört uns, was macht gute Stimmung, was vermeidet Schmerz, was macht die Entscheidung leichter?

Was hat sich in Ihrer Disziplin verändert im Laufe der Zeit?
Ich denke, wir haben zwei große Trends gesehen. Der eine ist, dass Nachhaltigkeit und Genuss längst keine Gegensätze mehr sind. Wir springen nach wie vor auch unbewusst darauf an, dass Produkte etwa umweltverträglich sein

Ob „Made in Switzerland" im B2B-Geschäft mit China richtige Assoziationen weckt, sollte Christian Scheier erforschen.

Implizierte Marktforschung nicht nur für Konsumgüter

Der Grund für den schnellen Griff nach Shampoo oder Orangensaft im Supermarktregal beim fixen Einkauf nach Feierabend – das ist die Domäne der impliziten Marktforschung. Sie findet heraus, welche Details diesen Griff leiten, der oft ganz automatisch abläuft.

Doch auch im B2B-Geschäft spielen assoziative Details eine Rolle. „Ein Schweizer Unternehmen, das in den chinesischen Markt expandierte, wollte wissen, ob es dabei auf das Label ,Made in Switzerland' setzen sollte oder besser nicht", so Christian Scheier, der die Marktforschung implizit anlegte, um an die „echten", also unbewussten Einstellungen der Menschen zu kommen. Solche Studien können für Investitionsgüter ebenfalls sinnvoll sein, auch wenn die Kundenzahlen dort meist deutlich geringer sind als bei Konsumgütern. „Sobald Sie ein paar Hundert Kundenadressen haben, kann man schon darüber nachdenken", sagt Scheier.

Dennoch sind die meisten seiner B2B-Aufträge eher Beratungsprojekte und laufen daher über die Decode Marketingberatung, neben „Implicit diagnostics und solutions" das zweite Hamburger Unternehmen von Scheier. Die Marktforschung für die Schweizer war jedenfalls nicht ohne Ergebnis geblieben – wie sich zeigte, verbinden auch Chinesen spontan eher Gutes mit „Made in Switzerland". Ohnehin spielt das Ausland eine immer größere Rolle, nach einer Decode-Dependance in Großbritannien gibt es jetzt auch eine in den USA, die implizite Marktforschung „Made in Germany" anbietet.

www.decodemarketing.com

sollten, wollen aber nicht auf Geschmack, Qualität, Luxus verzichten. Nachhaltigkeit soll Spaß machen. Der zweite Trend ist ein Gegentrend zum Digitalen: Authentizität, selber machen, kochen, stricken, Erlebnis. Siehe Jochen Schweizer. Das muss nicht so spektakulär sein. Bei einem Buntstifthersteller haben sich die Umsätze verfünffacht – so recht konnte man sich dass nicht erklären, aber bei der Marktforschung kam heraus, dass das Analoge, Undigitale und Authentische am Malen faszinieren.

Apropos Digital: Unsere Intuition scheint unsere menschlichen gegenüber rationalen Entscheidungen auszuzeichnen. Was aber, wenn Maschinen bald auch Intuition können?
Die künstliche Intelligenz (KI), die wir mitentwickelt haben, kann assoziationsrelevante Elemente von Texten selbstständig erkennen. Diese Grundlage füttert man mit ganz vielen Texten. Auf diese Weise bildet sich eine Assoziationsstruktur aus, die dem des Gehirns gleicht. Das geht auch bei Bildern: So können wir maschinell die in Bildern enthaltenen Konzepte ermitteln. Das hilft Marketern im Alltag. In Konzernen hat die Markenführung mit vielen Details zu kämpfen. Da wird teils über jedes Bild in jeder Anzeige diskutiert. Das kann man unsere KI machen lassen, die ganz ohne Geschmacksfragen feststellt, ob das neue Bild in der Zielgruppe die richtigen Assoziationen weckt.

Das dürfte viele Kreative aufschrecken.
Muss es nicht, wir helfen ja nur, viele Detailfragen bei der Umsetzung schneller zu klären. Ich spreche ohnehin lieber von Augmented Intelligence als von KI. Es geht nicht um die riesige Maschine, die viel mehr leistet als der Mensch. Der kleine Mensch steht auf der Hand des Maschinenriesen und kann so viel mehr erreichen.

Welche Trends der Zukunft haben Sie im Blick?
Über Ergebnisse kann ich im Detail nichts sagen. Ein Beispiel habe ich aber doch: Es hat mit dem Wunsch nach mehr Übersichtlichkeit zu tun. Man geht weg von Hyper-Individualisierung. Kürzlich scheiterte eine britische Handelskette damit, nahezu jedem sein persönliches Sandwich zusammenzustellen. Dazu passt, dass sich der Gegensatz von Stadt und Land etwas aufhebt. Die Entwicklung kann man „Verdorfung der Städte" nennen. Kein Wunder: Es ist lange bekannt, dass der engere Bekanntenkreis eines Menschen kaum mehr als 100 bis 150 Leute umfasst.

⤓ Mehr unter www.springerprofessional.de

Das Interview mit dem Neuropsychologen und Marktforscher führte Armin Hingst in Hamburg.

Verstandene Verbraucher

Warum Marktforschung maßgeblich Mittelständler stärkt

Wenn man Mittelständler nach dem Einsatz von Marktforschung fragt, dann werden als Gegenargumente häufig verwendet, die Forschung sei zu teuer, Marktforschung sei zu schwierig und verlange zu viel Fachwissen auch in der Anwendung „vor Ort" und vor allem: Man benötige Marktforschung nicht, weil das Bauchgefühl, der gesunde Menschenverstand, die eigene Erfahrung ausreichen.

Warum brauchen Mittelständler trotzdem und gerade Marktforschung? In jeder Branche, in jedem Geschäftsfeld gibt es immer mehr Anbieter. Kunden werden selbstbewusster, anspruchsvoller und nutzen immer mehr Informationen für ihre Kaufentscheidungen.

Die Digitalisierung erlaubt das Einholen von Informationen an jedem Ort und zu jeder Zeit. Produkte sind online zu vergleichen und zu kaufen. Diese Schnelllebigkeit macht vor Mittelständlern nicht halt: Heute erfolgreiche Marken können morgen große Probleme haben, wie aktuell Gerry Weber zeigt.

In solchen Situationen muss bei jedem Mittelständler in Marke und Marketing alles passen: das richtige Produkt im Angebot, die Marke bekannt und begehrt, Kommunikation zur richtigen Zeit am richtigen Kontaktpunkt, stimmiger Service in jeder Sekunde, alle wichtigen Verkaufskanäle offline und/oder online bespielt. Also müssen Einstellungen und Verhalten der Verbraucher verstanden sein.

Immer schneller und preiswerter forschen

Wenn Verbraucher das richtige Produkt zur richtigen Zeit am richtigen Ort verlangen, müssen auch Mittelständler entsprechend liefern. Hier kommt die Marktforschung ins Spiel. Denn genau diese Informationen liefert die Marktforschung. Durch die Möglichkeiten der Online-Forschung und der Analyse vorhandener Daten übrigens immer schneller und preiswerter.

Die Marktforschung hat längst ein großes Portfolio aus Lösungsansätzen entwickelt. Sie bietet geeignete Instrumente passend zu Problemstellung und Erkenntnisinteresse einerseits, zu finanziellen und zeitlichen Restriktionen andererseits. Dies schließt – entsprechendes Wissen aufseiten des Mittelständlers vorausgesetzt – auch preiswerte „Do it yourself"-Ansätze ein mit bewährten und standardisierten Tools.

Gleichwohl braucht es für die richtigen Wege und Entscheidungen die Erfahrung eines kompetenten Marktforschers im Haus oder eines externen Beraters. Ob nun mit Blick auf das Erkenntnisinteresse die qualitative oder die quantitative Marktforschung zum Einsatz kommt, ein Standardmodell oder ein sogenannter „customized"-Ansatz, eine automatische Messung oder eine Kundenbefragung (vielleicht sogar eine Kunden-Online-Community), die eigene Durchführung oder das Beauftragen eines Marktforschungsinstitutes.

Unangenehme Ergebnisse sind einzubeziehen

Unabdingbare Voraussetzung: Es muss ein Problem oder relevantes Erkenntnisinteresse geben, wenn Marktforschung eingesetzt wird. Der Einsatz darf kein Alibi sein à la „Wir haben alles versucht – sogar Marktforschung", sondern er muss gewollt sein. Insbesondere unangenehme Ergebnisse müssen ernst genommen und in Entscheidungen einbezogen werden mit Bezug zu Produkt, Markenbildung, Kommunikation, Verkaufskanälen oder Service.

Nur wenn Marktforschung systematisch, gezielt und handlungsorientiert eingesetzt wird, verkommt sie nicht zur Geldverschwendung, sondern erzeugt Return on Investment. Sicher ist: Wer seinen Kunden besser kennt und schnell agiert, der gewinnt. Nur wer alle Erfolgskriterien aus Produkt, Marke, Kommunikation, Vertriebskanal, Qualität und Service optimal bedient, hat beste Chancen. Auch oder gerade als Mittelständler.

Hartmut Scheffler ist Geschäftsführer von Kantar TNS, zuvor TNS Infratest/TNS Emnid. Das Unternehmen bezeichnet sich selbst als „Weltmarktführer in Marktforschung und Consulting" für Forschungen zu Kundenbindung und -zufriedenheit sowie zur Reputation von Unternehmen.

Cocktails ohne Kater

Inhaber und Manager müssen die komplette Finanzierungsstruktur so entwickeln, dass sie als Teil des Businessplans mit dem Unternehmenskonzept für die Transformation eng Hand in Hand geht.

Wie farbenfrohe Verführungen wirken bunte Cocktails auf Betrachter, aber können für ausgiebig genießende Benutzer starke Kopfschmerzen nach sich ziehen. Ähnlich verhält es sich mit manchem Finanzierungsmix.

© gbrundin / Getty Images / iStock

Die Anpassung vieler Geschäftsmodelle ist heute unumgänglich. Unternehmer müssen auf den Wandel in Märkten reagieren. Dafür ist kundenorientiert in Prozesse, IT und Datenmodelle zu investieren. Trends, Neuprodukte, Strategien und Businesspläne inklusive Umsetzung stehen oft im Vordergrund. Die Finanzierung fällt im Prioritäten-Ranking zurück. Verantwortliche meinen, dies könne geschehen, wenn bestehende Linien knapp werden.

Vom klassischen Kredit, über Fonds von Finanzinvestoren bis hin zu Crowdfunding ist heute in der Tat alles schnell zu haben. Ein bunter Cocktail, der keine Wünsche offen lässt. Doch die Finanzierung muss als Teil des Businessplans früh stehen, bevor Verträge unterschrieben und Investitionen auf den Weg gebracht werden. Es geht darum, das Eigentum des Unternehmens zu finanzieren. Je früher gekauft wird, desto höher die Wertschöpfung. Je später verkauft wird, desto mehr muss finanziert werden. Wer das nicht berücksichtigt, dem ist der Kater nach kurzfristig nachgeschobener Finanzierung aus bunten Cocktails garantiert.

Doch häufig steckt der Teufel im Detail. Denn Strukturen des Geschäftsmodells und der Wertschöpfung ändern sich schleichend. Angesichts neuer Handelsschranken und Sanktionen spielen im globalen Markt der regionale Footprint und die Lokalisation von Wertschöpfung eine erhebliche Rolle. Sie bringen Anforderungen an die Struktur der Finanzierung mit sich. Häufig wird in Tochtergesellschaften investiert, wodurch ein dezentraler Finanzbedarf entsteht. Wachstum in Auslandsmärkten führt zu globalen Einkaufsstrukturen. Doch die Finanzierung liegt vorwiegend beim deutschen Stammhaus und regionalen Banken.

Auf den ersten Blick sieht alles vielversprechend aus. Preise und Angebot finden Zustimmung bei den Abnehmern, der Cashflow stimmt, freie Linien sind ausreichend vorhanden. Also gilt es, kräftig zu wachsen. Auf den zweiten Blick indes stellt man fest: Hohe Mittelaufwendungen sind notwendig, um Strukturen aufzubauen, Working Capital und Absatz zu finanzieren. Diese Mittel sind aus dem Stammhaus vorzufinanzieren, weil es vor Ort noch keine Finanzierung gibt. Wenn im Ausland dann Anwendungstechnik und Personal aufgebaut werden, kommt es vor, dass die Forderungen des

Stammhauses länger stehen bleiben, um Verluste zu finanzieren. Stimmt die Bilanz nicht mehr, werden sie in Gesellschafterdarlehen umgewandelt. Laufen die Bestellungen der Teile und das Lieferanten-Management weiter zentral über das Stammhaus, knirscht es im Finanzierungsgetriebe.

Die Forderungen der Mutter gegen die Tochter steigen zwangsläufig. Den Kreditoren des Stammhauses stehen immer weniger echte Kundenforderungen gegenüber. Die Bestände wandern auf niedrigem Wertschöpfungsniveau ins Ausland. Dann steigt der Finanzbedarf im Stammhaus, die Linien werden stärker ausgeschöpft. Gegenüber stehen rückläufige Sicherheiten, denn Debitoren und Bestände stehen nicht mehr in der eigenen Bilanz. Entstehen Marktprobleme im Inland, sind Schwierigkeiten absehbar. Spätestens wenn die Banken davon erfahren, kippt die Stimmung.

In vielen Bereichen des Projektgeschäfts nehmen Volumina stetig zu. Die Zahl der Projekte sinkt hingegen. Häufig wird ein Projektmix geplant, in dessen Kern mittelgroße und überschaubare Projekte mit üblichen Projektlaufzeiten und Finanzbedarfen stehen. Laut Handelsgesetzbuch dürfen Projekte als Umsatz mit Gewinn und allen Zuschlägen erst ausgewiesen werden, wenn die Schlussrechnung gestellt ist. Bis dahin wird die Leistung zu Herstellkosten als „Halbfertige" gebucht. Werden mögliche Strukturveränderungen zu Großprojekten nicht als Szenario im Business- und Finanzplan abgebildet, ist ein unangenehmes Erwachen garantiert.

Linien laufen voll im Kontokorrent

Der Umsatz und das Projektergebnis werden als verzögert in der Gewinn- und Verlust-Rechnung der Folgejahre ausgewiesen. Im laufenden Geschäftsjahr zeigen sich Verluste, die Bilanzsumme steigt. Auch bei guten Anzahlungen ist meist nach drei Viertel der Projektlaufzeit mit zehn bis 15 Prozent Projektfinanzierung zu rechnen. Dadurch laufen Kontokorrentlinien voll. Die Bank sieht die Gründe nicht, im Reporting geht die Performance verloren. Bilanzkennzahlen werden gerissen, da die Eigenkapitalquote durch Bilanzverlängerung sinkt. Sind Art und Umfang der Projektfinanzierung nicht im Kreditvertrag vermerkt, kommt der Businessplan durcheinander. Investitionen ins Basisgeschäft fallen aus, das Management der Finanzierer wird anstrengend und Ziele des Unternehmens werden verfehlt.

Unternehmen mit historisch schmaler Wertschöpfung werden von Veränderungen getrieben – etwa spezielle Stufen im Handel oder das Schneiden, Biegen, Drehen, Fräsen in der Fertigung. Wertschöpfungsketten in vielen Branchen konsolidieren, Kunden erwarten System- oder Subsystem-Lieferanten. Mehr Wertschöpfung erfordert eine entsprechende Technologiebasis. Rückwärtsintegration ist also angesagt.

Auch ein verändertes Sourcing-Verhalten verändert zuerst wenig: wenn beispielsweise der Kauf ab Zolllager Rotterdam durch einen Kauf ab Rampe Vietnam ersetzt wird. Oder die Fracht auf eigenes Risiko erfolgt und innerhalb des Zahlungsziels erfolgt. Doch dies alles kann zu eklatanten Veränderungen in der Bilanz und in der Finanzierung führen. Bei allen genannten Beispielen mit den gleichen Ergebnissen: Die Bilanzsumme steigt, das Working Capital geht nach oben, die Risiken für Schwund und Wertberichtigung wachsen, auf der Passivseite ist zu finanzieren. Bilanzkennzahlen gehen in die Knie, Verschuldungsgrad und Eigenkapitalquote verschlechtern sich – selbst bei gutem Geschäftsverlauf.

Transformationsprozess ist so nicht zu starten

Mit der bestehenden Finanzierungsstruktur, auch wenn sie umfangreiche freie Linien umfasst und viele bilaterale Einzelverträge vermeintliche Gestaltungsfreiheit suggerieren, ist der Transformationsprozess der Geschäftsmodelle so nicht zu starten. Vielmehr muss die Transformation mit all ihren Risiken und Investitionen in einem groben Mehrjahres-Businessplan abgebildet werden, der alle Eventualitäten berücksichtigt: Was passiert, wenn Investitionen höher ausfallen als geplant? Was, wenn Märkte schwächeln? Besser werden Bereiche, die temporär Probleme machen könnten, vorab beschrieben und transparent kommuniziert.

Egal, ob mit bestehenden oder neuen Finanzierungspartnern, kann ein vollständiges Finanzierungskonzept entwickelt werden, das mit dem mittelfristigen Unternehmenskonzept für die Transformation auch Hand in Hand geht. Festzulegen ist ein sauberes Reporting zu Konzeptumsetzung, Cashflow und Finanzbedarf. So ist für alle Beteiligten transparent, wo man jeweils im Transformationsprozess steht.

Die Werttreiber der Zukunft sind immer stärker „off balance". Das bedeutet Kosten und Vorleistungen, die zwar nicht bilanziert werden können, aber finanziert werden müssen. Umso wichtiger ist es, den Finanzierungspartnern zu zeigen, dass das Unternehmen langfristige, konkrete Ziele verfolgt und die Zielerreichung misst. Inhaber und Manager dürfen nicht anlassbezogen in die Zukunft stolpern oder ständig beim Partner klingeln, wenn der Cashflow für Einzelbausteine nicht mehr reicht. Trouble mit der Finanzierung ist dann passé.

Dr. Volkhard Emmrich ist Managing Partner der Unternehmensberatung Dr. Wieselhuber & Partner in München, wo er den Geschäftsbereich Restructuring & Finance verantwortet.

Teure Kräfte auf Zeit
Über sachgrundlose Befristungen im Arbeitsverhältnis

Starke Kräfte, die Unternehmen aber nur auf Zeit unterstützen, können Arbeitgeber viel Geld kosten, wenn Befristungen irregulär gestaltet sind.

Ein Unternehmer, nennen wir ihn Hans Müller, hat Angst vor der Zukunft und kommt auf die Idee, einige Arbeitsverhältnisse grundlos nur befristet abzuschließen, um flexibel zu bleiben. Die Arbeitsverhältnisse laufen auf zwei Jahre. Danach lässt er die Befristungen auslaufen. Aufgrund unerwarteten Wachstums stellt er nach drei Jahren dieselben Arbeitnehmer wieder grundlos für zwei Jahre befristet ein. Als das Unternehmen kriselt, will Müller die Arbeitsverhältnisse wieder auslaufen lassen, doch jetzt erlebt er eine Überraschung: Die Befristungen sind unwirksam und die Arbeitsverhältnisse auf unbestimmte Zeit abgeschlossen.

Nach § 14 Abs. 2 Satz 2 des Teilzeit- und Befristungsgesetzes (TzBfG) sind sachgrundlose Befristungen nur zulässig, wenn das Arbeitsverhältnis die Gesamtdauer von zwei Jahren nicht überschritten hat und zuvor keine Beschäftigung mit dem Arbeitgeber bestand. Innerhalb dieser Zweijahresfrist sind maximal drei Verlängerungen des befristeten Arbeitsverhältnisses möglich. Dies soll eine für Arbeitnehmer nachteilige „Kettenbefristung" verhindern. Gleichzeitig wird das unbefristete Arbeitsverhältnis als die Regel betont.

Außerdem galt nach Rechtsprechung des Bundesarbeitsgerichts bisher, dass nach Ablauf einer Wartefrist von drei Jahren ein erneutes Arbeitsverhältnis mit sachgrundloser Befristung beim selben Arbeitgeber möglich war. Danach hatte Hans Müller also alles richtig gemacht. Doch das Bundesverfassungsgericht (BVerfG) hat jetzt entschieden, dass „das Verbot mehrfacher sachgrundloser Befristungen im Grundsatz verfassungsgemäß ist". Es verstoße gegen den Willen des Gesetzgebers, wenn nach drei Jahren eine weitere sachgrundlose Befristung grundsätzlich erlaubt sei (BVerfG, Beschluss vom 6. Juni 2018, 1BvL 7/14, 1BvR 1375/14).

Nach dieser Rechtsprechung sind die erneuten Befristungen der Arbeitsverhältnisse in Müllers Unternehmen unwirksam. Im Ausnahmefall wäre gemäß BVerfG eine erneute sachgrundlose Befristung zulässig, wenn die Gefahr der Kettenbefristung auszuschließen ist. Das wird angenommen, wenn „eine Vorbeschäftigung sehr lange zurückliegt, ganz anders geartet war oder von sehr kurzer Dauer gewesen ist". Dies trifft bei geringfügigen Nebenbeschäftigungen, Werksstudententätigkeiten oder beruflicher Neuorientierung zu.

Hohes Kostenrisiko für Unternehmer

Bei sachgrundlosen Befristungen von mehr als zwei Jahren sollte jeder Unternehmer vorsichtig sein und sicherstellen, dass keine Gefahr durch Kettenbefristung besteht oder ein Ausnahme-Tatbestand vorliegt. Erst dann ist eine sachgrundlose Befristung von mehr als zwei Jahren rechtens. Die unrechtmäßige Befristung birgt für Unternehmer ein hohes Kostenrisiko – nämlich dann, wenn aus dem befristeten Arbeitsverhältnis ein unbefristetes wird. Stellt man sich nun vor, dass der Unternehmer mehrere Arbeitsverhältnisse unbefristet abgeschlossen und verlängert hat, steigt das Risiko hoher Kosten enorm an. Dies kann dazu führen, dass die Aufwendungen für die Beendigung dieser Arbeitsverhältnisse wie Abfindungszahlungen, Anwalts- und Prozesskosten die eigenen Erträge erheblich übersteigen.

Caroline Pluta, Fachanwältin für Arbeitsrecht und Mediation, ist bei der Pluta Rechtsanwalts GmbH für die Schwerpunkte Datenschutz, Compliance und Arbeitsrecht zuständig.

Wissensquiz für Entscheider
Sachgebiet: Pflicht und Recht zum Insolvenzantrag

1 Der Geschäftsbetrieb der A-GmbH im E-Commerce für Spielwaren befindet sich in einer angespannten Lage. Die B-Ltd., englische Gesellschaft mit Online-Handel im gleichen Segment, hatte die A-GmbH als 100-prozentige Tochtergesellschaft vor zwei Jahren gegründet. Zudem hatte die B-Ltd. der B-GmbH zuletzt mehrfach mit Darlehen und Stundungen von Rückzahlungsansprüchen geholfen und ist bereit, den Geschäftsbetrieb weiter finanziell zu unterstützen.

In der B-GmbH zeichnet Geschäftsführer C. für den Geschäftsbetrieb allein verantwortlich. Neben ihm arbeiten Hilfskräfte auf unterer Hierarchieebene im Unternehmen. Die Schieflage dauert Monate an und wurde in Sitzungen zwischen C. und dem Management der B-Ltd. erörtert. Nachdem sich ein immer stärkeres Zerwürfnis zwischen C. und der Gesellschafterin entwickelt, will Letztgenannte die Reißleine ziehen und sich von C. trennen.

Keine Nervösität in künstlicher Krise

Der Geschäftsführer hat jedoch jegliche Versuche der Gesellschafterin blockiert, auch über einen gut dotierten Aufhebungsvertrag zur gütlichen Einigung zu kommen. Ganz im Gegenteil hat er Forderungen gestellt, die aus Sicht der Gesellschafterin unerfüllbar erscheinen. Mit Beratern von der XY-Sozietät entscheidet das Management der B-Ltd., dass man für die A-GmbH einige Stundungen aufheben und den Geschäftsbetrieb in eine „künstlich zugespitzte Krise" treiben wolle. Man möchte C. nervös machen, damit er das Aufhebungsangebot annimmt.

C. reagiert anders als erhofft und stellt per E-Mail vor die Wahl: Entweder die Gesellschafterin legt dar, wie sie die A-GmbH in Zukunft finanziell unterstützt, oder er stellt bald Insolvenzantrag für die A-GmbH. Das Management der B-Ltd. wird unsicher und möchte konkret von den Beratern der XY-Sozietät wissen: Kann C. selbstständig am zuständigen Amtsgericht einen Insolvenzantrag über das Vermögen der A-GmbH stellen?

Denn aus Sicht des Managements liegen keine zwingenden Insolvenzgründe vor. Die Berater binden vorsichtshalber Spezialisten für Insolvenzrecht ein, die nach eingehender Prüfung zu dem Ergebnis kommen, dass weder Überschuldung noch Zahlungsunfähigkeit vorliegen. Allenfalls könnte als fakultativer Insolvenzgrund die drohende Zahlungsunfähigkeit gegeben sein.

2 In diesem Fall stellt sich die Frage, ob anders zu entscheiden wäre, wenn die Insolvenzspezialisten zu dem Ergebnis kommen, dass eine Zahlungsunfähigkeit oder Überschuldung vorliegt.

Sind die Sorgen des Managements der B-Ltd. berechtigt, der Geschäftsführer der A-GmbH könnte einen Insolvenzantrag über das Vermögen der Gesellschaft einreichen?

a) Nein, die Sorgen des Managements der B-Ltd. sind unbegründet. Der Geschäftsführer der A-GmbH könnte nicht ohne Absprache mit der Gesellschafterin einen Insolvenzantrag über das Vermögen der A-GmbH stellen.

b) Ja, die Sorgen des Managements der B-Ltd. sind berechtigt. Der Geschäftsführer der A-GmbH könnte letztlich auch ohne Absprache mit der Gesellschafterin eigenständig einen grundsätzlich wirksamen Insolvenzantrag über das Vermögen der A-GmbH stellen.

Lösungen

Zu Fall 1 lautet die richtige Antwort b), denn ein Geschäftsführer **kann** einen nach außen wirksamen Antrag stellen (eine fehlende Genehmigung seiner Gesellschafterin führt lediglich zu evtl. Schadensersatzansprüchen im Innenverhältnis). Zu Fall 2 lautet die richtige Antwort b), bei Vorliegen eines zwingenden Insolvenzgrundes ist der Geschäftsführer ver**pflichtet**, einen Insolvenzantrag zu stellen (Genehmigungspflicht besteht dann nicht).

Dr. Alexander Verhoeven ist Rechtsanwalt und geprüfter ESUG-Berater der Buchalik Brömmekamp Rechtsanwaltsgesellschaft in Frankfurt am Main.

Mehr Prüfer und Überwacher

Das komplexe Insolvenzrecht zählt zum Wirtschaftsrecht. Basiswissen für Unternehmer vermittelt regelmäßig diese Rubrik. Diesmal zum Sachwalter.

Wie in der Leitwarte der Blick auf Sicherheit gelenkt ist, so nimmt der Sachwalter während der Insolvenz in Eigenverwaltung eine Nachteilsprüfungs- und Überwachungsfunktion im Unternehmen wahr.

© Alexey Achepovsky / stock.adobe.com

Kaum eine Rechtsfigur stößt bei Insolvenzrecht-Unkundigen auf so viel Unverständnis und Unkenntnis wie der in § 270c der Insolvenzordnung beschriebene Sachwalter. Seine Bestellung ist dort geregelt. Er tritt anstelle eines Insolvenzverwalters auf und ist die zentrale Figur in der Eigenverwaltung. In diesem Sonderinsolvenzverfahren bleibt der Schuldner weitgehend in seiner bisherigen Stellung und wird faktisch sein eigener Insolvenzverwalter – mit allen dazu gehörenden Rechten und Pflichten. Eigenverwaltung ist ein besonders strukturiertes Insolvenzverfahren ohne Insolvenzverwalter. Stattdessen wird dem Schuldner ein gerichtlich bestellter Sachwalter an die Seite gestellt, mit deutlich anderen und wesentlich reduzierten Befugnissen als ein Insolvenzverwalter, obschon die meisten Sachwalter hauptberuflich als Insolvenzverwalter tätig sind.

Bis zu den Änderungen durch das Gesetz zur weiteren Erleichterung der Sanierung von Unternehmen (ESUG) im Jahr 2012 spielte die Eigenverwaltung im Insolvenzrecht kaum eine Rolle. Mit dem ESUG wollte der Gesetzgeber die Voraussetzungen für die Anordnung der Eigenverwaltung „maßvoll lockern" und den Einfluss der Gläubiger wie der Schuldner auf das Verfahren und dessen Gestaltung deutlich verstärken. Der offiziellen Begründung lässt sich nicht unmittelbar entnehmen, warum im Zuge dessen auch die Gerichte aus der bis dahin dominierenden Stellung verdrängt werden sollten, den Insolvenzverwalter auszuwählen. Ein wesentlicher Antrieb war aber auf rechtspolitischer Ebene, dass sich mit der Kompetenzverlagerung auch ein Schrumpfen der Verwalterschaft ergeben sollte.

Die einst tabuisierte Frage nach der richtigen Auswahl des Verwalters ist mittlerweile in Vorgesprächen zur Regel statt zur Ausnahme geworden. Das passiert gerade in den Verfahren, in denen Unternehmen noch operativ agieren und die nicht ausdrücklich auf eine Eigenverwaltung ausgerichtet sind. Im Miteinander der unterschiedlichen Beteiligten und Interessierten ist ein Wandel eingetreten: zum einen in der Kommunikation miteinander, zum anderen in der Rechtspraxis. Diesen tiefgreifenden Wandel hat der Gesetzgeber erzielt – durch das ESUG. Insolvenzgerichte verstehen sich insbesondere in Sanierungen verstärkt als Teamplayer. Sie nehmen diese Rolle aktiv wahr, da sie nicht mehr Teil eines Problems sind, sondern Teil der Lösung. Früher ging es eher darum, wann und für was oder wen sich das Gericht entscheidet, heute steht im Interesse aller Beteiligten bei der Sanierung der Erhalt des Unternehmens im Mittelpunkt.

Grundlegend gewandelt hat sich vor allem die Rolle der Insolvenzverwalter, die bisher die Verfahren dominieren. Sie werden regelmäßig in überschaubarer Zahl als (vorläufige) Sachwalter tätig und finden sich vergütungsrechtlich in einem Kontext wieder, der ziemlich unbefriedigend erscheint – zumindest aus ihrer Sicht. Allerdings ist die Regelung vom Gesetzgeber so gewollt. Sie ist ein Ergebnis des Wandels von einem Insolvenzverfahren, das Verwalter dominierten, zu einem Verfahren in Eigenverwaltung ohne Verwalter.

Dem Schuldner und seinen Gläubigern soll ein verfahrenssicher zu gestaltender und planbarer Rechtsrahmen zur Verfügung stehen, um das konsentierte Sanierungsziel unter dem Schutz der Eigenverwaltung gemeinsam zu erreichen. Die Beteiligten und Betroffenen agieren unter dem Schutz des Rechts und gestalten das Verfahren verwalterlos. Denn die Rechtsmacht des Verwalters, der in der normalen Insolvenz agiert, liegt beim eigenverwaltenden Schuldner. Deshalb haben sich die Verhältnisse der Beteiligten umgekehrt: Der (vorläufige) Sachwalter wahrt nach Vorstellung des Gesetzgebers die Einhaltung dern rechtlichen Rahmenregelungen und beaufsichtigt die Akteure in ihrem Handeln.

Der Gesetzgeber signalisiert für den Sachwalter das Leitbild eines passiven, in seiner Arbeitsbelastung nicht mit dem Insolvenzverwalter vergleichbaren Sachwalters. Und der Gesetzgeber normiert die Tätigkeit des Sachwalters in § 274 Abs. 1, 63-65 der Insolvenzordnung sowie vergütungsrechtlich in § 12 der Insolvenzvergütungsverordnung. Danach erhält der Sachwalter eine Regelvergütung, die 60 Prozent der Vergütung eines Insolvenzverwalters entspricht.

Wirtschaftslage und Lebensführung des Schuldners unter der Lupe

Dem (vorläufigen) Sachwalter obliegt in erster Linie eine Nachteilsprüfungs- und Überwachungsfunktion. Er soll die wirtschaftliche Lage des Schuldners prüfen sowie die Geschäfts- und Lebensführung überwachen, um gegebenenfalls Nachteile für die Gläubiger frühzeitig zu erkennen. Der Sachwalter hat den Kreis der Verbindlichkeiten, die zum gewöhnlichen Geschäftsbetrieb gehören, zu definieren und deren Einhaltung gegenüber dem Schuldner abzusichern. Der Sachwalter hat die Pflicht zur Prüfung und Abgabe einer schriftlichen Erklärung zum Vorliegen von Einwendungen und hat die Prüfungspflicht der Rechnungslegung

des Schuldners und für die Verteilungsverzeichnisse. Darüber hinaus bestimmt das Gesetz eine Stellungnahme des Sachwalters zum Bericht des Schuldners im Berichtstermin. Der Sachwalter ist im eröffneten Verfahren für die Geltendmachung der Haftung für die Insolvenzmasse und die Anfechtung von Rechtshandlungen zuständig. Ihn obliegt eine besondere Nachteilsinformationspflicht, wenn er im Rahmen der Überwachung auch Umstände feststellt, die erwarten lassen, dass die Fortsetzung der Eigenverwaltung zu Nachteilen für Gläubiger führen wird. Zu erfüllen sind diese Pflichten durch unverzügliche Information des Insolvenzgerichts und des Gläubigerausschusses oder – wenn ein solcher nicht bestellt ist – gegenüber den Anmeldegläubigern und den absonderungsberechtigten Gläubigern.

Aktiver Eigenverwalter entlastet weniger teuren Sachwalter

Weitere Aufgaben können dem (vorläufigen) Sachwalter gerichtlich zugewiesen werden, wie Zustimmungsvorbehalte zu bestimmten Rechtsgeschäften. Oder er kann sie durch Übernahme der Kassenführung selbst herbeiführen. Diese passive und gegenüber einem gestaltend tätigen Insolvenzverwalter geminderte und anders gelagerte Tätigkeit hat der Gesetzgeber daher zum Anlass genommen, seine Vergütung auf 60 Prozent des Regelsatzes zu beschränken. Der Gesetzgeber hat dies damit begründet, dass sich die Aufgaben des Sachwalters durch die vom Schuldner wahrgenommene Funktion als „Insolvenzverwalters in eigener Sache" erheblich reduziere. Sie beschränke sich im Wesentlichen auf die Aufsicht über den Schuldner. Ein Schuldner, der als „Eigenverwalter" ohne gesonderte Vergütung tätig wird und damit den geringer entlohnten Sachwalter entlastet, sorgt letztlich auch für den Kostenvorteil in der Eigenverwaltung.

Weder ist der Sachwalter in der Eigenverwaltung – anders als ein eingesetzter Gläubigerausschuss – in das Tagesgeschäft noch gar in die operative Geschäftsführung des fortgeführten Schuldner-Unternehmens selbst integriert oder gar ein Teil derselben. Denn diese zu unterstützen und zu überwachen ist gesetzlich dem Ausschuss zugewiesen, dem wiederum der Sachwalter zuzuarbeiten und zu berichten hat. Dies ist eine völlig anders gelagerte Aufgabe als die eines verwaltenden und gestaltenden Insolvenzverwalters – und daher auch aus dem Vergütungsrecht heraus anders zu betrachten.

Prof. Hans Haarmeyer war viele Jahre als Insolvenzrichter tätig und lehrte Wirtschaftsrecht am Rhein-Ahr Campus in Remagen. Er ist Verfasser zahlreicher Handbücher und Kommentare zum Insolvenzrecht. Der Diplom-Betriebswirt ist zudem „return"-Herausgeber.

Bücher

Jochen Streb
Details aus Ditzingen
Der Autor hat eine Professur für Wirtschaftsgeschichte an der Universität Mannheim, ist seit September auch Dekan der Fakultät für Rechtswissenschaft und Volkswirtschaftslehre und veröffentlichte bisher Bücher allgemein über deutsche Wirtschaftshistorie oder staatliche Technologiepolitik. Hier zeigt er detailreich die Entwicklung des Familienunternehmens aus Ditzingen zum weltweit führenden Werkzeugmaschinenbauer.
544 Seiten, 35 Euro, seit November 2018,
ISBN 978-3-446-26092-4, Hanser

Sven Agten/Thomas König
Wissen gegen Druck
In Zeiten von Internationalisierung und Globalisierung sei es „fast unumgänglich, Geschäftsbeziehungen mit chinesischen Unternehmen einzugehen", heißt es. Deshalb steige der Wissensdruck für deutsche Betriebe, sich mit China als starken Ländermarkt der Welt auszukennen, wobei dieses Buch mit persönlichen Erfahrungsberichten und objektiven Analysen helfen soll.
321 Seiten, 22,98 Euro, seit August 2018
ISBN 978-3-658-21936-9, Springer

Marc Engelhardt (Hrsg.)
Angst vor anderen
Eine Weltreise an Orte, wo der Ruf nach dichten Grenzen immer lauter wird. Die Autorinnen und Autoren aus dem größten deutschen Auslandskorrespondenten-Netzwerk „Weltreporter" reisen an Mauern, die Ländern trennen. In Zeiten von Globalisierung und Reisefreiheit hierzulande ein nachdenklich stimmendes Buch, an dem sieben Auslandsreporter mitgewirkt haben, die auch regelmäßig für „return" schreiben.
288 Seiten, 18 Euro, seit September 2018,
ISBN 978-3-421-04816-5, Deutsche Verlags-Anstalt

Sergey Frank
Effizient ins Ausland
Der Experte und Berater will Wege zur Umsetzung effizienter Internationalisierung und internationaler Kommunikation weisen. Dabei geht er insbesondere auf den Auf- und Ausbau von Vertriebsstrukturen, auf Organisationsformen und Personalmanagement sowie auf viele Praxisbeispiele ein. Mit feinem Witz und umfassendem Erfahrungsschatz analysiere Sergey Frank unterschiedliche Herausforderungen im internationalen Business anhand konkreter Fall- und Länderbeispiele.
238 Seiten, 32,99 Euro, seit März 2018
ISBN 978-3-658-18775-0, Springer Gabler

Marius Leibold/Sven C. Voelpel
Geburthilfe zum Digitalen
Anregungen, Methoden und Beispiele für den Weg von Unternehmern und Führungskräften in die digitale Zukunft soll dieses Buch bereithalten. Leibold gilt als einer der führenden Experten und ist Hochschul-Professor in Südafrika. Voelpel berät in Leadership Excellence. Ihre Botschaft: Digitale Transformation allein wird nicht ausreichen, um die Zukunft zu meistern. „Digital Rebirth" bedeute mehr, etwa Ziele, Leistungen, Kultur und Prozesse neu zu konzeptionieren.
240 Seiten, 29,90 Euro, seit August 2018
ISBN 978-3-89578-478-1, Wiley-VCH

Sascha Kugler/Felix Anrich
Transformation mit System
Transformationsstrategien für alle wichtigen Geschäftsbereiche, Maßnahmen für den digitalen Wandel sowie Umsetzungstipps und Checklisten für kleine und mittlere Unternehmen sind hier zu finden. Der Erstgenannten berät Unternehmen bei Revitalisierung und Gründungen, der zweitgenannte Autor bei Cyber-Risiken und Datenschutz.
171 Seiten, 28,99 Euro, seit November 2018
ISBN 978-3-658-22913-9, Springer Gabler

SpringerProfessional.de

 Springer Gabler

Neuerscheinung des Monats

Unternehmen richtig führen mit Blick auf Ökonomie, Ökologie und Soziales

 Dieser Herausgeberband eines Trios von der Berner Fachhochschule, zu dem mit Prof. Kim Oliver Tokarski auch ein Experte für Unternehmensführung und Autor dieser Ausgabe gehört (Seite 36), setzt sich mit Nachhaltigkeit auseinander. Die wachsende Globalisierung führe dazu, dass Ressourcen ohne gegensteuernde Maßnahmen bald erschöpft sein werden, weshalb hier eine strategische Führung von Unternehmen notwendig werde. Die Autoren schildern Fälle und geben Empfehlungen.

468 Seiten, 39,99 Euro, ab 17. Dezember 2018
ISBN 978-3-658-22100-3, Springer Gabler
www.springerprofessional.de/link/16249904

Empfehlung des Monats

Deutsche Entscheider optimistisch ohne professionelles Zukunfts-Management

Deutsche Unternehmen sind optimistisch, weil sie falsch gewichten, was auf sie zukommen wird, hat die Beratung KPMG durch Befragungen von 602 Entscheidern ermittelt. Ergebnis: Operatives verdrängt Strategisches. Sie sehen ihr Portfolio gut aufgestellt. Anpassung scheint als Zukunftsziel wenig attraktiv. Den Heftschwerpunkt in return 01/19 widmen wir übrigens dem Zukunfts-Management.
www.springerprofessional.de/link/16085218

Das Wissensportal Springer Professional

Unser Wissensportal bündelt die wichtigsten Fachgebiete Wirtschaft und Technik. Im Channel Marketing + Vertrieb finden Sie aktuelle Informationen und weiterführende Literatur für Vertriebs- und Marketingexperten. Dort ist auch das Archiv von „return" hinterlegt (auch als E-Magazin), das für Abonnenten der Zeitschrift frei zugänglich ist. Abonnenten von Springer Professional haben zudem kostenfrei Zugriff auf die im Magazin gekennzeichneten Links aus dem Portal.

SpringerProfessional.de

J. Pfannmöller
Kreative Volkswirtschaftslehre
Eine handlungs- und praxisorientierte Einführung in die Volkswirtschaftslehre
2018. XX, 304 S. 80 Abb., 34 Abb. in Farbe. Brosch.
€ (D) 37,99 | € (A) 39,06 | CHF 39.50
ISBN 978-3-658-07957-4
€ (D) 29,99 | CHF 31.50
ISBN 978-3-658-07958-1 (eBook)

- Aktuelle wirtschaftliche Zusammenhänge werden praxisnah und mit viel Spaß vermittelt
- Das wirtschaftliche Wissen wird in Problemstellungen und Experimente eingebettet, die der Leser durch eigene Entscheidungen lösen kann
- Aufgabenstellungen und Überlegungen sind mehrjährig mit Schülern erprobt und an deren Verständnis angepasst worden

Part of **SPRINGER NATURE**

springer.com/empfehlung

A60531

Termine

Digitalgipfel
Wirtschaft und Industrie 4.0

Das baden-württembergische Wirtschaftsministerium lädt ein, wozu im vergangenen 2018 schon 1.200 Teilnehmer kamen: Der Digitalgipfel wird sich diesmal der Wirtschaft 4.0 widmen und bietet Unternehmen vor allem einen regen Austausch.

Termin: 11. April 2019

Ort: Stuttgart

www.wirtschaft-digital-bw.de

Frühjahrstagung
Digitalisierung und Kunden

Das Mannheimer Institut für Marktorientierte Unternehmensführung (IMU) mit Prof. Christian Homburg als Gastgeber (Foto) lädt wieder zu seiner alljährlichen IMU-Frühjahrstagung ein, diesmal unter dem Titel „Der digitale Kunde: Neuerfindung des Vertriebs- und Kundenbeziehungsmanagements". Wie immer soll der Austausch zwischen Praxis und Wissenschaft im Mittelpunkt der Veranstaltung stehen.

Termin: 23. März 2019

Ort: Mannheim

www.bwl.uni-mannheim.de/imu

Kongress
Arbeit und Recht

Arbeitgeberpräsident Ingo Kramer (Foto) begrüßt die Teilnehmer des 14. Kongresses zum Arbeitsrecht, der wieder einen Überblick über Neuerungen aus Gesetzgebung, Rechtsprechung und Personalmanagement geben soll. Entsprechend gemischt sind die Referenten an beiden Tagen: Karin Spelge als Vorsitzende Richterin am Bundesarbeitsgerichts, Dr. Jan Hendrik Lessner-Sturm als Direktor Labour Relations der Metro AG oder Walter Ganz als Leiter des Forschungsbereichs Dienstleistungs- und Personalmanagement des Fraunhofer-Instituts IAO.

Termin: 19. und 20. Februar 2019

Ort: Berlin

www.kongress-arbeitsrecht.de

Fachkonferenz
Sanierung und Zukunft

Zwischen Bankenführungskräften und Unternehmensberatern bewegt sich die Zielgruppe für diese Veranstaltung, in deren Zentrum eine Podiumsdiskussion über „Die Zukunft des Sanierungskonzeptes" steht. Auf dem Podium dabei Diskutanten unter anderem von Commerzbank und Roland Berger. Trends in der Zulieferindustrie der Automobilbranche und die Bedeutung für Restrukturierungen in diesem Zweig werden ebenso vorgestellt wie ein strukturierter Prozess für die Auswahl des Chief Restructuring Officers.

Termin: 9. März 2019

Ort: Königswinter

www.bdu.de

Fachtagung
Konzepte und Systeme

„Der Antrieb von morgen" steht bei der 13. Internationalen MTZ-Fachtagung auf dem Prüfstand – ob Verbrennungsmotor, Elektrifizierung oder Brennstoffzellen. Zum namhaft besetzten Referentenfeld gehören Otmar Bitsche als Leiter Elektromobilität von Porsche (Foto), Manfred Homm als Leiter R&D E-Mobility von Schaeffler oder Dr. Wolfgang Warnecke als Chief Scientist Mobility von Shell.

Termin: 23. und 24. Januar 2019

Ort: Frankfurt am Main

www.atzlive.de

Praktikertagung
Kapitalmarkt und Krise

„Emittenten und Anleger in Not?", fragt hier der Veranstaltungstitel und lädt angesichts von 700 insolventen Fonds und betroffenen Anlegern in sechsstelliger Zahl zum eintägigen Programm über das Kapitalmarktrecht in Krise, Sanierung und Insolvenz. Gastgeber ist „return"-Herausgeber Prof. Hans Haarmeyer in seiner Funktion als Direktor des Deutschen Instituts für angewandtes Insolvenzrecht (DIAI). Spezialisten auf diesem Gebiet treten als Referenten auf.

Termin: 19. Februar 2019

Ort: Bonn

www.diai.org

Tools

A47122

Sanierung mit Zukunft
Warum Eigenverwaltungsverfahren sich bewährt haben

Mit über 350 Seiten liegt jetzt der Evaluationsbericht vor zu den Erfahrungen mit dem seit 2012 geltenden Gesetz zur weiteren Erleichterung der Sanierung von Unternehmen (ESUG). Die Bundesregierung zieht darin ein positives Fazit. Dies hat Justizministerin Katarina Barley im Bundestag klar erklärt. Auch die Experten dieser Evaluierung attestieren der neuen Eigenverwaltung, dass sie als Rettungswerkzeug in der Praxis funktioniert, und empfehlen, das ESUG beizubehalten, aber an einigen Stellen schärfer zu konturieren. Zum volkswirtschaftlichen Vorteil haben den Anreiz für eine frühe Antragstellung große Unternehmen in Schwierigkeiten genutzt: Mehr als zwei Drittel dieser Unternehmen starten ihr Insolvenzverfahren in Eigenverwaltung. Ihre Anträge werden deutlich früher gestellt, womit zentrale Zielsetzungen des Gesetzgebers erreicht worden sind.

Kritiker treten einzig aus Eigeninteresse auf den Plan

Doch kaum lagen die Ergebnisse der Evaluierung vor, positionierten sich schon Interessengruppen gegen das ESUG, insbesondere gegen Eigenverwaltung und Schutzschirm. Sie versuchen verbissen, verloren gegangenen Einfluss zurückzuerobern. Ganz vorne mit dabei sind die Insolvenzgerichte. Sie fordern durch ihre Bundesvereinigung die Abkehr von der Möglichkeit, dass Schuldner und Gläubiger den Insolvenzverwalter auswählen können. Damit ginge das Kernstück der Reform verloren. Dahinter steckt nur Eigeninteresse, die einstige Macht zurückzuerobern. In gleiche Horn stoßen die Verbände der Insolvenz- und Sachverwalter und beanspruchen mehr Macht und Möglichkeiten für sich.

Unheilige Allianzen rund ums Recht entstehen oft gepaart mit Machtanspruch. Solche Allianzen, durch die im Allgemeinen die gesamtwirtschaftliche Betrachtung und im Konkreten die Bedürfnisse von Unternehmen auf der Strecke bleiben, ersticken eine neue Insolvenzkultur im Kern. Wie gut, dass die Bundesregierung unabhängig von diesen Einzelinteressen eine erkennbar eigene Haltung einnimmt. Verantwortliche Politiker wissen um Ängste und Stigmatisierung des Scheiterns. Sie wissen, dass mit dem ESUG ein erster Schritt gegangen ist, um echte Ursachen der Furcht vor Insolvenz zu bekämpfen und Bedenken bezüglich des Kontrollverlustes auszuräumen. Es geht zudem darum, Schuldnern wie Gläubigern echte Mitbestimmung zu ermöglichen.

Daran gilt es, in der Diskussion über die Zukunft von Unternehmenssanierungen anzuknüpfen. Es geht um eine Sanierung mit Zukunft, die Unternehmen und ihr Geschäftsmodell nachhaltig krisensicher aufstellt. Und es geht um den schon erkennbaren Wandel in unserer Mentalität – nämlich offen(er) für auf den ersten Blick gescheiterte Unternehmen zu sein und gute Lösungen zu ihrer Rettung zu entwickeln.

Bessere Prävention durch neues Restrukturierungsverfahren

Meines Erachtens ist konsequent auszubauen, was dem Sinn und Zweck der Europäischen Kommission und ihres Vorschlags entspricht, ergänzend ein außergerichtliches Restrukturierungsverfahren zur Prävention zu schaffen. Schließlich wünschen sich das mehr als 80 Prozent aller mittelständischen Unternehmen schon seit vielen Jahren. Gerichte und Verwalter sollten sich fragen, welchen Beitrag sie dazu leisten wollen. Womöglich ist aufgrund ihrer bisherigen Haltung das Misstrauen ihnen gegenüber nicht ganz unberechtigt. Mit einem Turnaround würden sie Vertrauen zurückgewinnen. Reflexe, um Bestandssicherung zu betreiben, wirken abträglich und weit weg von den Bedürfnissen der Wirtschaft. Wie in der Politik gilt: Wer den ganzheitlichen Ansatz aus den Augen verliert, re(a)giert in viel zu kleinen Karos. Für die Kultur der zweiten Chance ist das Klima dann schlecht geeignet. Dass es anders geht, zeigen für mich die guten Erfahrungen mit dem ESUG seit sechs Jahren eindeutig. Packen wir also lieber die Chance am Schopf!

Prof. Hans Haarmeyer ist „return"-Herausgeber sowie Verfasser zahlreicher Handbücher und Kommentare zum Insolvenzrecht. Der Diplom-Betriebswirt war viele Jahre als Insolvenzrichter tätig und lehrte Wirtschaftsrecht am Rhein-Ahr Campus in Remagen.

Vorschau 01/19

Die nächste Ausgabe von „return – Magazin für Transformation und Turnaround" erscheint am 14. Februar 2019.

▶ Schwerpunkt Zukunftsmärkte: Titelreport – Vorbilder in Interview und Firmenprofil – Auslandsberichte – systematisches Innovationsmanagement & gezieltes Trendscouting

▶ Ressort Start & Szene: Sanierungsmonitor – Die Story: Bangende Anleger kriselnder Investitionen, Wopps Kolumne

▶ Ressort Menschen & Unternehmen: Firmenprofil, Interview, , Gründerszene, Digitales

▶ Ressort Hintergrund & Wissen: Geschäftsreisen – Vermögen – Finanzieren & versichern

Schwerpunkt:
Zukunftsmärkte
gezielt erobern

© peshkova / stock.adobe.com

Impressum

„return – Magazin für Transformation und Turnraound"
www.springerprofessional.de
www.return-online.de
Ausgabe 6 | 2018, 5. Jahrgang
ISSN 2199-8841

Verlag
Springer Gabler
Springer Fachmedien Wiesbaden GmbH
Abraham-Lincoln-Str. 46
65189 Wiesbaden
Die Springer Fachmedien Wiesbaden GmbH ist Teil der Fachverlagsgruppe Springer Nature.

Geschäftsführer
Stefanie Burgmaier |
Joachim Krieger | Juliane Ritt

Redaktion
Herausgeber:
Stefanie Burgmaier |
Prof. Dr. Hans Haarmeyer

Teamleitung Managementzeitschriften:
Anja Schüür-Langkau

Chefredakteur
(V.i.S.d.P.):
Thorsten Garber
Am Stierksken 18
59379 Selm-Cappenberg
Tel. +49 (0) 23 06 / 75 74 99
thorsten.garber@springernature.com

Redaktionelle Mitarbeiter
dieser Ausgabe:
David Bucher, Dr. Volkhard Emmrich, Dr. Andreas Fröhlich, Gregor Hallmann, Peter Hanser, Dr. Frank Heinricht, Armin Hingst, Dr. Lutz Jäde, Fabian Kretschmer, Anja Kühner, Caroline Pluta, Prof. Daniel M. Ringel, Thomas Roser,

Hartmut Scheffler, Peter Stäuber, Stefan Terliesner, Prof. Kim Oliver Tokarski, Dr. Alexander Verhoeven, Prof. Kai-Ingo Voigt, Alexander Welscher, Prof. Friederike Welter, Michael Werker, Timo Wopp, Kerstin Zilm

Titelfoto
© Beboy / stock.adobe.com

Anzeigen, Marketing
und Produktion
Leiter Media Sales:
Volker Hesedenz

Leiter Vertrieb + Marketing:
Jens Fischer

Gesamtleitung Produktion:
Ulrike Drechsler

Verkaufsleitung (verantwortlich für den Anzeigenteil):
Eva Hanenberg
Tel: +49 (0) 611 78 78-226
Fax: +49 (0) 611 78 78-430
E-Mail: eva.hanenberg@springer.com

Anzeigendisposition:
Susanne Bretschneider
Tel: +49 (0) 611 78 78-153
E-Mail: susanne.bretschneider@springer.com

Anzeigenpreise:
Es gelten die Mediadaten von 1. Oktober 2018.

Produktmanagement:
Britta Rossbach
Tel: +49 (0) 611 78 78-271
E-Mail: britta.rossbach@springer.com

Produktion
Kerstin Brüderlin

Satz
K&M Satz und Repro
Otto-von-Guericke-Ring 3
65205 Wiesbaden

Alle angegebenen Personen sind, soweit nicht ausdrücklich angegeben, postalisch unter der Adresse des Verlags erreichbar.

Sonderdrucke
Anja Trabusch
E-Mail:anja.trabusch@springernature.com
Tel: +49 (0) 611 78 78-298

Leserservice
Springer Customer Service Center GmbH
Springer Gabler Service
Tiergartenstr 15, 69126 Heidelberg
Tel: +49 (0) 62 21 345-4303
Fax: +49 (0) 62 21 345-4229
Montag – Freitag 8.00 Uhr – 18.00 Uhr
E-Mail: springergabler-service@springer.com

Druck
Kliemo Printing AG,
Hütte 33,
B-4700 Eupen, Belgien

Fachbeirat
Dr. Utz Brömmekamp, Buchalik Brömmekamp Rechtsanwaltsgesellschaft; Udo Doetsch, Sparkasse Duisburg; Prof. Dr. Roland Eckert, FOM Hochschule für Oekonomie & Management im Hochschulzentrum Düsseldorf; Prof. Dr. Christian Gärtner, Quadriga Hochschule Berlin; Carl-Jan von der Goltz, Maturus Finance; Dr. Ulrich Hermann, Heidelberger Druckmaschinen AG; Prof. Dr. Michael Jünger, Technische Hochschule Ingolstadt; Michael Pluta, Pluta Rechtsanwalt; Uwe Rotermund, Noventum Consulting; Heinrich Fritz Stellmach, Stellmach & Bröckers Rechtsanwälte, Wirtschaftsprüfer, Steuerberater; Jan H. Wilhelm, hww Hermann Wienberg Wilhelm Insolvenzverwalter Partnerschaft

Bezugsmöglichkeiten
Das Heft erscheint sechsmal jährlich. Bezugsmöglichkeiten und Details zu den Abonnementbedingungen finden Sie unter www.mein-fachwissen.de/return. Alle Rechte vorbehalten.

Schutzschirmverfahren, Eigenverwaltung, Sanierung und Restrukturierung, M&A im Krisenumfeld, Insolvenz- und Zwangs- verwaltung, Manager- und Gesellschafterhaftung, Gläubigerschutz und Non Performing Loans. Oder kurz:

Printed by Printforce, the Netherlands